"十二五"国家重点图书

8

财政政治学译丛

刘守刚 魏 陆 主编

上海高校智库
上海财经大学公共政策与治理研究院

本书由上海文化发展基金会图书
出版专项基金资助出版

Economic Systems and State Finance
The Origins of the Modern Fiscal State in Europe, c.13th-18th

经济系统与国家财政

现代欧洲财政国家的起源：13~18世纪

理查德·邦尼（Richard Bonney） 主编
沈国华 译

上海财经大学出版社

总　序

成立于2013年9月的上海财经大学公共政策与治理研究院，是由上海市教委重点建设的十大高校智库之一。通过建立多学科融合、协同研究、机制创新的科研平台，围绕财政、税收、医疗、教育、土地、社会保障、行政管理等领域，组织专家开展政策咨询和决策研究，致力于以问题为导向，破解中国经济社会发展中的难题，服务政府决策和社会需求，为政府提供公共政策与治理咨询报告，向社会传播公共政策与治理知识，在中国经济改革与社会发展中发挥"咨政启民"的"思想库"作用。

作为公共政策与治理研究的智库，在开展政策咨询和决策研究的同时，我们也关注公共政策与治理领域基础理论的深化与学科的拓展研究。特别地，我们支持从政治视角研究作为国家治理基础和重要支柱的财政制度，鼓励对财政制度构建和现实运行背后体现出来的政治意义及历史智慧进行深度探索。这样一种研究，著名财政学家马斯格雷夫早在其经典教材《财政理论与实践》中就命名为"财政政治学"。但在当前的中国财政学界，遵循马斯格雷夫指出的这一路径，突破经济学视野而从政治学角度研究财政问题，还比较少见。由此既局限了财政学科自身的发展，又不能满足社会对运用财税工具实现公平正义的要求。因此，有必要在中国财政学界呼吁拓展研究的范围，努力构建财政政治学学科。

"财政政治学"虽然尚不是我国学术界的正式名称，但在国外的教学和研究中却有丰富的内容。要在中国构建财政政治学学科，在坚持以"我"为主研究中国问题的同时，应该大量翻译西方学者在该领域的内容，以便为国内财政学者从政治维度研究财政问题提供借鉴。呈现在大家面前的丛书，正是在上海财经大学公共政策与治理研究院资助下形成的"财政政治学译丛"。

“财政政治学译丛”中的文本，主要从美英学者著作中精心选择而来，大致分为理论基础、现实制度与历史经验等几方面。译丛第一辑推出10本译著，未来根据需要和可能，将陆续选择其他相关文本翻译出版。

推进财政政治学译丛出版是公共政策与治理研究院的一项重点工程，我们将以努力促进政策研究和深化理论基础为己任，提升和推进政策和理论研究水平，引领学科发展，服务国家治理。

胡怡建

2015年5月15日

编者序

本丛书共有7卷，分别由7个负责一个为期4年的长期项目的研究团队完成。这个研究项目由欧洲科学基金会(European Science Foundation，ESF)发起，名为“欧洲现代国家的起源：13～18世纪”(The Origins of the Modern States in Europe，13th to 18th Centuries)。从一开始，我们就想与不同国家的专家一起来接受为欧洲国家形成这个基本问题的研究开创新局面的挑战。这7个研究主题虽然独创性各不相同，但合在一起就反映了欧洲现代国家形成这个漫长过程的各个基本方面。我们之所以选择这些研究主题，也因为作为项目发起人，我们觉得这些都是相关领域目前研究中与众不同的主题。此外，大部分主题把过去很少合在一起解决的问题(在某些情况下是很少合在一起研究的不同学科的问题)并在一起研究，这样就有希望碰撞出新的思想火花。我们7个研究团队没有一个——无论是在研究主题、研究地域还是时间跨度上——奢望包揽一切，而只想撰写不同主题的论文结集出版。这些论文集既列举了经过精心挑选、前后连贯的例子，又探讨了欧洲现代国家在不同背景下形成的不同途径。因此，这套丛书至少可以说是涵盖面宽广。

我们7个研究团队选择这些主题，是为了考察欧洲现代国家形成过程中出现的一些重要问题，但每个团队为自己确定了多少要比当前一般历史研究更大的目标，主要是努力通过合并采用不同的学科和主题研究方法来实现各自的目标。

我们研究的第一个主题“国家间战争与竞争”(War and Competition between States)主要聚焦于国家之间包括战争和外交在内的不同竞争方式。这个主题的研究先是假设国家之间的冲突和对抗不但涉及领土归属问题，而且聚焦于不断增长的动员战争资源的需要。因此，制度化程度高度取决于国家之间的竞争。财政当然是另一个不可绕过的话题,也是本书[本研究系列的第二个研究主题“经济系统与国家财政”(Economic Systems and State Finance)]不但要从不同国家相对税收生成能力的角度,而且还要联系被作为国家税收生成能力基础的经济系统来探讨问题。

本系列的第三个研究主题“权力的法律工具”(Legal Instruments of Power)从制度和法律的视角把法律(包括立法和司法)作为君主(他们的合法性就建立在有效保证法治和国内和平——后来被定义为“公共秩序”——之上的)的一个主要属性来论述。这个研究团队认为,国家形成的社会学理论低估了法律这个基本因素。几个不同国家的案例研究得出了趋同的结论:在树立国家权威和有效治理国家方面,司法是一个比立法更加有效的因素。

在过去大约20年的时间里,研究中世纪和近代早期历史的学者越来越多地运用人物传记的写作手法,并且依托电子数据库的扩展大大拓宽了研究领域。我们第四个研究团队根据这些仍然是碎片化、有选择性的材料,对第四个研究主题“权力精英与国家建构”(Power Elites and State Building)涉及的社会基础、兵役制、社会再生产和权力精英的政治作用等问题进行了概述。

有人认为应该从外围和中心两个方面来考察国家形成的过程。在领土君主国(territorial monarchies)扩张成为由很多领土君主国合并而成的更大国家之前已经存在并制度化了的小型农村和城市基层权力单位、贵族领地、邦联、联盟和领土,在旧制度消亡之前继续在有或者无(半)主权状态下掌握着实际权力。第五个团队在本系列第五个研究主题“反抗、代议制与共同体”(Resistance,Representation,and Community)中考察了不同代议制和反抗形式的政治作用,目的就是要观察它们是以什么方式,通过不同的代议制和反抗方式来促进具体的国家形态的形成。“自下而上”的观察视角有助于描绘多样化的早期现代国家的景象,并且包括更多类型欧洲公权力的经历。有些研究团队认为,当前的一般历史研究著述在很大程度上高估了近代欧洲规模较大的王朝国家(dynastic state)的中央集权化和统一程度。

第六个研究团队在本系列第六个研究主题“政治理论与实践中的个体”(The Individual in Political Theory and Practice)中研究了国家这个角色在社会和政治生活不同方面以及哲学和政治理论与实践的不同层面促成个体概念

的方式；而负责本系列第七个研究主题“影像、宣传与合法化”(Iconography, Propaganda, and Legitimation)的历史学家通过富有成效地结合运用视觉和表演艺术，研究了国家是如何出于政治宣传和权力合法化的目的利用视觉和表演艺术的。

我们 7 个研究团队在 1988～1992 年先后举行了 6 次碰头会，主要讨论一些有关 7 个研究团队通用的调查问卷、已经收集到的数据以及论文初稿(其中有些论文的初稿是集体完成的)的问题。来自 18 个国家的 100 多名学者齐聚一堂，考察了一些(主要与他们各自国家历史有关的)资料来源以及阐释和解释模型。他们往往要向他们的同事说明当前在他们的研究领域使用的术语。当然，所有这些工作的最终成果就是呈献给读者的论文集，而这些论文集反映了每个研究团队为了就不同的信息和方法达成妥协而作出的努力。

1987 年，我们在介绍这个研究项目时曾强调指出了它的一些创新元素：这是一个跨学科项目，研究欧洲中世纪史和近代史的学者一起参与了这个项目；不言而喻，这也是一个国际性项目。在完成整个项目的过程中，我们注意到了“旧制度”(ancien régime)研究如何被作为一种发现真正的连续性或者间断性的富有成效、关系重大的手段来接受。关于这个项目的国际性，我们将在下文进一步详述，而跨学科性在没有造成障碍的情况下引发了具有创造性的碰撞。这个项目的全体参与者都完全赞同上述三点。它们不但被我们作为工作计划来采纳，而且显然也对我们的国家研究产生了巨大影响。我们之所以要强调这一点，是因为这种情况在我们这个领域的大多数研究中并不多见。

我们这个研究欧洲国家形成的项目远远要比欧洲科学基金会的一般研究项目更具国际性。我们与那些研究分子生物学或者海洋学问题的学者不同，我们是在研究一个深度影响我们研究的组织和内容的问题。自中世纪以来，欧洲不同国家促进了它们各自的民族史学研究，它们的影响在我们的合作中仍能体验到。我们相信，我们的这个研究项目在纠正主要是或者仅仅是 20 世纪国家研究主要谬误方面发挥了重要作用，从而产生了我们曾在罗马第一届项目参与者全会上反思的国家形成目的论观。①

---

① Blockmans and Genet (1993).

这个研究项目不但帮助我们对从任何给定历史时期以后的发展可变性采取一种开放的态度，而且明确地证明了几个西欧国家发展成中央集权官僚专制君主国的过程不足以作为全欧洲国家发展的参考标准。我们不但要采用更加综合的模式，而且还应该明白这些西欧国家的中央集权化、官僚化和专制程度实际上仍要远远低于我们之前的历史学家所认为的程度。

我们各研究团队的国际性和长期观，意味着我们的研究不可能受制于地域。围绕特定主题开展的紧密合作创造了一些补充每个研究人员个人提供的信息的机会。不管怎样，到了这个阶段，那些我们深入研究的国家就变得清晰可见。我们中的很多人受到了语言能力不足的困扰，它们显然对我们利用冷僻语言的公开资料产生了不利的影响。有些研究团队通过通力合作基本上克服了这个困难。我们必须勇敢地面对语言在我们的学科中要比（譬如说）自然科学和医学中发挥更重要的作用这个事实。除了这第一个基本障碍以外，我们还发现了另外两个与术语和概念差别有关的困难。术语和概念这两种基本的沟通工具在很大程度上从属于特定的历史背景和语言，因此不适合我们更加一般的比较研究。但不管怎样，我们仍然希望，我们的研究成果以使用同一语言的丛书形式发表能有助于构建一种更加普遍一致的术语体系。

在排除了这些资料来源、概念和愿景方面的障碍以后，我们应该可以希望，我们更大的研究规模将驱使我们构建适用范围更广的解释模型，并且不再把国家形成这个涉及面甚广的现象局限在主要是国内的因素上。

W. B.
J.-P. G.

序　言

本书是一个由欧洲科学基金会协调的关于现代国家起源的“科研项目”(主题B“现代欧洲国家的起源:13～18世纪”)的部分内容。在1989～1992年,本书的写作团队与这个项目的其他研究团队总共在一起举行过6次碰头会。1989年的碰头会由维姆·布莱克曼(Wim Blockmans)安排在位于瓦瑟纳尔(Wassenaar)的荷兰高级研究院(Netherlands Institute for Advanced Study)举行;1990年的会议由温弗里德·舒尔茨(Winfried Schulze)安排在位于慕尼黑(Munich)的历史研究所(Historisches Kolleg)举行;而1991年的会议则由让一克洛德·奥凯(Jean-Claude Hocquet)安排在位于阿尔克与瑟南(Arc-et-Senans)的勒杜基金会(Foundation Ledoux)总部以及由米盖尔·安赫尔·拉德洛·克萨达(Miguel Angel Ladero Quesada)安排在位于马德里(Madrid)的委拉斯凯兹官(Casa de Velazquez)举行。这些会议的组织者都应该因他们所做的努力而得到感谢,那些应邀参加会议的发言嘉宾也应该得到感谢。我们这个研究团队还在欧洲科学基金会1990年安排在罗马法语学校(Ecole Francaise of Rome)和1992年安排在里斯本(Lisbon)东坡塔国家档案馆(Arquivo National Da Torre do Tombo)举行的全会的下午碰头会上召开了小组讨论会。

以下学者参与了本研究团队的小组讨论会,并且为本书成书作出了贡献:匈牙利德布勒森(Debrecen)大学的亚诺斯·巴尔塔(Janos Barta)教授、英国莱斯特(Leicester)大学的理查德·邦尼(Richard Bonney,团队负责人)教授、意大利米兰大学的卡洛·卡普拉(Carlo Capra)教授、西班牙桑坦德(Santander)大学的胡安·格拉贝特(Juan Gelabert)教授、荷兰阿姆斯特丹大学的马基林·特哈特(Marjolein't Hart)博士、法国里尔(Lille)第三大学的让一克洛德·奥凯先生、德国波鸿(Bochum)大学的埃伯哈德·伊斯曼(Eberhard Isemann)教授、瑞士伯尔尼(Bern)大学的马丁·科尔纳(Martin Körner)教授、意大利米兰大学的乔瓦尼·穆托(Giovanni Muto)教授、英国约克(York)大学的W. M. 阿莫罗德(W. M. Ormrod)博士、丹麦哥本哈根(Copenhagen)大学的比约恩·保尔森(Bjørn Poulsen)教授和德国慕尼黑大学的温弗里德·舒尔茨(Winfried Schulze)教授。之前参加了我们研究团队历次碰头会的帕特里克·奥布莱恩(Patrick O'Brien,英国伦敦历史研究所所长)教授虽然提交了他的材料,但因故没能参加这次讨论会。米盖尔·安赫尔·拉德洛·克萨达和维姆·布莱克曼参加了我们研究团队的多次碰头会,但并没有参加本论文集的撰写工作。本研究团队希望向为促成本项目提供过方便和多笔小额研究经费的欧洲科学基金会表示感谢。我们还要感谢本项目负责人维姆·布莱克曼和他的科研协调人让一菲利普·吉尼特(Jean-Philippe Genet)牵头发起了这个研究项目。

最后,本书编者也应该在这里表达他个人的谢意。本书的编者要感谢这个在很多人都在争抢他们的时间、要求他们承担其他责任的较长时期里提供了支持和表达了热情的研究团队的全体成员,尤其要感谢W. M. 阿莫罗德博士和朱丽叶·瓦莱(Juliet Vale)博士。阿莫罗德博士欣然答应了审读本书编者修改过的书稿,并为减少谬误和提高本书的可读性提供了帮助;瓦莱博士承担了本书的编辑、参考文献核对和英文文字梳理工作。本书的编者还要感谢为本书提供了计算信息的格雷厄姆·史密斯(Graham Smith)以及负责本书统计数据处理和图表制作工作的玛格丽特·邦尼(Margaret Bonney)博士。本书编者还要感谢英国科学院(British Academy)和经济与社会研究理事会对欧洲国家财政数据库(European State Finance Database,ESFDB)这个国际数据收集项目(项目编号:R000231968)提供的研究资助。本书引用的欧洲国家财政数据库的数据可通过登录联合学术网络(JANET)设在英国埃塞克斯大学(University of Essex)的经济与社会研究理事会数据资料库(ESRC Data Archive)(ARCHIVE@UK. AC. Essex;通用代码 33250)进行查阅。在1989～1991年,本书编者作为利华休姆(Leverhulme)基金会研究员和巴黎四大客座教授在巴黎完成了大部分研究。本书是用编者准备的磁盘(包括参考文献和索引)编纂而成的。

撰稿人简介

亚诺斯·巴尔塔(János Barta)是(匈牙利)德布勒森(Debrecen)卡苏特·拉约什大学(Kossuth Lajos University)的欧洲中世纪近代早期史教授。他的主要研究领域是中东欧经济史以及哈布斯堡王朝统治领土和普鲁士开明专制制度的起源。他已出版了9本匈牙利语的书,其中有讲述18世纪匈牙利史概论的专著(1984年)和记述玛丽亚·特蕾莎生平的传记(1988年)。

理查德·邦尼(Richard Bonny)是(英国)莱斯特大学的欧洲近代史教授,他著有《1624～1661年黎塞留和马扎林主政时期的法国政治变革》(*Political Change in France under Richelieu and Mazarin, 1624－1661*)(1978年)、《国王的债务:1589～1661年法国的财政和政治》(*The King's Debts: Finance and Politics in France, 1589－1661*)(1981年)和《1494～1660年的欧洲王朝国家》(*The European Dynastic States, 1494－1660*)(1991年)。他的论文即将在1995年结集出版。他是牛津《法国历史》(*French History*)杂志的创刊主编,并且正在筹备创办《牛津近代早期法国史》(*Oxford History of Early Modern France*)刊物。

卡洛·卡普拉(Carlo Capra)是(意大利)米兰研究大学(Universita degli studi di Milano)的欧洲近代早期史教授。他的主要研究领域是18世纪意大利以及法国大革命和拿破仑时期的历史。他已经出版的著作有"*La Lombardia Austriaca nell'eta delle riforme*"(1987年)。他现在正致力于研究从路易十四到拿破仑的欧洲官僚政治历史。

胡安·格拉贝特(Juan Gelabert)是西班牙桑坦德(Santander)坎塔布里亚大学(University of Cantabria)欧洲近代早期史教授。他的主要研究领域是16和17世纪卡斯蒂利亚的社会经济历史。他已经出版的著作包括《1500

～1640 年圣地亚哥和圣地亚哥的土地》(*Santiago y la tierra de Santiago de 1500 a 1640*)(1982 年)和《经济与社会的黄金时代》(*Economia y sociedad: El siglo de oro*)(1988 年)。

让一克洛德·奥凯(Jean-Claude Hocquet)是法国国家科学研究中心驻(法国)里尔第三大学(Université de Lille Ⅲ)研究员。他研究过盐业生产和贸易、海上运输、度量衡和公共财政历史等问题,已经出版的著作包括两卷本《威尼斯的盐业和财富》(*Le Sel et la Fortune de Venise*)(1978～1979 年)、《从 1000 年到法国大革命的盐业和权力》(*Le Sel et le Pouvoir de l'An Mil à la Révolution Française*)(1985 年)和《国王、商人与盐业》(*Le Roi, le Marchand et le Sel*)(1987 年)。

埃伯哈德·伊斯曼(Eberhard Isenmann)是(德国)波鸿(Bochum)鲁尔大学(Ruhr-Universität)欧洲中世纪史教授,已经出版的著作包括"*Die deutsche Stadt im Spätmittelalter, 1250－1500: Stadtgestalt, Recht, Stadtregiment, Kirche, Gesellschaft, Wirtschaf*"(1988 年)。

马丁·科尔纳(Martin Körner)是(瑞士)伯尔尼大学(University of Berne)瑞士史教授,他的主要研究兴趣是欧洲中世纪晚期和近代早期货币、银行和金融以及城市历史。他已经出版的著作包括《16 世纪瑞士的金融互助:瑞士各州和周边国家对瑞士货币、银行和金融史的贡献》(*Solidarités Financières Suisses au XVI Siècle: Contribution d l'Histoire Monétaire, Bancaire et Financière des Cantons Suisses et des Etats Voisins*)(1980 年)、《1415～1789 年卢塞恩的国家财政》(*Luzerner Staatsfinanzen, 1415－1789*)(1981 年)和《卢塞恩州的银行和保险公司》(*Banken und Versicherungen im Kanton Luzern*)(1987 年)。

乔瓦尼·穆托(Giovanni Muto)是(意大利)那不勒斯费德里科第二研究大学(Università degli studi di Napoli Federico Ⅱ)的教授。他的主要研究领域是西班牙统治下的意大利财政史和社会分层,已经出版的著作包括"*Le finanze pubbliche napoletane tra riforme e restaurazione, 1520－1634*"(1980 年)和"*Saggi sulgoverno dell'economia nel Mezzogiorno spagnolo*"(1992 年)。

W. M. 阿莫罗德(W. M. Ormrod)是(英国)约克大学(University of York)的历史学讲师和英格兰中世纪晚期政治和行政史专家,已经发表多篇关于政府与财政的论文,并且参加了多本论文集的编纂工作。他著有《爱德华三世在位时期:英格兰王室与政治社会(1327～1377年)》(*The Reign of Edward Ⅲ: Crown and Political Society in England, 1327－1377*)(1990年),目前正在撰写爱德华三世的政治传记。他已经编纂了一本关于黑死病的论文集和一本名为《1300～1450年英格兰的政治生活》(*Political Life in England, 1300－1450*)的论文集。

比约恩·保尔森(Bjørn Poulsen)是(丹麦)奥本罗(Aabenraa)南日德兰(Southern Jutland)省档案馆档案员和高级研究员、丹麦中世纪晚期和近代早期经济和社会史专家。他著有多本(篇)关于贸易、城市史、货币史和钱币学、农业史和盐业生产的书和文章。他最近出版了一本名为"*Bondens penge: Studier i senderjyske regnskaber, 1400－1650*"的书(1990年),目前正在研究丹麦的中世纪海洋史。

温弗里德·舒尔茨(Winfried Schulze)是(德国)慕尼黑大学(Ludwig-Maximilians Universität München)欧洲近代早期史教授,已经出了多本有关16世纪德国史、德国和欧洲农民起义、法国大革命和德国1945年后历史研究的书,目前的研究兴趣主要集中在欧洲近代早期史。

马基林·特哈特(Marjolein't Hart)是(荷兰)阿姆斯特丹大学(University of Amsterdam)经济和社会史讲师,已经发表很多关于近代早期荷兰财政和国家形成的著述,其中包括最近出版的《资产阶级国家的形成:荷兰起义时期的战争、政治和财政》(*The Making of a Bourgeois State: War, Politics and Finance during the Dutch Revolt*)(1993年)。

目　录

第二篇 1500 年以后国家体制的演化

第三篇
财政结构

导论:经济系统与国家财政

理查德·邦尼(Richard Bonny)

本书的书名本身就能引发一场内容丰富的史学研究争论。如果说复数的"系统"(systems)这个术语涉及现代系统论和方法论,因而也许对于财政史学家有一些用处的话,[1]那么,复数的"经济系统"(economic systems)就是指欧洲经济在旧制度崩溃前的无论哪个阶段都不是单一的经济系统这个值得注意的事实。譬如说,法国曾经是一个由多个区域经济系统组成的王国,而各区域经济系统彼此大相径庭,相互关联度很低。1789 年前历次旨在消除国内关税壁垒的行动大多以失败告终。[2] 这些区域经济系统倒是与欧洲其他区域经济系统保持着较为密切的联系。因此,值得一提的是,西欧经济或者西欧经济系统的说法,更不用说世界经济的说法,都不能正确反映历史事实。在 1800 年以前,我们也许只能说欧洲诸经济系统和世界诸经济系统。只是到了 1800 年以后,这些经济系统才进入彼此接触不断增多的阶段。[3] 真正强大的国家不但在经济和财政上能够同时供养陆军和海军,而且能利用欧洲人常说的"新世界"提供的各种可能性。这个新世界也许应该更加确切地被称为"诸欠发达经济系统",一些远离西欧并且在中世纪晚期近代早期西欧取得技术进步(主要是船舶和武器制造)之前没有能力开发利用的经济系统。到了 18 世纪,采用什么样的适当方式来治理、管理和开发利用海外殖民地,已经成为那个时代的

1 Waquet(1990:197—211)非常有用地为非专业人士概括了系统论的方法论对于财政史学研究的用途。

2 Bosher (1964).

3 Abu-Lughod(1989);Wallerstein(1974,1980);Braudel(1981—1984),esp. vol. iii;还请参阅 Viljoen(1974)和 Tracy(1990,1991)。

人以在1500年不可想象的方式公开讨论的问题。

本书书名的第二部分“国家财政”同样可引发另一场概念和历史研究讨论。最近，有人撰文区分了五种一般国家财政理论，或者更确切地说，五个学派——古典学派、新古典学派、凯恩斯学派、马克思主义经济学派和瓦格纳学派(Wagnerian)——的国家财政理论。此外，这篇文章还详细讨论了一个具体的模型，即[由查尔斯·蒂利(Charles Tilly)图示说明的]加布里埃尔·阿尔丹(Gabriel Ardant)模型，而这篇文章的作者瓦奎特(Waquet)自己也提出了一种新的理论。[4] 除了这些具体的理论(无疑还有其他理论)以外，我们还应该再补充三种瓦奎特没有提到的理论：熊彼特(Schumpeter)的“财政社会学”(fiscal sociology)理论[5]、皮科克—怀斯曼(Peacock-Wiseman)的“位移效应”(displacement effect)理论[6]和布伦南—布坎南(Brennan-Buchanan)的“财政立宪”(fiscal constitution)观或者理论[7]。理论观点的多样性说明，国家财政这个主题仍处在比较初级的方法论阶段；早期的“诸财政系统”(fiscal systems)讨论将会过时。但不管怎样，似乎还没有一种包罗万象的国家财政理论能够成功地囊括各种概念可能性，至少还没有一种比包罗万象的国家政治理论更能包容不同概念可能性的国家财政理论。[8] 现在提出一种国家财政综合理论还为时过早，但不管怎样，这不是本书的目的。本书的目的是要在一个欧洲国家的比较框架内分析前现代财政制度的演化。因此，我们的目的与戈德史密斯(Goldsmith)的目的有着根本的区别。戈德史密斯基本上就是静态描述不同的财政制度：“动态比较仍是一个目的，但超越了我们的能力范围”[9]。区分同时代人提出的不同一般理论和特定理论的各个基本方面也很重要，出于方便讨论的考虑，我们将对这些基本元素进行重新排列，并且把它们作为本书两个不同年代部分(第一章和第六章)的绪论：我们不一定会探讨

---

4 Waquet(1990:137—195)讨论并阐释了之前的相关理论。值得注意的是，W. H. Beik在他1984年发表的一篇文章和1985年的“税收流与社会”(Tax Flows and Society，245—278)中谈到过瓦奎特的某些思想(转引自Waquet)。

5 Schumpeter(1954b)，6，19. Seidt(1984:89—109)作了重述；Swdberg(1991)，58—61，94—98.

6 Peacock and Wiseman(1967).

7 Brennan and Buchanan(1980).

8 除了经济学家的兴趣外，Musgrave(1969)还表现出了浓厚的历史学家的兴趣。

9 Goldsmith (1987)，8.

各种理论的全部分支。我们需要更好地理解不同思想对于采纳财政解决方案的长期影响。例如，启蒙运动思想与法国从1789年延续到1794年的财政问题辩论有着实际相关性。[10] 财政和税收就如同政治，是“由语言构建”的活动，而税收结构的作用内在于或者应该内在于任何有关所有权的讨论。[11]

倘若在两代人之前，本书无疑会把从封建主义到资本主义的转型作为它的中心主题。马克思主义对于经济史学这个学科的早期发展有着不可否认的重要性，马克思主义经济史观对于国家财政史学家来说有两个核心问题。第一个核心问题就是国家作为绝对的“上层建筑”和提供历史发展动力的经济“基础”的概念问题。这就意味着：实际上，马克思主义历史学家几乎毫无例外地缺乏对国家财政的任何真正兴趣，因为在他们的眼里，国家并不自主，而是决定于某些特定形式的经济关系[佩里·安德森（Perry Anderson）是当代马克思主义史学家中一个罕见的例外]。[12] 的确，马克思承认政府的政策有时会与有产阶级的利益发生冲突，但也认为这样明显的社会变革只会巩固生产关系的基本秩序，从而维持资本主义统治。对于马克思主义者来说，必须在一个阶级斗争（被定义为资本与雇佣劳动之间的分裂）是关键的社会、经济和政治变革的框架内来阐释财政体制。财政控制权至少在人类历史的近期已经基本掌握在资本家阶级手中。[13] 这个假设的前提就是：之前，经济“基础”在不可避免地向着资本主义演进的过程中已经不知何故自行实现了发展。

这种观点否认了在欧洲的历史遭遇中国家与经济之间存在显而易见的关系。目前对马克思主义阐释提出的主要意见就是，国家总是并且在每个阶段都会在非马克思主义者所说的“税收基础”的发展过程中进行被动或者主动的干预。中国明王朝（1368～1644年）的统治者在以经济增长会加剧区域不平衡，从而威胁帝国政治统一为由积极阻止经济增长方面，的确与其几乎所有的西欧同行有所不同。由于他们最终没有取得这方面的成功（没能阻止一种用

10 Gross (1993), 125.

11 虽然 Ryan(ibid.: 309－332)讨论了税收与财产发生关系的方式，但 Ball、Farr 和 Hanson (1989: ix)以及 Skinner(ibid. 6)都没有讨论这个问题。

12 Anderson(1974b), 1977; cf. Bottomore(1983), 42.

13 关于马克思主义财政社会学富有教益的批判，请参阅文献：Musgrave(1986), 177－179。

银子——而不是实物或者劳役——缴税的货币经济的出现)，[14]因此，明王朝的税收基础好像也间或发生过变化，但没有触及统治者与被统治者或者国家与经济之间明确的权力关系。但在现实中，即便是在中国明王朝的例子中，马克思主义财政—经济观的适用性仍有待斟酌：如果说明王朝的统治者没有任何能力阻止地方经济变化，那是因为除了皇帝本人，明王朝没有设置管理帝国财政的中央权力机构；地方违反财政规定在当时已经成为常态；明王朝没有对帝国财政事务进行监管。[15] 因此，地方势力和官吏腐败成风，而且成了影响国家与其税基关系的关键因素：地方官吏强征暴敛，但纳税人因为整个帝国税收不足而不能得益于税收的再分配效应。西欧的历史遭遇不同于中国，在西欧很难找到公然反商业或者不愿看到税基扩大的统治者(尽管他们当时还没有这些"现代"思想)。即使在1588～1589年吉尔斯·弗莱彻(Giles Fletcher)走访的莫斯科大公国，伊凡四世(Ivan Ⅳ)也已经习惯拿他的子民比作绵羊。要想让绵羊长膘，就得常给它们剪毛。[16] 伊凡四世虽然生性暴戾、剥削成性，但还能认识到税基扩大的可取性。在西欧的其他地方，干预最终被称为"政治经济"的东西的绝对愿望实际上给从文艺复兴晚期到亚当·斯密生活的那个时代及其后(见本书第六章第八节)的全部国家财政理论打上了自己的烙印。国家不是自己就是按照它的理论家们所希望的那样成了盲目的经济力量的"被动俘虏"。

马克思主义经济—财政观的第二个问题就是它把政府——或者经济基础与上层建筑之间的关系(被解释为"生产力"、"生产关系"和"生产方式等不同层次")——作为一种阶级斗争工具来进行基本表述的做法。因此，皇家税收被马克思主义历史学家说成是"由作为贵族帮凶(或者由贵族掌握)的国家机器收取的中央集权化封建租金"；国家与贵族同盟被视为侵占农民剩余财富并把收入作为贵族津贴和俸禄进行再分配的工具。[17] 因此，我们可以想象一种"封建—专制"秩序或者制度，并且把专制制度说成是一种"经过重新部署和重

14 Huang(1974)，1—4.

15 Ibid. 4—5.

16 Pipes(1974)，71.

17 Cf. Genet and Mené(1987)，9—11. 关于王室与贵族同盟略有不同的讨论，请参阅本书第五章第十节。

获补给的封建统治机器”(佩里·安德森语)。[18] 最近就连一些关注18世纪俄罗斯的著名评论家也开始接受这种观点,并且承认一个认识到个人应该忠于统治者或者应该满足其财政需要的统治阶级的第一性,但就是没人忠于正是由于这个原因而只能作为影子存在的“国家”。[19] 皇家仆人或者“国家”公仆的社会构成和态度并不是我们要关心的问题。[20] 但我们想对把税收作为中央集权化封建租金的马克思主义观提出商榷。这种马克思主义税收观假设:欧洲历史上有过一种明确的阶级利益观,而且早在这个观点可能得到权威认可之前的某个时期就已经存在。但是,这样一种太过宽泛的分类无助于严谨的历史研究。最后,这种分类方法把阶级动机归因于某种有可能实际为某个王朝、共和政体或者(用瓦奎特的话来说)国家及其成员个人相互交织在一起的利益服务的过程。[21]

如果说马克思主义的模型否定政府财政政策与经济之间的象征关系,那么,由查尔斯·蒂利[22]概括的加布里埃尔·阿尔丹理论[23]提供了一种解释财政政策影响经济基础的替代性观点。简单地说,阿尔丹认为,政府自有一些会导致费用发生的目标:最显著的目标就是发动战争或者抵御外敌。战争虽然不是我们主要关心的问题,但却充斥本书比较阐述欧洲国家发展的各章。[24] 据说,“16和17世纪的‘军事革命’导致君主权力在依靠国内资源来供养现代军队的国家得到了巩固”[25]。政府要通过实施一系列旨在从被置于统治者掌控之下的全体民众那里攫取充分资源的财政政策来实现自己的目标。[26] 先前已

---

18 Anderson(1974),18;Beik(1985),30. Beik对马克思主义理论家们最近提出的观点进行了综述。

19 LeDonne(1984),16—17.

20 本丛书的论文作者Reinchard(forthcoming)。

21 Waquet(1990),193.“……财政位于两种策略的交汇处,一方面是国家据以获得并使用其收入的策略,另一方面是个人为了满足自身目的而采取的策略。”

22 Tilly in Tilly(1975),52—55.

23 Ardant(1971—1972). 阿尔丹的理论在很大程度上对他的资料(1965)进行了重新整理和表述。还请参阅Tilly(1975,164—242)中Ardant的论文。

24 本丛书的作者Contamine(forthcoming)。

25 Downing(1992),3;cf. Parker(1988),61—64;Tallett(1992),207—216. 关于国内高压统治的作用,请参阅本书第十三章第一节。

26 Cf. Schumpeter。他认为19世纪末之前的经济政策“主要是出于财政考虑”推行的(Schumpeter,1954b,7)。

经存在的经济基础允许(但也可用来限制)政府攫取资源,这又反过来与政府政策相互影响。结果就是针对特定类型经济基础实行特定政策的财政结果。最后,政府政策的政治和社会后果[27]对经济系统的运行方式产生影响,并且转而影响政府目标——尽管导致欧洲财政负担加重的单个最大刺激因素是建设更加强大的军队。熊彼特曾强调指出财政国家发展的极限:基本上就是我们所说的税基发展速度(税收国家不能向其国民索要太多,以免他们失去生产的经济兴趣,或者至少停止把自己的精力用于生产)。[28]

以上讨论又驱使我们考虑国家财政研究中两个更深层的元素——财政立宪和危机理论。由布伦南和布坎南在12世纪国家的背景下提出的财政立宪基本假设,就是政府有过度支出的自然倾向,因此会实际导致预算赤字(尽管那个时代的人是否已经明白这一点要取决于当时的会计实践)。因此,收入最大化就是所有以这样的方式运行的国家——也就是不受一般的政治因素或具体的选举因素或者明确的财政立宪约束的国家——的基本目的。政府借贷(或者发行债券)就相当于开辟收入来源:无异于创造流动资产。政府未来有义务按指定金额偿还资产(政府债券、贷款合同等)持有人,并且被推定未来能通过征税筹集到还债所需的资金。政府能借到的贷款总量受制于其自身还本付息的能力(而政府还本付息的能力本身在很大程度上又由政府的未来创收能力所决定)、给定国家国民个人对政府债券较之于其他资产的相对偏好以及个人准备或者能够推迟当期消费和购置资产的一般程度。由于政府占用大量收入资源(还可能动用未来几年的资源)的权力总的来说不受欢迎(或者可以说,这在以前难以做到),因此往往要被留到财政出现紧急状况时才会行使。明确定义财政紧急状况是个问题,但(我们可以求助于布伦南和布坎南的研究)这种状况往往等同于战争状态。那么,当时有哪些机制能够防止挪用有预定用途的收入呢?有哪些程序约束能够制约政府的财权呢?为了最大限度地减轻个人承担过重的负担或者尽可能增加税收净收入,那时是否推行过税收

---

27 Ardant(1965),i,16:“……在一定程度上,是财政问题决定、改变并且建构社会结构本身……”

28 Schumpeter(1954b),20:“……国家有确定的财政潜力极限”。Ibid.,23:“……可征到的税收不但受制于税收客体减去纳税主体最低生活需要后的经济规模,而且还受限于自由经济驱动力的性质。”请参阅新版 Collins(1988)。

改革？最重要的是,主要的政治统治集团是否为了自己的短期利益制定税收规则,或者是财政不确定性占据主导地位？那时是否定有一整套准长期的约定允许个人按规定作出自己的纳税安排？[29] 这些源自现代财政立宪理论的元素,无疑还有其他元素,都可被历史学家应用于任何一个给定国家,而结果可能就是揭示欧洲国家财政经历的多样性(见本书第十三章)。[30]

源自现代分析模型的第二个考虑因素就是变革速度突然加快所作出的历史贡献,或者由结构性危机导致的财政变革缺失。熊彼特的税收国家危机说是这种思想的最早阐述之一。[31] 这方面的辩论现在不但聚焦于欧洲许多国家发生过的国家与社会关系"全面危机"这个论点[最初由霍布斯鲍姆(Hobsbawm)在17世纪40年代提出的],而且还断定欧洲许多国家早在16世纪90年代甚至60年代(可能性较小)就发生过国家与社会关系的全面危机,因此备受关注。[32] 这场辩论的不足之处在于:辩论的主要参与者往往在普遍接受霍布斯鲍姆论点的同时,又从不同的角度去理解他的论点。最后,如果说欧洲许多国家在16世纪90年代和17世纪40年代都经历过危机,那么,"危机"这个词或许已经大大降低了它的重要性,以至于不再对历史学家有用。17世纪发生的全面危机被认为与中世纪晚期的大萧条具有一些共同的特点:特别是在两者之前都发生过货币充盈、物价上涨和信用膨胀,两者发生时也都赶上了贵金属生产和进口减少。[33] 但是,财政史学家必须谨慎运用"全面危机"论,因为当时还发生过在时间上不一定与所谓的"全面危机"吻合的局部财政危机。我们可以列举1720年的劳氏(即约翰·劳)信用系统崩溃和南海泡沫破灭来说明这一点,不过,16世纪和17世纪更早发生的危机也可以用来说明这一点(见本书第六章第三节)。因此,有必要区分全面危机和局部危机。虽然让—巴蒂斯特·萨伊(Jean-Baptiste Say)在他的《政治经济学概论》(*Traité d'Economie Politique*,1803)中表示,全面的经济危机是不可能发生

---

29 Brennan and Buchanan(1980),8—9,26,103—105,135—136,190—193,202—203.

30 关于欧洲国家的不同财政经历,请参阅本书姊妹篇(Bonney,1993)中有关不同国别的章节。

31 Schumpeter(1954b),8:"目前,对现代税收国家'危机'这个问题争论不休,而现代税收国家就是在摆脱其'前身'遭遇过的危机后发展起来的,封建关系……"

32 Aston(1965);Clark(1985);Parker and Smith(1985)。关于法国地方史专家最近对17世纪国家与社会关系全面危机的重新阐述,请参阅 Lemarchand(1989,77—84)。

33 Day(1991).

的，而局部的经济危机基本上也是偶然发生。但萨伊的这种危机观后来并没能占据主导地位。经济史学家往往会对旧制度下发生的危机与比较“现代”的危机进行区分。前一种危机就其起源而言是一种由农村土地导致的危机，伴随着农村消费的下降，并且作为任何产业危机的主要成因产生作用。[34] 但是，更新的研究显示，这种模型过于简单，当时欧洲还发生过其他局部危机，如法国分别在1715～1716年和1729～1731年发生的危机。这两次局部危机就其起因而言是商业危机，因为当时有大量的商店破产。[35] 因此，现在出现了一种对特定农业和商业危机与财政危机加以区分的趋势。从国家的角度出发，财政危机可被定义为“财政支出增加超过财政收入和政府借贷能力”的增长。如果统治者不能“借到充分多的钱，或者不得已在旧债上违约，那么就会爆发危机”。[36]

因此，这种财政危机概念要比“全面危机”概念更加明确。全面危机论饱受其方法论缺陷的困扰。全面危机论从未正确解释全面危机导致重大经济变革的确切机理。最早由皮科克和怀斯曼在研究相对较近的英国公共支出历史的背景下提出的“位移效应”概念可用来桥接危机理论与值得关注的经济变革之间的缺口。这两位经济学家注意到了瓦格纳的国家活动规模递增法则——假设公共部门占据经济的份额不断扩大，尽管这据说只是一个经验观察结论——在现实中只有在很长的时期里才能奏效。但是，这个理论无法解释短期变革或者实际变革过程。而且，这一理论虽然基于历史证据，但它要被作为任何超越统计观察结果的东西来接受，还必须接受瓦格纳本人把国家作为政治实体的观点。皮科克和怀斯曼曾经断言，并不存在影响政府支出、能够支持瓦格纳法则所包含的论述或者解释任何国家政府长期支出行为一般假设的长期因素：

“根据我们对这些长期影响因素的考察能够进行的最明确的一般表述就是，政府的实际支出多半是随着国家经济的发展而增加，而且完全可能至少以

34　Labrousse是这种思想的最典型代表：Braudel and Labrousse(1970)，529－563。Boisguilbert是那个时代的农业危机理论家：Perrot(1992)，275－277。

35　Antonetti(1990)，35－44，159－160.

36　Hoffman and Norberg(1994)，2.

与国民生产总值长期增长速度相同的速度增长。”

不管怎样,他们俩曾经断言,“关于这一点,没有任何必然可言”,而且很多事情受制于社会政治体制和关于政府作用的主流观点。他们俩试图阐明短期变革的意义,而不是像瓦格纳那样要提出普遍适用的长期法则。在他们俩看来,“通常,政府的货币支出在时间图上呈现出一系列高低起伏的曲线,犹如连绵不断的山脉,高原上的山峰海拔一个高过一个……当然也有明显的理由预期政府占用的社会产出份额在战时大幅度增加……”不但如此,“政府支出占国民生产总值的份额在战后仍会超过战争爆发之前……”他们俩指出了造成这种现象的一个原因(对此,我们可以补充说明,这种现象只能在大约1660年以后的欧洲历史中可以观察到,但在这之前就不能以相同的程度观察到):“民众在危机时期能够接受平时他们觉得不能容忍的税收水平和征税方式,而且在危机过去以后仍会继续接受。”[37]我们也许可以指出,例如,神圣罗马帝国有些邦国在“三十年战争”(Thirty Years War)时期经历的遭遇就相当于受到了“位移效应”的影响:战后的税收从未恢复到战前的低水平,各邦国君主相对于本国三级会议或者代议机构的权力不断扩大。皮科克和怀斯曼认为,他们俩所说的“集中过程”是位移效应的次要特点:“经济增长过程必然会产生一些趋向于改变负责公共经济活动的政府机构规模的影响。”因此,譬如说,交通运输在得到改进以后可能会产生改善和统一公共服务标准的压力,并且使得扩大控制区域不但成为可能,而且在经济上有效。不过,皮科克和怀斯曼也承认,集中过程也会产生反向作用的压力,因此并不像瓦格纳法则所证明的那样朝着一个方向直线发展。从一种财政制度向另一种财政制度转型的问题要比皮科克和怀斯曼所阐明的复杂许多,尽管“制度”和“转型”这两个术语本身也需要明确其内涵。此外,像战争这样的冲击未必就会产生长期效应。[38]

如此详尽地说明危机对任何特定经济体和社会的影响,必然要置于更加一般的财政发展理论的框架之下,而更加一般的财政发展理论又必然要充分

---

37 Peacock 和 Wiseman(1987:26—27)以及 Tilly(1992,89)表示,“棘轮效应”并不会普遍出现,但常会出现。“因为国家权力在战时的扩大赋予官吏攫取资源的新能力……又因为战争会导致或者暴露需要国家注意的新问题,还因为战时积欠的债务又给国家造成了新的负担”。

38 Bordo and Capie(1994),3—6.

重视货币、人口和技术进步的重要意义。政府的收入和支出政策是社会、文化和政治因素与经济相互影响的结果。[39] 城市化现象对于加快和集聚经济增长至关重要,至少在一些欧洲中心(城市化当然与它自身的历史都是一种相对现象),[40]并且允许对更多商品、商品生产和消费课税,这在纯粹的土地经济中是不可能做到的。地区之间和地区内部城镇与农村之间的贸易随着时间的推移而得到发展,并且与原始工业化一起充当了连接城市经济和农村经济的媒介;而在税收过程中赚取利润却成为刺激城市资本增长的主要因素。[41] 货币随时间发展的速度以及即使同一王国——譬如说法国——不同地区之间存在的巨大钱币化程度差异必然会得到适当的弥合。从一种"货币制度"到另一种货币制度,也就是从一套治理货币体系的约定到另一套治理货币体系的约定的过渡,可能会被认为非常重要。[42] 有人说,钱币化(monetization)与货币化(monetarization)两者是有区别的,后一个过程包括信用工具的广泛使用,并且代表着更高的发展形式。是否可以认为纸币过度发行造成的恶性通货膨胀——就如法国在1795～1796年遭遇的通货膨胀——稳定到足以可被称为货币制度?[43] 有人也许会认为,在18世纪结束之前,国家发行的纸币只占铸币存量相对较小的比例,而对于大多数欧洲国家来说,无法量化的重要问题之一仍然是整个社会普遍流行实物交易和冲账安排以及小额信贷和代币的经济重要性。[44] 但是,在18世纪结束之前,欧洲大部分国家通常都没有很多纸币,而只有金银和铸币。"金银比价"(金银作为贵金属之间的关系)即使在18世纪和19世纪初也仍然是一个重要问题。[45]

总的来看,欧洲(如图1所示)似乎在贵金属(16世纪后主要是从新世界)

---

39 Musgrave(1969,chs. 3,5);Musgrave(1986:137—148).

40 请参阅 Vries(1984)的重要综述。

41 关于通过税收处理过程来赚取利润的情况,请参阅 Dessert(1984)和 Bayand(1988)。

42 Bordo and Capie(1994),3—4.

43 Crouzet(1993),328,430,563;cf. Bordo and Capie(1994),3.

44 Morineau(1990)主张对"钱币化"和"货币化"进行区分。Riley 和 McCusker(1983)对货币供给增长的问题进行了最系统的讨论。Challis(1989)探讨了实物交易、冲账、小额信贷和代币以及货币需求量增加等问题。

45 Tucci in Day(1984),335—351;Crouzet (1993),555—559.

输入与(主要是为了购买奢侈品而向远东)输出之间出现了净差额。[46] 最后,税收与货币存量之间的关系虽然难以量化,但显然在任何国家都极其重要。因此,譬如说法国,税收据估计在 1683 年或许要占用 8%的货币存量(15 亿图尔里弗尔中的 1.14 亿图尔里弗尔,但 15 亿图尔里弗尔这个数字可能有所夸大),1754 年占用 16%(15 亿图尔里弗尔中的 2.5 亿图尔里弗尔),而到了 1788 年增加到了 22%(22 亿图尔里弗尔中的 4.72 亿图尔里弗尔)。[47] 这些计算结果关键取决于铸币发行数据,而英格兰和法国的铸币发行数据可从分别于 1220 年和 1308 年开始的几乎没有间断的统计数据中获得(见图 2)。[48] 这些计算结果还取决于流通中铸币更新速度的估计值,但铸币更新速度的数据无从获得:比方说,是 30 年还是 60 年更新一次?[49] 在那些饱受局部货币存量不足困扰的欧洲国家,铸币外流会导致什么严重的问题,或者哪些欧洲国家存在巨大的区域性钱币化水平差异?譬如说,即使假定波兰贵族(*szlachta*)愿意帮助朝廷实现其勃勃雄心和满足它的财政需要,朝廷也几乎征收不到很多税收(在 17 世纪中期财政压力的高点上,只收到 38~45 公吨白银的税收,而法国经常性收入从 191 公吨白银增加到了 1 135 公吨白银),[50]因为波兰一立陶宛联邦货币存量不足。[51] 14 世纪中期之前,俄罗斯还没有自己的铸币产出,只有外国铸币在那里流通,白银供给好像来自诺夫哥罗德(Novgorod)采购皮

---

46 ESFDB\rjb\silb001 based on \rjb\sild001; Barrett in Tracy(1990), 242-243; Morineau(1985), 40, 250, 483-484.

47 请参阅 Morineau 在 Genet 和 Le Mené(1987, 125)中的附表。不过,Morineau 的这张表与本文援引的 Véron de Forbonnais 的数据有出入。由于 1683 年的收入大约是 1.14 亿图尔里弗尔,要占到可能已经减少到 7 亿图尔里弗尔货币存量的 16%,因此,7 亿图尔里弗尔这个货币存量数值肯定是太小了。Crouzet(1993:28, 143)接受了 1789 年 22 亿图尔里弗尔货币存量这个数值。

48 ESFDB\rjb\frb005 based on \engindic\eind004 and \frindic\indd002. 图 2 用名义价值表示,没有考虑英镑和图尔里弗尔贵金属含量的下降。法国的数据来源于文献:Bonney(1992a), 154, n. 20; Miskimin(1963), 1984; Spooner(1972); Morineau in Day(1984)。英格兰的数据源自文献:Challis(1992), 676-693。

49 Spooner(1972), 306-307.

50 ESFDB\rjb\malet\malm045, Malet 的法国 1600 年和 1689 年经常性收入数据。如果把非经常性收入包括在内,那么最高收入的数值就要大得多(1935 年达到 2 287 公吨白银)。这些数据只是用来强调 Maczak 在下一注释引用的出版物中进行的比较(他给出的法国最低收入是 225 公吨白银,最高收入是 425 公吨白银)。关于略有不同的法国收入数据,请参阅文献:Bayard(1988), 29; 还请参阅文献:Chaunu in Chaunu and Gascon(1977), 178-191。

51 Maczak(1976); (1982), 131-132.

草的西方人。[52]

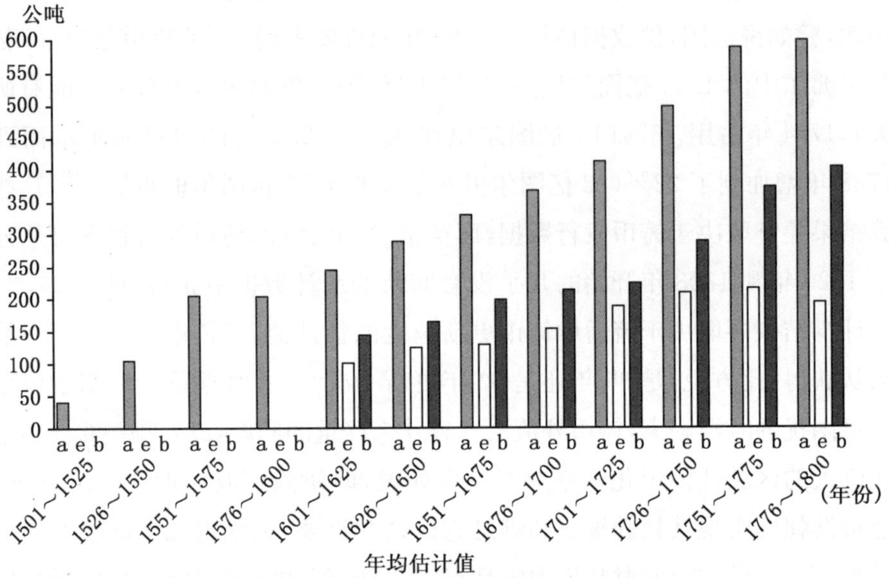

a 表示欧洲输入；e 表示欧洲输出；b 表示净差额。

资料来源：Morineau(1985)；Barrett in Tracy(1990)\rjb\silb001 © ESFDB 1993.

图 1　1501～1800 年美洲与欧洲金银输出和输入(用公吨表示)

绪论不应该在结论之前写就，本书的结论以论述支出、收入、公共信用和财政负担四个主题(见本书第十二章～第十五章)的形式展开。这几章中提出的许多问题本身就给出了非常简要的评论。第一个问题就是财政需要的性质：财政体系的扩大首先是收入或支出驱动型变化因素造成的一个结果？我们这个研究团队得出的结论似乎有可能证实其他学者的研究发现，如有关拉美国家财政危机的研究发现。这些其他研究表明，"支出格局"几乎是独立于税收收入决定的(发生严重危机的情况例外)，因此，问题就变成了"筹集充分多的资金满足支出需要——而不是财政收入决定财政支出水平"。[53] 俄罗斯 18 世纪的情况只是一个反映收支缺口的极端例子(见本书第十一章第六节)。因此，允许通过考察支出趋势来认识财政国家成长并不为过，因为这些都是创

52　Hellie in Bonney(1995).

53　Fitzgerald in Toye(1978)，131.

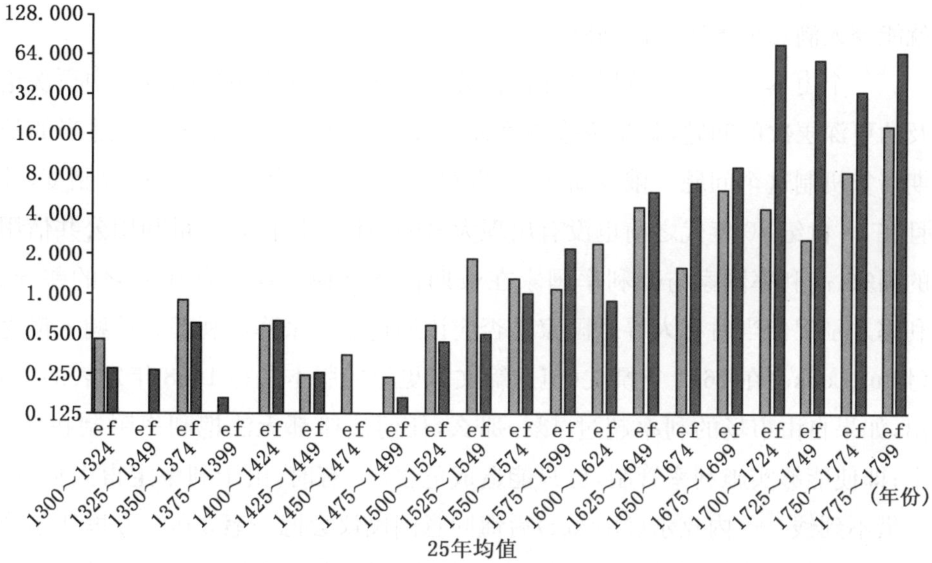

e表示英格兰铸币产出(十万英镑);f表示法国铸币产出(百万图尔里弗尔)。

资料来源:Challis(1993);Misidmin(1963,1984);Spooner(1972);Morineau in Day(1984)\rjb\frb005 © ESFDB 1993.

图2 1300~1799年英格兰和法国铸币产出(用记账货币表示)

造新收入——无论是税收收入还是借贷收入——需要的原动力。第二个问题就是从"领地国家"到"税收国家"的过渡。本书考察不同时期的章节都谈到了这个问题,而有关收入和财政负担的章节讨论了这个问题。财政史中从领地国家过渡到税收国家,就相当于一般经济史中从封建主义过渡到资本主义。这个问题几乎成了本书某些章节的首要主题。对照"税收国家"来定义"领地国家"的构成要素并非易事,因为税收可以并且在某些情况下确实被视为领地收入的一部分:米拉博(Mirabeau)在他1760年的著作中表示,在法国,税收收入理应包括在领地收入中("绝不应该记入国库账")。[54] 此外,就拿税收的情况来说,领地的性质在一定的时期里发生了变化(见本书第十三章第三节)。因此,关于从"领地国家"过渡到"税收国家"的问题非常复杂,就如同其他重大

54 Mirabeau(1760),repr,1972,225. Massaluox(1989)的研究最为详尽;Naquet in *Etat,Finances et Economie*(1991),105—106.

的过渡一样，如从封建主义向资本主义的过渡，并不可能根据一种简单的理论就能令人满意地解决全部问题。

一个由本书多个章节提出并且在关于公共信用这个主题的章节中再次论及的更深层次的问题，就是税收制度需要发展到什么程度才会出现适当的长期借贷机制这个问题。俄罗斯在17世纪之前没有明确发展它的税收制度，并且在18世纪70年代之前也没有出现大量的公债。即使在大量利用公共信用的国家，高利率国家与低利率国家在长期债务规模方面也存在显著的差异。利率差别促使当时有人寻思国家是否应该通过立法来降低利率。约翰·洛克(John Locke)在1691年撰文(但这篇文章更早的版本是在1668年发表的)指出，如果自由市场的利率超过4%，那么，任何法律都无法把利率限制在4%上；即使能够实施利率管制，也只能造成危害。[55] 有时，由于利率定得太低，国家借不到钱——内克尔(Necker)后悔同意国民议会把一笔3 000万里弗尔贷款的利率从5%降低到4.5%，结果导致没能借到这笔贷款[56]——显然，贷款需求和贷款供给对价格高度敏感。因此，洛克的利率观是不正确的，尽管它是本书考察期内最先进的利率观。

当时也有人意识到了18世纪末公债规模不断扩大的问题，并且对这种做法的可行性表示了怀疑。到了17世纪和18世纪，欧洲国家已经不能单靠税收来为战争筹款。让—弗朗索瓦·梅隆(Jean-Francois Melon)在1736年表示，一个国家的债务就是"把右边口袋的钱装入左边口袋"，因此既不会增加也不会减少国民财富；[57]而艾萨克·德·平托(Isaac de Pinto)在1771年的著述中则表示，国家的债务会增加公共财富(见本书第六章第五节)。休谟(Hume)抨击了梅隆的论点，并且主张创造预算盈余来为战争筹款；但后来李嘉图(Ricardo)强调了出于同样目的的税收需要。直到1823年，麦卡洛克(McCulloch)才指出，梅隆的观点之所以错误，是因为支付债息会加重子孙后代的税收负担。就如亚历山大·汉密尔顿(Alexander Hamilton)在美国指出

55 Locke, ed. Kelly(1991), i, 218－231; Letwin(1963), 156－161, and in *Times Literary Supplement*, 28 Feb. 1992, 8.

56 Necker(1791), 127.

57 Meysonnier(1989), 111; McCulloch, ed. O'Brien(1975), lix, 403 n. 5(quoted from 1736 edn).

的那样,债务减少的任何代价都必然要由税收来承担。[58] 那个时代的理论家在这个问题上存在分歧,[59]但当时的经济学家达成了某种程度的共识:借款收入应该被看作递延税收——借款必然要偿还;从长期看,只有经济增长才允许通过借钱来偿还借款。[60] "债务堆积如山"是"现代"国家的一种现象,而"财政危机"的一个定义就是"一种公债不断增加,而公债管理变成了公共政策的主要关注焦点的状况"[61]。我们可以作如下粗略的概括:中世纪,欧洲君主国家的收入基础(虽然意大利城邦在这方面走在了前头)既不够稳固也不够大,并不允许国家举借大规模的长期债务。这也是16、17和18世纪及其后的一种普遍现象。到了18世纪,国家现代化能力的检验标准的确不仅仅是它积欠债务的能力,而且还在于为了使通货膨胀和经济增长的组合效应接近于允许借新债还旧债重组债务的能力。如果说英格兰接近于梅隆心目中债务中性的幸运状态("把钱从右边的口袋装入左边的口袋")甚或平托心目中巨额国债是国民财富来源的新世界,那是因为英格兰人口增加,还因为英格兰的收入基础由于经济增长而有所扩大。荷兰(United Provinces)较早就积欠了很多长期债务,但由于人口静止不增、收入略有或者根本就没有增长、人均税率高于英格兰,最重要的是,由于经济增长率下降,因此在18世纪觉得更难承担还本付息的负担:"这就是荷兰债务和招致反对的税收过度增加造成的有害影响"[62]。因此,荷兰的经历趋向于反证平托的理论;要不是荷兰金融资本在18世纪的国际重要性不断提升,就连梅隆的债务中性论也值得怀疑。[63]

以上这些国家之间的横向比较及其自身的纵向比较,不可避免地导致财政史学家要面对棘手的指数化问题。西班牙萨拉曼卡(Salamanca)学派的经

---

58 McCulloch, ed. O'Brien(1975), lix－lxiv. McCulloch远在他发表1845年的论文之前就阐述了他的债务观。

59 因此,Mirabeau(1766, repr. 1972, 121)指出"……债务和税收不应该有任何共同之处";而Pinto(trans. Baggs, 1774, repr. 1969: 21)表示,"钱一旦借到,数额就在那里,而贡献力会随着资金的流动而增强,而在铸币没有过多增加的情况下……从国民那里课征的轻税,仍会重新回到他们手中,并且会给全体国民带来总体利益"。

60 Modigliani(1961)和Barro(1974)富有教益地讨论了这个问题。

61 Veseth(1990), 14; Fitzgerald in Toye(1987), 125－126; O'Connor(1973).

62 McCulloch, ed. O'Brien(1975), 394.

63 Riley(1980).

济学家和博丹(Bodin)在他们的著述中已经认识到16世纪下半叶通货膨胀的严重性。18世纪初,布阿吉尔贝尔(Boisguilbert)或许是第一个认为国家的收入尽管获得了名义上的增加,但按实际价值计或许有所减少(见本书第六章第五节)的理论家。重农学派倾向于把土地视为一切财富的来源,所以,他们步布阿吉尔贝尔的后尘坚决主张国家的实际财力应该用谷物当量来测度就不足为怪了。因此,列特隆(Le Trosne)在1778年争辩称,路易十六命人拿1 250万塞吉埃[64](塞吉埃,法国古代谷物容量单位。——译者注)谷物当量的收入与路易十二(Louis Ⅻ,1498～1515年在位)统治时期1 500万塞吉埃谷物当量的收入进行比较,但路易十二统治时期固定支出较少。[65] 虽然可以使用谷物换算法,但用这种方法来测度国家财力扩大的程度也有缺点。谷物价格上涨常快于其他商品价格,但没有得到公认的一般物价指数,而某种不易受产量波动影响的地方基本商品(如荷兰的收入按照黄油价格指数化)又失之于缺少一般性。此外,虽然国家可能是谷物或者其他商品的大买家,但并不能说在正常年景,国家主要关心这方面的活动。从不同时期欧洲不同国家的角度看,更加重要的一个项目是军队的支出。当然可以按照国家在特定时期的士兵购买力来计算国家收入;[66]考虑到部分欧洲国家军队的比较成本要高于其他国家以及英格兰宁可到国外雇佣军队(见本书第十一章第一节),因此最好普遍都能这样做(即用士兵购买力来计算国家收入)。但是,用雇佣士兵的成本来测算国家财力增长情况也会遇到困难:大多数欧洲国家都没有充分系统地记录士兵雇佣成本,因此没法得到可与(比方说)谷物价格比较的"价格"序列。其次,"军队革命"的性质和国家之间军队建制的不同也导致我们没有不受时间限制的标准"记账单位"可用。计算带着自己的坐骑和盔甲服役的骑兵的成本所采用的计量单位不同于由上尉提供军装和武器的步兵雇佣兵。一种替代性

64　1塞吉埃(sétier)等于156升。因此,可拿收入换算成亿升小麦:Guéry(1978),229;Bonney(1991a),224。Mathias和O'Brien(1978:618,620)也采用过这种方法。Riley(1987:228－236)和Fritschy(1990:72－73)讨论过计算价格的替代性方法。

65　Clere in *Etat, Finances et Economie*(1991),86 n. 21.

66　关于13世纪英格兰的相关情况,请参阅Ormrod(1995)。Pace Tilly(1992,74)采用比较"典型劳动者"工作时间的方式来测算长期税负,但结果很不理想。这样的测算方法因为经济和社会结构发生变化而缺乏精确性。在短期内,譬如说一两个世纪,这种测算方法用于反映实际财政负担也许具有一定的效度。

方法就是采用当时的主要兑换率来重新计算国家的财力。在这方面,荷兰基尔德(guilder)值得注意,因为它在17和18世纪的大部分时间里是一种币值稳定的货币。第三,"中性"货币有助于在两个其他国家之间进行比较。[67] 但是,某种特定兑换率的重要性当然因时间而异。在中世纪,佛罗伦萨弗罗林(florin)可能提供了一个兑换率的等价基线,但由于缺少卡斯蒂利亚王国的证据,因此,佛罗伦萨弗罗林无法作为比较基准(见本书第五章第六节)。[68] 在近代早期,也就是17世纪中期以前,一直没有合意的兑换率参照系。[69] 因此,我们必须在有关中世纪西欧君主国(见本书第五章)及其支出(见本书第十二章)的几章中重新把白银作为比较不同时期和国家的计量单位,但我们应该注意,白银供给增加时期又提出了兑换成白银如何估值的问题。近代早期的很大一部分时间里始终存在这个问题。[70]

考虑到战争支出是一个驱动因素,我们就提出了国家的财政能力随着时间变化的观点:总的来说,国家能做的很可能就是它们已经做的。[71] 有人认为,在17世纪的法国,课征平民人头税(*taille*)的"财政极限"是3 000万~3 500万里弗尔;这个极限决定于这个税种的性质和作为这个税种税基的生产性财富。[72] 可以断言,一般来说,当时纳税能力概念始终是与能公正、公平地课征到的税额联系在一起的。就如小皮特(Pitt the Younger)在1795年指出的那样:

"在与富国进行比较时,必须考虑穷国的最小负荷,绝不能用它们若干能力的比例来作比较。因为,如果一个国家在财富、人口和已有商业以2∶1的

---

67 Riley(1980),102—103. Riley在计算时把Posthumus(1946)的数据作为换算因子。譬如说,无论是图尔里弗尔还是英镑在对英格兰与法国进行比较时都不是"中性"货币。请读者拿本书中的图40(见第十一章第五节)与Bonney和Bonney(1993:96)中的图30进行比较。

68 Cipolla(1982)、Spuffird(1986)和Guenée(1985:109)都把佛罗伦萨弗罗林作为比较14和15世纪某些财政估计值的换算因子。

69 McCusker(1978)只有较少的1600年以前的记载。

70 Riley(1987:230):"由于白银供给增加,因此,把图尔里弗尔含银量降低到含银量多少有点与事实不符。"Cf. Guéry(1978),227;Bonney(1991a),225。

71 Tanzi(1991),99 and esp. 102:"事前,国家可以为某个给定财政年度计划任一水平的公共支出和财政赤字。但事后,国家预算可能出现的最大赤字(用占国内生产总值的比例表示)受到融资来源的限制。"

72 Collins(1988),219;Bonney(1992b),120 n. 53.

比例超过另一个国家，那么，这个国家几乎就会确信，自己可能有能力承受几乎10倍于另一个国家能够承受的负荷。”[73]

如果纳税能力意味着财政极限或者最高的可能税收水平，那么就难以考虑对那个时代的财政制度进行明确的经验检验，更不用说对之前的财政制度进行明确的经验检验了，[74]但当时很可能存在可以把纳税能力作为它的一个特点包括在内的“财政危机”现象。[75] 但不管怎样，也许同样很可能存在“征税过少”的现象，如18世纪法国相对于英国而言。[76] 对于有些国家，可以估计某些时候的国民生产总值(GNP)，并推测财政负担或债务负担与国民生产总值之间的关系。[77] 但是，对于大多数欧洲国家来说，这一点也不可能做到，因为农业当时在大多数欧洲国家占据主导地位，农业产出水平非常接近它们的国民生产总值。就如1710年的俄罗斯所显示的那样，我们在知道实际税负要占到谷物产量的64%以后就可以推断[78]，1710年的俄罗斯确实已经达到纳税能力的极限。就如本书其他章节(第十五章第五节)所显示的那样，是国家需要与收成波动之间的互动关系决定大多数纳税人要承担的实际财政负担。

因此，《经济系统与国家财政》提出了一些涵盖面很广的问题，并且力图对关于欧洲经济和国家发展的更加重要的问题重新作出基本评价。我们必然要选择考察期，因为我们无意重写从13世纪到18世纪的整部欧洲经济史。如果说本书考察期的下限要晚于本丛书的另外几卷，也就是1815年，而不是1789年，那是因为，虽然欧洲大多数国家受到了法国大革命和拿破仑战争的影响，但是，在财政史上，1789年只对于欧洲一个国家——法国——标志着新的开端。到了1815年，只有一个欧洲国家——英国——以经济霸主的面目脱颖而出，主要是因为英国没有像它的大陆竞争对手那样被击败和超越，而是在西班牙和葡萄牙失去了它们的南美帝国以后确立了自己的全球海洋和殖民霸主地位(见本书第十一章第六节和第七节)。本书无意研究欧洲每个国家的

---

73 Prest in Toye(1978),19.

74 Ibid. 29.

75 Fitzgerald in Toye(1978),125—158.

76 Matthias and O'Brien(1975);Bonney(1992a),174;Wrigley in Stone(1994),74—75.

77 O'Brien and Hunt(1993),158—160,172—175.

78 Hellie in Bonney(1995).

“国别”发展或者中世纪和旧制度时期发展起来的财政立宪制度的充分多样性。但不管怎样,我们对那些构成我们研究起点的案例研究进行了总结。[79]我们还谈到了一个可供查阅的统计数据库,我们在完成研究项目的过程中也用它来获取信息。[80] 集体研究不易管理,像本书这样的论文集也不易编选。如果本论文集的总体阐释力大于各单篇论文阐释力之和,那么,完成这本集子的研究团队就会感到心满意足。

---

79 关于这些案例研究,请参阅 Bonney(1995),但另有补充。

80 欧洲国家财政数据库建立并于 1993 年存放在位于埃塞克斯大学经济与社会研究理事会数据档案馆的数据集可登录联合科研网(JANET,E-mail,ARCIVE@UK. AC. Essex,generic code 33250)查阅。

第一篇
中世纪:发展与延续

第一章　中世纪和文艺复兴时期的国家财政理论

埃伯哈德·伊斯曼(Eberhard Isenmann)

中世纪——至少欧洲大部分国家同时——见证了更加差别化和多样化的征税方式以及更加先进的财政管理体制的发展。中世纪的国家财政理论包括来源不同、范围广泛的观点,从法律陈述和道德主张、格言和准则到相对比较简单的思想观念无所不包。但是,中世纪同样也目睹了一些内容广泛、意义深远的理论的诞生,这些理论关涉不同类型收入和税种的分类,税收计征技术,税收计征和税负分摊的财政公平和公正问题,以及征税与经济、社会秩序和政治体制之间的相互关系。

1.1　理论与理论家

中世纪的征税方法(城邦例外)较之于近代早期的征税方法相对比较简单,但这并不必然意味着中世纪的财政理论同样也不如近代早期财政理论那样成熟。恰恰相反,相关的定义、格言、理论和思想体系都因为关于基督教早期教父著述和经文的神学注释、12 世纪及其后的罗马法和教会法研究以及亚里士多德的《政治学》(*Politics*)和《尼各马可伦理学》(*Nicomachean Ethics*)的重新发现——使得当时的学者了解到了古代哲学——而得到了发展。最后,罗马帝国晚期的财政国家法律和实践在中世纪也成了研究对象。因此,学术研究在一定程度上走在了财政政策实践的前面,并且显著促进了关于税收主权(或者征税权)问题以及由自治机构或者议会进行财政立法和正式批准税收的规定的讨论。中世纪的学者还探讨了纳税义务存在的条件以及(威尼斯、佛罗伦萨、锡耶纳和热那亚等城邦)发行付息政府债券[短期债券、贷款凭证(*prestanze*)或者地方债券(*luoghi*)]算不算借高利贷的问题。[1] 此外,那个时代的理论家还讨论了社会性质和经济(包括货币定义)等概念、设立国库(*fiscus*)的法律依据,以及一种包括公法、公利或者公益(*utilitas publica or bonum commune*)和强制力(*necessitas*)等概念在内的国家理论的不同方面问题。[2]

当然,这些思想并不仅限于中世纪,而是主要通过教会法和罗马法持续发展(尽管发生了部分变化)到了近代早期。亚里士多德和托马斯的社会和国家或者共和政体(*respublica*)观有时与奥古斯丁主义结合在了一起:14 和 15 世纪的意大利、西班牙、法国、英格兰和德意志神学家详细阐述了当时很新的税收正当、公平学术思想(以及货币和货币流通概念),而 16 和 17 世纪著名的萨拉曼卡(*Salamanca*)学派在他们的著述中传承了这些学术思想。[3] 由于中世纪实在法(人定法)必须服从神法和自然法,并且必须着眼于一般的人类福祉(*bonum*),因此,那个时代的神学家有权通过他们的神学大全(*Summae*)、神学大全告解(*Summae confessorum*)、经文注释和其他专家陈述和论文(*Sententiae*、*Quodlibeta*、*Quaestiones* 等)依照世俗法作出判决。哲学家们应该也表达了他们是检验或者验证包括万民法(*ius gentium*)、所有国家和全体民众共同权利在内的实在法服从道德和自然法的权威的意思。[4] 经院哲学家对神学和哲学进行了整合,并且把道德科学和学说也包括在内。许多神学家还研究法律。法学家们纷纷对法院的判决(*forum contentiosum*)发表自己的看法,而神学家们则专注于罪孽和良心的支配作用(*ratione peccati*)等问题,他们在道德法庭(*foro conscientiae*)宣讲个人义务问题。罗马法和教会法以及道德神学的基本原理不再是单纯的学术和理论问题,而是越来越面向实践。这个

---

1 本章的作者和本书的编者要感谢(莱斯特大学的)A. K. B. Evans 博士帮助完成了本章的编辑工作。Kirshner(1970);de Roover(1953b)。

2 Kantorowicz(1957);Ullmann(1961);Post(1964).

3 这里不可能一一列举这些法学家和神学家的全部相关著述。特别应该参阅 Kehl(1927)的综述和图表以及 Wachenhausen(1972)。

4 Cf. Trusen(1961),23—27.

转向过程的实施者就是教会和世俗法庭的律师、君主的谋士、传教士和忏悔师。

中世纪晚期为君主撰写的说教和教育著作[用不同语言出版、名叫《君主的镜子》(*Mirrors for Princes*)的著作,如 *Specula regis*、*Miroirs au prince*、*Fürstenspiegel*]以及其他政治—法律或者政治—宗教文章也都有论述财政问题的内容。中世纪的理论和规范观点因为法学家以及历史和政治学者表现出越来越浓厚的分析和实证兴趣而在 15 世纪得到了补充。15 世纪下半叶、16 世纪上半叶,在关于共和政体国家和政府的一般思考、政治学、早期的历史著述和其他有时主张改革的分析论文中已经明显表现出一种强劲的实证倾向。因此,我们能够在像菲利普·德·科米纳(Philippe de Commynes)、约翰·福蒂斯丘爵士(Sir John Fortescue)、弗朗西斯科·帕特里齐(Francesco Patrizi)、马泰奥·帕尔米耶里(Matteo Palmieri)、弗朗西斯科·圭恰尔迪尼(Francesco Guicciardini)、尼古拉·马基雅维利(Niccolo machiavelli)和迪奥梅德·卡拉法(Diomede Carafa)这样的学者内容迥异的著述中发现了有关财政和税收的论述。与此同时,当时似乎还出现了一些几乎跟复杂思想无关的其他理论。这个更加注重实用的替代性理论体系有可能源自直接的财政需要或者统治者与三级会议之间关于征税权和税收的法律依据、税收的政治必要性、公平计税或者重税尤其对社会贫穷阶层的经济和社会影响的争论。在很多情况下,很难确定这些理论是在凭借经验理解财政现实的基础上建构的,还是其他更为人熟知的箴言的重现。有关税法的专家意见虽然已经试图分析税收与经济的相互关系,但仍相对比较少见。

1.2　早期的教父、法学家、经院哲学家和道德神学家论税收

有两篇重要的圣经课文告诫基督徒要履行纳税义务。第一篇是基督答法利赛人(*Christ's answer to the Pharisee*)——"是恺撒的物品就应该归恺撒"(Matt. 22:21)。第二篇是使徒保罗致罗马人的信(*St Paul's Epistle to the Romans*)。在致罗马人的信中,使徒保罗表示,一切公民权利都拜上帝所

赐——“请履行你对所有人的义务，并且缴纳赋税(*tributum*)和通行费(*vectigal*)”(Rom. 13:7)。当然，早期的神学家并不关心创立财政学的问题，而只关心基督徒的灵魂安宁。主要的需要是灌输基督和他的使徒们的嘱咐，基督和他的使徒们都认为子民有无可置疑的纳税责任。[5] 从精神意义上讲，缴税是为了获得升入天堂的永恒奖励而舍弃一些令人堕落的现世财产的机会。然而，早期的神学家强烈反对过度课税，例如，他们反对在罗马帝国内部进行任何不利于穷人的不公平税负摊派。他们证明了财政掠夺政策和不公平的税负必然会对经济和社会产生负面影响：穷人会在富人的专制统治下破产并且沦为奴隶，而“野蛮”的统治在它可能推行的财政政策方面显得更加值得注意(Salvian of Marseille，395—490)；[6] 在农村，农民的生产力会降低，而农庄会被遗弃、耕地会被重新用于造林(Lactantius，250—340)。[7]

使徒保罗简略地对向君主缴税或纳贡(*tributa*)作了辩解，说是因为君主为他的子民提供了维护秩序的服务(Rom. 13:4—7)。有好几个早期的教父对使徒保罗的圣著进行了评论和阐释，尤其是君士坦丁堡牧首圣约翰·克里索斯托(St John Chrysostom，344—407)[8] 列举了许多君主提供的好处：君主保卫了和平，并且维护了秩序和安宁，从而捍卫了民众、城市、村庄、房屋和市场的现世存在；保护弱者免受强者欺凌；通过他们的士兵或者官吏提供了服务；平息了城市里的反叛，确保政治派别无害，并且抵御外敌侵犯。虽然赋税看似沉重，但却是换取君主提供的无数好处的必要条件。因此，赋税是给予君主操劳和勤勉的补偿。赋税同样为维持君主的生计所必需，因为君主整天为国事和民生操劳，忽略了对自己的关心。[9]

举例来说，圣奥古斯丁(St Augustine，353—420)也强调了这种认为子民向君主纳贡无可置疑的绝对责任的早期神学观，他曾表示子民必须接受罗马皇帝发出的任何敕令。[10] 这种观点直到13世纪才有所改变。13世纪，圣托马

5 Hamm(1908)，125—183；Kehl(1927)，1—22.

6 Kehl(1937)，10—14；*Patrologia... Latinae*(1844—1865)，liii，cols. 97 ff.

7 Kehl(1927)，8.

8 Ibid. 1—4.

9 *Patrologiae... graecae*(1857—1866)，lx，col. 613 ff.

10 *Patrologiae... latinae*(1844—1865)，xxxix，col. 1905.

斯·阿奎纳(St Thomas Aquinas,1225—1274)提出了以下这个基本原则:人定法只有在公正的前提下才具有道德约束力;不公正的人定法毫无约束力可言,因此不必遵守。[11] 如果把这个基本原则应用于按照重法(*leges oncrosae*)课征的赋税,那么,只有公正的赋税才有缴纳的道德义务;不公正的赋税就不该缴纳。相反,早期的教父不论人定法是否违反神法,只对义务进行了限制。经院神学家和道德神学家几乎在全部的赋税讨论中都添加了公正的思想——唯一的例外就是根特的亨利(1217～1293 年)。亨利否定了子民检验或者审核赋税是否公正的任何权利,并且要求绝对顺从。子民拒绝缴纳公正赋税或者逃避一切缴款,就是违背了交换正义(*iustitia commutativa*)原则,犯下了盗窃罪,而且还犯有道德过失,要为自我救赎作出赔偿。不过,这条基本原则同样也适用于课征不公正赋税的君主:有责任赔偿他的子民。

但不管怎样,公正只是相对的,而且并非总能不证自明,因此必须设定判断是非的标准,以便能够认定从亚里士多德分配公正的意义上可被视为公正的东西。因此,根据亚里士多德的万事终极原因和目的说,阿奎纳和其他使徒详细罗列了一组关于赋税的正当理由和一个典型支出目录。赋税是否正当,现在可以用三段论法得出的结论(小前提)来确定,而神学家论述赋税的著述也变得越来越多,与此同时尤其是在城市得到了传播。教会法学家对不同种类的赋税进行了分类和定义,主要是为了区分教会和教士的赋税豁免权。在这些作者中有教皇诺森四世(Innocent Ⅳ,Sinibaldus Fliscus,殁于 1254 年)和 15 世纪最重要的教会法学家帕诺米塔纽斯(Nicolaus de Tudeschis,Panormitanus,1386—1453),还有民法教师。承担公益费用和缴纳赋税都是"义务"(*munus*):按照帕诺米塔纽斯的解释,根据民法,承担公益费用和缴纳赋税是依照法律、风俗习惯或者拥有公权力的君主权威的强制力必须履行的义务。[12] 缴费或服役需要不一定直接有益于国家(*respubulica*),也可以有益于私人个体。但不管怎样,私权利必然发源于公权力。

中世纪的理论家首先是从法律的角度出发,但没有认真考虑经济因素,对"好税"(*munera honesta*)和"坏税"(*munera sordida*)作了区分和分类。经常

11　Aquinas,ed. Caramello(1952—1956),ia. iiae. 96—4;Kehl(1927),2—25.

12　Innocent Ⅳ(1570),(3—49—4.1);Kehl(1927),53.

税与非常税(或者临时税)最初是按照税收是由常规立法程序还是由非常规立法程序决定的这个标准来区分的。诺森四世教皇对经常税和临时税进行了区分,但没有进一步对这一区分进行解释。[13] 不过,经验学派的米德尔顿的理查德(Richard of Middleton, Richardus de Mediavilla,约殁于 1300 年)在他的《杂论》(*Quodlibeta*)中详细解释了区分经常税和临时税的原因。经常税是可预见、确定且定期缴纳的税收;而临时税并不是经常课征,而是因发生意外事件而课征的税收,如君主嫁女。[14] 缴税的定期性和经常性也许可作为任何现代财政讨论中的关键概念,但很多中世纪神学家都认同教会和教士只需履行缴纳法律意义上的经常税的义务。但在中世纪,像按经常性、确定性和可预见性这样的经济标准来确定经常税的还不多见,至少要远远少于按法律要件确定经常税的做法。按经济标准确定的经常税要同时满足三个条件,因此进一步减少了纳税义务。[15] 佩特鲁斯·安的波鲁斯·阿罗布鲁基斯(Petrus Antibolus Allobrogis)在他的论文《赠与论》(*De muneribus*)(约 1360 年)中用不同于其他学者(以及后来的帕诺米塔纽斯)的术语把依法课征或者根据元老院决议或罗马皇帝敕令课征的税收归入经常税或者"教会税"(canon *munera*),而临时税就是那些不按照常规方法,而是为一些特别事件(如君主成亲、王子受爵、购置领地或者拜访教皇)课征的税收。[16] 约翰内斯·贝塔齐纽斯(Johannes Bertachinus,殁于 1497 年)在他的专著《税赋论》(*De gabellis*)(约 1490 年出版)[17]中把那些依据早些时候的法律或者法令特别是根据一般、持续的原因并在间隔一定的时间后按固定、连续的缴纳方式课征的税收定义为经常税或者"*indicta*"。是否出于需要以附加税(*superindictum*)的形式,也就是通过追加附加税率的方式增加税收这并不重要。这种税收基本上被作为经常"*indictum*"或者"*collecta*",一种提前向民众公布好让他们早做缴纳准备的税收。临时税完全没有这样的一般法律依据,并且是在像突然受到敌人攻击或者对土匪采取军事行动这样的非常规、临时情况下课征的。

13 Innocent Ⅳ(1570),(3—49.4,fo. 459b).

14 Kehl(1927),54.

15 Ibid. 74—75.

16 *Tractatus universi iuris*(1584,fos. 19^{b}—51^{a});Kehl(1927),60—71.

17 *Tractatus universi iuris*(1584,fos. 51^{b}—76^{a});Kehl(1927),47—49,71—73.

按照诺森四世和奥斯迪恩西斯(Hostiensis,Henry of Susa,殁于1271年)的观点,经常税可细分为"对人"、对物和混合三种。[18] "对人税"(Personal *munera* 或者 *angaria*)就是那些需要纳税人提供体力或者脑力徭役但不需缴钱财的赋税:例如,个人有义务为国王打仗,但费用由国王承担。后来的作者(如安的波鲁斯)列举了为了国家或者私人的利益履行的行政管理职务或提供的服务,如守卫服务。对物税或者财产税(*munera realia* 或者 *munera patrimonalia*)由财产持有人缴纳或承担风险。米德尔顿的理查德把"*munus reale*"(或者 *munus ordinarium*)解释并定义为一种因财产权而要缴纳的费用。他又进一步把"*munus realia*"分为课征于财产本身(与持有人无关)的财产税和因为持有财产而按财产比例课征于财产持有人的财产持有税(*collecta*)。混合税(*munera mixta* 或者 *perangaria mixta*)是指那些需要提供体力或脑力徭役且由个人自己承担费用和风险的义务。诺森四世和奥斯迪恩西斯把临时税分为:与公共利益(保卫国家或者捍卫基督教信仰)有关的赋税;涉及义务或责任问题的赋税,如为修桥或者筑路课征的赋税,为救赎被俘君主而课征的赋税,为君主购置领地或者加封儿子而征收的贡金或者为承担君主的高支出、君主因故变穷或负债累累而征收的赞助费;君主突发奇想而课征的赋税。米德尔顿的理查德还把临时税细分为为君主征收的临时税以及关涉国家和出于恭敬(虔诚)而缴纳的赋税。

帕诺米塔纽斯主要把税收分为对人税、财产税和混合税[安的波鲁斯把混合税称为公共和民事税(*munera publica et civilia*)],但只是附带讨论了如何区分经常税与临时税的问题。财产税采用实物或货币的形式缴纳,并且又可进一步细分为不对人仅课征于财产的税(*munera mere patrimonialia*)、不考虑财产对人课征的税(即人头税,*capitatio*)和对人按持有财产比例课征的名副其实的财产税(*collecta*)。在不对人仅课征于财产的财产税的情况下仅对财产课税,这是一种按收益(*tributum* 或者 *vectigalia*)课征的税。那个时代的神学家详尽程度不一地提出了很多不同的赋税区分和细分方法,以下这些决疑例子就能证明这一点:安的波鲁斯采用了古罗马帝国的例子以及意大利

18 关于以下内容,请参阅文献:Amberg(1909),1—13;Kehl(1927),52—78。

和法国城市与不同地区的例子。区分对人税与对物税(*patrimonialia*)具有重要的意义。神学家们一般都能接受教会和教士有义务缴纳财产税,但应该免缴对人税,这就是——譬如说——虽然关税(*vectigalia*)无疑是对物税,但贝塔齐纽斯仍要把它归入对人税的原因。除此之外,随着货币经济的发展以及实物纳税转变为货币纳税,越来越难以把新的税种归入对人税或对物税。后来的神学家,如加布里埃尔·比尔(Gabriel Biel,约 1410～1495 年)和皮埃里亚的西埃维斯特(Sylvester de Pierio,Prierias,1456～1523 年)只满足于确定不同种类的税收。他们开始对以上提到的圣经里的赋税名称——*census tributum*、*vectigale* 和 *teoloncum*——的注释与罗马帝国的传统赋税名称进行区分,[19]但对圣经里的赋税名称的注释并不能幸运地适用于当时的经济和法律条件所要求的新税种。用"白话文"来解释当时流行的税收术语,必然需要重新进行定义。

1.3 征税正当性探析

征税的正当性与权力(*potestas*)的合法性以及像国家和社会起源和性质这样的问题有关。使徒保罗在他的《罗马书》(Rom. 13)和《提摩太书》(*First Letter to Timothy*,I Tim. 2:2)中进行了早期的权威阐述。统治者从上帝那里接过了权力,他的主要职责就是维护国家内部的法律秩序,保卫国家不受外敌侵犯,确保自己的子民能在和平安宁的环境中生活。为了使统治者能为他的子民履行职责,他的子民必须以纳税的形式拿出部分必要的手段供统治者支配。我们也能在罗马法和教会法以及更加务实的政治思想的背景下找到这种手段与目的之间的关系。有关使徒保罗书信和耶稣语录(Matt. 17:23—25;22:21)的注释强调指出,子民必须纳税以表示对君主权威的臣服。从中世纪开始一直到近代早期,很多经院哲学家、道德神学家和教规法学家对这种观点的发展作出了不同程度的贡献。除了欧洲政治思想方面的这个主流以外,还有另一个证明征税正当性的依据,那就是从国家共同体观出发——而不是

19 Kehl(1927),78—85.

首先与臣服于君主联系在一起——通过强调国家作为一个共同体也需要掌握必要的手段(*necessaria utilitas*)。在他联系威尼斯的公债(*Monte vecchio of Venice*)论述自愿贷款或强行借贷(prestiti)的税收特点的《设问辩难》(*Quaestio*)中,14 世纪的思想家英吉利的尼古劳斯(Nicolaus de Anglia)从国家就是由公民构成其组成部分的集体性实体的观点以及亚里士多德—托马斯式格言出发阐述了"共同利益(*bonum commune*)或者人民的利益重于局部利益或者部分人的利益;因此,部分人必须自愿为整体牺牲自身和自身的利益;在出现'紧急需要'的情况下,公民个人的利益必须服从社会整体的利益"。[20]

我们应该能够在使徒圣托马斯·阿奎纳本人的陈述、他对《马太福音》(Matt. 17:24ff)和使徒保罗《罗马书》的注释、他本人写给洛林和布拉班特女公爵(duchess of Lothringen and Brabant)的信(*De regimine judaeorum*)以及他自己的《神学大全》(*Summa theologiae*)中找到认为征税正当的中世纪权威辩解。[21] 根据他的注释,君主之所以要向他的子民征收赋税,是因为君主要通过自己的内阁为上帝效劳。不管怎样,赋税并不是奖励,而是用来支付维护国家、确保祖国(*patria*)和平安宁所发生的费用。关税是在特定地点为了确保贸易安全进行、修建道路和保证道路安全、资助君主在自己领土上巡游以及实现其他正当目的而征收的。在《论犹太体制》(*De Regimine judaeorum*)的核心部分,第六个问题问的就是是否允许统治者向笃信基督的子民征收赋税。阿奎纳回答说,君主应该分享财产和土地收入,以便有充分的收入维持统治,从而避免对自己子民进行掠夺。但是,有时也可能发生像君主缺钱保卫领土或者执行他合理地希望完成的任务这样的情况。一旦出现这种情况,子民就应该提供足够的手段用于支付为了共同的利益而发生的费用。因此,有些国家的统治者就会依照长期形成的惯例来向其子民课征财产税(*collectae*)。这样的税收只要不过分,就可以在不犯罪孽的情况下课征。用使徒保罗的话来说,就是"没人愿意自费提供服务"。因此,君主在为子民的整体利益效劳时,应该能够合法地从其子民那里收取"生活费"。君主的费用可以用这个用途的指定收入来支付,或者,在指定收入不够的情况下可通过向子民增收赋税来支

---

20 Kirshner(1970),54,68,70—71.

21 Kehl(1927),87—92.

付。这个论点也适用于因子民整体利益或者为了维持君主体面生活而支出突然增加以及收入或经常税收入不够的情况:比方说,有外敌来犯。如果出现这种情况,只要是为了国家的利益,除了征收经常税以外,君主就应该被允许向其子民课征临时税。后来的很多神学家,如弗莱堡的约翰内斯(Johannes of Freiburg)、奥伊塔的海因里希(Heinrich of Oyta)、佛罗伦萨的安东尼奥(Antonino of Florence)和皮里耶里奥的西尔维斯特(Sylvester de Prierio),都援引过阿奎纳的这段话,而阿奎纳的这段话似乎充分证明了"国王应'自食其力'"[22]这句中世纪晚期的政治格言,而且还证明了以国家需要和国家面临危险为由课征临时税的正当性。[23] 阿奎纳自己也在他的《神学大全》中再次论述了这个主题,并且还讨论了是否能在某些场合实施"抢劫"而又无罪的问题。[24] 阿奎纳的论点是:君主以收取保卫国家的费用为由,甚至动用武力向其子民催讨"欠费",并不构成犯罪。天理要求广大子民应该对像君主和士兵那样为国效劳的人支付俸禄或军饷。

卢卡的托洛梅奥(Tolomeo de Lucca)完成了使徒托马斯没有写完的《论君主政体》(*De regimine principum*),他支持老师的论点,除了引证《马太福音》和使徒保罗的论点外,还重点论述了理性和自然法则。[25] 既然无人愿意自费服役,[26]既然这是遵循人人都应为自己付出的劳动获得回报的自然法则,[27] 那么,统治者也应该获准向其子民索要贡金并课征年税,但必须仅限于此,而不能不合理地加重子民财产的负担。只有在保卫国家或者合理地关系到国家的类似情况下才能正当地要求增加子民的税负。只要国王的统治权是合法的,因此是在为公共利益(utilitas publica)采取行动,并且不是像暴君那样在牟取私利(utilitas privata),那么,只要是出于保护子民福祉的需要,国王就有权向其子民征税,但不得超过此限。国家需要应服从于保护人类社会,统治者

---

22 Dietz(1920),16—17;Wolffe(1971),40—51,passim;Coville(1888),37;Rey(1965),41;Wolfe (1972),9.

23 Mitchell(1914);Strayer and Taylor(1972);Harriss(1978);Elton in Winter(1975);Alsop (1982);Ormod(1991c).

24 Aquinas,ed. Caramello(1952—1956),(iia. iiae. 66. 8,cf. 87—1).

25 Innocent Ⅳ(1570),3—11;Kehl(1927),91—93.

26 I Cor. 9:7.

27 Matt. 10:10;Luke 10:7;I Tim. 5:18.

其实就是社会的基石，并且必须不受损害：统治者的损失必须用受他保护的社会缴纳的赋税来补偿。米德尔顿的理查德认为，还应该积累盈余并且通过征税不断补充；这样，国王才能保卫王国抵御外敌侵犯。如果敌人知道国王有强大的财力支持，那么就会害怕，而王国就会因此而不受侵犯。加布里埃尔·比尔和其他神学家[28]赞同理查德的观点。

因此，证明征税正当的主要论点往往是在君主需要和要求论与国家和子民需要论之间游移不定，而居于两者之间的有王权天授论、君主效力费用论、子民纳税义务论、社会受益论等不同论点。黑森的海因里希（Heinrich of Hesse）或朗根斯泰因（Langenstein，1325—1397）在拿统治者与士师（犹太诸王之前的统治者。——译者注）、士兵、基督教主教、教士、公开表示信仰者和传教士做了比较以后认为，统治者通过征收财产税或其他适当的财政措施来保证自己由公费供养是合情合理的：这些公务员和管理者不应该有生活费来源的烦恼，因为他们的劳动为大家的暂时和永恒幸福所必需。[29] 依据《圣经》经文和自然法则得出的论点从坚持认为君主的操劳应该用赋税来补偿变成了纳税人受益论。拉昂的安塞姆[（Anselm of Laon）、安瑟尔谟·劳杜嫩西斯（Anselmus Laudunensis），殁于1117年][30]认为，统治者征税其实就是为了补偿在为国效劳并充当审判员时发生的费用。后来，根特的亨利[31]秉承了他的观点。加布里埃尔·比尔强调，突发事件或者紧急状况以及保护和捍卫国家才是征税的正当理由，并且表示：一旦发生紧急状况，应该允许君主要求课征平时不能征收的赋税。[32] 早在12和13世纪就有法学家在罗马法和教会法的基础上提出了一些允许君主在有明显的需要时为了维护其统治地位（*status regni*）和公共利益（*bonum commune*），而不是为了谋取特殊权利而课征临时赋税的法律准则。[33] 但具体到罗马皇帝时，他们认为罗马皇帝就连紧急处置

28　Kehl(1927),95—101.

29　De contractibus(2. 2)in Gerson(1484,iv,fo. 206^{b});Kehl(1927),96.

30　Anselm(1533),91;Kehl(1927),87.

31　[Henry of Ghent](1518,fo. 393,9. 31);Kehl(1927),98—101.

32　Biel(1508),4. 15. 5,Lit. A,B;Kehl(1927),98—101.

33　Post(1964),18—19,258—259;Harriss(1975),16—17,21—22,passim;Henneman(1971),22—23,303—304;Wachenhausen(1972),81—90. 还请参阅文献:Leyden,ed. Fruin and Molhuijsen(1900),casus vi,36—40,passim。

权都不应该享有，而只能享有王权。[34] 让·博丹(Jean Bodin)在 1576 年援引了一位“罗马元老院议员”的格言：“世上没有比必需更加正当的理由”(*Il n'y a rien plus juste, que ce qui est necessaire*)。[35] 子民通过纳税从国防和财产保护、法律、司法、信仰和和平中获得相应的利益。和平的环境使得居民能在全国旅行和经商(St Albertus Magnus, 1193—1280)，[36]并且能过上安宁的日子。按照奥伊塔的海因里希(Heinrich of Oyta, 殁于 1397 年)的说法，人们的幸福在很大程度上有赖于和平。他谈到了圣奥古斯丁在《上帝之城》(*De civitate Dei*)中所说的“世上没有比和平更加重要和美好的易逝好事”。[37]

1.4 关于“公平”税收的原因体系

与收税正当这个问题联系在一起的第二个问题是：在怎样的条件下征税才算正当，才能让子民接受道义责任？圣艾尔伯图斯·马格努斯(St. Albertus Magnus)，但主要是圣托马斯·阿奎纳给出了这个问题的基本答案，并且规定了判断一般人定法正当性的正式范畴。这些范畴被认为派生于神法。人定法认为公平可分以下三个范畴：(1) ex fine；(2) ex auctore；(3) ex forma。由这三个范畴发展成了一个构成判断一般法律、财政法律特别是赋税是否公平的三因体系：(1)目的因(*causa finalis*)；(2)动力因(*causa efficiens*)；(3)形式因(*causa formalis*)。加布里埃尔·比尔又通过增加“(4)质料因”(*causa materialis*)把这个三因体系扩展为更加全面的原因体系。[38] 由维奥的托马斯和卡耶坦(Thomas de Vio and Cajetan, 1469—1534)]添加的第五个范畴与正确使用税收收入有关，但这个范畴已经包括在目的因中。

目的因涵盖了赋税的原因和目的。[39] 与现代要满足一般财政需要的税收

---

34 请参阅 15 世纪法学家 Jacobus Alvarotus 对封建法律的注释：Alvarotus(1522), fo. 173r。

35 Bodin(6.2)(1583, repr. 1961, 878).

36 *Commentarius in* Ⅳ *sententiarum* (4.16.46) in Albertus Mabnus(1890—1899), xxix, 637—638; Kehl(192), 87.

37 *De contractibus* in Gerson(1484, iv, fo. 227ª); Kehl(1927), 96—98.

38 Amberg(1909), 71—72; Kehl(1927), 104—109; Wachenhausen(1972), 68—70.

39 Amberg(1909), 71—72; Wachenhausen(1972), 68—70.

不同，中世纪和近代早期的税收至少就它们的起源而言，只能从一般利益或者比较特定和基本上是特殊用途的角度看才算正当。对物税、通行税、关税和消费税——*collectae*（*talliae*、*tributa*）、*pedagia*、*vectigalia* 和 *gabellae*——倘若能满足需要（*necessitas*）、促进公益（*utilitas communis*、*utilitas publica*、*bonum commomune*）或者保全社会（*communis conservatio societatis*——阿奎纳用语），那么才是仅有的原因正当的税种。"无因"（*sine causa*）课征的税收必须归还。一系列正当的支出用途——通行税（*pedagia*）和关税收入的正当支出用途，如养护道路和桥梁；对物税收入的正当支出用途，维护国家法律秩序和安宁、保卫领土不受外敌侵犯、捍卫信仰和祖国不受无信仰者和异教徒玷污和入侵——清楚地解释了税收的需要和公益论。正当的税收与正义战争是相互关联的。至于临时赋税，有格言称"因终果止"。[40] 另一组正当原因涉及典型的封建贡金——贡金只能在像君主被俘、公主出嫁、王子加封这样的情况下征收，但也可包括购置领地。这些封建贡金被认为归根结底有益于统治者的子民，因为封建主通过女儿联姻能够结交更多的盟友，通过加封儿子可增强保卫领土的力量，通过添置新的领地就有可能变得更加富有，因而有可能减轻子民的税负（就如 Guilielmus Redonensis 所指出的那样）。在加布里埃尔·比尔看来，统治者在征税时必须有所节制，这样才能直接甚或间接造福于子民；或者说，如果统治者能用自己的资源来为政府筹款，这样，子民的利益就能受到保护，因为他们缴纳了较少的税收。

"动力因"就是"实际产生作用的原因"，并且涉及税收主权问题。按照现代主权概念，征税权（*potestas imponendi sive collectandi*）是一种属于最高统治者的主权权利。然而，中世纪的情况比较复杂并存有争议。在罗马法和教会法的法学家们看来，征税权是一种最高权力（*suprema potestas*）的象征。因此，罗马皇帝（*princeps*）作为"世界唯一的统治者"（*monarcha orbis*）应该可以课征各类赋税。至于国王和其他下属政权，如领地主、贵族和城市当局，是否享有同样权利这个问题，存有争议。这个问题由于要区分关税或消费税与财产税而变得复杂。罗马法只规定了皇帝的征税权，但皇帝可以把这个权利

40　Wachenhausen(1972)，73—74；Henneman(1971)，24—25，323—324.

作为一种特权授予他人，无论是团体还是私人个人：按照贝塔齐纽斯的说法，这种特权一旦授予，就不能撤回，因为这种授权行为被认为具有协议或者契约的性质。

但在教会法中，有两个教规[41]限制动用这种权利向那些获得皇帝、国王、拉特兰会议(Lateran Council，天主教在罗马市内拉特兰宫举行的会议)或者古老习俗授权的人课征过路费、安全通行费和盐税(*pedagia*、*guidagia*、*salinaria*)。不同于后来的神学家，教会法学家奥斯迪恩西斯(Hostiensis)所说的“国王”仅仅是指罗马诸王、当选皇帝，而并非是指一般意义上的国王。例如，法国国王无权课征过路费或者把过路费征收权授予他人，因为教皇没有把授予罗马皇帝的相同权力授予法王。而诺森四世所说的国王是指所有的国王，因为他认为，国王在这方面拥有充分的管辖权。约翰内斯·安德里亚(Johannes Andreae)虽然赞同奥斯迪恩西斯的观点，但仍不得不承认国王还有城市当局都在向自己的子民和居民甚至外国人征收过路费。在奥斯迪恩西斯注释《教令集》(*Decretalia*)后 200 年，帕诺米塔纽斯谈到了教规(*Super quibusdam*)，并且认为低等级国王、诸侯和城市尤其是意大利城邦，按惯例能获得皇帝的授权和征收过路费的权利。在关于西欧君主国和自由城市或城邦无论是在法律还是事实上都不承认任何最高统治者(*superiorem non recognoscentes*)的辩论中出现了很多不同的观点，而特许和豁免请求以及其他有关惯例和古老习俗的具体问题也引发了讨论。城邦和君主国虽然从理论上讲并不完全自由，但事实上都不受约束，在下文的讨论中(第三章和第五章)可见一斑。

财产持有税这种非常规财产税的征收权是一种属于最高权力(*suprema potestas*)的王权(*ius regale*)，可通过授予特权的方式授予他人。但是，低级领主和基层政权被允许在必要时为了他们自己的福利课征财产持有税，但不能以王国的整体利益或者国库的名义课征财产持有税。按照安的波鲁斯的说法，城市当局经批准可通过课征财产持有税来为公共支出筹款，但必须征得市民和居民的同意。不过，当局在必要时可以强制课征，而市民和居民必须缴纳。这是很多提到“必要时”或者“必要情况”的法学家和神学家的观点，而城

---

41 *Corpus juris canonici*, ed. Friedberg(1879－1891), ii, 625(Extra, 3. 39. 10), 923(x, 5. 40. 26).

市当局负债就属于必要情况。诺森四世和勒多维科斯·庞塔拉(Ludovicus Pontanus)强调了必要情况的性质,他们俩认为必须是影响全体社会成员的必要情况。贝塔齐纽斯阐明了"*gabellae*"和"*collectae*"之间不是被忽视就是其他神学家没有意识到的区别。按照他的说法,凡是承认最高统治者(*supreriorem recognoscentes*)的城市在没有征得上级准许的情况下不得开征新的消费税(*gabellae*),但在必要时至少可征收财产持有税(*collectae*),但不可随意课征[伊莫拉的约翰内斯(Johannes de Imola)和于巴尔迪斯的巴尔多斯(Baldus de Ubaldis)坚持这样认为]。城市课征财产持有税的权利有时被视同它们制定特别法规的权力。

中世纪罗马法和教会法学家对罗马法的注释勾勒出了享有征税垄断权的世俗国家的样板。这种样板主要可适用于作为"*monarchus orbis*"的罗马皇帝,但也适用于西欧国家被视为事实上独立于罗马皇帝并主张在自己的王国享有相当于罗马皇帝权力的国王。从理论上讲,下属权力层就如萨克索菲拉多的巴托鲁斯(Bartolus de Saxoferrato)[42]所阐明的那样,只有凭借授权、特权和受让才被允许课征赋税。然而,欧洲大陆中世纪的现实就是,较低权力层课税的做法是有其特别的领主(或者"封建")身份关系和保护的法律依据的:依附民必须根据领主的需要缴纳贡金并建言献策。国王以宗主和领地主的身份参与这种特别的封建领主关系体系,但未经罗马皇帝许可,他没有任何为王国或国家征收普通赋税的一般主权。因此,国王也无权把征税权授予下属领主,但下属领主可凭借自己的权力征税。而罗马皇帝这边在1427年、1471～1474年和1495年之前一直没有——后来只是在征得了帝国三级会议同意以后才开始征收普通赋税。不管怎样,事实上的自治城市依据市民的效忠宣誓征税,因此,市民不得不同时承受城市和帝国的税负。(除了子民缴纳的贡金和建言献策外,)罗马皇帝和西欧君主国的君主拥有的最稳固、最早的合法权利就是征收关税权。

---

42 "除了罗马皇帝或国王或者其他受权人外,其他人都不可征税。依例征税者未经皇帝和国王授权不得擅自课征,但可要求并且擅自认为依例征税本身就有皇帝或者国王的授权。"(Bartolus de Saxoferrato,1535, *De expensis publicis*, fo. 128^V). Hostiensis(1537, repre. 1762, fo. 183^r)曾表示:"未经皇帝或某个国王许可,征税都被认定为有罪……"(*Super titulis decretalium*, 3. 10);Wachenhausen(1972), 145—146。

与这个现实形成对照的是，起源于罗马法的理论认为掌握在最高权力当局——被认为最有能力为整个王国创造公共利益的统治当局——手中的征税权是一种法定垄断权。但按照巴托鲁斯的说法，下属权力当局依法获准可为满足公共需要课征税收。巴托鲁斯曾经表示，在没有得到君主许可的情况下，有利于公共利益的赋税在有常规需要时可成为法定赋税，[43]而那些依据古老习俗征税的下级权力当局拥有法定征税权利（这就是所谓的“习俗具有法定权利效力”）。[44] 虽然像奥斯迪恩西斯这样的法学家持“征税的原因和目的并不是决定因素”和“征税的原因与纳税人无关”的观点，但教会法学家和道德神学家佩纳福特的雷蒙多斯（Raymundus de Pennaforte，殁于 1275 年）在他给忏悔主持神父下达的指示中相对于动力因而言强调了目的因，并且表示应该允许统治者在事前未征得皇帝恩准的情况下出于正当原因课征税收。[45]

形式因是评判税收正当性的标准，[46]但税收数额的正当性必须按照公共利益来评判，税负必须根据公平原则，也就是按照个人纳税能力（*facultas*）来摊派，而个人纳税能力应该按照个人的财产和总财富来评估。税收摊派被认为是分配公正（*iustitia distributiva*）的一个方面，但在亚里士多德和阿奎纳（见本书第一章第二节）看来，税收摊派并不会导致像交换公正（*iustitia commutativa*）这样的绝对公平，但能确定个人总税负不同组成部分的占比。[47] 税收必须对于纳税人和它的用途来说适度。子民必须不承担过重的税负，税收必须可以忍受，必须不会导致子民因税致穷，但要保全他们的必要生计。最重要的是，征税不应太过频繁，税负必须不超过必要水平。因此，任何盈余都应该分给受税收困扰最严重的群体。

当时也有人时常参照城市实践讨论公平、公正地摊派和计征（*peraequatio*）税收的原则、技术和方法（Antonino of Florence，1389—1459）。比例税率（*pro libra et solidis*）已经受到欢迎，但还没有实行累进税率。有些地方在理论上允许课征像人头税和壁炉税（*foragia*）这样不怎么复杂的税种。有

---

43 Bartolus de Saxoferrato(1535), *De expensis publicis*, fo. 33^r; Wachenhausen(1972), 150.

44 Cf. e. g. Sylvester de Prierio and Gabriel Biel: Wachenhausen(1972), 150, nn. 245, 247.

45 Kehl(1927), 144—146.

46 Amberg(1909), 95—118; Kehl(1927), 184—237.

47 Esp. Neumann(1880), 526—547.

人还讨论了其他一些问题，如税务登记时，财产应该按照收益还是售价估值、房屋修缮后是否应该增加估值。双重征税是一个由内部管辖权划分或者外部管辖权造成的重大问题，但必须加以杜绝。

第四个原因是质料因[48]：公平的赋税必须由适当的纳税主体缴纳，并且必须课征于适当的税收客体。除了教会和教士本人享受豁免权外，盲人、病人、寡妇、孤儿和穷人等不幸的人（*personae miserables*）应该全额或者至少部分免税。商人被认为是非常适当的纳税人。维奥的托马斯认为，对生活必需品运输征收关税（*vectigalia*）不公平，因为这样，穷人要与富人缴纳一样多的税，而不是按纳税能力缴税。类似地，他还认为间接税对于多子女家庭不公平，因为多子女家庭消费多，所以缴税也多，而且子女多还会削弱家庭纳税能力。[49]但是，神学家们不敢公然抨击影响食盐消费的税收权（*salinaria*），因为盐税课征权是获得法律和惯例认可的。关于税收客体，当时一般认为，凡是为维持最低生活水平所必需的物品都应该免税，包括基本生活必需品。除非地方法规允许，课征于遗产（*ad pias causas*）继承的税捐被作为一个原则问题遭到了抵制；不过，即使在允许课征遗产继承税的地方，也仅仅针对遗产净收益计征遗产继承税。

亚当·斯密之前已有的最先进赋税原则似乎是由尼古拉·奥里斯姆（Nicolas Oresme，Oremius，约 1320—1382）提出的。奥里斯姆在他的小册子《论货币》（*De moneta*）[50]——只论及税收的正当理由——讨论了把降低铸币成色作为一种征税（tallia 或者 collecta）方式的好处。降低铸币成色能在短时间内获得很多收益："计征"方便、费用低廉；无须雇用大量的税务人员，也不用承担税务舞弊风险；而且还公平，因为承受得起的人多缴。至于降低铸币成色能带来的回报，没有其他形式的税收那样显眼或者能感觉得到——因此更容易忍受，统治者又不用承担引起抗税暴动和民怨的风险。这可以说是一种普征税，因为无论是教士还是贵族都不能享受特权或者其他原因赋予的豁免权——在课征其他形式的赋税时，教士和贵族会想方设法争取免税权，从而在

48 Kehl（1927），237—275.

49 请比较 Francisco Suarez 与 Thomas de Vio 对消费税的论证：Amberg（1909），108—109。

50 Oresme，ed. Johnson（1956），35—37，ch. 22；cf. Kehl（1927），283—287.

国家内部导致妒忌、矛盾、争执、公愤和其他不幸。[51] 有必要拿在这些理论背景下详细阐述的税收原则与其他后来在一种直接的政治背景下提出的税收原则进行比较。罗马帝国最完善的税法或者税收法规，即1474年的税收法规，明确规定了5项税收公平原则：税收必须"普适"；税收必须由社会各阶层平等承担；税收必须与个人纳税能力相称；税收必须可以忍受；最后，税收的预计收入相对于税收用途必须充分。[52]

1.5 相关"知识宝库"：公共财政和税收问题的政治和改革论文

中世纪晚期和文艺复兴时期的一些政治论文更加深入地探讨了与公共财政有关的政治、行政管理和经济问题。弊政和其他陋习刺激到了一些主张改革的学者。像圣托马斯·阿奎纳、埃吉狄厄斯·罗马纽斯（Aegidius Romanus）[科朗纳（Colonna），1247－1316]、弗朗西斯科·彼特拉克（Francesco Petrarch，1304－1374）、乔凡尼·赛卡姆比（Giovanni Sercambi，1347－1424）、弗朗西斯科·帕特里齐（Francesco Patrizi，1412－1494）和巴尔托洛梅奥·普拉蒂纳（Bartolomeo Platina，1421－1481）这样的意大利学者[53]都表示——当然程度不一——君主的领地是公共财政的基础，君主在和平时期应该具备供养军队的必要手段。原则上，开征新税应该是临时的权宜之计，并且必须被局限在某些明确界定、众所周知的纯紧急需要的情况下。税负应该尽可能适中（*Petrarch*），征税必须采取简单、人道的方式。赛卡姆比——虽然没有运用支持间接税的现代心理学论点，但——并不赞成课征直接税，而是建议征收进口税和出口税，尤其主张对进口外国葡萄酒课征高关税。

无论在什么情况下都应该尽量避免出于政治原因开征新税，因为，就如帕特里齐所指出的那样，新税对于民众终究是新的负担，并且有可能导致民众怨

51 Cf. Smith, ed. Campbell, Skinner and Todd(1976), 5. 2. 2, "Of Taxes". 关于教会和教士享受免税权的理由，请参阅文献：Kehl(1927)，344－401。

52 Isenmann(1979)，71－77；Isenmann(1980)，161－182.

53 Ricca-Salemo(1881)，17－41.

恨当局。因此，为了获得必要的资金（*pecuniae*）——被帕特里齐（援引一句名言）称为“国家的神经”（*Nervi civitatis or reipublicae*）[54]，君主必须拥有大量的领地，并且由于财政、政治甚至社会和经济的原因而必须保全自己的领地。当时有人认为，由官吏和（世袭）佃户管理的君主领地会影响社会其他群体和经济：帕特里齐似乎就表示，君主的领地过大会促使那些管理领地的人尽量扩大自己的“地盘”，从而导致大量的土地集中在少数人手中，从而不利于公共利益。[55] 赛卡姆比建议君主把那部分不太肥沃、不能为财政带来很多收入的领地转让给私人个人。[56]

这些财政和政治目的只能通过勤政和严格的管理来实现。为此，君主必须对海关官员、税务官吏和领地承租人进行监管，并且在必要时进行惩罚：君主必须采取反对舞弊、陋习和敲诈的行动。还有学者对君主提出了更高的要求：君主自己也应该恪守支出有度的规矩。彼特拉克表示，君主必须避免无用多余的花销，以便把充分多的钱用于必不可少的礼仪花销和为国家（civitas）谋利益。[57] 普拉蒂纳就像彼特拉克那样建议君主兴建有用的公共工程项目，如加固河堤、兴修沼泽地排水设施或者维修街道。[58] 埃吉狄厄斯·罗马纽斯提出了类似的建议，并且还呼吁君主在收入和支出方面要争取获得公民的赞同，从而避免个人浪费财产的风险，并且同时关心国家和私人的利益。[59]

1347 年一本在 15 世纪中期就译成英语的有关支出结构的法语小册子[60]谈到了君主或者大首领必须首先对自己一年可能收进的租金和收入总额进行估计。[61] 经常性租金和收入是那些确定的年度租金和收入，非经常性收入则是那些不是每年都有，而是从偶然和不定期的意义上看是“临时”的收入。为了安排好支出，统治者必须把自己的收入分成三份。首先，他必须为他本人、

54　Isenmann(1980),144;cf. Stolleis(1983),63—68. Aeneas Silvius Piccolomini 和 Platina 也引用过这句话。

55　Ricca-Salemo(1881),20.

56　Ibid. 19—20.

57　*De Republica optime administranda* in Petrarch(1554),426—427.

58　Ricca-Salemo(1881),20.

59　Aegidius Romanus(1473);Ricca-Salemo(1881),19.

60　*The III Considerations Right Necessrye to the Good Government of a Prince* in Genet (1977),141;183—188(financial matters).

61　Cf. *the tract De regimine principum ad Regem Henricum Sextum* in Genet(1977),141.

家人以及包括仆人和官吏在内的王室预留体面的维持费用;其次,他必须有钱支付慈善捐赠、日常施舍[62],以及根据身份和职务奖励表现突出和有功人员的奖金和礼品;最后,他必须为他本人、所辖领土和子民的安全和防卫或者应对任何其他重大事件建立储备。君主采购时应该(明显不同于当时的王室采购惯例)采用公道的价格,并且当场付清价款,以免惊扰子民。[63]

迪奥梅德·卡拉法(Diomede Carafa,殁于1487年)这个阿拉贡国王阿方索五世[Alfonso Ⅴ,那不勒斯和西西里的阿方索一世(Alfonso Ⅰ of Naples and Sicily)]的拥趸和阿方索二世(Alfonso Ⅱ)的近臣,同样要求经常报告国家全部确定、合法收入的严格、可靠账目。[64] 收入应该分成与支出分类相对应的三类:一是军队、防御工事以及其他为国防和国家行政所必需的项目;二是为维持君主及其家人体面生活所必需的项目;三是不可预计但又不可避免的非经常性支出项目。这些收支项目应该保持平衡且略有盈余,而盈余可用来应付不时之需。

利特·路德维希·冯·艾布长老(Ritter Ludwig von Eyb the Elder,1417—1502)在一封确切日期无从考证(但肯定是在1492年2月之前所写)的便笺中向勃兰登堡(Brandenburg)帝选侯推荐了另一种截然不同的根据支出配置收入的方法。[65] 在利特·路德维希·冯·艾布尔长老看来,第一部分收入应该用于王室、宫廷和行政机构,第二部分用于偿还债务,第三部分用于构建储备以应付诸如战争这样的意外事件。这样使用收入应该能够确保统治者在需要时不至于以半价把财产卖给高利贷者或者把财产转让给别人。如果统治者不愿设立储备金,而只愿考虑宫廷开支和偿还债务这两项支出,那么就必

---

62 关于约翰王(King John)的施舍(有时占其收入的6%),请参阅文献:Gilchrist(1969),79。

63 "... it be seyn and well considered that his officers take no thinge of the goodys of the subgites othir wise thanne at a just and convenable prys and with oute longe creaunce or delay of payment, ffor it is full good and grete honeure to every lord and whan he paith truly and well that he dispendith, and whan he norysshith nat him self ne his meynee ne liveth upon the goodys of his pover subgites": Genet (1977), 184. 滥用王室采买权在(1330年前后发表的)两本拉丁语小册子中受到了强烈的抨击:*De specula regis Edwardi III*(1891),115,122. 按照Wolffe(1971:47—50)的说法,1311年最早使用"国王应该自食其力"这个格言与滥用侵犯子民财产权的采购权有关。

64 Carafa(1668),53—54(写于1469～1482年之间);Ricca-Salemo(1881),22—23. 本章作者在德国没有找到Carafa的这本小册子,因此,这个参考文献转引自Ricca-Salemo。

65 Edited in Wagner(1885).

须像只能花费一半收入那样节约开支，并且还要准备用另一半收入来应对任何可能发生的意外事件。利特·路德维希·冯·艾布尔又用一系列编制精细预算的说明充实了他以上的具有一般意义的财政箴言。他列了两张表，一张是收入表，另一张是支出表；然后在几个分列的收入和支出类别下具体罗列了各种不同的收入和支出项目。他还初步估计了商品和服务的成本价。统治者要在财政年度年初做年度经常性支出（王室、司法和行政机构支出）和非经常性支出估算。[66] 这些估计支出到财年结束时与经过审计的实际支出进行比对。如果比对显示出现了赤字，那么就应该考虑如何缩减赤字。统治者被假定完全了解不同官吏报上来的年度收入明细，因此，他们年年都能发现各类收入的变化，并且从那些审计年度账目的幕僚那里打听到收入变化的原因。这些举措是迈向实现统治者积极管理财政的第一步，类似的做法也可用于支出，只有进行收支结算才能确定结转下一年度的是盈余还是赤字。与此同时，统治者还必须考虑采取必要的措施缩减赤字或者增加盈余。统治者被假设能够控制支出，一旦发现违规行为，就能主动针对有责任的官吏采取措施。最后，统治者和他的幕僚要对王室下一财政年度的支出进行估算（其实就是预算草案）。4 个重要官员会接到关于从哪里向谁收取用于支付支出的收入的具体指示。这些收入分 4 个季度拨付。每三个月根据每周账目进行一次粗略估算以确定预算内季度收支目标能否实现。如果没有任何正当的理由能够解释没有达到季度目标的原因，并且不能证明无法在下一季度平衡收支，那么，幕僚们就会被要求采取必要措施，以确保年底审计时能够重新实现收支平衡。

英国王座法院首席法官约翰·福蒂斯丘爵士（Sir John Fortescue）曾经表达过另一种观点。在他的专著《论对英格兰的治理》（*On the Governance of England*，写于 1471～1476 年）[67]中，福蒂斯丘阐明了这样一条财政原则：国王的收入必须与他的费用和支出相称，但不必绝对平衡，因为——借用锡耶纳的

66　请与 Fortescue，ed. Plummer（1885），nn. 210—215 中英格兰 1411 年、1421 年和 1433 年的收支估算进行比较。Fortescue 持国王的个人支出可由王室官员或者财政部官员估算的观点：ibid. 122，ch. 6。

67　Fortescue，ed. Plummer（1885）.

圣贝纳迪诺(St Bernardino of Siena)的话[68]来说——福蒂斯丘认为,只有收支盈余,国王和他的王国才能应对任何意外事件的挑战。国王必须始终"兜里有钱",既是为了他自己也是为了其子民的福祉。国王缺钱,就得通过借贷来应付支出,从而要把其1/5或者1/4的收入"送"给债权人。此外,为了按时偿债,国王不得不借新债来还旧债,从而加重损失。这样,国王就会变得身无分文,进而负债累累。即使仆人满足于很低的现金酬劳,穷国王也要动用自己的收入赏赐送礼,而转让王田会损害国王可动用的资源。国王贫穷的最坏结果便是被迫为了搜刮钱财而求助于极端的财政权宜之计,如巧立名目,乱收罚金,尤其是滥罚富人;该宽容时滥施淫威;等等——所有这一切有可能颠倒是非,扰乱王国的安宁。接着,福蒂斯丘援引了亚里士多德的《尼各马可伦理学》(*Nicomachean Ethics*,1.8.15)中的一句名言:"穷人连行善都不能"(*impossibile est indigentem operari bona*)[69]。

福蒂斯丘赞同把国王的支出分为经常和非经常的传统做法。[70] 由于经常性支出[71]是必然要发生的支出,因此必须拨款予以满足:拨款必须专款专用,不得挪作他用。这个原则确定以后,经常性支出就可望按时用现金支付:这大概需要相当于经常性支出总额的1/5或者1/4的流动资金。非经常性支出是那些难以预料、临时发生的支出。由于这种支出难以预料、临时发生,因此没人能够预先确定它们的年度总额以及应该拨付多少收入才够,[72]但应该可以估算出除非出现极端情况一般不会超过的最高金额,于是整个王国有必要也

---

68 即"即使王室收支平衡,但如果出现紧急情况,也会断送王室的稳定"(St Bernardino)。Cf. Fortescue, ed. Plummer(1885),216.

69 Ibid. ch. 5.

70 关于把收入分为经常性(领地)收入和非经常性(税收)收入,请参阅文献:Dupont-Ferrier(1933),repr. 1976,2—22。关于当时特定的意思,请参阅文献:Wolffe(1971),38—39;Henneman(1971),18—19。

71 Fortescue, ed. Plummer(19885,ch. 6)列表罗列了以下经常性支出:(1)王室(和服饰)开支;(2)高官、廷臣和谋士俸禄;(3)维持(英格兰、苏格兰或威尔士)边境地区的开支;(4)占领加来地区的费用;(5)王宫维修费用。海军开支("守卫海洋")由于没法估计,因此没有包括在这个类别的支出中。国王因海军开支而能获得桶税和磅税等特别津贴。

72 Ibid. ch. 7. 福蒂斯丘列表罗列了以下支出:(1)驻外国和教廷使馆的支出;(2)外国使节和教廷使节招待、礼品和赏金支出;(3)支付提供服务和帮助的人的酬金;(4)王宫新建楼宇、与王室地位相称的装潢、豪华家具、服饰和珠宝;(5)特派员和法官到动乱地区巡察的支出;(6)保卫国家领土或领海不受外来侵犯的支出。

应该为缴纳非常“税收”作出贡献。福蒂斯丘坚持认为，国王当然要有足够的收入来满足自己的经常性支出。盈余不论大小，都应该归国王支配，国王可随意把盈余用于满足非常规需要。如果盈余不足以支付非常支出，那么，王国必须举全国之力来弥补赤字。虽然福蒂斯丘实际坚持“国王应该自食其力”的原则，但他还是用另一条原则——国王“自食其力”的能力“受制于他为获得自食其力所必需的生计的权利”（“is bounde by right to susteyne hym in euery thyng necessarie to his estate”）[73]——来限制这条原则。为了证明这条原则的适用性，他像经院哲学家所做的那样，把王位比作“一个保卫王国和主持公道”的职位。这样，由于国王是一个公仆，因此，接受他服务的人——全王国的子民——就应该负责他的生计。[74] 出于政治原因——有一个强大、靠得住的统治者，国王为满足他的非经常性支出而需要的收入应该多于英格兰全体最大领主的总收入，尤其是因为英格兰再大的领主也只有相对较小的家室，因此也只有较少的经常性支出。下属领主倘若与国王一样强大甚至比国王更加强大，那么就有可能为了夺取君主的土地和头衔而反叛君主。更糟糕的是，其他子民可能会帮助反叛者从而加入反叛者的行列，因为他们宁愿臣服于一个财富两倍于前统治者因而可望免除他们部分赋税的君主。

据福蒂斯丘推测，爱德华四世（Edward Ⅳ）在他登基之初差不多拥有王国世俗财产 1/5 的总收入，登基 10 年后就觉得收入不够。在比较了法国课征于生活必需品的间接税以后，福蒂斯丘觉得在经过王国子民同意以后开征盐税并无不妥之处，因为盐税公平地课征于每一个子民。但盐税有“是新税”这个不利之处，因为之前历代国王都没有课征过盐税。于是，他建议恢复王室领地，通过继承、扣押包括因领主叛国而没收的领地在内的被充公领地以及通过实施动用君主优先取舍权的选择性购置策略就实现这个目标。最重要的措施可能就是收回不当赠与或者相对于提供的服务而言过度赏赐的土地：此举可采取议会作出决议收回土地并发放补贴的方式来实施。[75] 后来，为国王提供

73　Ibid. 127，ch. 8.

74　引自 1 Cor. 9：7；Matt. 10：10；Gal. 6：6。

75　卡斯蒂利亚议会在 1480 年通过的回赎法体现了这种思想，请参阅文献：Merriman（1918－1934），ii，106。

的服务以下列方式来酬谢:支付货币报酬,提供职位,授予税收豁免权和其他特权,联姻,或者支付受益人死后不再享受的终身年金。就像教会那样,国王应该"摊提"他的收入和财产(即把收入和财产置于永久占有状态)。这样,未经议会同意,任何王产都不能转让。福蒂斯丘把这称为王室新基业[76],并且坚持认为这一削弱国王财产转让权的举措不会限制王权的行使。[77]

福蒂斯丘的国家财政观主要来源于兰卡斯特王朝的政治经验,实际上就是一种在出现紧急需要时议会追加拨款的王领观。福蒂斯丘试图避免照抄法国的经常税收模式,他认为法国的经常税收模式会导致平民贫穷,因为贵族不用纳税。在福蒂斯丘看来,法国这种税收国家是建立在王权(*Dominium regale*)不受约束的专制制度上的。这种专制制度允许国王依据他自己的法律来统治他的子民,并且未经子民同意就开征平民人头税和其他赋税。福蒂斯丘赞成英格兰采用一种替代性政治制度,因为在英格兰,政权与王权把王国政府置于经平民通过的法律的约束之下,而国王未经平民同意不得课税。法王的苛政通过税收攫取了更多的收入,但他富饶的王国因平民贫困化而几乎遭遇灭顶之灾:法王因此犯下了滔天罪行,并且违背了自然法则。[78]

在法国,菲利普·德·科米纳(Philippe de Commynes)表达了一种有关新兴税收国家宪政和伦理问题的相似观点。他在自己的《回忆录》(*Mémoires*)里写道,路易十一(Louis Ⅺ)一反初衷,课征比他之前任何一位国王都多的税。不过,"查理七世(Charles Ⅶ)是第一个……制定不经王国三级会议同意就能在自己的国家随意征收平民人头税这条税则的国王……法国的领主们之所以接受这项税则,是因为国王许诺以年金的形式返还在他们的领地上收取的税金……但是,这种情况已经发生并且未来还会继续发生,国王和他的继位人应该受到严厉的良心谴责,因为他的行为残暴地伤害了他的王国,

76 Fortescue, ed. Plummer(1885), ch. 19. Cf. chs. 11, 14, 17, 20.

77 Ibid. 121, ch. 6.

78 Ibid. chs. 1—4.

后者将会长时间流血不止……”[79]

此外，科米纳在1474年描绘了英格兰国王以向苏格兰或者法国开战为借口要求议会授予课征临时税的权力所惯用的政治伎俩或者政治花招。[80]

1.6　中世纪末的相关经验分析和理论洞见

就在福蒂斯丘仍停留在传统甚至简直就是封建的国家财政观念的层次上时，一贯理论洞见深邃的迪奥梅德·卡拉法(Diomede Carafa)开始思考现代经济学研究关于以国家、财政和财政政策为一方与以经济和私人企业为另一方两者间的相互关系。由政府确保正义和安全被认为是经济繁荣的先决条件，因此，卡拉法严厉抨击了强借、撤回或变更铸币的行径。他的基本思想也许可归纳为“子民的资源应该被视为王权的基础”(*Subditorum facultates potentiae regiae fundamentum existimare oportet*)[81]。这条格言的意思是：君主应该把自己的活动局限于政治和公共事务管理，放手让私人去从事贸易、工业和商业活动。卡拉法不赞成君主为自己开展商业交易活动：君主不能像私人那样赚取利润，因为他不能从事与私人一样规模的商业活动或者不会像私人那样用心经商，也不能以同等于私人的程度利用有利的市场条件。因此，君主最好间接地分享公民的财富。其实，私人财富的规模决定可税收入的规模。这种关于财政与国民经济之间、善政与公民财富之间关系的洞见驱使卡拉法去思考一些更加实际的问题。君主必须不遗余力地促进商业和贸易发展，而且还必须减少自耕农的赋税，完全废除出口税。因取消或者降低关税损失的收入可以通过刺激经济实现更大幅度(我们可以说是国民生产总值)的增长来补偿，而君主可以分享经济更大幅度增长的成果。卡拉法表示：

79　Commynes, ed. Calmette(1925, ii, 289—290: 6. 6)。Cf. Tocqueville, ed. Mayer(1967), 180。Also Commynes, ed. Calmette(1925, ii, 217: 5. 19)：“……世上难道有哪个国王不在自己的领地以外，在没有获得纳税子民同意的情况下不向他们索要德尼埃，甚至不惜采取强制和暴力手段?”(“... Y a-il roi ne seigheur sur terre qui ayt povoir, oultre son dommaine, de mectre ung denier sur ses subgects sans octoy et consentement de ceulx qui le doyvent payer, sinon par tyrannie et violence?”)

80　Commynes, ed. Calmette(1925), ii, 8—9: 4. 1.

81　Carafa(1668), 66—67. 另一种说法(ibid., 86)是：“子民富有就不会让国王受穷”(Ricca-Salemo, 1881, 23)。

“即使这些地方的贡金(赋税)有所减少，但考虑到大量的游客不请自来，各种商品日益丰富，因此陛下也不会因此而受到任何损失。不计较眼前利益、预见到原因和结果以及过去与未来发展之间的关系，这才是明智之举。”[82]

虽然卡拉法明显走在了他那个时代的前头，但也完全没有因为思想超前而孤立无援。日耳曼文学家阿尔布雷特西·冯·艾布(Albrecht von Eyb，1420—1475)也同样建议君主降低关税，国内商人纳税，并且表示：这样就会有比以前更多的商人光顾君主治理的国家来做贸易，结果就是君主的关税、贡金(Zinse)和租金同时增加。[83] 不过，卡拉法对财政事务与私人企业关系的研究要比他的同时代人更加深入。他认为，大部分公共收入应该采用外包而不是直接征管的方式来管理：领薪公职人员不如为自己工作的人主动、勤勉，还会因他们的疏忽给国家财政造成危害。外包或者租赁制被认为是任何善政的标志，所以也有益于国家，因为承租人不会给国家造成损失。由于承租人之间存在竞争，因此，他们能保证统治者的收入不断增加。卡拉法针对那不勒斯王国在安茹王朝治下经济社会状况惨不忍睹的情况提出了他自己的看法和改革建议。作为一个有影响的政治家，他有机会在1466～1482年历代阿拉贡国王治下促成了一系列的改革法令。所以，19世纪的历史学家里卡—萨莱莫(Ricca-Salemo)能够说这是在18世纪下半叶帕尔米耶里(Palmieri)侯爵主政之前那不勒斯从未出现过的“理论与实践的幸运巧合”(*accordo fortunato della teoria colla pratica*)。[84]

从佛罗伦萨一些学者的著述中可知，他们曾致力于研究自己所在城市财政机构的实践、自愿或强制性公共贷款制度[*prestanze* and *prestiti forzati*、*Monte commune dei debiti*(1343)and *Monte delle doti*(1425)]，并且还研究过地产税(*catasto*，1427)、直接和间接税制(gabelle)以及关税(dazi)。托斯卡纳的2位大神学家、经济学家，锡耶纳的圣贝纳迪诺(St Bernardino of Siena，1380—1444)和佛罗伦萨的安东尼奥(Antonino of Florence，1389—1458)以及其他道德神学家和教会法学家都赞成把公共贷款和贷款权(*prestanze*)作

82 Carafa(1668)，76—79；Ricca-Salemo(1881)，23.

83 Von Eyb[1471](1511)，fo. xcv.

84 Ricca-Salemo(1881)，26.

为财政权宜之计来满足公共紧急财政需要。他们证明了向国家的债权人支付利息的合理性，并且认为：国家的债权人因要承担风险和潜在损失而有权索要补偿；他们因此而获得的任何报酬都是合法的，不应该背放高利贷的骂名。用安东尼奥的话来说，政府应该通过把公共收入来源作为支付利息的抵押或者担保来向自己的债权人作保。有些作者赞同债权人有权转让或变卖债权的权利。这样，他们的债权凭证后来就变成了可转让债券，债券的价格围绕面值上下浮动：安东尼奥指出，这是风险导致的一个必然结果，因此可以证明它的合理性。[85] 自愿投资于公债可接受的神学观就成了不同修士会的争论焦点。多明我会、奥古斯丁会和方济各会的一些修士认为，通过购买生息贷款（*prestanze*）凭证、短期债券（*prestiti*）或者地方债券（*luoghi*），投资者就成了国家的自愿贷款人，并且因此犯下了放高利贷的罪。但是，其他修士会的修士则坚持认为，购买公债的投资者并不是贷款人，而是购买了对这项债务和就这项债务领取年金的权利（ius）；这种交易（合同）应该被判定为合法的买卖合同。[86]

佛罗伦萨的一些作者用利益平衡论或者等价论证明了国家征税和公民纳税的理由。在洛多维科·盖蒂（Lodovico Ghetti）看来，[87]政府要确保公民个人及其财产安宁、公平和安全，因此，享受这些好处的全体公民，包括享受这些好处的教士、非公民个人和外国国民，都必须通过缴纳本质公平和计征方法合理的赋税来满足佛罗伦萨国家防卫所需的开支（per salue della liberta e stato di Firenze）。所以，政府不应该受到指责和抱怨。马泰奥·帕尔米耶里（Matteo Palmieri，1406－1475）在他的论文《论公民生活》（*Della vita civile*）中表示，公民财产增加与保卫祖国之间存在这一种几乎是直接的关系；因此，为了保护公共利益，可以对这样的财产课税。[88] 为了满足社会的需要，盖蒂（Ghetti）建议开征一种以什一税的形式课征于农业、畜牧业、建筑业、商贸业利润以及借给信贷机构（*monte*）的生息贷款、年金和薪酬的综合直接比例税。盖蒂

85　Ibid. 32；de Roover(1953b)，3－41；de Roover(1967)，38－40；Kirshner(1970)；cf. Marks(1960)；Molho(1971).

86　Kirshner(1970)，53－54，passim.

87　Ghetti in Roscoe(1825)，51－60，appx 16；cf. Ricca-Salemo(1881)，34.

88　Palmieri，ed. Battaglia(1944)，116－118. 关于较新的批评观点，请参阅文献：Palmieri，ed. Belloni(1982)。

建议的这种课征于地产和动产的利润税，如同1471年和1474年课征的日耳曼什一税（*German decima*）[89]，更加类似于现代所得税，而不是中世纪常见的财产税。

尼科洛·马基雅维利（Niccolo Machiavelli，1480－1540）曾对从税收计征技术细节的角度看怎样的课税对象才是公平、方便的课税对象这个问题产生过兴趣，他也曾谈到佛罗伦萨国内那场关于1427年一部名叫《地产税法》的新税法的争论。这部税法旨在提高税收计征的公平程度，并且覆盖地产和动产（如国内外债券和各种商业投资股票）。"地产税"（*catastro*）是一种财产税，在扣除一定允许减扣额后按财产总价值的0.5%征收。这种税具有某些所得税的特点，因为它的税基是资本化后的个人收益（*portate*）。[90] 之前有一种也是课征于地产和动产的名叫"估值税"（*estimo*）的税收，但这种税基本上是一种配赋税，因此存在由税收委员会任意计征的问题。当民众（*popolo*）进一步要求追溯适用新税法时，贵族党（*potenti*）极力贬损这种地产税，并把它说成是一个不公平的税种，因为它把动产也包括在内，而动产的价值每天都有可能发生重大变化，因此是一种不可靠、不适当的课税对象。此外，有人认为，很多人把钱窖藏起来，而窖藏起来的钱肯定不会申报，在计征时也无法查明。支持"地产税"——这部税法按规定每三年修订一次——的人认为，个人税负可随个人动产的任何变化而变化，计征额经常变化就有可能纠偏。他们还认为，被窖藏起来的钱可不予理睬，因为这种钱没有产出（从不生息就不会产出盈利的角度看），因此不应纳税。如果钱有了产出，也就是产生了盈利，那么就应该申报并且计税。[91]

弗朗西斯科·圭恰尔迪尼（Francesco Guicciardini，1483－1540）觉得地产收益税（*possessioni*，*beni sodi*）不足以满足公共需要，因为地产在佛罗伦萨只占总财产相对较小的比例。他认为，其实可开征一种课征于商贸活动和动产的税，因为货币以各种看不见的方式流通，所以很难对货币流通课税，而且

---

89 Isenmann(1980)，161－182.

90 Cf. the summary by de Roover(1963)，21－31；Herlihy and Klapisch-Zuber(1978)，17－106；Conti(1984)，119－180，247－280.

91 Machiavelli，ed. Gaeta(1962)，288－290 (4.14).

也很难顾及关涉商贸营利活动的全部合同、汇票和商业交易。对货币流通课税也不公平，因为交易常常赊账，而且还要公开交易各方的经营状况。

圭恰尔迪尼提出了一个均衡税收体系，并且把它看作创建强力平民政府的先决条件：应该开征一种课征于不动产的基本直接税，并且以加征消费税和关税尤其是面粉税和盐税为补充。[92]

马基雅维利和圭恰尔迪尼还比较详细地讨论了佛罗伦萨贵族与下层市民(*popolo minuto*)为了更加公平地摊派税负而彼此之间展开的政治斗争。富人基本上都讨厌直接税但偏好间接税。马基雅维利在援引乔瓦尼·卡瓦尔坎蒂(Giovanni Cavalcanti)的《佛罗伦萨史》(*Istorie fiorentino*)时表示，规定"地产税"的那部税法是乔凡尼·德·美第奇(Giovanni de' Medici)政权单方面制定的，虽然加重了贵族的财政负担，但只是部分限制了贵族为了自己的利益操纵税收委员会的残暴行为。税收委员会仍是在佛罗伦萨各派权力斗争中可用来在财政上置对手于死地的政治工具。就如圭恰尔迪尼指出的那样，这个委员会是掌握在科西莫·德·美第奇(Cosimo de' Medici)手中的武器。[93] 此外，马基雅维利曾评论说，地产税的支持者们认为贵族反对地产税的理由是：如果他们必须像其他人那样为国家的开支缴税，那么，他们就无力发动对外战争，除非蒙受巨大的个人损失。[94] 在他的《李维史论》(*Discorsi*)中，马基雅维利赞美一种只靠税收誓言维系的自我计征纳税制度，他发现某些德国城市仍在采用这种纳税制度。这种诚实可用德国城市商业关系规模相对较小，没有受到法国、西班牙和意大利等国被说成腐朽性的影响来解释。他还认为，可以用德国城市以公民绝对平等为原则并且不把贵族作为公民的自由、尚未堕落的宪法来解释，因为他们认为贵族是一切腐败现象和政治动荡的根源。[95]

与马基雅维利不同，圭恰尔迪尼认为，在税负不公平方面，民选政府(*governo popolare*)通常要比君主统治(*principato*)更加极端——过分地把税收负担压在富人身上，从而对国家造成普遍伤害。[96] 他和在他之前的帕尔

---

92 Guicciardini, ed. Scarano (1970), i, 353—354.

93 Von Reumont (1883), 109—110.

94 Machiavelli, ed. Gaeta (1962), 289—290 (4. 14); cf. Ricca-Salemo (1881), 34—36.

95 Machiavelli, ed. Crick (1979), 243—248 (1. 55).

96 Guicciardini, ed. Scarano (1970), i, 349—353.

米耶里极力反对一种与中世纪财产税常态格格不入的新的税收公平观:中世纪的财产税一般都是比例税或者累退税,而新的税收公平观则主张实行累进税制。[97] 首先,1442 年征收了一种课征于地产和市镇信贷机构(*monte comune*)股票收益的名叫"慷慨什一税"(*diecina graziosa*)的临时累进税,开始时采用 14 档税率(第一档低于 50 弗罗林的财产估计收益采用 4%的税率,最后一档超过 1 500 弗罗林的财产估计收益适用 33.3%的税率)。[98] 1447 年的新什一税(*diecina nouva*)虽然仍采用 14 档税率,但第一档税率提高到了 8%,最后一档税率更是提高到了 50%。[99] 1451 年,一种名叫"售价税"(*valsente*)的地产收益税改用从 20%(应税额低于 50 弗罗林)到 60%(应税额超过 600 弗罗林)的 8 档税率。[100] 科西莫·德·美第奇派利用 1458 年修订《地产税法》的机会,执政团(*Signoria*)规定了一种分档累进所得税。应税公民按最高税率为 50%的 14 档累进税率(但计征随心所欲)纳税。最后,该所得税并没有按照这种方式征收。在 1378 年的平民政治制度下,有人要求执行一种累进版的估值税(*estimo*),[101]1480 年决定将这种计征方法扩展应用于地产税。这种方法于 1481～1482 年付诸实施,而税率档次定为从 7%(适用于 50 弗罗林以下的应税额)到 22%(适用于超过 400 弗罗林的应税额)。[102] 公债收益要缴纳预扣税或者实行税源课征。1494～1495 年,地产税被废除,并被另一种名叫"什一税"(*decima*)的累进税取代。这种累进税只课征于地产,把市镇信贷机构股份和工贸投资排除在外。在 1447 年的比萨(Pisa)战争期间,"累进什一税"(*decima scalata*)的议案重新又被拿出来讨论并且再次遭到否决,但 1499～1500 年再次有人提交"累进什一税"的议案并且获得了通过。[103] 圭恰尔迪尼还就这种一直征到 18 世纪的"累进什一税"写过 2 篇文章[104]加以

---

97 关于 15 世纪佛罗伦萨的税法和帕尔米耶里家族的税收计征,请参阅文献:Palmieri, ed. Conti (1983), 132—135; Conti (1984), 197—245; Molho (1971), 22—59。

98 Conti (1984), 197—205.

99 Ibid. 211—221.

100 Ibid. 228—233.

101 Von Reumont (1883), 108, 110, 113.

102 Conti (1984), 281—287.

103 Ibid. 297—302.

104 Guicciardini, ed. Palmarocchi (1932.), 196—217; cf. Ricca-Salerno (1881), 36—38; Marks (1954), 54—58.

评论。

在这之前，帕尔米耶里曾经反对征收累进税。他认为，如有必要，每个公民都应该把自己的财富捐献给祖国(*patria*)，但应该按财富比例。私人财富应该按一个相同税率即比例税率来缴税，[105]因为税收不应该扰乱商品和财富的自然分布。基于自然秩序的财富分布是不平等的，因为这种财富分布取决于像个人品行、工作能力、资源和消费方式这样的变量。那些通过诚实交易赚钱并因此而增加财富、提高地位的人士不应该成为嫉妒的对象——也不应该按较高的税率纳税。他们的财富和公民身份应该得到保护，如果可能的话还应该有所增加或者提高，因为这是他们能力(*virtù*)较强和管理有方的体现。就这样，帕尔米耶里阐明了富人和上层阶级反对累进税的原因。

在他的两篇短文中，圭恰尔迪尼对各种赞成和反对"累进什一税"的论点进行了点评，他以社会和政治原因为由极力驳斥了赞成课征这种税收的论点。主要的问题是这种累进税是合理的，即公平、一致、有益于公共利益的，还是不公平、不正当、有损于公共利益的，因为这种税收会通过使富人变穷来改变公民的经济状况。每个秩序井然的政治体(*governo bene ordinato*)都应该保护每个成员的社会地位(*grado*)。富人和作用大的人会给城邦增光添彩，并且帮助城邦在不同方面满足穷人的需要。圭恰尔迪尼通过发起这种论战开启了关于税收公正和公平问题的现代式讨论。

"累进什一税"的支持者们[106]认为，公正(*giustizia*)和公平并不存在于统一比例税率中，但应该适用于个人收入和生活水准，因此适用于个人"能力"，也就是适用于纳税能力或者因纳税而对个人经济(*incommodita*)产生的负担，这种负担后来被约翰·斯图亚特·穆勒(John Stuart Mill)和其他学者称为"牺牲"。[107] 没错，富人拿 1/10 收入缴税的数额当然要比穷人拿 1/10 收入缴税的数额大。但即便如此，穷人因缴税受到的困扰肯定要比富人严重得多，就如考察"累进什一税"分档税率造成的结果所显示的那样，从 1/10(适用于

105　Palmieri, ed. Battaglia (1944), 117—118: 'La regola che fa ciascuno pagare Ia rata secondo gli altri, in modo che a ogni tempo le sostanzie di ciascuno privato sieno a un modo consumate, è ottima.'

106　Guicciardini, ed. Palmarocchi (1932), 196—206.

107　Cf. Mann (1928), 112—140; Ricca-Salemo (1881), 33, 38.

50 杜卡特的应税额)、1/10 又 1/4(适用于 100 杜卡特的应税额)、1/10 又 1/2(适用于 150 杜卡特的应税额)到 1/4(适用于 250 杜卡特的应税额)或者 1/3(适用于 300 杜卡特的应税额)的税率不等。公民的支出被认为可分成三类:必需支出、享乐(*commoditd*)支出和绝对奢侈支出。[108] 这些支出必须通过一种边际效用评估法来联系个人收入一起考虑,个人的收入应该按照穷人的收入(50 杜卡特或以下的收入)、既不穷也不富的中等收入(位于 100 至 150 杜卡特之间的收入)和富人收入(位于 200 至 300 杜卡特两者之间的收入)分为 3 个档次。收入越低,购买除生活必需品以外的任何其他商品的机会就越少:这样的公民肯定负担不起享乐或者奢侈支出。实际上,什一税负面影响公民购买生活必需品的能力。显然,个人收入越多,可花在舒适和多余消费上的余钱就越多,积攒余钱的可能性就越大,而税收的最坏影响可能就是减少或者杜绝享乐项目和奢侈项目支出。[109] 由于穷人没有足够的收入满足必需的支出,因此,"累进什一税"虽然从它造成牺牲的角度看并不比其他税更加不公平,但对穷人造成的负担要比对富人造成的负担重。

累进税对于国家的有利影响就在于这种税收的财产再分配潜力:巨大的财富差别至少会有所缓解,而财富和资本的积累速度也会有所放慢。过大的财富差别和过多的支出首先有悖于伦理标准和道德:富人拥有巨额财富(在除了累进税制以外的其他税制下),这不利于穷人,因为,这样穷人只能占有一小部分财富,而被剥夺了"他们依靠正当手段理应可获得的那部分财富"(*porzione onesta*)。那些靠财产收益谋生的富人挥霍无度,有悖于"靠勤劳诚实生活(*vivere onestamente*)是美德"的道德规范,并且给无力效仿者树立了招致破产的坏榜样。与其立法禁止奢侈糜烂的生活,还不如征收"累进什一税",通过这种税收的财产再分配效应就有可能造就一个收入在 100～150 杜卡特之间的中产阶级,并且构建经济和社会平等,从而使全体公民属于同一阶层(*gra-*

---

108 后来,孟德斯鸠(Montesquieu)在解释雅典累进税时曾用过类似的需要分类法:"生理需要、实用需要和多余需要"。Montesquieu,ed. Truc (1961),226 (13.8)。

109 Guicciardini,ed. Palmarocchi (1932),198.

do）。[110]

反驳以上论点的观点[111]否定了“累进什一税”构建经济和社会平等的效能，只承认这种税收的法律平等——法律和市政当局面前平等——效应：“自由方面的平等”。社会是依照神法建立在社会等级制（*gradi e distinzione*）以及“你”“我”不同的条件之上的。上帝创造了不同阶层和等级（*gradi*）的人和物，而经济不平等则是由职业和运气不同造成的。赚钱方式多种多样，每个人都有权依照法律和世界通行的习俗，通过正当手段积累财富和财产。凡是想通过法律或者税制来克服经济不平等，实际上就是想颠覆世界秩序以及城邦表现为和平、统一、和谐、财富和自由的政治和社会秩序，就是要阻碍经济活动发展。因此，到了中世纪末，圭恰尔迪尼虽然只比较了两种主要的税收公平原则，但已经意识到公共财政必然是建立在一个由直接税和间接税尤其是穷人承受的负担重于富人的消费税（*gabelle*）构成的完整税收体系上的。现在所接受的税收公平思想就是通过税收的累进性来实现牺牲的均等化，从而实现佛罗伦萨公民所要求的财产再分配。另一种税收公平观念就是，通过比例税率意义上的税收公平来维护等级制的社会秩序。这是一种中世纪陈旧、保守的税收公平思想。但不管怎样，这种税收公平思想在后来19世纪的工业民主社会里又以自由主义者主张的“听之任之”（leave-them-as-you-find-them）或者“放任自流”税收规则形式重新出现过。不过，这种自由主义的“放任自流”税收规则主张，税收不应该影响个人的相对经济和社会地位。[112]

110　Aegidius Romanus 虽然没有讨论累进税问题，但却表示：只有在社会很多成员从社会地位和财产的角度看都属于中产阶级的地方才能发现最好的城市、最好的王国和最好的人民，因为这样的社会阶层构成才有助于平等、正义和互爱，才有利于消除穷人对富人的嫉妒：Aegidius Romanus (1473) (3.2.32—3) derived from Aristotle, *Politics* (4.11)。

111　Guicciardini, ed. Palmarocchi (1932.), 207—217.

112　Walker (1887), 491; Mann (1928), 123, 134—135.

第二章 封建制度与国家财政的发轫

W. M. 阿莫罗德(W. M. Ormrod)

亚诺斯·巴尔塔(János Barta)

我们无法确切断定财政国家从何时开始存在,而且,我们认为任何试图确定财政国家发轫之始的尝试都将极度令人失望。根据本项目规定的考察年代界限推定,欧洲的新兴国家在12世纪末、13世纪初已经发生了某些变化或者正在发生一些变化。正如本章后面部分所显示的那样,这个论题在财政方面确实有很多东西可谈。但在讨论"现代"国家财政体系更加具体的先例之前,应该着重探讨现代国家财政体系演化而来的早期体系。这样的讨论必然既有选择性又具一般性,并且还会侧重于那些至少有一些直接书面证据存世的君主国家,自然就会多少有点人为地偏重于英格兰和法国这两个主要的西北欧王国,而看轻中欧、西班牙、意大利、斯堪的纳维亚国家和其他国家处于萌芽状态的财政体系。但不管怎样,我们希望任何由此造成的内容不平衡将通过安排在本章后面的有关罗马帝国和东欧诸王国的讨论以及本书更加详细的案例研究中得到纠正。

本书这个范围更广的研究项目——本章只是这个项目的一部分——的参数也不允许更加广泛地讨论旧世界的国家财政问题。因此,本章从一开始就假设:罗马帝国的财政实践因为帝国的分崩离析和西方野蛮王国的崛起而几乎消失殆尽。[1] 从7世纪到9世纪在西罗马发展起来的诸德意志王国提供了一个更加可行的起点。虽然诸德意志王国的财政体系也被由维京人(Vi-

1 Schumpeter (1954b),8.

kings)、马扎尔人(Magyars)和萨拉森人(Saracens)发起的第二波野蛮侵略所颠覆,但有迹象表明,在那个时期形成的财政实践不但没有被遗忘,而且还在中世纪中期的新兴国家重新得到了传承。连续感是“寻根溯源”的一个基本要素,并且能够最有力地证明这种起点选择的合理性。

对早期德国社会——主要是法兰克人的社会制度——的深入研究相当清晰地揭示了中世纪早期的统治者或者国王筹措为供养他们自己和王室所必需的收入的方式,以及最终被视为国王职能和职责的有限但不断扩大的活动范畴。这倒不是说现代学术界已经完全解决了这些方面研究的问题。譬如说,所用术语的变幻莫测可能是一个必须要面对的真正挑战:在中世纪早期的背景下,“census”一词可以是指从租金(rent)、贡品(tribute)到通行税(toll)和赋税(tax)的各种收入。[2] 但更成问题的是,能比较清楚地反映王国政府收入规模和构成的统计资料普遍缺失。虽然现有的存世证据仍可用来形成那个时代财政体制及其发展的大致印象,但读者必须时刻牢记:这些印象就其本身性质而言是高度主观性的。

2.1　早期的德意志王国

我们自然先要考察8世纪晚期大肆扩张的法兰克王国。[3] 查理曼大帝(Charlemagne)财政机器的心脏就是“皇库”(*fiscus*),一个大量用来指称“国库”(Treasury)[不然就用“官房”(*camera*)]和直接从国王那里获得的单个庄园(也叫“*villa*”)。全部的王室庄园(王领)构成了巨大的祖产,很可能为国王创造了大部分收入。但是,查理曼大帝的财政权利并非仅限于其领地的地理疆界。掌管国库的司库们还要负责征收属于作为公权力来源而不只是领地主的君主的收入,其中最重要的是管辖权收益以及君主对矿产资源尤其是盐矿和银矿的自然垄断权和其他重要但还没有完全掌握在手中的银币铸造垄断权所产生的收入。但更加值得关注的收入或许是,查理曼大帝在欧洲大陆内、外征收到的商品流通税:具体来说,商品通过刚多维克(Quentovic)峡港要缴

2　Maddicott (1989),6.

3　下文描述在很大程度上引用了 Ganshof (1968,34—45)。

10%的从价关税，从而提供了开发利用英格兰和欧洲大陆之间活跃的贸易的非常有效的手段。最后，查理曼大帝有很大一部分财富可能来源于采取军事行动攫取的战利品以及被征服的附属民缴纳的贡品：的确，有必要特别强调欧洲中世纪早期所有成功的财政体制都有其掠夺性质。[4] 因此，显而易见，查理曼大帝的财政模式虽然严重依赖王田，但也提供了更加一般的国家剥削体系的重要先例。

在欧洲仍位于加洛林帝国正式疆界以外并且只受到加洛林帝国惯例和制度间接影响的地区，财政体制采取大体相似的模式，从而表征了加洛林帝国财政体制无处不在的影响，而且也说明诸德意志王国君主只有相当小的选择余地。[5] 当时，在西哥特人统治下的西班牙人坚持了罗马传统：罗马帝国后期发明的土地税以及人头税和课征于商品流通的通行税也许已经存世几个世纪。[6] 7～9 世纪，在盎格鲁一撒克逊英格兰的多个王国，取得财富——因而也是取得政治霸权——的关键显然就在于对跨英吉利海峡贸易的控制。这个时期，大量的白银流入英格兰，英格兰诸王急于利用铸币权，所有这一切都意味着铸币的充盈以及对用货币而不是实物缴纳皇家税捐的重视。[7]

然而，更加先进的付款方式的发展并不一定意味着皇家收入种类或者分类发生了彻底的变化。我们有西班牙 7 世纪和英格兰 8 世纪的证据表明，当时西班牙和英格兰诸王与他们的大臣对属于不可转让王产的庄园与新获得的可任意处置的土地进行了区分。[8] 但是，这种做法似乎没有在区分君主“公共”和“私人”收入的财政理论中得到反映。在 9 世纪之前，业已存在的公共义务是用实物，而不是货币来测算的。对实物租的共同需求就是这方面的一个显著例子，这种需求是从供应王室食品和其他物品的需要演化而来。理论上人人都要服的兵役以及桥梁和工事修建劳役——8 世纪和 9 世纪英格兰和西法兰克王国[(West Francia，843～987 年)曾是西欧的一个君主国家，领土包括阿基坦、布列塔尼、勃良第、加泰罗尼亚、弗兰德尔、加斯科涅、普罗旺斯、图

---

4 Reuter (1984)；Searle (1988)，231－235.

5 关于加洛林帝国对其他德意志邦国的影响，请参阅文献：Campbell (1975)，43－51。

6 O'Callaghan (1975)，68－69. Collins(1983：109)对这个证据表示怀疑。

7 Maddicott (1989).

8 O'Callaghan (1975)，68；John (1966)，40－43.

卢兹和法兰西岛等。——译者注]以及10世纪德国的防御体系中已经出现的——是一个更加显著的例子。[9] 查理曼大帝和西萨克森(West Saxon)的阿尔弗雷德大帝(King Alfred)那个时代的传记作家在对王室支出固然是非常简要的描述中凸显了这些早期王国真实财政体制缺少任何真正的"特别元素"概念。[10] 这里所说的王室支出差不多只包括维持王室生计(包括它的军队)和资助教会和世俗机构的开支。紧急状态会导致支出增加并且需要新的收入来源的想法,在当时似乎已经隐约可见。"王室收入决定于惯例,而不是现时需要。"[11]

2.2　早期的税收实践

在查理曼大帝驾崩后几代人的时间里,导致加洛林帝国崩溃的内部分裂和外来侵略并不一定会导致大约运行了800年的财政体制彻底分崩离析。外敌在某些方面构成的威胁倒是增强了诸法兰克新王国的财政实力。为收买新的维京人和马扎尔人掠夺者而征收的综合特别津贴,最引人注目地证明了这一点。过去诸德意志王国从附属领地榨取贡金,而现在发现自己必须花钱才能摆脱侵略威胁。845年,西法兰克国王"秃头查理"(Charles the Bald)据说为暂时解脱维京人的侵犯支付了7 000镑的白银。我们没有找到任何能够证明这笔最早贡金是如何筹措的证据,但这笔贡金的数目足以排除国王动用现存资源来筹款的可能性。此外,西法兰克王国后续支付的一系列贡金,据说,都是从866年起开始作为课征于国王子民的一种一般征款按比例计征的。[12] 萨克森的亨利一世(Henry I of Saxony)在10世纪20年代为构建防止马扎尔人侵犯的防御体系曾临时征收过类似的公共征款。[13]

虽然这样的征款在法兰克诸王国没有持续很长时间,但成为盎格鲁一撒

9　Brooks (1971);Leyser (1982),11—42.

10　Thorpe (1969),87—90;Keynes and Lapidge (1983),105—107. 关于后一个来源直接源自前一个来源的可能性,请参阅文献:Campbell (1986),116—117。

11　O'Callaghan (1975),68.

12　McKitterick (1983),190,233.

13　Leyser (1982),14,48.

克逊国家晚期财政体制的一个重要组成部分。盎格鲁一撒克逊国家晚期的贡赋(*geld*)或者丹麦金(*danegeld*)(在英格兰就是这样叫这种贡金的)一直征收到阿尔弗雷德大帝登基后斯堪的纳维亚人发起第一次进攻,并且在991年后又重新征收。991年征收丹麦金是为了抵御维京人发起的新一轮进攻,丹麦金也成了一种经常征收的常规贡赋。11世纪初,英格兰在被克努特(Cnut)国王治下的斯堪的纳维亚君主国攻占以后,继续征收这种贡金,并且改名为"此地贡赋"(*heregeld*),一种为供养王室护卫部队而征收的贡赋。这种贡赋虽然在"忏悔王爱德华"(Edward the Confessor)治下似乎有所减少,但在诺曼王朝早期诸王治下重又征收,并且几乎变成了一种长期贡赋。[14]

这些贡税(tribute taxes)——首先是英格兰贡赋——显然对于早期国家财政史具有非常重要的意义。这些贡税证明了9～11世纪欧洲各国国王出于公开宣布的防御外敌侵犯这个目的向其子民征收一般税收的能力。英格兰的例子还意味着一种在后来的税收史中经常能看到的趋势:也就是"非常税"超越其原始背景并变成经常税或者"常规税"的趋势。最重要的是,无论如何,法兰克和英格兰王国的史实提供了能够证明王室掌握的银币铸造控制权可被直接用来增加新兴国家财政资源的明确证据。

那个时代的年代记中统计资料的存世赋予财政史学家以评价这些早期贡税本身价值及其经济影响的宝贵机会。虽然20世纪中期曾有人反对不加批判地采用这些证据,但是,最近完成的钱币和历史整合研究已经赋予这些证据新的可信性。[15] 譬如说,"秃头查理"(二世)在866年课征的那种税可直接与2年前进行的大量重铸硬币联系起来。[16] 同样,在我们了解到10世纪70年代开设了很多新的外省造币厂并且实施了多次废除流通铸币然后重铸新币(史称"*renovatio monetae*"),随后又于991年策划了一系列征款这些史实以后,盎格鲁一撒克逊人统治下的英格兰数据就变得更加可信。[17] 在图3和图4中,991～1018年《盎格鲁一撒克逊年代记》(*Anglo-Saxon Chronicle*)记载的

---

14 Loyn (1984),120—121.

15 E. g. Stafford (1989),142—143.

16 Nelson (1990),15—16.

17 Dolley and Metcalf(1961).

贡赋总量是根据造币厂铸造银币总量与所征款项相一致的估计值确定的。图3列示了用记账货币表示的数据，而图4把记账货币数据转换成了用公吨纯银表示的数据。[18] 这两张图表明，贡赋需求从991年的10 000英镑异乎寻常地增加到了1012年的48 000英镑，然后又增加到了明显不可能的82 500英镑，贡赋需求非正常的猛增其实是与造币厂所造铸币的相对重量与其间历次铸币的相对产出紧密相关。唯一真正有问题的数据是1007年的数据，因为这一年的贡赋（据记载是36 000英镑）要占到当年流通货币估计总量的72%；但即使这一年也很有可能造币厂铸币产出非常小，因此，贡赋的数值也是能够成立。在其他年份，贡赋占流通货币总量的比例在10%（994年）到42%（1018年）之间。相对于以后各期的类似计算结果而言，这些数值似乎没有什么不合理之处。例如，13世纪末，英格兰王室仍然能够收到相当于流通银币1/4的贡赋。[19] 丹麦金的征收年代并不与"黑暗时代"[Dark Ages，指欧洲中世纪早期，具体是指欧洲没有皇帝的时期（476～800年）；更通常的说法是指公元500～1000年。——译者注]平行的说法，严格地讲也许并不正确，但是，这种贡赋的绝对"长寿"和高效率还是在一定程度上支持了这是"西欧出现的第一个国家税收制度"的说法。[20]

2.3　封建制度与国家财政

欧洲很多地方在9世纪末、10世纪和11世纪经历的中央集权化政权的崩溃和政治分裂的不断加剧，不可避免地产生了重大的财政影响：西法兰克王国的贡金征收制度相对较快的崩溃本身，就是一个证明在这个被历史学家通常称为"黑暗时代"的非常黑暗时期，王室财政即使没有彻底崩溃也已经大大紧缩的证据。统治者财政权力和公共义务原则受到的最大挑战就是地方贵族、教会和其他有权势的领主私人管辖权的发展。贵族和领主等私权相对于

18　ESFDB \orm\engb010 based on \engm001; \onn\engb012 based on \engd032; Gillingham (1989), 373－374; Lawson (1989), 402－404; Metcalf in Hill (1978), 180－181.

19　Lawson (1989), 402－404; Prestwich (1982), 56.

20　Stenton (1971), 645, 648, cited and criticized by Campbell (1975), 44.

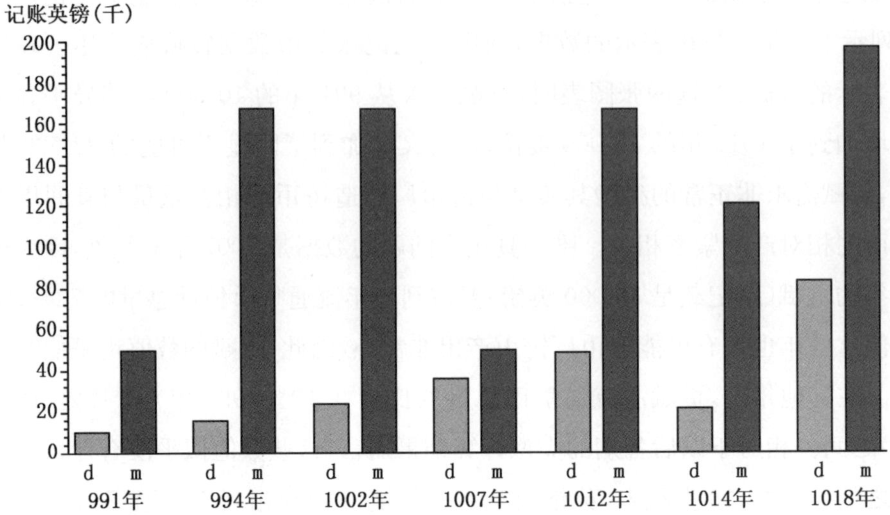

d 表示丹麦金;m 表示本年度铸币供给。

资料来源:Gillingham(1989);Lawson (1989);Metcalf in Hill (1978) \orm\en-gb010 © ESFDB 1993.

图 3　991～1018 年英格兰征收的丹麦金与货币供给(用记账英镑表示)

王权的增强是中世纪中期欧洲"封建社会"的一个主要特征:实际上,在本研究的背景下认为 10 世纪和 11 世纪的封建制度与现代国家概念完全不相容,很可能并不夸张。[21]

在那个时期欧洲的很多地方,早期的王权财政体系大多已经消失或者暂时消失其实也不足为奇。不过,这不等于说,这个过程在欧洲的不同地方完全相同。10 世纪德国的奥托政权采用传统方法——合并领地,征收赋税、过路费和贡金,并且(等赋税等资源枯竭后)在哈尔茨山脉(Harz Mountains)加紧开采银矿——开发了非常可观的财政资源。[22]

在英格兰和卡斯蒂利亚诸新兴王国,重新夺回被维京人和穆斯林入侵者

21　我们完全认识到在这里使用"feudal"和"feudalism"这两个词可能不合时宜并且会引起争议,如 Brown(1974)。但在本研究的语境下,无论是采纳把封建制度作为中世纪社会力量的宽泛定义还是把封建制度作为一种军事或者政治制度的精确许多的定义,都无关紧要,因为这两种阐释的支持者都认为封建制度的特点就是"权力割裂"和"公权私有":Bloch (1962),446;Strayer (1965),11。关于封建制度与国家之间关系的更重要论述,请参阅 Bibó (1986)。

22　Leyser (1982),84－92.

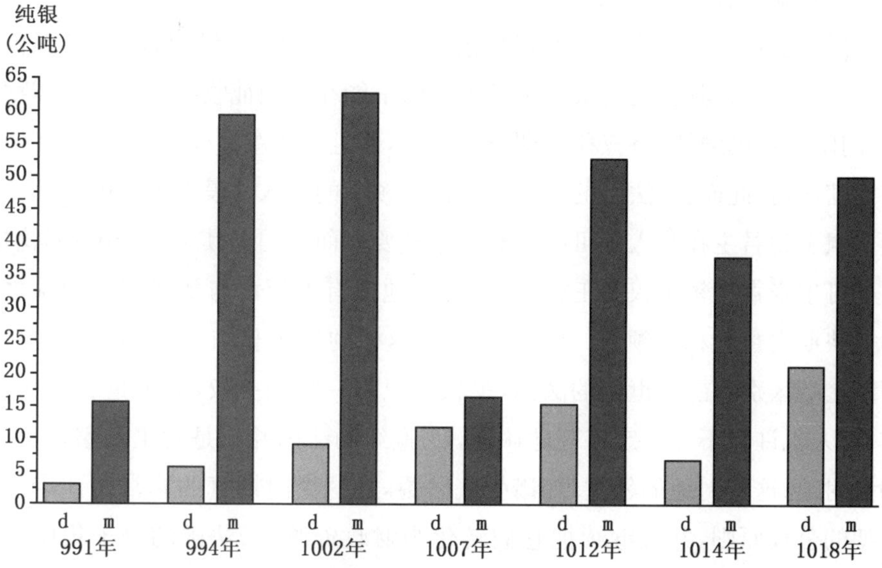

d 表示丹麦金；m 表示本年度铸币供给。

资料来源：Gillingham(1989)；Lawson (1989)；Metcalf in Hill (1978)\orm\engb012 © ESFOB 1993.

图 4　991～1018 年英格兰征收的丹麦金与货币供给(用公吨纯银表示)

占领的领土这一挑战产生了增强诸王权力并允许他们恢复对子民的索要权的影响。因此，丹麦金的课征一直延续到 12 世纪；卡斯蒂利亚为了给发动失地收复战(*reconquista*)筹款，在 1091 年以后开征了一种名叫"*petitum*"或者"*pedido*"的一般税。[23] 但在 11 世纪，很多欧洲统治者的财政能力日益受到限制：法国和德国从 12 世纪到 15 世纪的君主政治历史，基本上就是一部君主寻求恢复各种在中世纪中期封建"无政府"时期失去的权利——特别是财政权利——的历史。

法国卡佩王朝统治初期的例子很能证明统治者作为君主主张的财政权利和特权的减少。[24] 11 世纪，休·卡佩(Hugh Capet)的后代继续索要一些从理论上讲不限于王领的权利，包括免费膳宿权(*gîte*)、王室给养取得权(*droit de*

23　Green (1981)；O'Callaghan (1975)，277－278；MacKay (1977)，102.

24　以下内容参考了 Hallam (1980)，78－91。

prise)、采矿和铸币垄断权以及商品流通税课征权。但实际上,所有这些权利常常授予了封建贵族或者干脆就是被封建贵族所占用。结果,法王发现自己的实际财政权力其实就局限在王领上。法王能在王领征收租金和进行实物劳役,向附属农民强征"特权税",课征什一税,并且行使森林权、狩猎权和其他特别管辖权,就此而言,法王的收入与其他大领主的收入并没有多大的差别。早期卡佩王朝君主在收入上可能只有一个重要方面不同于其重要子民,那就是:国王可主张直接领主权和王权,并且在土地持有人死亡与新持有人确认之间的空缺期内暂管相关领地。但是,即使在这样的领地上,王权与领主权也只有等级上的区别:在 11 世纪的法国,王权也只是一种领主权,而不是君主权:确实,有人也许会不无一定道理地认为,11 世纪的法国并不是君主国家,而是一些大封地;这些封地的领主,如诺曼底公爵,在这个时期真的非常关注卡洛林王朝的公权原则,并且继续把它们转化为财政资源。[25] 法国的例子集中反映了封建制度在中世纪中期从观念和实践两个方面遏制了欧洲国家特别是财政国家的发展。

不管怎样,到了 11 世纪末尤其是 12 世纪,就有很有说服力的证据表明,欧洲其他一些君主国的君主有能力摆脱对他们权力的种种束缚,并且正在开始利用封建势力来构建或者再创更加中央集权化的行政管理机构。[26] 英格兰的例子就是其中最早也是最引人注目的例子之一。最近史学界已经倾向于淡化盎格鲁一撒克逊时代晚期的英格兰是一个强大、统一王国的观点,并且认为 11 世纪英格兰正在形成的政治和军事组织形式具有一些通常与欧洲大陆封建制度相关的特点。[27] 然而,1066 年诺曼人的军事征服断然且永久性地颠覆了英格兰王国当时的这种变化趋势。英格兰的新统治者有能力把英格兰王国仍在采用的行政体制与那个时代诺曼底更加先进的封建制度紧密结合在一起,并且还创建了一种在精心管理之下能够大大增强君主权力的新型政治组织形式。这种新、旧体制的结合本身并没有引发国家财政能力的飞跃式提升。

---

25 Musset (1960);Bates (1982),152—154. 但是,这个论点受到了 Searle (1988,121—130)的质疑。

26 关于封建制度与这个时期国家建设的关系,请参阅 Genet in Genet (1989,261—281)的最近研究。下文的讨论在很大程度上得益于 Vincent Moss 先生的评论。

27 Abels (1988);Fleming (1991).

真正赋予英格兰在1066年以后出现的新型政治财政体制协调性和有效性的是，伴随着诺曼人征服一起发生的土地所有权革命。这场土地所有权革命不但导致王领大幅度扩大，而且还确立了国王作为整个王国君主的地位。[28]“征服者威廉”(William the Conqueror)通过对他的追随者推行的新贵族制度，才能够推动一场相对比较艰苦的谈判，允许他自己和他的继位人争取到了比在法国这个政治分裂的王国更多的封建徭役。这可从以下事实中窥见一斑：王田总佃户被要求为国王这个封建主选送很大配额的骑士；国王通过收取兵役代偿金(这在英格兰被称为“免服兵役税”)，以及为其长子加封骑士、长女出嫁或者赎救其本人(在战败被俘的情况下)向领地租户征收贡金(*auxilium*)赚到了大笔收入。此外，国王通过控制总佃户的租地规模在佃户空缺或未成年时向新佃户索要补助金(准入金)以及出售已故佃户遗孀再婚权和未成年子女监护权赚到的收入虽然波动不定，但数额可观。在法国，这种收入虽然可能源于国王的领主权，而不是他的君主权，但是，这种收入的绝对稳定性和无所不包性使得国王的这种收入权完全不同于英格兰王国的任何其他权贵享受的特权。[29] 因此，英格兰提供了一个12世纪欧洲很多其他地方将要出现的新封建君主国的例子。

这并不是说英格兰是所有其他新兴封建君主国家的原型。英格兰的例子肯定很有影响力：证据就是在苏格兰推行了盎格鲁—诺曼制度，这种制度对另一个诺曼王朝12世纪在西西里和南意大利创立的新王国产生了不那么直接但仍可被证明相当大的影响。[30] 英格兰和阿拉贡这两个例子的真正意义还在于：显然仍有年代比较久远的公共义务原则还在发挥它的作用，这些年代比较久远的公共义务原则不但没有受到效忠义务观(bonds of fealty)发展的影响，甚至还因为效忠义务观的发展而得到了强化。[31] 这种连续性最引人注目的例子就是，英格兰在被诺曼人征服以后继续征收丹麦金几乎长达1个世纪。但有必要强调，丹麦金后来已经减少到很小的比例：从11世纪起，丹麦金由于没

---

28 关于1086年《末日审判书》有意罗列许多封地的可能性，请参阅文献：Galbraith (1961, 1974)；Holt (1987)。

29 Waugh (1988).

30 Frame (1990), 89—97; Matthew (1992), 207—253.

31 Bisson (1989), 237—255.

有经历任何重大的计征方法修正，因此难免会变得僵化。[32] 但是，丹麦金一直存续到12世纪60年代，确保了公共税收原则没有被废止。事实上，公共税收原则重新又在一系列新开征的税收中得到贯彻，如1194～1220年征收、后来又重新按照单位土地标准税率征收的犁头税（*carucage*）。[33] 在加泰罗尼亚可以看到公共义务原则在专门的财政背景下重新得到启用的一个类似例子：从1173年起，加泰罗尼亚先是为了补贴治安政策，后是为对外战争筹款而开征了一种名叫"bovaticum"的新税。[34] 这种新税是领地收入和几种综合税的特定组合，因而为12世纪"新"的封建君主国家提供了财政大发展的潜在可能性。

2.4 财政机构与早期账簿

12世纪新兴国家重视财政资源的最显著表征就是发展新的财政管理体制。[35] 直到11世纪末，欧洲各王国的财政管理好像都是在王室内部进行并由一个与法院一起巡回的机构（*camera*）负责协调。第一个显著的变化是一些较大领土单位的统治者开始设立独立的财政管理机构或者财政部、皇家收入固定征收点和资金入库制度。英格兰最迟从11世纪开始就在温彻斯特（Winchester）设立了财政署；西西里于12世纪把财政署固定在了巴勒莫（Palermo）；而在法国，圣殿骑士团据说从1146年起开始负责守卫设在巴黎的皇家金库。[36] 然而，更加重要的是，财政管理机构不只是单纯负责征收决策，而且还要实际考虑收入和支出（程度较低）问题。换言之，指定国家官吏负责掌管他们征收到的并以国家的名义分配使用的资金。

最早提到账目审计的一些文献主要涉及一些规模较小的政治单位，如

---

32 Green (1981). 关于《末日审判书》可能是想提供新的税收依据的可能性，请参阅文献：Harvey (1975).

33 Mitchell (1914), 8－9, 32－33, 122－123, 130, 134; Mitchell (1951), 127－131, 135, 136－137; Cazel (1961), 70.

34 Bisson (1989), 215－236.

35 Lyon 和 Verhulst (1967)对西北欧的相关情况作了很好的综述。在下文 nn. 36－47 中援引的较新研究对他们俩的有些结论进行了修正。还请参阅 Bisson(1982)。

36 Hollister (1978); Takayama (1985); Baldwin (1986), 57.

1089 年的佛兰德斯(Flanders)和 12 世纪 50 年代的加泰罗尼亚。[37] 一些较大的王国,如英格兰最迟从 1110 年,法国从 1190 年,开始推行账目审计,目的并不是要编制无所不包的收支报表,而是想对皇家财政官吏进行监管。因此,最早的财政账目很容易令人头晕:无论是英格兰 1130 年以残缺不全的财政署卷档还是法国早期确切日期不详、1203 年以后的账簿,都不能算是类似于现代预算的材料。[38] 同样,西西里诺曼王朝诸王也没能发展适当的会计制度,但这肯定不意味着他们就缺少尖端、高效的收入实现体系。[39] 尽管当时的财政管理仍不尽如人意,但公平地说,卡佩王朝没能在 12 世纪结束之前设立任何像常设会计机构那样的财政管理机构,并不必然就意味着法国皇家的财政管理体制相对落后于当时已经在英格兰、诺曼底或者佛兰德斯等政治单位出现的更加先进的财政管理体制。虽然没有任何证据能够直接证明 12 世纪欧洲诸国的相对财政能力,但是,财政管理机构发展的史实还是能够揭示大量关于国家收入实现机制的相对成熟程度。

鉴于皇家财务账目具有选择性的特点,用它们来进行时间和空间上的比较显然极其冒险。最严重的情况是,我们无法评估绕过会计机构、直接缴入国库的皇家收入。不过,简要回顾英格兰和法国存世的最早统计数据,至少可以初步了解这两个国家 12 世纪和 13 世纪初的财政体制。

英格兰最早的财政署卷档已经经历几代学者的认真研究,并且也是迄今唯一采用计算机程序经过透彻分析的财政档案资料。[40] 本章图 5 和图 6 列示了经过计算机程序分析和重组的 7 个不同收入类别的数据。[41] 这两张图通过披露以下信息反映了英格兰会计制度的优点:从英格兰的财政署卷档来看,英格兰财政署曾经起到过两方面的作用:不但对给定财政年度[在本例中是 1120 年米迦勒节(Michaelmas,9 月 29 日,英格兰四大结算日之一。——译

---

37 关于加泰罗尼亚的情况,请参阅文献:Bisson (1984),i,23-28。

38 Nortier 和 Baldwin (1980)以及 Baldwin (1986,240)认为,1221 年卡佩王朝账目能比 1202~1203 年的账目更加切合实际地被称为“预算”。

39 只有西西里王国在 13 世纪创立了系统的会计制度:van Cleve (1972),264-280。关于诺曼王朝诸王拥有的财富,请参阅文献:Matthew (1992),234-241。

40 Green (1982). 我们采用了 Green(1986:220)中经过修改的数据。

41 BSFDB \orm\engbou based on \engd033;\orm\engb013 based on \engd034. 图 6 中没有“城镇”这个类别的数据,因为在 1129~1130 年的卷档中没有任何相关的分录数据。

者注)～1130 年米迦勒节]的收入进行了审计,而且继续责成皇家有关机构结转前几年的欠款。这些卷档还反映了另一种只能通过审计程序才能发现的现象:入账金额并不等于实际收入金额。毫不奇怪,这是一个与前几年结转下来的欠款有关的特殊问题(见图 6)。虽然这个差额可作为当年费用入账,但也说明不同类别的收入存在收缴差额(见图 5)。司法收入未清账款实际大到足以显示这种收入更具政治手段而不是财政手段的性质:这种收入真正的意义还在于它们是一种惩罚威胁,而不只是单纯的收入。丹麦金差额也可归因于政治因素,但是,计征这种贡赋已经明显成为一种日益严峻的管理挑战。不管怎样,当年规定领地收入与实际收入之间的差额较小,这可用"王田和其他相关权利收入由国王的地方代理人郡守承包"来解释。一旦缴足了财政大臣规定的收入,郡守就可自由处置剩下的收入,因此有强烈的动机平衡收支。[42] 虽然收入承包制常被认为是新兴国家官僚政治或政治软弱的一个症状,但这个例子可用来表明一种允许会计机构提前知道土地资源毛收入和净收入近似值的制度可能具有的优点。

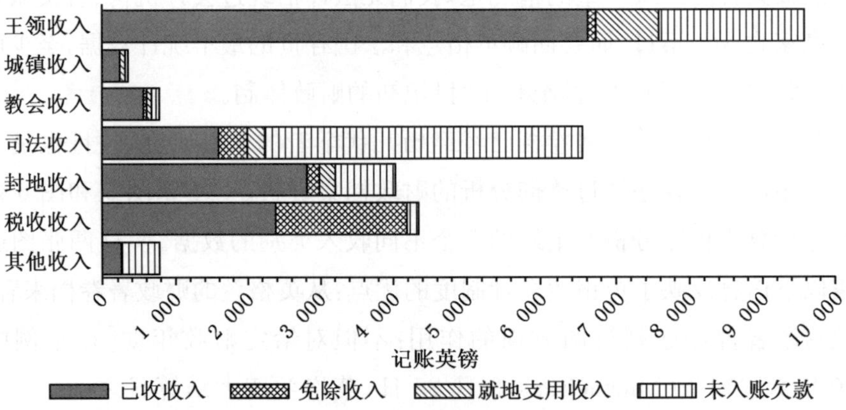

资料来源:Green (1986),223 \orm\engb011 © ESFDB 1993.

图 5 1129～1130 年度英格兰王室收入(用记账英镑表示)

这样一种会计制度的主要缺点当然是往往只能静态地确定收入,并且很难根据支出变化情况进行调整。有一点可以确定,英格兰王国主要依靠王权

42 Green (1986),172－173.

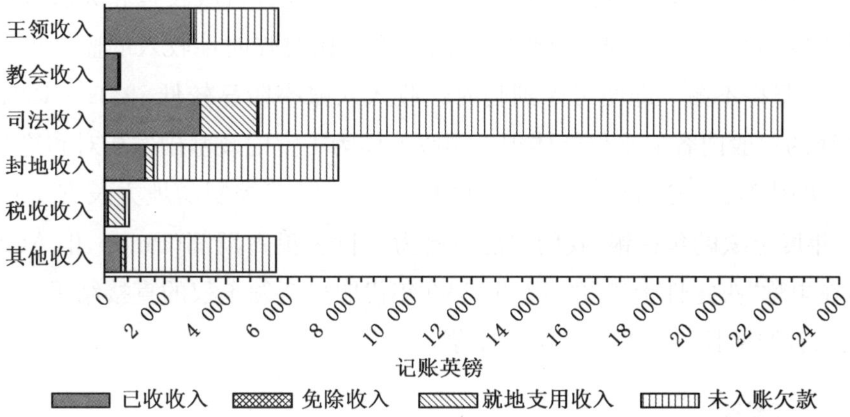

资料来源：Green (1988)，224\orm\engb013 © ESFDB 1993.

图 6　1129～1130 年度英格兰王国财政署前几年结转欠款(用记账英镑表示)

和封建权利来弥补因不能根据支出变化调整收入而产生的缺口。图 5 中的数据显示，这些类别的净收入已经达到了很高的水平，并且反映了这个王国国王统治的强势和效率。的确，这些收入也可能要占到英格兰王室相当一部分的可动用资源，比英格兰财政署卷档显示的要大，因为有很多临时收入和特权收入直接缴给了王室巡回金库，并没有在财政署入账。这种情况与 12 世纪末直接税的重新流行一起表明，到了 1200 年，英格兰王国已经从严格依靠领地的财政体制朝着一种更具剥削性和更加一般化的收入增加制度发展。

卡佩王朝存世的最早财政账簿显示了很多有助于区别 12 世纪和 13 世纪初在法国和英格兰发展起来的财政体制在程序和结构上的显著差别。[43] 1202～1203 年度的账簿显示，卡佩王朝并不赞同一年一次的审计(就像在英格兰实施的那样)，而是坚持一年三审的做法——这一事实本身就能说明这两国财政体系内部完成的相对交易额有所不同。此外，法国的会计制度可能由于比英格兰的会计制度几乎要晚形成 1 个世纪，因此更加明确的区分把王室财政收入分为稳定的经常性收入(主要是由地方行政长官承包的王领包税银)、不稳定的经常性收入(由代表国王和领主的大法官负责的司法、王权和森林收入)和只有遇到特殊情况才能征收的临时性收入三种。就像英格兰财政

43　以下内容参考了 Baldwin (1986，144－175)。

署的会计制度,法国会计制度的首要作用就是对地方行政长官和大法官进行某种程度的监督,因此对经常性收入的监管要比对临时性收入的监管更加严厉彻底、坚持不懈。即便考虑到临时性收入入账率明显较低,1202～1203 年度账簿的一般内容似乎仍能体现王领收入作为王室财政基础的相对和绝对重要性(见图 7)。[44] 通过回顾 1179～1190 年已被国王控制的地方长官 1202～1203 年度上缴的包税银,我们也能对腓力二世·奥古斯都(Philip Ⅱ Augustus)在史称“决定性十年”的 12 世纪 90 年代取得新领土权的直接结果——王领收入直线增长——产生一定的印象。[45]

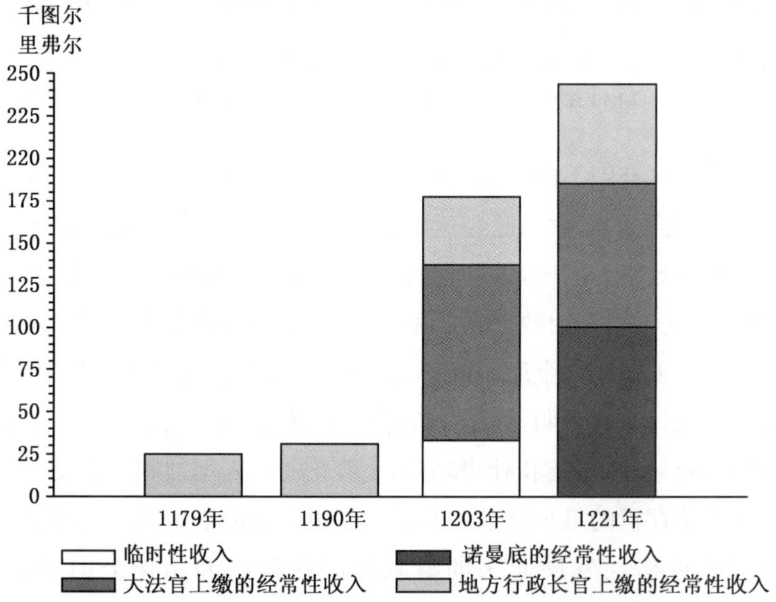

资料来源:various\orm\frmb003 © ESFDB 1993.

图 7　1179～1221 年度法国王室部分收入(用图尔里弗尔表示)

1202～1203 年度的收入数据反映了更重要的历史意义,要知道这是腓力二世在攻占诺曼底前一年实现的收入。攻占诺曼底这一重要军事冒险行动导致了前金雀花王朝(Plantagenet)丧失了位于法国西北部的大部分属地,而且

44　BSFDB \orm\frmb003 based on \frrnd005; Lot and Fawtier (1932); Nortier and Baldwin (1986); Baldwin (1986), 54, 154, 244.

45　Baldwin (1981).

也导致了卡佩王朝领地进一步获得非常大的扩张。关于腓力二世·奥古斯都和约翰王(King John)在 1204 年的相对财政资源以及前者的胜利和后者的失败能否实际用各自的财政实力来解释等问题,仍存在很多争议。[46] 我们暂且就强调诺曼底公爵领地的收入肯定是决定腓力二世·奥古斯都和约翰王胜败的一个重要因素。12 世纪 90 年代,英格兰国王查理一世(Richard Ⅰ)每年能从诺曼底公爵领地收到的收入在 5.6 万图尔里弗尔(1195 年)和 13.65 万图尔里弗尔(1198 年)之间。如果 13.65 万图尔里弗尔是这个时期比较典型的年收入,那么,诺曼底公爵领地的收入实际上几乎与英格兰财政署卷档所记载的英格兰王国年度总收入(1202～1203 年度是 34 600 英镑,相当于 13.85 万图尔里弗尔)相同。因此,无论 1203 年的实际情况如何,诺曼底公爵领地的控制权转移到法国王室手中,显然对金雀花王朝和卡佩王朝财政实力产生了根本性的影响。

这些结果可以从法国王室 1221 年度的冲减收入数据中窥见一斑。这些数据显示,获得安茹望族领地的一个直接结果就是,从 1203 年起经常性收入大约增加了 70%,而临时性收入几乎全都来自诺曼底公爵领地(见图 7)。[47] 因此,法国在中世纪能够维持甚至巩固它的领地地位。但同样,诺曼底的丧失也必然导致金雀花王朝的领地国家财政发生根本性变化。因此,法国北方领土和财政实力均势的变化必须被视为 1200 年以后导致英格兰王国发展新的税收形式的一个主要因素。

2.5　教会、十字军东征和税收挑战

虽然德国的一般税收先例具有无可争议的重要意义,但有一种颇有说服力的观点认为,13 世纪欧洲某些王国组织有序的税收体系的发展是由 12 世

46　以下内容大量参考了 Holt (1984)。Holt 对这个主题的之前研究进行了综述。

47　Baldwin (1986),243—244. 必须强调,1221 年的数据并没有包括诺曼底和都兰(Touraine),而安茹(Anjou)和曼恩(Maine)的数据已经遗失。但 Gillingham (1978:303—304)表示了异议。他似乎认为,这些省份的收入不可能很大:Holt (1984),104—105。

纪罗马教廷为资助十字军东征而采取的积极行动促成的。[48] 虽然异教徒的十字军东征行动不但在近东而且还在西班牙和南意大利向西方世俗统治者提出全方位的挑战，但也给他们带来了各种机遇——这些挑战和机遇并不只局限于筹集资金支持十字军东征部队。罗马教廷给予这项行动的意识形态支持正好证明了为相关王国国王重新开征一般直接税所需要的道义上的理由。罗马教廷支持十字军东征的一个结果就是：12 世纪，西方世俗统治者能把十字军东征列入他们可以理由充分地要求领地租户缴纳贡金的机会清单中。更重要的是，他们还开始认为十字军东征中止了平时的政治压力，并且证明了向全体子民——不论身份——课征一般税的正当性。

法国和英格兰在 1146 年和 1166 年下令课征的十字军东征税，据我们所知，是世俗统治者最早课征的此类税收。罗马教廷直到 1199 年才自己负责采取这种措施，但值得注意的是，罗马教廷这一年和后来只限于向教士课征十字军东征税，是在王室的监督下才能明显消除俗人和教士在职责和财政方面的区别，并且把缴纳十字军东征税变成一种全体成年基督教徒都必须承担的一般义务。就是在这个基础上，1185 年和 1188 年英格兰的亨利二世和法国的腓力二世·奥古斯都下令为准备第三次十字军东征课征动产和收入税。这后一种非常或临时税[在英格兰被称为"特别津贴"（subsidy），意指英格兰议会拨给王室的特别津贴]按 1/10 的税率征收，并被通俗地称为"萨拉丁什一税"（Saladin tithe），是一种迄今为止最难忍受的税。当然，不应过度夸大这些早期征收的十字军东征税所取得的财政成功：虽然相关王国的国王下达了非常具体的指令，并且规定了应税商品和收入种类，但在课征萨拉丁什一税之前还没有国家（英格兰除外）真正直接承担收税责任，并且对拒不纳税的人提起诉讼。还有必要指出，法国国王下达的敕令在决断权掌握在公爵和伯爵手中的封邑没有实际效力。这些税收的真正意义还在于它们的征收依据，而不是具体征管，因为就是在这些创举中我们也许可以识别某些后来成为重要理念和政治应急原则——那些证明为特别用途课征非常税合理的原则——的东西的

48 以下内容主要参考了 Constable (1982)和 Cazel (1989)。还请参阅文献：Green (1988)，606—671；Cazel (1955)；Baldwin (1986)，52—54。

最早实际用途。[49]

因此，有必要加倍注意法国和英格兰政治集团对萨拉丁什一税作出的不同反应。法国曾发生过针对萨拉丁什一税的抗税活动，腓力二世·奥古斯都在重压之下不得不放弃征收这种税的计划，而且否定了支持课征这种税收的原则。动产连同所有其他财产和权利仍享受皇家税收豁免权。事实上，萨拉丁什一税在法国遭遇的失败可被看作是一直到 14 世纪法王陛下的子民坚持拒绝承担非封建税收纳税义务的第一个先例。[50] 而在英格兰，情况正好相反，萨拉丁什一税被证明取得了重大成功：据一位年代记编者估计，英王从其基督徒子民那里征收到了 7 万英镑的萨拉丁什一税，而且还从犹太人那里征收到了 6 万英镑的萨拉丁什一税。[51] 虽然这些估计数据很可能有被夸大之嫌，但仍使我们对萨拉丁什一税的收入规模产生了不错的印象。关于英格兰政治集团默认萨拉丁什一税的最令人满意的解释应该是，英王陛下的子民比法王陛下的子民更加习惯缴纳非常税。丹麦金一直课征到 12 世纪 60 年代，连同像贡金、免服兵役税和佃户税这样的封建赋税的持续课征，在英格兰营造了一种十字军东征税虽然不受欢迎但至少不至于遭到抵制的政治氛围。

萨拉丁什一税作为英格兰国家财政发展转折点的重要性在 1193 年得到了有力的证明。1193 年，皇帝亨利四世囚禁了英王查理一世，并且索要惊人的 10 万英镑赎金。这是中世纪晚期欧洲史上出现过的一系列往往导致王国财政范围和规模发生根本性变化的赎金要求中的第一个。英格兰摄政府这次比照 1188 年的先例征收了另一种动产与财富税，把税率从 1/10 提高到了 1/4。虽然我们没有找到任何存世账册，但可以认为，在为筹集英王赎金课征的全部非常税中，这一次实际征收到了最多的赎金。[52] 这次课征非常税取得了成功的最好证明也许就是约翰王后来又重新征收这种非常税。约翰王在 1203 年对个人财产课征一种“七一税”，在 1207 年为了向法国腓力二世·奥

49　Kantorowicz (1957), 284—285.

50　Henneman (1971), 1—39.

51　Mitchell (1951), 119; Warren (1973), 378 and n. I. 后者认为这个估计值有被夸大之嫌。

52　Mitchell (1951), 124—126.

古斯都开战又对动产和收入征收一种“十三一税”。[53] 因此，这种个人财产非常税（特别津贴）在英格兰的演变是13世纪出现的另一个重要主题——通过征收十字军东征税来满足国家的纯世俗需要——最早的显著例子。

2.6 权力行使与豁免权买卖

虽然十字军东征很可能是改变中世纪中期人们对公共财政态度的最重要因素，但还有其他几种明显的世俗现象也促进了12世纪和13世纪欧洲一般税收体系的发展。旧时的公共义务传统在特别财政背景下的恢复，至少在一些国家为统治者与其子民构建新型政治关系创造了条件。在这种新型政治关系中，税收成了一种为王国政府更具侵略性和争议性的行为买单的手段。是“议税”（税收谈判）而不是“强征”，能明确告诉我们有关这个时期国家政治和财政发展的更多信息。我们在这里先进行简单的讨论。

12世纪出现的最显著趋势之一，就是统治者把铸币收益权转化为向其全体子民课征的一般“货币税”。[54] “货币更新”（*renovatio monetae*）制度虽然从理论上讲是为了保证流通中有完好的货币，但实际上开了大肆滥用货币进行牟利的先河，就如统治者趁机大肆发行“轻币”或者成色不足的铸币，从而增加通过铸币牟利的行径所显示的那样。这种牟利方式对经济造成的破坏足以使某些政治集团相信“宁可征收一般税，也不能发行币值波动不定的通货”。结果就是一种常用与被替代的国王造币特权相同的名称命名的税——“造币税”（*monetagium*）。在12世纪的诺曼底、法国和北西班牙都能找到课征这种税的例子。我们几乎或者根本就没有找到能够证明为早期开征这种税进行过正式协商的证据，但当时有一种明确的观念：统治者有道德和政治义务在征收造币税后的一定时期里保持铸币标准不变。1205年，阿拉贡在首次开征名叫“*monedatge*”的真正造币税时，在相关法令中明确规定了一个主要是关于履

---

53 Mitchell (1914)，62—63，87，90—99；Mitchell (1951)，133. 重要的是，应该承认“七一税”只征收到很少的税款，而“十三一税”虽然征到了57 422英镑这么大的一笔税款，但也招来了很多反对意见：Holt (1984)，102—103；Warren (1978)，149—150。

54 有关以下内容，请参阅Bisson (1979)。

行放弃币值操纵正式承诺的附加条件。

当时,英格兰也出现过一种类似的趋势,但定期举行的相关协商并不是围绕货币而是围绕王国司法制度展开的。英格兰司法制度的早熟赋予君主一种强大的政治工具,这种政治工具一旦掌握在像约翰王这样的统治者手中就有可能对子民意识到的权利构成严重的威胁。因此。毫不奇怪,英格兰的《大宪章》(*Magna Carta*)中有很多贵族反对派在 1215 年据以从约翰王手中夺取特权的条款都是关于皇家法院管辖权和司法程序的。1225 年,约翰王的儿子亨利三世(Henry Ⅲ)采取了一项重大举措:把“大宪章”作为与开征一种动产十五一税有关的政治谈判的部分内容来接受。此举开辟了 13 世纪王室与地方有时是全国政治集团进行谈判的先例。[55] 事实上,英格兰的历代统治者就如同他们的阿拉贡同行在这类谈判中并不一味坚持自己的立场。13 世纪英格兰的政治体制并没有发达到足以有效保证统治者恪守承诺的程度,但开启了政治协商谈判的先例,并且证明对于在 13 世纪晚期和 14 世纪建立更加正式的税收协商政治制度具有重要的意义。

2.7 1200 年的欧洲:新出现的趋势

本节将列举一些值得注意并可量化的例子,用以展示两个可以说是在 13 世纪早期出现的不同财政体制模式:一是(如法国)围绕统治者成功扩大和利用其领地和领主权利构建的财政体制;二是(如英格兰)通过强化统治者向全体子民课征捐税的权利来利用更加广泛的地域和社会基础的财政体制。虽然我们可以方便地采用常用术语把这两种模式命名为“领地国家”和“税收国家”模式,但必须记住这两个术语不合时宜,并且容易扭曲这个时期这两种模式在各自的发展过程中出现的非常重要的相似性。但到了 13 世纪初,这两种模式之前的区别已经十分明显,足以需要做进一步的解释。

无论是这个时代还是任何其他时代能够出现比较先进的财政体制的根本原因,当然是财政需要:收入的增加通常反映了支出的等量甚至常常是更大比

55 Maddicott (1984).

例的增长。[56] 决定财政体制发展是遵循领地国家模式还是税收国家模式的因素极其复杂，不但反映给定国家的政治体制，而且还体现它们的经济结构。不过，之前的分析令人信服地表明，1200 年前后导致财政体制不同的根本原因是统治者与其主要子民之间的土地使用、政治和经济关系。在欧洲，像法国那样的封建制度自然发展的地方，贵族即使在面对 12 世纪卡佩王朝更加雄心勃勃的中央集权倾向时仍保留着高度的自治权。在那些像英格兰那样封建制度主要是作为一种政治制度引入的王国，君主权大于领主的私权利，君主在保留旧赋税的同时开征新税。

此外，重要的不是夸大这两种模式的反差。到了 13 世纪初，腓力二世·奥古斯都显然不只是赶上甚至已经超过了金雀花王朝之前的做法，并且通过对他较大的封地行使领主权创造了很多收入。[57] 英法两种模式的主要差别实际存在于较低的层次，并且仅仅出现在王室试图直接利用生活在某个大贵族管辖区和地域范围内的平民的资源时。凡是在封建制度首先是一种政治手段的地方，就如在英格兰，或者封建制度的土地使用和社会特征从未真正生根的地方，就如在卡斯蒂利亚和南意大利，都可能发现国王与其全体子民之间的一种直接关系。这种直接关系超越了其他形式的领主权，在特定情况下就可能成为普遍征税的正当理由。[58] 在那些贵族享有更大管辖权的地方，如法国，或者在贵族享有绝对所有权的地方，如东欧部分区域，国王的财政权力必然要受到较多的限制。值得注意的是，如果后一类国家实行直接税制，常常不是直接由王室来管理，而是采取配赋税的形式来运作，每个省份或者领地都要负责组织对重新安排或者谈定的税收配额开展征收工作。此外，统治者税收权受限制最大的中世纪国家，自然是那些权力几乎完全转移到一些私人领主手中的国家。在这些国家，一些私人领主实际控制了他们的领地，并且享有大量的管辖和利用的准王权。

为了着重讨论后一个问题，并且说明中世纪社会和政治制度对国家财政发展造成的限制和创造的机会，我们也许可以通过简要回顾一些被认为贵族

56 如 Miller (1963)，305—306.

57 Baldwin (1986)，277—279.

58 MacKay (1977)，97；Kantorowicz (1957)，284—285.

掌握最大权力的中世纪国家(即中、东欧诸帝国和王国)出现的财政体制来结束这一章。这一章以下部分的讨论将超越1200年这个时间界限,目的是要证明某些中世纪财政体制的持续性以及反映这些延续到15世纪的国家体制特点的显著连续性。

2.8　神圣罗马帝国

任何有关中世纪神圣罗马帝国财政体制的研究都必须承认财政运行的两个层级:帝国财政本身以及构成帝国的侯国、公国和自治城市的财政。10～13世纪,神圣罗马帝国帝位连续由几个王朝继承的趋势促进了一个幅员辽阔的帝领(*Reichsgut*)的创立和维系。皇帝在帝领不但拥有土地,而且拥有征收通行税、采矿、铸币和治理犹太人的大量特权。然而,中世纪中期帝国最重要的收入来源是意大利:当时有人对腓特烈一世(Frederick Ⅰ)的财富进行的估计显示,北意大利城镇帮助腓特烈一世成为安茹王朝(Angevins)的真正对手。毫无疑问,亨利四世(Henry Ⅳ)1196年征服西西里王国所创造的收益使得腓特烈二世(Frederick Ⅱ)成为13世纪欧洲最富有的统治者。最重要的是,腓特烈二世为了实现征服欧洲其他地区的军事和政治野心,毫不留情地利用一种名叫"*collecta*"、课征于西西里俗人和教士附属民的一般税来大肆敛财,这种触目惊心的横征暴敛行径在这个时期的德国可谓是绝无仅有。[59]

这个问题在神圣罗马帝国失去了对意大利的控制权、王朝连续继承帝王的时期结束以后就变得非常明显,而腓特烈二世的继位人也越来越依赖帝国诸侯的政治善意。大约到了1440年,帝领几乎丧失殆尽,而中世纪晚期的帝国诸帝因此而不得不越来越多地依赖他们的祖产(*Hausgut*)来应付政府开支。[60] 15世纪,一些有远见的人士开始向朝廷献策,建议让全体子民通过缴纳一般税来承担帝国的财政负担。但是,所有采纳此类建议的方案在开征"统一芬尼税"(*Reichspfennig*)之前无一取得成功,这也清晰地表明帝国诸侯那时已经实际享有否决帝国税的权利。15世纪,神圣罗马帝国发起了针对胡斯派

59　Fuhrmann (1986),162—168;van Cleve (1972),264—280;Isenmann in Bonney (1995).

60　关于下文内容,请参阅文献:Jsenmann (1980);Rowan (1980);Du Boulay (1983),19—63。

(Hussite)异教徒和奥斯曼土耳其人的准十字军东征。为支持准十字军东征而课征的非常税是在15世纪真正得到发展的税收。这是需要原则第一次在德国被作为合法的政治原则得到承认,不久就被用来改变德国的财政,而且采用了与之前导致西欧诸君主国财政体制发生革命性变革相同的方式。虽然德国在15世纪20年代末进行了一些值得注意的中央集中征管直接税的实践,但唯一一种在政治上可以接受的税收是一种名叫"*Matrikel*"的配赋税(1422年首次开征)。这个时期,帝国朝廷仍然是既缺少政治权威又没有能胜任彻底、永久性重组帝国经常性收入和支出的行政机构。因此,神圣罗马帝国成了中世纪中期由政权分裂导致财政瘫痪的典型例子。

我们可以认为,神圣罗马帝国的权力落入了诸侯和各自治城市手中,因此激励他们赶在皇帝之前在中世纪晚期发展起了各自比较先进的公共财政管理体制。我们肯定可以说,帝国的诸自治城市当时已经建立了自己的财政体制,包括直接税制和间接税制,最迟到了14世纪已经有了自己的公共信用方式。但值得注意的是,落在后面的诸侯并没有表现出任何比帝国朝廷更强的发展意识。原因也许部分就在于缺乏明确的领土和管辖主权意识,但也可能与侯国这一层级"国家支出"有限并局限于"国内"有关。也许,诸侯已经享有了超越其封地并与参议会一起处理非常税事宜的特权相关的财政权利。在15世纪以前,允许征收非常税的情形似乎非常有限:特别值得关注的是,这个层次的税收并不与紧急需要联系在一起,而是像早期的封建贡赋那样与统治者就职、结婚以及其长子出生这样的礼仪性事件联系在一起。除了巡回金库以外,没有任何其他侯国财政机构可用来展示中世纪晚期德国诸邦国财政管理机构非常保密的私密性。

2.9 东欧的经历:波希米亚、波兰和匈牙利

尽管德国王朝国家的公共财政呈现出明显的静态性,但有——虽然并不一定是永久性,但是很明显的——证据表明,中世纪中东欧有些国家的财政也得到了发展。具体而言,波希米亚、波兰和匈牙利王国提供了一些可与12～15世纪西欧诸国的财政变革进行有益比对的案例。这三个国家最初都很有

领地国家财政的特点。波希米亚王国其实是在 14 世纪和 15 世纪初归入神圣罗马帝国，并且为帝国提供过 3 个皇帝，依靠它的财政体制赢得了政治稳定。波希米亚的财政依靠它拥有的大片土地，通过行使司法权、征收商品通行税、剥削犹太人、利用采矿权和造币权敛取了大量的收入。其实，只有相对较少的证据能够证明，波希米亚中世纪晚期税收获得了进一步的增加：卢森堡的统治者并没有在他们统治的王国寻找新的财政资源，而宁可推行王朝扩张政策，结果给查理四世（Charles Ⅳ，1346～1378 年在位）带来了大片西西里和勃兰登堡（Brandenburg）的领地，并且把匈牙利王国赐给他的儿子西吉斯蒙德（Sigismund）。[61]

波兰也严重依靠领土扩张来维持自己的政治势力和财政实力：1385 年与立陶宛结盟标志着这种领土扩张政策达到了登峰造极的地步。但值得注意的是，统治波兰一直到 1370 年的皮雅斯特（Piast）王朝不但获得了大量的土地收入，而且还强制规定了一些公共义务，有些公共义务还被转换成现金付款。一直到 14 世纪，国王的子民都被要求为建桥和修建皇家城堡出力，而皇家城堡的守护责任被转化为一种名叫“stroza”的货币付款。同样，接待君主的义务似乎早就作为一种货币税（stan）来计征。在勇士波列斯瓦夫（Boleslav the Brave，992～1025 年在位）治下似乎已经征收一般实物税（narzaz），而且在 13 世纪仍在以牲畜和谷物的形式征收。所有这一切与在后来的德意志诸王国与同时代丹麦王国发展起来的财政义务都有着密切的联系。但在波兰，由于王权逐渐割让给了几乎自治的贵族，越来越多的有权势的政治人物获得了公共义务豁免权，这些早期的赋税先例似乎已经消失殆尽。随着安茹的路易一世（Louis Ⅰ of Anjou）在 1370 年的登基以及一份授予贵族和教会几乎全部财政豁免权的正式契约——卡索威亚（Cassovia）特权契约——的签署，公共义务豁免权的问题也达到了无以复加的地步。因此，波兰王国非常明显地呈现出与中世纪晚期神圣罗马帝国相同的财政创造性向下层转移的倾向。[62]

匈牙利的情况具有很大的不同，并且更值得关注，尤其是因为从 12 世纪

61　Palackj (1907)，170—171；Thomson (1949)；Du Boulay (1983)，34—52.

62　Hüppe (1894)，108，432—433；Lonnroth (1963)，365—368；Kieniewicz (1968)，47—48，56—59，84—85，128—129.

到15世纪多个国王留下了罕见的王室收入半官方汇总报表和估计数据。[63] 依据一个适当的评判框架,我们就能以图表(见图8)的形式用这些报表提供的数据来反映中世纪匈牙利王室收入的构成和总体规模。[64] 这些数据连同丹麦的相关证据,还能用来对西欧史学家关于"东北欧'外围国家'财政成熟度低,当时必然仍受制于封建或领地财政体制"的假设进行有益的纠偏。

贝拉三世(Béla Ⅲ,1172～1196年在位)的年度收入估计值有助于说明中世纪领地国家可能存在的收入复杂性和多样性。贝拉三世从王领收到了令人印象深刻的收入:如果不是有证据证明圣斯蒂芬(St Stephen)之前曾占有多达匈牙利2/3的土地,那么,4.5万马克(mark)的估计收入(合8.4吨纯银)好像就多得不大可能。但不管怎样,土地收入差不多占到报告总收入的1/4。移入民缴纳的贡赋和王室收到的通行税(一种包括一些在城镇收到的王室收入的复杂税种)收入实际达到了与其领地土地收入相同的水平。以上这些收入(除了通行税)贝拉三世很可能是以实物形式征收的。这显然就提出了一些账簿上记载的现金估计值是否可靠的问题,特别是在拿贝拉三世与他的内兄法国的腓力二世(Philip Ⅱ of France)的收入(法国1203年的估计收入总计17.3吨纯银)进行比较时。[65] 但是,实物收入的估计值如果根据贝拉三世据说开采矿产资源获得的巨大收入(包括皇家盐专卖收入,尤其是金银开采和铸币收入在内)来推断,那么就具有相当的可信性。当然,众所周知,中世纪中期,东欧曾向西欧提供了大量的金、银币。匈牙利王室能够以这样一种非同寻常的程度来开发利用这种资源,肯定是一个值得更加全面认识的问题。[66]

由于缺少查理·罗伯特(Charles Robert,1308～1342年在位)和西吉斯蒙德(1387～1437年在位)治下领地土地收入的数据,因此,不可能对匈牙利

63 来源:Hóman (1916),424－426(但应该指出,Hóman对这些统计数据的解释现在并没有受到质疑);Hóman (1921),280－287;Engel和Kristo (1987:139－144)引用了Thallóczy (1879:84－86);Fügedi (1990)。

64 ESFDB \orm \hunb001 based on \hund001; Hóman (1916), 424－432 (revised); Hóman (1921),25,280－287;Engel and Kristo (1987),139－144;Fitgedi (1990).

65 贝拉三世的第二任夫人是腓力二世·奥古斯都的妹妹玛格丽特(Margaret)、英格兰亨利二世(Henry Ⅱ)长子亨利(Henry)的遗孀。Hóman (1916:426)推断,贝拉三世收入的统计数据直接来源于卡佩王朝和安茹王朝在匈牙利王国财政的利益。

66 Hóman (1922). Spufford (1989)几乎没有谈及13世纪之前的匈牙利。

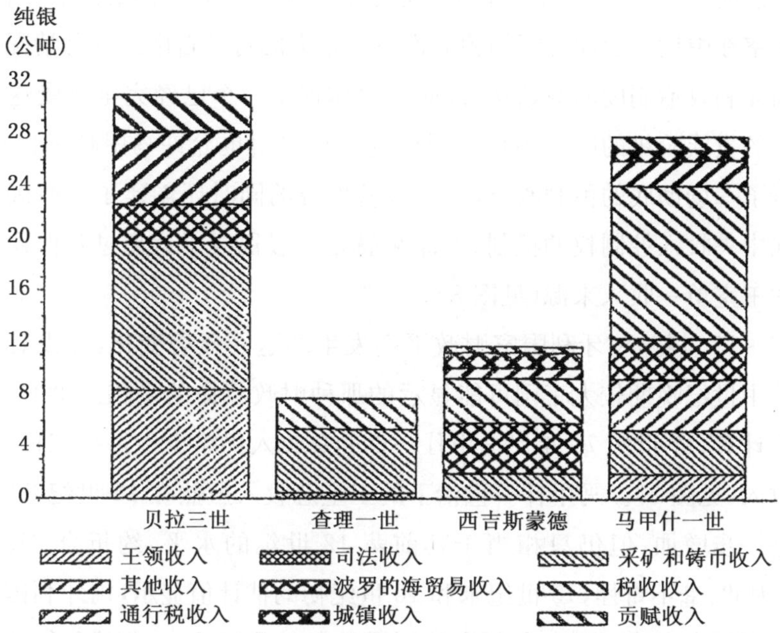

资料来源:various\orm\hunb001 © ESFDB 1993.

图 8 中世纪不同时期匈牙利王室收入(用公吨纯银表示)

国家财政进行全面的跨期统计数据比较。但有一种颇有说服力的论点认为,这两位国王没有一个能像他们 12 世纪的前辈那样享受到同样多的传统收入。不但 14 世纪总体经济萎缩几乎肯定反映在了土地收入上,而且领地自身的规模很可能也已经显著缩小,而查理·罗伯特大肆征用土地也几乎没有逆转这种趋势。豪门贵族家族匈雅迪(Hunyadi)的首领马甲什一世(Mathias Ⅰ)于 1457 年当选登基。也仅仅是在他登基以后,王领才得到了扩充,而王领收入甚至占到了这位国王治下总收入的 7%。

毫无疑问,是 14 世纪王领的逐渐瓦解促使匈牙利国王去开发新的收入来源。查理·罗伯特治下出现的最明显变化就是课征一般"门税"(gate tax),基本上就像欧洲其他地方征收的壁炉税那样计征。[67] 这一变化的最初表现是王权变成了铸币利润,并且就按照之前在西欧背景下讨论的货币税那样计征造

67 Hóman (1921), 280—281; Engel and Kristó (1987), 139.

币税。然而，在匈牙利几乎没有证据能够证明造币税是政治协商的产物，而匈牙利王室在中世纪晚期计征门税方面享有很大的行动自由。这种情况不但反映了匈牙利政治制度的原始状态，而且也体现了一个已经完全享受这类税收豁免权的贵族阶级的麻木不仁。同样的行动自由也允许马甲什一世在 1462 年进行了一场彻底的税制改革，在引入壁炉税的同时还创建了一些确保大幅度加强中央收入控制权的机制。[68] 结果就是一般税成了远超过其他税种的最重要的王室单一收入来源(见图 8)。

12～15 世纪，匈牙利国家财政平衡发生的这一显著变化，并没有预示一场西欧中世纪晚期较大王国可能显示的那种财政革命的来临。事实上，如果按纯银计算，15 世纪 70 年代马甲什一世的总收入仍略少于贝拉三世 12 世纪末的收入(见图 8)。马甲什一世治下的王室总收入虽然在 15 世纪 80 年代得到了进一步增加，但仍只相当于其前辈 12 世纪的水平，约折合 31.3 吨纯银。[69] 因此，毫不奇怪，15 世纪末和 16 世纪初的估计值显示，匈牙利国家财政已经出现了赤字。[70] 所以，匈牙利的例子具有双重意义。一方面，匈牙利提供了一个说明中世纪有志于国家建设的君主如何把王室特权转化为高效的税收制度的重要例子；另一方面，匈牙利的例子表明，采用这样一种税制——现代史学者非常看重这种税制的发展——并不是一项旨在把国家控制权作为应对王领收入减少造成的资金短缺的特别(有时是一种相当不充分的)手段的宏伟政策。王领收入和/或封地收入模式在中世纪结束之前对于欧洲大多数统治者来说仍是一种理想的收入模式，而且是财政需要而不是政治意识形态驱使欧洲大多数统治者采纳新的更具“近代”特色的财政体制。

2.10 结束语

对神圣罗马帝国和东欧国家的讨论把我们带到了远比 1200 年久远的年代，提供了一些一直存续到中世纪结束的早期财政体制有价值的案例，而且还

68 Fügedi (1990), 45－46.

69 Ibid. 54.

70 Thallóczy (1879), 109, 113－114.

表明这种连续性可以用两种截然不同的方式来解释：一种财政体制之所以能够长期延续，不是因为富有效率并能满足统治者的需要，就是——具有讽刺意义——因为已经僵化，并且得到了一些迫切希望阻止国家控制权扩张的下属政治人物的支持。同时，这些案例表明，可追溯到13世纪甚至更久远的国家财政发展在很大程度上受制于贵族的态度。无论是像法国那样通过正式封建意义上的有条件占有方式拥有土地，还是像波兰那样以完全私有的方式拥有土地，贵族在国家财政发展过程中显然是发挥了调节性限制因素的作用。这一点首先反映在了贵族在经济总产出中占有国家无法获得的很大比例上。如果把封建社会简单地定义为领主对附属农民的剥削，那么，本章讨论的欧洲国家甚至都可被认为符合“封建国家”这个称谓。只有在私人封建权利服从于国家公权力，而且国家要对更多的经济活动课税的情况下，才能识别国家建设方面发生的巨大变化以及“现代”国家财政的真正开端。本书的以下章节除了提供其他方面的帮助以外，还有助于我们在欧洲中世纪晚期和近代早期新兴国家的历史长河中探寻那个国家建设发生了巨大变化和“现代”国家财政真正开始的时代——或者更确切地说，是那些时代。

第三章　城邦与市场经济*

让-克洛德·奥凯(Jean-Claude Hocquet)

城邦是商业大都市的政治创造物,通过战争、外交或者购置等方式成功地扩大了原先的城市领土范围,并且把中小城镇和村庄等腹地纳入自己的管辖范围。城邦的地理范围取决于大都市本身的规模、人口和经济实力,而且还明显与周边城镇和领土公、侯国的重要性相关。15 世纪的威尼斯城曾经是东面拜占庭帝国与西面加洛林帝国之间的缓冲公国,以牺牲其他城市领地为代价在意大利征服了一个领土幅员辽阔的国家,并且一直扩大到与像米兰和佛罗伦萨这样强大的城邦接壤。

城邦主要是在中、高密度的城市化地区,围绕位于河流和主要海上商路的交汇处(或者比较少见,在阿尔卑斯山隘口)的主要海港获得了发展,并且总是超越强大的君主国的势力范围。换句话说,这种国家往往出现在欧洲大政治实体最薄弱部位神圣罗马帝国的边缘。值得注意的是,佛兰德斯和荷兰的城市如根特(Ghent)在 15 世纪也曾有过这样的企图,但最终没能把自己转变为城邦。哈布斯堡家族(Habsburgs)在勃艮第的分支成功地阻止了这些企图变成现实。公国或者君主国家的城市为捍卫自己的自治权而进行了艰苦的斗争,但常常是徒劳无功,但 1572 年后的荷兰起义在某些方面就是主要城市与"国家"之间长达几个世纪的冲突的延续。[1] 有些附属城市可能也想把自己改造成一种能与国家抗衡的权力实体。

哈布斯堡家族虽然通过遏制不安分的佛兰德斯城镇促进了安特卫普

---

* 本书的编者和本章的作者要感谢曼彻斯特大学的 J. A. Bergin 博士为本章的翻译提供了帮助。

1　Blockmans in Buist and Genet (1988),171—173.

(Antwerp)及其金融市场的发展,但最终由于对安特卫普施加财政压力过度而加速了自己在1557年的破产。佛兰德斯、布拉班特(Brabant)和荷兰的主要城镇在1578年签约缔结了乌得勒支(Utrecht)联盟,并且促成了腓力二世在2年后被废黜。西班牙的再征服有助于"新世界"一大部分的人口、资本和决策中心迁往阿姆斯特丹(Amsterdam),从而使阿姆斯特丹摆脱了哈布斯堡家族的控制。

3.1　城邦的特点

在1282年这个德意志帝国严重衰退的年份,汉萨联盟(Hanseatic League)作为旨在保护商路和商人活动的商业和政治联盟在帝国北部边境城市宣告成立。1356年为了决定是否向外国君主派遣使节——这是国家的一个重要特权——召开的汉萨联盟城市大会通过了缔结城市联盟的动议。那么,是应该把汉萨联盟还是应该把每个结盟的大城市看作"国家"呢?科隆(Cologne)、吕贝克(Lübeck)、但泽(Danzig)、不莱梅(Bremen)和汉堡(Hamburg)每个城市甚至都可能比汉萨联盟整体更想具有"国家"的地位。但是,汉萨联盟的成功总是取决于其不同成员的善意;而且,汉萨联盟只有始终如一地不顾其利益相互冲突或者拒绝履行联盟会议要求的军事或者财政义务的成员城市,才能成功协调它们的利益趋同。当然,这些独立、自治的概念与同时代的国家主权和国际承认概念相比仍显得有点模糊。汉萨联盟的主要城市——帝国"自由"城市——作为"主权国家"有它们自己的经济政策:以"君主"对"君主"的方式谈判签订国际协议,并且发起反对北欧统治者的战争。但在16世纪和17世纪,它们发现自己越来越依附于向它们征收苛捐杂税的皇帝。它们自己之所以越来越依附于皇帝,是因为它们缺乏财政实力,并且还存在流动性问题。[2] 按照艾伯哈特·伊斯曼(Eberhard Isenmann)的说法,纽伦堡(Nuremberg)的公共收入在1493年已经达到了5.1万莱茵河流域弗罗林(Rhenish florin),汉堡的公共收入在1491～1496年一直保持在1.6万莱茵河流域

2　Pelus in Bulst and Genet (1988), 243—262.

弗罗林的水平上，而威尼斯的公共收入在 1492 年则已经高达 128.57 万莱茵河流域弗罗林。威尼斯的公共收入在当时可能已经达到法兰西君主国公共收入 2 倍的水平（这反映了路易十一驾崩以后作出的财政让步）。[3] 15 世纪，意大利城邦明显享有甚至比像纽伦堡和吕贝克这样的德国重要城市更多的资源。

城邦保留了它们历史遗存下来的共和政体制度，特别是议会监督下的政府体制。无论是非世袭选举君主政体（如实行总督制的威尼斯和热那亚），还是王朝统治下的公国城邦（如美第奇家族治下的佛罗伦萨），在变成领土公国——主权被人格化的区域国家——以后，都保留甚至完善了这些制度和体制。但是，国家的领土这个城邦不可或缺的要件是都城而不是君主的创造物。城邦必须管理一种其起源和本质都是城市的政权以及一些包括农民群体、封建权贵和已经丧失政治地位但其经济繁荣仍有助于政权巩固的二流城市网络附属领土之间的复杂关系。城邦概念既非只有一层意思，也不是含义特别清楚。确实，最好用“商人共和国”（mercantile republic）来取代“城邦”。这里的“共和国”仍然取中世纪“*respublica*”的意思。换句话说，就是由城市统治、在中世纪主要从事贸易活动的“国家”（*respublica*），它们积极参与由不同社会阶层工匠生产的产品的国际贸易和商业开发。有必要指出，城邦有能力适应 16 世纪和 17 世纪发生的深刻经济变化，而且还能致力于挖掘财政资源以加速发展与国际农村土地投融资有关的不同经济部门。

那么，当时的欧洲尤其是 15 世纪的佛兰德斯有多少旨在创建强大城邦的行动在君主们的反击下遭遇了失败或者中途夭折呢？同样，像佛罗伦萨这样强大的城市长期被置于一个由商人银行家统治集团发展而成的贵族家族的控制之下，即使在旧时的商人共和政体已经让位于君主政体以后，我们是否仍可以说佛罗伦萨已经丧失了城邦地位呢？事实上，无论城邦政府采取哪种体制，它的基本组织原则，即都城及其统治寡头在经济和财政上统治腹地的本质，仍然没有发生变化。那么，像巴塞罗那（Barcelona）或者马赛（Marseille）这样强大的商业城市是否曾经加入过商人共和国的行列呢？它们的统治者巴塞罗那

---

3 lsenmann in Bonney (1995).

公爵和普罗旺斯(Provence)公爵都牢牢掌握着权力,并且密切监视着自己的财政体系。在法兰西、英格兰和卡斯蒂利亚等西欧最强大的君主国,王室绝不容忍在他们的城市有自治政权存在:像伦敦和巴黎这样的城市从未有过想成为城邦的计划,但能够合法地主张君主国家首都的地位。在王室实力较之于因从事国际海上贸易而变得富强并有能力独立奉行积极甚至好战的对外政策的强大城市显得极其渺小的国家,情况就会变得令人困惑。那么,简单地说,阿姆斯特丹、吕贝克和汉堡等算不算城邦呢?如果科隆这个莱茵兰省的强大城市不是由一个本身就是皇帝儿子的大主教治理,或许也应该添加到这张城邦清单中。那么,但泽(Danzig)和奥格斯堡(Augsburg)呢?再往南,瑞士那些与巴塞尔、伯尔尼和苏黎世等城市——都非常接近以完全自治的方式管理其"孔塔多"(contado,指前近代意大利城邦周围由城邦控制的农村区域。——译者注)的城市的经典公社模式——同名的州明显更加与城邦模式契合。然而,被视为单个实体的城市与城市自身要摆脱的孔塔多封建制度之间的斗争更多地属于城市史的公社时期,但后公社时期就出现了两种截然不同的发展模式。一种就是把管理权拱手让给某个领主的城市,如维罗纳(Verona)的斯卡拉(Scala)、帕多瓦(Padua)的卡拉尔(Carrare)、费拉拉(Ferrara)的埃斯泰(Este)、曼图亚(Mantua)的贡扎加(Gonzaga)和米兰的维斯康蒂(Visconti),这些城市都由于自己的原因而被剥夺了各种城市自治权和城市自治机构,以至于它们的政权被视为"专制"政权。另一种模式是城市取得了领土,并且在基本不改变其政治体制的情况下对领土进行治理;而且可以简单地设定统治地与被统治地、征服者与附属民之间的政治关系。因此,前一种发展模式的城市(统治集团)和被征服领地就沦陷为被统治地,并且构成了一个紧密交织在一起的城镇和农村区域网络。严格地讲,城邦相当于主权掌握在把权力扩张到城墙以外的创始城及其统治阶级手中的领土国家。公元前5世纪著名的雅典(Athens)就是城邦的历史原型,但大概只有威尼斯、热那亚和拉古萨(Ragusa)在13～18世纪里成功效仿了这种模式。[4] 如果我们不接受城邦的这个定义,那么下文最终有可能是在研究城市财政,而不是研究国家

4　由于没有找到中世纪后期拉古萨财政的研究文献,因此很难把拉古萨包括在本研究中。di Vittorio (1983)的研究从17世纪开始。

(城邦)财政。[5]

3.2 意大利城邦的财政体制

商人共和国由一个特殊的社会阶层治理，这个社会阶层的力量和成功是建立在贸易与银行业和造船等相关行业以及像纺织、玻璃制造和冶金等出口导向型产业上。这些共和国(无论是威尼斯或者佛罗伦萨，苏黎世或者阿姆斯特丹，还是众多的德国城市)由于还有很多美丽的贵族豪宅(既有城市宅邸又有农村别墅)存世，因此仍然保留着一定的“家族”样子。这些分布在前共和国的贵族豪宅与君主国首都建筑的宫殿风格形成了鲜明的对照。在君主国的首都，雄伟的王宫紧贴着奢华的贵族宅邸，凸显出君主的至高无上。

这些城邦由于要对商品和财产交易课征税收，因此早就有财政机构存在。城邦的财政机构主要征收间接税，只要有商业交易就要征收关税、通行税或者“*dazi*”。这种财政实践证明了这些城邦的商业性质。当时，对财产或者收入课征直接税可能并不是一种主要的财政实践。除了直接税可能要直接课征于富有的商人阶级以外，征收直接税就得解决财产所有权评估和纳税人确定的问题。[6] 间接税虽然会影响构成商人营运资本的商品，但仍有双重优势。首先，间接税由消费者支付，也就是说由广大居民——无论贫富——支付；其次，只要用心分级，间接税就是一种为当地商人防范外来竞争服务的工具。

有很多税收可以课征于消费品，但为了确保间接税能为财政创造大于成本的收入，间接税通常主要课征于基本必需品——基本食品、用于加工面粉的谷物、肉类、食盐、食油以及北方城市的葡萄酒或者啤酒。[7] 为了提高间接税的征收效率和产出，有些种类的商品，特别是食盐，实行了专卖制。由于城邦自己并没有为销售和分配相关产品所必需的机构，又由于缺乏人手，因此把税收征管权发包给了包税人，包税人通过公开拍卖的方式购买税收征管权，并且

---

5 虽然瑞士已经创立联邦，但 Körner (1980)似乎并没有把瑞士的城市当作城邦。然而，Körner in Bonney (1995)提到了城市主权共和国(用法语说就是“républiques urbaines”，用德语说就是“Stadtrepublilcen”)。

6 Felloni (1988)，767.

7 Körner (1980)，88—93.

授信给国家。[8]

关税的运作更加微妙，而且采用一种与区分"市民"和"市外人"，即所有不是出生在都城的人的社会权力结构密切相关的方式。在威尼斯，按照陆路还是海路运输商品，采用2.5％和20％两种不同的税率征税；如果通过海路进口的商品再通过内河或者陆路出口到内陆，那么合并采用两种税率征税。不过，只有外国商人才要按照这种合并税率缴税：无论是通过海路还是陆路进口的商品，威尼斯商人都按1.25％的税率缴税——按照以上两种税率的低者减半纳税。这可是一个相当大的优势，赋予只有威尼斯商人才能受益的虚拟法定垄断权，因为外国商人不得不把销往黎凡特(Levant)的商品卖给他们。因此，威尼斯商人能够享受的关税特权赋予只有他们能够享受的法定垄断权以可观的实质性内容。[9]

15世纪，意大利已有城邦开始征收直接税。后来，直接税逐渐在意大利各城邦推广开来。热那亚的直接税包括1403年开征的普通海损税(*avaria ordinaria*)、从1582年起由热那亚被统治地为热那亚城生产食油的农村居民缴纳的油税(tax on oil)、1610年开征的面粉税、17世纪末开征的船上厨房常设税以及旅馆酒店业主税。所有这些税收虽然从名称(如"油税"和"面粉税")看起来都像是间接税，但都是按照相同的差别待遇原则课征的直接税：它们只适用于直接被统治地(*dominio directto*)，即旧时的附属民乡镇，因为其他新近被征服的乡镇在它们归顺热那亚时订立的文书中都有一个允许它们免缴全部这些税收或者买断税收选择权的条款。税收完全由地方行政官代为缴纳，然后地方行政官按自己所辖区域地产价值的一定比例计征地籍税(*catasto*)，因为这些区域属于热那亚人的地产免缴海损税和油税，热那亚人地产免税的特权直到1797年热那亚共和国沦陷才被废除。如果某个乡镇无力缴纳中央金库规定的税额，那么，差额一分为三，其中的两份用本地居民的地产税收入支付，而剩下的一份则由相关乡镇居民个人缴纳。[10] 教会地产用于永久性租赁时也要缴税。慈善机构的地产免税，这表明意大利各城邦乐善好施，愿意帮

8 Hocquet (1985), 307—314.

9 Hocquet in Bonney (1995).

10 Felloni (1988), 768—773.

助老人、病人、孤儿和年轻的女罪人(被相当含糊其词地称为“悔罪女孩”)。热那亚城一种名叫“动产海损税”(*avaria mobili*)的直接税课征于动产收入。不过,热那亚城赋予两个作为其经济支柱的丝织和船员行会免缴动产收入税的权利。直接税产出慢,热那亚城常用未收到的税收欠款来偿还债权人或者支付新任官吏的俸禄。[11] 1490 年,主要缴纳这种直接税但宁可缴纳间接税的商人贵族成功地废除了“动产海损税”。为了课征非常税或者摊派强制性借款,应税财产按照构成纳税人资产(*azienda*)的全部财产——动产和不动产、信用凭证、现金、商品、妻子嫁妆或者亡夫遗产以及位于被占领地甚至外国的全部财产——来计算。我们很容易认为,这是一种公平的计算方法,但是,计征工作交给了很容易受亲情和友情因素影响或者完全有可能搞腐败的税务专员负责。因此,他们通过允许按实际应税财产 1/2 或者 2/3 计算的逃税率大大低估了实际财产水平。[12]

威尼斯当时也不愿征收直接税。事实上,威尼斯已经求助于所谓的“*impositiones*”(征款)的强制性借款,强制性借款由那些没有认购普通公债(*prestiti*)的人认贷。但到了 1382 年以后,威尼斯当局通过截留部分已购公债应得利息的方式强借贷款。1382～1386 年,还有 1452 年,威尼斯当局都征收了一种课征于不必认购普通公债威尼斯人房屋和财产的税(*gravezze*)。实际上,财产持有人要缴纳一种差别税率税,而一些直接税取代了由不必认购普通公债的人要认贷的强制性贷款。马丁·科尔纳(Martin Körner)在听信了威特曼(Wittmann)[13]以后告诫我们说,对“普通”财政与“特别”财政的传统区分是一种过时且基本无用的做法:临时性收入常被并入且视同经常性收入。每种新税在开征时都是作为非常税(*pro una vice tantum*)征收的,而新税的临时特点也因为新税被纳入普通财政而很快就会消失。因此,“特别”和“普通”分类法应该用区分“消费项目”(*Verbrauchsrechnung or compte de consommation*)与“投资项目”(*Investitionsrechnung or compte de capital*)这样的功能分类法来取代。这种分类方法旨在说明支出、消费和投资以及收入——无本

11 Heers (1961).

12 Pelloni (1988), 780.

13 Wittmann (1975).

金偿还的税收或者需要还本付息的不同方式借款——之间的关系。[14] 不用说，纳税人宁可相信还本付息的许诺把自己的钱借给别人，也不愿意有去无回地把钱送给别人。

在威尼斯，借贷通常先于征收直接税。直到1187年，威尼斯为了给收复扎拉(Zara)筹款才开始征收直接税。13世纪，为了公债的还本付息，威尼斯当局进行了大规模财政重组：任命专门官吏负责筹借贷款，并调拨盐务局的收入用于公债的还本付息；后来，这两项工作都交给了圣马可(St. Mark)的检察官们。每借一笔新贷款，随后都会导致关税增加，因此对商品特别是对食盐的价格产生了影响。但是，战事频仍，迫使城邦当局在1363年暂停偿还债务本金，此举因加重了债息负担而危及城邦财政，并且导致债券贬值。于是，城邦当局决定按市值偿还债券。1377～1381年，威尼斯与热那亚重新交战，结果导致当局按估计应税额(*estimo*)的107%或者应税者实际财产30%的标准征收"公债税"(*prestiti*)。大肆借贷造成了严重的经济和社会后果：贫穷的纳税人常为认购新债券而变卖旧债券，而有能力按高达80%的折扣买进旧债券的有钱纳税人可获得相当于债券面值4%的利润(债券市值20%的利润)。这么高的利润率驱使有钱人从因海战而大幅减少的海运业撤走投资，而认购公债成了有钱人进行替代性投资的临时性机会。此外，由于应税额估计并非定期进行，而且对不动产的重视胜过动产(因为动产比较容易隐藏)，有些人仍要按已经被迫卖掉的财产缴纳税款。这种税收制度促使财富快速流转，有利于那些积极从事商业交易的贵族。不管怎样，15世纪下半叶战事不断，最终威胁到了威尼斯的整个公共信用体系，城邦当局先前已经停止了偿还公债的本金，后又中止了付息。及至签订《洛蒂和约》(Peace of Lodi，1454年)时，威尼斯当局已经在20年里累计拖欠债息827万杜卡特。

就是在这样的情况下，威尼斯当局才不得不在1463年作出了征收直接税的决定。威尼斯最早开征的直接税是一种什一税(*decima*)，一种需要编制包括教士在内的威尼斯人全部地产的地籍册(catastico)的一般税。虽然威尼斯在1463～1479年那场没完没了的对土耳其战争中总共征收了40次什一税，

14　Körner (1981)，389－392.

但财政窘境仍迫使当局重新求助于需要课征一种"应偿什一税"来偿还借款。多亏了这种什一税，当局成功地借到了新的贷款（*Monte nuovo*，1509 年本金达到了 300 万杜卡特）。此前，威尼斯市民被要求把自己的贵金属存放在造币厂为他们开立的信用账户中。1509 年，当局又借到了一笔新的贷款，一笔直接由盐务局管理的第三方托管贷款。盐务局代收了应偿什一税，并答应用卖盐收入来偿还这笔税款。这种税制由于以下两个原因而显得高度危险：首先，当局为了结清造币厂的信用账户征收了新的什一税，而盐务局并没有收到这笔税款；其次，盐务局无法再在已经被外国军队占领的内陆地区（*Terraferma*）销售食盐。[15]

结果，威尼斯当局不得不停止向市民个人支付债息，还冒险放弃了它应对公债承担的责任。这样，当局就能继续通过补贴、赠与和贷款来向造船业（甚至商船）提供优惠待遇。与威尼斯当局的做法不同，热那亚当局在 1430 年以后推行了一种有计划、有步骤地支持债券持有人和保护公共财政体制的政策。很久以来，热那亚的直接税一直采用强制生息借款的形式。即使当局借钱，也会拿自己的收入作为质押。12 世纪，热那亚当局曾委托债权人帮助收税。简言之，热那亚城邦当局通过拍卖（*appalto*）的方式让债权人竞购税收权。这种竞购（*compera*）方式把城邦债权人转化成了"收税权竞买人"（*comperisti*）。13 世纪，热那亚城邦当局收回了收税权，同时也收回了一度分配给债权人的税收产出。1235 年，热那亚城邦先是在休达（Ceuta），后来在基奥（Chio）和塞浦路斯（Cyprus）推行一种叫"*maone*"的收税方法。"*maone*"法在公共收入"私收化"方面走得更远，威尼斯城邦始终拒绝采用这种方法。当热那亚国库空虚，城邦当局在考虑采取有可能创收的军事行动时，不但把自己的收入交给债权人，而且还委托债权人并利用他们的船只采取军事行动，然后用战利品来补偿债权人。1259 年，热那亚人的首领古列尔摩·布洛卡耐格拉（Guilielmo Boccanegra）统一采用相同的竞购方式来发行公债和年金，而且不规定任何偿还期限，但每年支付定息。自那以后，城邦债务统一被称为"*compera salis*"，因为这种永久性公债的利息用盐税收入来支付。

---

15 Hocquet in Bonney (1995).

公债竞购人结成了一些能够联手竞购公债的联盟，每个成员持有联盟的若干份额或者“*loca*”。份额可以转让，并且有自己的市值，而份额的市值则因当局如期付息能力而上下波动。这些份额都由负责拍卖的官员根据竞购日期登记在册（*cartolari*）。城邦当局通过承认这种份额缴纳税款或者支付罚金的法币效力来维持它们的高价值。1323 年，城邦当局的债权人争取到了他们的永久代表权，并且推选出买办保护人（*protectores comperarum*）保护他们的利益。这些“保护人”后来成了热那亚最重要的财政机构，西维金（Sieveking）正确地认为，公共财政的主要目的就是保护城邦当局的债权人。这种保护的成本主要落到了食盐消费者的身上：1380 年，盐务局按 1 米纳（*mina*，威尼斯当时的食盐标准计量单位）4s. 6d.［欧洲史学界习惯用以下方式来表示中世纪欧洲国家的主要货币和辅币：镑（pound）、里弗尔（livre）和里拉（lira）等用“£”表示，先令（shilling）、苏（sou）和索尔多（soldo）等用“s.”表示，而便士（penny）、德尼埃（denier）和德纳罗（Denaro）等则用“d.”来表示。它们之间的换算关系是：1£＝20s.＝240d.。——译者注］的价格买进食盐，然后按 1 米纳 60s. 1d. 的价格出售。也就是说，盐务局能通过买卖 1 米纳的食盐赚取 56s. 1d. 的利润，或者说，利润率高达 1 246%。这么高的利润即使刨去盐业专卖成本也仍算得上是暴利。

1405 年，布锡考特（Boucicaut）元帅在贵族们的请求下以法国国王的名义占领了热那亚，并且安排了 4 个负责减债的官吏。这些官吏按 8%～10%的比例把所有的旧债都转换成利率为 7%的新债。新的“*compera*”用热那亚城的保护神命名，因此叫“*compera nuova regiminis Sancti Georgli*”，它既是一种新的统一债券，又是已有债务管理的简化手段。因这次新旧债务转换而蒙受损失的债权人日后可免缴税收。“圣乔治公司”（Casa di San Giorgio）就成了热那亚最有实力的管理机构，但在 15 世纪被派系斗争撕得四分五裂，常被置于不是米兰就是法国的外国列强代表的政治控制之下。“圣乔治（St. George）的保护人”由一个 52 位成员组成的委员会推举产生，而这个委员会的成员从竞购人联盟份额主要持有人中推选。“圣乔治的保护人”全权负责处理全城邦的商业和财政事务：他们的职责包括发行公债、管理公债质押收入和偿债基金。后来，历届政府都要宣誓尊重圣乔治的特权，而这些特权促成了一个强大、关系密切的集团——马基雅维利(Machiavelli),这个集团被称为"祖国和国家保护神"(*la conservatione della patriae e della republica*)。"圣乔治公司"并不是贸易公司,而是城邦银行(见本书第十三章第二节和第十四章第一节)。

1408 年,"圣乔治的保护人"真的获得了开展银行业务的权利,并且把所赚的利润用于偿还公债。圣乔治公司由于受限于其私人客户清算银行的角色,因此只扮演了 14 世纪由私人银行充当的管理公共收入的角色。无论是热那亚还是威尼斯城邦当局,都要借助于众多私人银行——通常有 20 多家在各市场设有柜台的私人银行——的服务来支付债息或者收取包税人的欠款,而包税人在申请包税权时也常要请私人银行担保。圣乔治公司同时履行从包税人那里收取预付款和向城邦债权人支付债息的双重职能,并且还要冒险向城邦当局提供往来账户信用。作为城邦银行,圣乔治公司因要按时向债券持有人支付利息而不得不经常在货币市场上借钱。1444 年,圣乔治公司在决定只向债权人支付"仅够他们满足日常需要的款项"后不得不放弃了银行业务。于是,"圣乔治的保护人"设法通过承揽仍然独立的公债竞购业务尤其是都城盐业竞购债券(*compera salis capituli*)来巩固公司的地位,结果圣乔治公司的资本在 1454 年增加到了 790 万里拉。实行这项政策的结果就是城邦当局不得不把间接税收入都用于偿还债权人,并且能够只依靠直接税收入来平衡自己的收支。这样,财富就从被统治地转移到了统治地,从贫穷的纳税阶层转移到了持有公债的富人阶层手中。最后到了 1586 年,热那亚城邦当局编制了一种"黄金登记册"(*cartulario d'oro*),专门用来登记存款人可转让给第三方的金克朗(gold crown)存款。因此,圣乔治银行又在自己的经营业务中增加了存款银行业务,从而促进并加快了热那亚在下一世纪成为欧洲最大金融市场之一的金融发展。[16]

佛罗伦萨城邦当局也对城邦债权人表现出了极大的关心,并且在 15 世纪中期甚至把某些城邦公债认购以 3 倍于面值的金额记录在案,从而起到了把实际利息回报率提高到 15%的作用。马特奥·维拉尼(Matteo Villani)这个

---

16 Sieveking (1906).

曾做过公债管理官员的著名编年史作者提醒说，在这么高的利率——在今天可以被称为“一流利率”——水平上进行商业投资是完全没有风险的。1378年，梳毛工起义者(*Ciompi*)要求废除公债、停止支付债息，并且用直接税取代公债。1427年，在与米兰交战期间，佛罗伦萨废除了依据财产估计值摊派的强制性贷款外，还开始对地籍册登记在册的地产收入征收直接税。[17]

3.3　德国“城市国家”的财政体制

德国的主要城市在13世纪下半叶大多已经摆脱对领土君主的各种依附，但并没有争取到当时意大利诸共和国享受的那种完全独立。中世纪末，无论是帝国税还是侯国税都没有严重扰乱需要应对政府不测之需以及地方贵族和诸侯敌对行动的城市预算。因此，德国的各大城市都有自己的军队，并且奉行不同的对外政策。它们的军队和对外政策也被用来帮助它们防范商业竞争、报复和关税战。德意志帝国的城市享有很大的自治权，很多主教管辖的城市和贵族管辖的城市实行自治，并且从它们的领主那里购买或者通过反抗获得一些下放到城镇的王权和领地权——涉及行政、铸币和征收包括关税在内的税收的权利，而诸侯的紧急财政需要则对这场自治权争取运动起到了推波助澜的作用。科隆、奥格斯堡和美因茨(Mainz)等主教管辖的大城市都变成了自由城市。在争取自治的斗争中，拥有财政资源是一个取得胜利的决定性因素，而资源枯竭则会促使城市重新回到领主的手中。因此，美因茨财政的崩溃为它胜利回归大主教辖区铺就了道路。贵族拒绝缴纳直接税的城市就求助于贷款，甚至是长期贷款。它们都背上了极其沉重的债务，反过来又迫使市民承担沉重的税负，结果在德国多地先后爆发了一系列由行会领导的起义，如1348年在纽伦堡，1364年、1370年和1396年在科隆，1355年和1364～1365年在法兰克福，1370年在奥格斯堡，1383年在吕贝克。

市政债券的流行是与年金销售紧密联系在一起的。[18] 终身年金是一种有很多人向往的、能为自己准备养老金的保险形式。贷款人不会把他们的钱借

17　Day (1983)，337—360.

18　Boone (1991—1992).

给自己所在的城市。当时已经有一个公共贷款市场，为了降低风险，贷款人会把钱借给多个城市。1408 年，罗腾堡(Rothenburg)市长从 120 个不同的地方筹借贷款，因此能够明确区分借贷与直接税。但从这个例子中，我们见到的是一种"*mutuum*"或者自愿贷款，而不是"*prestitum*"(强制贷款)。短期借贷逐渐被年金所取代，终身年金得到了市政当局的青睐，因为这种年金意味着：一旦受益人死亡，年金售卖人就能够赚钱。这种不可赎回债券需要支付 10%的高利率，有些城市宁可用永久债券来取代终身年金，因为永久债券利率较低，在 3%～5%之间，而且由于可赎回而能够比较容易地转换成一种短期信用。

科隆在 1288 年争取到了自治的地位：1275 年，科隆市政当局与 9 个市民签订了一份 2 074 马克的短期债务合约。在 1396 年起义之前，科隆城由一个富有的贵族寡头统治集团治理，这个贵族统治集团通过征收间接税，在必要时通过借贷来为市政活动筹集资金。从 1351 年到 1370 年，销售利率为 10%的终身年金是主要的资金筹集方式，1370 年实现了 102 560 马克的总销售额。至此，有必要通过强迫富人接受短期信用来推行比较便宜的借款方式。从 1370 年到 1392 年，科隆市政当局借款达到了 768 948 马克，其中 76%就是在科隆当地借到的。外埠认购者主要生活在吕贝克、美因茨和奥格斯堡。这些外埠投资者购买利率为 5%～5.5%的终身但可赎回年金。科隆的财政状况良好，但间接税重重地落在了广大市民身上。贵族政权被推翻以后，科隆的信贷政策发生了深刻的变化：终身年金受到鼓励，中等收入的市民、工匠甚至仆人在 1418 年也首次出现在了贷款人中间，用 1～5 基尔德(gulder)的小钱购买年金保险。科隆城的公库就成了一种储蓄与养老金银行，科隆一直在寻求保持其高信用水平的途径。1416 年，科隆推出了可赎回终身年金保险，并且考虑让计算和支付利息的银本位币贬值。终身年金的利率从 5%下降到了 4%，并且在 1450 年以后又进一步下降到了 3%。科隆的公债也从 1432 年的 35 000 马克减少到了 1462 年的 29 000 马克。1474～1475 年为保卫诺伊斯(Neuss)与"秃头查理"的交战拖累了科隆的财政，科隆市政当局不得不告贷，2 年举借的借款超过之前 40 年的借款：1474～1476 年借款 130 万马克，而 1432～1473 年仅借款 80 万马克。结果导致利率上涨，每年支付债息的费用高达 12.1 万马克。大权在握的富商希望增加间接税以筹资应对不断上涨的债务成本，但手工业者表示抗议，并且要求暂停支付年金。这种不满情绪导致了分裂，已经把自己不多的储蓄投资于市财政的中间派群体站在了富人一边。抗税起义在1482年以失败告终，而市政公债继续增加，1512年增加到了324万马克。抗税起义再次爆发，引发了科隆市府机构变革，并且处死了多名治安法官。当局不得不考虑开征财产税和降低年金利率，并且还宣称未来市政借款要征得全体市民的同意。

纽伦堡的账簿显示了德国大城市的信用需求是如何不断增加的。在纽伦堡，从1377年到1385年直接税提供了大部分收入。短期债务，主要是年息10%的终身年金，数额仍然比较适中，当局还举借了一些新的贷款。1385年没收犹太人财产的举措使得纽伦堡得以废除直接税并发售可赎回终身年金。可赎回终身年金的大量发售导致短期债务在短短的几年里翻了一番。在15世纪的第二个25年里，纽伦堡用自己的权利和收入从霍恩索伦的弗雷德里克(Frederick of Hohenzollen)那里购买了城堡，因此取得了城市领土的全部控制权。1426～1429年，短期债务的偿债费用增长了1倍以上。倘若不是把(年息10%的)终身年金的应付利息降低到5%甚至4%，那么，短期债务的偿债费用就会增长得更快。从1431年到1440年，纽伦堡平均要把37.5%的年支出用于支付年金利息，而且每年都通过举借新的短期贷款才能满足债权人的要求。在纽伦堡，借贷提供了33.9%的市财政收入，直接税创造了20.2%的财政收入，而饮料消费税实现了21.2%的财政收入；从1427年到1442年，短期债务增长了3倍，而到了1458年又翻了一番。但16世纪上半叶，纽伦堡已经积累了重组的储备金——超过100万英镑，或者是年收入的2倍——因此在正常情况下完全不用借贷。

美因茨提供了一个负债过度、财政管理不善导致政治衰败的例子。从1332年起，财政困难导致行会干涉市政。虽然美因茨在1411年之前得以避免严重的冲突，但1411年债务年息的偿付额已经占到城市财政总支出的48%。市民起义后成立的新政府规定未经同业公会同意不得增发年金。尽管如此，美因茨城的财政状况仍继续恶化，1436～1437年75%的财政支出进入了债权人的腰包，他们的利息收入继续增加。美因茨越来越难以找到其债券的认购人。15世纪30年代，终身年金利率又从之前的3%或者4%提高到了

5%。1444年,美因茨的债务总额达到了373 184基尔德,而1448年美因茨没能从大主教辖区和教士那里借到急需的21 000基尔德贷款,因此不得不宣布破产。美因茨有60%的债务是欠外埠债权人的,因此被置于皇帝禁令约束之下,在被教皇开除教籍以后又被置于大主教的禁令约束之下。最后,美因茨在遭到了富有自由民的遗弃并且变穷以后,又被大主教占领并付之一炬。数以百计的市民被驱逐流放,美因茨失去了自治地位,并且重新被并入帝侯的领地。[19]

汉萨联盟城市汉堡(Hamburg)和不莱梅(Bremen)在债务问题上采取了比较明智的做法。虽然汉堡的债务在1350～1500年实际增加了2倍,但1461～1496年的偿债费用并没有超过其总支出的16%。在1370年前,汉堡只向本城的自由民和教会机构借贷。但在1426年后,汉堡与丹麦交战,耗费巨大,因此引进了吕贝克的资本。吕贝克商人愿意把资本输入汉堡,此举可以解释为:吕贝克商人的兴趣由从事主动贸易转向了比较安全的汉堡市政债务投资。从1426年到1453年,吕贝克商人总共借给汉堡市政当局47 000马克,主要投资于终身年金。至此,吕贝克商人已经控制了一半以上的汉堡市政债务。

巴塞尔的财政建立在一个组织有方的税制上。巴塞尔城每年都要借贷,而且通过借贷来筹集战争经费,但不允许市政预算长期出现赤字。为了把债务控制在可接受的范围内,巴塞尔曾求助于非常税收,主要是对人和财产课征的直接税,并且利用和平和经济繁荣时期来减少债务。巴塞尔市政当局还利用各种形式的市政信用,尤其是发售年金。借贷作为税收的补充,而不是替代,有时可被看作一种强大而不是虚弱的标志。巴塞尔很早就举借国际贷款。[20] 1504年,巴塞尔创建了一家公营银行(最初是充当中央银行的汇兑银行),这家银行有权从流通中撤出劣币重铸,而且还享有发行新币的垄断权,因而能够买卖金银。这家银行还是一家巴塞尔城投入大笔资金增加其自有资本的存款银行。像斯特拉斯堡(Strasbourg)和伯尔尼(Berne)这样的周边城市都把自己的钱款存入这家银行。这家银行还作为信贷银行为商人、工匠、贵族

19 Fryde and Fryde (1965).

20 Rosen and Sprandel in Kellenbenz (1971).

和教士以及一些瑞士和德国城市服务，最初只发放质押贷款，从 1533 年开始也发放担保贷款、房地产或换地证抵押贷款。此外，这家银行还是一家为政府机构、商人和工匠服务的结算银行，同时又是一家为巴塞尔城、瑞士城市和莱茵河谷城市、当地及巴登(Baden)、萨沃伊(Savoy)和法国贵族，以及法国国王和德国皇帝服务的长期贷款银行。巴塞尔公营银行让它的客户感受到了由城市国家担保的风险事业的稳定性、存款的安全性、贷款费用的合理性和保守秘密的职业性。在借贷方面，它吸收方圆 150 千米之内个人和修道院的资金，并且已成为瑞士联邦很多州的信贷机构。16 世纪，巴塞尔城用自己的财政资金大概发放了 60 笔贷款。实际上，凡是想借钱的人都要求助于这家参与全国所有主要金融交易的银行。从 1560 年起，公债投资已经成为城市的特权，而农村只有在债务人的行列中才能找到自己的位置。从中世纪末开始，巴塞尔就是瑞士的主要金融市场，吸引了几乎瑞士城市 2/3 的贷款资金——至少有 162 万金克朗。随着一家公营交易所的开张，巴塞尔又强化了它在 16 世纪扮演的角色，巴塞尔公营银行的全体客户都参与资金借贷。[21]

3.4　意大利诸城邦后来的财政发展

威尼斯在创建公营银行之前一直显得默默无闻，因为它直到 1587 年才决定在里亚尔托(Rialto)开设公营银行，并且在 1619 年决定建立信用通汇银行(*Banco giro*)——原因好像就是威尼斯城邦不能把它的财政收入转化为能够盈利的金融资产。不过，威尼斯擅长让自己的纳税人产出回报。在内陆被统治地的附属城镇，最重要的收入通常是课征于经济交易的关税(*dazi*)。贫穷的农村地区要缴纳一种 1417 年开征的常设直接税。这是一种作为军费支出的“战时特别津贴”，通过各地中心镇财政局用现金拨付。威尼斯还征收一些课征于需要缴纳财产税和履行其他个人义务(如交付秸秆和粮草、放弃放牧权、为部队提供住宿、修建要塞和运送材料的强制性徭役)的贫穷农民的特定税捐。总之，按照城邦政府的要求，各类附属民都要贡献一份可利用资源和服

21　Hallauer (1904)；Körner (1980). 另一个意大利城市(热那亚)也在国际贷款业务中扮演了主角：Felloni (1971)。

务。间接税由作为商品消费者的城市居民缴纳，而基本上生活在自给状态的各农民阶层要承担更多的直接税。那些无力纳税的人就要被作为劳力征用，运送一些没有什么商业价值但军队需要的笨重物资。威尼斯财政基本上实行现收现支。[22]

16 世纪初，这种古老的税收和军队驻扎（在城镇和城堡安排骑兵食宿）制度已经到了非改不可的地步。为了增加士兵人数，威尼斯参议院批准设立守卫领土的民兵组织，威尼斯的附属民都要参与威尼斯的领土守卫。军事技术的发展催生了新型兵役和深刻的财政体制变革，财政体制改革的目的就在于降低维持职业雇佣军的成本。威尼斯城邦一直没有停止过旨在把内陆居民与城邦未来联系在一起的努力。威尼斯还成功地依靠其附属民的忠诚开征了一种新税，最初是以自愿贷款或者“特别津贴”的形式，后来以强制贷款的形式，最后作为一种常设普通税征收。除教士以及那些以种地和出卖体力劳动为唯一谋生手段的人外，其他人都要缴纳这种税。这种新税在内陆地区普遍课征，是一个对财产而不是对人征收的税种。这种新税的开征是为创建区域国家迈出的重要一步。

威尼斯共和国也曾试图开征一种名叫“*compatico*”的财产税，但遭到了内陆贵族和城市议会的反对，因为他们担心任何一次新的财产所有权普查都难免有估税员（*distrettuali*）触犯他们的特权。这次地籍登记（*catasto*）可能发现了至此一直逃避评估的财产，包括属于威尼斯人的财产。问题在于这种新税牵涉到威尼斯贵族、城市不同等级的贵族、农民和农村其他居民之间的总体关系。威尼斯人没有被包括在纳税主体中，而贵族却要在他们所在的城镇缴纳税款，包括他们为自己在农村拥有的土地缴纳的土地税。结果，农村的全部财政负担都落在了农民身上。由于城市群体在 1575～1627 年从维罗纳（Verona）“孔塔多”居民手中购置了近 176 万杜卡特的地产，因此，这个财政负担变得更加难以承受。1617 年 5 月后，“*compatico*”这种财产税最终也课征于威尼斯人的财产。这种税考虑到了财产的增值和土地的用途——耕地、牧场和沼泽地按不同的税率纳税。得益于经济变革和农业发展的内陆地区需要缴纳

[22] Hocquet in Bonney (1995).

越来越多的税款；与此同时，在经历了贸易衰退以后，威尼斯的关税和销售税收入不断减少。

威尼斯在农业投资被证明比工商业投资更加有利可图时发现了另一种从内陆土地敛钱的方法。从征服内陆那时起，威尼斯就没收了被击败领主的财产，这些财产后来变成了“威尼斯的公产”(*bona communis Veneciarum*)，并且由农村乡镇处置。在意大利战争期间，威尼斯十人会议曾考虑出售部分公产。偶尔侵占其中部分土地的农民表示反对，并且得到了当地贵族的支持：当地贵族凭经验明白，变卖没收财产的主要受益者是威尼斯的贵族。直到1603年，威尼斯参议院才下令对这些土地进行普查；1637年，威尼托(Veneto)一地就被认定拥有20.9万公顷公地，或者说占威尼斯农用土地总面积的11%。1647年，土耳其人攻打甘地亚(Candia)。此后没过几个月，当局就组织了第一次公地拍卖。1647～1727年总共变卖了8.9万公顷的公地，占公地总面积的42%，其中有一半卖给了威尼斯贵族。变卖公地虽然创造了不菲的财政收入(330万杜卡特)，但也造成了很多严重的后果：首先，变卖公地造成了一些社会后果，因为它剥夺了穷人在公地上放牛的权利；其次，还造成了更普遍的经济后果，因为变卖公地导致粮草供应不足，从而造成家畜和肥料减少，进而又对粮食产量产生影响。

在托斯卡纳(Tuscany)，佛罗伦萨共和国在15世纪初就发起了一次旨在解决公社国家(commune-state)分裂和把周边附属城市的直接控制权委托给统治地的行动。但1750年，70%用于偿还公债的税款是在佛罗伦萨的“孔塔多”和高度依附于佛罗伦萨的利沃诺征收的，锡耶纳、比萨、阿雷佐、皮斯托亚和沃尔泰拉只贡献了剩下的30%。因此，统治地的真正权力并不是表现为少缴税款，而是公共支出的主要受益者。城市贵族以有利于自己的方式回答了以下三个问题：如何利用机会把钱投资于公债？如何避免为缓解大公的财政紧急状况作出任何贡献？如何控制对税收和公债资金的管理？事实上，对政治稳定的需要迫使诸大公对常会成为财政体系共同所有人的贵族作出妥协。这两方面的约束维系了有利于外省的财政平衡，并且巩固了传统精英的权力，因为传统精英的利益从此趋同于君主国家的利益。由于存在这种特权，税收的负担就落在“孔塔多”农民、统治地工匠和利沃诺国际贸易的身上。[23]

并非大公国的全部居民都要遵守同一财政制度[基于应税额“估计”(*estimo*)的直接税]。18 世纪的一名匿名评论者写道：

“每个地方的估税单位是由所在社区在不同时期根据各地不同的规则以及不同的食品价格或者货币确定的。用于估税里拉(lira)在某地是以 100 克朗为单位，在另一地以 500 克朗为单位，而在其他地方则以 1 000 克朗为单位。在某些情况下，里拉不是用资金而是用收入来计算的，也有可能在某地按净收入，而在其他地方则按毛收入计算；在某些场合按全部收入来源，而在另一些场合则按照谷物和葡萄酒等收入来源计算。有人也许会认为，这样的估价单位可用于某一社区内部局部的税收分摊，但并不能提供任何证据证明不同社区之间的关系，并且也无法公平地摊派税负。”[24]

这个由统治集团在不同时期采用不同方法和货币安排的估税体系并不能充分反映不同社区的经济财政状况，甚至是阻碍任何财政标准化努力的最严重障碍。但是，从 14 世纪初开始，财产普查对“全部货物、财产、物资、生意、商品和牲畜”(即所有不动产和资本)、公债份额，手艺或贸易收入以及商品逐一进行登记，而且要在确定每个纳税人估计税率(*rata d'estimo*)前扣除负资产(如私人或商业债务和房屋租金)。这个过程被称为“里拉化”(*allirazione*)，而结果则记入一本名叫“里拉”(*lira*)的账簿。不同的估税方法会导致不同的估计税率“*rata d'estimo*”。新、旧商品和从免税者那里购置的不动产按每 100 弗罗林(florin)11 德尼尔(denier)的税率纳税，而已经缴过税的不动产则继续按每 100 弗罗林 40 德尼尔的老税率纳税。这样的财产很难确定其价值，除非已经出租，而出租财产的价值则按照年租金除以 7%的方法来折算。

柯西莫一世(Cosima Ⅰ)对被统治地进行了行政和财政改革，并且在 1545 年 10 月颁布了《一般支出法》。根据这部法律，每个社区都必须按照财产应税估计额缴税，目的是要为士兵筹集军饷、筹资修建防御工事和市政工程。规定税额收到后全部上缴统治地。1546 年进行了一次新的估税登记工作，目的是要把财政负担更加公平地摊派到之前免税的群体身上。商人和工

23 Waquet in Genet and Le Mene (1985), 111—114.

24 Quoted by Benigni (1980), 52.

匠表示抗议，并且反对变更“交易里拉”(*lira de' trafici*)，因为它不适合用来对“本身非永久性”的物品征税。不动产业主认为在一个意大利经济变化不定和商业危机频仍的时代不动产会不断增值，因此试图获得税收豁免权，并且成功地让当局把地产分为“好”“中”“差”三个等级，甚至根据土地等级和所在位置来区分它们的收入。他们还通过努力把估计税率(*rata d'estimo*)从每100弗罗林40德尼尔降低到了每100弗罗林20德尼尔。这些措施在按很低的比例估计应税额方面起到了一定的作用：在阿雷佐，财产普查官发现了一种按2/5的土地价值进行登记的伎俩。财政负担也落到了城镇不动产业主的身上，社会最富有群体虽然承担的财政负担没有他们应承担的那么重，但仍采取行动进行抵制，而他们的抵制导致地方基层社区收支出现了巨额赤字，当局不得不大幅度增加间接税收，进而导致社会最弱势群体的贫困化。

3.5　结束语

从15世纪和16世纪文艺复兴的角度看，城邦或“城市国家”经历了深刻的变迁。促成这场变迁的主要原因并不是中世纪末国家形成的政治演进，而更多是意大利和德国发生的有利于非城市活动和“回归土地”的深刻的经济变迁。同一阶层的成员只要谨慎地通过把资本撤出商业、投入农业的方式来实行投资多样化，就能得益于这一变迁和之前形成的趋势。但是，随着城市尤其是行使贸易垄断权的都城征收的间接税和关税从此让位于在全城邦或“城市国家”征收的直接税和财产税，城邦或“城市国家”的公共收入发生了质的变化。最大比例的公共收入仍用于公债的还本付息和举借新的贷款，正是由于这个原因，钱都装进了不靠劳动谋生的特权阶层的腰包。从这个角度看，城市贵族的生活方式和收入来源越来越像以王室和城市为依托的上层贵族。前者不像后者那样依赖统治者的恩赐，因为前者除像佛罗伦萨城市贵族这样的罕见例外以外，本身都是统治者，并且直接通过议会行使权力。为了避免重复本书其他章节(见本书第十二章)的内容，本章很少谈及支出问题。我们这么做是有道理的。战争是支出的驱动因素；因此也是收入的驱动因素；但在领取微薄军饷的雇佣军士兵背后，是食利者和投机者们得益于法学家们向执政委员会提出的忠告——国家必须扩大信用体系。因此，只有在公共信用体系的演进和运行过程中才可能最佳地感受到城邦或城市国家的近代性（见本书第十四章）。

第四章　欧洲外围王国：中世纪和近代早期的斯堪的纳维亚

比约恩·保尔森(Bjørn Poulsen)

那么，欧洲较落后地区是如何缩小它们与“较发达地区”在经济和财政发展方面的差距的呢？本章旨在阐明欧洲经济所谓的“早期协调”问题，斯堪的纳维亚地区经济与欧洲经济的早期协调是这个地区国家形成长期过程的产物。在这个过程中，斯堪的纳维亚诞生了丹麦、挪威和瑞典(包括芬兰)三个王国，而且在它们的外围也出现了一些其他类型的政府组织形式。丹麦和德国的社会制度和财政体制融入了石勒苏益格(Schleswig)和荷尔斯泰(Holstein)，而冰岛和位于荷尔斯泰西海岸的迪特马尔什(Ditmarschen)已经有农民共和国存在。本章试图阐明这些早期国家趋近于欧洲财政发展水平的方式和原因，[1]并主要把重点放在占这些地区人口多数的农民以及他们的经济剩余被转移给新出现的国家机构的机制。

4.1　领地和税收

到了中世纪晚期，法国、英格兰和卡斯蒂利亚等西欧大君主国税收已经发展到了很高的水平，在财政方面几乎已经可被视为“现代国家”(见本书第五章)。在北欧，确实有很多形式的税收得到了发展。布鲁纳(Brunner)在说到

1　到目前为止还没有任何考察中世纪斯堪的纳维亚半岛国家财政的一般研究。Lönnroth(1940)的研究是最有用的文献。Danstrup 和 Karker (1956—1978)中的多篇文章对多个主题作了一般介绍。

德国时曾经表示，有多少形式的领地就有多少形式的税收，[2]不过，这种说法同样也适用于斯堪的纳维亚半岛。因此，税收必然是我们关注的一个核心问题。此外，斯堪的纳维亚半岛和北欧其他国家的早期发展也显然与另一种形式的收入（即领地收入）有着更加密切的关系。

领地经济是现代经济学家比较陌生的一个主题，因此，有必要从一开始就以 15 世纪与荷尔斯泰结盟的丹麦石勒苏益格公国为具体例子来阐明斯堪的纳维亚半岛的领地经济概念。16 世纪初，石勒苏益格公国有 9 个行政区（德语叫“*Ämt*”，丹麦语称“*len*”），而历史学家把这些行政区称为“领地”。[3] 每个行政区都有自己的城堡。以奥本罗郡（Aabenraa Ämt）为例，目前存世的 1535 年、1538 年和 1539 年账簿允许我们对地方领地经济进行分析（见图 9 和图 10）。[4]

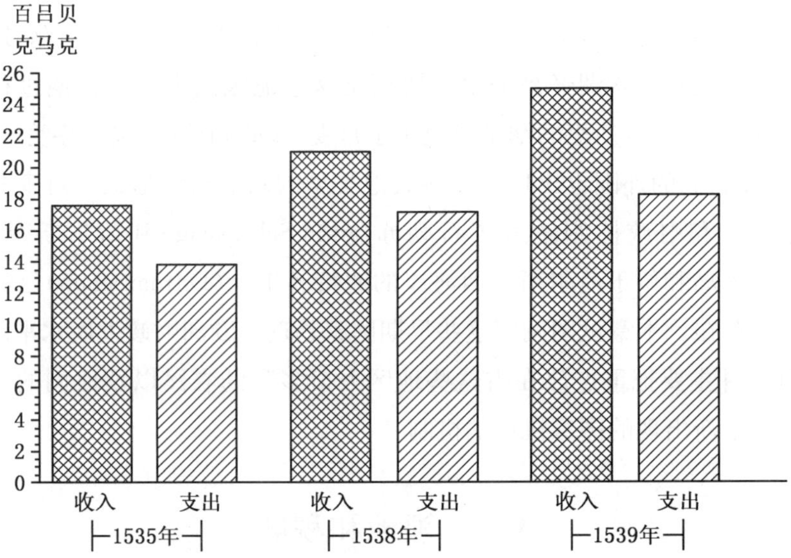

资料来源：Rlgsarklvel，Copenhagen. Stesvlg og holslenske regnskaber før 1580 \poul\danb008 © ESFD1993.

图 9 1535～1539 年石勒苏益格公国奥本罗郡的收入和支出（用吕贝克马克表示）

2 Brunner（1965，273）：“So viele Herrschaftsverhältnisse bestehen，so viele Steuerarten wird man underscheiden konnen.”

3 Poulsen (1990a).

4 ESPDB \poul\danb008 based on \dand023 and \danb007 based on \dand023；Rigsarkivet，Klllbenhavn，Slesvig og holstenske regnskaber før 1580.

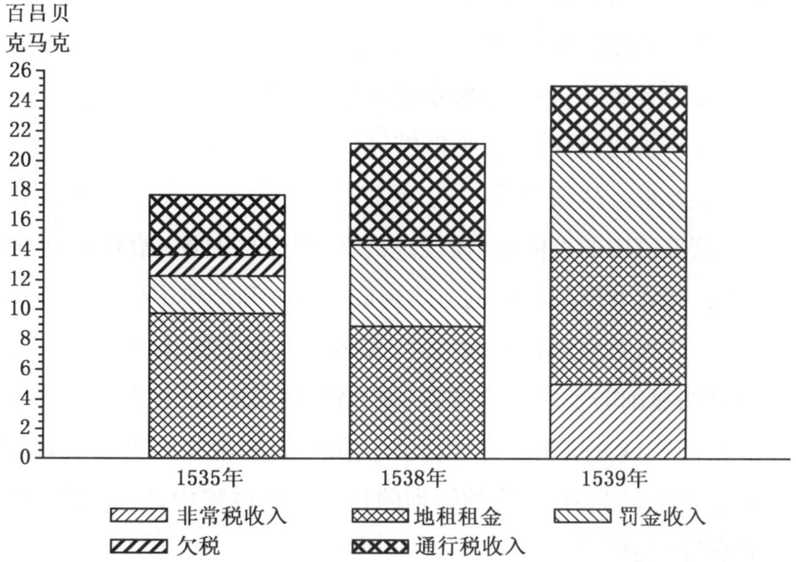

资料来源:Rlgsarklvet,Copenhagen. Slesvlg og holstenske regnskaber før 1580 \ poul\danb007 © ESFOB 1993.

图10　1535～1539年石勒苏益格公国奥本罗郡不同类别的收入(用吕贝克马克表示)

奥本罗郡的行政中心是位于奥本罗镇外的布伦德龙德(Brundlund)城堡。高贵的皇家官员郡守与他的家人以及书记员、4个卫兵和仆人就居住在这座城堡里。郡守的收入主要来自本郡318个农庄。奥本罗郡还有5个磨坊,每年要缴纳一定量的谷物。318个农庄也要缴纳赋税,部分用谷物缴纳,部分用货币缴纳。货币付款还包括佃户缴纳的租金和世袭土地所有者缴纳的定额税捐,两者都起源于最初在13世纪征收的税捐。奥本罗郡还有罚金和其他税收收入。1539年,除以上这些收入外,奥本罗郡还征收了一种非常税(见图9)。郡守要履行许多行政职能,例如在君主丹麦克里斯蒂安三世(Christian Ⅲ)巡游驾临时负责护驾接待,承担各种军事行动的费用,采购军需物资满足驻军的日常需要。事实上,所有的实物收入都在城堡就地消费,但要留存现金收入的可支配盈余(见图10)。留存现金盈余数额并不小,格托尔夫(Gottorf)城堡议事厅陈列的年度账册清楚地显示,郡守只能拿一小部分总收入孝敬国王。即使在征收非常税的1539年,情况也是如此。各郡征收到的货币收入大部分在郡内就地支出。的确，领地盈余在16世纪有所增加，但这并不是一个相对比较发达的领地经济体的非典型例子。我们发现，在早期，除了为供养国王保留的相对不重要的区域外，各领地根本就不做账，或者没有任何盈余。[5]“国家”之所以依靠这些领地，是因为它们能够进贡实物，同时又能通过它们的存在构建王国的军事力量。从长期看，一个更加重要的原因是各领地赋予中央政权以这样一种获得信用的可能性：在规定的期限里把领地交给贵族官员换取一笔固定付款。国家利用其领地的方式构成了丹麦和瑞典中世纪很长一段历史的重要内容。放松对众多领地的治理，实际上分割了各领地城堡所代表的军事力量，并且明显削弱了国家的实力。严格控制领地、派驻出身比较卑微的官吏、实行严格的账目上报制度这种相反的治理方法，能实际巩固中央政权。因此，在对各领地进行严格、明确的管理的这一发展过程中，应该能够发现一些国家“近代化”的趋势。[6]

4.2 斯堪的纳维亚半岛早期王国经济的发展趋势

冰岛在13世纪之前一直采取分权化的行政管理体制，宗教权和立法权掌握在首领(goder)们的手中。但在斯堪的纳维亚半岛的其他地方，不同的部落区域在1150年前的那些年里逐渐统一在一个中央政权之下。[7] 这是一个复杂的过程，而且在一个很长的时期里各省之间仍存在巨大的差异。只是大约到了1000年以后才能恰如其分地说丹麦和挪威是疆界明确的王国，但在12世纪中期之前还没有统一的瑞典王国存在。[8] 这三个北欧王国从一开始就采用一种巡游政府的方式来统治国家。国王在侍从的簇拥下一面巡游一面对国家进行治理。在巡视王国各要塞的日子里，国王和他的侍从挥霍王田积累的产品储存。产品储存部分是国王巡视地区居民缴纳的礼物或者捐税，部分来自王领。“王国经济”在很大程度上应该也是依靠贸易管制以及袭击邻国和部

5 Cf. Christensen (1983).

6 Cf. Erslev (1879).

7 Cf. Mortensen and Rasmussen (1988—1991).

8 Sawyer (1991).

落夺取的战利品。

在整个中世纪，斯堪的纳维亚半岛如果征收现代意义上的税费，即便不可能，也是一件非常困难的事情，因为纳税义务被认为与人身自由格格不入。不管怎样，国王还有一些剩余领地权。我们认为斯堪的纳维亚税收的起源与国王在巡游国家期间从子民那里收到的贡赋有着密切的关系。[9] 最初是采用收取"礼物"这种非正式方式来筹措国王巡游所需的物品，但到了 12 世纪，这种收取"礼物"的方式被改成了一种固定的赋税制度。从丹麦国王瓦尔德马(Valdemar，约 1231 年即位)的收入清单中可以发现一种王室收入越来越正规化的趋势。这张收入清单在"机构"(apparatus)、巡游(procurato)和"徭役"(servitium)的名目下罗列了王室的各种需求。[10] 尽管王室收入越来越正规化，但广大子民"热情款待"的说法继续沿用。瑞典语中的"*gästning*"和丹麦语中的"*gæsteri*"常用来指称国王巡游期间负责安排膳宿的责任，原先是指在某人家里享受美食和住宿。在瑞典，国王巡游期间进贡的实物被称为"*gengärd*"或者"征用物品"；而在挪威，这被称为"*veitsle*"或者"捐助"(contribution)。[11]

规定捐助数额的倾向是与国王巡游期间热情款待国王的责任日益正规化的趋势同时出现的。只有挪威的农民坚守自己的权利，并且坚持"*veistle*"自愿赠送，不能由法律规定的原则。而在丹麦，国王规定了捐助的数量。在 1231 年前后的丹麦王室收入清单中，用谷物、麦芽酒、肉类、黄油、奶酪、家禽、鱼和蜂蜜等的数量表示的国王巡游 2 天安排食宿所需的捐助。这张清单还包括支付给御膳房官吏和后厨的酬金，并且写明要添置 100 只盘子和 400 只碟子。享用捐助的权利也逐渐从国王本人扩大到在外办差的官吏。王领上的各行政中心通常就是征收捐助的地方。例如，挪威王领的中央庄园都设有专门的库房(*veitslehaller*)，从辖区农民那里收上来实物税和佃户那里收来的实物租都存放在这些库房里。国王在巡游期间也有权要求修道院和主教宅邸安排食宿。

9　Cf. Gurevich (1985), 227—231.

10　Aakjær (1926—1945).

11　Cf. Hertzberg (1893).

王国土地的分布以及具体的王田数量都是这三个王国形成过程的结果。丹麦的王田可以分为集中在日德兰半岛(jutland)和芬岛(Funen)、历史比较悠久的西欧式祖产(*patrimonium*),以及主要位于西兰岛(Zealand)和斯堪尼亚(Scania)、后来添置的王田。丹麦王田的这种分布大约是在公元1000年新王朝掌权时形成的。[12] 瑞典的主要王田(*Bona coronae*)被称作"*Uppsalaöd*":大量的农庄附属于瑞典王国核心区域的不同行政中心(*husabyer*)周围。同样,挪威的王田可以分为能追溯到公元1000年左右王国形成前的王田和后来统一时期国王没收失败的反对者的土地后添置的王田。

北欧国家在王田官吏是从依附于地方官员的王田看守人(*bryder*,或者拉丁语"*villici*")的地位朝着更加专业的行政管理官员的变化方面具有一个共同的特点。王室仆人最初的任务是确保收缴王田物产和佃户租金:在国王需要之前,把王田物产储存起来。但不管怎样,王田日益成为"领土组织"的基础。12世纪丹麦已经出现负责监察被称为"百户邑"(*herred*)的领土单位的巡视官(*ombudsmcend*);挪威在12世纪出现了相当于县官的"*sysselmannen*"和置于"*sysselmannen*"治理下的领土单位(相当于县级行政区划的"*syssel*");瑞典直到13世纪才废除旧时的"*husabyer*",并且采用被称为"län"的新行政区。

毫无疑问,这些越来越复杂的领土行政区划可以作为财政原因来介绍。不过,在我们开始考察这方面的发展之前,应该先回顾早期的税收起源。我们知道,在斯堪的纳维亚半岛,税收曾被认为与人身自由不相容。因此,只有被镇压的叛逆者、被征服领土和边远地区才有义务纳税。我们发现,从斯堪的纳维亚半岛最早的国王统治开始,在整个中世纪里一直都有边远地区纳贡的先例。[13] 例如,英格兰缴纳的丹麦金(*danegeld*)从根本上增强了丹麦国王的实力(见本书第二章第二节)。支撑这种纳贡制度的强制性元素在记述1168年丹麦国王征服吕根岛(Rügen)的斯拉夫语《赫尔莫德纪事》(*Chronicle of Helmod*,第二卷,第13页)中有过生动的描述。这说明吕根岛的民众被迫效忠丹麦国王,并且向他纳贡缴税;丹麦国王还把吕根岛贵族的儿子作为人质,

12 Andrén (1983).

13 Cf. Corbier in Genet (1990), 95—107.

并且把他们关押在丹麦。这种强制力量与被迫纳贡者之间的关系逐渐演化为统治者与附属民之间的关系，这个演化过程在斯堪的纳维亚最北面地区表现得淋漓尽致。在这个博多(Bodö)以北的区域和吕勒河(River Luleälv)以北的芬兰境内，主要是游牧居民有过纳税的体验。早在挪威成为统一的王国之前，这个地区的驯鹿狩猎游牧民族成为挪威北部首领的附属民，并且要用珍贵的皮毛纳贡。在 12 世纪和 13 世纪，这个地区的居民不再像从前那样以游牧为生，而这个地区在性质上也由一个纳贡的边缘地区变成了王国(无论是挪威王国还是瑞典王国)的组成部分。由于爆发了把俄罗斯人、挪威人和瑞典人卷入其中的战争，税收的疆界和权利在这个地区逐渐确定下来，但边区的管辖权和征税权仍然比较模糊。例如，挪威和俄罗斯签订的《1326 年诺夫哥罗德和约》(*Peace of Novgorod of 1326*)明确规定，克拉(Kola)半岛应该是一个同时向挪威人和俄罗斯人开放的财政共享区。最晚是在 15 世纪，瑞典的伯尔卡拉人(birkarlar)好像已经在挪威北部沿海地区征税。

冰岛和格陵兰岛提供了一个边远地区居民成为纳税人的不同例子。[14] 这两个长期自治的岛屿在 13 世纪中期被迫接受挪威国王的统治。1261 年，格陵兰岛人答应向挪威国王纳税，而冰岛这个"自由国家"自鸣得意的寡头政治大约就在同一时期分崩离析：第二年，冰岛人承诺以为每个在公共法院(*ting*)供职的侍从提供粗布衣服的方式向挪威国王缴纳一种年税，并且答应只要国王不违反协议，他们就履行承诺。作为交换条件，挪威国王要确保冰岛人生活安宁，并且保证不修改他们的法律。挪威国王答应以后 2 年派遣 6 艘战舰进驻冰岛。冰岛国王及其子民认为，挪威驻守冰岛的战舰越多，对他们的国家越有利。纳贡成为纳税的转变是促进税收发展的一个重要因素，但并不是一个决定性因素，至少在斯堪的纳维亚半岛，"抵偿"就更加重要。

4.3　12 和 13 世纪的抵偿税

在 12 世纪和 13 世纪，斯堪的纳维亚半岛诸王国普遍出现了一个以纳税

14　Cf. Holmsen (1977), 303—330; Hastrup (1985), 223—237.

抵偿服役的过程。在丹麦和瑞典，这种抵偿税先后转变成为经常税。[15] 有人可能会认为，非常税和经常税源自于相同的法律依据，并且还认为非常税几乎不可避免地趋向于变成经常税。斯堪的纳维亚半岛的经常税似乎起源于在必要时通过纳税来抵偿向王室和军队供应物资和提供服务的做法。但不管怎样，就像我们已经知道的那样，税收本身并非起源于紧急状况，而是起源于较为正常的状况和已经确定或规定的惯常义务。

在丹麦和挪威，第一批"国家"税收就是采取了抵偿兵役的形式。瑞典的情况比较复杂，因为瑞典课征过三种抵偿税：一是兵役抵偿税；二是国王和侍从巡游保障义务抵偿税；三是起源难以确定、在外省计征的抵偿税。但在斯堪的纳维亚半岛的全部三个王国，兵役抵偿税收入可能被用于雇用职业兵。这些王国的社会结构促进了普遍兵役制的推广：在这些王国形成时期和形成以后，凡是男性自由民都要依照被称为"*leding*"的法律服兵役，而新的经常税就是建立在兵役制度上的。

丹麦早在 1100 年之前就有农民不服兵役就得缴纳罚金的做法。兵役制度建立后发展起来的定居点居民被要求缴纳一种名叫"*kvoersoede*"（直译就叫"留家税"）的定额税。1204 年，丹麦开征了一种用燕麦缴纳的新税，取名为"种马税"（*stud*），这说明当时对马匹和职业兵的需要不断增加。大约在 1204 年，丹麦开征了一种名叫"*ledingsskat*"（或拉丁语称"*denari expeditionales*"）的定率兵役税，对全部的丹麦土地计税，通常需用货币缴纳。瑞典大概在 13 世纪 60 年代，把"*gengärd*"（或拉丁语称"*prociratio*"）和"*leding*"（或者"*expeditio*"）设定为经常税。就这样，丹麦和瑞典农民的兵役就转变成了捐税。在挪威，农民仍要服兵役，但即便如此，"*leding*"从 12 世纪中期起也逐步转变为一种定期税；大约在 1200 年前后发生了几次反对课征新税的抗税起义。1270 年，挪威最后规定课征一种农民在和平时期减半缴纳、战时全额缴纳的年税。

有几个原因导致斯堪的纳维亚的三个王国的农民由士兵变成了纳税人。有些历史学家把丹麦和瑞典这一转变过程归因于出身于免税地主贵族的骑兵

---

15 Cf. Arup (1914—1915)，141—237；Lindkvist in Genet and Le Mené (1987)，53—64.

部队的发展。但贵族化过程可能比军队变革本身更加重要，贵族化过程本身又应该与这三个王国财政收入发生根本性变化有关。到了 11 世纪和 12 世纪，这三个王国的财政平衡从依靠贸易管制和战利品（或者外部收入）转变为依靠国内收入。[16] 巴格（Bagge）指出，由停止北欧海盗掠夺行径导致的收入危机在 11 世纪引发了这三个王国旷日持久的冲突。它们之间的冲突一直到贵族与君主结成联盟，因而掌握了从农民那里攫取更多收入的权力以后才结束。[17] 此外，丹麦和瑞典正式贵族阶级的出现在一定程度上显然是开征新税的结果，因为贵族按照定义正好不用纳税，但要服兵役。从更加宽泛的意义上讲，斯堪的纳维亚三王国的这一转变过程反映了更一般的欧洲经济社会结构的调适趋势：北欧大部分地方正变得与欧洲其他地区日趋一体化。

12 和 13 世纪与日俱增的货币化发展使得这种最早的真正"国家"经济有可能成为现实。[18] 从城镇可以收到比从前更多的税费，而且可以征收货币税，结果使历史学家有可能估算出这个时期以后的财政收入。例如，丹麦国王 1231 年的收入清单告诉我们，丹麦国王的一夜花销是 15 银马克（silver mark），而且我们还能根据国王的收入清单估算丹麦王国的财政总收入。根据埃尔斯莱福（Erslev）的估算，1230 年前后，丹麦国王仅"*leding*"税就能收到 20 000～40 000 银马克（约合 3.84 吨～7.68 吨纯银）。图 11 列示了这个时期丹麦王国不同类别财政收入占总收入的份额。[19] 据估计，挪威在 1300 年前后征收"*ledingsskat*"的年份里总收入不超过 3 000 银马克（约合 0.576 吨纯银）。[20] 虽然这些数据值得怀疑，但有证据表明，挪威国王在斯堪的纳维亚半岛诸王中收入最少。这不但是自然条件造成的结果，而且也是挪威没有征收经常税造成的后果。在挪威，由农民指挥的舰队是主要军事力量。由于地理条件的缘故，挪威根本就不可能拥有职业骑兵部队。这种小规模的财政收入和支出结构最迟一直延续到挪威舰队发起进攻并重创丹麦王国的 13 世纪 90

16 Lindkvist (1990).

17 Bagge (1986).

18 Poulsen (1990b); Klackenberg (1992).

19 Erslev (1898); ESFDB \poul\dani001 based on \dand018.

20 Steinnes (1933), ii, 207.

年代。[21]

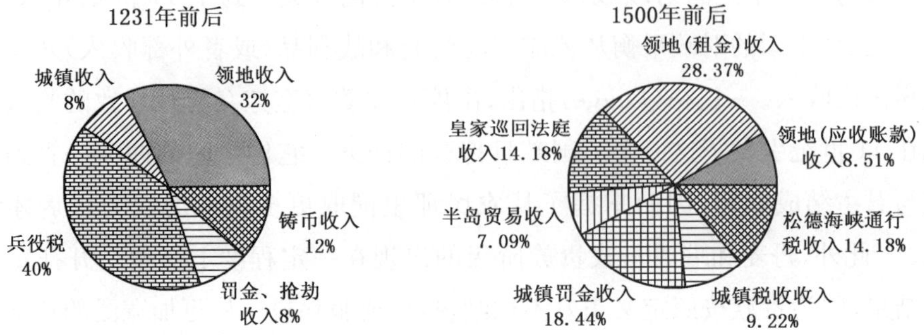

资料来源:Erslev (1898);Danske Magazln (1843),136—8 \poul\danl001 © ES-FDB 1993.

图 11　1231 年和 1500 年前后丹麦王室不同类别估计收入占比

4.4　非常税的胜出

1281 年,瑞典国王告知厄兰岛(Öland)居民需要开征新税支付朝廷命官看管岛上城堡的费用。这样就以一种全新的方式把城堡和税收联系在了一起。13 世纪丹麦和瑞典贵族化的结果,就是创立了一种建立在非常税、城堡和新的领土单位郡(丹麦语称"*len*",瑞典语称"*län*",德语称"*Ämt*")间关系之上的财政体制。丹麦大概 200 个规模较小的行政单位百户邑逐渐合并为规模较大的行政单位郡。有些丹麦郡只有 1 个百户邑,但通常郡要管辖更多的百户邑。例如,奥尔堡(Aalborg)行政区就有 8 个百户邑。瑞典经历了一个相似的合并过程,但郡的规模比丹麦的大。这些行政单位的逐渐出现必然会被认为与被国王作为行政中心修建的城堡有关。丹麦国王在 12 世纪后期和 13 世纪上半叶(1241 年前)修建了 20 个皇家城堡,[22]这些城堡就成了丹麦新设行政单位郡的中心。13 世纪及以后,瑞典在城镇和农村修建了一些城堡。[23] 城堡

21　Cf. Bagge (1986).

22　Jalibert (1988).

23　Fritz (1988).

的驻守部队虽然巩固了地方政权，但必然需要比只有 1 个百户邑的王田更大的物资供给区。每个郡任命一个贵族郡守镇守，以国王的名义监督司法部门，监管皇家佃户并守护皇家森林，而且还要征收开征已久的税种，并负责开征新的非常税。

丹麦国王大约在 1231 年首次尝试征收非常税——一种犁税，开征这种非常税的目的就是要取代大约在 1075 年推行的旧式铸币更新（*renovatio monetæ*）制度。[24] 日德兰半岛（Jutland）的农民在 1231 年要为每个犁头缴纳一笔定额税。在后来的 10 年里，这种定额犁税又在日德兰半岛和芬岛征收。1249 年，斯堪尼亚农民也要缴纳这种税。至少在日德兰半岛的一些地方，每个犁头的定额税金是 18“*denarius*”古罗马辅币名称，约相当于便士。——译者注）。想必，犁税的定额税金并非只能用货币缴纳，至少在犁税明显加重的 14 世纪初：1325 年，丹麦犁税按“每个犁头 1 银马克或者 1 银马克的肉或者黄油”的标准缴纳。那时候，犁税在欧洲大陆差不多每两年征收一次。我们知道犁税在 1311 年和 1316 年（这两年的犁税每个犁头缴纳 1 银马克）、1318 年（每个犁头 0.5 银马克）和 1325 年（每个犁头 1 银马克）的税率，但不知道 1328 年和 1332 年斯堪尼亚课征非常税的税率（甚至连是否课征也不能确定）和 1340 年日德兰半岛课征非常税的税率。除了以上这种非常税外，日德兰半岛的农民在 1313 年起义失败后还要缴纳一种名叫“*guldkorn*”的重税（每个犁头要缴 3 马克；而教区要缴一种实物税，每个教区 1 匹马）。此外，1317 年，丹麦的农民、教士和贵族都要按照自己的全部所得缴纳一种什一税。瑞典在较长一个时期里，定额税一直是重要税种，因为在有收入的人群中确定哪些人应该纳税的速度要比丹麦慢。大约到了 1300 年，经常税已经显得不足以满足瑞典王室的需要。于是，瑞典开始征收非常税，先是征收一种名叫“*markgälder*”的非常税，1318 年又征收一种名叫“*subsidium generale*”的非常税；1323 年，贵族也要缴纳非常税；而到了 14 世纪中期，瑞典就像丹麦一样，非常税种类不断增加。

王室不顾民众反对和主流思想意识，执意征收非常税。1249 年，丹麦的

24　Cf. Bolin (1954); Bisson (1979).

埃里克(Erik)国王试图在斯堪尼亚开征一种犁税,农民不从,迫使(说"迫使"不免有点夸张的意思)他收回成命。1340 年,荷尔斯泰的格哈德伯爵(Count Gerhard of Holstein)试图强迫西兰岛的农民缴税,此举导致伯爵与农民势不两立,伯爵一一击退了农民的"明枪暗箭"。同年,格哈德伯爵课征的一种银税很可能在日德兰半岛引发了叛乱,伯爵也被杀害,而伯爵被害则为丹麦国王提供了可乘之机。贵族的支持为强征新税所必需,但贵族出于自身的原因也想方设法地减轻皇家税收负担。在国王克里斯托夫二世(Christopher II)治下,丹麦国会(*rigsrddet*)在 1320 年想停止强征其他税收,就很能说明问题。丹麦国会认为,税收应该维持在瓦尔德马国王在位时的水平,也就是维持在征收非常税之前的水平上。1326 年和 1376 年的丹麦《加冕宪章》也禁止开征新税,并且承诺废除新近开征的税种。在瑞典,马格努斯一世(Magnus I,1275～1296 年在位)国王不得已宣称子民出于感恩而不是依法缴纳"非常税和非正式捐赋"。在所谓的"伟大的自由宣言"("*Great Letter of Liberty*",1319 年 7 月 8 日)中,瑞典国王向富豪贵族承诺"朝廷不会恣意强征新税"。这份宣言表示,以前的国王和君主不尊重旧时的特权和自由,而是非法强征。兹决定:如果税收"为整个王国的防卫和共同用途"(*pro defensione et communi utilitate tocius regni*)所必需,那么就须经过国会审议通过,然后向全国各郡公布并获得它们的认可。1346 年,瑞典国王马格努斯二世[埃里克森(Eriksson)]因已经课征税项而不得不向他的子民表示歉意,并且被迫允诺停征这些税种。如果税收变得绝对必要,那么就应该成立由当地主教、6 个贵族成员和 6 个非贵族成员组成的教区议会来规定应征税额。民众的诉求在同年颁布的皇家法律中得到了反映,该法规定国王应该依靠领地谋生:

"国王应该用他的城堡和土地收入来负担城堡所需的费用。

"国王应该依靠乌普萨拉王田和王国年度经常税收入来维持生计,并且不应该强征新税或劳役,但以下特殊情况除外:如陛下的国家遭遇外国或者外邦军队的掠夺;发生反朝廷的叛乱,不动用税收资源无力自卫;国王加冕或者举行加冕巡游;王子结婚、公主出嫁;国王因修建城堡而发生费用。如遇以上情况,由主教和法律界人士考虑决定子民应该向国王缴纳的税金。"

马格努斯·埃里克森(Magnus Eriksson)治下颁布的土地法留下了一个

悖论性“遗产”：由于主流观点认为国王应该自食其力，因此似乎不应该征收非常税；但实际上，贵族会议总能让征收皇家税成为可能。

新的职业军队对资源的需要不断增加，结果导致郡与农民税负不断加重；而且，新修的城堡和它们的职业驻军使得征收非常税变得更加容易。但是，这些军费支出必然导致熊彼特(Schumpeter)所说的财政社会学意义上的变化，也就是在民众不堪重负的财政体制不发生摩擦无法运行(而这又会产生社会经济影响)的情况下发生的变化。[25] 虽然 13 世纪的经常税由大多数农民缴纳，但纳税人数量在 14 世纪无疑有所减少。日趋明显的贵族化过程也是导致纳税人数不断减少的原因，因为贵族化导致农民作为武装领主的仆人寻求保护：领主有可能成为国王、杰出的教徒或者贵族成员。在丹麦，只有王领的“自由”农继续缴纳经常税。因此，经常税收入迅速减少，并且实际变成了为获得皇家城堡驻军提供的服务而支付的保护费。农民必须考虑租种贵族或者教会土地是否比租种(应税)王领更加划算、安全。很难估计改租(由租种王领改为租种贵族或者教会的土地)农民的人数，但似乎可以肯定，很多农民觉得租种领主的土地比租种王田来得划算。因此，如果国王需要课征更多的税金，那么就必须求助于整个国家，并且要求贵族和教会土地所有者对他们的佃户征税。

虽然我们常说国王应该自食其力，但是，我们仍可以把领地经济与税收体系这两种看似相互矛盾的财政形式联系在一起。包含这两个元素的财政体制并非斯堪的纳维亚半岛独有，而是差不多同时出现在欧洲其他地方。在各德意志领土国家的郡以及巴尔干地区其他地方的类似行政单位(如德国的 *Reichsvogteien* 和条顿骑士团的组织机构)[26]中，我们可以观察到领土面积、城堡和非常税(德语称“*Landsteuer*”和“*Bede*”，拉丁语称“*petitio*”)之间存在的相同关系。因此，丹麦和瑞典的财政发展大体与北欧其他地方的财政发展相一致。从欧洲更大的范围看，这种财政体制代表了欧洲北部和中部以及西欧主要君主国家 1250～1400 年的税收发展水平。军事挑战应对方式不同是商业发展水平不同的结果，而在仍以小农经济为特点的北欧，王领始终有可能对于财政体制的发展具有重要意义。

25　Schumpeter (1954b).

26　Jeserich, Pohl and von Unruh (1983), i, 96.

4.5 领地国家的危机与巩固:1350~1500 年

1350~1500 年并不是斯堪的纳维亚半岛财政创新的重要时期,但在这个时期,领地制度的优点和缺点暴露无遗。从 13 世纪初开始,中欧国家普遍存在战争支出不断增加,从而导致对借贷的依赖不断加剧的问题,而在斯堪的纳维亚半岛也明显存在这个问题。新设立的行政单位郡不是导致财政盈余不足,就是造成财政根本就没有盈余。例如,瑞典尼寇平郡(Nyköping län)和达拉纳(Dalarna)的梅克伦堡(Mecklenburg)骑士拉芬·冯·巴尔内科夫(Rafn von Barnekow)1365~1367 年的收支账颇为典型地出现了巨大赤字。这么大的赤字不可能轻而易举地通过开征新税来弥补,因为,如前所述,贵族头面人物参与决定是否准许征税,并且常常会利用他们的影响力来阻止新的财政措施付诸实施。因此,国王不得不去贷款市场告贷。

丹麦和瑞典的国家信用必然与它们以郡为行政区划的领地制度密切相关。丹麦和瑞典只有很少或者根本就没有手头有现钱的中产阶级市民或者银行家,国王为了获得现金不得不在某个规定时期把某个郡转让或者抵押给贵族领主(这样的转让被称作"*pantelen*"或者德语"*Pfandlehn*")。这种郡地转让或者抵押制度最初起到了巩固王权的作用,但后来严重弱化了王国。这一点先是在丹麦变得显而易见。到了 1325 年,丹麦大概有一半的郡作为"*pantelen*"被转让出去,并且由不是国王任命的官吏收取收入。大概到了 1340 年,就是因为这样的转让,整个王国都被置于荷尔斯泰或者瑞典的控制之下。最晚是在 1365~1368 年,丹麦的大片土地被抵押给了荷尔斯泰和其他国家的贵族。

1319 年以后,瑞典的一大部分郡也同样被作为"*pant*"卖掉。但到了 14 世纪中期,瑞典发生了严重的财政危机。不可思议的是,国王马格努斯·埃里克森为了巩固王权,通过大量抵押郡地来筹集资金,结果德国的一些贵族(尤其是梅克伦堡的贵族)成了瑞典的领主。瑞典后来也像丹麦一样,经历了权力分散过程,而国王直接治理的领土面积缩小到了只有一个郡那么大。贵族们的不满情绪有增无减,而斯堪的纳维亚重新统一的趋势也随之变得明朗。在

1340年后的丹麦，一个在瓦尔德马·阿特达格(Valdemar Atterdag)治下的新王国浴火重生，巩固了王权，建立和发展了中央和地方行政管理机构，恢复和扩大了王领。虽然瑞典王国在以后的10年里开始衰退，但在瓦尔德马和他的女儿玛格丽特(Margrete，1387～1397年在位)女王治下，丹麦王权通过在14世纪70和80年代与挪威(和冰岛)和瑞典(连同芬兰)缔结王朝联盟而不断强大。1397年，卡尔玛(Kalmar)联盟正式加盟斯堪的纳维亚三王国结成同盟。

但是，正式结盟并没有促成斯堪的纳维亚任何国家财政区划的统一。在挪威，旧时的 *leding* 税仍然是经常税的基础。这个国家的兵役制起先并没有导致大兴土木、修建城堡。直到15世纪，以城堡为行政中心的郡(*hovedsysler*)才在挪威出现。在这之前，挪威也征收过一些非常税：13世纪90年代课征了一种名叫"*visøre*"的新税；而在1370年以后，挪威国王多次试图即使在和平时期也要征收一种很重的战争税(*utfareleidang*)，但基本上一直沿用旧税制。在丹麦，基于非常税的财政体制继续占据主导地位。1349年，国王瓦尔德马命人估算了之前八年半时间里在西兰岛征收的非常税，总共收到30 000银马克的税款。我们并不知道1352年和1355年的税收收入，但知道1355年的非常税是按每头奶牛6大图尔里弗尔(*gros tournois*)的税率征收，而1396年为玛格丽特女王征收的一种非常税很可能收到了超过50 000吕贝克马克的税款。

因此，只有瑞典在结盟时期出现了一些新的税收形式。根据1403年颁布的《尼寇平法》，玛格丽特女王把瑞典的非常税转化为可用货币和实物(可以是牛、羊、鸡、木材或者黄油)缴纳的经常税。耕种王田的农民与耕种贵族和教会土地的农民被组成4人小组，"每组2个贫农和2个富农"。10年后，编制了一本覆盖全国的税册。似乎是拥有丹麦王家城堡的外国官吏促成了这次税收改革。这次税改的受益者是丹麦王室：在卡尔玛同盟缔结后的头50年里，几乎没有听说征收过非常税，但如前所述，丹麦在结盟之前肯定征收过非常税。瑞典人1434年的观点似乎是正确的：那年，在反丹麦政权期间，瑞典坚持认为，他们国家的钱财被掠夺一空，全都装进了丹麦王室的腰包。

15世纪下半叶，丹麦和瑞典改变了自己的财政政策。丹麦就是在这个时期经常以部分货币、部分实物的形式征收非常税，目的是为了恢复对在没有正式结束卡尔玛同盟的情况下已经获得事实上独立的瑞典进行政治控制筹集资金。从15世纪中叶起，丹麦经常课征要用货币缴纳的税收，实际上差不多每两年征收一次。而与此同时，瑞典的经常税减少了1/3，并且在独立时期完全停征了非常税。应该承认，瑞典王国的本国摄政王卡尔·克努特松（Karl Knutsson，史称卡尔八世）在14世纪50年代试图强征多种税，结果引发了叛乱，他本人也遭罢免。瑞典曾经课征的非常税主要是由丹麦国王征收的，如克里斯蒂安一世（Christian Ⅰ）在1461年后征收的非常税。

不过，就连丹麦国王也承认，他们在瑞典征税遇到了几乎难以镇压的反抗。1463年，就在克里斯蒂安一世试图课征一种名叫“*skeppskatt*”的税种时引发了公开抗税。在一个由强大的贵族阶级统治而且租种他们土地的农民享受着巨大自主性的国家里几乎容不下任何强势君主：在1471～1512年，瑞典人在自己的国家组建了一个贵族摄政者组成的贵族政治政府（*rigsforstandere*）。郡连同它们的城堡都交给了贵族以换取他们的服务，而斯德哥尔摩（Stockholm）的摄政者们只在面积非常有限的地盘上掌握着直接财政控制权来满足他们的财政需要。[27]

因此，在一个权力分散的郡政府治理下被边缘化的瑞典与虽然原则上结构相同但实际得益于一种更加集权化和货币化国家经济的丹麦之间的两极分化，到了15世纪晚期不断加剧。随着课征于经过（丹麦）松德（Sund）海峡的商品的税收和其他课征于城镇和啤酒销售的税收的发展，丹麦的优势不断见长。从长远看，丹麦的经济由于石勒苏益格—荷尔斯泰在1460年的结盟而进一步得到壮大，因为石勒苏益格和荷尔斯泰的结盟为丹麦国王在基尔货币市场（*Kieler Umschlag*）借贷带来了便利。[28] 一次对“汉斯国王（Hans，1481～1513年在位）统治时期”王国收入进行的调查揭示了15世纪后期丹麦的国家收入结构。这次调查是由腓特烈一世（Frederick Ⅰ）治下的行政机构大约在1524年完成的，虽然汉斯国王统治时期的总收入（在70 500～80 500马克之间）很可能被夸大，但一项可核实的收入，即松德海峡收到的关税，是相当准确

---

27 Hammarstrom (1956).

28 Arup (1902—1904).

的(见图 11)。领地(郡地)收入超过总收入的 1/3;城镇收入略少一些,而斯堪尼亚市场和松德海峡关税收入只占总收入的 1/7。最后但并非不重要的一项收入是皇家巡回法庭收入(*kongelige retterting*)。换句话说,只有领地和王权收入记录在案。这次调查可被视为国王应该"自食其力"观的一个实例。非常税没有被包括在"平常"或者一般预算中。这些调查数据虽然不是净值,都是毛值,但仍远大于王室金库实际收到的收入。

4.6　即将跨进"近代性"门槛的斯堪的纳维亚诸王国国家财政

16 世纪初,丹麦(与挪威和石勒苏益格—荷尔斯泰同盟)在财政上要优于瑞典和芬兰。1509 年签订的《哥本哈根和约》的相关条款就能证明这一点。1509 年,瑞典议会承认了丹麦国王汉斯在瑞典登基的权利,并且答应每年纳贡 13 000 斯德哥尔摩马克,直到汉斯或者他的儿子克里斯蒂安被作为瑞典国王接受为止。然而,丹麦王克里斯蒂安二世(Christian Ⅱ)1517～1520 年征服瑞典未遂。丹麦的财政体制是我们分析克里斯蒂安二世征服瑞典未遂原因的起始点。在克里斯蒂安二世治下,行政收费收入都记录在衡平法院的账簿上。虽然金额较小的收入未必引人注目,但每笔记录在案的收入加总无疑能够真实反映国王实际可支配收入。对非常税收入和其他收入的细分告诉我们,主要是非常税导致了国王实际可支配收入的波动(见图 12)。[29]

图 12 显示,丹麦中央行政机构截至 1520 年的正常收入在 10 000 丹麦马克与 20 000 丹麦马克之间波动(我们没有把 16 世纪 20 年代境况不佳的收入纳入考察范畴)。然而,中央行政机构在课征非常税的年份(1515 年、1517 年、1518 年、1520 年、1521 年和 1522 年)的收入金额完全不同于没有非常税收入年份的收入金额,这些非常税都是为了筹集对瑞典战争的经费而课征的。如果我们接受汉斯国王治下王国收入估计值的信度(见图 11),图 12 给出的各项收入总额真实反映了汉斯国王治下丹麦中央行政机构实际收到的收入,那

29　ESFDB \poul\danb009 based on \dand024;Suhm (1792).

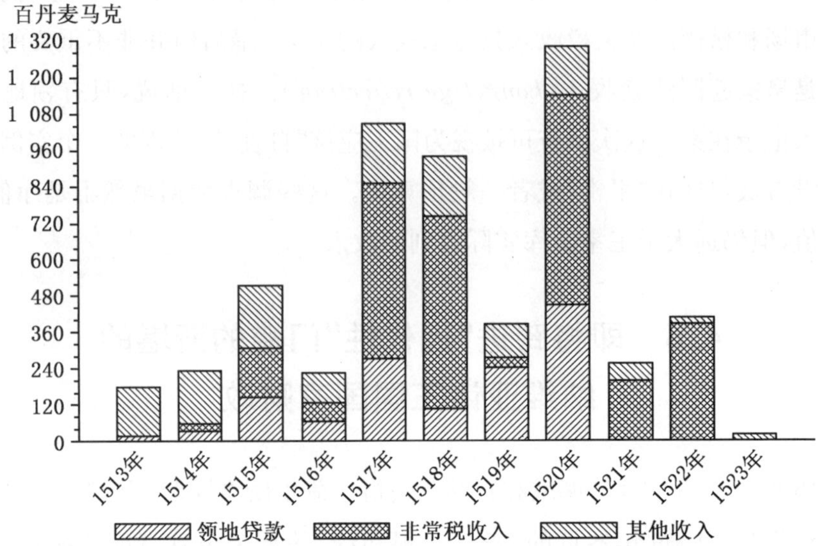

资料来源：Suhm (1781－1782;1792－1794)\poul\danb009 © ESFDB 1993.

图 12　1513～1523 年丹麦中央行政机构收入(用丹麦马克表示)

么就可以得出两个结论：首先，在正常年份，丹麦中央行政机构可以支配不到 1/4 的国家总收入；其次，在课征非常税的年份里，丹麦中央行政机构的可支配收入增加了 3 倍——中央行政机构可支配 80 000 马克，相当于正常年份的国家总收入。当然，挪威后来也征收非常税，但却引发了抗税和反叛。1522 年，有一名地方郡守上书国王：他无法征到税款，“因为农民既无银子也没有钱”。

这个时期，丹麦国王可采取两种方法获得国内信贷。比较有利的方法是向城镇和教会举借“自愿”(其实是强制)贷款——常常是无息贷款；而比较不利的方法则是向贵族借贷，因为这种方法仍要采用抵押领地(郡地)的旧时做法。1517 年后，国内贷款随着非常税收入的增加获得了发展，在 1520 年达到了 44 445 马克的最高水平。但在 1522～1523 年，丹麦国王没有借到任何国内贷款(见图 12)。除了国内贷款外，丹麦国王还可求助于国外贷款。丹麦国王以公爵的身份统治着石勒苏益格和荷尔斯泰，但他基本上把那里的收入都花在这两个公爵领地身上。丹麦和这两个公国的财政实际上是通过货币集市

（即所谓的“*Kieler Umschlag*”）保持联系的。“*Kieler Umschlag*”每年 2 月在靠近南部边境与富有的吕贝克和汉堡毗邻的基尔（Kiel）镇举行。为了还贷、支付利息和偿还商人的欠款，丹麦国王直接把石勒苏益格和荷尔斯泰郡领地的资金转移到这个集市。数额令人印象深刻的资金通过这个金融平台划转。存世的 1518 年账簿显示，皇家代理机构 *Umschlag* 经手划转了 21 000 吕贝克马克（1 个吕贝克马克等于 2 个丹麦马克）的资金，这些资金是由 4 个石勒苏益格—荷尔斯泰领地官员支付并从吕贝克镇划转来的。[30] 这笔款项几乎全部用于偿还债权人，其中有丹麦国王的叔叔石勒苏益格—荷尔斯泰的弗雷德里克公爵（Duke Frederick of Schleswig-Holstein）、石勒苏益格—荷尔斯泰的教士和贵族以及吕贝克的一些商人。采用这种从基尔划转国内的方式，皇家代理机构给丹麦国王筹到了 3 200 吕贝克马克，这笔钱在西兰岛索罗（Sorø）修道院交给了丹麦国王本人。随着战争支出的增加，丹麦中央行政机构能从石勒苏益格和荷尔斯泰公爵领地获得的收入越来越少。1521 年，在把购买加农炮的货款付给吕贝克商人以后，丹麦财政大臣安德斯·格罗布（Anders Glob）从基尔弄来的 17 692 吕贝克马克已经所剩无几。1520 年，丹麦财政大臣不得不在 *Umschlag* 为丹麦中央行政机构筹借 5 957 吕贝克马克。[31] 1522 年从在斯德哥尔摩的丹麦和德国商人那里借到的 22 335 丹麦马克贷款是一个特例，因为基尔通常是取得外国贷款的唯一途径。

克里斯蒂安二世的努力并没有收到成效，但他推行的战争经济也许可被视为导致近代早期国家在斯堪的纳维亚诞生的“休克疗法”。两个独立的君主国从斯堪的纳维亚三国联盟脱颖而出，丹麦和瑞典在 1523～1540 年进行了重大财政改革，从而使得向中央行政机构转移更多的资源成为可能。首先，丹麦和瑞典同时获得了发展。丹麦和瑞典国王分别在 1527 年和 1536 年成功地以路德教派的名义接管了教会的地产，并且大大扩大了王领规模。[32] 最初，丹麦和瑞典试图按照欧洲大陆的做法来组建本国军队，即雇用雇佣兵，因此必须筹款来支付雇佣部队的军饷。这两个国家在 16 世纪 20 年代征收了很多非常

30　Galster (1944—1953), 148—156.

31　Suhm (1792), 361.

32　Cf. Petersen and Jespersen (1987).

税，而且还大肆利用造币厂来搜刮钱财。大约从1530年起，瑞典出现了一种中央金库集中全部货币和白银收入的趋势。那几年中央金库的货币和白银收入账簿清楚地反映了这一点（见图13）。[33] 收入来自在王领（*fogederierne*）就地销售的农副产品、地方官吏与国王签订的合同和农民缴纳的货币非常税。但最重要的是，萨拉银矿收入快速增加，使得瑞典国王能够积累大量的财政盈余，萨拉银矿的收入非常可观，以至于1538年有100多万奥图格马克结转下一年度。

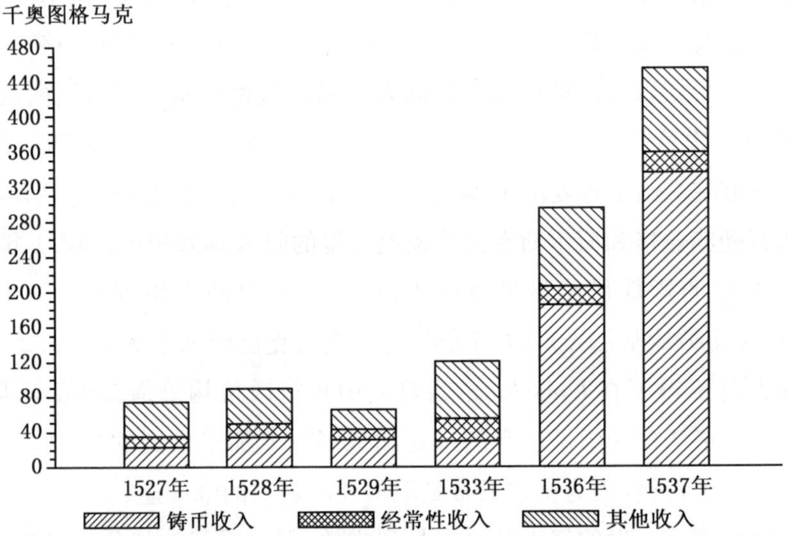

资料来源：Hammerström (1966)，310 \poul\danb010 © ESFDB 1993.

图13 1527～1537年瑞典王室收入（用奥图格马克表示）

丹麦国王也试图筹措足够的资金来支付他雇用的外国军队，但在他的领土上没有找到银矿。因此，与瑞典国王相比，丹麦国王更加依赖信贷和非常税来筹集所需资金。1534年后，丹麦国王在丹麦王位继承战期间利用信贷和非常税支付支出的情况有存世文献可以证明。在丹麦王位继承战期间，丹麦国王克里斯蒂安三世（Christian Ⅲ）不得不雇用雇佣军来保住自己的王位（见图

33 ESPDB\poul\danb010 based on \dand025; Hammarström (1956)，310.

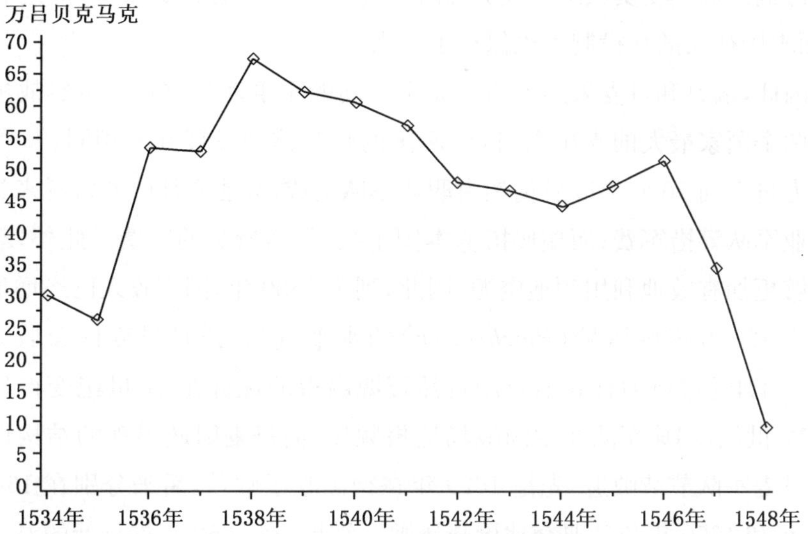

资料来源：Balla(1992)，396 \poul\dang010 © ESFOB 1993.

图 14　1534～1548 年丹麦国王欠下的债务总额(用吕贝克马克表示)

14)。[34] 显而易见，16 世纪 30 年代甚至 40 年代，丹麦财政身背重债，多亏了非常税收入才能在 16 世纪 40 年代末基本还清债务。债务还清以后，从理论上讲，国王可以像贵族们所希望的那样依靠经常性收入度日。这种收入结构到 17 世纪头几年一直是丹麦财政体制的一个特点。丹麦仅仅是偶然变成了税收国家，在正常情况下仍然是一个领地国家。税收是丹麦应对 16 世纪战争挑战的解决方式，而瑞典则采用大相径庭的解决方式来应对 16 世纪的战争挑战。16 世纪 40 年代初，瑞典经历了财政政策的戏剧性变化，重新征收实物税，大肆采矿，而且大建仓库用来储存和销售各领地作为实物税缴纳的农副产品。领地收入事实上实现了商品化。瑞典放弃了货币经济，因为政府任凭农民社会阻碍旨在征收经常货币税的变革。[35] 从长远看，瑞典似乎无力雇用外国雇佣军，而是采用一种适合自然经济财政的支付方式，在国内招募士兵建立自己的军队：士兵用实物供养，领到相对较少的军饷；但在战争时期能领到较

34　ESPDB\poul\dang010 based on \dand026；Balle (1992)，396.

35　Odén (1966，1967).

多的月饷。瑞典变卖领地农畜产品的收入在16世纪后期和17世纪有所增加,而本国征兵的兵役制度也保存了下来。

因此,瑞典和丹麦采用了两种完全不同的军事动员方式。虽然战争支出是这两个国家最大的支出项目,但两国的财政体制发展并不相同。[36] 丹麦的军事力量直到1600年以后仍然由职业军队构成,只能靠征收非常税来为昂贵的职业军队筹措军费;而瑞典招募本国士兵,只需较少的军费。此外,瑞典财政能够更加有效地利用领地资源,因此,到了1630年,国家收入已经增加到了相当于120万帝国塔勒(*Reichstaler*)的水平,或者说是丹麦国家收入的2倍。[37] 瑞典通过更加有效地利用自然资源赢得的优势在17世纪变得显而易见。17世纪,瑞典军队在欧洲战场捷报频传;而丹麦财政出现的结构性危机导致丹麦军队节节败退,先是1629年在德国吃了败仗,后来分别在1645年、1658年和1660年与瑞典交战屡战屡败。结果,在1660年推行新的君主专制政体以后,丹麦的整个领地制度顷刻土崩瓦解。[38] 如果能用几句话来概括导致斯堪的纳维亚近代早期诸王国建立的财政体制获得的发展,那么也许可以说,一些根据中欧国家模式采取的调整措施对于这些王国的存续起到了关键作用。不管怎样,瑞典模式的成功表明,只有坚持走适合自己的发展道路,才能把自然经济的劣势转化为自己的优势,才能最终取得巨大的成功。

---

36 Krüger in Repgen (1988).

37 Krüger (1988).

38 Petersen (1975).

第五章　中世纪晚期的西欧君主国家

W. M. 阿莫罗德(W. M. Ormrod)

通常认为,"现代"财政制度可以说是出现在源自于一般税制的"公共"收入在价值上超过"私人"统治力资源之时。在欧洲背景下,这通常被表述为"领地国家"(封建财政)朝着"税收国家"(国家财政)的转型。几代学者已经发现了 13 世纪和 14 世纪英格兰和法国这种转型的最早证据。实际上,让一菲利普・吉尼特(Jean-Philippe Genet)利用这两个王国在 1290～1360 年的转型案例构建了一个不但涉及财政而且涉及政治、司法和文化的近代早期国家发展模型。[1] 有必要强调,在特定的财政背景下不断扩大其统治范围并不断发展其敛财方式的中央集权化君主政体案例,只不过是反映了中世纪晚期国家发展的一种可能路径:本书的其他章节讨论了一些其他替代性发展路径。不管怎样,本章无意质疑吉尼特和其他学者的模型,而是要在一个比迄今已经尝试过的更加宽广的地域范围内,并且在一个比迄今已经尝试过的更加精确的统计背景下检验吉尼特模型的效度。为此,我们把卡斯蒂利亚王国作为第三个例子与英格兰和法国进行比较,并且把考察的时间范围扩大到约 1250 年到约 1500 年这个时期。

5.1　财政体制变化的驱动因素

从 13 世纪中期到 14 世纪末,欧洲财政体制出现了明显的变化,驱动这种

1　Genet (1990),261－281.

变化的因素有许多。中世纪中期欧洲的经济和人口发展大概在1250年前后达到了高点，并且创造了前所未有的财富来源，而13世纪的商业革命把以农业为主的经济改造成了基于市场、货币和信用的经济，从而方便了对财富来源的利用。亚里士多德思想的传播极大地改变了人们对政治权力的看法，提高了人们对统治者合法性和权威性的重视程度，并且帮助人们树立了开征普征税必须获得新发展起来的代议机构授权的观念。以西欧和南欧簿记技术显著发展为代表的行政管理水平的提高，同样为行使王权和有效管理国家资源创造了重要的新机会。在一个快速发展的时代，财政资源似乎也必然会快速增加。

最重要的是，实行王朝和领土扩张政策对财政造成了压力，而财政压力则促进了财政体制的发展。1255年，为了确保其幼子埃德蒙(Edmund)继承西西里王国的王位，英格兰国王亨利三世(Henry Ⅲ)与天主教会做成了一笔交易。1257年，亨利三世的弟弟康沃尔的理查德(Richard of Cornwall)被选为罗马人的国王，后来又当上了罗马皇帝。要不是亨利自掏腰包花大价钱支持埃德蒙和理查德的事业，他们俩就不可能有获得西西里国王和罗马皇帝称号的幸运。理查德的当选遭到了卡斯蒂利亚国王阿方索十世(Alfonso Ⅹ)的反对。阿方索十世虽然已经对摩尔人采取了大规模的军事行动，但为了获得皇帝称号迅速着手实施了一项历时20年、代价昂贵的外交和战争计划。13世纪90年代，法国和英格兰因由金雀花王朝(Plantagenets)控制的阿基坦(Aquitaine)公国的领地地位而发生了争执。到了这个阶段，爱德华一世(Edward Ⅰ)已经介入了一系列不列颠群岛因他对威尔士(Wales)和苏格兰(Scotland)有争议的宗主权而导致的纷争。14世纪初，军事行动的规模进一步扩大。英(格兰)苏(格兰)大战愈演愈烈，差不多持续了半个世纪；而英格兰爱德华三世(Edward Ⅲ)与法国腓力四世(Philip Ⅳ)又起冲突，并且导致了1337年爆发的“百年大战”。在阿方索十一世(Alfonso Ⅺ)治下，卡斯蒂利亚王国对格拉纳达(Granada)和摩洛哥(Morocco)的摩尔人采取了有力的军事行动。这些行动刚开始奏效就爆发了佩德罗一世(Pedro Ⅰ)与他的最终篡位者恩里克二世(Enrique Ⅱ)之间的毁灭性内战。实际上，卡斯蒂利亚王国的王位继承危机被证明是14世纪第三个25年引发西欧军事冲突的真正核心因素，因为这场危机的当事双方都在争取英格兰和法国两个大国的支持。与此同时，不但把十字军东征的条件应用于反对不信教者的战争，而且还应用于针对异教徒、异端者和主张分裂的基督教徒的战争，所有这些为由西欧王国和公国发起、有时是在它们之间展开的不断升级的军事行动提供了道义上的理由和精神上的刺激。如果说中世纪的西欧社会主要是为了适应战争而组织起来的，那么从13世纪后期开始肯定能找到表达军国主义精神的最好机会。

战争的代价是昂贵的。封建军事制度的衰亡意味着先是征兵制、后是雇佣兵役制的兴起。雇佣军要由国家支付军饷并提供食宿和装备。[2] 当路易九世(Louis Ⅸ)和爱德华一世(Edwar Ⅰ)在1269年商讨拟议中的十字军东征计划时，法国和英格兰已经着手进行军队体制变革，而等到14世纪40年代爱德华三世在阿基坦、布列塔尼和诺曼底发起多次针对腓力四世的军事行动时，英格兰已经全面完成了军队体制变革。在很多先前参加过英法战争的雇佣军士兵投身于卡斯蒂利亚王位继承战时，卡斯蒂利亚的军队体制也经历了根本性的变革。此外，卡斯蒂利亚的历代国王在13世纪末、14世纪初扩充海军力量时已经扩大了实行义务兵役制的范围。所有这一切都会大幅度增加财政支出。爱德华一世在1294～1298年与腓力四世交战期间支付士兵军饷和赔偿战死军马的费用总计约为24.9万英镑，或者说每年6.2万英镑。而就在这场战争爆发前10年，爱德华一世的年经常性收入据估计不超过2.7万英镑。[3] 1315年，卡斯蒂利亚议会估计卡斯蒂利亚国王的收入减去一些边境收入后差不多是160万马拉维迪，但还必须追加800万马拉维迪才能满足国王的全部支出需要。[4]

面对如此巨大的现金需要，西欧国家有两种选择：更加充分地利用现有财政资源，或者开发全新的收入来源，而结果必然是两者的折中。大规模的军队体制改革并不总是推行彻底财政改革的最佳环境条件，事实上，战争的行政负担与国内的政治支持必然会叠加，至少在短期内有可能成为真正抑制财政发

2　Contamine (1984)，90－101，150－165；Housley (1992)，421－456.

3　Vale (1990)，281－282；Mills (1925).

4　MacKay (1977)，103－104.

展的因素发挥作用。[5] 在整个 14 世纪上半叶，西欧国家为恢复并增加传统收入和开发新的收入来源作出了巨大的努力：14 世纪上半叶财政封建制度在英格兰的死灰复燃以及英格兰和法国通过鼓励个人和团体从皇家调查委员会那里购买豁免证书来增加司法收入就是明证。[6] 在英格兰和卡斯蒂利亚，议会试图通过批准一些替代性税种来废除一些较有争议的王室特权。[7] 而在其他国家，传统的权利仍然创造了很大比例的王室收入。最显著的例子就是操纵铸币权，1349 年，铸币权为法兰西王国财政创造了占总收入比例高达 70%的收入。[8] 如果说西欧君主国家在 13 世纪末和 14 世纪确实经历了一场财政革命，那么就是一场具有高度连续性的革命。

虽然战争贯穿于这场革命的始终，但更加彻底的变革催化因素有时并且不无讽刺意味地是议和。国际外交在中世纪晚期是一种代价十分昂贵的事务，能否结盟通常取决于能否提供大笔特别津贴。1255 年，英格兰国王亨利三世为了使教皇承认他儿子为西西里国王，不得不答应提供 90 多万英镑的特别津贴；爱德华一世在 1294～1298 年英法战争期间向他的低地国家盟友提供了 14.2 万英镑的津贴。[9] 作为议和条件索要的赔偿金和赎金以惊人的比例增加。例如，法国国王查理四世(Charles Ⅳ)1327 年与英格兰议和索要的赔偿金以及英格兰王室在 1328 年和 1359 年分别向苏格兰和勃艮第公国索要的巨额赔款都是明证。[10] 具体来说，1193～1194 年为赎回英王理查德一世(Richard Ⅰ)支付的赎金明确定下了赎金标准，而这个标准在"百年战争"期间仍在沿用：在 1357 年签署的伯威克(Berwick)条约和 1360 年签署的布雷蒂尼(Brétigny)条约中，英王爱德华三世分别为释放苏格兰国王大卫二世(David Ⅱ)和法王约翰二世(John Ⅱ)规定了 6.67 万英镑和 50 万英镑的赎金；1388 年，爱德华三世的幼子冈特的约翰(John of Gaunt)竟然索要 10 万补偿

---

5 Ormrod (1991b).

6 Harriss (1975), 401—416; Crook (1982); Hadwin (1981); Henneman (1968b).

7 Harriss (1975), 356—419; Ladero Quesada (1973), 220; MacKay (1988), 381—382.

8 Miskimin (1963), 43.

9 Pryde (1962), 1170; Powicke (1947), i, 371.

10 Sumption (1990), 102; Grant (1984), 17; Harriss (1975), 491.

金和一笔终身抚恤金才答应放弃他的卡斯蒂利亚王位主张权。[11] 并非所有的国王赎金都会导致财政紧急状况：1250 年，法国在曼苏拉（Mansourah）被打败以后，为赎回路易九世及其十字军东征部队支付的 20 万图尔里弗尔（livre tour-nois）只占这次战役总费用的一小部分；而即便像为赎回苏格兰国王大卫二世这样的大笔赎金的经济影响也可以通过签订分期付款协议和免除或者拒付后期付款来加以减轻。[12] 但在某些情况下，国王被俘和赎回的心理与财政组合冲击足以驱使国家采取激进行动。就如理查德一世的赎金问题允许英格兰政府在 12 世纪末采取空前有力的财政措施，约翰二世的赎金同样也从理论和实践两个方面导致法兰西王国的公共税收发生了根本性的变化。[13]

5.2　财政结构变化的征兆

西欧君主国家财政结构真正发生变化的第一个征兆就是借款的显著增加。在 13 世纪结束之前，本章考察的三个国家的信用制度都还相当原始，在很大程度上仍局限于跟犹太人打交道。但到了 13 世纪下半叶，意大利商人银行家开始在西欧和北欧的主要经济中心安营扎寨。[14] 弗兰泽西（Franzesi）家族的“比什”（Biche）和“穆什”（Mouche）兄弟从 1289 年开始为法王腓力四世效力，到了 13 世纪 90 年代初已经成为法国王室 2 个最大的贷款人。1294 年，他们俩已经给这个由卡佩王朝统治的君主国家大约筹措并发放了 20 万图尔里弗尔的贷款。[15] 在卡斯蒂利亚，王室借款在斐迪南四世（Ferdinand Ⅳ）和阿方索九世治下同样也大幅增加：1309 年，一批热那亚商人以现金和贷款的形式把相当于 239 000 马拉维迪的贷款借给了卡斯蒂利亚王室。[16] 但是，信贷很可能在英格兰获得最为显著的发展。[17] 1275 年，爱德华一世通过把一种新

11　Harriss (1975). 490,493;Russell (1955),505－506.

12　Jordan (1979),65－104;Grant (1984),37－38.

13　Henneman (1976).

14　Fryde and Fryde (1963).

15　Strayer (1980),150.

16　Menjot (1987),165.

17　有关的简要综述，请参阅文献：Kaeuper (1988),42－52。

关税的收入作为贷款担保与佛罗伦萨的里恰尔迪(Ricciardi)公司建立了长期借贷关系。这家佛罗伦萨公司在1272～1294年总共借给英格兰王室30.7万英镑的贷款。在14世纪的头10年里,佛罗伦萨的弗雷斯科巴尔迪(Frescobaldi)公司取代了里恰尔迪公司,而到了14世纪30年代,爱德华三世的主要贷款人是巴尔迪(Bardi)和佩鲁齐(Peruzzi)。不幸的是,金雀花王朝有强烈的超借倾向,而其不能按约偿还在“百年战争”早期阶段欠下的巨额债务,结果导致佩鲁齐和巴尔迪先后在1343年和1346年相继破产。此后,在美第奇家族于15世纪末开始借钱给爱德华四世之前,意大利银行家在英格兰王室的信用交易中只发挥了很小的作用。即便在那个时候,这种交易的规模已大不如爱德华三世治下。在法国,意大利银行家也是好景不长:腓力六世(Philip Ⅵ)并不十分欢迎意大利商人在自己的王国开展贸易,而是更加重视对他们征税。[18]

然而,只要战争继续,借贷就不止。14世纪下半叶见证了一个值得关注的变化,因为英格兰和法国王室越来越多地转而向本国富有子民——高级教士、贵族和商人——借钱。[19] 这种贷款大多是自愿贷款,贷款人出于本人对国王的忠诚和希望赚取商业利润的双重原因而被说服与本国王室合作。因此,14世纪和15世纪,阿伦德尔(Arundel)伯爵和伯福特(Beaufort)红衣主教借给英格兰王室很多贷款。[20] 强制性贷款较有争议:英王理查德二世在1399年被废黜时受到的指控之一就是对子民强借不还。法王查理六世的统治导致法国发生政治危机的部分原因就是这种税收替代需求过于频繁。[21] 从理论上讲,几乎所有的贷款都是短期贷款,也就是说,无论是否付息,都必须在一个相当短的期限内偿还,从而对财政资源产生了巨大的压力:先是英王爱德华三世,后是法王查理六世为了抵押贷款或者偿还贷款而变卖王产,都是中世纪后期王室因债权人逼债而陷入无望的财政状况的明证。在缺乏长期信贷机制的情况下,中世纪的西欧国家只要还有可靠、容易变现的资产用于偿还债权人,那么就只能继续借贷。这种需要被证明是促进税收发展的最重要因素之一。

18 Henneman (1969).

19 Pryde and Pryde (1963),465,485.

20 Given-Wilson (1991);Harriss (1988),401—406.

21 Pryde and Pryde (1963),465—466,485—486.

5.3　直接税的发展

为了解释直接税的起源，历史学家分成了两个相互排斥有时甚至是敌对的阵营：其中的一个阵营把普遍征税视为中世纪君主封建权利的自然延伸，而另一个阵营则认为普遍征税是主张子民在紧急情况下有义务帮助统治者的罗马法和教会法“紧急需要”原则新解的产物。[22] 其实，我们可以相当容易地调和这两种相互竞争的解释。从务实的角度看，中世纪晚期西欧国家君主能否向全体子民征税，可以说取决于两个因素。首先是君主把政治和司法权力扩大到直接封建佃户以外的社会各阶层、王领以外的地区和国民经济内部的主要财富来源的程度；其次是国家是否有协商求同的传统，并存在一个最好含有代议元素的议会能够评判国王收入要求并且授权课征一般性税收。如果国家实行稳固的中央集权制，并且设立统一的权力机构负责有关全王国的决策，那么，不论它的哲学依据是什么，贯彻起来明显要容易许多。本书前面章节（见第二章第八节）讨论的中世纪晚期神圣罗马帝国的税收课征问题明确反映了这一点。在这种背景下，也容易理解为什么卡斯蒂利亚、英格兰和法兰西王国课征直接税较早、发展较快。

早在1188年，卡斯蒂利亚议会不但有各级教士议员和世俗贵族议员，而且有各城镇的民选代表。到了13世纪晚期，卡斯蒂利亚议会已经成了唯一有权批准国王课征非常税的机构。[23] 就是在1269年的议会会议上贵族们首次通过授权国王阿方索十世向其子民征收一种名叫“6钱币”(*six monedas*)的非常税来支持他与摩尔人开战。5年后，城镇民选代表同意国王征收一种叫“2钱币”(*two monedas*)的非常税，而卡斯蒂利亚议会又在1277年批准阿方索十世在他有生之年每年征收一种叫“1钱币”的非常税。这些非常税都作为

22　Compare Mitchell (1951), 156—325, with Post (1964), 241—309. 关于英格兰背景下较近的辩论，请参阅文献：Harriss (1975), 3—26; Prestwich (1990), 109—128。Henneman (1971: 17—27)和Henneman (1976: 10—17, 283—290)已经注意到了至少在14世纪50年代以前政治理论和政治制度之间的差异。但这不等于说，法国君主政体的财政发展过程并没有受到其他哲学和政治思想的影响，如Brown (1972, 1973)。

23　以下内容大部分引自O'Callaghan (1971)和Menjot (1987)。

配赋税来征收:国王和枢密院决定应税金额,在获得议会批准后就把应税定额硬性摊派给全国各地。虽然早些年的统计数据没有存世,但我们知道摄政王莫里那的玛丽娅(Maria of Molina)在1297年课征的一种非常税,收入了150万马拉维迪。这种直接税在中世纪晚期一直是卡斯蒂利亚王国一个重要的收入来源。

英格兰税收的发展大致与卡斯蒂利亚相似,但细节明显不同。[24] 在1290年前就审批直接税议案的议会其确切性质在当时仍模糊不清,但无疑从1290年起,每次征收动产非常税[英格兰称"特别津贴"(subsidy)]都必须提交至少包含若干民选代表的议会审批。虽然直接税在1290年后已经变成了经常征收的税种,但每次征收非常税后都要以一种新的方式对应税商品进行集中征管,这种做法一直持续到1332年:英格兰在这个阶段还没有接受配赋税的概念。每次征税,计税财产种类大致相同(农村主要是牲畜和谷物,而城镇则主要是商品和家用物品),但由此而产生的税基却大相径庭,部分就是为了制止应税财产估值令人担心的螺旋式减少。英格兰王室在1334年采纳了一种新的计税方法,与每个城镇和村庄谈判确定计征定额,并且把具体的计征工作交给地方社区完成。这一实践被证明在政治和行政管理上都取得了成功。从14世纪到17世纪,对计征定额只稍作过修改,下一次征收"十五一税"和"什一税"(这些税就是这么称呼的)继续使用。由于计征额是固定的,因此,王室可以比较准确地计算收入,并且先把很大比例的税收用于偿还债权人。但在1344年以后采纳的计征方法在中世纪末的英格兰也暴露出了它的缺点。14世纪末和15世纪旨在重估税基或者扩大税基的努力都被作为特例来处理,而没有创建任何经常税的补充或者替代税制来反映在14世纪那次席卷欧亚的黑死病流行肆虐后几代人的时间里发生的财富再分布状况。

法国早期之所以没能建立堪与卡斯蒂利亚和英格兰新建税制比拟的税制,无疑是因为缺乏能够在全王国课征非常税问题进行表决的中央代议机构,从而导致税基评估方面的政治和行政管理问题加剧。从某种程度上说,普遍征税发展缓慢也是法兰西君主国已有财富的一种反映。已经成为腓力二世治

24 Willard (1934)的研究是这个主题的标准研究。

下一个特点的王领在地域上的扩张和更加集约化的管理在13世纪得以继续。因此,到了1290年,法国王室的年度经常性收入已达到接近45万图尔里弗尔的水平。[25] 应该承认,路易九世在1248～1254年进行的十字军东征是沉重的财政负担,开支估计高达150万图尔里弗尔。因此,不但要从犹太人和城镇居民那里加紧敛取更多的经常性收入,而且还要对某些类别的子民和职业强征非常税。[26] 然而,路易九世发起的十字军东征和随后课征的税收因其特殊性和暂时性而意味着:当时为发展更加有序的直接税制而进行的实践还不能被视为有影响力的先例。13世纪90年代,腓力四世似乎通过在1295年按1%、1296年和1297年都按1/15的税率强征了动产税,建立了一个更加雄心勃勃、协调一致的税收体系。据称,1296年单朗格多克(Languedoc)一地的百一税收入估计就达到了31.5万图尔里弗尔;而1304年课征的一种非常税估计征收到了值得注意的73.5万图尔里弗尔。[27] 但令人惊讶的是,腓力四世和他的几个继位人都发现难以征到这些一般税。全国三级会议(Estates General)这个中央代议机构没能发展成为税收审议机构,被证明是一个严重的失误。及至"百年战争"爆发,法国还没有建立一个真正称得上全国性的税收审批制度。有一点值得注意,那就是三级会议进行的一次值得关注的财政干预——试图在1347年强行规定武装部队的支出定额,并且授权地方发展自己的筹款体系——在1347～1350年黑死病导致的行政管理混乱中以失败而告终。英格兰王室顺利度过了那个特殊的危机时期和保护其财政体制几乎完好无损的能力可帮助我们洞察英、法两国的财政体制的相对长处和短处。[28]

直到1357年以后,法国税制才出现了重大突破。当时,先是由于国王约翰二世在普瓦捷(Potiers)战役中被俘,后又因为在签署1360年布雷蒂尼和加来和约后,英、法退伍军人闹匪成灾,法兰西王国的国家安全受到了威胁。[29] 法国第一次出于防卫的需要开始每年征收粮秣税(fouages,一种根据通常是过去的壁炉数计算并最适合在地方上摊派和征收的配赋税)。此举不可避免

25 Favier (1978),185.

26 Jordan (1979),65—104.

27 Strayer (1980),149—150.

28 请对 Henneman (1968a)和 Ormrod (1986)的研究进行比较。

29 Henneman (1976),84—311.

地招来了大量的反对，查理五世在1380年临终前正式废除了这种税收。不过，到了14世纪80年代中期，法国又以平民人头税（taille）的形式恢复征收直接税。这种人头税原先是一种间接税，但很快就适用于与原来的粮秣税相同的税基。15世纪初，在与三级会议进行了各种逢场作戏式的交涉以后，查理七世（Charles Ⅶ）凭借他的权威最终取得了强征平民人头税的权利，并且在1440年以后把它作为常设税来课征，收入用于建设法国第一支常备军。外省高度自治、地方习俗和特权根深蒂固等原因导致法国的一般直接税发展大约比卡斯蒂利亚和英格兰王国整整晚了1个世纪。不过，法国的平民人头税在开征以后很快就成为15世纪欧洲已知的最有力的王权工具之一。

5.4 教会与税收

本章讨论的教士在三个欧洲王国缴纳皇家税收的故事甚至更加曲折、复杂。[30] 在这三个国家，课征于教会的税收源自12世纪末罗马教皇命令教士缴纳的“十字军东征”定期税。“十字军东征”的概念被延伸运用到了欧洲在13世纪和14世纪期间发生的多次宗教、种族和政治战争中，促使多任教皇把这些教士税收入拨给世俗统治者使用。其实，占用“十字军东征”什一税仅仅是中世纪晚期西欧国家控制十字军东征部队新兵招募、组织和领导工作这个更重要过程的一部分而已。在教皇诺森四世（Innocent Ⅳ，1243～1254年在位）治下，这个过程得到了特别重要的发展。1247年，诺森四世准许卡斯蒂利亚王室课征“三一税”（*tercias*，实际上只相当于2/9的教士什一税）用于驱逐西班牙南部的穆斯林。路易九世也是在征得了诺森四世允许以后，为法国的十字军东征募集到了值得关注的95万图尔里弗尔。最后，1254年，诺森四世答应把三笔课征于教士收入的十字军东征什一税收入拨给英王亨利三世用于支付后者在西西里采取的军事行动。在卡斯蒂利亚王国，“三一税”先是被视为十字军东征税的一个替代税种，但克雷芒四世（Clement Ⅳ）在1265年循其前

30 Green (1988)对大量有关英格兰和法国的文献进行了综述。关于卡斯蒂利亚的相关情况，请参阅文献：Linehan (1971)；Menjot (1987)，164－165。更广泛的相关讨论请参阅文献：Housley (1992)，427－450。

任的先例准许阿方索九世与“三一税”一起征收十字军东征税。

这是一个持续时间很短，但是迈向国王与其神职子民直接商谈财政援助的重要一步。这一步自然由卡斯蒂利亚这个十字军东征国家率先迈出：1255年，阿方索十世（Alfonso Ⅹ）要求教士缴纳一种贡赋（*servicio*）；1291年，桑乔四世（Sancho Ⅳ）通过征收一种强制性“礼金”，从卡斯蒂利亚教会募集到了140万马拉维迪。然而，早在1280年、1283年、1286年和1290年，英王爱德华一世已经设法直接向英格兰教士征收与十字军东征没有任何关系但以非常不同且更有争议的“英格兰教士应该为英格兰防卫作贡献”这个理由敛取特别津贴。这方面真正起决定性作用的转折点出现在1294～1298年的英法战争期间。当时，爱德华一世和腓力四世都想对本国的教士征收直接税，主要是为他们争夺法国南部加斯科尼（Gascony）开战筹集经费。腓力四世满足于对教士收入课征传统的什一税，但爱德华一世却在1294年把税率提高到了空前的“50％”（*moiety*），通过这个手段征收到了8万英镑的税收。第四次拉特兰会议（Lateran Council）已经明确规定教士未经教皇允许不得向世俗政权缴纳任何税金或者礼金。1296年，博尼费斯七世（Boniface Ⅷ）试图通过发布教谕“教士不纳俗税”（*Clericis laicos*）来推行这项禁令。但是，博尼费斯七世反对国家政权的立场结果以惨败而告终。在他的继位人克雷芒五世（Clement Ⅴ，1305～1314年在位）治下，教廷不但允许教士缴纳王室直接税，而且还准许教士缴纳被挪用于西欧不断升级的战事的十字军东征税。在瓦卢瓦王朝（Valois）治下的法国与英格兰开战以后，阿维农（Avignon）教廷还与该王朝合作，从1337年起实际允许法国每年征收教士什一税，而十字军东征的理想在当时只不过是一个骗局而已。英格兰在1330年征收四年一征的十字军东征税后就放弃了所有的类似伪装。从那以后，英格兰要课征任何税都直接与参加他们自己的代议机构的教士进行协商，并且纯粹根据国家安全来评判国王的预算要求。

在这三个西欧君主国，教士要缴纳所在国的经常税必然会影响他们对其他苛捐杂税的态度，并且导致一些教士为争取像英格兰课征于动产的特别津贴、法国平民人头税和卡斯蒂利亚商业交易税这样的直接和间接税的豁免权而采取联合行动(有时还取得了成功)。[31] 不管怎样,关于世俗控制教士纳税的正式或者事实假设代表了中世纪晚期欧洲朝着教廷在政治生活中节节败退,而世俗国家占据支配地位迈出的最值得注意和重要的一步。

5.5 间接税收

好像是卡斯蒂利亚王室在13世纪末和14世纪率先踏上了发展间接税的征程。[32] 关税是卡斯蒂利亚君主国常规经常税中存在已久的一个税种,但直到1268年,阿方索十世才使关税制度合法化,并且开设了一种按10%的税率课征于各种不同出口商品的从价税。此举最初是作为一种贸易保护主义措施来推行的,可是只创造了相对较少的王室收入。到了15世纪上半叶,关税收入大概仍只占王室经常性收入的10%。其他小税种包括阿方索十一世在1338年开征的盐业专卖税和牲畜过山赋(*servicio y montazgo*,1347年设定的一种合并旧时牲畜放牧税和迁移牧场通行税的贡赋)。然而,真正改变当时卡斯蒂利亚政治经济状况的税收是从13世纪末开始征收的国内销售税。阿方索十世在市政税收中发现了课征销售税的先例后,就开始在全国城镇课征一种税率为5%的销售税。1294年,桑乔四世(Sancho Ⅳ)征收了一种按1%的税率课征于一切商业和商业交易、名叫"零头钱"的销售税。尽管朝廷曾在斐迪南四世(Ferdinand Ⅳ)未成年时废除了这种税,但后来重又恢复征收。

应该强调的是,卡斯蒂利亚王国早期征收这种商业交易税都未经议会批准:在卡斯蒂利亚就像在法国和英格兰,间接税最初没有被列入代议机构审批的范畴。此外,政治集团内部的合作对于进行任何财政创新都具有显著的重要意义。或许就是出于这种务实的考虑,阿方索十一世在1342年恳请议会授权连续3年按3.33%的税率征收一种新的商业交易税。后来,议会又多次批准展期课征这种商业交易税。而到了14世纪末,这种商业交易税的税率被提高到了10%。但是,议会对税收的控制并没有持续很长时间:大概从1400年起,卡斯蒂利亚王室不再认为有必要征求议会同意。从那以后,王室就自行决

31 Denton (1980),55—268;Lewis (1968),171,312;Ladero Quesada (1973),65—66.

32 Ladero Quesada (1973),61—182.

定征收商业交易税，并把它作为经常性收入的一个来源。从理论上讲，人人都有义务缴纳这种商业交易税，当然包括贵族和教士。但实际上，这种税无疑主要由城镇居民承担。在这个方面，这种商业交易税倒是反映了城镇对于中世纪晚期卡斯蒂利亚经济的重要性，并且提供了一个反映中世纪晚期西欧国家有能力发现和开发可利用财富来源的重要例子。

法国的间接税故事开始于 1277 年关税制度的建立。[33] 法国建立关税制度的初衷是通过禁止某些商品的出口来保护国内经济，但王室可以通过销售出口许可证来获利。1324 年，王室在继续征收旧时基于许可制（*Haut-passage*）的通行税的同时又开征了一种每里弗尔课征 4 德尼埃的新从价税（即所谓的"*droit de rêve*"）。为了筹集约翰二世的赎金，王室又把这种双重税结构作为行政活动的一部分来简化，并且还对出口商品开征了新的单一集市税（*imposition foraine*），一种税率为 5％的从价税。但不管怎样，由于法国没有征收进口关税，而且也没有特别有价值的出口商品，因此关税没有多大的财政重要性。

对于法国就像对于卡斯蒂利亚，更重要的税种是国内销售税。14 世纪上半叶，法国北方的直接非常税常被转化为消费税。1360 年，王室为了筹集约翰二世的赎金，干脆把这种做法扩展到了一种一般贡赋（贡金）。这种贡金按 8％的税率（后来提高到了 25％）课征于葡萄酒，按 5％的税率课征于所有其他商品，差不多一直征收到 1417 年，并且在 1436 年以后又再度征收。虽然朗格多克仍然偏好直接税，但南方的三级会议最终在 1443 年同意以一种，至少部分是靠销售税筹集的年度总额为 8.3 万图尔里弗尔的类似贡赋替代这种贡金。最后也是法国最著名的间接税，就是盐税（*gabelle*）。1341 年，腓力六世在全王国推行食盐皇家专卖制度：任何想做食盐生意的人必须从盐业专卖局进货。王室对这项王权的主张被证明引发了不少争议，皇家盐业专卖权也因此在 1346～1347 年被撤销，但在 1358 年又重新恢复，并且在 1362 年以后被用来筹集约翰二世的赎金。从那以后，盐业专卖权的故事就与贡金联系在了一起。

33　Strayer (1971)，232－238；Henneman (1988).

英格兰王国很晚才充分意识到自己征收间接税的能力。虽然英格兰王室在13世纪初曾试行过中央协调型关税制度，但至少直到爱德华三世统治中期，英格兰王室仍严重依赖直接税制。国内销售税在中世纪的英格兰从未获得发展，英格兰最终是把它的间接税体系建立在英格兰的大宗出口商品羊毛的基础上。[34] 1275年，爱德华一世与一些商人商议所谓的“旧时关税”问题：这是一种对每麻袋出口羊毛课征6s. 8d. 的关税。1303年和1347年，应税物品已经包括衣服、葡萄酒和一般商品；另外，外国侨民出口英格兰羊毛每麻袋要追缴3s. 4d. 的关税。就像在法国和卡斯蒂利亚一样，这些关税是凭借王权征收的经常税。虽然关税最初是与部分商人和巨贾协商决定的，但并不需要进一步的授权，即使为新君主登基征收关税也是如此。

有必要对英格兰特别是为了筹集战争经费而对海外贸易加收的较低收费与课征的重得多的非常税进行区分。1294年，爱德华一世为了讨伐腓力四世筹集战争经费，对从英格兰出口的羊毛每麻袋加收£1 13s. 4d. 的非常税。关税和非常税加在一起将近占到羊毛国内市场销售价的40%，因此毫不意外地引发了抗税暴动。结果，爱德华一世被迫在1297年废除了这种非常税。这种税收实践直到“百年战争”爆发后才完全恢复。“百年战争”爆发后，爱德华三世先与英格兰的商人团体，后与议会商议决定对羊毛出口开征非常税。1342年，羊毛出口非常税被定为每麻袋2英镑，并且根据连续授权，按照这个税率持续征收了20年。最后，1362年，英格兰议会同意在和平时期继续征收羊毛出口非常税，但按照较低的税率。卡斯蒂利亚王国议会最终失去了对商业交易税的控制权，但英格兰议会保住了审批羊毛出口非常税的正式控制权。[35] 不过，或许不应过分夸大两者的反差，因为英格兰议会从未实际否决过王室要求课征这种非常税的请求。但不管怎样，如果我们能够认识到海外贸易关税和非常税是从爱德华三世到亨利三世的历代英格兰国王最重要的单一皇家收入来源，那么就能明白代议机构保留这种控制权的重要意义。

---

34 Ormrod (1991a，167—173)运用统计方法对大量的相关文献进行了综述。

35 Harriss (1975)，420—449，466—471；Edwards (1979)，19—23.

5.6　量化比较尝试

在考察了本章重点关注的西欧三个君主国家各自的直接税和间接税发展历程后，现在我们可以尝试对英格兰、法国和卡斯蒂利亚三个王国在中世纪晚期不同时点的财政收入结构进行一些统计数据比较。存世数据的性质意味着量化比较在很大程度上只能局限于皇家预算的收入侧：皇家预算的支出从未像收入那样有详细的会计记录，因此很难可靠、详细地重构中世纪晚期这三个国家大部分的预算支出数据。只考察预算的一个方面难免会造成一些问题，因为我们很想把收入变化状况作为衡量某个君主国家相对实力的一个指标。事实上，只有在收入与支出的关系中才能找到唯一正确的衡量指标。那么，当时这三个王国的王室能在多大程度上动员为实现其抱负所必需的资源呢？王室预算会出现盈余还是赤字呢？这样的问题有时只能凭主观印象来回答，但即使对于存世财政数据最完整的英格兰来说，要提供皇家财政供给侧与需求侧的精确指南也是困难重重。

即使我们仅限于考察收入，在解释财政档案数据时仍会遇到大量的技术问题。因此，在进行数据分析之前，有必要交待三个具体的限制条件。首先，征税点收到的"总"或者毛收入不同于中央财政实际收缴入库的"实现"收入或者净收入。到了 14 世纪上半叶，英格兰的会计技术已经相当发达，足以保证几乎各项收入——无论是否在地方支出——都在财政署有案可查。法国并没有这样的会计机制，存世的 14 世纪财政档案资料显示地方支出水平不断提高，但就其本质而言难以量化。[36]

其次，我们必然会碰到如何按实际价值表示记账货币的问题。在中世纪晚期的欧洲，反复无常的通货膨胀是一种普遍现象，有时甚至是由国家操纵铸币而引发，但偶然也会发生通货紧缩。[37] 虽然本章考察的三个西欧王国都有

36　Ormrod (1991b)；Henneman (1967)，295—296；Radding (1976)。在以下关于英格兰的统计数据分析中，应该特别注意将自愿贷款独立于收入分开考察。当然，自愿贷款实际上需要担保，并且要用王室的其他收入通常是税收来偿还。因此，有些收入由于技术上的原因被重复计算。采用这种方法的理由是，相关数据主要是用来逐年显示总收入；还贷是支出问题，并且没有在这里详细讨论。

37　Miskimin (1963)；Miskimin (1984)；MacKay (1981)；Hatcher (1977)，52—54.

物价和官吏俸禄数据存世,但仍极难构建可与用记账货币表示的数据相容的可靠指标。在试图为这三个王国根据中世纪的货币兑换率构建细化指标时也会遇到类似的问题。[38] 因此,以下讨论采用一个单一经济指标,即用记账货币的含银量来表示。这样,我们就有可能跨越时空进行粗略的比较。但是,我们应该始终记住:这种货币兑换率只是一种名义兑换率;即使像英镑这样的所谓"重币"重量发生的显著变化对铸币实际价值产生的影响往往也小于像卡斯蒂利亚货币这样的"轻币"降低成色或者减轻重量产生的影响。[39]

最后,我们还遇到了收入分类这个重要问题。在前文中,我们区分了稳定的经常性收入、不稳定的经常性收入和临时性收入(见本书第二章第四节)。在中世纪晚期的西欧国家,这三类收入通常被合并为经常性收入与临时性收入两种。但是,按照这些类别对具体收入进行的分类不一定完全与传统的"领地"收入和"税收"收入分类相吻合。一方面,有些税收——如英格兰的关税和卡斯蒂利亚的商业交易税——变成了单凭王权征收的经常税,因此完全可以归入给定国家的经常性收入;另一方面,有些凭王权偶然征收的经常性收入倘若增加到足够大的占比,并且成为充分大的负担,那么就可以视同税收收入。这里有一个显著的例子,那就是动用铸币垄断权。因此,在英格兰,王室很少动用这种权利,而铸币收入因此而可以被视为领地收入的一部分;而在法国,铸币收入可能是一种很重要并且常有争议的收入,甚至被那个时代的人视为税收,因此在下文的讨论中被归入临时性收入。在一个通常缺乏其自身财政收入分类法的时代,任何一种分类法都难以令人满意。灵活地把不同时期的每个国家作为不相关的个案来处理,似乎是解决这个问题比较合适的方法。

5.7 14 世纪早期

有一些 1322～1340 年前后的财政档案资料解决了法国数据通常较少的

38 关于这样一种尝试及其造成的问题,请参阅文献:Spufford (1989),291－293。Spufford (1986)收集的数据可用来构建一个用佛罗伦萨弗罗林表示英格兰和法国财政数据的指标,明显缺少卡斯蒂利亚的相应数据。

39 Spufford (1989),289－300. 另一个需要考虑的因素就是铸币成色标准因国家而异:Munro (1972),14 n. 10;MacKay (1981),147;Spufford (1989),218－224。

问题,并且允许我们能够以比平常更高的精确度来重现卡佩王朝末期和瓦卢瓦王朝初期的财政收支体系。幸运的是,这些资料正好是"百年战争"准备阶段的资料,如果与英格兰相同年份的数据进行比对,那么就能为比较处于英、法两国在其中世纪最大规模的战争前夕的财政状况奠定坚实的基础。

历史学家通常会比较这两个国家14世纪初的财政承受能力,并且估计英格兰当时的王室收入是法国王室收入的1/5～1/3。[40] 法国王室的经常性收入确实令人印象深刻,足以反映卡佩王朝通过差不多2个世纪的发展拥有的王领规模和财富以及取得的大量封建权利和王权。就如图15中的数据所显示的那样,瓦卢瓦王朝政权又进一步增强了自己的财力:经常性收入从1322～1325年的年均18吨纯银增加到了1328～1332年的年均26吨多纯银,而且就如现有数据分析所显示的那样在整个14世纪30年代持续稳步增加。[41] 相比之下,英格兰王室的土地和相关权利每年只产出1.5万英镑或者5吨纯银的毛收入。虽然英格兰王室因在14世纪20年代没收了一大批庄园而扩大了王领,但重要的是,英格兰王室在这个时期最重要的单项经常性收入并不是领地收入或者管辖权收入,而是课征于海外贸易的关税。图16所示的名义总收入表示英格兰当时的年均收入大约为10吨纯银,因此,与通常的计算结果相比,英格兰被置于比法国有利的位置。不过,必须强调的是,金雀花王朝相当一部分经常性收入被用于支付固定费用和杂项费用就地花销,从未收入中央金库。[42] 就此而言,传统的比较很值得商榷。

如果我们把英格兰王室在不列颠群岛和法国更大面积的领地这个因素考虑进去,那么,比较结果可能会有所不同。14世纪20年代,这些领地仍要每年产出大约超过2万英镑(约合7吨纯银)的总收入,但其中很大且不断增大

40　如Kaeuper (1988),62—63。Kaeuper根据Henneman (1971:350)中的表格把法国王室的教士什一税收入包括在经常性收入中。在本章的讨论中,我们采用Henneman (1971:350)中的替代性分类方法把这种收入列入临时性收入。

41　BSPDB \orm\frmg004 based on \frmd001;Henneman (1971),348,350. 关于增加倍数,请参阅文献:Munro (1972),14 n. 10。

42　基于ESFDB \engd027的\orm\engg029所引用的不同来源文献。

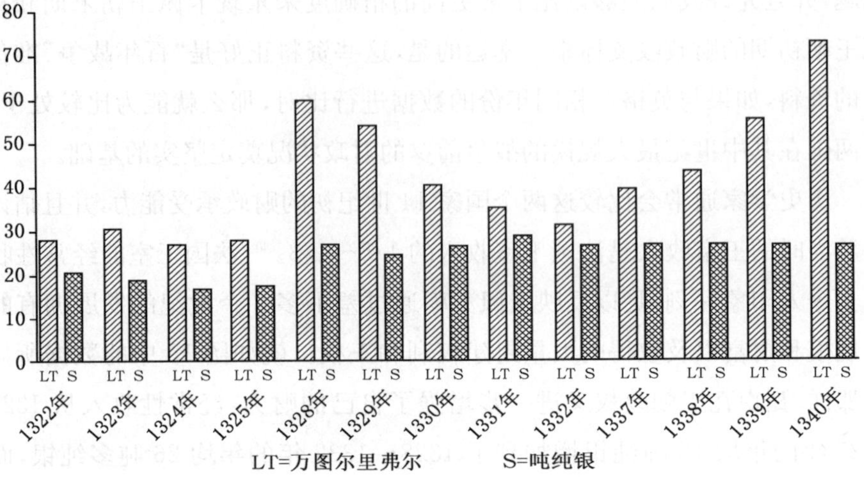

资料来源：Henneman (1971)；Munro (1972)\orm\frmb005 © ESFOB 1993.

图 15 1322～1340 年法国财政经常性收入(用图尔里弗尔和吨纯银表示)

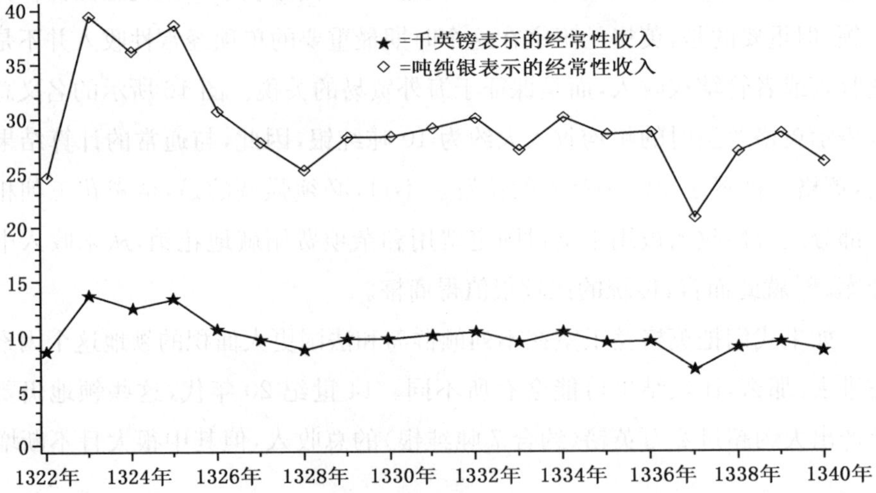

资料来源：various \orm\engg029 © ESFDB 1993.

图 16 1322～1340 年英格兰王室经常性收入(用千英镑和吨纯银表示)

的一部分收入是在源头支出的。[43] 考虑到这些收入一大部分而且几乎全是从属地实际缴入英格兰国库的现金来自英格兰在法国南方占有的财产，因此，英法交战造成的财政影响就显得更加明显。事实上，造成 14 世纪 20 年代中期法国王室经常性收入增加的主要原因是法国王室从爱德华二世和三世手中夺得了面积更大的阿基坦的大部分领土。[44] 因此，英格兰损失的收入就成了法国增加的收入。

然而，14 世纪初的英格兰与法国两国之间的主要区别还在于两国的临时性收入构成和相对重要性。图 17 反映了 1322～1340 年法国财政经常性收入与临时性收入之间的相对稳定性和相等性。[45] 在这几年里，实际上，法国的经常性收入平均只占总收入的 49.2%，而临时性收入却要占到总收入的 50.8%。如图 18 所示，1322～1330 年的临时性收入构成显示了这种相对稳定性所发生的变化。[46] 大部分临时性收入并非来源于一般临时税，而是教士什一税收入以及充分行使王室特权收取罚金、强制借款和操纵流通货币取得的收入。虽然无法获得 1330 年以后的细分收入，但经常性收入无疑仍占腓力六世治下法国财政收入的最大部分。1333～约 1337 年废除出口税、1333～1335 年恢复征收封建贡金以及 1336～1337 年废除教士什一税，都意味着至少在 1339 年前临时税收入相对较少。[47] 因此，法国应对“百年战争”引发的初始财政挑战的举措就是尽最大的能力发挥领地国家的作用。

相比之下，英格兰的税收收入要多许多。虽然爱德华二世有能力用自己的收入来支撑规模不大的 1324～1325 年圣萨尔多(Saint-Sardos，法国)战争，但爱德华三世 1327 年登基以后，英格兰采取任何军事行动显然都要立刻求助于特别经费供给。[48] 图 19 显示了 1327～1343 年英格兰参与的战争与税收之间的紧密相关性：1328 年、1333 年和 1335～1337 年收到的俗人和教士非常税

43　这是根据关于金雀花王朝剩下的 3 个最大领地威尔士、爱尔兰和阿基坦的已知数据估计的大概数值。请分别参阅文献：Pryde (1974)；Richardson and Sayles (1962)；Vale (1990)，142。那个时代的人把殖民地收入归入经常性收入：Harriss (1975)，523—524。

44　Henneman (1971)，308—309.

45　BSFDB \orm\frmb004 based on \frmd002；Henneman (1971)，348，350.

46　BSFDB \orm\frmb001 based on \frmd003；Henneman (1971)，348.

47　Henneman (1971)，80—114.

48　关于圣萨尔多战争支出，请参阅文献：Fryde (1979)，94。

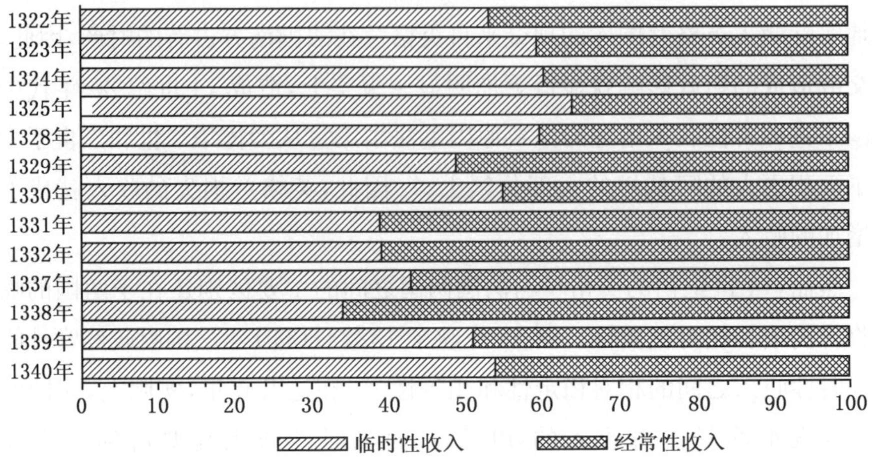

资料来源：Henneman (1971)\orm\frmb004 © ESFDB 1993.

图 17　1322～1340 年法国财政经常性收入和临时性收入占总收入的百分比

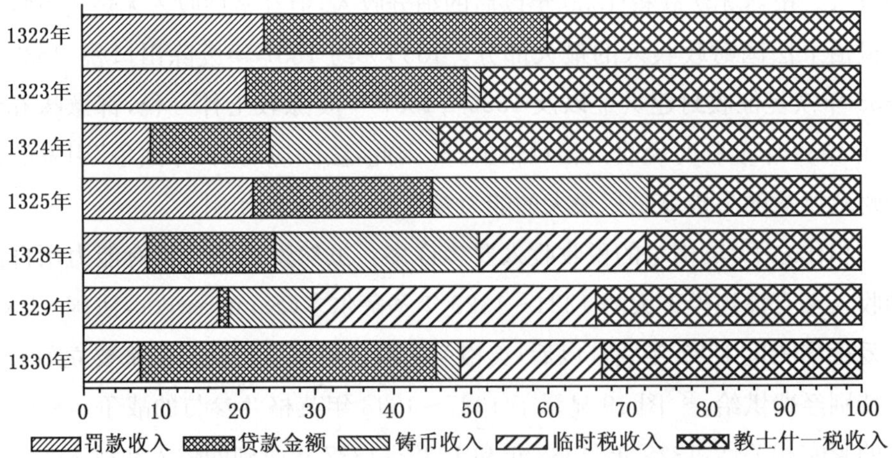

资料来源：Henneman (1971)\orm\frmb001 © ESFDB 1993.

图 18　1322～1330 年法国财政临时性收入构成

收入都是专门为了给英格兰国王在苏格兰采取的军事行动筹款而课征的。[49]

49　ESFDB \orm\engb005 based on \engd029 以及所引用的不同来源文献。

图 19 还显示了这些非常税收入在 1337 年英法战争爆发后的显著增加。最初通过对已有海外贸易关税增课特别附加税筹集到了大笔资金，后来在 1338～1342 年多次征收更重的不是现金而是农畜产品（主要是羊毛）直接税，包括按国内市场价格课征的俗人直接税。英格兰王室和议会不得不求助于这些举措，说明英格兰财政由于爱德华三世在 14 世纪 30 年代末大肆举债而已经处于绝境。我们极难重现英格兰财政 1350 年前后的贷款情况，图 19 列示的贷款数据虽然数额巨大，但几乎可以肯定低估了当时的债务数额。[50] 事实上，"百年战争"第一阶段对英格兰和法国造成的主要影响应该是伯仲难分。也就是说，双方欠下的具有潜在毁灭性的债务需要很多年才能还清。[51]

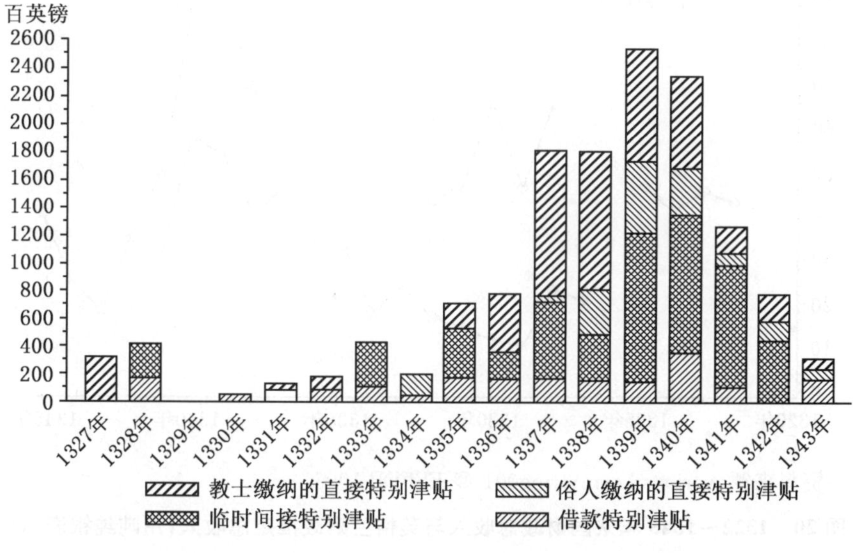

资料来源：virious \orm\engb008 © ESFDB 1993.

图 19　1327～1343 年英格兰王室临时性收入（英镑）

然而，从本章的目的出发，有必要强调英格兰财政取得了成功，而不是遭遇了失败。只介绍汇总收入数据是一件风险很大的事，特别是如图 20 所示，

50　Fryde (1949—1950).

51　Henneman (1971), 116—190; Harriss (1975), 231—355.

它们还包括借款。[52] 不管怎样，关于这些数据所存在的不足，图 20 揭示了一个非常重要的问题。1337～1342 年法国财政收入年均 42.5 吨纯银，而同期英格兰年均财政总收入超过了 66.5 吨纯银。即使考虑到两国收入来源不同，"百年战争"早期阶段英格兰的税收和信用交易很特别，一般的比较结果似乎也清楚地显示：虽然和平时期英格兰的财政收入只相当于法国财政收入的一部分，但英格兰卓越的备战能力意味着，在采取军事行动时，英格兰的财政收入可以追平甚至在某些情况下超过英吉利海峡对岸的规模更大的对手。

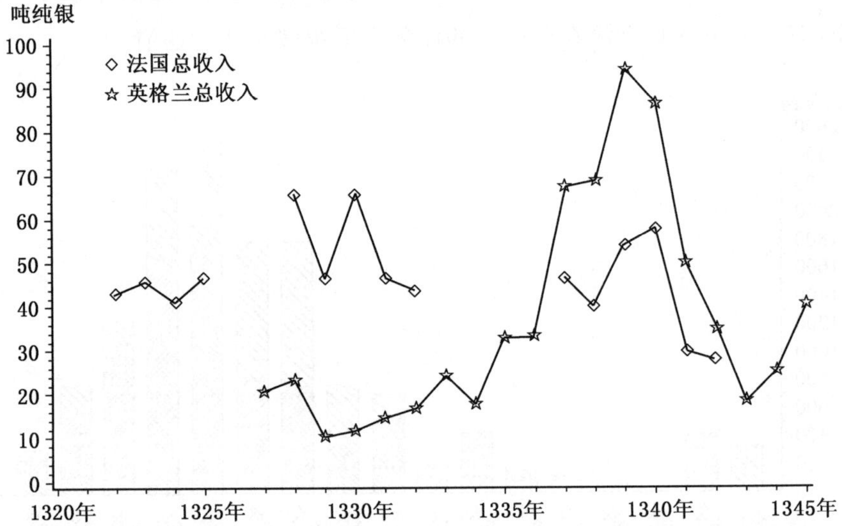

资料来源：various \orm\frmg001 © ESFDB 1993.

图 20　1322～1345 年法国财政总收入与英格兰财政推定总收入（用吨纯银表示）

5.8　14 世纪后期

卡斯蒂利亚王国有 1369～1401 年的财政数据存世，这就意味着我们可以对西欧君主国家 14 世纪后期的财政收入进行三方比较。卡斯蒂利亚存世的

52　ESFDB \orm\frmg001 based on \engd029；Henneman (1971)；关于增加倍数，请参阅文献：Munro (1972)，14 n. 10；Craig (1953)，410－413；Miskimin (1963)，137－140。

数据是该国议会根据王室账簿上的数据计算得到的汇总收入数据。没有这些原始数据,就不可能检验这些计算结果的精确程度或者把各种总收入分解成它们的组分。但不管怎样,如果我们假定卡斯蒂利亚议会的计算结果达到了一定的精确度,那么,即使计算结果并非完全正确,我们仍肯定能够从可获得的统计数据(见图 21)中发现某些趋势。[53] 例如,我们几乎可以肯定地说,在我们考察的大多数年份里,卡斯蒂利亚王室的收入大部分来自 14 世纪末仍由议会控制征收权的商业交易税以及在这个时期隔一段规定时间就准许征收的贡赋。至少在 14 世纪 90 年代中期以前,卡斯蒂利亚王室的收入没有出现明显的减少,这个问题可以用定期征收贡赋来解释。当时对 1394 年的数据所作的解析证实了我们的想法,因为当时的数据解析显示,商业交易税贡献了 42.9%的收入,而各种贡赋则贡献了 32.1%的收入。[54] 因此,赋税对于卡斯蒂利亚国家财政安全至关重要,而卡斯蒂利亚王室在这个时期与议会争夺商业交易税控制权也就不足为奇了。在币值相对比较稳定的 14 世纪后期,卡斯蒂利亚王室做得不错,把年均收入从 1369～1378 年的 42 吨纯银增加到了 1379～1388 年的 51.5 吨纯银。但这并不意味着卡斯蒂利亚王室就因此而变得富有,因为这是一个国内外军事冲突频发时期。即使在恢复和平以后,王室仍要应对向昔日的英格兰王位主张者冈特的约翰支付巨额赔款和抚慰金的挑战。[55] 由此而造成的财政危机又因为货币贬值而加剧,因为货币贬值把 1401 年用记账货币记录的收入表面增加化为乌有。但不管怎样,14 世纪最后十年出现的情况是,一个复杂、高效的财政体系产出了接近 44 吨纯银的年均收入。

幸运的是,英格兰同期的资料可用来进行比较详细的分析。图 22 显示,英格兰王室收入的不同组分这几年的波动幅度大大小于 14 世纪初期。[56] 领地和其他传统收入以及经常性关税收入对总收入的贡献度变得相当稳定,占总收入的 1/5～1/3。即便随着王领在兰开斯特的亨利(Henry of Lancaster) 1399 年登基以后的扩大,经常性收入在这个时期也没有成为英格兰王室的主

---

53 BSFDB \orm\casg001 based on \casd01 (Ladero Quesada 的未发表数据)。

54 Ladero Quesada (1988),315－516.

55 MacKay (1977),121－125. 关于征收细节,请参阅文献:Russell (1955),508,510－511,536,540 n. 2。

56 ESFDB \orm\engb007 based on \engd030 及其所引用的不同来源文献。

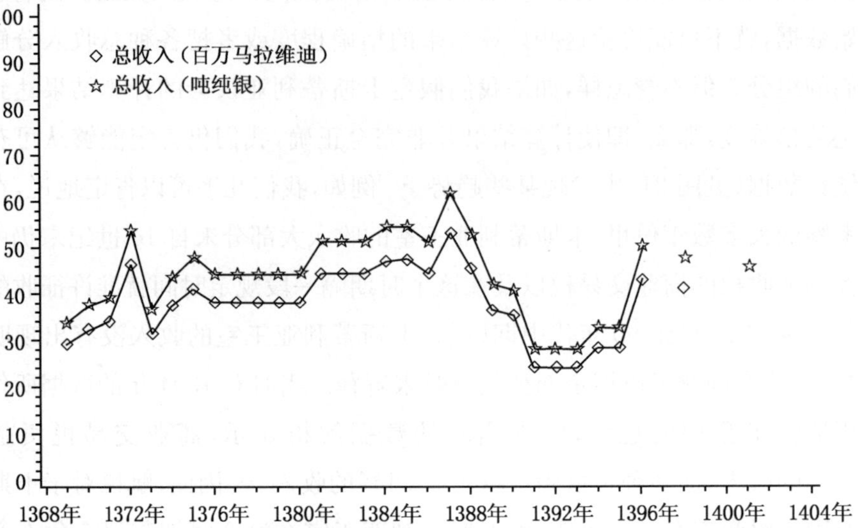

资料来源:Ladera Quesada (unpublished data)\orm\casg001 © ESFOB 1993.

图 21　1369～1401 年卡斯蒂利亚王室的推定总收入(分别用马拉维迪和吨纯银表示)

要收入。王室借款的减少也与爱德华三世统治初期的情况形成了鲜明的对照:在亨利六世在位的 40 年里,只有 4 年的借款占比超过王室名义收入的 25%。然而,这两位国王统治时期的最大不同还在于税收。在 1370～1410 年的 40 年里只有 5 年俗人和/或教士不用按期缴纳税收。这既反映了对苏格兰和对法兰西战争的特殊性,也表明英格兰王室成功地掌握了直接税收入的配置权,可用直接税收入来支付某些方面的经常性支出,而这些经常性支出在此前并非正式用非常税收入或特别津贴来支付。总的来说,英格兰王室和议会仍能坚持只有发生特别情况才能征收直接税的原则。[57] 相对而言,间接税在这个时期已经明确变成了王室财政体系中不需要特殊情况来证明其课征必要性的正式组分。羊毛临时税(即课征于羊毛的特别津贴)的经常征收以及被称为"吨税"和"磅税"的海外贸易附加税的开征都意味着间接税收入虽然从理论上讲仍然是临时性税收,但这时已经贡献稳定甚至是很大比例的王室收入。根据以上证据以及卡斯蒂利亚国王胡安一世(Juan Ⅰ)与议会争夺商业交易

[57] Harriss (1982).

税控制权取得的成功，应该注意英王理查德二世在1398年想方设法操纵英格兰议会为他作出课征临时羊毛税的终身授权。倘若理查德二世没有在1年后退位，那么，英格兰议会很可能实际上失去对英格兰财政主要税种的控制权。[58]

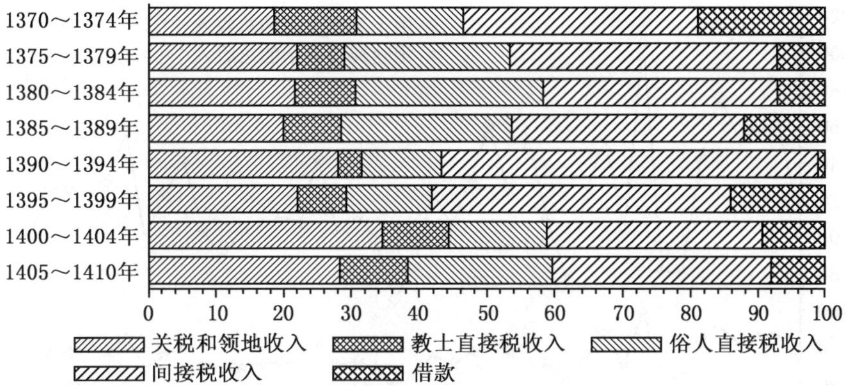

资料来源：various \orm\engb007 © ESFDB 1993.

图22　1370～1410年英格兰王室的各类推定收入占比

当时，英格兰已经适应长期的战争压力，并且似乎像卡斯蒂利亚那样正在成为税收国家。但有必要指出，这些为适应战争而进行的调整也同样意味着财政活动的缩减。在"百年战争"爆发以后，英格兰只明显降低过一次银币重量，因此，王室收入几乎没有受到通货膨胀的影响（见图23）。[59] 在1371～1380年这个税负特别沉重的时期，英格兰王室的年均收入（包括借款）差不多是40吨纯银，即使与14世纪上半叶几乎是最大的年收入相比也是令人印象深刻。英格兰王室收入在1390年前后的减少表明在与法国停战以后军事活动的减少，而不是财政机器运转失灵。但在1391～1410年这个时期，英格兰王室的年均总收入仍差不多有32吨纯银。英格兰财政体系的敛财潜力在15世纪前10年间再一次显现：英格兰在阿金库尔（Agincourt）战役获胜以后有大量的收入纳入国库。[60] 亨利五世并非不希望通过在英格兰设立永久性直接

58　Harriss (1988), 84.

59　ESFDB \orm\engg030 based on \engd030 及其所引用的不同来源文献。

60　Steel (1954), 153－160.

税来利用英格兰财政体系的敛财潜力。[61] 等英格兰朝野高涨的情绪平息以后，王室就致力于从法国北方新征服的领土搜刮钱财，而英格兰国内的直接税收入水平低于“百年战争”爆发以后的任何时期。[62] 因此，14 世纪末的收入简直就是英格兰不可能再达到的可持续上限。

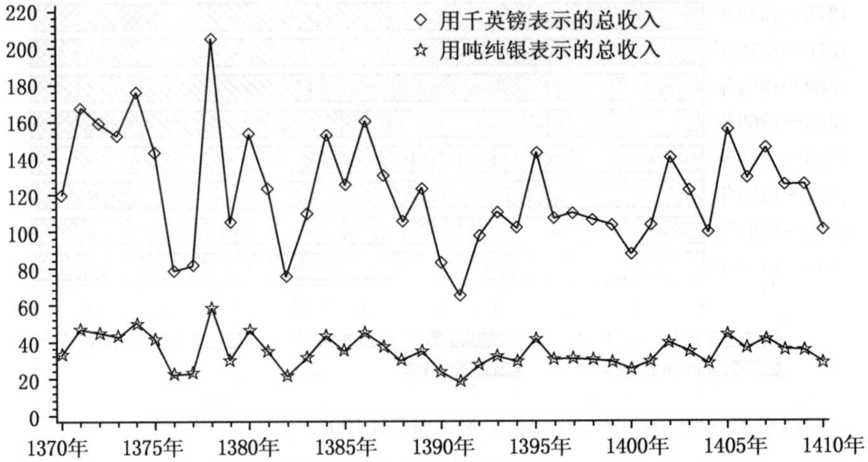

资料来源：various \orm\engg030 © ESFOB 1993.

图 23　1370～1410 年英格兰王室的推定总收入(用英镑和吨纯银表示)

遗憾的是，法国的财政状况更加难以判断。查理五世和查理六世治下存世的财政部账册明显遗漏了很大一部分税收收入，并且没有提供反映王室收入的指标，也没有提供比较经常性收入和临时性收入的指标。为了避免进一步的混乱，我们慎重地决定不在这里复制有关数据。[63] 不过，这也不等于说不能做一些定性判断。法国王室领地及其相关权利的收入好像在查理五世治下有所减少，后来在查理六世治下只得到了部分恢复。考虑到 14 世纪 80 年代法国南方大片领土被置于英格兰的控制之下，以及 14 世纪 70 年代和 80 年代其中大部分领土随后再次被征服，法国这种收入状况正是我们所预期的。然

61　Harriss (1988), 84.

62　Doucet (1926).

63　1384～1409 年的各年度数据转引自《国库账册》(*Comptes du Trésor*, 1930: lxv－lxvii)和 Rey (1965: 81－90, 97－99)。关于对 Rey 的数据解释的批评性评论，请参阅文献：Radding (1976)。

而,经常性收入在这个时期对于决定财政机器活力发挥了真正重要的作用。事实上,我们已经指出,王领及其相关权利在查理六世治下只创造了大约10%的收入。[64] 如果我们根据这些有数据支撑的推测进行外推,那么就可以说,查理六世治下的年度总收入接近200万图尔里弗尔或者是70多吨纯银。查理五世治下的年度总收入可能更多。这些推测数据揭示了英格兰和卡斯蒂利亚王国为一方以及法兰西王国为另一方在财政能力方面存在的很大且明显的差距。不过,需要强调且真正重要的一点是,并不是因为卡佩王朝的传统领地扩张政策,而是瓦卢瓦王朝对税收的重视才导致了英格兰和法国早期财政实力对比的明显逆转。到了14世纪末经常征收产出很高的特别津贴以及王室之前对临时税掌握了越来越大的控制权这两点,似乎被认为导致西欧这三个主要王国成为充分发达的税收国家。接下来就应该考察这些趋势在15世纪仍在继续还是逐渐消失。

5.9　15世纪晚期

重新开始西欧三国财政收入量化比较的明确时间起点应该是紧接着1453年"百年战争"结束以后的那个时期。1461年后,英格兰不但经历了王朝变更,还经历了财政管理变革。在我们看来,把约克王朝统治时期(1461～1485年)作为本节讨论的基期是再合适不过了。遗憾的是,财政管理改革意味着王室的一大部分经常性收入不再纳入国库,而且只能根据一定程度的推测来再现相关数据。[65] 不过,我们仍能比较精确地计算临时性收入。图24显示的数据能够相当可靠地帮助我们了解这个时期英格兰各类不同财政收入的相对重要性。[66] 该图表明,经常性收入的重要性显著提高,在1462～1485年这个时期,经常性收入年均差不多要占到总收入的50%。这种情况与约克王朝统治时期王领扩大以及传统的土地收入来源的产出增加具有一定的关系,但同时反映出英格兰王室在"百年战争"结束后大幅度减少了财政运作总量。

64　Henneman (1976), 295－296.

65　Wolffe (1970).

66　ESFDB \orm\engb009 based on \engd031 及其所引用的不同来源文献。

到了15世纪末,英格兰海外贸易关税和特别津贴显著减少,因此,经常性收入总量也不如通常所显示的那样令人印象深刻,而实际经常性收入很可能少于14世纪20年代和30年代相同来源的经常性收入。其实,虽然传统上认为,约克王朝的财政管理意味着英格兰实行“新的君主制”原则,但这在很多方面简直就是回归12世纪和13世纪实行的皇家财政家庭式管理。[67]

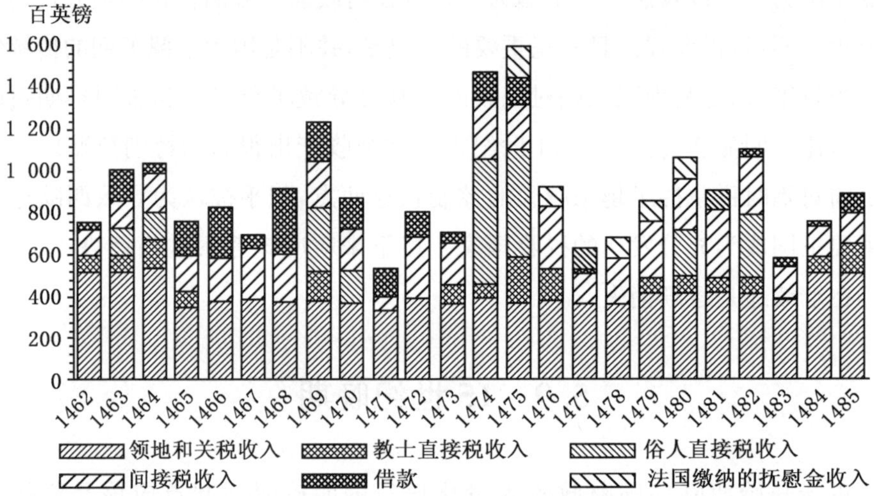

资料来源:various \orm\engb009 © ESFDB 1993.

图24　1462~1485年英格兰王室的各类推算收入(用英镑表示)

为防止约克王朝滥征特别税而实施的约束明确显示,这个政权缺少完整的与15世纪末的新君主政体适配的财政工具。英格兰议会不但成功地保住了审批直接税的控制权,而且有更大的能力坚持直接特别税只可在战时征收的原则。因此,爱德华四世曾多次试图避开议会征收所谓的“捐款”(benevolence,其实是强索捐助)。重要的是应该指出,这种“捐款”也被限制在1474~1475年与法国以及1481~1482年与苏格兰短期交战期间采取军事行动时征收。[68] 因此,1453年以后军事行动的大幅减少也反映了直接税的特别性质,并且证明了英格兰并不是一个名副其实的税收国家。倘若海外贸易特别附加税

67　关于对英格兰“新君主政体”最新观点的综述,请参阅文献:Pollard(1992)。

68　Virgoe (1989).

仍像 14 世纪晚期那样多产，那么，英格兰这个时期的财政状况可能就会截然不同。实际上，英格兰议会在 1464 年仍沿用 15 世纪的做法，准许爱德华四世终身征收海外贸易特别附加税。不管怎样，英格兰羊毛出口的下降大幅度减少了间接税收入，并且导致海外贸易特别附加税减少到年均约 2 万英镑的水平。[69] 此外，爱德华四世在 1446 年大幅度减轻了铸币的重量，这也是中世纪英格兰王室可以利用铸币业务牟利的罕见机会之一。虽然此举好像只对物价产生了很小的影响，却意味着用纯银表示的总收入仍进一步减少到了年均只有 17 吨多一点的水平(见图 25)。[70]

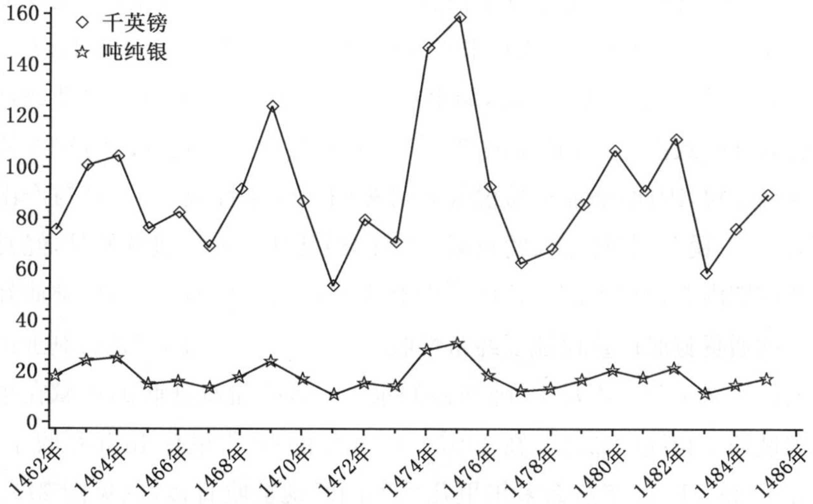

资料来源：various \orm\engg031 © ESFDB 1993.

图 25　1462～1485 年英格兰王室的推算总收入

重要的是应该强调，收入的大幅减少也反映了支出的大幅度减少。约克王朝治下英格兰君主国的财政状况实际上远远好于它所取代的兰卡斯特王朝的财政状况：确实，亨利五世治下英格兰的债务，据计算在 1449 年达到了灾难

69　关于用来估计羊毛贸易特别附加税、吨税和磅税收入以及(包括在经常性收入中的)关税收入的数据，请参阅 BSFDB \orm\engm009 及其来源文献。应该指出，本章作者计算的羊毛贸易关税和特别附加税收入其实大大低于 Ramsay (1892:ii,461－463,470)计算的收入。

70　ESFDB \orm\engg031 based on \engd031 及其所引用的不同来源文献。

性的 37.2 万英镑，而爱德华四世临终时严格地讲已经还清了债务。[71] 尽管如此，我们还是应该把英格兰君主国相对而言无力超越税收与战争之间关系这一事实置于 15 世纪其他国家发生的事情的背景下审视。英格兰至少没有充分利用它在 14 世纪末、15 世纪初业已存在的财政潜力，因此未能作为税收国家脱颖而出。无论都铎(Tudor)王朝政权在 16 世纪做成了其他什么事情，都无法扭转这个基本事实。[72]

虽然卡斯蒂利亚王国的财政统计资料也相当不完整，但它的 15 世纪国家财政大趋势并不难识别。由于各"天主教徒君主"政权对 16 世纪西班牙财政产生显著影响的经济系统进行了很多重大的变革，因此，把对中世纪晚期的考察局限在 1474 年前这个时期看来是合适的。我们可以对卡斯蒂利亚 1429～1465 年的经常性收入进行分解，结果显示(如图 26 所示)，这个时期经常性收入具有高度一致性。[73] 在这个时期，卡斯蒂利亚国王仅凭自己的权力就能征收商业交易税，因此，商业交易税收入可被归入经常性收入，并且与产出要低得多的"三一税"一起每年大约贡献 80％的经常性收入。遗憾的是，经常性收入在考察期内表现出来的一致性并没有生产率与之相匹配：马拉维迪经常贬值导致的通货膨胀严重侵蚀了经常性收入。到了 1474 年，卡斯蒂利亚的经常性收入已经减少到了不足 10 吨纯银的水平。议会批准征收的贡赋在很大程度上也遭遇了相同的命运。在 1407～1474 年的 68 年里有 46 年征收了贡赋，而且在 1429～1458 年这么多年里几乎不间断地征收直接税(见图 27)。[74] 虽然贡赋收入占总收入的份额变化不定，但它们也受到了严重减少的困扰：就连 1455 年强征的令人印象深刻的 7 100 万马拉维迪贡赋最终也没能抵消通货贬值的影响。15 世纪 60 年代下半期，内战导致这些问题加剧，并且实际阻止了征收 1465 年议会批准的特别津贴。[75] 把经常性收入与贡赋简单相加，就能发现这一非常严重的状况(见图 28)。[76] 这种状况在一定程度上为格拉纳达缴纳

71 Ross (1974)，371－387；Horrox (1987)对爱德华四世的财富状况作了修正。

72 Schofield (1988).

73 BSFDB \orm\casb001 based on \casd002；Ladero Quesada 的未发表数据。

74 BSFDB \orm\casg004 based on \casd004；Ladero Quesada 的未发表数据；MacKay (1981)。

75 MacKay (1981)，74.

76 ESFDB \orm\casb002 based on \casd003；Ladero Quesada 的未发表数据；MacKay (1981)。

的贡金和王室为继续反摩尔人战争而获准占用的赎罪券销售收入所缓解。到了 15 世纪 70 年代，卡斯蒂利亚王室因各项收入明显减少而必须依靠费迪南和伊萨贝拉(Isabella)政权的全部聪明才智才能通过开征新税来扭转这种趋势。[77]

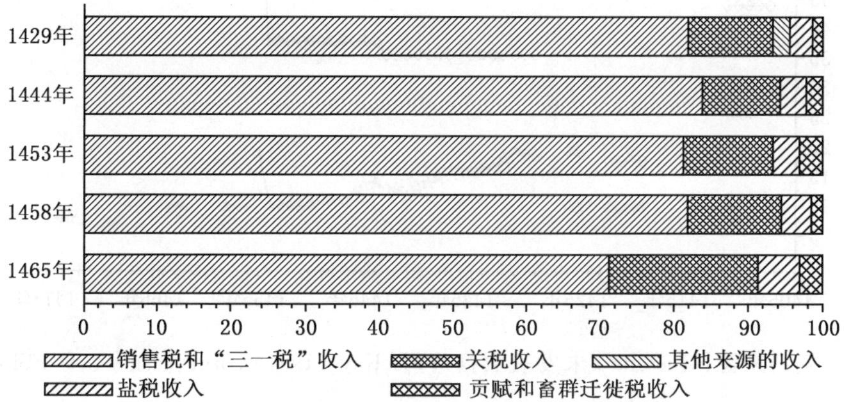

资料来源：Ladero Quesada (unpublished data)\orm\casb001 © ESFDB 1993.

图 26　1429～1465 年卡斯蒂利亚王室不同类别的经常性收入

与英格兰和卡斯蒂利亚王室收入减少的情形截然不同，15 世纪末，法国王室的收入大幅度增加。虽然我们没有找到精确的财政数据，但还是可以根据菲利普·德·科米纳(Philippe de Commynes)当时撰写的回忆录中引用的统计数据(见图 29)比较可信地再现路易十一(1461～1483 年在位)登基之初和统治结束时的皇家财政状况。[78] 到了 1460 年，法国王室的领地及其相关权利收入无疑已经大幅减少。虽然这些传统来源的收入在路易十一治下有所恢复，但仍只贡献了大约 2%的王室总收入。法国王室收入是在查理七世治下因经常征收贡金、盐税，最重要的是经常征收平民人头税而发生了真正的变化。在路易十一治下，更加频繁地课征平民人头税，使得这个税种的年收入几乎增加到了 400 万图尔里弗尔，或者说增加到了占总收入 80%以上的水平。

77　Phillips (1978), 102—103.

78　ESFDB \orm\frmb002 based on \fnnd004; Commynes, ed. Calmette (1925), ii, 200 n. 2, 290 n. 2. 关于这些数据的讨论，请参阅文献：Lot and Fawtier (1958), ii, 270, 272; Lewis (1985), 8; Henneman (1988), 624。请与转引自《国库账册》(1930: lxx—lxxi)的 1477 年财政数据进行比较。

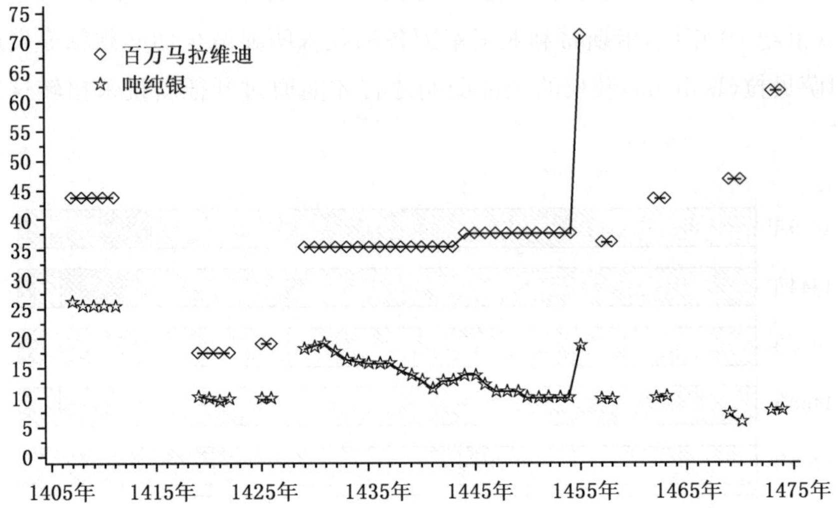

资料来源:Quesada(未发表数据);MacKay(1981)\orm\casg004 © ESFDB 1993.

图 27　1407～1474 年卡斯蒂利亚议会批准征收的贡赋收入(用马拉维迪和纯银表示)

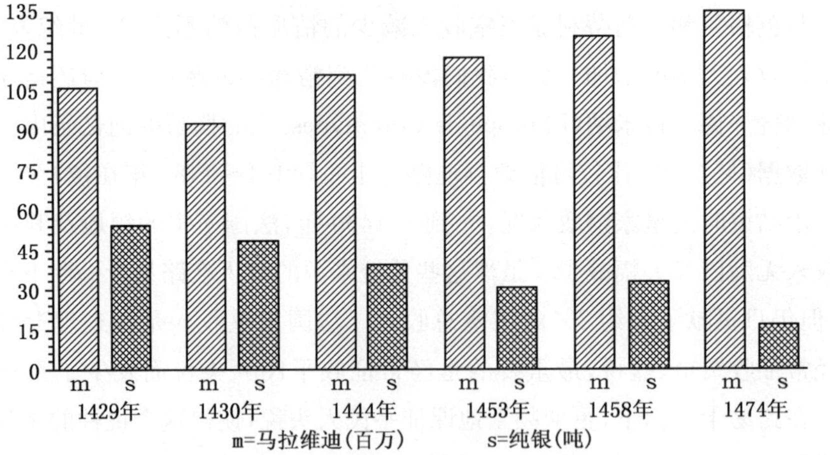

资料来源:Ladero Quesada(未发表数据);MacKay(1981)\orm\casb002 © ES-FOB 1993.

图 28　1429～1474 年卡斯蒂利亚王室收到的经常性收入和贡赋收入(用马拉维迪和纯银表示)

法国国王在发展财政体制方面享受的独立自主也许不应该被夸大，因为在路易十一驾崩后的1年里，政治反对派就迫使王室大幅度降低平民人头税的负担。[79] 尽管如此，路易十一治下王室收入的绝对增长仍然令人印象深刻，因为在路易十一治下，法国王室收入几乎翻了一番。也就是说，从1460年的约49吨纯银增加到1483年令人惊讶的95吨纯银。如果这些数据确实可靠，那么就代表了15世纪欧洲一种真正不同的国家财政模式。在本节考察的三个王国中，只有法国已经利用14世纪的先例来创建一个绝对产出率能使国家免受通货膨胀负面效应干扰并使法国比邻国和敌对国家更加富有的长期税收制度。

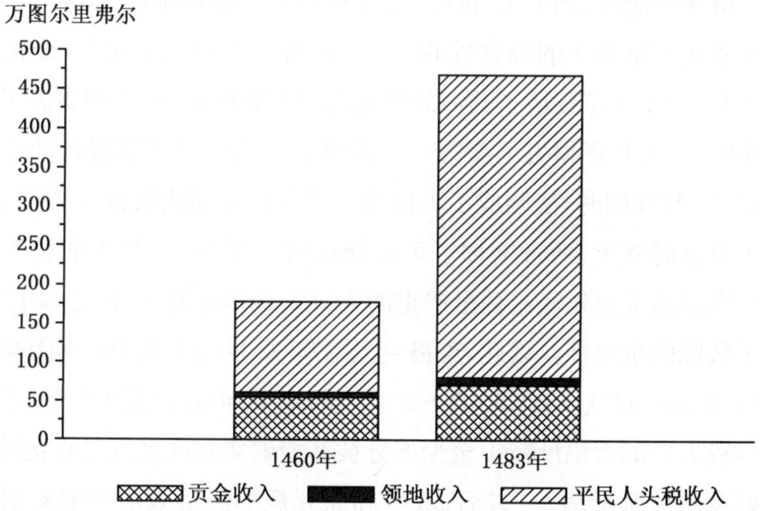

资料来源：Commynes，ed. Calmette (1925)，II，200 n. 2 and 290 n. 2 \orm\frmb002 © ESFDB1993.

图29　1460年和1483年法国王室的推定收入(用图尔里弗尔表示)

5.10　以中世纪晚期为背景

以上对英格兰、卡斯蒂利亚和法国中世纪晚期财政体制的分析，对一个涉

---

[79] Wolfe (1972)，60—61.

及面较广的主题进行了有高度选择性和浓缩性的阐释，本丛书其他几卷和本卷其他章节也选择并讨论这个主题的不同方面。然而，为了从不同视角考察这个时期，本节将采用以下方式来结束这一章：先是粗略地评估制约不同地区和不同时间敛财水平的因素，然后讨论这个时期西欧三个最主要王国财政体制所表现的“现代性”程度。

在考察国家的相对财政能力时应该始终牢记，任何给定国家的国界、人口和财富都有可能在某个给定时期发生巨大变化。例如，卡斯蒂利亚最终在13世纪和14世纪渗透到了穆斯林占据的西班牙南方地区，从而产生了经济和财政增长的潜在可能性，到了15世纪，安达卢西亚（Andalucia）地区差不多贡献了卡斯蒂利亚王室1/4的经常性收入。[80] 在另一个极端情况下，金雀花王朝政权在1200～1450年经历了其海外领地几乎彻底的解体，不但丧失了这些领地的潜在收入，而且还损失了英格兰在最终毫无结果的再征服行动中耗费的大量财富。[81] 与此同时，法国成了英格兰海外帝国分崩离析的主要受益人，不但扩大了自己的领土，而且增加了可直接征税的省份。[82] 领土面积发生的这些变化在欧洲饱受黑死病这种最严重的人口灾难困扰的14世纪和15世纪就显示出了特殊的重要性。因此，英格兰人口从13世纪末的600多万减少到在15世纪大部分时间里只有250万～300万的水平，但瓦卢瓦王朝政权发现，法国潜在纳税人口的大幅度减少至少部分被其能够实施或者恢复直接统治的地区的大幅度增加所抵消。[83] 最后，战争和黑死病的经济效应可能对财政收入结构产生了巨大的影响，就如英格兰在15世纪中期经济衰退期间海外贸易收入严重减少所反映的那样。

不管怎样，认为人口和经济基础是决定国家税收成败的主要甚或唯一因素也许并不明智。领土主权的扩大并不总能保证财政收入的同步增加，因为中世纪国家边境地区的税负常常要比本国传统的核心地区轻许多。[84] 黑死病

80 Ladero Quesada (1982), 88—113.

81 Postan (1964).

82 如布列塔尼，在1491年后就要缴纳皇家税收：Kerhervé (1992)。

83 Hatcher (1977)对较新的人口研究进行了综述；Le Roy Ladurie (1987)。

84 如金雀花王朝所辖的领土：Frame (1990), 169—224；Ladero Quesada (1982: 88—107)详细讨论了卡斯蒂利亚的财政密度(fiscal densities)问题。

并不意味着财政收入的立刻或者自动减少：在黑死病流行过后的一段时间里，统治者会继续按照黑死病流行前的标准计征直接税，并且简单地通过扩大纳税义务或者增加人均税负来弥补因人口减少而少收的税费。[85] 同样还必须强调，中世纪国家财政收入的波动是了解真实经济状况的一个非常不可靠的线索。例如，卡斯蒂利亚财政能力在考察期内历代国王治下的显著降低肯定不能归因于经济灾难，因为黑死病只对伊比利亚半岛的这个地区产生了很小的影响，而这个地区的经济在 15 世纪的大部分时间里仍表现出很强的复原力。[86] 事实上，卡斯蒂利亚财政收入的波动好像更多是由许多政治因素造成的，而这些政治因素又反过来影响了国家可利用的经济活动范畴。

在这些影响卡斯蒂利亚财政收入波动的政治因素中，最重要的是统治者与构成当时卡斯蒂利亚政治社会的不同势力之间的关系。考虑到中世纪王国经济基础比较薄弱，并且相对静止不变，因此，对财政资源的追逐必然转化为国王与贵族、教士和商人之间的竞争。这一点在 1297 年英格兰政治危机的早期已经暴露无遗。在这次政治危机中，很多大贵族以爱德华一世课征的一系列直接税弄穷了贵族和他们的附属佃户——换句话说，皇家税收实际对领主收入造成了双重打击——为由，反对英格兰王室推行的军事政策。[87] 盖伊·布瓦在阐述中世纪晚期诺曼底如何只通过废除传统的领地利用方式就能够增加皇家税收时已经指出了传统封建统治与国家税收需要之间的不相容性。[88] 因此，我们自然会把西欧很多王国在 14 和 15 世纪期间国家税收体系更加有序和正规的发展与封建制度的最后衰败联系在一起。其实，我们可以根据这个思路来表明，中世纪晚期恰恰见证了经济资源的私人利用转变为公共利用，而这种转变通常被视为新兴“近代”国家的关键特点之一。

这种论点具有明显的吸引力，而且根据以上分析来看肯定可适用于中世纪晚期西欧的主要王国。如果我们把国家看作一个一贯推行扩张和强制性政策的不具人格的机构，那么就会遇到一个重要的难题。实际上，中世纪晚期欧

85　Strayer (1970)，70—71；Henneman (1976)，290—296；Ormrod (1986)，182—185.

86　MacKay (1977)，168—169.

87　Denton (1978)，576.

88　Bois (1984：288)在评论紧邻黑死病流行前的时期时指出，“国家推行过度征税的政策……在没有遭遇征收直接领地赋税失败之前是难以想象的”。

洲国家的财政"政策"显然是以一种相当任意的方式发展起来的,而各种稀奇古怪的苛捐杂税当然只有在争取到精英们的同意和积极配合以后才能获得批准和实际征收。同样,如果国家税收能够创造强大的政治优势,那么肯定只会成功不能失败。限制个人缴纳直接税和/或间接税的义务,或者授予完全免缴直接税和/或间接税的权利,是国王为争取天然盟友的善意支持必须动用的明确而又常见的手段。例如,法国贵族为争取免缴平民人头税的权利而进行了长期努力,因国王最后颁布了 1445 年敕令而取得了成功。没过多久,路易十一又开始有意识地对城镇实行税收优惠政策。[89] 说服精英分子在税收方面与王室配合的第二种手段,就是邀请精英分子积极参与财政管理:中世纪晚期普遍推行的把某些国家收入承包给精英分子的做法,表明精英分子在为国王效力时既看重名位又注重利禄。最后,特别是贵族可以大量受益于王室支出。中世纪晚期欧洲国家财政体系的一般效应就是把经济资源从社会下层转移到社会上层:这种转移的最基本方式就是,由农民缴纳的税收以军饷、领地租金、俸禄、职务津贴和许多其他付款方式装进了贵族和骑士们的腰包。贵族依赖这种资源转移的程度大不相同,而王室资金补偿黑死病过后领主收入减少的程度则是一个有争议的问题。[90] 但是,与国家机构——尤其是与国家财政机构——捆绑在一起的既得利益者们对于决定 1500 年以后几个世纪公共财政体制的走向具有最重要的意义。

对于研究国家问题的历史学家来说,国王与贵族的这种结盟可能具有两方面的意义。一方面,这种结盟表明,精英分子的利益越来越与皇家官僚制度的维护和有效运行联系在一起,从而促成了一种更具近代性的国家至上的趋势;另一方面,这也许已经是一种旨在保护私人特权、讲究实际的结盟,因而不利于而不是有利于公权力的扩大。就这场争论的性质本身而言,以上任何一种阐释都不能独自代表真理。[91] 在本章的特定语境下,更加令人满意的做法或许是,通过把中世纪晚期作为"领地"国家朝着"税收"国家转型的过渡时期

89 Henneman (1978,1983). 关于卡斯蒂利亚的情况,请参阅文献:MacKay (1986),161。

90 Miller in Wirlter (1975);Maddicott (1975);Strayer (1977);Cazelles in Genet and Le Mené (1987);Hocquet in Genet and Le Mené (1987).

91 关于中世纪晚期的一些提示性评论,请参阅文献:Guenée (1985),188—191,198—205。

来开辟一条中间道路。在这个过渡时期里，既不能通过直接利用特权也不能通过行使复杂官僚机构的强制力，而是要采取与社会、经济和政治精英进行正式和非正式协商的方式才能动员执政资源。这样的一个结论有力地说明，中世纪晚期的欧洲国家财政体制在性质和结构两个方面真正变成"近代"之前，要想获得任何明确的进步和成熟的发展仍然任重道远。

从财政方面看，中世纪晚期欧洲国家财政体制近代性缺失的最明显和重要的体现就是中世纪晚期欧洲主要王国还没有出现长期贷款。中世纪欧洲君主国家在这个时期将要发展的唯一协调有序的公共信用体系就是加泰罗尼亚(Catalonia)在15世纪推出的保证用某些——由一个被称为"*generalitat*"("博学多才")的常设委员会管理的专门储备基金——皇家收入按固定利率定期向投资者支付回报的公共信用计划。[92] 直到15世纪末，一个类似的信用体系才以销售逐渐具有政府债券特点的"*juros*"(年金)的方式开始在卡斯蒂利亚崭露头角。[93] 从某种意义上说，也许仅仅是经济和财政基础太原始，不允许在更大的范围内采纳加泰罗尼亚的那种公共信用体系。不过，最有可能是因大量王室收入被用于偿还到期债务而导致的隐性失控阻止了欧洲其他君主国家采用加泰罗尼亚的那种公共信用体系。信用交易继续被视为个人安排：在国王驾崩以后，国王的债权人通常就丧失了收回债权的机会。[94] 某种特定税收的收入可能被用来偿还短期借款，甚至可能委托一个由名人组成的委员会管理。但是，任何真正的公共财政和永久担责概念，对于中世纪晚期的西欧主要君主国家来说简直就是诅咒。[95] 1500年，英格兰、法兰西和卡斯蒂利亚国王在很多方面仍把他们的财政体系作为中世纪早期领地的扩展来运作。因此，公共信用在16世纪实现的跳跃式发展并不是起源于欧洲的统一王国，而是起源于意大利和低地国家这些完全不同的环境(见本书第十四章第一节)，就不足为奇了。[96]

---

92 MacKay (1977), 162—163.

93 Elliott (1963), 81, 197—199.

94 Pryde and Pryde (1963), 465—466; Harriss (1955—1956), 194.

95 Rogers (1969); McFarlane (1972), 78—101; Ladero Quesada (1988), 304—325; Ladero Quesada (1989), 42.

96 Tracy (1985).

然而，近代性是一个既主观又相对的概念。我们可以有把握地说，13、14和15世纪推行的皇家财政政策和形成的皇家财政先例为近代早期法国、英格兰和西班牙的财政体制定了基调，决定并且在有些时候创造了近代早期法国、英格兰和西班牙的财政体制。具体来说，一项更加周密地考察这三个王国在约1250年～约1500年期间财政体制发展的研究已经支持欧洲中世纪晚期发展起来的直接和间接税制对于形成更加明确的国家概念起到了重要作用的论点。当欧洲国家财政史达到真正值得关注的程度时，中世纪晚期所谓的“财政革命”也许确实会变成一个像13世纪的“商业革命”或者16世纪和17世纪的“金融革命”那样广泛流行的术语。如果本章为采用“财政革命”这个术语提供了有说服力的理由，那么也算是达到了目的。

第二篇

1500 年以后国家体制的演化

第六章　近代早期的国家财政理论

理查德·邦尼(Richard Bonney)

我们已经知道,中世纪和文艺复兴时期的理论家已经提出了一些关于税收性质的成熟理论,并且在某种程度上提前进行了关于财政体制在经济和社会影响方面的"进步"或者"退步"问题的"现代"辩论(见本书第一章)。本章主要集中考察近代早期理论家在关于货币流通及其对经济影响,人口增长及其对社会、经济和国家的影响,信用工具的发展及其与国家财政长期发展的相关性等新研究课题的论点中表达的新洞见。因此,本章的目的不是全面重述那部分与国家财政有关的政治理论,甚至也不是挑选一些特别有影响的理论家全面介绍他们的著述,而是要尽可能简要地回顾相关思想的演化过程,以便让读者了解本书以后各章讨论所涉及的时代背景。因此,难免会涉及许多平淡无奇的问题:相关作者实际提出过哪些观点?他们的观点有什么意义?他们为什么持这样的观点?他们的观点是否具有内在一致性?当然也有一些涉及较高程度定性评价的更加重要的问题:他们的观点是否基于正确的观察?他们的观点对于他们自己以及后人具有哪些影响?如果用后来的标准评判,他们的知识反应质量如何?[1]

相关理论家是否也是更加一般意义上的国家问题的理论家这一点十分重要,而且我们不能完全无视他们思想的其他维度。例如,近代早期的理论家通常会强调国家治理的道德问题。这些问题虽然与我们要详细讨论的主题只有很少的关系或者根本就没有任何关系,但却意味着一种限制国家行动能力的

1　Coats (1973),486. 本章作者要感谢 Murray Forsyth 和 Patrick O'Brien 教授审阅了本章的草稿并且提出了批评意见。

重要约束。在这一点上，博丹(Bodin)(非常重视国家的协调有序)的道德哲学和亚当·斯密(Adam Smith)的道德哲学具有一定的相似性：斯密的“看不见的手”(驱使人们在一味追求私利的同时促进了社会目的的实现)的思想可被视为他的道德哲学的衍生物，而他的道德哲学观点也可用他的天文学史观来解释。[2] 然而，这些对国家行为或者国家内部全体个体行为的重要道德约束最终必然被视为从属于我们的核心关切，即正在不断变化的国家和国家财政观。

有很多概念理论——重商学派、官房学派、重农学派、反重农学派(这里就列举这么几个)——以及像人口增长控制论这样的相关主题都是在本章的考察期里发展起来的。在讨论这些概念时必须记住以下三点：第一，我们的全部讨论多少要通过回顾性地把一些我们选定的作者置于某个给定思想或者意识形态流派的框架内展开，因此有犯时代错误的危险：亚当·斯密为了诋毁他质疑的早期思想支持者们的观点提出了“商业系统”(mercantile system)的概念(就是现在所说的“重商主义”)。第二，这些思想或者意识形态流派在很大程度上相互重叠。重商学派与官房学派之间的关系就是一个很好的例子，因为在某些评论家看来，官房学派只不过是奥地利或者德国版的重商学派。第三，印刷术对于为这些理论创造更多的受众具有重要的意义。当时，有些作者有更强的受众意识：教会法学家和经院哲学家们富有洞见的结论在17世纪被俗人理论家提出的更加务实(有时是自利)的理论所取代[3]：16世纪中期的萨拉蒙卡(Salamanca)学派代表了中世纪传统[4]最后的重要典范，而胡安·德·马里亚纳(Juan de Mariana)[在他于1609年在科隆发表的论文《论货币的突变》(*De mutatione monetae*)中]反对在卡斯蒂利亚流通成色不足的维隆币

2 Rose (1980)，42—51；Smith，ed. Wightman and Bryce (1980)，45，49，67，104—105；Ahmad (1990)；Davis (1990). 加利亚尼(Galiani)所说的“上帝之手”类似于斯密所说的“看不见的手”：Cesarano (1976)，383。

3 因此，de Roover 在 Spengler and Allen (1960：92)中对(出于“是整个哲学体系不可分割一部分的无可争议的优势地位”的)“经院经济学”与(“从来都是一堆由一些重商主义小册子的作者为了影响经济政策，通常是从有利于他们私利的角度开出的难以配伍的药方”)重商主义进行了比较。

4 Grice-Hutchinson (1952).

(vellón)的论述是经院学派相关论点最后的系统表述之一。[5]

即便要冒过分简单化的风险,我们也必须对不同水平的国家财政理论和观点进行区分。在社会底层通常能达成关于财政体制性质及其弊端的共识;当时就有“公平税收”的概念,就如同当时就有一种颇受欢迎的“公平价格”思想。当然,那时候有更多的人研究“公平价格”问题。[6] 某个国家的“公平税收”在其他国家未必会被视为“公平”,但往往是一种被传统认可的税收,一种允许纳税人维持家人生计的适度税收,一种在方便的时候采用不过度强制的便利方式课征的税收。(因此,在某些重要方面,“道德的税收经济”先于亚当·斯密的税收四原则问世。)在某些国家,据说,需要征得某个公共机构某种形式的同意或者批准才能征税,但这是一个充斥民间神话的问题,就像圣东日(Saintonge)和昂古穆瓦(Angoumois)抗税的农民在1636年所要求的那样,“很久以来”法国征收经常税并不都要征得全国三级会议的同意,更不用说增税需要投票表决了。[7] “道德经济学”(moral economy)对公平税收的态度具有双重意义:一方面,这种态度往往能为一些相对比较简单的为抗税辩解的论点提供滋生土壤,而(常常通过解释当时的事件能明显证明有理的)减税或者免税传闻能够起到关键作用;[8]另一方面,同样能够严重制约国家进行财政过程创新的能力,而且还能不断强调政府对民众的责任。[9]

从另一个层面讲(从理论重要性不断提升的角度看),政府应该作出讲究实效的决策。不过,讲究实效的决策也可能具有理论内涵或者意义。例如,它们可能关系到规定由某个“提议者”或者建议者(*donneur d'avis*)提出或者建议的新税种,而提议者或者建议者的提议或者建议随后必须经过国王的谋士或者国家的相关官吏讨论。在腓力二世和四世治下的卡斯蒂利亚,一些基本上就是“局外人”的俗人为朝廷的全部政治和经济决策建言献策。在一个多少

5　Grice-Hutchinson (1978),149—151,174 n. 57. Thompson 在谴责铸币操纵时把 Mariana 视为“宪政主义者”:Thompson in Hoffinan and Norberg (1994),190。Sancho de Moncada 是托莱多(Toledo)大学的神学教授:Grice-Hutchinson (1978),141;de Roover in Spengler and Allen (1960),98 n. 19。但是,他在1619年发表的那部著作通常被认为表达了重商主义观点。

6　Thompson (1971);Root (1990).

7　Bonney (1988),208.

8　Bonney (1978),224—228,234—236;Kamen (1969),276,278.

9　Bush (1991),396—397.

要更高一点的层次上，有一些基本职责就是评论现行做法的理论家。例如，法国财政部一个名叫让一罗兰·马莱(Jean-Roland Malet)的文员就充当了这个角色，他把自己对当时的财政体制的看法记述下来，但没有在他的有生之年公开发表自己的观点。[10] 这两个层次的理论构建工作无论哪个层次都未必意味着有自己的受众，但作品的发表在任何时候都可能产生自己的受众(在大部分国家，这通常都是政府所不希望看到的；在任何时候，作品发表的机会都要受到每个国家通行的书报审查规则的限制)。最后一个反映理论构建成熟度的层次就是，这些理论家无论是否在生前发表自己的观点，都是自觉地为受众而创作。最后，除了属于广受欢迎的"道德经济学"范畴的国家财政理论以外，所有的国家财政理论都是根据一些从较低层次理论构建工作中总结论点的理论家个人强加的概念模型提出的。尽管如此，理论家个人的观点未必就与他们出于历史解释的目的被归入的那个思想流派的多数意见相一致。

6.1 国家主权与财政权力

我们必须从让·博丹(Jean Bodin，1529/30—1596。法国政治思想家、法学家，近代资产阶级主权学说的创始人，近代西方最著名的宪政专家；16 世纪 70 年代任检察官，被聘为宫廷法律顾问。——译者注)说起，因为博丹作为国家以及经济和经济变革理论家发挥了关键作用。[11] 在"答德·马莱斯特鲁瓦(de Malestroit)先生关于一切物品价格上涨与补救方法的悖论……"(*La Réponse ... au paradoxe de Monsieur de Malestroit, touchant l'enchérissement de toutes choses, & le moyen d'y remédier*，1568 年)中，博丹表示：法兰西王国拥有的金银数量远远多于 400 年前。[12] 流通中的货币数量会严重影响物价水平，因此，两者都要受到从西班牙进口的贵金属的影响。在查理七世(Charles Ⅶ)治下，法兰西王国的收入一直在 170 万里弗尔上下徘徊。但在路易十一治下，平民人头税就比在他父王治下多征到了 300 万里弗尔，而财政收入在 16

10 Bonney (1991a); Bonney and Bonney (1993).

11 Schumpeter (1954a), 164—165, 311—312.

12 Hauser (1932), xlili, 9.

世纪仍进一步增加。[13] 在弗朗西斯一世和亨利二世治下，法国王室在里昂举借的短期贷款以及以年金形式欠下的合并债务的增加都是货币供给增加的另一些证据。[14] 博丹为治理法国通货膨胀提出了一个补救措施，那就是以“法兰西王国有用不完的谷物、食盐等初级产品，而外国人不可能不买这些商品”为由建议对谷物、葡萄酒和食盐的出口征税[15]。因此，他认为，法国的通货膨胀和王室的财政需要问题可以同时解决。相反，他把降低铸币成色或者减轻铸币重量作为一种财政骗局来谴责（“这就是诈骗，是朝臣们设计的纯粹骗局，应该说国王陛下和他的子民都中了他们的圈套”）；[16]只有健康的通货才能阻止法兰西王国走向毁灭。

在《国家六论》（1576 年）中，博丹不但提出了影响极大的主权概念（“君主的权威和绝对权力的关键主要在于在未经子民同意的情况下把自己的意志强加于全体子民”），[17]而且还阐述了有关国家收入和支出的基本原理。作为布洛瓦（Blois）1576 年三级会议（法国中世纪三个社会等级的代表会议，故称三级会议。三个社会等级是：第一等级教士或者僧侣；第二等级贵族；第三等级市民或者资产阶级。——译者注）的一名第三等级成员，他参加了货币改革的辩论。因此，毫不奇怪，《国家六论》（“论铸币和防止铸币被篡改或者伪造的手段”的）第三章“国家”就反映了作者所关心的这个问题。[18]（“论财政”的）前一章反映了博丹对政治问题的关心。在他看来，国家财富是建立在七个可能的基础之上的。第一个并且也是最安全的国家财富基础就是不可转让（他认为，这是像法国、英格兰、西班牙和匈牙利这样的君主国家以及威尼斯和瑞士卢塞恩等城邦或者城市共和国共同的特点）的领地收入。[19] 在博丹看来，弗朗西斯一世否认《马德里条约》（1526 年）就很好地反映了法国领地收入的不可转让

13　Ibid. 11.

14　Ibid. 14.

15　Ibid. 36.

16　Ibid. 46.

17　Bodin (1583, repr. 1977), 142; Bodin, ed. McRae (1962), 98. 关于他的影响，请参阅文献：Bonney (1989)。

18　Bodin, ed. McRae (1962), 700.

19　Ibid. 651.

性。[20] 尽管有这个法律文件存在，弗朗西斯一世还是实际转让了王领收入，到了1569年几乎达到了1 500万里弗尔的程度。[21] 博丹把征服视为增加王室收入的第二个手段：证据好像就是奥斯曼帝国在占领领土上新设的封地和西班牙属墨西哥和秘鲁封赏的托管领地。[22] 统治者的附属民缴纳的贡金是王室收入的第三个来源，但博丹也注意到，西班牙君主国的贡赋"几乎已被转化"为经常性收入。[23] 盟国支付抚慰金是第四个收入来源：经典的案例就是瑞士联邦与法国结盟获得的利益。[24] 第五个收入来源就是像发现黄金海岸(Gold Coast，指西非几内亚海岸。——译者注)后的葡萄牙殖民贸易帝国和后来的东印度群岛(East Indies)。[25] 第六个收入来源就是进出口关税("每个国家最古老、最常见的税种之一")：在这里，博丹又重新提到了他本人有关法国征收谷物、食盐和葡萄酒出口税的想法。[26] 第七个收入来源就是君主对本国子民课征税收。在博丹看来，统治者"不到万不得已绝不应该动用这种收入来源，而动用这种收入来源的需要迫使统治者在突然受到外敌侵犯或者发生其他意外事件时……关心自己的国家"[27]。

虽然博丹否定税收对于国家财富的绝对核心作用，但他明白，应谨慎要求统治者积累财政储备，以免他们通过借贷或者依靠特别津贴来发动战争。[28] 他曾谴责弗朗西斯一世依赖短期贷款的做法("任何明智的君主倘若想保住子民对他的忠诚并且报答子民都不会这样做，因为，这样做会毁了国家财富的基础；但如果君主不想保住子民对他的忠诚或者不能报答他们，那么必然会信誉扫地，这就相当于破产")。[29] 他(错误地)怀疑，"腓力二世曾允许热那亚人像意大利金融家最近在法国所做的那样控制了西班牙的收入承包区以及税收和

---

20 Ibid. 652; Knecht (1981), 207—208.

21 Bodin, ed. McRae (1962), 654.

22 Ibid. 656.

23 Ibid. 657.

24 Ibid. 658.

25 Ibid. 660.

26 Ibid. 661—662.

27 Ibid. 663.

28 Ibid. 682.

29 Ibid. 676; cf. Knecht (1982), 389.

贷款契约”。[30] 一般来说，一个国家的财政和税务官员越少越好。在博丹看来，“因为国王的财富通过那么多官吏经手就会持续变少”[31]。如果必须征税，那么，最能取悦于上帝并比较有利于国家的税收就是课征于奢侈品的税收。[32] 相反，“凡是明君都讨厌‘*Capitatio*’的进口关税”。那些鼓励君主财政创新的人，尤其是那些建议法王通过对休耕地和良田征税将收入增加到 3 000 万里弗尔并废除教士和贵族税收豁免权的“建议者”(“增收建议者”)都遭到了博丹的严厉谴责。[33] 税收是导致国家生乱的起因，就像荷兰“八十年战争”的例子所显示的那样。

博丹列出的包括不可分割的君主立法权在内的绝对权力方程，是一个关于国家发展的重要概念。他在这方面和其他方面提出的理论最终对法国和其他国家的制度发展产生了重要的影响。[34] 但是，他关于统治者财政权力的论述有不少自相矛盾的地方。博丹尤其是在他《国家六论》第一卷《国家》第八章里表示认同的罗马法格言“君主不受法律约束——或者凌驾于法律之上”与他好像驳斥的“需要面前无法律”两者并无很大的区别。因此，博丹在谈到英格兰开征新税要征得议会同意时评论说，“其他国家的国王在这一点上并不比英格兰国王拥有更大的权力，因为世界上任何国家的君主都无权随心所欲地对民众横征暴敛，就如同无权随便拿别人的东西……”[35]发生有明显需要的情况时也许不必惊动议会，但把“需要”——如全国进入紧急状态——作为不经同意就增税或者在恢复和平以后继续征税的理由其实就是恣意妄为。[36] 因此，博丹是“因停果止”(即“需要结束后，需要所要求的东西也应该结束”)格言的拥护者。因此，这是一个博丹留下的“主权—税收悖论”[37]。自然法允许国王陛下的子民拥有财产，就应该承认国王的征税权利。从某种程度上讲，法国王室在 17 世纪往往能接受博丹的观点：“虽然在查理七世治下平民人头税在选

---

30 Bodin, ed. McRae (1962), 675.
31 Ibid. 685.
32 Ibid. 670.
33 Ibid. 671—672.
34 Lloyd (1980); Bonney (1990).
35 Bodin, ed. McRae (1962), 97.
36 Ibid. 664.
37 Wolfe (1968); Skinner (1978), ii, 296—297, esp. 297 n. 1.

举制地区变成了一种常设税，但税收保留了某些其初始自愿性的东西；此外，财政创新是某种紧急状态结束、和平恢复后就应该逆转的东西。”[38]相比之下，后来的政治理论家，如卡丹·勒布雷(Cardin Le Bret)，在他的《论国王的君主权》(*De la Souveraineté du Roy*，1632)中援引了“需要面前无法律”，因而取消了博丹对行使王权的主要约束。[39] 就如勒布雷和其他理论家重新阐释的那样，国王不可分割的君主立法权包括财政权力，并且取消了征税要征得同意的必要性。制定税法就如同任何其他立法行为，在必要时可强制执行。[40] 国家保护其财政利益的强制力是现代国家的一个决定性属性。虽然博丹本人拒不接受这一理论发展，但传承博丹的思想并从中总结出他的推论逻辑的继承人都支持这一理论发展。

霍布斯在这方面起到了非常重要的作用。与博丹不同，托马斯·霍布斯(Thomas Hobbes，1588—1679)认为，国家即便实际不是，但从理论上讲也是依据个体之间的一般契约创建的。这种一般契约规定了一个受权履行确保内部和外部安全职责的君主。在霍布斯看来，财产的存在并不先于国家的形成，只有在君主上位并能够保证安全时，财产才开始存在。此外，授权君主保证安全而不授予君主履行其职责的手段不合常理。因此，霍布斯断言，君主必须拥有结集军队并且不经财产所有人同意征税供养军队的权力。[41] 霍布斯偏好课征于支出的税收，因为这是最不容易逃避的税收：“……当税负落到人们消费的物品上时，每个人都要公平地为自己消费的物品缴税；国家也不会因私人的奢侈浪费而上当被骗。”[42]霍布斯在这个问题上只不过是重复了议会通过1643年消费税的理由——消费税是最容易课征且人们最不在乎的税种。[43]

从他的政治理论中大部分务实的内容来看，博丹要比像霍布斯这样的他

---

38 Bonney (1978)，116 n. 6，216 n. 1.

39 从博丹为1578年版《国家六论》作的序中可以明显看出他把这看作一种约束：Bodin，ed. McRae (1962)，A 71—72。

40 Bonney (1978)，115—116，216 n. 1，219；Guery (1984)，1259.

41 Hobbes，ed. Oakeshott (1960)，117. 本章作者感谢 Forsyth 教授建议笔者与博丹作这一比较。

42 转引自 Seligman (1899)，12. n. 2。

43 Grice-Hutchinson (1952)，61，95：“即使在西班牙货币比较稀缺时期，畅销商品和劳动力的价格也仍大大低于发现西印度群岛以后的价格。发现西印度群岛以后，金银源源不断地输入西班牙，结果导致物价下跌。其中的原因就是：货币在稀缺的地方和时候总比在充盈的地方和时候更加值钱。”

的传承人保守许多。他在经济学上的重要性就在于他在1568年与马莱斯特鲁瓦进行辩论时提出的货币数量理论。博丹有时并没有像他被认为的那样具有独到见解,因为萨拉曼卡大学神学家马丁·德·阿茨皮古艾特扎·纳瓦罗,大约比他早12年就提出了相同的思想(1556)。[44] 但不管怎样,博丹能比他的西班牙前辈更加广泛地宣传自己的论点,并且通常被认为在关于欧洲物价上涨原因的辩论中击败了马莱斯特鲁瓦。[45] 或许,博丹并没有明确表示"国家的财政收入在通货膨胀时期难免会减少,除非采取逆转通胀趋势的非常行动——如法国路易十三(Louis Ⅷ)和黎塞留(Richelieu)在17世纪30年代取得的'成就'"。[46] 此外,如前所述,博丹曾指出,法国的通货膨胀和王室的财政需要问题可以通过征收谷物、葡萄酒和食盐等基础商品的出口税来得到解决。这种想法很可能不可行,但是,基础商品尤其是食品的价格快速上涨倒是很可能直接对王室有利。

6.2 重商主义与西班牙的"乱提建议者"

萨拉曼卡大学的神学家们发展了关于货币起源和职能、货币数量理论、商品和货币价值理论以及购买力平价汇兑理论的思想。[47] 鉴于萨拉曼卡学派神学—经济学家们享有很高的学术威望,因此,卡斯蒂利亚应该最先出现持有被我们称为"重商主义"的明确经济观点的统治者顾问就不足为奇了:[48]在大学基督教神学家与俗人经济学家和"提建议者"之间并不存在任何知识分歧。[49]"重商主义"当然是个新词,亚当·斯密在1776年第一个数落了"重商制度"的

44 Grice-Hutchinson (1978),106.

45 Spooner (1972),92;Bonney (1991b),421—422.

46 Bonney (1992b),118—120.

47 Grice-Hutchinson (1952),60.

48 E. J. Hamilton的论点"17世纪的西班牙作者可被普遍称为'重商主义者'"遭到了de Roover的批评(Roover in Spengler and Allen,1960:98 n. 19)。Grice-Hutchinson (1978:160)认为,"重商主义时代"于1740年前后在西班牙结束,因此肯定在之前早已开始。

49 Grice-Hutchinson (1978),135. 但是,de Roover在Spengler and Allen (1960:92)中表示"重商主义与经院经济学之间存在明显而又深刻的差别"。

所谓罪行,从而催生了后来所说的重商主义概念。[50] 但我们发现,早在1558年就有王室财务总管路易斯·奥尔蒂斯(Luis Ortiz)公然谴责腓力二世治下国际收支逆差给卡斯蒂利亚造成的后果,并且把卡斯蒂利亚的财政困境(前些年不得不重新制订债务偿还计划)与经济状况联系起来。他写道,国王富有"是子民之幸"。但是,国王拮据时,"需要面前无法律,君主就更是如此"。他提出了许多具体的改革建议,包括通货和税制改革以及设立战争基金。[51]

但是,奥尔蒂斯的建议并没有被采纳。到了腓力二世在位末年,好像已经有不少建议改革的论文在流传,因为当时有人提醒腓力二世"小心提防那些乱提建议者(即建议改革的论文作者)的推理和错误前提"[52]。至少有165篇1598~1665年写成的西班牙经济论文存世,这个时期实际完成的经济论文肯定要比这多得多。理论家们主张推行理性、务实的改革:王室支出必须受到控制,停止卖官和彻底改革税制。[53] 虽然他们有不同的经济理论主张——他们中有金银通货论者和反金银通货论者、原始重农主义者和贸易保护主义者,但大多沉湎于卡斯蒂利亚衰落问题的研究。[54] 很多理论家已经认识到了人口状况与经济增长之间的相互关系(这在某种程度上反映了西班牙大学的经济学辩论传统),也了解政府新近进行的调查,尤其是在腓力二世治下完成的汇编成册的土地调查;[55]但是,桑乔·德·蒙卡达(Sancho de Moncada)好像是唯一使用教区地籍册来证明他的故乡托莱多结婚率下降的作者。[56] 其他作者似乎也早已认识到恶性通货膨胀会对王室收入和纳税人购买力造成灾难性的影响。塞略里戈的马丁·冈萨雷斯(Martin Gonzalez de Cellorigo)表示:

---

50 Simith, ed. Campbell, Skinner and Todd (1976), i, 429 (Bk. 4, ch. 1, '*Of the Principle of the Commercial; or mercantile system*')。Heckshер (1935)仍是最重要的综述,不过,还请参阅 Heck-sher in Seligman (1930—1934), x, 333—339; cf. Coleman (1969)。

51 Grice-Hutchinson (1978), 127—130.

52 在很大程度上取决于 Baltasar Alamos de Barrientos 的一篇原文断代时间的可靠性: Ellion (1989), 243 n. 6。如果这篇原文确实写于1598年,那么,"arbitrista"(乱出主意者或乱提建议者)第一次(Cervantes 于1613年)被书面引用就大约提前了15年: Vilar Berrogain (1973), 48; Grice-Hutchinson (1978), 139。

53 Elliott (1989), 231.

54 Elliott (1986), 89—94; Elliott (1989), 219, 244—245, 249.

55 Salomon (1964).

56 Elliott (1986), 94.

"大量铸造货币把人头税和其他赋税增加到了难以为继的程度，除非在全王国范围内持续增发货币以促使物价达到纳税人不得不支付并且为供养君主和偿还他欠下的债务所必需的水平。"(1600 年)[57]

那么，"乱提建议者"究竟在多大程度上成功地影响了政府的政策呢？腓力四世和奥利瓦雷斯(Olivares)两人都评论称，哥伦布简直就像野蛮的安东尼·谢利爵士(Sir Anthony Sherley)那样是一个奇怪的"乱提建议者"。[58] 奥利瓦雷斯是当时的大改革家，但在他的藏书中只有 3 个"乱提建议者"的著作。[59] 不过，其中 1 个"乱提建议者"杰罗尼摩·德·塞巴洛斯(Jerónimo de Ceballos)一部写于 1621 年并于 2 年后出版的著作(*Arte real para el buen gobierno de los reyes y prinicipes*)非常重要。这本书是献给奥利瓦雷斯的，并且主张创建一个全国性的银行系统，王室的收入全部通过银行系统来征收。这个银行系统可以降低征税成本，而银行的资金可用来支付王室必要的支出项目，如皇家舰队的给养支出。此外，塞巴洛斯谴责了已有的赋税，如"百万赋"和商业交易税，并且建议取消这两种赋税，用单一面粉税取而代之。塞巴洛斯这个建议的两个关键方面——建立全国性的银行系统，用一种与国防需要捆绑在一起的新财政体制来取代百万赋——都体现在了 1622 年 10 月的一封国书和奥利瓦雷斯早期版本的军种联盟计划中。[60] 奥利瓦雷斯因推行他的改革计划而陷入了严重的政治困境，而那些"乱提建议者"的观点所产生的净效果令人失望。但从经济理论的角度看，塞巴洛斯一方面由于提出了创立全国性银行系统的设想并且试图让国家财政收入与银行发生关系而成了约翰·劳(John Law)值得关注的前辈，但另一方面又由于他的单一税计划令重农学派迷恋而成了重农学派的先驱。

乔桑·德·蒙卡达在他 1619 年的著述中把政府视为一门学科，每一个行政官员都应该学习它的规律，如货币问题就构成了一门可论证的学科，对政府的理解应该用"一般的科学原理"来指导[61]。他写道，"政府或者国家的存在理

57 Grice-Hutchinson (1952), n. 8.

58 Elliott (1989), 244 n. 8.

59 Elliott (1986), 121.

60 Ibid. 121—124.

61 Grice-Hutchinson (1978), 141; Elliott (1986), 93 n. 32.

由就是创建、保全或者发展王国的方法……""政府学"就是要提供"一套指引人们沿着正确、确定的道路前进……的固定、可靠的规则、标准和价值尺度"[62]。然而,受过"学科"训练的行政官员持有的"西班牙王政复辟"愿景[63](许多"乱提建议者"赞同的观点)仍然非常难以琢磨。1609 年马里亚纳(Mariana)预见到的维隆币暴跌,就像他警告的那样迅速导致王室收入的实际减少。[64]阿里奇亚堡的哈信托(Jacinto de Alcázar Arrizia)[65]和保蒂斯塔·戴维拉[66](Bautista Davila,也提出了改革维隆币的措施)在 1646 年和 1651 年分别提出了单一税计划:这两位作者都心仪一种个人所得税。西班牙政府在 1655 年提出了一种单一税计划对这些建议作出了回应,但这项计划遭到了卡斯蒂利亚议会的否决。[67] 阿尔瓦雷斯·奥索里奥(Alvarez Osorio)在 1686 年书面提出了一个课征于谷物、葡萄酒和肉类等基本食物的单一税方案。[68] 弗朗西斯科·桑塔尼(Francisco Centani)在 1665 年的著述中率先介绍了对于重农学派至关重要的信条,即土地是唯一真正的财富来源。因此,单一税应该"公平地由那些拥有产出本地物产、能供养我们王国子民并构成他们真正物质财富的土地的人缴纳"。桑塔尼声称,他建议的税种不但比已有的间接税公平、容易征收,而且还有通过免征商业交易税来降低价格的好处。[69] 18 世纪中期单一税改革的真正起源可以追溯到这样一种思想——一种在名词之前要加"西班牙式"的重农主义思想。[70]

虽然在卡洛斯二世(Carlos Ⅱ)治下也出现过一些改革主张者,也提出了不少改革思想,但值得关注的是,西班牙拖延了很长时间才真正实施激进的税

---

62 Elliott (1984),167.

63 Tomas Tamayo de Vargas 在他为蒙卡达的《西班牙王政复辟》(*Restauracion de Espana*,1619)作序时用的一个短语:Grice-Hutchinson (1978),141。

64 Grice-Hutchinson (1978),150.

65 Ibid. 147,173 n. 52.

66 Ibid. 147,152,173 n. 53. Schumpeter (1954a:203 n. 4)认为,Davila 的论文是"阐述单一税思想的具有里程碑意义的文献"。

67 Thompson in Hoffman and Norberg (1994),194,203.

68 Grice-Hutchinson (1978),147.

69 Ibid. 147—148,174 n. 54.

70 Cf. Matilla Tascón (1947).

改方案：在推行财政改革时，如1683年，财政收入显著减少。[71] 然而，腓力五世的一个重要财政顾问梅尔乔·德·马加纳斯(Melchor de Macanaz)在卡洛斯二世在位期间提出了自己的改革观点。[72] 马加纳斯在1707年被派往巴伦西亚推行财政和行政管理改革。马加纳斯通过自己在西部省份的努力工作和撰文为自己的行为辩护，促成了沿着一条基本上是西班牙式的财政改革道路创立的新的波旁王朝。[73] 马加纳斯是理论家、建筑师和阿拉贡王室新政权的捍卫者，他成功地实施了奥利瓦雷斯在1640年那么不可思议的失败的改革。腓力五世在废除了阿拉贡、巴伦西亚和加泰罗尼亚的特权后又在这些地区推行了财政改革。杰罗尼摩·德·乌斯塔里斯(Jerónimo de Ustáriz，1670—1732)在他的著述中提到了这次变革。他的《航海和贸易理论与实践》(1724)[74]后来译成了英语和法语出版，亚当·斯密曾援引过英译本的《航海和贸易理论与实践》。[75] 乌斯塔里斯是王室官员，亲身体验过当时评估人口规模的方法。他提供的数据是对这个时期西班牙人口的标准记述，但我们仍有理由认为他的数据多少有点高估了当时西班牙的人口规模。[76] 乌斯塔里斯在论述王国人口规模的语境下援引了沃邦(Vauban)的"皇家什一税"(*Dixme royal*)，[77]而他本人的人口估计数据(750万居民)在18世纪颇有影响。[78] 乌斯塔里斯的著述有双重意义：他在自己的著述中认识到了"想要让西班牙君主国能与对手竞争，就必须持续不断地进行国内改革"，并且发现了财政负担与经济发展之间的关系。乌斯塔里斯是人口要素论者、金银通货论者[79]和重商主义

---

71 Kamen (1980)，366—367.

72 Ibid. 360.

73 Kamen (1969)，48—49，302，310—312，415—419. 虽然马加纳斯在1715年2月和Orry一起被驱逐出西班牙，但他其实与Orry有观点分歧：ibid. 53 n. 27，54，114。

74 Ustariz，trans. Kippax (1751)；Wilson in Otazu (1978a)，189—196；Mounier (1919)；Schumpeter (1954a)，170；Grice-Hutchinson (1978)，160—165.

75 Smith，ed. Campbell，Skinner and Todd (1976)ii，899："乌斯塔里斯把西班牙制造业的毁灭归因于商业交易……"

76 Kamen (1969)，272—273，365—369.

77 Ustariz，trans. Kippax (1751)，i，50—51；Wilson in Otazu (1978)，193.

78 Ustariz，trans. Kippax (1751)，i，73；cf. Herr (1989)，52，757.

79 关于这一点，请参阅Mounier (1919，287)的苛评。Mounier认为，乌斯塔里斯并没有反对输出铸币。

者。正因为如此,他非常清楚英格兰、法国和荷兰不惜牺牲西班牙君主国为它们自己牟利。他断定,西班牙通过从新世界输入贵金属获得的利益可忽略不计,因为由此而产生的收入大部分立刻就转移给了它的贸易竞争对手。更糟糕的是,西班牙的支付机制在17世纪严重退化,以至于交易采用铜币(维隆币)来支付,从而提高了运输成本,而这在法国、英格兰和荷兰是闻所未闻的。[80]

乌斯塔里斯主张西班牙恢复健全的通货制度,并且对它的主要贸易竞争对手征收关税[他称赞英格兰的航海法以及科尔伯特(Colbert)1664年和1667年征收的关税,并且建议西班牙实行进出口关税改革]。他还认为,要想与其他海洋大国抗衡,就必须建立强大的海军。[81] 但更重要的是,他具有人均财政负担意识。他主张废除某些课征于卡斯蒂利亚制造商商品初次销售的间接税[商业交易税和百一税(cientos)]以促进生产。据他估计,加泰罗尼亚1721年的地籍税(*catastro*)从103 360个家庭征收到了差不多1 290万维隆币里亚尔[82],或者从每个家庭征收到了13埃斯库多(*escudo*)。相比之下,巴伦西亚和阿拉贡的税负要轻很多,每个家庭的税负分别只有9埃斯库多和5埃斯库多:巴伦西亚面积要比阿拉贡小,但从西班牙王位继承战开始取得了可观的经济发展,尤其是在丝绸织造方面。阿拉贡贸易没有巴伦西亚发达,人口也较少,这进一步证明了君主的收入和权力更多地取决于"其子民的人数以及他们从事的商业和贸易,而不是君主拥有的疆土"[但在这一点上,他附和了波特罗(Botero)的观点]。[83]

因此,为了刺激商贸发展,有必要采取各种不同的财政应对措施[84]:在阿拉贡实际上就是减少1/3的实物捐税(*real contribución*),也就是按4%而不是6%的税率征收,相当于卡斯蒂利亚免征商业交易税和百一税;在加泰罗尼亚实际上就是按课征于制成品的地籍税减半征收,因为乌斯塔里斯认为10%的税率"难以忍受并且是压在他们身上的沉重负担";但巴伦西亚基本上采取

80 Ustariz, trans. Kippax (1751), ii, 352—353.

81 Mounier (1919), 265—275; Brading in Bethell (1984), 394.

82 Ustáriz, trans. Kippax (1751), ii, 297—298.

83 Ibid. ii, 305 (Aragon); cf. ii, 294 (Catalonia) and ii, 310 (Valencia).

84 Cf. Mounier (1919), 249—253.

了“按兵不动”的策略，因为它率先采取财政激励措施促进丝绸织造的发展。[85] 制造业产出的扩大是实行健全的税收制度的结果，并且能够促进人口规模不断扩大。[86] 尽管各王国在财政体制上存在差异，但财政公正显然都是它们的目标。因此，我们觉得应该特别指出，是乌斯塔里斯的孙子作为地方行政长官负责在埃斯特雷马杜拉（Extremadura）试行重农学派主张的单一税（*única contribución*）。乌斯塔里斯的这个孙子在讨论为了公正和公平而进行财政改革的思想时也援引了沃邦的皇家什一税主张。[87] 在18世纪的西班牙，后来的作者直到18世纪80年代也许大多具有了近代重商主义者的特点。[88] 当时，要求土地改革尤其是亚当·斯密主张的经济自由主义的呼声不断高涨。霍韦亚诺斯（Jovellanos）的土地改革方案（1794年，次年作为社会经济报告公布……权当土地法）同时受到了重农学派和斯密的影响。[89]

6.3　英格兰的重商主义与“政治算术”

约翰·海尔斯（John Hales）的《英格兰王国公共福利对话录》（*A Discourse of the Common Weal of this Realm of England*，1549）是重商主义观点在英格兰的早期表述，但海尔斯在他生活的那个时代相当孤立。海尔斯是一个“天生”的金银通货论者，他认为“如果王国的子民没有财富，国王就不可能拥有财富”。[90] 托马斯·孟（Thomas Mun）的《英格兰得自对外贸易的财富》（*England's Treasure by Foreign Trade*，写于1628年前后，但于1664年发表）较有影响（并且被斯密援引，虽然只是为了反驳）。[91] 这是一本彻头彻尾的

85　Ustáriz, trans. Kippax (1751), ii, 245—246 (Castile); ii, 300, 304 (Catalonia); ii, 307—308 (Aragon); ii, 312 (Valenda).

86　Mounier (1919), 255—259.

87　Otazu (1978b), 71—72, 218.

88　Herr (1969), 48—50; Herr (1989), 68, on Campomanes and Olavide.

89　Herr (1969), 376—379; Herr (1989), 48—59, 70—77.

90　Heckshe (1935), ii, 20 and ii, 45 n. (at ii, 46) on the frequent usage of ‘treasure’; Grampp in Spengler and Allen (1960), 63—64.

91　Smith, ed. Campbell, Skinner and Todd (1976), i, 431—432; Heckshe (1935), ii, 113; Hutchison (1988), 22—23; Mun (repr. 1933), 19.

贸易保护主义和金银通货论小册子。孟在这本小册子中宣称,“对外贸易的真正价值就是为英王带来巨额收入……为我们创造财富提供手段,为我们发动战争提供力量,让我们的敌人闻风丧胆……”[92]于是,以国家的名义赤裸裸地宣布了针对合省联邦的贸易竞争(其实,这本小册子的出版几乎可以肯定是1665年战争爆发前反荷兰宣传活动的一个组成部分):

“……自从他们挣脱了西班牙人的奴役枷锁以来,他们多么令人惊叹地改进了仁政……他们的省份难道不是到处都是来自基督教世界大部分地方的商品,而在基督教世界的大多数地方处处能看到他们的财富、商船、船员、商品和百姓,因此,公共收入和消费税收入增加到了令人惊叹的程度!如果我们拿他们过去历次被征服的惨状与现在的状况进行比较,那么就会觉得他们根本不是同一个国家的民众……”[93]

然而,“勤奋的荷兰人的努力”,结果就“变成了对英格兰人的极大侮辱,而且居然还对英格兰人构成了威胁”。[94] 孟的推导逻辑就是反对荷兰人的贸易保护主义,而且在很多方面,他可被视为英格兰1651年航海法的知识来源。[95]

计算国民财富的尝试主要始于约翰·格朗特(John Graunt)和威廉·配第(William Petty)在1662年合著发表的《对伦敦死亡周报的观察》(*Observations on the London Bills of Mortality*)。[96] 他们俩都很关心鼠疫复发率及其对人口增长的影响。配第曾表示,伦敦每次鼠疫暴发“通常要杀死1/5的居民”[97]。他们俩也很关心国家人力、收入和贸易资源等问题,而威廉·配第爵士(1623—1687)这个英国皇家学会的创始会员[98]能够更透彻地理解医学如何

---

92 Mun (repr. 1933),88.

93 Ibid. 73—74;Wilson (1953),340.

94 Mun (repr. 1933:72,81)还提到了“荷兰人残酷和非正义的暴力”[想必是指安汶岛(Amboina)事件]。

95 Wilson (1965),60—62.

96 Ibid. 227. Riley (1985),xv,10. Riley也把这与荷兰共和国突发生命意外事件的估值联系在一起。关于他们合著的问题,请参阅文献:Aspromourgos (1988),352。关于有争议的原创者问题很可能永远也无法解决,请参阅文献:Keynes (1971),77;Hutchison (1988),42—45。这本书在1702年译成德文出版。Laslett在Schürer and Arkell (1992)中讨论了格朗特(Graunt)、Gregory King和“政治算术”发展的问题。

97 Slack (1985),151,244.

98 Aspromourgos (1988),342.

能为实现重商学派的抱负服务：重商学派希望通过确保广大民众身体健康来为国家增加资源和增强实力，因为瘟疫最终会得到控制。[99] 与后来像坎蒂隆(Cantillon)这样的作者不同，配第坚信人口增长本身就能增产。[100] 虽然他认为英格兰人口每320年翻一番，或者说，他的这个臆断被证明低于18世纪英国的实际人口增长率，但是，配第是最早进行人口预测的学者之一。[101] 配第曾在法国和荷兰接受过教育，当过霍布斯的助手，因此受到了法国政治算术学派的影响。他总想采用英格兰皇家学会以运用"数字和度量衡"为特点的培根归纳法，他的分析难免会建立在会计框架上。[102] 配第完全出于实用的需要写下了《赋税论》(*Treatise of Taxes and Contributions*，1662年)，目的是要为壁炉税辩护。这本书就在议会公布壁炉税授权公告的当天公开发售。然而，配第也论述了增税的一般因果关系。[103] 他注意到了民众不愿缴税以及要求他们按时用货币而不是实物纳税所导致的问题。配第在思考了"造成税收忍受能力不稳定的一般原因"后发现的第一个原因，就是君主有时要求的比实际需要的多。因不必要的支出而滥用收入，显然也是导致民众不满的一个原因。不过，配第研究的主题是政治家们缺少"政治算术"知识：

"对数字、贸易和庶民财富的无知常常是造成庶民遭遇不必要的扰乱——也就是在课征一种税收可能就够了的情况下，非要征收两种或者更多的税收——的原因……

"此外，由于不了解庶民的财富状况，因此，君主也不知道他们的承受能力；由于不懂贸易，因此没有能力判断哪个季节是纳税的适当季节。"[104]

配第是为数不多的表现出对财政负担轻重、国家税收能力与政治宪法之间关系有高度认识的理论家之一。他的论文表明，他非常了解低地国家的地

99　Riley (1985)，20，35. 关于配第是人口要素论者的问题，还请参阅文献：Brewer (1992b)，36。

100　Brewer (1992a)，715.

101　Ibid. 714.

102　Ibid. 713；Endres (1985)，247；Letwin (1963)，115—116，130；Keynes (1971)，86.

103　Chandaman (1975)，78；Petty，ed. Hull (repr. 1963)，i，5—97，esp. i，20—21. 关于配第的重要性，请参阅文献：Schumpeter (1954a)，210—212；Letwin (1963)，140—146；Hutchison (1988)，27—41。在配第的论文中，最早的财政类论文(《如何人尽其才、物尽其用地为政府和国防作贡献》)关注的是货物税：B(ritish)L(ibrary)，London，Petty papers，box g，item 25。

104　Petty，ed. Hull (repr. 1963)，i，34. "政治算术"这个术语第一次使用是在1672年12月，请参阅文献：ibid. i，239 n. 2，244；Keynes (1971)，31。

区支出差额以及法国和爱尔兰的收入体系。[105] 因此，他能够进行明智的比较，就如他在《政治算术》(*Political Arithmetick*，大约完成于 1671～1676 年，但直到他去世后的 1690 年才出版)中所写的那样：

"据说，法王现在要征走其子民 1/5 的财富，并且大肆炫耀他的王国的富庶和强大。现在必须认真地把庶民的财富和专制君主的财富区分开来，还应该清楚是谁、在什么地方、在什么时候和按他想要的多大比例夺走庶民的财富。此外，两个君主的子民也许一样富有，但其中一个君主的财富可以是另一个的 2 倍，也就是说，如果其中的一个君主攫取其子民 1/10 的财富供自己支配，而另一个君主只拿其子民 1/20 的财富供自己支配。子民较穷的那个君主也许比子民较富的君主更加显赫、更负盛名，法国的情况或许有几分相像……"[106]

但除此之外，配第就是 17 世纪"提建议者"的典型，并且把重商主义者、金银通货论者和低息贷款建议者们的志向通过他的想象力天赋实现了完美的统一。他宣称，贸易的增长主要且理所当然地取决于人口增长，而不是仅仅取决于利率。[107] 如果在 25 年里人口能翻一番，那么，英格兰、苏格兰和爱尔兰的财富就能增加 1.619 亿英镑，而财政负担(他认为已经占国民生产总值的 5%)则可下降到 1%，利率也会下降。[108] 但是，人口如何才能快速增长呢？在德国官房经济学派之前，配第就认定应该鼓励移民移入，并且像"政治算术中的一个问题"所建议的那样，应该设法让 100 万爱尔兰人移民到英格兰，这样就会增加国民生产总值，进而增加王室收入。[109] 配第在他第一部名作《赋税论》中就已经表达了他的"精确计算为杜绝财政舞弊所必需"[110]的思想。而且在临终前，配第又在他的"国家的土地和人口账应成为政治家观察国情的眼镜"(*Accompts of the Lands and Hands of a Nation, Making a Paire of Spectacles*

---

105 BL Petty papers, box a, nos. 28, 30, 32 (fo. 3), 33, 34, 36, 49, 51—53.

106 Petty, ed. Hull (repr. 1963), i, 272—273. 从致配第的信可知，手稿在 1673 年 10 月和 1674 年 4 月已经在传阅：BL Petty papers, vol. vi, items 51, 52。

107 *Petty Papers*, ed. Lansdowne (1927), i, 247—8; BL Petty papers, vol. i, item 49.

108 *Petty Papers*, ed. Lansdowne (1927), ii, 55—57; BL Petty papers, vol. i, item 22. 关于占庶民支出 1/20 的说法，请参阅文献：iv, items 21, 34, 36。

109 *Petty Papers*, ed. Lansdowne (1927), i, 1; BL Petty papers, box c, item 13.

110 Petty, ed. Hull (repr. 1963), i, 53—54.

through which Statesmen May Look upon their Business，1686 年）中建议要"确切、全面地了解王国的土地、人口和财产"，以使课征"比例税"和征收成本减半成为可能。[111]

配第在第三次英荷战争爆发前非常关心政府的财政问题，这一点并非广为人知。配第在 1671 年 9 月写给国务大臣阿灵顿（Arlington）、一个被称为"阴谋集团"的大臣团体的重要成员的信函中称：奉国王陛下之命，他思考了新税怎样才能"公平并按比例课征于所有的人和所有的物"以及"怎样才能快速、安全、低成本地收到税收"的问题。他考虑的第二个问题不只是如何建立新的财政体系满足当前的需要（"出现某种单一紧急情况"），而且还涉及以后王室能够判断任何税收方案可能具有的"实际效果和价值"。国王必须能够了解"其子民的财富和效率"，就如通过他们的支出以及土地、劳动和动产收入可以估计的那样。这样，国王就能判断"其子民在最严重的极端情况下能够拿出多大份额或者比例的财富，而在平时最宁静、安全时期贡献多大份额或者比例的财富就够了"。"必须采用引人注目和可考查的方式对人口进行精确统计，以防在这个重要问题上凭想象恣意妄为。"他还建议，这样的调查应该从 1671 年 9 月到 1672 年 12 月的一年多时间里完成，并且应该包括根据年龄、职业、官职、爵位、宗教信仰或者其他条件进行的人口普查；每个教区的土地价值、数量、质量、位置、出租价值等都应该登记在册；王国每栋房子的外部尺寸、位置（在城市、集镇还是村庄）、租金和价值也应该详细记录在案；每个居民的财产（包括家具、衣服和用具以及容器和里面盛放的物品）也要进行价值评估；最后，包括船舶和出口商品、济贫事业费等其他形式的财产（"门外财产"）也要评估。配第宣称，开展这种调查的目的并不是"让国王能够征收多于需要的税收，而只是为了便利、确定、公平地收到国王所需的税收"。从某种意义上讲，配第没有取得成功。他向阿灵顿提出了一份相对于当时的需要太过雄心勃勃的计划，这份计划除了有重建英格兰人在共和政体结束时已经觉得寿终正寝的侵略性国家的风险之外，执行起来也代价太高。配第的这些思想虽然没有取得成功，但仍具有重要的开创意义。配第在给阿灵顿的一个密件中列数了

---

111 Petty papers，ed. Lansdowne (1927：i，193－198)并没有复制"BL Petty paper"(vol. iv，item 33：arts. 33，34)中的最后几点。

“这样记账”的许多好处。他罗列的这些好处以及他对鼓励人口增长的兴趣几乎涵盖了 18 世纪官房学派和后来的地籍改革运动的方方面面：

1. 公平评估上述任何一种财产。
2. 防止包税人和征税人牟取非法利得。
3. 了解全王国的财富和国力。
4. 既要从容培养又要补强各种适用于不同用途的力量。
5. 了解为维持治安需要多少军队。
6. 弄清会使整个王国变穷还是变富。
7. 子民是否胜任现职以外的其他职业……[112]

随着威廉·配第爵士和他的传承人格雷戈里·金(Gregory King，1648—1712)以及查尔斯·达夫南特(Carles Davenant，1656—1714)著述的不断问世，[113]我们也迎来了把不同国家的资源作为国家间竞争的一个方面来进行系统比较(或至少经常在辩论中提到)的时代。格雷戈里·金在《自然和政治观察》(*Natural and Political Observations*，1696 年)中对英格兰、法国和荷兰的人均财政负担进行了比较，并且断定荷兰的税负是另外两个国家的 2 倍。但是，他的计算结果因严重低估法国的人口而错误百出。[114] 达夫南特在《论英格兰的公共收入与贸易》(*Discourses on the Public Revenues and on the Trade of England*，1698 年)中也对这三个国家的税负做了类似的比较，[115]但比配第或格雷戈里·金引发了更加激烈的辩论，并且把“政治算术”提升到了一门事实上的政府学的高度：

“我们所说的政治算术是指用与政府有关的事物的数字来推理的艺术。这种艺术本身无疑已经非常古老，但把它应用于特定的收入和贸易目标是从威廉·配第爵士开始的……他通过考察一个国家国民的秉性、他们的地位和

---

112 BL Petty papers，box c，item 23.

113 关于他们的重要性，请参阅文献：Schumpeter (1954a)，210 n. 3 and 212—213；Hutchison (1988)，46—53。

114 Wilson (1969：120)用表格列示了这些数据。法国人口的计算结果(1 400 万)明显太小：Le Roy Ladurie (1968)，1 096。

115 Davenant，ed. Whitworth (repr. 1967)，i，250. 这些数据后来经 Forbonnais 修改，他按 1 英镑兑换 13 图尔里弗尔的汇率把英镑换算成了图尔里弗尔。更贴近实际的汇率可能是 1 英镑兑换 15 图尔里弗尔：Véron de Forbonnais (1758)，ii，296。

财富、他们的领土、他们的土地和贸易就能知道这个国家能够征收哪些税，通过比较就能合理推测另一个国家能征收哪些税。因此，用它就可以八九不离十地推断这两个国家如果交战能持续多久……”[116]

无论正确与否，达夫南特认为，在奥格斯堡同盟战期间，荷兰人缴纳的税要占到他们国民收入的 1/3（只有“对其子民进行这样的横征暴敛才可能达到财政负担太重的程度”）[117]，而和平时期也大约占到国民收入的 1/4。[118] 同期，法国的税收约占其国民收入的 1/5，而英格兰只占其国民收入的 1/8。换言之，按照占国民收入的比例计，英格兰的战时税收只略高于法国和平时期的税收。[119] 因此，财政负担占国民收入的比例或者我们所说的税基与国民总产品之间的关系应该是：

“我们所说的年收入是指任何国家的全部土地及其产品、外贸以及手工业和制造业等国内商业的全部收入……政府收入只占这个年收入的一部分，而政府的支出也只占全国年支出的一部分。凡是政府收入占全国总收入比例过大的国家，就如法国，平民百姓必然为重税所累，苦不堪言。”[120]

在达夫南特看来，政治算术说明了奥格斯堡同盟战在 1697 年结束的原因：

“……时间已经证明，英格兰拥有的资金要比通常认为的多几百万，而法国的债务比通常想象的要多好几百万……他们的年收入并没有达到我们 2 倍的水平，而他们的债务，加上战前已经欠下的债务，总共要比我们多 5 倍以上；而他们的政府支出肯定超过英格兰。我们显然能比那个王国更快地恢复贸易；除此之外，他们在战争期间缺少谷物，几乎达到了饥荒的程度。营养不良肯定已经杀死他们很多平民百姓，他们只出口很少的国内产品，对新教徒的迫害肯定迫使比原先想象的更多的居民背井离乡，所有这一切必然会严重减少他们的年收入，致使他们无法在一年内筹到（必需的）1 600 万（英镑）。他们

116　Davenant，ed. Whitworth (repr. 1967)，i，128，134—136. Davenant 也介绍了 Gregory King 对“政治算术的一般认识”：ibid. i，137。关于 Davenant 希望能理性决策和制定政策这一点，还请参阅文献：Hume (1974)，476。

117　Davenant，ed. Whitworth (repr. 1967)，i，268.

118　Ibid. i，253.

119　Ibid. i，142，253.

120　Ibid. i，251—512.

的王室每年要增加这么多的债务，因此，他们的政府无论如何都不能让战事再延续很长时间……虽然我们的税负也很重，但我们的国力仍然很强，并没有像法国那样已经被之前的横征暴敛消耗殆尽……”[121]

虽然亚当·斯密宣称他“并不十分相信政治算术”[122]，而且从思想意识上反对测算税基的做法，但毫无疑问，配第、达夫南特、约西亚·柴尔德爵士和格雷戈里·金的研究为英格兰—苏格兰自由主义思想在18世纪取得成功铺平了道路，并且对欧洲大陆特别是法国产生了非常大的影响。[123] 约翰·洛克(John Locke)对货币理论作出的贡献也不应该被忘记，因为他对坎蒂隆提出更加先进的思想产生过影响。在《关于降低利率和提高货币价值的影响的若干思考》(*Some Considerations of the Consequences of the Lowering of Interest and Raising the Value of Money*，1691年)中，洛克早在重农学派诞生前半个世纪也曾认为，“税收无论怎样设计……多半最终课征于土地”。[124]

6.4 人口要素论、官房经济学和国家人力资源的财政影响

博丹讨论过人口规模问题，并且认为法国能供养很多人口，但并没有就此而提出人口理论，也没有把人口问题与他的财政理论联系起来。[125] 这项工作就留给了一位在1585年访法期间曾经读过博丹主要著作的作者[126]，这位作者就是大部分职业生涯任米兰博罗梅奥大主教秘书和顾问的皮埃蒙特耶稣会教士吉欧瓦尼·波特罗(Giovanni Botero)。吉欧瓦尼·波特罗在他的《都市繁

121 Ibid. i，265—266.

122 Smith，ed. Campbell，Skinner and Todd (1976)，i，52，534.

123 Hecksher在Seligman (1930—1934：x，338)认为，重商主义学说主要是“由一些17世纪的英格兰作者发展起来的”，而德国作者“只在这个领域作出了很少的原创性贡献”。这个结论贬低了官房经济学的原创性。

124 Locke，ed. Kelly (1991)，272；Brewer (1992b)，145；Hutchison (1988)，56—75. 没有证据能够表明，Locke了解Francisco Centani的著述：Locke，ed. Kelly (1991)，96—100。

125 Spengler (1942)，13—15.

126 Botero，ed. Waley and Waley (1956)，x.

华》(*The Greatness of Cities*,1588 年)中(用简直就是马尔萨斯的话)指出,[127] 由于生计危机和瘟疫肆虐,因此,城市和王国的人口不可能"过度增长"。[128] 他无疑是讲述了米兰不久前的那段历史(1576～1577 年的鼠疫大约夺走了米兰 18%居民的生命),[129]并且指出鼠疫"以夺走更多生命的方式更加确定、更加经常地"影响着城市。[130] 在他提到的各种不同的关系中,特别是在他的《国家利益》(*Reason of State*,1589 年)中,波特罗推出了一种早期版本的衡量和评估国家实力的标准,如君主收入、工农业繁荣水平,而最重要的是人口规模。[131] 他在《国家利益》第七篇中阐述了人口增长有利于国民财富增加的正当理由。在他后来被频繁引用的文字中,他表示"统治者的真正力量"在于"他的子民:因为统治者所有其他资源都依附于他的子民"。[132] 他认为,"如果西班牙被视为不毛之地,那不是因为土地贫瘠,而是因为居民稀少"。[133]

波特罗的《国家利益》在 1596 年被翻译成了德语,并且在斐迪南二世(Ferdinand Ⅱ)成为皇帝之前传到了他在格拉茨(Graz)的王宫。[134] 耶稣会士作为皇帝忏悔师的作用、意大利化在奥地利哈布斯堡王朝宫廷的影响以及"三十年战争"期间灾难性的人口减少都促进了人口要素论思想的传播。"Cameralism"(后来在神圣罗马帝国的诸侯国或者领土国家被称为"官房学派")就是奥地利和德国版本的重商主义。尽管经济学家赫克歇尔(Heckshe r)否认

127 Cf. Schumpeter (1954),254:"撇开不重要的内容不谈,马尔萨斯人口论主要是在波特罗 1589 年提出的观点上充分发展起来的。"实际上,在波特罗的悲观主义(人口增长与实际或者潜在的贫困相关)与他的人口要素论(国家的强大源自它的人口规模)之间存在着很大的分歧。

128 Botero,ed. Waley and Waley (1956),279.

129 Biraben (1975－6),i,156. 这场鼠疫被称为"圣卡洛"(di San Carlo)瘟疫,因为 Borromeo 为受害者做了很多工作:ibid. ii,81。

130 Botero,ed. Waley and Waley (1956),277.

131 Riley (1985),40;Elliott (1986),93;Hutchison (1988),18－19.

132 Botero,ed. Waley and Waley (1956),143.

133 Ibid. 145;Elliott(1986),93 and Elliott (1989),255. Elliott (1989)表明,西班牙的"乱提建议者"们了解波特罗的论点。

134 Bireley in Bvans and Thomas (1991),232;Tribe (1988),27－28.

"奥德版"重商主义的独创性，[135]然而，早期的奥、德重商主义者并不明确区分政治和经济任务，但明显更加强调财政政策，[136]并且持统治者利益与民众利益不可分离的"Polizeistaat"(德语，有"警察国家"的意思)观。历史学家贾斯特斯・克里斯托夫・迪特马尔(Justus Christoph Dithmar，1677—1737)在1731年撰文表示，官房学派的目的在于研究"如何为总体改善和利用公益维护能力筹款并做到年年有余"。[137] 改善国家组织建制及其原官僚机构显然是官房学争论的基本问题，并且通过后来像法伊特・路德维希・冯・泽肯多夫(Veit Ludwig von Seckendorff，1626—1692)[138]这样的作者，在像梅尔基奥・冯・奥斯(Melchior von Osse，1506—1557)这样的早期思想家与利奥波德一世(Leopold Ⅰ)治下的哈布斯堡王朝的官房学者之间建立起了联系。[139] "奥地利"这个词是要避免使用的，因为这三个17世纪晚期的主要理论家没有一个是奥地利人，而且都旅居国外，不是旅居英格兰，就是侨居合省联邦。因此，无法对官房学与西欧的重商主义思想作明确的区分。[140] 约翰・约钦姆・贝歇尔(Johann Joachim Becher，1635—1682)严重受到荷兰思想和实践的影响，在1665年被任命为利奥波德一世的经济谋士，并且在这个职务上一直做到1677年。他的《政治语篇》(*Political Discourse*，1668年)也证明他是一个人口要素论者。他在重农学派之前就强调指出了消费者支出创造收入，但没能把这一概念转化为分析原理。[141] 奥地利一个名叫威廉・冯・施罗德(Wilhelm von Schröder，1640—1688)的盐税行政官是托马斯・孟的信徒，并且深受英格兰

135 Hecksher (1935:ii,262—263)认为，"他们与西欧作者几乎没有什么共同之处"。请对 Seligman (1930～1934年)中的 Sommer (ii,158—161)和 Sommer (1920～1925年)进行比较。Sommer 把"Cameralism"表述为"德国和奥地利版的重商主义"。在 Tribe (1988:66)看来，"给 Justi 或者任何其他官房学派作者贴上'重商主义者'的标签，可能都有严重的误导之嫌。然而……在官房学派的话语中有一些相当自然地符合斯密的重商主义概念的特点"。本章作者感谢曾提交官房学工作论文的 Janos Barta 教授给予的慷慨帮助。

136 Meyer (1991)，31. 但这一点并非明确由 Raeff (1975)和 Raeff (1983:118)提出。

137 Tribe (1984)，264；Tribe (1988)，52.

138 Tribe (1984)，271 n. 27，272；Small (1909)，60—106.

139 Johnson (1964).

140 Bérenger(1975)，187—188. Bérenger 也证明了 Bechervon Hömigk 与 von Schroder 有婚姻关系；Kann (1973)，28—31。

141 Schumpeter (1954a:283—284)强调了 Becher 观点的独到性，并且把这称为"贝歇尔原理"(Becher's Principle)；Braun (1975)，306—307；Small (1909)，107—134；Hutchison (1988)，91—93。

"政治算术"学派的影响。[142] 他在自己的《财政官房与君主收入》(*Treasury Chamber and Prince's Income*, *Fürstliche Schatz und Rentkammer*, 1686年)中表示,"如果君主欲从其子民那里索要任何东西,先必予以他们美好的生活"[143]。(君主——从子民身上剪毛——的剪毛者形象源自孟。)他认为,对统治者收入的管理就"在于适当地分拨支出经费",但还要增加他的收入。[144] 施罗德设立义仓(*granarium publicum*)的想法本身并无独创性,但认识到了国家因突然发生饥荒而陷入困境的可能性。施罗德反对领地,但重要的是,弗里德里希·威廉·豪格威茨(Friedrich Wilhelm Haugwitz)伯爵这位18世纪40年代奥地利意义深远的改革的支持者是施罗德的信徒。[145] 施罗德的著述,但最重要的是,他关于开征所谓"荷兰税"(dutch tax)——一种课征于居民总财产的百一税,这种税能使王室分享源自经济繁荣的财富增量——的主张,在瑞典颇有影响。瑞典就是受他著述的启发,在查理十二(Charles Ⅻ)治下进行财政实践的。[146] 第三个作者菲利普·威廉·冯·霍尔尼格(Philipp Wilhelm von Hörnigk, 1638—1714)在很多方面都是个小人物,但他的著作(《奥地利只要愿意,就能超越一切国家》(*Austria above All, When it so Wishes*)是18世纪再版最频繁的著作(从1684年到1784年总共再版了16次)。他在书中断然宣称,奥地利的世袭土地能够供养2倍于已有水平的人口。[147]

普鲁士的两所大学在1727年开设了最早的官房学派政策讲座[148]。从此,官房学派的影响与日俱增,但速度较慢,[149]因为官房学或者政治经济学讲座不

142 Barta 有关官房学的未公开发表的工作报告. Small (1909), 135—174; Bérenger (1975), 188; Hutchison (1988), 90, 95—96.

143 Heckshes (1935), ii, 20—21; cf. Dithmar 在1731年给官房学所下的定义是"关于如何正确使用统治者领地和权利以及如何为统治者筹集、增加和使用收入来维护公共利益的学问": Tribe(1988), 52。

144 Tribe (1984), 270. 他使用"menagie"这个词来取代"management"。

145 Dickson (1987), i, 225 n. 20 and ii, 8 n. 19; Scott in Scott (1990), 152; Schroder 的著作在1744年和1752年两次再版,但应该注意他的思想拖延了很长时间才付诸实施。

146 Hatton (1968), 344.

147 Sommer in Seligman (1930—1934), ii, 160. 他强调指出了像 von Justi 和 von Sonnenfels 这样的后续作者的人口要素论观点: Hutchison (1988), 93—95。

148 Tribe (1988), 42—43.

149 Ibid. 46.

断增加。两位在德国大学受到最多关注并且担任官房职务的作者是尤斯蒂(Justi)和索南菲尔斯(Sonnenfels)。[150] 约翰·海因里希·戈特勒布·冯·尤斯蒂(Johann Heinrich Gottlob von Justi,1720—1771)在1755年发表了他最重要的著作《国家经济》(*Staatswirthschaft*)。[151] 虽然作者把这本书献给了玛丽娅·特蕾莎(Maria Theresa),但此书深受普鲁士行政管理实践的影响(本书的作者从1757年开始为丹麦效力,后来从1758年起又为普鲁士效力)。尤斯蒂把官房学视为一门"关心如何在经济上为国家征集财产……以及(如何)拿国家的财产为统治者及其子民……谋取公共福利的学科"。[152] 在尤斯蒂看来,官房学的宗旨就是要灌输正确理解如何扩大国家财政基础和如何利用国家财政基础的思想:"官房学家关心的是在不对整体造成不利影响的前提下,从国家总财富中为政府必要的开支征收那部分最容易获得的财富"。[153] 为此所必需的技能不但包括王领管理、王权开发利用,还包括正确认识财政政策与经济发展和鼓励人口增长之间的关系:荷兰的例子表明,一个国家绝不会人口过多。[154] 尤斯蒂指出,如果要采纳某项类似于沃邦的皇家什一税那样的计划,那么能征到的税款有可能不够;到了18世纪上半叶,尤斯蒂认为,"大多数国家的政府要以赋税的形式征收占其子民全部收益和利润1/4的收入"。[155] 他在亚当·斯密提出税收四原则之前为税捐制度规定了6条原则。[156] 第一条,国民必须在"不自我剥夺生活必需品并不侵害(原文如此)自己资本"的前提下有能力缴纳税收。第二条,"必须按照非常公平的原则和公平的比例对国民征税"。第三条,"征税方法必须具有国家和国民的利益以及公民自由不受侵害的特点"。尤斯蒂写道,"第四条基本规则就是征税工作应该根据国家的性质和政府的形式来组织"——这是一种处于萌芽状态的财政立宪思想。他认为,包税制不适合共和政体,"难怪荷兰民众大约在16年前——也就是1748

150 Ibid. 117—118.

151 Schumpeter (1954),170. Schumpeter认为他是在1717年出生的。

152 Tribe (1984);Tribe (1988),73.

153 Walker (1971),162.

154 Justi (1758);Small (1909),341—343,421—422;Tribe (1988),62—65;Hutchison (1988),149—151.

155 Monroe (1951),387.

156 Ibid. 379—399.

年——奋起反抗包税人”。[157] 他最后指出,“第六条也是最后一条规则,就是对税收应该妥善安排,以便国家和国民都能以最便利的方式和尽可能小的代价征到和缴纳税款”。尤斯蒂坚信国家应该收集信息:统计局应该从海关官员那里收取报告,并且为统治者及其大臣编制年度报表。[158] 在腓特烈二世治下的普鲁士(相对比较先进),“我们已经经历了开明的改革,并且迎来了国家的繁荣”[159]。虽然普鲁士国王对公益有承诺,[160]但官房学家的建议与政府的实践之间仍存在很大的差距。[161] “开明”改革的著名批评者奥斯纳布罗克的贾斯特斯·莫泽(Justus Möser of Osnabrück,1720—1794)认为,在政治主张上实际存在多样性,并且应该加以保护。在他看来,“简单、唯一的思想标志着明确的通往……专制之路”。莫泽援引了内克尔(Necker)的格言:“所采用的原则越具一般性,那么,所采用原则与原则被应用的对象之间的差距就越大。”因此,他虽然主张进行区域经济规划,但仍能充当专制政治严厉批评者的角色。[162]

如果说尤斯蒂超前提出了一些重农学派的思想,那么,约瑟夫·冯·索南菲尔斯(Joseph von Sonnenfels,1732—1817)受到了他们中的一个最重要的评论家贝隆·德·福尔包奈(Véron de Forbonnais)的影响。[163] 索南菲尔斯的《治安[164]、商业和财政科学的基本原理》(*Principles of Police, Commercial and Financial Science, Gntndsötze aus der Polizey, Handlungs-und Finanzwissenschaft*)于1765～1776年分3卷在维也纳出版。这部著作论述了国内治安、商业和财政科学的基本原理,最后一部分的内容还包括国家筹款的首选方法。尤斯蒂和索南菲尔斯两人都是人口要素论者,[165]并且明确把人口

157　Ibid. 397. 关于民众抢劫包税人住宅,请参阅文献:Prak (1989),171。

158　Johnson (1964),389.

159　Quoted in Brunschwig (1974),21.

160　Hubatsch (1975),70;cf. ibid. 71:腓特烈二世没有接受 de Launay 超前的建议;如果接受的话,那么,“一切都将完蛋”。

161　Johnson (1964);Johnson (1975),105. Justi 就在他被任命为矿山巡视员 3 年后,也就是 1768 年病死在普鲁士的监狱里。Braun (1975:308)强调了普鲁士模式对于 Justi 的影响。cf. also Small (1909),312—313。

162　Parry (1963),187—188;Knudsen (1986),120.

163　Tribe (1988),79—82.

164　“治安”(police)一词在这里按“行政管理”(administration)解释。

165　Kann (1973),175;Tribe (1988),65,85—86.

众多和增长视为国家及其财政实力的来源。对于索南菲尔斯来说,“发展公民社会”是政府的主要目的。这个主要目的对于政治事务的各个方面都至关重要,如对于国防、促进民事管理、商品消费和流通以及税收都非常重要。此外,人口增长能够减轻人均税负:

“因此,社会的扩大能把社会内部所有分散的次要手段动员起来,共同增进公共福利……我们把通过鼓励人口增长来促进公民社会发展作为治国方略及其所涉及的各种学科的主要和一般原则。是否有利于人口增长,或者是否不利于人口增长,是检验每项为增进公共福利而采取的措施的标准”。[166]

索南菲尔斯的《治安、商业和财政科学的基本原理》第三卷都是论述财政管理的。[167] 对国家与家庭的区分显示了欧洲财政国家发展的一个基本事实。在私人家庭,收入决定节支需要或者增支能力;但国家却没有这样的机会:如果有外国军队来犯,国家就不能仅仅因为收入不足而减少防卫支出。支出只是在一定限度内可能已知,收入就更加不确定,而国家的需要是由支出而不是收入驱动的。[168] 索南菲尔斯列举了经常性收入和临时性收入的不同构成项目。虽然他对重农学派提出的课征于净收入的单一税表现出了一定的兴趣,但仍认为(就像亚当·斯密),把农业作为国家唯一的财富来源是错误的。[169] 索南菲尔斯还表现出对包税制的敌视,但也承认包税制有利于通过扩大税基和减少征管费用来增加国家收入。他也意识到信用对于国家财政的重要性不断提升,但又坚持官房学派的传统观点——信用体系应该限于国内。尽管荷兰的国际金融投资在18世纪下半叶获得了发展,但在索南菲尔斯看来,这不利于国家在国外借贷:至少,如果向本国信用体系借贷,那么财富再循环的好处就归属本国公民。[170] 同时,如果国家依靠本国的信用体系,基本上就能规避劳氏信用体系的失误,也就是高估本国金融资产。

---

166 Braun (1975),304,309;Bartlett (1979),24,273 n. 77(关于引语)。在其他方面,Walker (1978:146)把索南菲尔斯看作一个颓废的思想家。Kann (1973),174—181;Hutchison (1988),252—253。

167 Tribe (1988:89)“对我们的研究几乎没有什么兴趣”。

168 Barta 未发表的有关官房学的工作论文引用了索南菲尔斯(1771—1776:iii,37—39)的著述。

169 Barta 未发表的有关官房学的工作论文援引了索南菲尔斯(1771—1776:iii,296)。Cf. Tribe (1988:89). Tribe 认为,他的研究参考了 Véron de Forbonnais;Small (1909),583—584。

170 Cf. Riley (1980);Small (1909),54.

虽然重农学派思想一度在德国非常流行，但18世纪最后10年读者最多的外国作者并不是任何一个重农学派作者，甚至也不是亚当·斯密，而是曾在欧洲大陆居住过的詹姆斯·斯图亚特（James Steuart）爵士。1782年，冯·普法费尔（von Pfeiffer）认为，亚当·斯密的《国富论》（*The Wealth of Nations*）只不过提出了“一种精练的重农主义经济系统”，但直到1794年还可以说，斯密绝对没有任何“改变我们国家经济学说……的影响力”。[171] 然而，从18世纪90年代起，斯密开始在德国产生比他生前大得多的影响。例如，萨托里乌斯（Sartorius，殁于1828年）在1796年宣称，斯密已经“发现了经济真谛”，并且想宣传他的研究发现。[172] 随着由此而产生的知识的不断发酵，一个新的国民经济概念逐渐开始取代在大学里教授的官房学。在这期间，官房学派的思想已经开始影响俄国政府的实践，但确切的影响方式仍令人困惑，并且把启蒙运动的“豪言壮语”抛在了一边。[173]

6.5　法国：财政改革探索、重农主义和净所得税

在路易十四治下，法国战争连绵不断，由此造成的财政压力引发了一场财政改革辩论。沃邦元帅塞巴斯蒂安·勒普雷斯特雷（Sebastien Le Prestre, Maréchal de Vauban，1633—1707）、鲁昂（Rouen）警察总监皮埃尔·勒裴桑·布阿吉尔贝尔（Pierre Le Pesant de Boisguilbert，1646—1714）和圣皮埃尔神父查理·伊雷奈·卡斯特尔（Charles Irénée Castel, abbé de Saint-Pierre，1658—1743）三人主导了这场辩论。[174] 沃邦的贡献是这三个人中最为熟知的。他的“皇家什一税计划”于1707年非法发表。不过，这篇文章的发表对这场辩论的影响[175]还不及7年前（也就是1700年6月）有人（“想平息平民人头税导

171　Tribe (1988)，144—145.

172　Ibid. 165.

173　Raeff (1983)提到了改革法令，但没有明确提到改革的思想运动。De Madariaga in Scott (1990:306)评论称，叶卡捷琳娜二世（Catherine Ⅱ）认为许多有用的思想“都有它们的德国官房学思想渊源”。

174　Schumpeter强调了布阿吉尔贝尔作为重农学派先驱的重要作用：Schumpeter (1954a)，203—204，215—216；Vaggi (1987)，78；Gross (1993)，83—87。

175　Vauban, ed. Pemot (1988)，ix—xiii.

致的混乱”)把这篇文章的手稿念给国王听所产生的影响。沃邦认为,已有赋税(平民人头税、贡金、关税、教士什一税和临时税)大多可以废除;课征盐税的食盐售价在减税后可以降低一半。他谴责了把平民人头税作为对人税和土地税来征收的弊端,认为应该用仿照教士什一税的新税来取代这些税,[176]在与省级地方行政长官进行认真磋商以后可以建立这种新税制。[177] 沃邦为鲁昂和韦泽莱(Vézelay)选区对一个把平民人头税改为皇家什一税的样本进行了估计[178]:在这两个选区,新税的收入可能会多于旧税,原因是现有教士什一税的情况就是如此。沃邦估计的皇家什一税的可能产出(1.16 亿里弗尔)本身想必多少是被夸大了,[179]但他提出了一种估计整个王国税收的方法。这样,统治者不用巡视远离京城的省份就能通过短短 1 小时的闭门研究确定所有必要的细节。[180] 这种方法本身要比他提出的全部具体建议更有影响。这些税改计划在实施过程中遇到了巨大的困难。1718 年,法国小范围——尼奥尔选区以及拉罗歇尔总督区的 5 个选区——推行了一种版本的沃邦计划,结果发现这项税改计划并不可行,于是在 1722～1723 年不得不放弃。[181]

布阿吉尔贝尔谴责沃邦的税改计划。[182] 不过,他同意平民人头税征管非常腐败的说法,认为这种税收必须被取代。他也坚持应该用一种税收来取代一系列不同税收的想法,但在三个方面与沃邦存有分歧。首先,教士什一税的收入通常要比平民人头税的收入少很多:他列举了诺曼底拱桥选区和巴黎选区这两个例子。其次,布阿吉尔贝尔认为,正是因为平民人头税的豁免权为特权阶层带来了巨大的经济利益,所以,为他们保留豁免权令人妒忌:如果取消全部其他税收,那么,皇家什一税必须规定 4 倍于平民人头税的税率。这必然会导致社会的不满,特别是政治上最重要的社会群体的不满。最后,在沃邦认

176 Ibid. 7.

177 Ibid. 78.

178 Ibid. 83—92.

179 Ibid. 66.

180 Ibid. 151;Perrot (1992),31—32. 这项计划差不多是在省长们提交勃艮第公爵指示备忘录的同时提交的:Perrot (1992),24。

181 Desaivre (1880).

182 A[rchives] N[ationales],Paris,G7 721 no. 6,untilled memorandum of Boisguilbert against Vauban's Projet d'une dixme royale. This is reprinted in Boislisle (1874—1878),ii,514—546 and Boisguilbert,INED edn.;(1966),i,270—274;Spengler (1984);Hutchison (1988),107—114.

为可在皇家什一税制(就如在教士什一税制)下[183]继续利用地方征税机制,在布阿吉尔贝尔看来不可沿用:没有农民愿意冒疏远自己领主的风险去承担缴纳皇家什一税的义务。

沃邦遭受的严厉批评促使布阿吉尔贝尔提出自己的税改建议。到了1703年10月,他为日后的税改提出了不少建议:与其征收很多不公平的小税,还不如征收一种公平配赋的大税("税负分摊公平绝对必要,或者一切都将完蛋……")。税额或者税率必须从一开始就确定,因为任意征税会招致强烈的抵抗。法国应该学习其主要竞争对手,特别是英格兰的土地税(他认为这种税应该比实际有效得多:"纳税人毫无抱怨地把自己1/5的收入直接缴给大领主用于攻打法国"[184])。他后来在他的《法国实情陈述》(*Factum de la France*,1707年)中表示,英国和荷兰在毫不强制的情况下课征一种税,就能分别征收到占它们财政收入1/5和1/3的收入。在这两个国家,财政收入(他认为)约为1亿里弗尔,而法国的财政收入是3亿里弗尔,请记住法国有较多的财富和较强的财政能力。法国应该把税种减少到三到四个,并且就像荷兰和英国那样更加高效和公平地征管税收。[185] 在布阿吉尔贝尔看来,1582年收到3 200万里弗尔财政收入的亨利三世要比1695年收到1.12亿里弗尔财政收入的路易十四更加富有。[186] 低效率的征收体系随着时间的推移会变得更加低效,因此,法国已经在与英国的竞争中败下阵来。法国需要的是一种全新的税收——什一税,一种"能使法国重新恢复与英国均势"的税收。[187] 但到了1710年,法国最终开征新的什一税时,布阿吉尔贝尔感到失望,因为它没有达到他为这样重要的财政新措施规定的很多标准。[188]

圣皮埃尔神父是法国重商主义者和重农业主义者三巨头中最不知名的一个。[189] 他谴责路易十四所推行政策的严厉程度较之沃邦和布阿吉尔贝尔有过

---

183 Vauban, ed. Pernot (1988), 32—33.

184 AN G^7 721 no. 17, 27 Oct. 1703; Boislisle (1874—1879), ii, 534.

185 Boisguilbert (1707), 49—50; Boisguilbert, INED edn. (1966), ii, 900.

186 Boisguilbert, INED edn. (1966), i, 31 and ii, 587—578.

187 Ibid. ii, 669.

188 Bonney (1993a), 387.

189 On Saint-Pierre: Paultre (1903); Kaiser (1983); Perrot (1992), 38—59.

之而无不及。他认定，路易十四的财政特别是税收政策从本质上讲太过恣意妄为。他羡慕合省联邦，并且在他的《论各部议会制》（*Discours sur la polysynodie*，1718年：各部议会制是法国在18世纪初摄政时期实行的以议会取代各部大臣的制度。——译者注）中谴责了大臣负责制，他用这个词来指称路易十四治下各部大臣权力过大的现象。就像沃邦和布阿吉尔贝尔的著述发表后一样，圣皮埃尔神父的这部著作出版后也受到了苛评，但法国政府立刻作出的反应使它名扬国外。然而，就是他提出的财政改革计划——定率平民人头税，作为务实的改革措施产生了巨大的影响，例如米兰百一税大家蓬佩奥·内里（Pompeo Neri）也知道他建议的定率平民人头税和沃邦提出的皇家什一税。[190] 圣皮埃尔神父在1717年提出了他的财政改革计划，并在1723年提出了修改方案。他描述了17个纳税人应该自愿申报的财富来源，[191]还介绍了用来评估财富的具体方法。他认为，土地应该用统一的单位来测量[他具体指定用"阿邦"（arpent，法国旧土地面积单位，相当于0.84～1.28英亩。——译者注）]，但却拒绝对不同等级（肥沃、中等和贫瘠）的土地进行区分，理由是这不是一个令人满意的产出指南。圣皮埃尔神父赞同商人申报财富可能不利于他们生意的观点，但认为财政不公平更加危险。[192] 他的改革计划除"税率表"或者累进税级和税率比较复杂外，[193]还有自愿申报不实的严重缺陷：这是法国直接税存在的一个普遍问题，并且导致对个人纳税义务严重评估不足。关于这个问题，圣皮埃尔神父除了设问"有谁比纳税人本人更了解自己的总收入"[194]以外，并没有给出任何切实有效的解决办法。新税的合法性问题首先是核实税收申报的强制权的合法性问题，这个问题引起了争议。1732年3月，奥里（Orry）政府似乎承诺要推行圣皮埃尔神父的方案，[195]但除了皮卡第和巴黎总

---

190 Neri持"皇家什一税和定率平民人头税比地籍税更难征收"的观点：AN K 880 no. 60，'Extrait du journal envoyéà Monsieur d'Onnesson par le Sr Harvoin . . . ' The full journal is in AN 114 ap Dr. 2.[156 mi 72.].

191 Paultre (1903)，37.

192 Ibid. 44—45.

193 Ibid. 50—67. 就此方案只建议应用于法国平民人头税这个意义上而言，它是一个新的方案：请参阅第一章第一节关于佛罗伦萨累进什一税的内容。

194 Ibid. 46—49；Gross (1993)，87. 罚金威慑作用不大。

195 Paultre (1903)，96；Marion (1901)，47—55；Marion (1910：153—156)注意到利西厄(Lisieux) 1717年12月曾实施过圣皮埃尔神父的方案；Noailles起先支持这种观点：Marion (1910)，132—138。

督区以外,推行定率平民人头税的主要地区是里摩日总督区:图尔尼的奥贝尔于1738年开征定率平民人头税。杜尔哥(Turgot)拒绝升任省长,因此得以在里摩日留任开征了一种可在其他地方推行的公平配赋税。他取得了较大的成功,但他的方案没有推广到其他省份。[196]

孟德斯鸠男爵夏尔·路易·德·塞孔达(Charles Louis de Secondat,baron de Montesquieu,1689—1755)是圣皮埃尔神父与重农学派之间的一个过渡人物。及至孟德斯鸠发表《论法律精神》(*De l'esprit des lois*,1748年)时,国家经济系统之间的区别已经像一种一般规律那样表现为税收数额与政治自由之间的关系。孟德斯鸠所说的"一般规律"是指"国家在政治方面越自由,能收到的公共收入就越多"。因此,英国和荷兰税收负担沉重。他认为,随着政治自由水平的下降,财政负担也会减轻,所以,土耳其奥斯曼帝国税负最轻。因此,轻税是对丧失政治自由的补偿。各种不同的人头税或者人均直接税是没有政治自由的政权下常见的税种,与人直接关系较小的商品税在享有政治自由的国家较为常见。但无论在什么情况下,所谓专制国家的税收比西欧国家轻,在孟德斯鸠看来,专制国家主要(按土地配赋)征收实物税,而不是货币税。[197] 孟德斯鸠写道:在英国,由于通行间接税,因此,葡萄酒商每买进1桶葡萄酒,实际上就等于把50～60英镑借给了国家。孟德斯鸠设问道:在一个像土耳其那样治理的国家,哪个商人敢冒险做这样的事?即使有商人敢冒险做这样的事,在时运不济、境遇糟糕的情况下,他们又怎么有能力这样做呢?

孟德斯鸠的观点代表了反映18世纪中期财政体制现代性的思想,而他的以下三种观点值得认真思考。首先,关于间接税与直接税之间的关系,孟德斯鸠提出了这样一个原则:税收的性质与国家政体有关;因此,政治自由的国家相对而言更有可能课征间接税或者商品税,因为间接税或者商品税与人发生较少的直接关系。[198] 其次,孟德斯鸠明显偏好设立税务局对税收进行直接征

196 Paultre (1903),256—257;Marion (1901),40.

197 Hutchison (1988),220—224;Montesquieu,ed. Cobler,Miller and Stone (1989),220—222,extracts from Part 2,chs. 12 ('The relation of the size of taxes to liberty'),13 ('In which government taxes are susceptible to increase'),14 ('That the nature of taxes is relative to the government').

198 Ibid. 222.

管，而不是包税制。他认为，包税制必然导致舞弊。[199] 最后，关于战时财政与因此而导致的信用发展之间的关系，孟德斯鸠故意称自己已经落后于时代：他为发展庞大的常备军，从而导致税收持续增加感到遗憾。[200] 他知道举借大量公债没有好处，除非像英国那样大量的铸币通过贸易同时被吸引到国内来，因此信用没有受到影响，而且国家的债权与债务保持合理的比例。[201] 孟德斯鸠还提出了这样一个原则：绝不要伤害那些纳税不足的人，因为他们的富裕总会回馈公众；相反，如果有人纳税过多，那么，他们的破产最终有损于公共利益。因此，理想的财政体制形式应该能够紧随实体经济一同发展，但又能保证现有特权毫发无损。[202] 他或许可被视为推崇 18 世纪那么伤害法兰西君主国并给法国大革命留下了负遗产的"税收普遍不足"的卓越理论家。[203] 孟德斯鸠对直接税持怀疑态度，因为他认为，如果土地税只对地产计征，那么就是一种内在不公平的税种；但如果计征合理，土地税也未必不堪忍受。他认为，如果能满足以下两个先决条件，那么间接税造成的损害就可降到最低：一是必须在生产环节而不是消费环节征收，因为在生产环节征收不易察觉；二是必须在商品价格与税额之间保持一定的差额。在孟德斯鸠看来，采用皇家或者政府专卖形式对某种特定商品课征过重税收的做法具有内在的危害性。[204]

"七年战争"(1756～1763 年)导致法国外贸大幅度下降，并且殃及其殖民地的发展(见本书第十一章第三节)，但丝毫没有累及法国农业。弗朗索瓦·魁奈(François Quesnay，1694－1774)在"七年战争"爆发后不久完成的著作中表达了与他的前辈如孟德斯鸠、坎蒂隆大相径庭的观点：[205]魁奈关心的是，

---

199 Ibid. 226.

200 Ibid. 224－225.

201 Ibid. 418－419.

202 Ibid. 217.

203 Cf. Crouzet (1993)，64；Norberg in Hoffinan and Norberg (1994)，281－282.

204 Montesquieu，ed. Cobler，Miller and Stone (1989)，117－118.

205 Schumpeter (1954a：223－225，287)和 Brewer (1992b：193)都提到了"坎蒂隆和……他的弟子重农主义者"。关于坎蒂隆对魁奈的影响，请参阅文献：ibid. 159－175。Brewer 断言(ibid. 174)"魁奈经济学的很多内容几乎直接取自于坎蒂隆"。Cf. ibid. 196："坎蒂隆的最直接和明显的影响就是对重农学派的影响，但重农学派滥用了坎蒂隆的思想，并且导致坎蒂隆的思想体系沦落为一种教条主义的古怪体系"。坎蒂隆被低看为主要是为了批评劳氏。不过，这也许是国家财政史学家而不是经济学家的观点。

收入主要是土地收入产生的动态过程及其对财政政策的影响。他写道,"农夫(*Laboureur*)的财富保证了国家的收入、君主的权力和国家的繁荣。"[206]安·罗伯特·雅克·杜尔哥(Anne Robert Jacques Turgot,1721—1781)后来认为收入的概念是由魁奈提出的,是魁奈区分了总产品与净产品,把农夫的利润从净产品中分离出来。[207] 魁奈是一个在他和杜邦·德·内穆尔(DuPont de Nemours)于1767年发表《重农论》(*Physiocratie*)以后被同时代人称为"经济主义者"(*Économiste*)[208]并被历史学家称为"重农主义"学派的创始人。[209](其寓意是"社会秩序生理学":魁奈本人是路易十五的御医之一,他指的是"在要发生可怕的危机时"有必要求助于医学知识。)[210]魁奈在他后来的著述中把研究经济以及王室与农业的关系提高到了本质上就是研究如何避免政策决定方面重大灾难性失误的科学这样一个高度:"很多所涉及的因素要求把它们组合在一些综合模型中,而这种综合模型构成了一门意义深远的不证自明型科学的基础……"("la multiplicité des objets exige de grandes combinaisons qui forment le fond d'une science évidente fort étendue…")[211]。他的理论最初是在为狄德罗和达朗贝尔(Diderot and d'Alembert)主编的《百科全书》(*Encyclopédie*)撰写的3篇文章——《佃农论》(*fermiers*,1756年)、《谷物论》

206　François Quesnay (1958),ii,566;Vaggi (1987),38—39,100;Weulersse in Seligrilan (1930—1934),v,348—351;Weulersse (1910,1950,1959);Meek (1962) provides some of the key texts,to which should be added Kuczynksi and Meek (1972);还请参阅 Spengler (1942),170—211:他注意到魁奈关于法国人口减少(非常错误)的数据;Hutchison (1988),273—285。

207　François Quesnay (1958),ii,582;Meek (1962),104;Groenewegen (1977),102—1023;Hutchison (1988),308—321;Brewer (1992b),159,186:评论称"杜尔哥本人在很多方面都是重要的古典经济学家(但他并不总被这样认可)";关于杜尔哥的人口观,请参阅文献 Spengler (1942),282—290:他称杜尔哥为"非重农主义经济学家"。

208　亚当·斯密就是这样称呼他们的:Smith,ed. Campbell,Skinner and Todd (1976),ii,678—679,830;他提到了魁奈:ibid. ii,672—674。

209　Weulersse (1910),i,128. Baudeau 神父在同年早些时候提到过"关于证据的物质必要性和不可抗力的自然秩序和社会基础";loc. cit. Cf. Einaudi in François Quesnay (1958),i,6. McClain (1977:220,评论称"魁奈的重农主义思想……如果没有杜邦·德·内穆尔所做的编辑工作,很可能就不会与世人见面";cf. Hutchison (1988),290—293。

210　Meek (1962),18,108:魁奈曾任国王的首席侍医(1989:867)。亚当·斯密曾提到他是"一名医生,而且是一名很善于思考问题的医生":Smith,ed. Campbell,Skinner and Todd (1976),ii,674。关于他的医学观点对于他的经济思想的影响,请参阅文献:Foley (1973),121—122,143,145。Foley 也提到过坎蒂隆的影响以及配第的间接影响:ibid. 140—141.

211　Meek (1962),154 n. 1.

(*Grains*,1757 年)和《租税论》(*Jmpôt*,1757 年,但直到 1902 年才发表)——中提出的。[212]

魁奈希望能有效评估农业净产品,以便农业能够承受单一税产生的全部税收负担。征收这种税的目的在于通过直接对那些最终承受税收负担的收入征税,来最大限度地降低征税费用:土地所有者能够通过增加土地收入来补偿自己缴纳的税款,而这有助于农业休养生息。[213] 课征于土地收入的税被认为对土地所有者来说没有间接税那样难以忍受,因为间接税要求土地所有者既缴纳课征于他们个人支出的税款又要承担不同应税商品的征税成本。[214] 对工业利润和企业征税简直就是异想天开、自寻失败,因为税负最终仍会转嫁给初级产品生产者,即农业生产者。魁奈在他的《经济表》(*Tableau Economique*)中生动地用图示法把经济系统分解为三个相互影响的部门,并且把资本视为一系列的"预付款"(分别是种子和耕种费用、土地和建筑物以及牲畜和农业进步预付款)。米拉波(Mirabeau)称这种图示法是人类历史上最伟大的三大发明之一(另外两大发明是文字和货币)。[215] 第一版与第三版《经济表》中的基本计算结果有很大不同,但第三版中,土地所有者的生产性支出被认为可产出 6 亿里弗尔的年收入,并创造 3 亿里弗尔的国家税收。[216] 简单的算术级数就可

---

212 François Quesnay (1958),i,307;Vaggi (1987),218 n. 35.

213 Meek (1962),25,106;Vaggi (1987),21. 关于杜邦·德·内穆尔在他漫长的职业生涯中坚持的这种观点,请参阅文献:McLain (1977),26—27,88,168,181,205。

214 Meek(1962),106—107; Vaggi (1987),54—55,210 n. 48('indirect taxes weigh upon the prices received in sales at first hand').

215 Vaggi (1987),195 n. 20;Smith,ed. Campbell,Skinner and Todd (1976),ii,679.

216 第一版中的基数是 4 亿。Kuczynksi and Meek (1972),v:"一个国家的生产性支出能创造的财富……土地所有者 6 亿里弗尔的收入,据推测另外还能创造课征于包括全部费用在内的年产值的 1.5 亿里弗尔什一税以及 3 亿里弗尔的其他税……("Les richesses de la classe des Dépenses productives d'une nation... Un revenu de 600 millions pour les Propriétaires suppose en outre 300 millions d'impôts & 150 millions pour la dixme du produit annuel,total frais compris...")。在本书和 Meek (1962:131)中,这段文字被译成"另缴 3 亿的税收"。但是,与 1764 年发表的《农业哲学》(*Philosophie rurale*)的比较显示,这个数值只能是 3 亿(这样就应该减少到 2.62 亿或者 2.64 亿):ibid. 141。只有在土地所有者的收入逐渐增加以后,国家的收入才可能通过征收单一税增加到 4.93 亿。但就是这个数值也是基于这样的假设:废除一切间接税:ibid. 144,146。1758 年的经常性收入总额大约是 2.36 亿,如果把借款也包括进去,那么总共是 3 亿:Riley (1987),225,227。Weulersse (1910 :ii,378)也接受废除间接税前单一税收入 3 亿这个数据。关于《经济表》中的数据差异,请参阅文献:Vaggi (1987),25—27。

以确保国家和农业生产者的不断繁荣。[217]

但不管怎样，首先必须满足一些在《经济表》中基本上被说成消极条件的条件，这些消极条件想必是根据亨利四世的财政大臣苏利(Sully)公爵的箴言提出的。因此，财政管理必须保证不会创造把收入逐出流通的货币财富；税收必须不具破坏性或者不与国民收入比例失调；税收的增加必须发生在收入增加以后，而不能发生在收入增加之前；税收应该只课征于土地的净产品，而不应课征于只会增加征收成本的土地产品。赋税不应该课征于有地农民的预付资本，有地农民的预付资本应该被作为国民财富，并且得到悉心呵护，这样才能保证未来的国民收入。必须停止随意对农民计征赋税的做法，而且必须循英国("一个领土面积不大的繁荣国家")之先例，和平时期应该停征战时征收的临时土地税，这样才能保护农业收入。任何不遵守这些规则的行为都有可能导致置国家于毁灭的税收。[218] 重农学派内部在哪种财政体制比较可取和他们提倡的单一税的实际可操作性这两个问题上存在分歧。[219] 魁奈显然认为，地籍登记，一种可以保证税收摊派更加公平的全国性土地登记，必须在农业繁荣以后而不是之前完成；否则，王室就要吃亏。[220] 重农学派没有向巴登一杜拉赫(Baden-Durlach，是一个历史地名，位于德国西南部的施瓦本，为今天巴登一符腾堡州的一部分。——译者注)的统治者建议如何实施单一税税制表明，他们关于这个主要财政问题的见解存在即便不是空想至少也是抽象的成分，[221]但即使在法国控制的科西嘉(Corsica)移植新的税收征管体制，到头来也没能推行单一土地税。[222] 重农学派普遍认同，单一税不应该超过土地净产品

217　但魁奈是在后来发表的《农业哲学》(1766年)而不是在《经济表》(1738～1739年)中证明了这一点。1766年的研究进一步认为王室的借款增加到了5.72亿：Meek (1962)，153。1766年的《经济问题》(*Problème Economique*)估计间接税收入是4.5亿(ibid. 170)。后来，间接税逐渐被废除，土地所有者的收入因此可能是4.5亿的3倍。王室后来对这个增加后的收入课税，因此又可收到4亿，但大大少于旧税制下损失的收入：ibid. 184。

218　Kuczynksi and Meek (1972)，4－6 and nn.

219　Weulersse (1950)，155，282－285.

220　Meek (1962)，185；François Quesnay (1958)，ii，613.

221　Tribe (1988)，124－126；Liebel (1965)，47－51.

222　关于改革思想与实际结果的比较，请参阅文献：Hall (1969)，885，893－894，901－902。托斯卡纳的Peter Leopold曾计划进行其他单一税实践：Schumpeter (1954)，232；西班牙的好几个锐意改革的大臣也进行过单一税实践：Matilla Tascón (1947)。

或者纯租金的1/3,单一税的执行应该是一个循序渐进的过程。这种循序渐进观获得了压倒性的支持:在征收土地单一税之后,土地价值可能会下降到约相当于开征单一税之前70%的水平。因此,这项措施有可能非常不受土地所有者的欢迎,除非被认为付诸实施之后能提高一般繁荣水平。[223]

自由贸易对于重农学派,就相当于随意决定生产什么和不受限制地处置自己产品的自由对于农业生产者。单一税制必须建立在谷物能卖好价钱(*le bon prix des grains*)[224]、剩余农产品可省际流通的基础上。过分强调这样的充分自由(*liberté plénière*)[225]并不是只有这个经济学流派理论才遇到的难题,他们也因此受到了支持合法专制的指控。[226] 法国重农主义运动在1769年泰雷(Terray)被任命为财政总监以后非常明显地陷入了混乱。内阁政策变化促使费迪南多·加利亚尼神父(Ferdinanda Galiani,1728—1787)发表了他的《小麦贸易对话》(*Dialogues sur le Commerce des Blés*),根据重农学派最不受欢迎、最脆弱的谷物贸易自由化政策建议,对这个学派发起了进攻。加利亚尼神父坚持认为,饥荒是重农学派思想体系付诸实施的必然结果,并且猛烈地抨击了重农学派的思想体系("谴责重农主义是一种狂热、一种时髦、一种文学任性、一种密西西比的腔调、一种詹森主义、一场投石党运动、一次十字军东征,说到底就是以上这些法兰西民族有时会犯并在理智恢复之前造成严重伤害的精神流行病中的一种")。[227] 面对这样的攻击,法国政府内部也出现了分裂。舒瓦瑟尔(Choiseul)是法国政府内部支持安德烈·莫雷莱(André Morellet)神父驳斥加利亚尼《小麦贸易对话》的内阁成员,而泰雷几乎在莫雷莱的著作刚出版就下令查封。[228] 然而,就在这个关键时刻,狄德罗(Diderot)撰文向加利亚尼致歉,驳斥莫雷莱为重农学派辩护。当时最伟大的哲学家之一转而反对重农学派经济学家,这标志着启蒙运动内部在谷物贸易自由化问题上

---

223 Buurman (1991),492—494;Vaggi (1987),140,143.

224 Weulersse (1910),i,474—475.

225 Weulersse (1950),212—213.

226 Weulersse (1910),ii,48—52,657—659;Vaggi (1987),187—188.

227 关于加利亚尼批评这个思想体系只奖励土地所有者的谴责,请参阅文献:Weulersse (1910),i,212;ibid. ii,662;Kaplan (1976),ii,602;Vaggi (1987),97—98。

228 Kaplan (1976),ii,607. 关于Morellet之前的观点,请参阅文献:Meysonnier (1989),309—325。

出现了分歧。[229]

后来，亚当·斯密谴责了重农学派思想体系中的“重大错误”。在斯密看来，资本应该代表“完全不生产且没有产出的工匠、制造商和商人阶级”。[230] 确实，魁奈曾力劝应该把自流放任政策[231]应用于“无产出支出”，但他的目的是要取消自科尔伯特时代以来传统上给予制造业和商业的支持和保护，以及他认为基本上是以牺牲农业为代价取得的特权。[232] 然而，重农学派并不是百分之百的自由贸易支持者：魁奈仅把出口自由局限于谷物和其他农产品，而且还是在国内市场不再能保证足够销路时。对外贸易是一种应该尽可能回避的邪恶，但只要开展对外贸易，必须只能有利于法国自身。[233]

米拉波的《赋税论》(*Théorie de l'Impôt*，1760 年)虽然视野有限，但仍是全面论述财政体制的最早著作之一。《赋税论》发表以后虽然读者寥寥，[234]但其他重农学派作者，如 1778 年发表题为《论省级行政管理与赋税》(De l'Administration Provinciale et de l'Impôt)论文的勒特罗斯内(Le Trosne)明显受到了《赋税论》的影响。[235] 米拉波的《赋税论》仍因先于亚当·斯密的税收四原则而具有重要意义，更何况《赋税论》强调“赋税应该直接课征于年度再生产环节(或者收入)和一切收入来源”，也就是土地的净产品。他拿“盲目”和“财政”管理与善政进行比较。在善政下，国家的收入随着国民财富的增减而增

229　Kaplan (1976)，ii，608—610，687：“谷物贸易自由化的主张对于最激进的哲学家来说也仍太过激进。”

230　Smith，ed. Campbell，Skinner and Todd (1976)，ii，674.

231　这种政策最早由布阿吉尔贝尔在 1702 年提出：Gross (1993)，83 n. 9。也经常有人说最早由 Vincent de Goumay 提出：Weulersse (1910)，i，77；Antoine (1989)，867。杜尔哥在他致德·古尔梅先生的悼词(1759)中说是古尔梅提出了“农业是一切收入的来源，所有的税收归根到底由土地所有者缴纳”的观点：Groenewegen (1977)，30—31。d' Argenso 侯爵之前也同样用过“自流放任”这个词：Meyssonnier (1989)，59，178，189；如果古尔梅未发表的对 Josiah Ghikd 著作的评论可信，那么古尔梅就是一个贸易保护主义者(他在 1754 年出版了 Child 这部著作的一个译本)：Cantillon，ed. Tsuda (1979)，423—244；cf Hutchison (1988)，224—225。“自流放任”这个词魁奈只使用过一次：Vaggi (1987)，214 n. 21。

232　Meek (1962)，244—246，396. 关于“无产出支出”的定义，请参阅文献：Meek (1962)，244—246，396。

233　Vaggi (1987)，102—103，110—114，173—174；Perrotta (1991)，308.

234　Seligmann (1899：102)就用一页的篇幅讨论了重农学派的理论；Schumpeter (1954a)，231；Hutchison (1988)，285—287。

235　Clere in *Etat，Finances et Economie* (1991)，81—101.

减。各种赋税征收的中间形式,尤其是间接税的包税制,都应该受到诅咒。在米拉波看来,"财政科学的最大秘密"就是保证财政负担受限于对公平和公正的考虑,而"财政的最大任务"则是确定如何只对构成任何人收入的净产品征税。[236] 因此,课税应该尽可能接近可税收入的来源,税收应该按照可税收入的一定比例来课征,税收负担不应因税收成本过高而加重。应该根据应税收入总量来确定税额,而不是相反。税收不应该"伤及收入再生产",也就是说,税收不应该"自寻失败",也不应该因征税而伤及收入来源。课征于"无产出收入"获得的 1.5 亿里弗尔税收可能毁灭这种收入。只要遵循以上原则,也就不必反对增税。相反,米拉波表示,路易十五实际没有他的前任们富有,只收到了相对于需要而言不足的税收。由于土地是财富的基础,因此米拉波主要区分了四类产出不同收入的土地——牧场、林地、葡萄园和耕地,但它们的收入一起构成了国民总收入。[237] 在他的《赋税论续》(*Supplement à la Théorie de l'Impôt*,1766 年)中,米拉波论述了国家实力的"财政极限":拿国民 1/10 的净财富满足统治者的需要,是"合理的",也"足够了",这个原则应该被奉为"财政法则"。应该取消贵族和教士的土地税豁免权。[238]

法国需要经历一场堪与英国相比的"农业革命",这样就完美无缺了。但遗憾的是,魁奈试图通过证明制造业不会产出收入来证明这种需要;同时,魁奈和米拉波两人都认为,税收只能课征于土地的净产品。是杜尔哥猛烈抨击了工商业非生产性这个"胎死腹中的悖论"。杜尔哥在他的《关于财富形成和分配的思考》(*Réflexions sur la Formation et la Distribution des Richesses*,1766 年)中表示,在不同的资本用途之间自然会达成一种均衡:[239]"因此,不同用途的资本会产出非常不同的产品,但这种不同既不会阻止不同用途的资本相互影响,也不会阻止它们达成彼此间的均衡……"[240]杜尔哥在担任法国财政总监期间(1774~1776 年),从某种程度上说,没能用改革思想来解决棘手的

---

236 Mirabeau (1760, repr. 1972), 64—65, 70, 121, 146—147, 151.

237 Ibid. 161—162, 164, 189, 270, 378, 383.

238 Mirabeau (1766, repr. 1972), 118—119, 142—143, 205; cf. Gross (1993), 96—97.

239 Meek (1962), 310; Meek (1973a), 173. 关于杜尔哥作为研究资本问题的理论家的重要性,请参阅文献:Meyssonnier (1989), 325—231; Schumpeter (1954), 243—249, 332—333; Brewer (1992b), 190—191。

240 Groenewegen (1977), 87.

政治问题，但最重要的还是没有能力富有成效地推进财政改革（“增加国家收入，恢复国家财力”）。他给自己的继任者内克尔（Necker）立了一份明确的变革需要清单：“税收必须按收入比例在纳税人之间分摊。”[241]到了这个时期，大卫·休谟（David Hume，1711－1776）在他的《论税收》——发表在他1770年版的《散文与论文集》（*Essays and Treatises*）——中有力地驳斥了重农学派课征净产品单一税的思想。休谟谴责了重农学派“凡是税收最终都将落在土地上”[242]的论点。在他看来，这种现象是不能持续的，因为人人都会采取避税行为：土地所有者会想方设法地避税，就如手工业者。此外，重农主义思想否定“只有人类努力而不是土地才是生产性财富的重要来源”这个核心命题。休谟在他的《论商业》（*Of Commerce*）中评论道，“农业最初雇用了最多的社会成员”[243]。然而，他又假设，“任何国家被雇用的劳动力越多，甚至超过了需要，国家就越强大……君主的伟大和子民的幸福都是与商业和制造业联系在一起的”[244]。休谟谴责了各种恣意妄为的税收方式，包括按人头摊派。“另一方面，对大宗商品征收关税的好处不证自明。君主很快就会发现，关税增加并非就是他的收入增加”。[245]休谟对间接税简直是不吝赞美：

“最好的税收是课征于商品的税收，尤其是课征于奢侈品的税收，因为这样的税收最不容易被人们感觉到。从某种程度上说，它们就是自愿缴纳的，因为我们可以选择消费多少被课了税的商品。这种税收是在不知不觉中逐渐缴纳的，倘若征收得当，还有利于节俭。这种税是与商品原来的价格混在一起，因此，消费者不容易感觉到。它们的唯一缺点就是征收成本较高。”[246]

虽然像孟德斯鸠这样的其他评论者把间接税通过包税人来征收看作一个严重的缺点，但休谟却准备把包税人的自利心作为一个有利于国家财政的优点来辩护。他回应孟德斯鸠说，“包税人出于自利心能想出各种各样的办法来

241　Gross (1993)，88 n. 23，97；Weulersse (1950)，151；cf. Faure (1961)，525.

242　Hume，ed. Rotwein (1955)，87. 还请参阅休谟在1766年9月底写给杜尔哥的信：ibid. 208－209。关于休谟的财政思想，请参阅文献：Deleule (1979)，230－241；Hutchison (1988)，210－211。

243　Hume，ed. Rotwein (1955)，6.

244　Ibid. 11－12.

245　Ibid. 86.

246　Ibid. 85.

对付税收欺诈，而政府税务官连做梦也不会想到……”[247]

虽然休谟造访过法国，而且他在那里还有不少热心的读者，但他的思想明显反映了英国当时的状况，而弗朗索瓦·贝隆·德·福尔包奈(François Véron de Forbonnais，1722—1800)是法国财政问题专家，在短命的西卢埃特(Silhouette)内阁主政时期当过顾问，还在1759年当过几个月的财政总管。[248]福尔包奈也曾批评过魁奈，还否定了他的独创性：布阿吉尔贝尔虽然在他的著述中较少运用论战的笔调，但却被认为是魁奈在《经济表》中描述的循环系统的原创者。福尔包奈赞同休谟批评重农学派财政思想的某些观点，并且断言法国应该更多地依靠在消费环节征收的间接税(而不是盐税和贡金)，[249]并且应该采用有效课征于城市财富的方式来征收。[250] 然而，法国经济农业部门的规模并不允许法国单一地依赖消费税。因此，福尔包奈建议，在农村繁荣和消费水平提高之前应该继续课征直接税。重要的是，他在担任西卢埃特顾问期间又开征了一种廿一税(*vingtième*)：福尔包奈把1710年的什一税看作争议最少的直接税，而他的继任者则认为廿一税是争议最少的直接税。[251]

重农学派赞同重商学派的某些核心观点，但他们对国家与社会关系以及财富作用的看法比较灵活，并且更具活力。在重农学派看来，现代化的出路在于发展经济尤其是农业，而为了实现经济发展，必须取消旧政权数届政府强制推行的限制措施。[252] 18世纪后期几个比较开明的专制君主和他们的大臣作出的很多改革努力都反映了重农学派的思想和关切(见本书第十、十一章)。重农学派甚至还成功地影响了那些像詹姆士·斯图亚特-德纳姆(James Steuart-Denham，1713—1780)爵士一样以前反对过他们的人士。斯图亚特也

---

247 Ibid. 187.

248 Morrisson (1967)，3，52—53；Schumpeter (1954a)，174；Hutchison (1988)，225—227；Perrot (1992)，278—280. Crouzet (1993：37，119—120)提到了他漫长的职业生涯。

249 Morrisson (1967)，46，55.

250 Ibid. 33，81.

251 Ibid. 52；Véron de Forbonnais (1758)，i，511(谴责了平民人头税和盐税)i，526(批评了人头税)and ii，221—222(赞扬了什一税)。

252 在这个问题上，Kaplan (1976：ii，688—689)驳斥了重商主义与自由主义明显对立的观点要比Deyon(1969：70)更加传统地认为“坎蒂隆和休谟先于斯密就给予重商主义‘致命一击’”的观点更加令人满意的说法。

算是亚当·斯密的前辈(虽然只早出道几年),[253]他的《政治经济学原理研究》(*Inquiry into the Principles of Political Economy*,1767)是在1745年詹姆斯二世党人叛乱失败后被长期流放(差不多20年)期间写成的。他十分了解欧洲发生的事情(但没有达到了解英国的程度),而他的研究强项正好是斯密的短处,他探讨了银行、公共信用和纸币的作用,[254]谴责了法国的重农主义实践,而且认为"他们笔下的经济系统简直就是奇思妙想,对理解经济现实起到了误导作用,并且堵塞了了解真相的路径"[255]。虽然他没有使用"系统"这个词语,[256]但他提出的方案有一个缺点,也许就是没有像魁奈那样强调资本的重要性,或者明确区分像工资和利润这样的回报范畴。实际上,斯图亚特笔下的经济系统是一种两部门经济——相互依赖彼此产品的农业和制造业。斯图亚特采取了某种折中:在政治家中,他赞许地提到了科尔伯特、劳(Law)和沃波尔(Walpole),并且把沃邦的皇家什一税作为"表现卓越"的例子来举,而把孟德斯鸠视为"善于根据事实和经验进行推理的伟人"。[257] 但是,他援引最多的应该是坎蒂隆(Cantillon)和重农学派,尽管他批评后者。[258] 他在自己的著述中虽然也表达了一种共同利益观,[259]但自利原则仍是斯图亚特研究中的一个"具有一般意义的关键概念"[260]:"公共利益由每个人的私利组合而成……"[261]在这里,斯图亚特想区分个人的利己行为与政治家们目的明确的行为,政治家们必须不是为他们自己而是为了他们管理的民众采取行动。[262] 政治家的能力完全体现在"引导和管理本人所说的国家竞争欲望方面"[263]。对于斯图亚特来说,

253　他在Meek (1973b)中就是被这样看待的;关于1662～1776年这个时期对于政治经济学作为一门学科形成的重要性,请参阅文献:Hutchison (1988),335－351,and esp. 355。

254　这是Skinner在介绍斯图亚特时下的结论,ed. Skinner(1966),i,p. lxxxiv。斯图亚特承认,他已经忘了英文的概念,他可能已经用法语写的原著:ibid. i,5,6n. 7。

255　Ibid. i,8. 但关于与他们关系,cf. Vaggi(1987),128－129,216 N. 15。

256　Steuart,ed. Skinner (1966),i,19.

257　Ibid. i,79,238;他也援引了休谟的观点:ibid. ii,339,343。

258　Brewer (1992b),175－183.

259　Steuart,ed. Skinner (1966),i,88.

260　Ibid. i,142.

261　Ibid. i,143.

262　Ibid. i,145 n. 3.

263　Ibid. i,203.

君主的能力源自“其他情势，它们未必就能在他们登基以后体现出来”。[264]

那么，特定形式的政体在多大程度上有利于或者不利于国家与其他国家展开竞争呢？斯图亚特认为，历史上，共和政体允许其国民享受更多的自由，从而能使对外贸易兴旺。相比之下，君主政体的缺点并非源自它在子民之间规定的不平等，而是“源自子民间不平等所造成的结果，而且这种子民间的不平等常与上层阶级成员与下层阶级成员之间或者执法权持有者与平头百姓之间变化无常的依附关系相伴”；“苛捐杂税的变化无常比横征暴敛”更加容易毁灭人们的勤勉。[265] 在这个问题上，斯图亚特预言：

“在政府由大领主掌控的国家、实行贵族政治的国家、封建统治国家和欧洲现在的许多国家，贸易，当然还有工业，日新月异；正在着手建立新的政治经济体制的政治家也许可以利用这种形势来改变政府构成，但也可能遭遇失败。如果政治家能够打破人与人之间各种变化无常的依附关系，那么，勤勉者即使不能完全根除贵族势力至少也能分享财富。如果政治家允许这样的依附关系继续下去，那么，他们的变革计划必将以失败而告终……贸易和工业眼下十分时兴，但它们的发展正在引发封建制度残余势力的奇妙发酵。”[266]

斯图亚特观察到的经济与政治利益范畴之间的关系也同样适用于政府公务员：

“贸易和工业……多亏了从一开始就表示赞成并提供支持的君主的勃勃雄心才得以发展。当然，君主赞成并支持贸易和工业发展主要是为了让自己变得富强，从而令邻国敬畏……与大领主相比，敛财者变得对君主更加有用，而那些有办法为政府借到钱并且通过征税让富人掏钱的人比最聪明博学的谋士更受欢迎。”[267]

无疑，斯图亚特想到了约翰·劳(John Law)，并且在他的《政治经济学原理研究》(第四卷)非常详细地分析了约翰·劳主张的信用系统。斯图亚特认为，税收赋予政治家“一种即使从前最专制的政府也绝对闻所未闻的权力”[268]。

---

264 Ibid. i，210.

265 Ibid. i，211－212.

266 Ibid. i，214－215.

267 Ibid. i，215－216.

268 Ibid. i，278.

但在他看来，“现代”政治经济是“阻止专制主义犯傻的最有效的手段”[269]。

就连亚当·斯密也准备承认，重农学派笔下的那种仍有那么多缺点的经济系统虽然从未在欧洲任何地方百分之百地付诸实施，但或许是“最接近迄今已知的政治经济学真谛的经济系统”[270]，并且让别人去全面谴责重农学派笔下的经济系统。在全面谴责重农主义经济系统的批评者中，最著名的当是艾萨克·德·平托(Isaac de Pinto)。1771 年，德·平托的《论流通和信用》(*Traité de la Circulation et du Crédit*)在阿姆斯特丹出版，并在 3 年后被译成英文出版(*Essay on Circulation and Credit*)。这本专著的第三篇["论金融、税收和农业"(Of Finances, Taxes and Agriculture)主要论述了与法国有关的问题：驳斥了把一切还原成土地产出的原则][271]是对米拉波《赋税论》的批判。他以荷兰为例证明米拉波的论点("像法国这样一个财富都来源于土地的国家，除了土地产出，没有任何真正的收入")是错误的："如果除了攫取部分土地收入以外，不能攫取任何其他东西，那么，荷兰早就应该不复存在……然而，这个国家建立了自己的军队，拥有了自己的舰队，并且还常想跻身欧洲一流强国。"[272]但是，德·平托认为，"虽然土地收入是一个重要的收入项目，但仍只是收入这个主题的最小部分"；"制造业应该被作为公共收入的主要来源之一"；因此，把农业作为唯一的税收基础，简直就是"狂想或者在犯傻"，从而断送了"正确的财政原则"。[273]

"并非像米拉波先生认为的是信贷毁了法国的财政那样；恰恰相反，是在需要信贷的时候借不到信贷惹的祸，而且很可能也是造成最近灾难("七年战争")的主要原因。如果能够得到信贷支持，法国就不会那么负债累累。1715 年初，法王为了筹集 800 万资金，不得不商议发行 3 200 万纸币。"[274]

269　Ibid. i, 279.

270　Smith, ed. Campbell, Skinner and Todd (1976), ii, 678. 虽然亚当·斯密在《国富论》第二卷(第 664 页)中暗示，重农学派在回应重商学派时表现过于极端；他在《国富论》第二卷(第 663 页)中又坚持认为，这种经济系统"从未在任何国家试行过，只有法国少数知识渊博、富有独创性的学者曾考虑过……"

271　Pinto, trans. Baggs (1774, repr. 1969), 109.

272　Ibid. 110, 115.

273　Ibid. 133, 137, 139—140.

274　Ibid. 144—145.

德·平托在他的《政治经济学原理研究》中强调了信用的重要性：[275]

"把它(指适用于私人债务的理论)应用于国家是绝对错误的。导致个人破产的因素并不总会导致国家破产。个人花在自己生活或者奢侈品上的钱并不会重新返回他的家庭，而君主或者国家的国内支出则会流到本国国民手中，而且还会激励国民，改善他们的境况。国家的某个机构进行了这些支付，或者说为了国家自身的利益把钱借出去。有了贷款的支持，国家就是依靠轻税也有钱打仗。请比较一下，不然，国家不得不在名义财富和货币发行量随着债务增加的同时支付战争支出……"[276]

德·平托认为，间接税应该构成收入体系的基础，因为"间接税的征收具有不易感觉、连续和渐进的特点。这样，收入就有时间从国库支出并且通过公众再进行循环"[277]。他认为，相比之下，人头税只是一种"补充措施"，因为"这样一种税收在征收时立刻就会从流通中抽走太多的货币，并且每到征税时就会导致铸币极其稀缺……"[278]

这就是普遍反对法国包税人和重农学派拒绝间接税的原因，也是18世纪最后25年几乎所有的改革者都瞄准直接税制的原因。埃玛纽埃尔·约瑟夫·西耶斯神父(Emmanuel Joseph Sieyes，1748—1836)可被视为这种思想以及对于达成法国大革命早期共识的思想运动至关重要的代表人物。他曾在奥尔良(Orléans)省议会提出过廿一税和人头税改革方案，希望停征税负归宿变化无常、难以预测的廿一税，把廿一税改为由省当局每年缴纳一笔固定的预定税额(*abonnement*)。他还想把人头税改成一种以所得为唯一税基的分级累进税。[279] 大革命时期推行的税收变革表明，重农学派的思想不再占据支配地位，因为三种新税——土地税(*contribution foncière*)、动产税(*contribution mobilière*)和商业利润税(*patente*)——只有一种只课征于土地收入(它是三

275 Ibid. 174.

276 Cf. ibid. 20—21,30;cf. ibid. 104—105,他对休谟(和劳氏信用系统)的批评。

277 Ibid. 120;请参阅他对法国包税人的评论:ibid. 120—121。

278 Ibid. 118,141.

279 AN 284 ap 7,dossier 7,"Echelle de gradation sur la capitation"(人头税税级表),20 Dec. 1787,and "draft decree 'pour l'abonnement des vingtièmes'"("廿一税预定额"条例草案),22 Apr. 1788。本章作者要感谢 Murray Forsyth 教授告诉获得他未发表的关于这个问题的资料的渠道。关于 Sieyès,请参阅文献:Forsyth (1987)。

种新税中最重要的，远比其他两种重要）。[280] 后来，在拿破仑（Napoléon）统治时期重又征收过间接税。单一税遭到了断然拒绝，但有一个名叫皮埃尔－路易·勒德雷尔（Pierre-Louis Roederer，1754－1835）的行政官兼理论家在他的回忆录中驳斥了重农学派关于全部经济盈余源自农业收益的思想。他的观点正好与重农学派对立，他认为种地主要靠工业，因为是工业创造的消费不断增加的机会激励了土地所有者去实现盈余；土地所有者有了盈余才能购买工业产品。让·巴蒂斯特·萨伊（Jean-Baptiste Say，1767－1832）走得更远，他干脆用"工业"这个词来指称经济中无论哪个部门（农业、制造业或者商业）的生产性活动。[281] 萨伊表示，无论政府如何使用税收收入，税收收入的价值和潜能都将永久性地从经济中消失："虽然税收抽走的资金会回归国民，但它的价值绝不会回归，因为税收抽走的资金绝不会免费回归，公职人员也不会在没有通过易货或者货币交易收到等价物的情况下归还税收"。[282] 毫不奇怪，像杜邦·德·内穆尔这样的老资格重农主义者试图证明，他们的思想体系中基本元素应该保留："我们没有不闻不问地乱写一通，也没有在50年里在不同的国家不闻不问就用差别很大的法律和惯例来进行胡乱治理。"[283]但不管怎样，整个政治气氛发生了不利于他们的变化。1793～1794年，法国曾经短暂采纳过征收累进税的启蒙运动思想（见本书第十三章第五节）。这次实践被否定以后，法国实用地执行已有的税收立法。最重要的是，法国逐步恢复了拿破仑治下推行的地籍税，不过，这与重农学派的主张似乎没有什么关系。拿破仑时期的行政官员相信统计表中关于现实世界的"事实"，并且拿它们来与那个死守教条的学派的理论和推断结论进行比对，而那个死守教条的学派就是重农学派。[284]

6.6 "纸币重商主义"及其批评者

法兰西君主国遇到了难以解决的财政问题，路易十四因发动战争又留下

---

280 Crouzet (1993)，120－121.

281 James (1977)，464－466.

282 Say (repr. 1841)，503－504；McLain (1977)，204；Staum (1987)，540－542.

283 McLain (1977)，205.

284 Woolf in Perrot and Woolf (1984)，86.

了大笔债务。就是在这样的背景下,有学者提出了一些比沃邦、布阿吉尔贝尔和圣皮埃尔方案更加大胆的解决方案。经济学家赫克歇尔(Hecksher)把约翰·劳(John Law,1671—1729)称为"纸币重商主义"鼓吹者。他认为,劳氏的观点与早期的纸币鼓吹者并没有太大的区别:"他之所以要表达这个新的学派的政策主张,并且变得特别受到关注,是因为后来他能够把自己的思想转变为行动。"[285]赫克歇尔的这种观点最大限度地贬低了劳氏的独创性,但劳氏的确因此而取得了特别有利的职位:他在对法国摄政王奥尔良的腓力(Philippe d'Orléans)的影响达到顶点时被任命为法国财政总监(1720 年 1 月 5 日～5 月 27 日)。[286] 劳氏是近代早期经济学理论家被任命担任国家财政最高职务的最显著例子,也是经济系统及其构建者失宠以及任命经济学理论家担任政府要职导致严重灾难的最显著例子。[287] 劳氏的思想体系在法国产生了非常大的影响,以至于很难认为劳氏只不过是一个近代重商主义者而已。他应该在他的早期著述中援引过托马斯·孟,[288]甚至好像还是一个金银本位论者。[289] 但到了 1707 年,他开始提倡以用于土地转让的可兑换纸币全面取代金银,并且是根据法国而不是苏格兰的经验提出他的论点的,就如同他在《货币与贸易》(*Money and Trade*,1705 年)中所说的那样。[290] 劳氏在 1715 年 5 月向路易十四和德马雷(Desmaretz,1648—1721,曾任法国财政总监。——译者注)提交了一个公债偿还方案,又在 1715 年 7 月提交了一份建议创建银行(与后来的信用体系没有什么不同)的备忘录。劳氏把国家对资源的争夺转变为了对信用工具的争夺。[291] 劳氏驳斥了那种认为"法国这样的君主专制政权就必然会成为不负责任的政权,并且在需要时占有拟建银行资产"的观点。所有银行在国内战争和对外战争期间都会经历危急时刻,但在 1672 年法国入侵危机期

---

285 Hecksher in Seligman (1930—1934), x, 338; Hecksher (1935), ii, 234. Schumpeter (1954a: 294—295, 321—322)认为劳氏处于"不同时代货币理论家行列的最前列";Blaug (1978:20)也称劳氏是"货币重商主义者";Hutchison (1988), 134—139。

286 Levy (1980), 246, 265. 摄政王甚至还恢复了劳氏的财政总监职务。富凯(Fourquet)被捕以后,财政总监的职位一直归属未定:Faure (1977), 316。

287 与劳氏相比,杜尔哥有过当省行政长官的经历。

288 Law, ed. Harsin (1934), i, 28.

289 Ibid. i, 32.

290 Ibid. i, 210, 212—213.

291 Ibid. ii, 45—46.

间，阿姆斯特丹银行在经历了挤提风潮后幸存下来。[292] 有各种理由可以认为，法国国王应该会关心保全其银行的信用，而不是转移银行资产。并不是法国的宪法而是错误的信念导致法国没能创建银行。[293] 劳氏坚持认为，创建银行的效果堪比大幅度增加货币供应量，并且有可能作为经济复苏的一般刺激因素发挥作用。他认为，法国的国民总产值是英国的 3 倍，而且还可以进一步通过创建银行来增加。[294] 因此，劳氏所主张的信用系统旨在同时解决长期财政问题(即参加西班牙王位继承战欠下的沉重债务)，战争期间发行毫无价值的纸币而导致的信用缺失问题以及需要在 1715～1716 年短期商业危机期间刺激经济的问题。劳氏信用系统于 1720 年在法国的失败给西欧的金融体系造成了冲击，但也招来了一些理论家的批评。理查德·坎蒂隆(1680/1690—1734)是早期批评劳氏的最重要的理论家。[295] 坎蒂隆在 1728～1730 年写成了他的《商业性质概论》(*Essai sur la Nature du Commerce en Général*)，[296]但直到 1755 年才出版。坎蒂隆在这本书中主要试图对整个经济系统进行概述，他论述了市场行为和企业家的作用、不同市场的相互关系和相互依存性、货币理论与实体经济之间的关系以及货币经济等问题。坎蒂隆并不是人口要素论者，虽然坎蒂隆承认，“人类如果有无限的生存手段，就会像谷仓里的老鼠那样繁殖”[297]。但是，人口增长会利用自身出现的经济机会：人口增长是其他经济变化的结果，而不是独立的经济增长原因。坎蒂隆因为手头没有掌握充分的证据，所以没能感觉到 18 世纪欧洲的人口增长及其对国家和国家财政的影响。坎蒂隆率先描述了经济总体运行状况，展示了产出、收入和经济之间的循环互动关系。个人的支出会形成其他人通过创造商品和服务实现的收入。虽

---

292 Ibid. ii,37:cf. Israel (1989),293.

293 Law,ed. Harsin (1934),ii,48;cf. ii,274.

294 Ibid. ii,51;Bonney (1992a),166 n. 68;笔者还要感谢 Antoin Murphy。

295 关于坎蒂隆，请参阅以下文献：Schumpeter (1954a),217—223,318—321;Spengler in Spengler and Allen (1960),105—140;Murphy (1986);Hutchison (1988),163—178;Brewer (1992b);Perrot (1992),162—165。

296 Murphy (1986),247. Murphy 表示(309)，这本书在樊桑·德·古尔奈(Vincent de Gournay)集团的干预下才得以出版。他还表示，这本书的英译本由它的 20 世纪编者重译：Cantillon,ed. Higgs (1931)。一个较新的版本采用的是鲁昂的手稿版：Cantillon,ed. Tsuda (1979)。

297 Cantillon,ed. Higgs (1931),83;Brewer (1992b:36,47)认为，“鉴于坎蒂隆可获得的数据有限，他的人口理论是完全说得过去的”。

然魁奈后来在他 1758～1759 年完成的《经济表》中对这种循环流进行了图示，但是，坎蒂隆是提出这种观点的第一人。[298]

从这种观点对国家财政理论影响的角度看，坎蒂隆著述最具意义的方面就是在《商业性质概论》第三卷对金融创新的批评。坎蒂隆在第一卷中已经假设经济的有效运行需要借助于货币，但并不是凭君主或者政府的一时兴致人为地增加货币："……当君主降低本国铸币成色并维持铸币名义价值时，所有的原料产品和制成品的价格都会按铸币成色降低的比例上涨。"[299]坎蒂隆认为，洛克(Locke)等早期理论家对这种由于铸币降低成色而导致价格通胀的机制分析过于简单。[300] 坎蒂隆阐明了所谓的"铸币流通机理"。根据他的阐述，过多的铸币余额会通过国际收支逆差流出本国的经济系统。[301] 任何国家都不能无限期地保留过多的铸币余额：因此，西班牙和葡萄牙并没有从新世界金银采掘收入中获得任何永久性的利益，其中的很多利益被外国商人和私掠船船长所劫走。[302] 坎蒂隆对这个问题的分析，除一个明显的区别以外，在很多方面类似于大卫·休谟在他的《论贸易差额》(*Of the Balance of Trade*，1752 年)[303]中进行的分析。休谟非常重视国际收支差额自我调节过程中产生的相对价格效应，而坎蒂隆也同时关注相对价格效应与现金余额效应。[304] 坎蒂隆的经济发展理论全面阐述了社会从土地所有者主导型控制到企业家主导型市场经济的演进过程，并且阐述了从易货交易到货币交易以及从封闭经济到开

---

298 Murphy (1986)，260－261 (quoting Schumpeter)；Meek (1962：268)提到了坎蒂隆的评论对于魁奈的重要性："国家各阶层人士和居民都要依靠土地所有者才能生存。"Meyssonnier (1989：249)也强调了坎蒂隆的影响，但也曾强调坎蒂隆本身在这个问题上又反过来受到了威廉·配第爵士的影响：ibid. 284。但是，Brewer (1992b：15，126)否定了配第的影响：坎蒂隆"几乎完全是另起炉灶"。

299 Murphy (1986)，263；Cantillon，ed. Higgs (1931)，112－113.

300 Murphy (1986)，265；Cantillon，ed. Higgs (1931)，160－161. 关于洛克的观点，请参阅文献：Leigh (1974)；关于洛克对坎蒂隆的影响，请参阅文献：Brewer (1992b)，137－146。

301 洛克早已使用过类似于现代术语"货币流通速度"(velocity of circulation)的"流通速度"(quickness of circulation)来表述货币运动：Locke，ed. Kelly (1991)，i，77，235；Meyssonnier (1989)，129；Hutchison (1988)，65；坎蒂隆称这为"流通速度"(vitesse de circulation)：Cantillon，ed. Higgs (1931)，130，134；Brewer (1992b)，80；Brewer (1992b)，722。

302 Murphy (1986)，267，270；Cantillon，ed. Higgs (1931)，166－167.

303 Schumpeter (1954a)，366.

304 Murphy (1986)，271. 按照 Murphy (1986)的说法，大卫·休谟在写他的《论贸易差额》时并没有参考坎蒂隆 1755 年出版之前已经在私下传阅的(《商业性质概论》)手抄本。

放经济的相应转型。最后，他阐述了从简单的铸币制度向着添加了纸币的比较复杂的外汇制度的转型。在财政政策方面，他对沃邦进行了批评，认为皇家什一税既无优势又不可行：应该根据土地所有者收到的租金征收货币土地税(类似于法国的什一税，见本书第十三章第五节)。[305]

坎蒂隆虽然是劳氏信用系统的大受益者，但他在谴责劳氏的过程中暴露了自己的保守倾向，也暴露了他对纸币和银行系统未来演进方式的看法上的局限性。他倾向于承认银行有助于国家防范私人窖藏铸币。[306] 但他不可能承认银行能给大国(特指法国)带来好处，而不是造成危害："虚拟货币充盈就会像流通中的铸币增加那样造成危害……"坎蒂隆断言，在路易十四统治中期，法国流通中的货币多于邻国，因此不必求助于公营银行就能轻而易举地征用多余货币。[307] (在一个明显是指劳氏信用系统失灵的隐喻中)银行的风险就是突然丧失信用，从而导致"炸弹在公众用纸币挤兑白银的吵闹声中爆炸"。[308] 流通中有足够货币的国家具有国家实力强大的优势，因为这样的国家能轻而易举地征到税，不但能够毫不费力地购买军需物资和支付军饷，而且贸易条件也要比流通货币不那么充盈且国内价格较低的国家更加有利。坎蒂隆写道：

"显然，每个流通中货币多于邻国的国家只要保持货币充盈，那么相对于邻国就具有一定优势……货币充盈的国家比较容易征到税，而且能征到相对较多的税。这样，在发生战争或者冲突时，货币充盈的国家较之货币稀缺的国家就能取得各种不同的优势。"[309]

然而，如果流通中有多余的货币，统治者又没有通过为自己创造盈余抽走多余的货币("把多余的货币从流通中抽走，以备急用……")，那么，上述各种优势就会消失，而且贸易出超就会变成入超；货币会流向国外，而国家就会因此衰弱："流通中货币太多，虽然能持续形成国家实力，但也会不知不觉且轻而易举地让国家重返贫穷。"[310] 坎蒂隆没能预见到 18 世纪 90 年代纸券

305　Cantillon, ed. Higgs (1931), 158—159.

306　Ibid. 146—147, 174—175, esp. 304—305; Brewer (1992b), 103—104.

307　Murphy (1986), 277; Cantillon, ed. Higgs (1931), 310—311.

308　Murphy (1986), 278; Cantillon, ed. Higgs (1931), 322—323.

309　Cantillon, ed. Higgs (1931), 189; Brewer (1992b), 115.

310　Cantillon, ed. Higgs (1931), 185; Spengler in Spengler and Allen (1960), 126—127; Brewer (1992b), 88, 116.

(*assignat*)流通时期发生的恶性通货膨胀,但他上面的这句话还是具有一定预见性的。[311] 相反,坎蒂隆根据法国1646~1684年这段历史的史实假设,增长周期短暂,而衰退则可以持续较长的时间:"我们可以说法国的国力自最近这个时期以来……非但没有增强,反而是减弱了。"[312]坎蒂隆提出了反对劳氏创建国家银行的观点,而费迪南多·加利亚尼则是直指劳氏的纸币或者代用货币观。加利亚尼在他的《货币论》(*Della moneta*,1751年)中用一整章的篇幅考察了法国1718年发生的货币事件,而对劳氏信用系统的批评则充斥全书。他认为,"劳氏是一个杰出的天才,但没有道德或者缺少宗教信仰"[313];他的主要错误就是主张过度发行纸币,加利亚尼在一个提前用"符号"(*signe*)来称谓后来的"纸券"(*assignat*)的短语中称纸币"只不过是货币图像而已"(mere images of money)。[314] 他曾试图估计流通中可能把货币总存量限制在1698年水平上的纸币数量,因为在他看来,1698年的年景要好于1718年。最重要的是,他批评劳氏企图利用他建议的信用体系来救助濒临破产的法国王室:

"劳氏犯了这个大错。他认为,法国欠下的全部债务都可以通过发行纸币来偿还,因此,他发行了相当于法国王室全部债务总量的纸币。对于这么一项如此重大的任务,这是一个非常严重甚至不可原谅的错误,因为这是两件风马牛不相及的事情,而且既无益于偿还全部国债,也不可行;还因为即使可行,道义也要求用真金白银来偿还,而不能采用偷梁换柱的办法,即用既不代表任何实际存在也不代表未来任何确定物的纸币。"[315]

加利亚尼表示,民众不可能长期忍受使用代表货币,而是需要金属铸币。他推想,如果某个国家被某个敌国占领,难道占领者会对纸币感到满意,而不会喜欢金属铸币?[316] 只有少数统治者会接受这种道理,因为降低金属币的成色可获得很多收入。难得的是,加利亚尼是18世纪为数不多的几个强调在不

311 Crouzet (1993)到目前为止对这个问题做了最好的解释,但他没有援引坎蒂隆。

312 Cantillon,ed. Higgs (1931),187;Brewer (1992b),117.

313 Quoted in Cesarano (1976),386;Cesarano (1990),336.

314 Crouzet (1993:210)援引了Saint-Just在1792年11月对"滥发符号……"的谴责。

315 Cesarano (1990),337,n. 30 (经修改的译本)。

316 Ibid. 332,n. 21. 关于加利亚尼,请参阅文献:Schumpeter (1954a),292-293,300-302;Hutchison (1988),255-270,293-294.

同情况下推行不同经济政策的理论家之一。他主张,先对具体的政策进行成本效益评估再决定采用哪种政策。[317] 从某种意义上讲,他是提前预见到了在法国大革命的条件下(鉴于没有增税满足公共支出需要的政治意愿)会诉诸通货膨胀而不是抵赖公债。[318] 由于加利亚尼相信,任何国家都有自己的最佳货币供应量(他曾试图估计那不勒斯王国的货币数量和流通速度)[319],因此,他反对谋求不断积攒贵金属的重商主义政策。在他看来,物价上涨,会使一个国家增加货币数量的有利影响消失殆尽。加利亚尼的最重要贡献就是现在所说的"理性预期"假设:通货膨胀预期对于统治者来说毫无用处,人们必然在价格稳定的假设下行事。他认为,"增加货币,君主和国家就可从货币数量增加缓慢改变人们对商品价格和货币关系的看法这个过程中获利"。他表示,"……一个滥发货币的君主倘若每个月都这么做,那么就会不断改变人们对价格和商品关系的看法,从而使得增发货币毫无用处……"[320]因此,统治者必须对通胀政策进行成本效益评估,才能判断是否应该降低货币成色。通货膨胀是一种隐蔽的征税形式,但国家只能在不增税的情况下用它来应急。[321] (因此,加利亚尼无意中成了法国在18世纪90年代由于政治原因无法增税,但又要与一个外国联盟开战的情况下,进行"纸券"实践的辩护者们的先驱。所不同的是,这种纸券是取代货币发行的。)[322]加利亚尼认为,通货膨胀的再分配效应是否可取,取决于评判者本人是不是不生产的"富人",而不是取决于评判者本人是不是像企业家那样的富人,因为企业家能够承受通胀效应的冲击。[323] 现实中,劳动者无法保护自己免受通胀效应的影响,就像法国的"纸券"实践所证明的

317　Cesarano (1976),383.

318　Crouzet (1993),127—139.

319　Cesarano (1976),390;Cesarano (1990),328 n. 15.

320　Cesarano (1976),393—394.

321　Ibid. 395.

322　Aftalion (1990);Crouzet (1993). 关于纸券实践作为启蒙运动理性思想产物的问题,请参阅Lavoisier and Cerutti 的观点:Olsen (1992),313。杜邦·德·内穆尔(Du Pont de Nemours)认为,他是根据美国的经验提出这个观点的,只需用由土地担保的生息纸券进行一次小规模的纸券实践:McLain (1977),150—152。

323　Cesarano (1976),396:"那些把土地租给别人的人不但有钱,而且无所事事、游手好闲,因此应该多缴税,因为在国家财富没有增加的情况下,他们不但消费了本国产品,而且还要消费外国商品。"

那样。[324]

6.7 古典理论:斯密、李嘉图和马尔萨斯

亚当·斯密(1723—1790)在1776年发表了《国富论》(*The Wealth of Nations*)。主导思想界一直到19世纪中期的"古典"经济学就是从这一年(而不是1766年。1766年,杜尔哥已经提前在他的《关于财富形成和分配的思考》[325]中谈到了古典理论的很多特点)开始发展起来的。斯密写道:

"每个国家发展政治经济的主要目的就是增加富人的人数和提升国家的实力。因此,相对于消费品内贸而言,应该既不偏爱又不特别鼓励消费品外贸;而相对于消费品内贸和外贸,同样也既不偏爱又不特别鼓励转口贸易;应该既不强迫也不诱使本国资本流入对外贸易和转口贸易,而是应该顺其自然。"[326]

历史上曾出现过不同的政治经济系统,在斯密看来,其中最重要的是商业系统和农业系统(分别被斯密称为"commercial or mercantile system"和"agricultural systems",或者"……那些把土地产出作为每个国家收入和财富唯一或者主要来源的政治经济系统")。[327]

由于经济学家都自然而然地强调斯密观点的现代性(之前的理论家往往被简单地作为斯密的"前辈"来打发),因此有必要强调斯密同时代外国人对《国富论》的感受。在德国,就如我们已经看到的那样,斯密最初被视为"当代重农主义者"。[328] 毫无疑问,斯密的一些关键思想(财富被定义为"由社会劳动每年再生产的可消费商品"、生产性劳动学说以及对生产和分配循环过程的重视)都源自重农学派。[329] 但是,斯密强调利润对资本和资本积累的经济影响。

---

324 Crouzet (1993),279,352,566.

325 Groenewegen (1977),43—95;Brewer (1992b),183,187.

326 Smith,ed. Campbell,Skinner and Todd (1976),i,372.

327 分别是《国富论》第四卷第一章和第九章的章名。

328 因此,von Pfeiffer在1782年表示:"……作者与正统重农主义者唯一不同的一点就是他主张对奢侈品征税,但遇到了明显的困难;他主张每个人都应该承担根据国家开支按比例纳税的义务,而且不要规定税收的用途。" Tribe (1988),145。

329 Blaug (1978),24.

这个主题比其他任何主题都更加贯穿于《国富论》的始终。称斯密为重农主义者有误导之嫌，因为，就如我们已经知道的那样，斯密总是设法使自己的观点与重农学派不同，并且谴责"经济学家们"(*Economistes*)的不生产阶级观念是一个"重大错误"。[330] 但是，斯密与重农学派有着明显的相似之处。斯密曾暗示，重农学派应该被视为对路易十四治下科尔伯特和其他大臣实行的重商主义政策作出的反应，就如他设法推翻托马斯·孟和17世纪英格兰重商主义者已经得到公认的观点。[331] 斯密在《国富论》第四卷第九章中对重农学派特点的刻画是有缺陷的，因为他根本就没有讨论重农学派臭名昭著的单一税观点，[332] 而只是在其他场合赞同对地租征税时间接提到过。[333]

在《国富论》第四卷第九章中，斯密给国家规定了三个"十分重要的职责"，也就是履行国家安全、司法行政以及一些个人绝不可能或者只有很少人有兴趣兴办和维护的公共工程和公共机构(因为任何个人或者少数个人兴办或维护公共工程和公共机构可能会"入不敷出"，尽管常常要比社会兴办或维护能获得更多的回报)的职责。[334]

这就是说国家干预作用有限，国家只应该提供市场不能提供的服务，而且原则上要服务使用者承担费用。在《国富论》第五卷专门论述公债的第三章中，斯密有力地批评了通过征税或者发行政府债券来为过度的公共支出筹款的做法，认为这种做法必然会把生产性劳动用于非生产性用途。尽管如此，有些税收是不可避免的。他在《国富论》第五卷第二章中阐明了他关于这个主题

330　Ibid. 25. Blaug认为，斯密错误地表述了重农学派在这一点上的立场；"除了吹毛求疵以外"，他不得不承认"重农学派的全部观点"。Tribe (1978:107－108)也认为，斯密曲解了重农学派的观点。

331　Smith, ed. Campbell, Skinner and Todd (1976), ii, 467(暗示科尔伯特"有很强的能力"，但又把"商人和制造商的诡辩"强加在他头上)；ii, 663－664("遗憾的是，这位大臣相信有关重商主义的一切偏见")。在援引了孟(ibid. i, 431－432)以后，斯密评论道(ii, 433)，"这些论点有一部分是可信的，但有些简直就是强词夺理"。

332　关于斯密与重农主义者的接触，请参阅文献：Smith, ed. Campbell, Skinner and Todd (1976), ii, 663 n. x. At ii, 665－666。在这个文献中，斯密描述了重农学派的思想体系，不管怎样也提到了(ii, 666)他们的农业净收入税的想法。

333　Ibid. ii, 830："一种收入随地租变化而变化或者随耕作改进或者马虎而增减的地租税，是由法国一帮自称是'经济学家'的文人作为最公平的税种来推荐的。""然而，斯密宁可回避不愉快的讨论，也就是回避讨论他们用来支持自己颇具独创性的理论的形而上学观点……"而是选择了说明他自己偏爱的税收解决方案。

334　Ibid. i, 35 and ii, 687－688. 这个文献常被引用，如常被Blaug (1978:59－60)引用。

的四项基本原则。[335] 它们分别是：

1. 每个国家的国民都应该尽可能根据自己的能力，也就是根据他们各自在国家的保护下实现的收入为供养政府作出贡献……

2. 每个人必须缴纳的税收应该是确定的，不可随意更改。纳税时间、方式和数额，无论对于纳税人还是任何其他人都应该简单明了……

3. 每种赋税都应该按时或者采用对于纳税人缴税最便利的方式征收……

4. 每种税收都应该设计成尽可能从国民钱袋里少掏钱，并且尽可能不阻止钱流入国民钱袋，但有尽可能多的钱缴入国库……

这四条原则既反映了斯密对国家的态度，也暴露了他的立场的软弱性。大臣或部长的两个基本关切就是保证税收制度不会危及对现政权的政治支持和产出足够的收入。[336] 斯密在含蓄地指责大卫·休谟时表示，譬如说，“奢侈品税比其他任何税种”都符合前三条原则，但它们“从各方面看都违反了第四条原则”。[337]

斯密的税收四原则，就像前面介绍的那样，“涉及税收制度的生产性和可接受性等方面……完全不适合作为评判各单个税种的依据”。[338] 尽管如此，他还是着重分析了他那个时代的不同税收制度，并且利用莫罗·德·博蒙特(Moreau de Beaumont)印刷版的法国1763年调查报告对欧洲的不同税制进行了比较。[339] 斯密着手考察了我们所说的君主领地权或者王权。他把这些权利定义为“首先是利用某些主要属于君主或者全体国民并且与国民个人收入无关的储备的权利，其次是利用国民个人收入的权利”。这样的储备或者收入来源可以是储备物或者土地。斯密用汉堡(Hamburg)共和国的例子来解释他的论点。据说，汉堡共和国的大量收入就是一个公共葡萄酒窖和药材商店

335 或者像Blaug (ibid. 61)曾经提到“纳税能力理论和税收管理三原则”。Smith, ed. Campbell, Skinner and Todd (1976), ii, 825－826. Schumpeter (1954a: 186)认为，斯密主要是从历史的角度对公共支出、收入和债务问题进行了论述，但没有进行“充分的理论阐述，并且也远远没有达到深入的程度。不过，斯密对相关一般情况和特殊事例的论述仍值得称道”。

336 Stigler (1971), 272－273.

337 Smith, ed. Campbell, Skinner and Todd (1976), ii, 896.

338 Stigler (1971), 273.

339 Smith, ed. Campbell, Skinner and Todd (1976), ii, 816 n.; Bonney (1994).

的利润。[340] 斯密表示，“政府不能太大”，这样，统治者才有“闲暇时间关心葡萄酒或者药材生意。像威尼斯和阿姆斯特丹这样大很多的政府，都有公营银行的利润作为收入来源。他计算得出英格兰银行的年净利润是 592 900 英镑，并且还拿威尼斯和阿姆斯特丹管理有序、工作尽责和勤俭节约的政府与英格兰这样的“懒散、挥霍的君主政体”进行了比较。“一个国家有时部分收入可能来源于利息及资本利润；如果它能积累财富，那么就能把部分钱借给外国政府或者本国国民。”此外，他还提到了荷兰人持有英国和法国公债。[341] 在斯密看来，“股票和信贷的不稳定性和易毁性”使得它们不适合作为“可靠、稳定和经常性收入的主要来源来依靠”，而只有可靠、稳定和经常的收入才能赋予政府安全和尊严。土地是一种具有“比较稳定和永久性质的收入来源”。然而，他又认为：

“从欧洲大部分文明君主国家的现状来看，本国所有土地的租金即便像属于一个地主那样来管理，相对于即使在和平时期要征收的经常性收入而言也显得太少。”

斯密在写《国富论》时并没有认为，“任何文明国家”有“较大部分的公共收入来源于作为国家财产的土地的租金”，问题是王田在与私人所有的土地收入比较时总是被忽略。[342]

斯密注意到，个人的私人收入来源于租金、利润和工资；“每种税收必然是由这三个不同的收入来源中的某一个或者无区别地由全部三个支付”。斯密研究的很多税收，在他看来，会落到被定为税收初始目标的收入来源上。[343] 对于斯密来说，什一税和类似的其他土地税都是“非常不公平的税种，因为某一部分的产品在不同情况下相当于非常不同的租金”。由于什一税的实际税负可能在 1/5～1/2 之间，因此，什一税是一种“严重不利于地主改良土地、佃户

340 Smith, ed. Campbell, Skinner and Todd (1976), ii, 817, 820; Hartmann (1979), 138; Mémoires, ed. Moreau de Beaumont (1768), 73.

341 Smith, ed. Campbell, Skinner and Todd (1976), i, 108:“他们的财产很多都是法国和英国的公债，据说英国公债大概有 4 000 万(但本人怀疑大大被夸大了)……”最近的估计在 2 100 万左右：Riley (1980), 123。

342 Smith, ed. Campbell, Skinner and Todd (1976), ii, 821－814.

343 Ibid. ii, 825.

种好地的负激励因素”[344]。斯密声称，如果英格兰和爱尔兰没有征收什一税，有地阶层在不显著增加财政负担的情况下可以多缴纳600万～700万英镑的土地税。[345] 斯密区分了房租和地租，并且认为地租是一个“更加合适的税收对象”。虽然“欧洲有很多国家征收房租税”，但据他所知，没有一个欧洲国家把地租作为“单独的课税对象”。[346] 投资利息可被作为像地租一样合适的课税对象。在现实中，对投资利息征税会遇到两大困难：

“首先，任何人拥有的土地的数量和价值绝不可能是秘密，并且总能相当准确地确定。但某人持有的股本总额几乎总是个秘密，很难以可接受的准确性来确定。除此之外，股本几乎一直变化不定……其次，土地是一种不可移动的课税对象；而股票很容易转移……”[347]

因此，斯密断定，“在任何国家，私人逃税都要受到严厉的惩罚”。[348] 然后，斯密又考察了课征于不同收入的税，包括人头税。[349] 他的结论是它们无一成功：

“任何人头税都不可能按纳税人的收入比例征收。这种不可能性似乎为开征课征于消费品的税收提供了理由。如果国家不知道如何直接、按比例（原文如此）对其国民的收入征税，那么，通过对他们的支出（原文如此）课税来间接地对他们的收入征税，结果被认为通常接近于按他们收入比例征税，以对国民消费的消费品征税的方式来对国民支出征税。”

斯密认为，课征于生活必需品的税完全等同于课征于劳动工资的直接税；而奢侈品税往往不会提高被课税商品以外其他商品的价格。斯密列举了英国和法国烟草专卖的例子（但夸大了法国的烟草价格）[350]：“虽然（烟草）在英国要征3次税，而法国按烟草原价的1/15征税，但这么高的税率似乎没有产生任何推高工资的影响。”在英国，课征于食盐、皮革、肥皂和蜡烛等生活必需品的

344 Ibid. ii，837.

345 Ibid. ii，934.

346 Ibid. ii，844.

347 Ibid. ii，848.

348 Ibid. ii，850.

349 Ibid. ii，867—869.

350 1758年物价上涨以后，法国的法定烟草成本价比英国高60％（Price，1973：i，671—677）；关于法国后来的市场地位，请参阅文献：ibid. i，671—677。

税相对较轻。[351] 关于英国的食盐，斯密评论说，"个人的年消费量非常小并且可以逐渐购买，以至于就像有人认为的那样，没有人能非常明智地觉得可对个人消费征收很重的税"。但他认为，在欧洲其他国家，课征于生活必需品的税要常见许多：

"很多国家对在磨坊磨的面粉课征面粉税，而对在烤箱烘焙的面包课征膳食税。在荷兰，城镇居民消费的面包的货币价格应该由于课征这些税而涨了1倍……这些税和其他诸如此类的税通过提高劳动力价格而完成，据说这样做已经导致一大部分荷兰制造商破产。"[352]

斯密对课征于消费品的税下结论表示，虽然有诸多"在某种程度上与这些税不可分离的不便(原文如此)"……但它们在英格兰是相对较轻的负担。相反，他把西班牙的商业交易税说成是一种重税，因为虽然税率已经从按每种财产(无论是动产还是不动产)销售额的10%降低到了6%，但财产"每次转手都要重复课征……"乌斯塔里斯把"西班牙制造业的破产"归因于西班牙征收的商业交易税。但从斯密的观点可以看到，他可能还把西班牙农业的衰退归咎于商业交易税，因为这种税也课征于农产品。那不勒斯也课征一种类似的税，那是一种对包括销售合同在内的所有合同按合同价款3%计征的税，但允许城镇和教区出钱买断这种税的部分征收权，因此没有像西班牙的商业交易税"那样具有破坏性"。[353]

忽略人口增长这个德国官房学派的核心关切是《国富论》比较明显的不足之一。斯密会忽略这个问题，确实令人惊讶，因为斯图亚特已经强调过人口过剩的危险。这个问题一直到托马斯·马尔萨斯(Thomas Malthus，1766—1834)在1798年首次发表《人口论》(*Essay on Population*)才引起注意，而一

351　Smith，ed. Campbell，Skinner and Todd (1976)，ii，874；关于18世纪蜡烛、肥皂和兽皮(即皮革)的人均消费，请参阅文献：Beckett和Turner (1990：392—393)。他们在课税商品目录中又添加了茶叶。斯密把饮料税视为奢侈品税，但他又指出，茶叶和食糖在荷兰和英格兰已经成为最底层民众的奢侈品，就像巧克力在西班牙。

352　Smith，ed. Campbell，Skinner and Todd (1976)，ii，875—876，905；*Mémoires*，ed. Moreau de Beaumont (1768)，i，202，210—211，233.

353　Smith，ed. Campbell，Skinner and Todd (1976)，ii，899—900.

种(有争议的)人口增长理论也由此诞生。马尔萨斯试图在人口增长、糊口工资[354]和税收之间建立的关系虽然没有那么出名,但在《政治经济学原理》(*Principles of Political Economy*,1820年)中已经初露端倪。[355] 在这部著作中,马尔萨斯指出,"一笔在1770年绝对能够压垮国家的支出,在1816年可能差不多只够启动国家庞大的生产力"。但不管怎样,在一个漫长的战争时期结束后极有可能要作出过度的财政特许:

"几乎不用怀疑,战争结束以后,纳税人立刻又得缴纳大量的税,生产和消费的适当平衡有可能被完全打破……由强制开征一种税造成的邪恶很少会通过废除这种税来加以补偿……有充分的理由相信社会各劳动阶层有可能因为要实现他们似乎那么热切希望实现的目标而受到严重的伤害。"[356]

马尔萨斯是一个现代重农主义者。虽然他谴责重农学派的单一土地税思想,并且认为这是"重农学派犯下的主要错误之一",但他赞同重农学派关于"税收必然落在土地身上"[357]的观点。马尔萨斯的主要反对者是大卫·李嘉图(David Ricardo,1772—1823),但至少有一点两人观点相同:自1797年以来,"尽管英国政府开销巨大","但可以肯定地说,英国国民总产值的增加足以补偿政府支出的增长"。[358] 李嘉图认为,英国国民现在的年收入即使在扣除税收以后,"很可能仍比历史上任何时期的收入都多"[359]。但不管怎样,收入增长率在自由制度下总要高于在保护制度下。李嘉图也是增发公债的反对者,并且觉得战时还是加重税收更加可取。他赞同个人会觉得持有政府债券比纳税可取,即使这些债券的存在意味着未来需要缴税。[360] 然而,他最担心的是,战后政府赖债不还。公债多会扰乱商品价格,因此不利于英国在国外市场上的贸易。他坚持认为,私债多对经济的危害小于公债多,而战时增税"几乎不会对

---

354 Blaug (1978:77)认为"糊口工资理论"根本就不是什么理论,并且驳斥称这"绝对是一种容易引起歧义的理论"。

355 Schumpeter (1954),480—483;Harvey-Phillips (1984);Hollander (1986).

356 Malthus (1836),423,436—467.

357 Semmel (1964—1965),534;Rashid (1981),75;Hollander (1992),380.

358 Ricardo,ed. Sraffa and Dobb (1951—1955),i,151;Shoup (1960),42;Tullio (1989),728.

359 Ricardo,ed. Sraffa and Dobb (1951—1955),i,151—152;Hollander (1977),13.

360 Ricardo,ed. Sraffa and Dobb (1951—1955),i,247 ("他自欺欺人地相信自己仍像以前那样富有");Shoup (1960),153.

本国工业造成长期困扰”[361]。加利亚尼对这个问题的看法不同于英国在拿破仑战争时期经历的现实(见本书第十一章第七节)。

从某种意义上讲，李嘉图是一个纯粹的放任自流提倡者。“在一个完全自由的商业体系中”，他写道：“每个国家自然会把自己的资本和劳动力用于对本国最有利的用途。这种对各自利益的追逐必然会美妙地与整体的普善联系在一起。”[362]在他看来，在没有政府干预的情况下，农业、商业和制造业都会变得极其繁荣。但是，这种理想世界难以企及。李嘉图对现实有非常清醒的认识：“国家筹款支付其履职开支的需要迫使国家征税，因此，国家的干预就变得绝对必要。我们需要最完善的科学知识才能理解这个问题……”[363]李嘉图分别在 1819 年和 1821 年两次应邀写一点研究“税收原理……和应用于我们具体情况”的东西。这应该是一本立刻可供政治家们参考如何管理财政业务的教科书。“迄今为止，税收都不是按照任何固定的原则来征收的……已经到了必须废弃这种不光彩、危害极大的征税方式的时候了……”[364]李嘉图的回答虽然有点愤世嫉俗，但很现实：“……大臣们总是更加关心怎样才能通过收税来筹钱以及他们通过收税能够得到的结果，而不是税收对国家未来繁荣和资源的影响……”[365]李嘉图在他的《政治经济学与赋税原理》(*On the Principles of Political Economy and Taxation*，1817 年初版)中表达的主要关切与国家的纳税能力由什么决定的问题有关。李嘉图试图证明，“虽然国家商品总量的总货币价值由于农业技术进步或者取消谷物进口限制而下降”，但国家仍有能力加征税收。[366] 即便如此，税收最多也只能是一个“阻止生产的障碍”，因为任何一种税收都有“减少生产的倾向”。[367]

亚当·斯密曾经表示，“只要国家的实力取决于富人，那么，国家的富人和

361　Shoup (1960),158.

362　Ricardo,ed. Sraffa and Dobb (1951—1955),i,133—134.

363　Ibid. viii,110;Shoup (1960),8.

364　Shoup (1960),16. 这由他的朋友 Hutches Trower 促成。

365　Rcardo,ed. Sraffa and Dobb (1951—1955),ix,87—88.

366　这是在“第三版的广告宣传”中表达的观点(Mar. 1821)。Ricardo,ed. Sraffa and Dobb (1951—1955),i,8;Shoup (1960),8.

367　Shoup (1960),45.

实力必然始终与本国的年产值即税收的终极来源成比例”。[368] 李嘉图虽然大受斯密思想的影响，[369]但仍批评了斯密的这个观念，并且表示“显然，纳税能力与净收入成比例，而不是与总收入成比例”。[370] 李嘉图所说的净收入，用现在的话来说，就是国民净收入。他的一国净收入仅仅是利润和租金之和，而现代国民收入核算中并没有任何对应的术语。[371] 人口规模相对较不重要：

“只要一个国家的实际净收入、利润和租金保持不变，国家有 1 000 万还是 1 200 万人口并不重要。国家供养军队和舰队以及各种非生产性劳动力的能力必须与其净收入而不是总收入成比例。”[372]

净收入的定义表明，李嘉图受到了重农学派的影响，但没有任何直接的证据能够证明李嘉图对重农学派进行过研究。[373] 但无论如何，李嘉图的经济活动观远比重农学派宽泛。无论不断增长的经济体还是静止不变的经济体，税收总得要用净收入来缴纳。这两种经济体的区别就是：在不断增长的经济体中，“土地的净产品总是与总产品成比例递减……”[374]即便如此，显然也可能出现衰退的状况(但谷物的自由输入有可能阻止英国出现这种状况)：

“在任何自由国家，只要税收逐年减少国家的资本，就绝不会幸运地受到欢迎。这样一种税收状况绝不可能长期持续下去；或者，如果长期持续下去，那么就会不断吸纳那么多的本国年产出，以至于造成普遍的贫困、饥荒和人口减少的景象。”[375]

李嘉图最后提出了某种类似于税基这样的现代概念(某种斯密始终回避的东西)，[376]但没有充分说明税收基础并不只是每种税收估计值的简单加总，

---

368 Smith, ed. Campbell, Skinner and Todd (1976), i, 372.

369 Schumpeter (1954a), 474.

370 Ricardo, ed. Sraffa and Dobb (1951—1955), i, 349; Shoup (1960), 191—192.

371 Shoup (1960), 86, 192; Ricardo, ed. Sraffa and Dobb (1951—1955), i, 178, 347.

372 Ricardo, ed. Sraffa and Dobb (1951—1955), i, 348; Shoup (1960), 192.

373 Shoup (1960), 10.

374 Ibid. 86—87; Ricardo, ed. Sraffa and Dobb (1951—1955), i, 178.

375 Shoup(1960), 42; Ricardo, ed. Sraffa and Dobb (1951—1955), i, 185. Shoup(1960:257)指出，约翰·斯图亚特·穆勒(J. S. Mill)对静止不变的国家的危急状况更加悲观。

376 Sraffa 表示，李嘉图的税收研究严格遵循亚当·斯密的研究框架：Ricardo, ed. Sraffa and Dobb (1951—1955), i, pp. xxiii, xxv。Shoup (1960:14)指出，“李嘉图的研究很少重复斯密的研究”。一种类似的方法可以得出非常不同的结论。

因为他认为必须先考虑每种税收对税收基础的影响：

“如果一个国家的国民个人有 1 000 万的收入，那么，他们必须至少有价值 1 000 万的可税商品。如果通过课税，个人 100 万的收入转移到了政府那里，那么，他们名义上仍有 1 000 万个人收入，但只有价值为 900 万的可税商品……”[377]

他认为，“税收就是一定比例的供政府支配的土地和劳动产品，最终总是用本国的资本或者收入来支付”。[378] 李嘉图还表示：

“凡是税收必然要落在资本或者收入上。如果税收侵蚀了资本，那么必然会相应减少投资，而本国的生产性产业必然会毫无例外地受到相应的抑制；如果税收最终落在收入上，那么必然会减少积累或者迫使纳税人通过相应减少生活必需品和奢侈品这样的非生产性消费把税金省下来。有些税收会比另一些税收产生更大的此类影响，但税收的最大不利影响并非体现在对赋税对象的挑选上，而是表现为税收所产生的总体影响上。”[379]

李嘉图还研究过课征于初级产品的税，即单位农产品定额税。[380] 斯密表示，缴纳特定税的租地农民可以转嫁税负；如果租地农民不能获得合理的税后利润，他们就会设法转移自己的资本，可能会通过要求减租来把税收影响转嫁给土地所有者。[381] 李嘉图赞同税负可转嫁的观点，但在他看来，税负并不是转嫁给土地所有者，而是转嫁给消费者：“任何课征于耕者的税，无论是采取土地税、什一税还是收获时征收的产品税，都会增加生产成本，从而主要通过提高工资水平来提高初级产品价格。[382]

6.8　结束语

1771 年，艾萨克·德·平托——以对于国家财政理论家来说很少见的坦

377 Shoup (1960), 139; Ricardo, ed. Sraffa and Dobb (1951—1955), i, 239.

378 Ricardo, ed. Sraffa and Dobb (1951—1955), i, 150.

379 Ibid. i, 152.

380 Ibid. i, 156—172; Shoup (1960), 58—60.

381 Smith, ed. Campbell, Skinner and Todd (1976), ii, 856.

382 Ricardo, ed. Sraffa and Dobb (1951—1955), i, 156. Shoup 指出，“任何课征于耕者的税收”都应该被理解为只包括一种扩展到为了赚钱(即主要是为了挣工资)而种地的耕者的税收。

率——宣称,“财政各分支的真实和准确分布是一门科学,而这门科学的全部原理还没有完全被理解”。[383] 上文已经证明,现代经济学概念之所以会出现在从 1570 年前后到 1820 年这个时期里,是因为存在一些当时亟待解决的非常实际的问题。熊彼特坚持认为,“经济学研究任何时候都不会受经济学家碰巧有的哲学观点摆布”。[384] 他似乎并非想说经济学研究独立于政治哲学,而是想说经济学家的哲学观点并非与经济学家提出的假设的效度无关。[385] 严格地说,这种观点也许是对的。但是,我们较少关心某种经济学理论对于现代经济学这门学科的效度,而更加关心某种经济学理论在某个给定时期的历史重要性。重农主义者可能是乌托邦或者受到了误导,但这并不会减轻他们对同时代人和日后经济理论演进的基本影响。从进化论的角度看,路易十四欠下的债务、它们对劳氏思想的影响和劳氏信用系统后来的失败,对于国家发展的当代性来说,都要比狭隘地关注是李嘉图而不是斯密应该被视为现代经济学家典范的问题更具相关性,或许还更加重要。杜尔哥和坎蒂隆也许被视为 18 世纪“最杰出的经济理论家”,但斯密对他的直接继承人产生了大得多的影响。[386]

虽然本章的讨论必然是有选择性的——就像熊彼特那样,我们没有把农业论著包括在内,[387]但本书的其他章节(见第十章)在 18 世纪财政改革的背景下讨论几个著名的意大利理论家[388];与此同时,我们又舍弃了对像葡萄牙[389]和瑞典[390]这些在经济事务中起不了决定性作用的国家初露端倪的辩论——显而易见,对于观点论证,有些国家比其他国家作出了更加迅速的反应。从某种程

383 Pinto, trans. Baggs (1774, repr. 1969), 136.

384 Schumpeter (1954a), 31.

385 Blaug (1978), 5. Blaug 指出,熊彼特的很多研究都涉及“叙事史学、政治理论、哲学观点等问题,想必是因为它们与经济理论密切相关”。

386 Brewer (1992b), 191.

387 Schumpeter (1954a), 157; Tribe (1978), 53—79.

388 Schumpeter (1954), 176—179, 292—293, 300—304, 306—307.

389 Caroso (1990).

390 Magnusson (1987).

度上说，这是知识精英努力和发表可能性造成的结果。英国[391]以外的任何其他国家都不能与法国相提并论，法国在1660～1789年发表或出版了2 869篇(本)政治经济学论文和专著，其中有357篇/本或者12%是专门论述财政和税收问题的。[392] 从某种程度上说，国家对观点论证作出回应的速度可能取决于政治体制是否对辩论和创新开放。但是，开放的政治体制并不一定就能促成活跃的观点争论，就像合省联邦缺乏重要的理论家所证明的那样。[393] 有必要区分根据行政管理经验写过论著并从事实际工作的人士[如米兰和托斯卡纳的蓬佩奥·内里(Pompeo Neri)][394]与后来进政府担任职务并在任职期间试图将自己的某些思想付诸实施且通常造成灾难性结果的理论家(劳氏就是一个最典型的例子，而杜尔哥和内克尔在方法上比较灵活)。政府也受到传播技术创新(如源自数学发展的预期寿命计算)的外部人的影响，而合省联邦的约翰·德·维特(Johan de Witt)为了努力减少荷兰的公债而沉湎于这样的计算：17世纪下半叶，欧洲国家的一些政府计算终身年金合同和唐提式养老金制度(*tontines*)估计成本的能力表明它们也变得更加成熟。[395] 到了18世纪末就出现了"现代"视觉手段用于展示具有证明国家相对实力价值的图表和地图等统计资料。[396] 但是，就连拿破仑治下的法国也没有计算预期寿命信息的代数公式。[397] 个人——无论是否抱团采取国家行动——似乎都能在计算终身年

391　有一张覆盖1701～1800年的18世纪文献(短)标题目录的搜索光盘含有英国和爱尔兰的(短)标题235 748个，其中大概有2 478个通过搜索关键词"bank $"、"expendit $"、"economy $"、"mercantil $"、"financ $"、"tax $"、"public credit"、"public debt"、"loan $"和"annuit $"(其中"$"是通配符)就能列表。当然肯定还可用其他关键词来搜索，并且可用来弥补任何错误的短标题。由于新的标题仍在不断添加到英语短标题目录(ESTC)中，因此标题总数可能被低估。

392　Perrot (1992)，74－75. 应该指出，其中大部分标题(2 263个标题或者78.8%的标题)都是1750年后文献的标题，因此与重农主义或者反重农主义辩论有关。与财政和税收有关的标题占比较高(306个或者占这些标题总数的85.7%)。

393　虽然de la Court在1662年写书时计算过，生产半匹荷兰布，需要支付70基尔德的工资，缴纳20多个基尔德的消费税：van Tijn in van Daal and Heertje (1992)，24. 关于由消费税导致的工资成本压力，请参阅文献：van Zandeil (1993)，138。

394　Klang (1977)，24－32. 他曾指出(29－30)，内里(Neri)自己受到了Sallustio Bandini观点的影响，Sallustio Bandini才是"那个世纪出于经济考虑提出彻底改革的托斯卡纳第一人"。

395　Jennings and Trout (1982)，14－15，19；Riley (1985)，11－15.

396　Perrot (1977)，7 and n. 5.

397　Staum (1987)，535.

金风险的重要事务中智斗击败 18 世纪末期法国的历代财政大臣或总监。政府选择了似乎只有在资本市场相对比较无知时成本才较低的解决方案,但在德帕西厄(Deparcieux)的终身年金费率表公布以后,这种解决方案肯定成本不低。[398] 从理查德·坎蒂隆在劳氏信用系统中发了财以后,那个时代的人就不再依赖内部人信息来进行可转让资产交易。[399]

新闻审查之前或者后来骚扰结束后的自由也许促进了思想的传播:配第、达夫南特和英格兰的"政治算术"学派能够自由沉湎于他们的思辨,不用像布阿吉尔贝尔、沃邦甚至 18 世纪中期的米拉波那样惨遭监禁(但应该说明,他们都是战时被监禁的,而且时间都很短)。[400] 源自政府代议制的辩论自由也许加快了创新速度。据说,沃波尔(Walpole)曾经指出,英国下议院在听取议会辩论发言时对"算术数字"的重视胜过对"修辞"的重视。不过,鉴于很多议会辩论具有自利性,因此,他说这话的正确性值得怀疑。[401] 即便沃波尔没有说错,英格兰或者英国 1680～1790 年在公共信用方面的发展与广大公众接受创新之间也存在很大的时滞,就如那个时期人们的态度所证明的那样。[402] 就是为了公开讨论和审议王室财政问题,内克尔才在 1781 年公开了他那著名的会议纪要(*Compte rendu*)。但是,关于这个事件,最值得注意的就是它发生在 18 世纪,晚了很久。有多少像让一罗兰·马莱(Jean-Roland Malet)这样的理论工作者因为财政的保密性而没有发表自己的观点? 不管怎样,公众舆论一旦形成,必然会受到政府重视。路易十六不愿在 1787 年抵赖国债,但在像布里索(Brissot)这样的檄文作者组织了一次宣布"破产点"(*point de banqueroute*)的宣传活动以后再这样做的话,那就得付出沉重的政治代价。[403]

在我们考察的理论家中有许多重商主义者或者"秘密"重商主义者,他们

---

398 Velde and Weir (1992),29,31—33;Crouzet (1993),67—71.

399 Murphy (1986),187—188.

400 Boisguilben and Vauban:Bonney (1991a),209. 关于 Mirabeau,请参阅文献:McLain (1977),30;Vaggi (1987),143;Perrot (1992),75. Sonnenfels 对国家机密问题发表了评论:Small (1909),528—529。

401 Burke (1992:132)援引了 Walpole。请比较 O'Brien in Dickinson (1989),173—174:"我们应该补充一点,下议院的议员很少关注税收征管或者公债管理的细节问题,因此首相的权力几乎没有受到任何挑战……18 世纪的议会辩论几乎是充满了愚昧无知、政治敌意和意识形态偏见的。"

402 Hoppit (1990),322.

403 Crouzet (1993),79;Root (1994),223—225.

的论点是否像斯密所认为的那样，受到了很大程度的误导？[404] 以他们完全没有预期到或者没有充分解释价格—铸币流机制为由对他们进行批判是不够的。[405] 与其希望那个时代的理论家对经济理论和经济系统进行清晰、一致（更不用说现代）的解释和表述，或许我们应该寻找他们发现并仍然有效的具体概念（供给与需求弹性、某些贸易和货币流研究的内容等）。[406] 在为重商主义的立场进行辩护时，我们已经强调，他们的国际贸易观念——一个国家的收获就是另一个国家的损失——反映了当时各国国民经济的需要，因此并不是思维不严密或者理论错误造成的后果。殖民地争夺战频仍（如英国与法国为了争夺西印度群岛、加拿大和印度的控制权）以及垄断公司（如荷兰和英国的东印度公司）之间的争斗往往使得那个时代的人相信，获得财富在很大程度上就意味着对别人进行掠夺（见本书第十一章）。[407] 重商学派理论家（和采纳他们观点的政治家，也许从法国的科尔伯特开始）的终极目标就是扩大本国生产，尤其是扩大出口。贸易保护主义和政府对外贸的管制被说成是为实现工业经济腾飞和增强经济实力所必需。[408] 一旦对竞争对手持有了优势，贸易保护主义和外贸管制就会被作为保持——即便不能永久（这是不可能的，因为所有的政治或者经济优势都注定会消失，[409]那个时代的人非常明白这一点），也至少要尽可能长期——这种优势地位的必要手段。重商学派并非要在思想意识上反对自由贸易，而是要求采取一种根据每种具体商品或者每个具体经济部门的特点促进贸易并阻止危害性竞争的有选择但积极的贸易政策。这种讲究实效的做法并没有阻止他们提出经济发展理论或者关于如何最佳地促进经济发展的一般标准。到了这个时期末，有理论家开始质疑财政豁免权的合法性，同时又注意到财政豁免权是由王室授予的。索南菲尔斯认为，原则上，履行纳税义务是每个人的平等责任。如果特权危及公共福利，那么，统治者就有责任废除

---

404 Perrotta (1991)是经过重大修订的版本。

405 Allen (1970)，387. Cf. Schumpeter (1954a)，345："那么，为什么 Malynes(理论家)没能得出这样的结论呢？"

406 Coats (1973)，487－488.

407 Perrotta (1991)，314，324.

408 Ibid. 305，324.

409 Cipolla (1970).

它们。[410] 法国政府并不是唯一发现建立公平的财政制度会遇到的实际障碍要比理论家们所认为的更大的政府。

那么，他们是怎么看待国家的呢？有人辩称，包括1767年撰写《政治经济学原理研究》的詹姆士·斯图亚特在内的很多17和18世纪的经济学家都认为国家就是由君主或者国家领导人以自己的名义按照"政治经济学"这门新学科的规律来管理的王室。[411] 所以，安东尼·蒙克莱田·德·瓦特维尔（Antoine Montchrétien de Watteville，约1575—1621）在他1615年发表的《政治经济学概论》（*Traicté de l'OEconomie Politique*）[412]中首次使用"政治经济学"这个术语。"*OEconomie*"派生于希腊语中的"*oikonomia*"，"*oikonomia*"把有效、节俭的家政管理与赚钱和贸易业务区分了开来。[413] 蒙克莱田并不赞同希腊人的观点，他认为，"经济"不能脱离"治安"（police），即行政管理（administration），因为"获取财富的学问，国家和家庭都需要"。他把"政治经济学"视同公共管理学（*mesnagerie politique*），不但包括政府财政，而且包括良好的治安，其中包括对农业、商贸和工业的管制。因此，政治经济学"被认为是关于适当、睿智地管理王室的知识体系；在这个知识体系中，经济活动被认为不能离开君主的指导，必须被置于某种有序的框架内"[414]。因此，斯图亚特认为，"经济学适用于家庭，而政治经济学则适用于国家"。政治经济学关心的是像"人口、农业、贸易、工业、货币、铸币、利息、流通、银行、汇兑、公共信用和税收"这样的特定职责和任务。[415] 斯密的《国富论》也被认为是一部政治经济学著作，并且在这个主题的辩论中被置于一种模棱两可的处境。[416]《国富论》第四卷在

410 Small (1909)，580—581.

411 Tribe (1978)，80—109；Small (1909)，588—589.

412 Schumpeter (1954a：167—168)谴责了这部著作的质量。Lublinskaya (1968：104—135)是较新的相关论述；Parker (1971)，78—80；and Perrot (1992：63—67，145—146)曾注意到蒙克莱田(Montchrétien)的著作在18世纪几乎无人问津。King (1948：231)和Letwin (1963：217)指出，近代早期第一个使用这个术语的作者是Louis Turquet de Mayerne。他在1591年完成了自己的论文，但直到1611年才出版：Mousnier (1970b)，57—75；cf. Hutchison (1988)，17，337：他重复了"是蒙克莱田提出了这个术语"的陈旧观点。

413 Seligman in Seligman (1930—1934)，v，345；Tribe (1978)，81—82.

414 Tribe (1978)，82.

415 Steuart，ed. Skinner (1966：i，7)以及在文献"ibid. i，16—17"中的定义。Tribe (1978)，84。

416 Tribe (1978)，101—109.

它的引言中有一个政治经济学的定义：

“政治经济学被视为政治家或者立法者科学的一个分支，有两个不同的目标：首先赋予国民充分的收入或者生计，或者更确切地说，使国民能够赋予自己充分的收入或生计；其次赋予政府或者国家足够其提供公共服务的收入。政治经济学以同时让君主和国民变富为己任。”[417]

然而，斯密所说的那只支配生产和分配的“看不见的手”在很大程度上取代了政治家的指导之手。的确，国家即由君主或者政治家以自己的名义管理的王室或政府这种模式是对坎蒂隆的意图的不适当表述。杜尔哥和古典经济学家认为，虽然统治者关心威望和权力，但“政治家”几乎不需要干预经济，即便真的要干预，也只有非常有限的权力。[418] 斯密关于“天赋自由”体系的主张是苏格兰启蒙运动的产物。在他看来，是商业和资本积累的力量，而不是任何人或者政府的行为使欧洲处于这种“天赋自由”的状态。因此，商业是一股已经消灭了君主和封建领主专横统治的合理化力量。[419] 斯密并没有质疑重商学派的目标，而只是质疑了他们的方法。虽然，就如斯密所引证的那样，“每个国家政治经济的伟大目标就是增加富人人数和增强国家的实力”，[420]但是，经济增长有它的极限，管理不善可能导致国家的发展低于发挥充分潜力能达到的水平——古埃及和中国的例子因没有对外贸易而被排除在外，而在“国家充分增加了富人人数以后”，经济就会停止增长。一般来说，一个根据适当的“法律和制度”来管理的经济无论如何也不会碰到这种问题。[421] 斯密和李嘉图的政府支出、税收和债务增长长期影响观，也许仍有其当代相关性。[422]

本书的书名《经济系统与国家财政》由于含有“经济系统”这个术语，因此，就连生活在本书考察期末那个时代的人很可能也会觉得这个书名未免有点别出心裁。惠灵顿（Wellington）、梅特涅（Metternich）和塔列朗（Talleyrand）的同代人用以下这段话谈论了法国 1814 年王政复辟后提出的预算：

417　Smith, ed. Campbell, Skinner and Todd (1976), i, 428; Evensky (1989).

418　Brewer (1992b), 183.

419　Prasch (1991), 347－378.

420　Smith, ed. Campbell, Skinner and Todd (1976), i, 372; Prasch (1991), 346.

421　Smith, ed. Campbell, Skinner and Todd (1976), i, 89, 495; Prasch (1991), 338－342.

422　Tullio (1989); Wrigley in Stone (1994), 90－91.

“法国从来就没有什么经济系统：苏利(Sully)奠定了农业系统的基础，而科尔伯特则更加注重商业系统。这两位大人物相互矛盾的思想是阻止他俩的政策主张取得成功的障碍……后来，先后有28位大臣担任(财政)职务，其中大多不按任何系统来管理财政事务……”[423]

相比之下，塔列朗(Talleyrand)证明了他所说的“财政系统”，也就是1814年的预算的合理性，理由就是这份预算“把法国的繁荣建立在一个与法国资源相匹配的公共信用的基础上”。[424] 他认为，法国人承担的税负要比美国人略轻一些，但要比英国人轻很多，他列举的这三个国家的人均财政负担分别是23、25和120法郎。[425] 塔列朗不赞同内克尔的观点，并且把他归入那些认为王室应该谋求收支平衡(那个时代的另一个学者把这称为“财政大秘密”)，而不是求助于借贷的那一类人。[426]

法国关于1814～1815年度预算的讨论为“系统”这个词应用于公共财政恢复了名誉。在这之前，“系统”这个词带有变异的色彩：[427]劳氏曾发明过一个以失败告终的系统。“经济学家”或者重农学派因受一种类似精神和他们自己思想的激励而名誉扫地。内克尔拒绝了这种强调一致性的计划，[428]而就连1789～1790年法国大革命的革命者也排斥“系统精神”，也就是重农学派主张的土地净产品单一税或者它的变体。[429] 然而，对于一切系统和系统建设者的反对者来说，劳氏和重农学派的思想已经深深渗透到他们同时代人的态度和政府的实践中。勒德雷尔(Roederer)或许是唯一准备承认这个现实的人，他谈到了自己在国民议会所扮演的角色，说自己起草了印花税、专利、地产和动产法草案，并且还表示：

“是我向议会详细说明了直接税和间接税体系总计划，解释了每个组分如

423 Bruguière (1969), 98.

424 Ibid. 131.

425 Ibid. 131 n. 2. 英国6 000万英镑的税收收入相当于14.40亿法郎，法国的税收收入估计为6亿法郎；英国的人口被认为是1 200万，法国则是2 800万。据O'Brien估计，英国1814年的直接税收入是2 130万英镑，而间接税收入是4 210万英镑，总共是6 330万英镑：BSFDB \obrien\engd010。

426 Bruguiere (1969), 133.

427 Rousselot de Surgy (1784—1787), iii, 597.

428 Harris (1979), 91—92. 关于内克尔被视为重农学派的反对者的问题，请参阅文献：Spengler (1942), 324—333.

429 Rapport de I'Assemblée Nationale (1790), 2.

何在整个系统内部相互作用，阐明了它们如何相互联系、如何与整个系统发生联系以及整个税收体系如何与国民财富的年度再生产发生关系。”[430]

为了给大革命和拿破仑战争筹款，法国发行了纸币，而英国增发了公债，并且同时发展了一个比较现代的直接(然后还有间接)税收体系。这一切促成了一个与劳氏和重农学派的修正计划相差不多的财政体系，这是1815年之前西欧两个最强大的政治经济体发生的一个基本和永久性的变化。那个时代的人对国家在经济中的作用的看法在1792～1815年英、法两国的长期冲突期间或许获得了非常快的发展。那个时代的一些学者迷恋于计算法国大革命的经济影响，并且需要比当时更加尖端的估算国民生产总值(GNP)、债务占国民生产总值的比率、人均财政负担和人均债务负担的手段。有了这样的估算努力，我们达成了某种接近于现代国家财政理论的东西。即便计算方法不同，但总体结论并无二致：英国在财政和经济方面大大领先于法国。[431]

430　Roederer, ed. Forsyth (1989), xxi.

431　Crouzet (1985, 1990); Thuillier (1983), 248－261; Perrot (1992), 454－462, 467－469; Crouzet (1993), 491－497.

第七章　西班牙的经济系统:中心与外围

乔瓦尼·穆托(Giovanni Muto)

近代早期,欧洲国家的形成过程与国家财政发展之间有着密切的关系,这种关系因为国家的政体(是共和国、侯国还是君主国)、性质(是民族国家、帝国还是联邦国家)以及每个国家为自己确定的政治目标而呈现出不同的形式。在16世纪的头些年,君主和他们的幕僚都明白,不能动员充分的财政资源,是不可能牢牢控制领土和巩固他们的统治的。然而,动员充分的财政资源绝不是件容易的事情。国家在寻找正确的方法确保资金流入国库或者流向最急需付款或者汇款的地方的过程中遇到了很多困难。并非所有的国家都能成功建立最适合自己政治发展的财政体制,例如16世纪中期陷入危机的法国情况就是如此。这方面的成败会严重影响各国的统治集团以及每个国家在国际关系体系中的地位。

除了在政治和经济领域的排名外,每个国家在创建高水平的竞争力和有效的财政体制之前据称可能还要至少满足五个条件。第一,国家必须在一个有能力创造财富的社会和一个能够满足需要的经济系统中运行。第二,本国经济必须对国际交往开放,并且自身有高货币兑换率。第三,国家自身必须有能力动员大量的货币资金(之前积累的储备和私人储蓄,并且开发和实现新的现金盈余)。第四,国家机构有合格的管理水平,能够找到新的收入来源,并且有能力用好相当有效的税收制度。第五,政府必须有能力通过与企业家、商业银行家或者其他类型的国际金融专家建立关系涉足国际金融市场。在近代早期的欧洲,首先是西班牙,然后是法国(程度较低)在16世纪能够满足以上条件。后来,英格兰在17世纪也发展了国家与金融界之间稳定的关系体系。

西班牙是一个特别值得关注的例子,因为它曾经是欧洲最重要和复杂的“国家”。

西班牙第一个与众不同的地方是领土:所谓的西班牙“帝国”(这样称西班牙并不确切)其实是一个政治和制度同一性定义明确但各成员国又保留自身本质特征、法律和政府架构的国家共同体。这个国家共同体有一个政治中心,它就是卡斯蒂利亚王国,由这个中心在伊比利亚诸王国(阿拉贡、加泰罗尼亚、巴伦西亚)中间开始了统一进程,但这些国家都保留了各自的行政、财政和法律自治权。葡萄牙在1580～1640年也加入了这个“帝国”共同体。西班牙诸王国虽然存在内部差别,但仍保持着一种基本的文化认同。除了这些王国之外,这个帝国共同体还有意大利行省(那不勒斯王国、西西里王国和米兰公国)、弗朗什孔泰(Franche-Comté)和荷兰。虽然王室能够对它们施加压力,限制它们的自主性,但它们在很大程度上都保留了独立的制度架构。新世界的各被征服地有它们特殊的地位,因为它们直接隶属于卡斯蒂利亚王国。从卡斯蒂利亚王国的角度看,其他伊比利亚领土单位和伊比利亚半岛以外的省份可被平等地视为外围地区。然而,伊比利亚诸王国都拥有很大的政治和行政自治权,财政压力总体而言较小;而在其他领土上,西班牙君主为获得税收进行更具决定性的干预。这个帝国共同体比欧洲其他国家拥有明显较多的货币供给。

西班牙经济系统的第二个显著特点是它能获得追加货币供给,这种追加货币供给并不是衍生于课征于其子民或者附属民创造的财富的直接税,而是来源于美洲输入塞尔维亚(Serville)的贵金属。贵金属输入要缴纳一种税率为20%的定率税,即所谓的“皇家五一税”(*quinto real*)。在特殊情况下,西班牙君主还可能实施强制性征用,并且常用公债券来“偿付”。除了其他人外,主要是布罗代尔和斯普纳(Braudel and Spooner)曾试图估计16和17世纪西班牙经济系统的货币供给规模以及美洲金银输入改变欧洲贵金属存量相对于世界其他大洲贵金属存量状况的程度(见图1)。[1] 他们俩得出的结论给人的印象是:在1500～1650年这个150年的考察期里,欧洲黄金存量获得了不到

1 Braudel and Spooner (1967).

5%的增长，而白银存量增长近50%。[2] 然而，这样的金银增量根本无法保证私人部门与公共部门有一个均衡的货币供给机制，这倒是有助于解释"虚拟货币"的发展，当时有大量的商业和银行信用工具在欧洲大陆流通。从这个角度讲，莫里诺(Morineau)的研究虽然重要，但对于更正汉密尔顿(Hamilton)的数据和确认17世纪欧洲的贵金属输入量并没有像有些人想象的那么重要。[3]

第三，必须强调，这么巨大数量的货币，或者更加确切地说，以汇票形式出现的货币对应物，在一个由西班牙王室及其亲密盟友控制的金融市场体系[塞尔维亚、梅迪纳德尔坎波(Medina del Campo)、安特卫普(Antwerp)、贝桑松(Besançon)金融交易会]内部流通。这些金融市场和德国金融市场都高度信任西班牙王室的资信，这种状况整整持续了1个多世纪，直到17世纪中期才结束，为西班牙16世纪的大发展提供了金融支撑：大发展期间有大量的私人资本寻找投资机会，随后又有西班牙美洲的贵金属充斥这些金融市场。

任何对西班牙经济系统的分析都必须对财政"官僚"的工作效率和运作技能做一些评价。学术界已经出现了一种批评西班牙帝国中心王国和外围成员官僚机构缺乏管理效率的倾向。[4] 然而，16世纪的财政管理不能采用我们现在的效率和胜任力标准来评价。例如，等级森严的社会制度和社会成员被分成不同等级的现实，都不允许赋予公平税收这个标准任何权重：在所有旧政权国家，免税和其他特权都被认为是合法的。此外，财政负担取决于超越财政官僚管理水平的政治水平。财政支出从属于政治决策，而政治决策往往是在没有认真评估可能发生的成本的情况下作出的。在这样的情况下，财政官员绝不可能从容贯彻有效的税收政策。

没有任何中央协调机构来负责协调帝国财政政策贯彻执行的状况进一步限制了西班牙经济系统的正常运行。虽然财政委员会(*Consejo de Hacienda*)的重要性逐年提高，但只有卡斯蒂利亚王国的议会才拥有立法权。举例来说，国务委员会(*Consejo de Estado*)的决议倘若由一个权力大于外围领土

---

2 Parker (1974).

3 Morineau (1985).

4 Cf. , most recently, Calabria (1991), 132:"在16世纪的很多时间里，那不勒斯就如同卡斯蒂利亚，很可能以低于纳税能力的水平课税，但无疑王室官员的贪婪和胆大妄为大大加重了税负。"

诸管理机构的统一机构作出,无疑会更加有效。相反,外围领土诸管理机构经常会与地方议会的竞争性管辖权发生冲突。譬如说,在“三十年战争”时期,如果国务委员会能够表明有能力供养米兰驻军,那么,意大利事务委员会(*Consejo de Italia*)就可能立刻出面干预,并且表示意大利对于这样的问题有属地管辖权,因而会降低解决问题的速度。尽管如此,但仍有必要指出,整个16世纪,至少直到奥利瓦尔雷斯(Olivares)内阁主政时期,西班牙帝国的财政机构肯定要比帝国的其他官僚机构高效,因为财政机构有一个总体上很有能力识别问题并从技术方面找到解决方法的官员团队。但是在帝国的某些地方却缺少这样高素质的官员(西西里的情况尤其如此),这些地方的财政管理水平亟待提高。但总的来说,我们可以接受鲁伊斯·马丁(Ruiz Martin)的观点。马丁认为,“任何时候都没有发生混乱,也没有官员不清楚收支方面的真实财政状况以及长期和短期债务规模;官员们都能坚持不懈地用银、铜等价物来记账”。[5]

7.1　中心与外围的财政关系

帝国的中央国家机构与行省之间的财政关系以一种妥协的方式得到管理。每个国家保留自己的财政管理权,而且帝国朝廷绝不会要求统一不同的财政管理实践,也不会采用单一模式来进行管理。这就要求遵循不同的规范和程序,并且尊重诸属地财政行政长官的权力。因此,帝国朝廷常会遇到对不同国家实行不同统治的困难:每个地方的官员都热衷于采纳未必合理的规则,并且都戒心十足地提防帝国朝廷蚕食他们的权力。帝国朝廷常要遵循这样的制度安排,因此难免出现紧急问题得不到及时解决的情况。譬如说,当要决定在意大利某个行省增税或者签订贷款合同(*asiento*,一种与银行签订、通常按规定期限偿还的短期贷款合约。——译者注)时,米兰和那不勒斯财政法院的裁决往往需要在这两个城市与意大利议会或者财政委员会(*Consejo de Hacienda*)之间来回折腾两三次最终才能付诸实施,这样既浪费了宝贵的时间又

5　Ruiz Martin (1990),179.

降低了执行决策的效益。

这样的管理体制导致帝国中央在解决问题和评估解决方法效率时必然是困难重重，而地方行政当局则怨声载道，抱怨自己所在的王国苛捐杂税难以忍受、物价飞涨、民不聊生。当时，实际情况或许确实如此。总督和省长倒是有意执行帝国中央的指示，但常常不得不表示同意地方精英所表达的意愿。缺少准确的信息常常妨碍了采取适当的措施来解决重大问题。此外，财政问题通常比较复杂，最佳解决方案绝不会信手可得：我们只需想想帝国内部流通不同的通货造成的困难[卡斯蒂利亚的杜卡特（ducat）、阿拉贡的里拉（*lira*）、荷兰的大里弗尔（*livre de gros*）和斯托伊夫（*stuiver*）、米兰的帝国里拉（*imperial lira*）、那不勒斯和西西里的塔里（*Tari*）]，再加上为数更多的皇家金币、银币和铜币（维隆币）。所有这一切都需要高度称职的官员来治理帝国，他们既要精通簿记和汇兑业务，又要能够核查收入和支出、计算利息和贷款，记好财政账，而且还要估计债务或者盈余水平。

由于西班牙帝国不同级别的行政机构之间缺少明确的指挥系统，因此有必要分开考察中央和地方的财政机构建制。1523 年以前，卡斯蒂利亚王国的财政系统有两个分别由“财政会计长”（*Contaduria Mayor de Hacienda*）和“审计会计长”（*Contaduria Mayor de Cuentas*）负责的机构：前者参与动态管理，负责经常性收入的征管，向国家君主呈报财政信息，决定债券的发行，并且报告收支状况；而后者负责管理全国所有的财政簿记工作，即记录所有的收入和支出项目，确定收到收入的金额，签发付款委托书，基本上就是履行集权化的总会计署的职能。财政部负责估计收入和支出，但它没有专控权。就像欧洲其他国家一样（见本书第十三章），财政部以外还有很多管理机构，负责分立财政机构的会计工作。

因此，在查理五世（Charles Ⅴ）1516 年继承天主教徒费迪南德二世王位时，卡斯蒂利亚财政管理机构的基本情况大致如此。有不同的作者强调了查理五世在勃艮第宫廷接受的教育以及勃艮第政治模式影响的重要性。查理五世在登基当上卡斯蒂利亚国王以后立刻亲自询问卡斯蒂利亚的财政，并且在 1517 年 7 月表达了一种偏好集权化财政管理模式的明确倾向，且授予弗朗西斯科·德·洛斯·科沃斯（Francisco de Los Cobos）管理朝廷收入、支出和一般现金流的大权。科沃斯最初为谢夫尔(Chièvres)的领主，给一个名叫纪尧姆·德·克洛瓦(Guillaume de Croy)的勃艮第人当助手。有存世证据表明，当时宫里有人迫切希望进行意义更加深远的财政管理合理化改革：马丁·德·萨利纳斯(Martin de Salinas)表示，一切都应该效仿佛兰德斯(“*todo se quiere ordenar al modo de Flandes*”)。[6] 1523 年初设立的“*Consejo de Hacienda*”其实就是模仿勃艮第的财政委员会(*Conseil des finances*)创建的，最初只有纳塞的亨利伯爵(Count Henry of Nassau)、堂·胡安·曼努埃尔(Don Juan Manuel)和雅克·洛兰三个成员。通过这次改革，卡斯蒂利亚会计部(*Contadurias*)的双重建制被废除。虽然财政会计长(*Contaduria Mayor de Hacienda*)的权力逐渐被削弱，最终全部被财政委员会(*Consejo de Hacienda*)所接管，但审计会计长(*Contaduria Major de Cuentas*)这边倒是提高了自己的技术重要性，而由他负责的机构则变成了一个发展全面的“账房”。然而，缺乏一元化的财政管理机构的问题仍然没有得到解决。设立负责履行王国总税收官职能的财政总监(*argentier*)职位的初次尝试一无所成，而 1524 年设立总税收官职位负责管理下属税收官网络的第二次尝试也同样一无所获。

这些早期财政集权化管理的尝试并没有取得预期的改进效果。西班牙帝国在 16 世纪和 17 世纪存在的真正财政管理体制问题是，财政委员会从未成功地成为一个有效协调全帝国财政政策的机构。每当需要筹款，就有决定是在荷兰、意大利北部还是欧洲中部属地筹款的问题，而距离这些地方遥远的财政委员会行使自己的权力都有一定的难度(尽管财政委员会的权力有所扩大，但它的管辖权仍然被局限在卡斯蒂利亚境内)。其实，卡斯蒂利亚并不缺乏改革热情：财政委员会在 1568、1602、1621、1635、1651 和 1658 年都经历过改革。到了 1658 年，财政委员会(Consejo de Hacienda)已经由四个部门组成：百万赋厅(*Sala de Millones*)、法务厅(*Sala de Oidores*)、审计会计长室和总监厅(Sala de Gobierno)。财政委员会管理着数额巨大的收入和税收。1590 年以后，卡斯蒂利亚议会投票通过了百万赋征收案。百万赋后来就成了卡斯蒂利

6　Carande (1959), ii, 70.

亚财政的一个主要收入来源。然而，百万赋的征管直接由议会通过自己的隶属机构、独立于财政委员会的百万赋委员会(*commision de millones*)来征管。因此，到17世纪初，卡斯蒂利亚设立了两个相互独立的财政管理机构：一个管理国王财产(*Hacienda Real*)，由君主亲自挂帅，具体由财政委员会(*Consejo de Hacienda*)管理；另一个管理王后财产(*Hacienda del Reyno*)，由议会通过百万赋委员会来管理。[7]

必须强调，这个机构负责卡斯蒂利亚王室属地的财政管理，但有些属地被排除在它的管辖权之外，如纳瓦拉(Navarre)王国。纳瓦拉王国虽然于1512年并入卡斯蒂利亚，但仍在潘普洛纳(Pamplona)保留了它自己的财政部(*Càmara de Comptos*)。卡斯蒂利亚在新世界的殖民地处于一种奇特的体制状态下。1503年以后，这些属地的全部经济活动都置于塞尔维亚交易所(*Casa de Contrataciòn*)的管辖之下。但在1524年以后，新世界殖民地的管辖权转交给西印度群岛委员会(*Consejo de Indias*)。卡斯蒂利亚财政部仍在每个行政区派驻自己的官员[司库、会计(*contador*)、收账(*factor*)、监督(*veedor*)]来掌管财政。[8] 在伊比利亚半岛，阿拉贡王室仍长期保持自己特殊的政治和行政特点，它的三块组成领土(阿拉贡本土、加泰罗尼亚和巴伦西亚)都保留自己的财政管理机构——代表这三个地区议会行使权力。这三个地区的议会拥有很大的权力，而且还能左右卡斯蒂利亚国王对诸王国的态度：卡斯蒂利亚国王和他的代理人不得不保留旧时的各种特权(*fueros*)，这就意味着不能在这三个属地实施任何经济措施或者征税，除非事先征得这三个属地议会各等级代表的一致同意。在这样的条件下，不难理解为什么卡斯蒂利亚国王从未设法从这些属地获得实质性的财政援助。阿拉贡财政委员会成立于15世纪，在加强本地区和中央联系方面非常低效，从未能够增加本地区资金流向整个帝国的流量。

在伊比利亚半岛之外，西班牙帝国的公共财政机构难免更具异质性。荷兰问题由于16世纪60年代发生了反叛后来就变得非常复杂，结果导致至少在16世纪末以前根本没有确定的我们在这里所说的“荷兰”的确切领土。因

7 Gelabert in Bonney (1995). 关于这个过程的起源和发展，请参阅文献：Portea Pérez (1991)。

8 Sanchez Bella (1968).

此，有必要确定一个适当的分界点。我们就选择 1579 年作为分界点，因为在 1579 年以后，荷兰的不同城市和领土就逐渐选择留在乌特勒支（Utrecht）联盟或者阿拉斯（Arras）联盟。在 1579 年以前，我们可以说荷兰是一个正式统一的领土单位，但后来就可以分为离开哈布斯堡王朝联盟的合省联邦（United Provinces）和仍留在这个王朝联盟的西属尼德兰（Spanish Netherlands）。16 世纪初，这些领土组成了一个由查理五世从勃艮第大公那里继承来的大概有 7 个国家、城市和贵族领地组成的君合国。有些属地，如图尔奈（Tournaisis）在 16 世纪 20 年代好不容易才被征服。一般来说，由于城市和城市精英发挥了重要的政治作用，因此，西班牙帝国诸行省缺少中央强有力的一元化领导。1487 年，勃艮第公爵曾试图对财政体制进行改革，创建了财政局（*bureau des finances*），内设 1 个总税收官（*receveur général*）和 1 个司库职位；10 年后又在原来的体制中增设了一个上一级的财政总监（*surintendant chef des finances*）新职位。1531 年以后，新成立的财政委员会就成了 3 个并行机构中的一个（另外两个机构是国务院和枢密院）负责管理王室的世袭收入和征税。另一个机构会计院（*Chambre des Comptes*）负责簿记工作，并且在多尔（Dôle）、里尔（Lille）、布鲁塞尔（Brussels）、海牙（The Hague）和阿纳姆（Arnhem）设立 5 个分部。事实上，这个财政机构只负责控制数额相对较小的那部分国家收入，更大部分的国家收入来自于经常性税收和要经过省议会批准的特别津贴［贡金（*aides or beden*）］。各省通常用在本省收到的税收来分担一定比例的支出。所需税款由省税收官（*rentmeisters*）征收，并由各省代表和官员一同管理。佛兰德斯从 1522 年、泽兰德从 1544 年、图尔奈从 1558 年起就有这样的机构存在，[9] 而国家任命的官员担任会计院设定的审核贡金征收额的职务。[10]

因此，这种财政体制赋予地方行政官很大的谈判权和从严控制公共财政的权力，从而增强了省府的权威，但削弱了中央的权威。有人辩称："这种诸国参与财政管理的体制直接为它们在低地国家反叛期间和合省联邦一旦摆脱西班牙控制需要发挥政治作用做好了准备。"[11] 1567 年，西班牙帝国当局就明白

9　De Schepper (1984)，12.

10　Ibid. 19.

11　Craeybeckx (1967)，345－346.

自己再也不能一味地依赖贡金。从那以后,直接在西班牙征收的赋税不断增加。这些赋税收入由一个置于1名总出纳官(*pagador general*)领导之下的分立机构管理。1578年设立了属地财政总监(*superintende de Hacienda*)的职务,而1595年最终又设立了属地财政管理委员会(*Junta de Hacienda*)。[12] 大致从16世纪70年代起,公共资金开始流入这两个从未合并在一起的分立机构。查理五世退位后设立的佛兰德斯财政管理委员会到1588年才正式开始运行,但未能成功地改变当时的状况。

西属意大利诸省的财政管理问题比较简单,因为这些行省的领地组织模式基于一些米兰、那不勒斯和西西里早已存在的组织职能。这些省份往往都有一个总管理机构、一个会计机构和中央财政部的代表机构。但是,卡斯蒂利亚与意大利诸省关系的薄弱环节就是缺少一个名副其实的财政政策协调机构。帝国当局在1557～1558年间设立的意大利事务委员会(*Consejode Italia*),可能已经履行这个职能,因为它的人员中有意大利祖产保护官(*Conservador des Patrimonio de Italia*),这个官员的职责就是巡察意大利诸省发展是否平衡。实际上,意大利事务委员会的财政权限一直都非常有限,而它的管辖权主要影响行政管理工作,特别是人事任命。米兰公国是在1535年底斯福尔扎家族的最后一位大公驾崩以后才实际加盟西班牙帝国的,因此,米兰公国的财政管理主要依靠负责税收和其他收入征管的地方行政长官(*Magistrato Ordinario*)。地方行政长官负责发布有关经济和货币政策的措施,拟订收支平衡计划,并且有一名副长官(*Magistrato Straordinario*)协助工作。地方行政副长官负责管理大公的祖产,并拥有封地管辖权、走私罚没权和征用权。这两个地方行政官还配备了1个主管、6个财政顾问(*questore*)和人数不定的履行执行职能的官员。执行职能中的一个重要职能由2个直接听命于地方行政长官的会计师(*ragionati*)完成。会计师负责会计工作,记录现金收支。而征税、付款和资金调拨全由财政总库负责:财政总库下设民事和军事两个部门,这两个部门曾在1570～1615年间合并过一次,但后来又再度分开。

重要的是应该认识到,在这个体制以外已经开始出现一个缓慢的变化过

---

12 Parker (1972,1979).

程，从而影响了米兰财政管理与公国周边基层社区之间的关系。这个变化过程始于 1543 年，查理五世在这一年下令重新进行一次内容包括地产和其他收入来源的普查。虽然土地登记直到 1564 年才完成，但贸易税（*mercimonio*）的计征一直持续到了 1594 年。[13] 在这几十年里，9 个伦巴第城镇的"孔塔多"（*contado*）建立了自己的代议机构——城郊居民大会（*Congregation*）。城郊居民大会负责城郊赋税的摊派和征收。这样，城镇与教区之间的政治谈判力量就被重新确定，并且开始了一个税收摊派变得比较公平的过程，而且没有遭到西班牙当局的明显反对。

在那不勒斯王国，财政管理依靠 3 个机构。旧式"账房"（*Camera della Sommaria*）是一个管理王产的机构，由 1 名副官主持，至少有 6 个负责财政问题的主管辅助。在他们的领导下，有许多官员负责具体工作。1505～1509 年设立了"税额摊派文书"（*Scrivania di razione*）这个职位，这是一个负责记录收入和支出的会计职位。财政总库更加严密地集中监督资金的进库和出库。1612 年以后，财政总库的军事财政厅（*Cassa Militare*）和民事财政厅分离，而军事财政厅的物资可用来变换生活必需品，但不得变卖。除了财政总库这个中央机构外，王国 12 个省分别都有一个直接向"账房"（*Camera della Sommaria*）负责的省税收官。值得注意的是，那不勒斯财政管理机构的官员在 17 世纪被认为非常善于查账，他们常被帝国其他成员请去查账或者巡查是否存在玩忽职守的问题。[14]

最后，西西里王国在 1569 年把旧时的大法庭"*Magna Curia*"改造成了负责托管西西里财政的皇家祖产管理部（*Tribunale del real patrimonio*）。皇家祖产管理部在组织建制和人员配备上都非常接近那不勒斯模式，有 1 个主管、6 个会计师（*maestri razionali*）和为数不多的执行官员。皇家祖产保管官（*Conservatore del real patrimonio*）履行会计职能，而总司库负责现金出纳。在这个看似简单的财政组织建制中，西西里议会通过王权代表委员会（*Depu-*

13　Vigo (1979).

14　1573 年，那不勒斯的财政委员会主任 Juan de Ovando"把那不勒斯财政委员会作为财政管理样板来宣传……不但那不勒斯的财政官员受过较好的培训，而且那不勒斯的财政体制也优于卡斯蒂利亚"：Lovett (1972：12)。

tazione del regno)——一个由议会推举的 12 个代表组成的委员会——发挥了重要的作用。这个委员会负责控制特别税收的使用。事实上，王权代表团负责安排 7 种特别税(特别津贴)的征收，告知各社区应缴税额，而且还直接征管至少 3 种特别税。这个议会王权代表委员会在 1567 年前似乎一直发挥着重要的作用，而 1567 年的改革削弱了它的作用。后来，1612 年的议会在一种连续征收 9 年的特别税上做出了让步，条件是议会王权代表委员会恢复行使特别税控制权。西西里首都以外的财政管理比较低效，直到 1570 年，西西里岛仍分为三个置于一个皇家税收官控制下的税区。皇家税收官面对普遍存在的舞弊和欺诈现象显得无能为力，因为公共资金常委托给个人存款人管理。

7.2　公共财政组织建制和结构

近代早期欧洲的财政体制明显不同于现代欧洲的财政体制。近代早期的欧洲国家也不同于现代欧洲国家，它们要与其他势力(如教会)和社会阶层(如贵族)争夺资源。当时，很多欧洲国家较之于直接税更加依赖间接税。第三个区别与 16 和 17 世纪的征税方式有关：国家没能力自己直接收税，而必须依赖私人包税人或者承包人(见本书第十三章第二节)。在伊比利亚诸王国，由王室庄园直接收税的情况并不常见，但以下三种情况比较常见。首先是摊派(*repartimients*)，多用于征收贡赋(*servicios*)，由议会或者庄园规定不同社区和纳税人的分摊额，社区和纳税人负责征收或者缴纳规定分摊额。其次是包税(*arrendamiento*)。这在西班牙和意大利诸省比较常见：通过竞拍，中标者先预付税款，然后由他自己派人去向纳税人征收税款。最后是定额出租或者定额承包(*encabezamiento*)，多见于商业交易税：包税人每隔几年就要缴纳规定税款，具体金额由议会或相关市政当局就某个特定税种的价值与王室协商确定。

收入在扣除征收费用和根据收入规定的费用后如数纳入中央金库(见本书第十三章第一节)。中央金库制只在理论上存在，但收入解入银行和自治金库在卡斯蒂利亚和意大利诸省倒是十分常见。[15] 这些体制性因素严重限制了我们解释财会凭证的能力，以及根据余额、摘要（*sumarios*）、报告或名册（*relaciones*）和估计值（*tanteos*）等重构数据的可靠性。从西班牙的情况看，只要文献来源于官方，并且由王室财政官员编制，那么就可以合理地接受文献所提供的数据。如果对一些有关特定项目（如课征于消费品的税、军费支出或者公债）的数据进行重构，那么就能提高数据的可靠性。

鉴于以上说明，我们也许可尝试对西班牙帝国不同领土单位预算的不同项目进行分析，并且把收入与支出区分开来。在卡斯蒂利亚王国，商业交易税（*alcabalo*）收入是最重要的经常性收入项目，这种税率为10%的间接税课征于每一笔现金或者财产交易；"三一税"，一种按2/9的税率课征于所有谷物和收入的直接税；消费税或特许权税，如畜群过山贡赋（*servicio y montazgo*）、海洋什一税（*diezmo del mar*）、塞尔维亚的"大关税"（*almojarifazgo major*）、西印度群岛的"大关税"和进港费（*puertos secos*）；卡斯蒂利亚的羊毛出口税和格林纳达的专卖税（*estancos*），或者私人晒盐和铸币权特许费，以及圣地亚哥（Santiago）、卡拉特拉瓦（Calatrava）和阿尔钦塔拉（Alcantara）三个军事修会大首领（*maestrazgos*）的收入。在临时性收入中，最重要的收入是贡赋收入。贡赋无论是经常还是临时，都要经过议会审议通过，然后作为对人税分摊到纳税人；[16]因教皇让步而被征用的教会收入［十字军东征税（*cruzada*）、特别津贴（*subsidio*）、"歉金"（*excusado*）、教会援金］；最后是美洲贵金属汇款，包括王室直接收到的贵金属汇款，或者王室课征皇家五一税（*quinto real*）的其他贵金属汇款。[17] 这张简明的列表表明，16世纪卡斯蒂利亚领地收入主要有两大项目——贵金属汇款和商业交易税收入；而商业交易税收入单独就要占到总收入的40%～45%，接下来是贡赋收入和教会收入，两者合在一起要占到总收入的20%。从查理五世1522年登基后的头几年[18]到腓力二世1560年

15　Ulloa (1986)，117.

16　关于查理五世统治时期的贡赋收入，请参阅文献：Carande (1959)，ii，536－537；关于腓力二世统治时期的贡赋收入，请参阅文献：Ulloa (1986)，480。

17　关于西印度群岛每年和每五年平均纳贡收入，请参阅文献：Ulloa(1986)，694－697。

18　Carande (1969)，122.

登基统治的最初几年[19]，总收入从 100 万杜卡特增长到了 400 万杜卡特，累计增长了 3 倍。腓力三世 1598 年登基之初，总收入大约已经达到 1 000 万杜卡特[20]；而在截至 1654 年的 50 多年里，总收入已经增加到了 1 800 万杜卡特。[21] 最后，到了 1674 年，总收入大概已经达到 3 000 万杜卡特。[22]

我们也可以把支出区分为经常性支出和非常或临时性支出。前者包括王室日常开销，不但包括国王支出，而且包括王后、王子等的开销。除此之外，还有王宫和官员官邸的经常性支出。虽然存世证据已经告诉我们当时的大致支出状况，但以上两项支出合在一起只占年度经常性支出的 5%～8%。鉴于王室官员、司法人员和其他王室行政官员的俸禄总成本，宫廷内部管理成本肯定要比这多许多。不管怎样，这个支出项目很难估算，因为除了俸禄外，国王发给其官员的各种津贴，如养老金、*mercedes*、*entratenimientos*、*ayudas de costa* 或者 *ventajas*。一度，国王发给官员的津贴大大超过俸禄，并且成了国家预算的沉重负担。相比之下，外交官、其他代表、特使和信使的支出通常责成他们出使的行省负担。最大的两个支出项目也被证明是很难控制的支出项目。第一个就是数额不断增大的公债利息年支付额；第二个是军费支出，因为军队经常开赴从地中海到荷兰的作战前线。

对于意大利诸省来说，区分经常性收入和临时性收入的意义要小很多，因为新的非常税收入会被视为某个时期的经常性收入。从数额上讲，临时性收入总比经常性收入重要。在米兰公国，这种情况的最明显例子就是一种月税(*mensuale*)。这是一种在 1536 年作为非常税开征的直接税，后来就变成了一种常设税。除了课征一些所得税，如年收成税(*annata*)和半年收成税(*mezz' annata*)以外，米兰公国当时还征收很多直接税，包括盐税、酒税(*imbottato*)以及马税(*tasso dei cavall*)、骑兵税(*tasso d'ambo le cavallerie*)、*presidi forensi* 和 *carico dei 14 real* 等兵税。间接税包括多种财产税和货物税，最重要的商品税可被作为一个反映工商业活动规模的合理指标。

---

19 Le Flem(1980),88 (指明来源是 Ruiz Martin).

20 Dominguez Ortiz (1960),5.

21 Sureda Carrion (1949),87.

22 Garzon Pereja (1980),146.

类似地，在那不勒斯和西西里王国，一些非常税也逐渐被视同经常税。16世纪初直接税收的基本税率被定为1杜卡特又54格拉纳（*grana*）1富奥孔（*fuoco*），然后逐渐提高，尤其是在1566年以后。1566年，经常税又增加了一种为期6个月、总额120万杜卡特、由王国3/4的家庭缴纳的特别津贴。这还不是直接税的唯一形式。除了这些经常税以外，每个家庭还要至少缴纳另外6种非常税。封建领主作为没有缴纳上述为期6个月的特别津贴的1/4家庭必须缴纳一种名叫"adoa"的直接税，普遍推行的关税制度影响到了原材料生产（尤其是丝绸生产）以及所有的商品贸易。消费品征税特别普遍，而且非常重要。在西西里，除了16世纪税额始终定为5万斯库多（scudo，一种意大利旧银币。——译者注）的经常补贴以外，子民还得缴纳8倍于5万斯库多的特别津贴（用于筹措驻军伙食以及要塞、桥梁和王宫修建经费；另外还要缴纳磨坊税以及其他为筹款支付骑兵、要塞守军军饷甚至收税人报酬而须缴纳的贡赋）。这些赋税最初都是作为特别赋税开征的，但随着时间的推移就逐渐变成了正税。除了王室得益最多并且每个家庭都要缴纳的磨坊税以外，其他赋税全部在西西里议会议员所代表的三个等级之间分摊：教会缴纳1/6，而剩下的5/6由"国家"和"军队"平分。税收在地区之间的分摊由一个议会委员会（即王权代表团）根据各社区居民的"财力"或者"能力"来进行。除了这些直接税外，还有很多课征于通关权、谷物出口贸易权的间接税和消费品税。教会援金（*spogli*）收入起源于教皇的十字军东征诏书。西属意大利三省的税收收入通常用于与卡斯蒂利亚相似的用途：民事支出通常相当适中，而防卫支出在1550～1650年急剧增加；其他支出项目有为满足王室在其他地方采取军事行动和支付公债利息的需要而缴纳的现金捐款。

荷兰的税制由于其各省地位特殊而明显不同于地中海国家。荷兰议会给予统治者的贡金（*aides*）由城镇与农村根据在佛兰德斯被称为"*transport*"的土地登记册分摊。这种做法有不少弊端，查理五世在1517年曾试图叫停这种做法，因为他主张"每个人都必须按自己的'能力'和'财力'纳税"（'*qu'un chacun soit imposé selon ses facultés et puissances*）[23]。实际上，荷兰直到

23　Craeybeckx (1947), 91.

1536年陷入由与法国重新交战导致的严重财政紧急状况后才实施税制改革，并把已经在城镇广泛实行的间接税制引入国家财政。1537年以后，荷兰对直接税的征收方法进行了改革，而在1542～1543年又进行了一次更加彻底的改革。1542～1543年，有几个省的议会通过了开征新的资源税(*nieuwe middelen*)——一些课征于财产和资本收入的税收——的决议。此外，荷兰还进行了一些有利于财政公平的改革。王室通过推行一种减少免税权和其他特权并具有普遍性和差异化特点的制度来增加收入。随后，"一种每个纳税人觉得自己有责任向帝国中央按配额纳税的税收制度逐渐在荷兰形成，从而在帝国中央与荷兰居民之间发展起了一种常绕过地方法官和省府官员的公法关系"[24]。当然，所有这一切造成了相当大的政治代价，那就是各省议会纷纷要求新税管理权[25]：于是就减少了帝国中央可望从新税政策获得的好处。低地国家的内部管理支出和成本要少于帝国其他省份，但军费支出成了卡斯蒂利亚预算沉重的负担，而公债利息支出最终则成了低地国家最大的支出项目。

7.3 西班牙哈布斯堡王朝帝国与国际金融市场之间的关系

对于20世纪的历史学家来说，使用"国际金融市场"这个词组绝不会有任何问题，但这个词组很难用于近代早期。如果我们试图构建一个金融部门的动态模型，那么就会遇到一系列的问题。这个部门生产什么？生产者和消费者完成怎样的转化过程？成本和价格如何？哪些变量会影响需求和供给？如何计算这个经济部门的资产负债？[26] 我们难以确切回答这些问题，但我们能够试着理解问题的不同方面有什么相互关系。如果我们能够编制一张欧洲国家金融发展年表，那么就能清晰地发现不同欧洲国家有不同的发展阶段。我们也许用得上危机这个概念，因为它表示经济系统在国家和集团等级关系发生变化时出现的一个解体时期。危机不但可以显示经济系统所处的"病理状态"，而且还能反映它的"生理症状"。就如体温升高表明人体对身体变化做出

---

24 Arnould (1967), 287.

25 Tracy (1985), 87.

26 Cf. Goldsmith (1987)[Ed.].

反应的能力，金融体系通过陷入危机来对其结构运行失灵做出反应。16 世纪上半叶，欧洲金融市场整体而言，遭到了市场上一些交易商陷入困境造成的破坏，缺乏充分的复原力。这个时期的特点是里昂交易会继续扮演重要的角色，但安特卫普也发挥了重要作用。德国银行家调动了大量的资金来源，而卡斯蒂利亚人的收入资金为金融市场奠定了一般基础（见图 30）。[27] 尽管如此，这个时期欧洲金融市场明显具有一种内在的动力：卡兰德（Carande）描述了查理五世治下西班牙的 4 个发展阶段：1520～1532 年、1533～1542 年、1543～1551 年和 1552～1556 年。相比之下，鲁伊斯·马丁（Ruiz Martin）发现了一个可分为两个不同阶段的长达数世纪的趋势：从 1445 到 1586 年的发展阶段以及从 1586 年到 1690 年的衰退阶段。[28]

至于我们的分析，有必要从 16 世纪中期开始，因为成熟的帝国金融体系在 1556～1566 年经历了头几场由几个西欧大君主国短期债务泛滥导致的危机。虽然法国见证了“筹款大聚会”（*grand parti*）的失败，[29]但西班牙在经历了 1557 年和 1560 年的危机以后，甚至不惜以牺牲商业部门与金融部门的平衡发展为代价，设法对自己的债务进行了合并。[30] 安特卫普作为当时欧洲最大货币市场发挥的重要作用以及它与英格兰市场的关系都走到了尽头。德国银行的实力最终有所减弱，而热那亚这颗金融新星则异军突起。[31] 16 世纪 70 年代～17 世纪 20 年代初，欧洲的金融形势发生了变化，各地中海经济体迎来了一个经济普涨的阶段，从而巩固了越来越受贝桑松金融交易会支配的金融关系。这个持续 50 年的时期也目睹了私人部门（随着私人银行的衰退和公营银行的崛起）的变化，但金融体系总的来说好像有能力面对公共财政危机。由西班牙王室 1575 年、1596 年和 1607 年三次破产而造成的亏损被国际金融体系所消化，但就如我们将要看到的那样影响了整个经济以及卡斯蒂利亚商人和金融集团。

---

27 ESFDB \rjb\spain\spag002 based on \spad001；Artola (1982)，86—87.

28 Ruiz Martin (1970).

29 Doucet (1933).

30 1566 年后，西班牙朝廷免费授予外国商业银行出口许可证（*licencias de sacas*），但不再迫使外国商业银行用卡斯蒂利亚的物品和产品收回自己的信贷：Ruiz Martin (1965)。

31 Ruiz Martin in Kellenbenz (1970)，84—99.

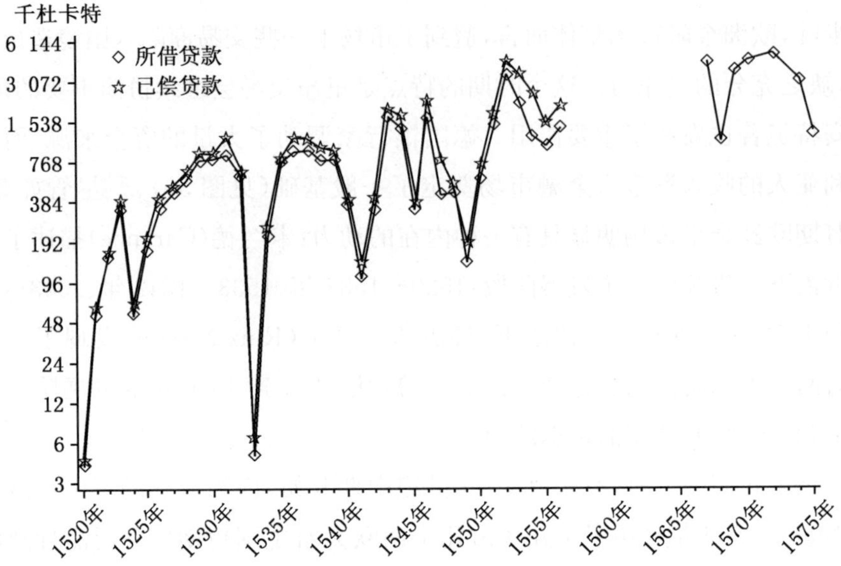

资料来源:Artola (1982),66—67 \rjb\spain\spag001 © ESFDB 1993.

图 30　1520～1575 年西班牙财政借款(用杜卡特表示)

第二次危机发生在 1619 年和 1620 年。这次危机要比 16 世纪中期发生的那次危机严重得多,因为它与工业和农业部门的危机重合在一起。对于有些国家,特别是意大利诸国来说,17 世纪 20 年代的这场危机标志着这些国家的发展实现了决定性的突破。[32] 西班牙王室 1627 年的那次破产标志着欧洲国家国际金融领域的等级关系发生了变化:热那亚"商人"(*hombres de negocios*)被葡萄牙的马拉诺人(marranos)所取代,葡萄牙的马拉诺人从阿姆斯特丹撤资,把资金借给了卡斯蒂利亚王室,这一变化导致国际金融中心向北欧迁移。在让蒂尔·达·席尔瓦(Gentil da Silva)看来,热那亚人和葡萄牙人代表着两种不同的经济组织模式。热那亚人构建了一个旨在对来自新世界的贵金属进行再分配、完全集中在地中海沿岸的经济系统,而葡萄牙人更加注重经营大西洋和远东贸易商品。[33] 其实,热那亚人注重货币与葡萄牙人注重商品的差别并没有那么明显。因为热那亚人也大做商品贸易并投资于生产环节,就

32　Romano in Parker and Smith (1985),165(这篇文章在 1962 年初次发表)。

33　Gentil da Silva (1956). Braudel (1973)也持相同观点。

如同移民到阿姆斯特丹的葡萄牙人也想方设法地控制大量来自美洲的金银。葡萄牙人更多地进入资金充盈的资本市场，从而导致两国在金融领域的相对重要性发生了有利于他们的变化。虽然16世纪欧洲各金融市场已经趋向于犹如单一市场那样运行，但在17世纪30年代后，欧洲地中海沿岸国家逐渐被排斥在外。就如鲁伊斯·马丁注意到的那样，西班牙帝国进入了其经济衰退的最后阶段，而且直到80年代还没有复苏，后来只不过衰退速度有所放慢而已。

除了这些一般的、我们所说的“结构性”危机外，还有其他影响个别国家或金融交易商集团的短期危机。这第二种危机往往是由货币供给与行政当局（如“国家”或者地方行政单位为平衡它们的预算而寻求信用）或者从事农业或工业生产和贸易的私人个人（农民、工匠和行会会员）信用需求关系失衡造成的。这些不同群体的信用交易规模大相径庭，而且还因货币化程度不同而异：直到18世纪，对于欧洲国家，还有一些地区来说，货币是一种稀缺商品。每个地区的经济子系统保留了一些闭关自守的特点，有些商品能够自给，但其他商品不能：因此，生产商品化发展相对较慢。货币流通规模趋向于随着经济活动水平的提高而不断扩大，而外汇交易必须用现金支付。[34] 在高水平的经济活动中，外汇交易和信用需求必然要靠拥有流动资金和在某些情况下能“供给货币”的人来满足。

货币供给应该被视为一个按照分层原则构建的网络。虽然“国家”凭借它的铸币垄断权规定实际货币流通量而处于特殊的地位，是最重要的货币供给者，但接下来是其他流动资金超过需要的团体和群体如教会、隐修院、兄弟会、社会特权阶层和食利金者。即使在资金供给者中间也有内部分层：并非所有的资金供给参与者都是独自拥有大笔资本的主。事实上，资金供给圈的成员常因社会变迁特别是城市社会变迁而快速流动。职业交易商在第三层次开展业务，银行和银行家在不同市场上积累了大量的资本，他们的资本被用于贷款和其他投资机会。[35]

在这个一般框架下，我们显然必须聚焦于西班牙帝国共同体内部王室引发的信用需求以及需求得到满足的方式。我们已经分析过西班牙财政需要的

34　Braudel (1981—1984), i, 457 and Braudel (1973), 344—357.

35　Ruiz Martin (1975).

基本原因。显然，在正常情况下，单凭经常性收入就能做到对帝国境内不同属地的管理和控制。问题是这个经济系统从未享受过“正常”情况，即长期的和平和休养生息，而是经历了一场又一场的战争考验，而且是在不同的战场与频繁变换的敌人交战，因此不得不求助于非常的金融措施，并且需要资本投资于领土控制权争夺。在从 1548 年到 1598 年的 50 年里，西班牙每年在其自身领土外花费的战争支出至少增加了 4 倍。[36] 1567～1654 年，从卡斯蒂利亚汇往荷兰的汇款不少于 2.18 亿杜卡特（见图 31），而从美洲汇到卡斯蒂利亚的汇款总共才 1.21 亿杜卡特。[37] 这 9 700 万杜卡特的净汇差是理解西班牙哈布斯堡王朝最严重的财政困难的关键。

在这样的形势下，求助于资本市场并利用国际银行家的潜能当然是在所难免。从 16 世纪到 17 世纪，私人大金融家能够保持一种强烈的民族认同感，但同时又与国际支付系统监管机构的管理层串通一气。这种“国际货币共和体”在职能和地位两个方面也有内部分层。首先，金融专业化绝不是这种共和体的一般规律。商业银行家这样的人物十分常见，外汇交易商甚至更多。这种状况似乎一直持续到了 16 世纪中期。这时，西班牙帝国开始需要与众不同的专业服务。国际大金融家在 1560～1580 年的 20 年里开始崭露头角：他们主要是一些有能力在不同国家之间调动大量资金的金融家，但交易规模因营运商和市场的重要性而异。1494～1525 年，塞尔维亚有 80 个热那亚外汇交易商，在 1537～1556 年增加到了 182 人，但到了 1557～1584 年又减少到了 40 人。同期，梅迪纳·德尔·坎波（Medina del Campo）的热那亚外汇交易商先是从 19 人增加到了 79 人，后又减少到了 6 人。[38] 1571 年，在里昂市场开展业务的 183 个外国金融家中，27 人是银行家（除 1 个德国人外，其余都是意大利人）。[39] 在 1520～1566 年，207 个直接或间接为查理五世做信用交易的“商人”中，至少有 109 个是意大利人。[40]

---

36 Parker (1972), 143 n. 2, 287; Parker in Winter (1975), 49—71; Parker (1979), 101, 188; Parker (1988), 61.

37 Parker (1972), 293—296; ESFDB \rjb\spain\spb005 based on \spd008.

38 Otte in de Maddalena and Kellenbenz (1986).

39 Gascon (1971), ii, 908.

40 Carande (1978), 73—76.

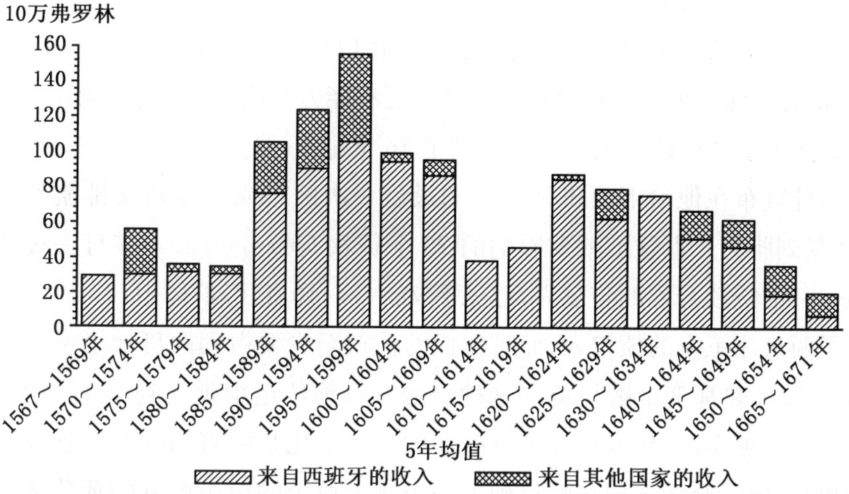

资料来源：Parker (1972)，293—296 \rjb\spain\spb005 © ESFDB 1993.

图 31　1567～1671 年西班牙驻佛兰德斯军队收到的收入(用弗罗林表示)

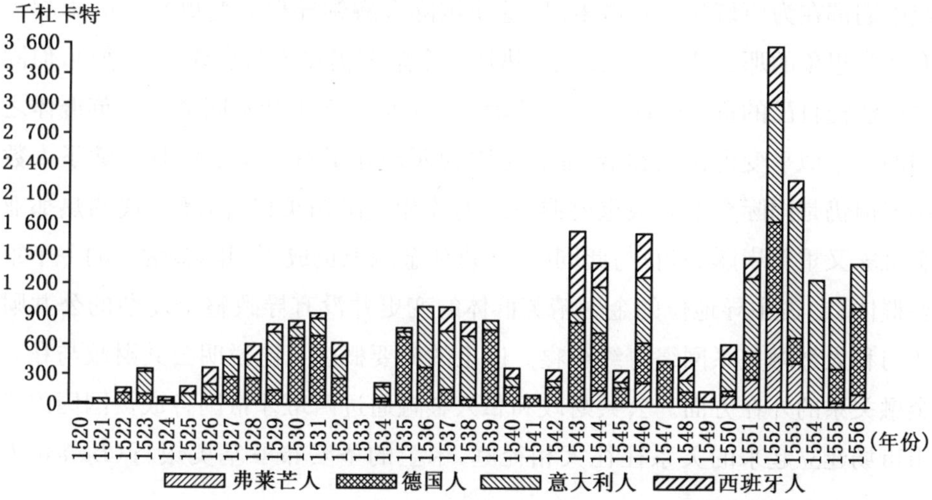

资料来源：Cerande (1943—1967)\rjb\spain\spab001 © ESFDB 1993.

图 32　1520～1556 年不同国别贷款人与西班牙财政部签约发放的贷款(用杜卡特表示)

那么，这些不同国家的金融精英在哪些年代占据了为西班牙王室服务的优势位置呢？按卡兰德建议的年代划分，4 个国别的金融精英群体在查理五世治下交替与西班牙王室签订贷款合约，并且每个国别的金融精英群体都在一个不同的时期占据优势地位(见图 32)。[41] 在漫长的腓力二世统治时期,热那亚金融精英的霸主地位在 16 世纪 70 年代以后通过控制皮亚琴察(Piacenza)交易会得到了巩固。热那亚金融精英还有能力利用国际资本市场,并且影响西班牙王室的财政活动。差不多到了 16 世纪末,腓力二世在 1596 年 11 月下令对外宣布在他治下西班牙王室的最后一次破产或者重新安排债务偿还期,在受到腓力二世这道敕令影响的 29 个贷款人(*asientistas*,签订一种名叫"*asiento*"的贷款合同的贷款人,详见下文。——译者注)群体中,有 20 人结果变成了西班牙王室的债权人,而且他们的债权至少要占到西班牙王室债务总额的 4/5。[42] 热那亚金融精英的这种金融霸权地位至少延续到了 17 世纪 20 年代末。伴随 1627 年西班牙王室破产的另一变化是随着国际金融顶级管理层的更替,国际金融领导权转移到了一个犹太血统的组织严密的葡萄牙金融家群体手中。这个葡萄牙金融家群体的主要业务都在阿姆斯特丹,它的高层大概由 40 名金融家组成。这个群体在 1626 年已经很活跃,并且一直到 17 世纪中期都在为西班牙王室做事。[43] 这次国际金融领导权的变更造成的影响没有通常想象的那么严重。实际上,热那亚金融家仍在为西班牙王室做事,但同时设法把自己的资本转向工商业活动。[44] 17 世纪下半叶不同金融精英群体之间的关系似乎变得比较和谐,部分是因为西班牙王室减少了借款。除了人数不多但仍是国际金融界最重要群体的葡萄牙金融精英以外,新一代的热那亚金融家又重新崭露头角;与此同时,西班牙金融家也成了国际金融界的一个重要群体。[45] 占主导地位的金融精英群体的变更并没有导致整个复杂的公共财政与私人金融关系网络寿终正寝。以上的简要概述只能说明公共财政与私人金融关系的外在方面。公共财政和私人金融通过西班牙帝国各成员国国内货币市场建立起来的关系往往大相径庭,米兰的圣安布罗基奥银行(*Banco di*

41 Carande (1967), iii, 33—35; ESFDB \rjb\spain\spab001 based on \spad002.

42 Ruiz Martin (1968), 168—169.

43 Boyajian (1983). 按照 Castillo Pintado 的说法,葡萄牙人是"庇护人和金融大家从他们的阿姆斯特丹基地——新耶路撒冷——控制欧洲里窝那(Leghorn)、罗马和威尼斯等地业务实行资本主义扩张的代理人":Castillo Pintado (1982), 234。

44 这方面有一个很好的例子,那就是伊德里亚(ldria)汞矿的采矿垄断权在 1631 年转移到了巴尔托洛梅奥·巴尔比(Bartolomeo Balbi)的手中:Pickl in de Maddalena and Kellenbenz (1986), 171。

45 Sanz Ayan (1988).

San Ambrogio)、那不勒斯的 8 家公营银行和巴勒莫(Palermo，西西里首府。——译者注)的塔沃拉(Tavola)银行并没有参与国际资本供给，但却肯定保住了对它们各自国家国内信用市场的控制权。

我们要澄清的最后一点涉及私人金融经营者在与国家财政部门打交道时利用的各种金融机制。18 世纪的大商业银行家最初在满足查理五世需要时都没有遇到任何筹资困难。他们有效管理借给这位君主的贷款的工具是"*asiento*"(一种短期贷款合同或者短期贷款。——译者注)。从法律上讲，这是一种在双方自愿商定借贷条件后签订的合同。它们可以直接由获得君主授权的财政委员会当场协商签订，或者在西班牙以外由行省省长或者总督直接协商签订。曾经有过两种 *asiento* 贷款：一种是用卡斯蒂利亚王国铸币或者其他国家流通货币(即铸币，*en metalico*)的贷款；另一种是实物(*en especie*)贷款。前一种又分为对内和对外两种。对内贷款在西班牙协商签订，并且采用 1 杜卡特等于 375 马拉维迪(*malavedi*)的卡斯蒂利亚杜卡特汇价；对外贷款用于汇往西班牙境外，因此要涉及外国货币汇兑问题。实物贷款往往用于履行军队食品或者军需物资供应合同。从法律的角度看，"*asiento*"这种贷款合同是一种有关各方签署的确定贷款数额和性质、支付时间和地点以及偿还条件的文件。实物贷款合同还注明财政部还贷收入来源的信息(*consignaciones*)、利率、贷款货物运送成本(*conducciones*)、作为风险担保的补充现金(*adehalas*)以及王室可能会转让的特权(*facultades*)——如贵金属或货物出口许可。按照卡兰德的说法，这些贷款的利率在查理五世治下逐渐从 1520～1532 年的 17.6%上涨到了 1533～1542 年的 21.3%，然后进一步上涨到了 1543～1551 年的 27.9%，最终又上涨到了 1552～1556 年的 48.8%。贷款人偏爱的还贷收入来源显然是美洲贵金属，但他们也不介意卡斯蒂利亚比较可靠的税收收入，如商业交易税、"三一税"和后来的百万赋。除了一些在卡斯蒂利亚财政部不能如期还贷的情况下作为附加担保起作用的担保合约外，直到 1557 年，贷款人签订的长期贷款(*juro*)合约都没有得到偿还。16 世纪和 17 世纪，西班牙哈布斯堡王朝与不同国家的"商人"总共签订了大约 1 500 份短期贷款合同，[46]其中差不多1/3是在查理五世治下签订的。

的确，在查理五世治下，短期贷款成了其财政政策的支柱。"*asiento*"这种短期贷款是一种要支付高利率的短期债务，它构成了卡斯蒂利亚公债的大部分。不过，卡斯蒂利亚王室还向第三方签订了其他形式的贷款合约，其中包括一种所谓的"自由"贷款，这种贷款其实是强迫贵族和教士支付的强制性付款。这种付款要用从美洲来的货船上没收属于私人货主的黄金和白银来支付，但采取以汇票兑换的国债形式。对卡斯蒂利亚公共财政影响最大的是一种叫"*juro*"的低利率长期国债。这是一种没有固定偿还期限的记名债券。从法律上讲，"*juro*"是"一种国王以君主的身份与某个个人或者国家之间签订的混合合同。根据合同，与国王签约的个人或者国家要把合同规定的现金数额缴给君主；作为酬谢(*contrapestacion*)，君主要用王室收入的铸币向他们或它们支付年金"[47]。

早在查理五世登基之前，卡斯蒂利亚财政就发行过这种国债券，但当时只有卡斯蒂利亚人才能认购。到了16世纪60年代，这种国债券不但允许在签约人之间转让，而且还可转让给第三方。长期担保贷款(*juros de caucìon*)在16世纪上半叶已经变得十分普遍，并且要求借款人向贷款人提供一种追加担保。这种担保也扩展到了担保债券(*juros de resguardo*)。担保债券根据有效期又进一步分为可继承债券(*juros de heredado*，即永久债券)、恩赐债券(*juro de merced*)、终身债券(*juro por vida*)和可赎回债券(*juro al quitar*)。债券持有人能获得的利息不管怎样，要取决于债券的种类以及偿还债券的指定收入来源。按照当时的金融行话，"10 000 al millar"表示债券的利率：债券持有人花10 000马拉维迪的本金，可收到1 000马拉维迪的利息，即10%的利率；同样，"8 000 al millar"表示12.5%的利率，"14 000 al mallar"表示7.14%的利率，"18 000 al millar"表示5.5%的利率，"20 000 al millar"表示5%的利率，而"25 000 al millar"则表示4%的利率。"*asiento*"和"*juro*"是西班牙公债体系的两个结构性元素，而西班牙的公债体系是一种与后来西班牙帝国其他省份发展起来的非常相似的公债体系相容的体系。真正的问题可能

46 Ruiz Martin (1990), 118.

47 Barthe Porcel (1948—1949), 228.

在于如何采用既不惩罚营运商又不惩罚储蓄者的技术来把短期债务转化为长期债务。

7.4 西班牙哈布斯堡王朝的财政政策

虽然经济政策缺少具体的计划，但毫无疑问，在查理五世治下，王室和中央官僚机构趋向于执行一种旨在增加王室财产、发展生产和贸易并且利用储蓄来弥补财政缺口的一贯政策。[48] 西班牙帝国共同体的组织结构并不允许在整个帝国统一推行这种政策，因为卡斯蒂利亚以外各成员之间强大的政治张力导致领土控制很不稳定。在这样的条件下，必然要依赖卡斯蒂利亚的资源，尤其是税收收入，但又不总能有效利用卡斯蒂利亚的资源。最显著的例子出现在1536年普遍推行商业交易税之前。根据有关商业交易税的规定，卡斯蒂利亚财政部在10年里每年可以收到相当于3.17亿马拉维迪的固定收入。但实际上，对于卡斯蒂利亚财政部来说，这可是一桩糟糕的买卖，因为卡斯蒂利亚财政部由于物价在这10年里快速上涨而实际遭遇了损失。贡赋提供了一些补偿，但也付出了扩大豁免额和豁免权的代价。贡赋收入的指数从1526～1530年这个五年期的100上涨到了1551～1555年这个五年期的123。同期，商业交易税收入的指数从112下跌到了82。[49] 商业交易税对经常性收入的相对重要性的下降也证实了这个趋势。1536年，商业交易税收入占经常性收入(*rentas ordinarias*)的79.4%，但到了1553年，这个比例已经下降到了66.6%。[50] 同期的支出数据表明，长期债务(*juro*)负担不断加重，在1522年花费了36.6%的经常性收入(*rentas ordinarias*)，1543年花掉了65.4%的经常性收入，1553年也花费了58%的经常性收入。[51]

16世纪40年代，卡斯蒂利亚王室开始了一个财政政策的新阶段。新的财政政策要求哈布斯堡王朝治下的其他属地承担更大比例的因与法国重新开

48 Carande (1969),117.

49 Gelaben in Bonney (1995),转引自 Hendricks (1976)。

50 Carande (1969),125.

51 Ibid. 131.

战而增加的财政负担。1542年，荷兰各省议会必须同意开征新税种(*nieuwe middelen*)，即作为非常补贴上缴中央的省级消费税和土地税，还有多种靠这些非常津贴收入支付的年金(*renten*)。为此，各省当局必须自己筹款承担财政负担。[52] 16世纪40年代初是米兰公国财政史上的一个关键转折时期。1542年，米兰公国的临时性收入是经常性收入的3.5倍，这反映了对税收的扩大使用。1543年，米兰公国进行了一次新的普查，调查对象包括地产和工商企业创造的财富(*mefcimonio*)。[53] 有必要指出，在开征上述新税以后，荷兰又在1542年12月开征了课征于财产收入和交易利润的1/10德尼尔(denier，旧时的一种辅币。——译者注)税，一种根据土地调查结果课征、规则需要确定的税种。[54] 这个措施是在米兰进行新普查前3个月才出台的，因此表明西班牙帝国税收政策的某些方面很可能有一个可能由帝国制定的共同计划的基础，而且全帝国官僚和政要在交换不同意见和经验时都会参考这份计划。那不勒斯王国大幅度上调了直接税(尤其是在1542年5月～1544年8月间)和间接税(主要是丝绸税)的税率。[55]

16世纪50年代，查理五世治下的卡斯蒂利亚陷入了财政危机。1552～1556年与银行家们签订的短期贷款合约几乎占到查理五世治下借欠的全部短期贷款的一半(48.8%)，而长期贷款状况(situardo)或者借欠总额在1556年增长到了占总支出68%的水平。但是，西班牙帝国的行省没有能力帮助卡斯蒂利亚财政。尽管西班牙在1551～1556年为资助反法战争大约出资2 200万弗罗林，但荷兰政府无力出资，因为它也被不小于卡斯蒂利亚的债务所压垮。1551～1555年，荷兰的短期债务从130万弗罗林增加到了700万弗罗林，而长期债务同期翻了一番。[56] 米兰也无力解囊相助，长期的收支赤字迫使政府在1546年和1554年决定部分暂停付款。[57] 新登基的国王腓力二世极力试图解决整个帝国严重的债务问题，在1555年10月考虑推行一项旨在“改革

52 Tracy (1985),73.

53 Vigo (1979),55.

54 Arnauld (1967),286－287.

55 Galasso (1965),176.

56 Braudel (1972),191－200;Rodrlguez-Salgado (1988),54－60.

57 Chabod (1971),iii pt. ii,300－322.

帝国财政体制和推行新型管理"的计划[58]。这项计划的基本内容就是任命1个"总代理"(*factor general*)，让他在主要金融市场上开展经营活动的其他代理的帮助下利用赋予他的自主权转移资金，并与"商人"商谈更加有利的借贷条件。这项计划遭到了卡斯蒂利亚政治和经济利益集团的强烈反对。一直拖到1556年，卡斯蒂利亚国王才得以任命佩雷斯·德尔·坎波(Lopez del Campo)为驻西班牙代理、佩雷斯·加洛(Lopez Gallo)为驻荷兰代理和西尔维斯特罗·卡塔奥纳(Silvestro Cattaneo)为驻意大利代理。[59] 幕僚们提出了多项不同的计划，但就是无法同时解决短期债务到期、长期债务偿还和当前支出需要等问题：因此，1557年4月17日，腓力二世不得不下令停止一切付款。这位君主向银行家做出的承诺是，把短期债务转换成利率为5%的长期债务。此举并没有解决问题，因为更加仔细地查看账簿就能发现卡斯蒂利亚财政的总债务几乎已经达到2 500万杜卡特，其中差不多1/3是中、短期债务。[60] 卡斯蒂利亚的现金头寸特别严重：到了1560年，长期债务增加到了相当于经常性收入103.9%的水平。国王在1560年11月14日再次叫停付款。这次，国王也承认了自己欠下的全部债务，但解决问题的方法更具创意：短期债务再次转换为利率5%的长期债券，但由塞尔维亚交易所担保。塞尔维亚交易所只能用自己的资金充当西班牙国债偿债基金的角色。令利益已经受到最不利影响的热那亚人感到极为满意的是，这次短期债务转为长期债务的操作完全以失败告终。[61] 因此，卡斯蒂利亚又被迫在1563年10月31日决定把所有未到期长期债务的利率降低到7.14%。[62]

到了16世纪60年代，热那亚银行家重又长期称霸西班牙和意大利诸省财政。不过，并不只是投机促进了资本供给和需求在西班牙市场的相互影响。按照鲁伊斯·马丁的说法，1560～1580年，"是卡斯蒂利亚历史上的一个关键时期"，而且这并不是仅仅出于对政治原因的考虑。在这20年里，卡斯蒂利亚人口达到了有史以来的最大规模，像塞戈维亚(Segovia)、格拉纳达和托莱多

58 Rodtiguez-Salgado (1888), 235.

59 Ulloa (1986), 137.

60 Ibid. 150.

61 Castillo Pintado (1963a), 52.

62 Ruiz Martin (1968), 118－121.

(Toledo)这样的工商业大城市保持了很高的生产率,而农业还没有受到不久就要发生的危机的影响:“一种多少有点人为的欣快症席卷了西班牙。”[63]意大利的情况也在好转,17 世纪下半叶,意大利农业和制造业获得了引人注目的发展。农业和制造业的发展改善了意大利三省的财政,意大利三省的财政状况较少取决于政治和军事因素,但更多取决于荷兰的财政状况。实际问题在于低地国家防卫成本太高,而且主要由西班牙承担,荷兰七省对自己的防卫贡献甚少。这种情况促使 1567 年 8 月被派往荷兰任总督的阿尔瓦(Alba)公爵在 1569 年 3 月建议荷兰议会采取三项税收措施。首先是开征 1%德尼埃税(*centième denier*),一种课征于财产价值和其他收入来源、税率为 1%的税;其次是 1/20 德尼埃税(*vingtième denier*),一种由任何财产交易卖方缴纳、税率为 5%的经常税;最后是 1/10 德尼埃税(*dixième denier*),一种类似于西班牙商业交易税(*alcabala*)、由卖方按商品售价缴纳、税率为 10%的经常税。这些新税在荷兰遇到了强烈的抵制,而阿尔瓦公爵只成功开征了第一种税——1%德尼埃税,而在 1571 年不得不停止征收另外两种税。最近有历史学家阿诺德(Arnould)、巴尔德(Baelde)、克拉耶贝克斯(Craeybeckx)比较积极地评价了这些税收措施。这些措施把合理化元素引入了公共财政组织工作,允许国家减少债务,并帮助中央摆脱省议会强加的税收限制。推行这些措施的目的就是要保证各省能征收到稳定不变、彼此相差不大的税收。[64] 以下事实似乎也证明了这种说法:阿尔瓦得以扭亏空为盈余,而且在 1569～1571 年使荷兰的收入翻了一番。[65] 1572 年,荷兰真的爆发了抗税运动,同时又遭遇了海上乞丐入侵。

阿尔瓦政策遭遇的失败除了导致在地中海与土耳其交战,尤其是装备在勒班陀(Lepanto)海湾作战的无敌舰队的费用进一步增加外,还凸显了帝国财政对热那亚“商人”(*hombres de negocios*)的依赖。此后,帝国债务不断增加和热那亚“商人”的作用不断扩大,就成了 1573～1575 年卡斯蒂利亚议会辩论的不变主题。议员们普遍认为,造成财政危机的原因就是热那亚人在贷款合同中开出的条件太苛刻。有人怂恿国王断绝与他们的来往,并且信誓旦旦地

---

63 Ruiz Martin (1965).

64 Craeybeckx (1947),96.

65 Craeybeckx (1967),369.

保证——但值得怀疑——卡斯蒂利亚金融精英也能满足王室的财政需要。因此，在金融民族主义浪潮的冲击下，腓力二世在1575年9月1日下令暂停付款。但这回，腓力二世没有承认他的全部债务。很多短期贷款的合法性因贷款合同中的某些具体条款或者规定的利率而受到了质疑。卡斯蒂利亚财政部的会计人员(*contadores*)受命对全部贷款合同进行重新审核。在重审短期贷款合同时，那些国王陛下信任的西班牙银行家表示，他们完全不合适处理这些在不同欧洲市场之间转移资金的复杂问题。1577年12月5日，腓力二世接受了一个综合解决方案(*medio general*)，即与债权人达成协议，答应热那亚贷款人立刻偿还剩下的480万杜卡特的短期贷款，其中的1/3以出售辖区教士贡赋(*vasallo*)征收权的方式支付，并且为出售贡赋征收权创造有利条件，而另外2/3转换成利率为3%的长期贷款。热那亚的短期贷款人被允许用"法令货币"(*moneda del decreto*)偿还他们的债权人，即不是用现金，而是用低息公债券。面对这些投资机会，热那亚商人答应向卡斯蒂利亚王室提供新的贷款。这种解决贷款危机的方法开创了公共财政与私人金融关系的先河。随后1596年11月29日发生的破产案(*quiebra*)是用1598年2月14日的综合方案解决的。该方案把全部短期债务认定为1 400万杜卡特：这些短期债务2/3转为利率为5%的长期贷款，而另外1/3则通过举借利率为7.14%的长期贷款(其中一半用米兰和那不勒斯收入作为抵押)来偿还。[66] 到腓力二世驾崩时，也就是1598年，虽然卡斯蒂利亚王室收到了1 000万杜卡特的收入，但仍欠有6 800万杜卡特的债务。[67]

腓力三世统治时期可分为三个不同的阶段：第一阶段是从他登基到与合省联邦政府签订休战协定的1609年；第二阶段是从"十二年战争"休战协定生效到1618年"三十年战争爆发"；而第三阶段见证了一条排除任何经济和财政复苏努力的新战线的开辟。1598～1609年，西班牙为荷兰战争花费了3 750万杜卡特，再加上450万杜卡特的利息，这么巨大的开支对于一个在16世纪90年代已经陷入结构性衰退的经济系统来说是不堪承受的，很多"乱提建议者"(见本书第六章第二节)撰文分析或提到了这个问题，本章有关西班牙公众

66　Ruiz Martin (1968)，164－167.

67　Ulloa (1986)，830.

舆论的几节也提到了这个问题。[68] 造成1607年那次破产的原因根本就不明确。当然，货币改革是主要原因，也就是市场上开始充斥维隆币(vellón)这种内在价值很小的铜币。在西班牙及其帝国各省同时有两个平行的货币流通系统：第一个基于银币的货币流通系统是针对国际交易的；而第二个与维隆币捆绑在一起的货币流通系统用于国内市场交易。在这种情况下，1607年11月6日和11月9日连续两道敕令又一次强制规定暂停付款，随后就提出了1608年5月14日的综合解决方案。根据这个方案，1 200万杜卡特的短期债务转换成利率为5%的长期债务。这次，成立了一个综合方案执行委员会，这是一个严格由热那亚人控制的机构。热那亚人把650万杜卡特的资金交给这个委员会用于低价买进长期债券，然后再高价卖出。[69]

这种投机最终因发生意外而出现问题，因为17世纪20年代末发生了一次组织危机，迫使卡斯蒂利亚王室在1621年把长期贷款和赋税欠款的利率普遍降低到5%。腓力四世登基后，西班牙和它的一大部分属地卷入了"三十年战争"，这场战争给西班牙财政挖下了一个无底大坑。1627年1月31日的暂停付款敕令标志着西班牙财政发展史上的一个重要转折，至少从严格的金融意义上讲明确削弱了热那亚人的作用。同年9月17日的综合解决方案以发行利率为5%的长期债券的方式偿还了热那亚人660万杜卡特的贷款。因此，是卡斯蒂利亚的城市贵族为自己雪耻报了仇，但王室的财政政策没有发生任何深刻或者有益的变化。1632～1637年卡斯蒂利亚拨往西班牙境外的支出达到了7 260万银杜卡特；而1635～1645年，荷兰从卡斯蒂利亚至少收到了3 000万杜卡特(见图31)。[70]

西班牙的城市精英如果明白热那亚商人被一个新的葡萄牙籍商人群体所取代，那么就可能不会因对热那亚商人受辱感到那么高兴。1626～1650年，葡萄牙籍商人与卡斯蒂利亚王室签订了总额高达8 100万杜卡特的短期贷款合同，其中的40%被送往荷兰。[71] 从王室的角度看，新金融家群体强加的贷款

68 Elliott (1977), 43.

69 Ruiz Martin (1970), 45－46.

70 Ruiz Martin (1970), 105－106.

71 Boyajian (1983), appx c.

条件并没有任何改善：事实上，在1639年以后，这些新金融家要求在他们的贷款合同中添加一条“如果卡斯蒂利亚财政部不按规定还款，就中止贷款活动”的条款。[72] 在改善卡斯蒂利亚财政状况方面，葡萄牙银行家并不比他们的热那亚同行成功。收支缺口不断扩大仍是帝国财政体系一个永恒不变的问题。1647年，由于那不勒斯和西西里爆发了起义，因此，对于西班牙当局来说又是艰难的一年。这一年的支出估计要超过总收入的4倍，而随后4年的收入都已经确定用于偿还热那亚商人的贷款。[73] 在这样的情况下，1647年10月1日，王室再次宣布破产，然后又颁布了1648年7月18日的综合解决方案。高水平的债务非但没有迫使卡斯蒂利亚财政机构树立节制和控制意识，而且继续增加举债。在1648～1651年的4年里，王室又签订了差不多3 000万杜卡特的新贷款合同。[74] 所以，也难怪王室在1652年7月31日再次颁布停付敕令，这次一直拖到1654年8月18日才拿出综合解决方案。不过，这也不是腓力四世在其任内下的最后一道停付敕令，因为他在1662年8月14日又不得不故伎重演。

但不管怎样，一种对西班牙公共财政管理的新态度开始慢慢浮出水面，并且在1662年危机中初露端倪。王室不顾财政现金状况就宣布暂停付款，但王室官吏常设法以更加合理的方式对西班牙复杂的公共财政体系进行重组。就此而言，1665年、1692年、1693年、1695年和1696年的暂停支付并非全都只有负面影响，也表明了当局立志改革并建立一个不那么混乱的财政体系的认识。虽然大量放贷使王室的私人金融业务盈利越来越少，但在卡洛斯二世(Carlos Ⅱ)治下，不同竞争性金融群体之间倒是出现了一种比较和谐的气氛。因此，到了18世纪，卡斯蒂利亚财政体系在一些重要方面已经非常不同于1516～1665年之前的财政体系。哈布斯堡王朝的财政体系有其固有的问题，但在一个很长的时期里，这种财政体系使得西班牙能够控制一个庞大且分裂的帝国，并且已经对强大的经济精英的命运和机遇产生了影响。

---

72 Dominguez Ortiz (1960), 57.

73 Ibid. 68.

74 Ibid. 69.

第八章 “税收国家”的诞生与巩固(Ⅰ):16 世纪

温弗里德·舒尔茨(Winfried Schulze)

近代早期是现代政治体制及其合法性发展的一个关键时期:现在有那么多的研究关注民族国家发展史,但比较研究却非常少,这好像已经是老生常谈。在几乎所有的欧洲政治单位中,中央的权力不断扩大,而地区和地方则被边缘化。虽然每个“民族国家”的发展都有其具体的特点,但在历史变迁进程中也出现了很多相似的地方。其实,通过把历史变迁作为一系列不符合一个相当大的周期化模型的过程来考察,我们就能研究在历史变迁过程中出现的彼此相关的平行历史现象。即使不同“民族国家”的情况也仍保留着它们自己的时间特殊性,这种方法也便于进行比较研究。

“民族国家”在中世纪晚期和近代早期的问世明显得益于可追溯到中世纪以远甚至封建组织史的发展趋势。在变迁速度上,西欧(主要是勃艮第、法国和英格兰)与中欧、中东欧和南欧之间存在明显的差异:中欧、中东欧和南欧国家权力的中央机构发展较慢。虽然中央集权化的速度必须被看作不同封建制度长期发展的结果,但财政权力的增强必须被视为一个不那么散发的变迁过程。的确,就相互关联的货币互换系统而言,我们可以说是“第一个欧洲世界体系”,这个体系并不完全统一,但意味着欧洲国家差不多在相同的时期遭遇了类似的问题。欧洲现代财政制度虽然发展速度参差不齐,就如韦伯(Webber)和威尔达夫斯基(Wildavsky)所观察到的那样,但相同的地方仍多于不同的地方。[1] 欧洲国家之间还有可比的经济背景和财政需要。16世纪中期,英格兰国王要想招募德国雇佣兵,就必须用与它的德国和法国竞争对手大致相同的货币来支付士兵的军饷。他可以在一个由德国、热那亚、佛罗伦萨和里昂银行家控制的欧洲货币市场上举借这种货币的资金。统治者即使不需要借钱,但仍要从类似的经济系统中攫取必要的资金。然而,纯粹以农业为基础的经济系统与得益于城市经济活动或者得益于欧洲商品流通的经济系统(如丹麦国王以海峡通行费的方式对波罗的海贸易征税)之间存在各种各样的差别。即使某个王国希望避免做出国际承诺,但如果出现了国际收支逆差,那么,它的货币就会流到国外,因为它不能避免从事某种程度的欧洲贸易:格雷欣(Gresham)法则就是那个时代对这个原理进行公式化的产物。[2]

16世纪末,神圣罗马帝国的司库撒加利亚·杰泽克夫勒(Zacharias Geizkofler)这个在帮助管理福格尔家族(Fugger)事业时积累了丰富经验的财政官员,在他写给帝国议会的一份备忘录中已经谈到了其他国家不会累及经济但能保证巨额收入的收税方法:威尼斯和法国被作为学习的榜样。他试图说明神圣罗马帝国糟糕的货币状况,他关于欧洲货币和货币体系运行的洞见被视为堪与托马斯·格雷欣(Thomas Gresham)爵士提出的法则相媲美。在杰泽克夫勒看来,毫无疑问,神圣罗马帝国把太多的良币用在了购买外国商品和支付匈牙利驻军上,明显导致帝国的国际收支(尽管当时他还不知道这个专业术语)状况恶化。[3] 这些论断非常接近我们今天所说的关于“价格革命”的话语,并且也能在让·博丹1568年发表的驳斥马莱斯特鲁瓦(Malestroit)的著作中看到(见本书第六章第一节)。财经论著把欧洲作为独立存在体来考察要远远早于其他政治论著。

---

1 Webber and Wildavsky(1986:229)。本章作者谨借此机会感谢研究团队的全体成员对本章的书稿进行了有益的讨论,尤其要感谢理查德·邦尼。理查德·邦尼不但承担了领导和鼓励我们这个研究团队的艰巨任务,而且还在数据和参考文献方面提供了宝贵的帮助。

2 De Roover (1949).

3 Schulze (1978).

8.1 16世纪财政国家发展概念讨论

16世纪国家建构的历史学研究往往聚焦于主权及其理论基础以及能在不同欧洲国家实现程度(即让·博丹提出的思想能在多大程度上付诸实施)的问题。由查尔斯·蒂利(Charles Tilly)主编的论述西欧民族国家形成的论文集[4]提出了另一种更加实用的研究方法。这本论文集在它收录的不同论文中论述了军事力量和税收征管的刺激效应。对于我们的目的来说,似乎还是回到格哈德·奥斯特雷奇(Gerhard Oestreich)提出的阶段化概念比较合适。奥斯特雷奇试图把国家的形成分为三个阶段:首先是14世纪和15世纪二元政体原型形成阶段;然后是朝着近代早期国家,也就是他所说的"金融国家"(finance state)迈进的阶段;最后是近代早期国家在17世纪后期进一步发展的阶段,这时的国家被他称为"军事、行政和官僚国家"(military, administrative and bureaucratic state)[5]。虽然奥斯特雷奇是基于他对中世纪晚期和近代早期德意志诸邦国发展的观察才提出国家形成阶段观的,但他所说的"金融国家"仍适用于16世纪后期西欧国家的情形。奥斯特雷奇试图用这个术语来描述16世纪不断变化的国家职能,而且这个术语要比在其他场合已经有人接受的"王朝国家"(dynastic state)意思更加明确。[6]

我们可以方便地把"财政国家"的概念与施穆勒(Schmoller)和熊彼特较早提出的概念融合在一起。[7] 施穆勒把一种基于天然物品的财政组织体与基于货币的现代经济系统区分开来。[8] 根据施穆勒的思路,熊彼特极其重要地发现了中世纪"领地国家"(domain state)发展到近代形式的"税收国家"(tax state)——第一阶段的税收国家可被视同奥斯特雷奇提出的"金融国家"——的重要一步。熊彼特认为"税收国家"这个概念是个赘词。[9] 虽然这个概念对

4 Tilly (1975).

5 Oestreich (1969),279. Cf. Oestreich (1982).

6 最近的例子是Bonney (1991b),尽管他也讨论了"金融国家"(finance state)(ibid. 352)。Gerhard(1981:88)之前使用过"王朝国家"。

7 Krüger (1983)阐释过这个概念。Cf. Buchholz (1990).

8 Schmoller (1909). Schmoller (1909)或许是第一份比较研究欧洲国家财政的文献。

9 Schumpeter (1954b).

于 16 世纪来说可能有点过时，但彼得森（Petersen）已经用它来帮助说明这个时期丹麦国家财政的发展（见本书第四章第六节）。[10] 在一个像法国这样的国家里，领地收入占预算收入的比例微不足道（1523 年占总收入的 3.5%），而且还在不断减小；但直到 1630 年，像瑞典和丹麦这样的国家领地收入仍分别要占到总收入的 44.8%和 36.9%。[11] 一个像普鲁士这样的明显“近代”的德意志国家直到 1778～1779 年仍差不多有一半收入是领地收入（见本书第十三章第三节）。[12] 虽然当时领地仍有它的重要性，但“税收国家”这个概念强调了 16 世纪国家建构的关键方面：“财政国家”（fiscal state）同时在多个方面（思想、行为和体制）谋求自身的发展。[13]

15 世纪末，似乎已经有人在公开讨论政治体制是否可能被“民族国家”或者领土统治者控制，或者在大贵族控制下或在区域经济系统中能否推行分权的问题。16 世纪见证了“民族国家”或者领土统治者的胜利：贵族地主必须与中央政府争夺以农民为基础的经济产出的有限余钱。这是一个击败传统统治集团、开创近代税收国家的关键阶段。马克·布洛克（Marc Bloch）注意到，17 世纪法国的省行政长官被认为起到了“保护农村社区居民和成熟的税源免受地主残酷剥削或滥用”的作用。我们也许可以把国家保护农民的这种倾向作为一种“税收与地租之争”[14]来解释。这种观点的优点在于把君主与他们的三级会议、农民与他们的地主以及农民与君主的紧张关系——可能被认为在频繁发生的抗税运动中发挥作用的不同方面——联系在了一起。

8.2 16 世纪欧洲国家形成的先决条件

研究 16 世纪欧洲史的历史学家往往都能认同，这个时期见证了中世纪晚期从贵族家族集团竞争中脱颖而出的统治者决定性地巩固了手中掌握的政治权力。继位规则在法国是通过制定基本法律（*lois fondamentales*），在德国是

---

10 Petersen (1975).

11 Krüger (1988).

12 Mann (1937),45.

13 关于 16 世纪的发展对于许多欧洲国家的重要意义，请参阅文献：Bonney (1995)。

14 Jones (1988b),132. 关于后一时期，请参阅文献：Root (1987)。

由 1356 年的《金印诏书》(Golden Bull),而在英格兰是在"玫瑰战争"结束以后规定的。这样的继位规则并不能保证王位在任何情况下都可以顺利传承,但却能使继位变得比较有序:1603 年苏格兰的詹姆斯六世(James Ⅵ)作为英格兰詹姆斯一世的继承人继承了英格兰的王位,就明显要比 1485 年或 15 世纪早些时候王朝更迭顺利得多。在德国,大多数领土统治者颁布了传位法令,目的就是要通过禁止分割和转让领土来建设安全、富庶的国家。政府的成本不断增加,并且成了支持这种趋势的有力论据。确实,这个时期政府的管理力度不断加大。[15] 当时需要的是有执行力的强政府:君主万能的思想在这个世纪里逐渐失去了它的重要性。

国家内部领土内聚力的不断增强就成了这个过程的一部分,国家也不是人身依附型或者公司型国家,就如德国中世纪史学家西奥多·梅耶尔(Theodor Mayer)所说的"*Personenverbandsstaat*"那样,但却拥有更加明确而没有属于其他君主的飞地的领土。法国在 1558 年重新夺回加来(Calais)以后,英格兰也就结束了对这块位于法兰西王国境内的领地的长期因袭:15 和 16 世纪,在几个省份重新归属法兰西王国以后,作为民族国家的法兰西就有了它明确的六角形版图。[16] 即便如此,仍有像奥兰热(Orange)和阿维尼翁(Avignon)宗教领地这样的飞地直到 17 世纪末和旧制度结束后才重新划入法国版图。

这个在神圣罗马帝国能够清晰观察到的领土整合过程[17]——肖努(Chaunu)所说的"国家与王国的叠加"(*la superposition de l'Etat au royaume*)——必然被看作经常征税的基本先决条件。有能力在疆界明确的领土上征税、废除传统(无论是世俗还是教士)豁免权并且建立一定程度的纳税"主体"公平的国家,日益成为有生存能力的国家。在许多西欧国家(虽然没有东欧国家),这个过程还伴随着贵族自治权的废除。在英格兰和德国(虽然没有在法国),到了 16 世纪末,贵族就不再谋反[1522 年的西京根叛乱(*Sickingenfehde*)和 1567 年的格伦巴赫叛乱(*Grumbachfehde*)是神圣罗马帝国贵族谋反的最后两个例子,丹麦在 1533 年发生了伯爵叛乱,而英格兰在 1569 年

15 Kunisch (1981)举了几个欧洲王朝的例子。

16 Rowen (1980).

17 Cf. Sutter Fichtner (1990).

发生了北方起义]。相比之下,中欧和东欧的贵族保留了他们的谋反实力:波兰和波希米亚以及匈牙利和多瑙河地区[锡本布尔根(Siebenbürgen)地区]的情况就是如此。贵族服兵役的传统通常被改变成用货币向统治者纳贡。尽管15 世纪的贵族认为“用自己的热血”来效忠是他们的责任,因此,他们应该免除纳税义务,但这种态度在 16 世纪受到了质疑。在丹麦,“*rostjeneste*”受到了控制,即使德国的帝国骑士这个直接隶属于皇帝、不好说话的低级贵族群体也不得不接受“*subsidia charitativa*”(慈善援金)名下不断增加的纳税要求。[18]

贵族自治权的废除和叛乱的结束迫使贵族领主接受“全国通用法”(*Landrecht*)所规定的平等待遇以及由统治者控制的司法体系,但这并不意味着传统上为在不同国家达成一致而进行的交涉的结束。中世纪晚期,几乎所有的中欧和西欧国家的议会都获得了发展,而这些国家的议会也主要关注一些重大的政策问题:统治者的收入,或许以及更现代意义上的统治者“预算”;立法;统治者在这些和其他方面的权利。[19] 至于是否取得了成功,不同国家的议会或者三级会议之间可谓千差万别。16 世纪,英格兰议会继续扩大自己的权力,并且坚持奉行它的“国王必须自食其力”的传统政策:在正常情况下,王室的支出必须要用王领收入和关税收入来支付。有些历史学家认为,英格兰国王就他没能从议会那里获得经常税征收权这一点而言,要比他欧洲大陆的同行脆弱(见本书第五章第九节)。英格兰与法国形成了鲜明的对比,法国的平民人头税在 1439 年就变成了常设税,并且在 16 世纪之前已经成为一个固定的收入来源。[20] 虽然 17 世纪仍有一本税收宣传小册子继续把法国的平民人头税说成“在法国几乎是自愿缴纳的”[21],但是,继续区分三级会议制地区与选举制地区,三级会议不定期举行会议,所有这些都没有对法国国王造成任何难以解决的问题。西班牙诸王国虽然保留了它们的传统议会,但它们的议会在 1522 年以后就不想再继续与查理五世或者他的儿子腓力二世对着干。卡斯蒂利亚的议会任凭紧急拨款贡赋被转变为定期的特别津贴。1541 年,法国

18 Press (1980).

19 Griffiths (1968).

20 Cf. Collins (1988), 36 ff.

21 Bercé in Genet and Le Mené (1987), 163.

国王弗朗西斯一世提醒威尼斯使节称，马克西米利安一世（Maximilian Ⅰ）曾经说过：他是王中之王，因为没人敢与他叫板；西班牙国王只是他的子民之王，因为他的子民有时俯首听命，但有时会违抗他的旨意；而法国国王是畜生之王，因为他的子民始终唯命是从。[22]

在神圣罗马帝国，皇帝如果想要征收特别税用于抵抗奥斯曼帝国侵犯匈牙利（虽然不属于帝国，但通过一个松散的同盟与哈布斯堡王朝有关系），就必须与难缠的议会抗争，并且常常会发现新教徒总要把他们的任何支持与他们的宗教要求联系在一起。诸侯国的君主成功地要求他们的三级会议答应一种半常规的以帝国名义课征的税。在一次帝国议会举行会议后，神圣罗马帝国诸侯国君主以皇帝自己有税收需要（在帝国议会休会期就变得更加明显）为由为自己主张征税权辩护。16 世纪末，虽然之前贵族始终厌恶缴税，但经过十来届帝国议会，这种情绪逐渐平复。诸侯国君主这时已经有较多的机会为自己不断扩大军队、要塞守军和增派驻外人员或者——仍比较困难——为偿还他们累累债务争取到必要的经费。16 世纪，欧洲国家趋向于认为，从国家敛取收入能力的角度看，税收变得越来越不可或缺，而且也变得越来越切实可行。

不断掌握教会财产的控制权，是 16 世纪大多数欧洲国家财政体制发展的另一个基本先决条件（见本书第十五章第二节）。不但新教徒统治者，就连天主教徒统治者也同样尝到了教会世俗化的甜头，并且因此而暂时平衡了自己的预算。对教会财产控制权的不断扩大还有助于提高在统治者管辖的子民中公平分摊财政负担的水平。教会豁免权日益受到质疑，并且遭到了统治者的侵犯。在瑞典，几乎所有属于教会的财产全部由王室接管，并且“为国家构建了几乎全新的财政基础”[23]。在卡斯蒂利亚，“三一税”和十字军东征税变成了常设税。在法国，教会财产在 1561 年签订普瓦西合约（Contract of Poissy）后实际上也需要纳税；法国国王成功地获得了为期 6 年的“免费赠款”，后来又获得了 10 年的“免费赠款”（尽管数额较小）。[24]

---

22 Alberi (1541) cited by Koenigsberger and Mosse (1968), 230.

23 Cf. Lindkvist in Genet and Le Mené (1987), 61.

24 Shennan (1969), 13－60.

凡是有关 16 世纪欧洲增税问题的讨论都必须注意:16 世纪是“一个人口和经济长期增长的世纪,经济活动获得了显著的发展”[25]。下文要讨论的收入名义增长当然被人口的不断增长和流通中金银和货币的增加所抵消。[26] 虽然黑热病反复肆虐,持续抑制人口增长的势头,但欧洲各国的人口仍不断增加。欧洲人口可能已经从 1500 年的 6 900 万增加到了 1600 年的约 8 900 万。尽管不同地区的人口增长速度不同,但不管怎样,欧洲 1300 年前后的人口大概直到 16 世纪中前后才被超越。中欧矿山的白银生产和通过西班牙输入的美洲金银对于各国税制的发展起到了重要的作用。[27] 1500～1650 年 181 吨黄金和 16 000 吨白银的输入导致货币供给增加,从而方便了加大税收压力。[28] 商品生产的发展和货币交易范围的不断扩大,也是税收不断增加的一个相关先决条件。

8.3 16 世纪的税收增加和“公共部门”扩大

军费支出是造成税收增加的一个传统原因。[29] 虽然军费支出在 17 世纪成了导致税收增加的一个主要原因(见本书第九章第一节),但对于 16 世纪来说还必须被看作一个只能部分成立的论点,因为在 16 世纪,只有很少国家拥有常备军。[30]

我们不应该忘记公共部门的其他组成部分与军队同时在不断扩大。1508 年慕尼黑(Munich)巴伐利亚政权在它的俸禄单上只有 162 个领俸银的官吏,1552 年增加到了 384 人,1556 年又增加到了 485 人,而到了 1571 年进一步增加到了 866 人。议员人数从 1511 年的 16 人增加到了 1597 年的 45 人。公共部门发展的关键阶段出现在 16 世纪下半叶。[31] 16 世纪下半叶,在罗马法的影响下,欧洲国家纷纷对自己的官僚机构进行重组。实际上,当时欧洲流行一种

25 Spooner in Wemham (1971),42.

26 Spooner (1972).

27 Elliott (1970),esp. ch. 3.

28 Van Cauwenberghe (1989).

29 请参阅 Goldsmitn (1987:249)的结束语。

30 Cf. Parker (1988),passim.

31 Cf. Lanzinner (1980),22.

新的书面语文化。在公共部门发展方面，西班牙在1549年设立一个中央档案馆，这可被欧洲其他国家视为一个具有决定性意义的象征。法国估计在1515年有7 000～8 000个官吏为国王效力；而到了1665年，这个王国的行政机关工作人员差不多已经多达8万。[32] 这是公共部门的不断扩大，而不只是所谓"军队革命"时期的军队扩编，能够更好地适应近代早期国家承担的那么多责任。[33]

一种更加集权化的管辖方式本身就会导致可观的支出。几乎所有的欧洲国家都实行一种更加集权化的管辖方式，而刑法和民法的法典化又几乎使全体子民都可以找"中央"法院打官司。[34] 16世纪也许可被视为一个国家不断加大干预社会力度的时期。在欧洲大陆，罗马法受到推崇，结果就是受过专业训练的律师和法官人数不断增加以及新建法院和档案馆的出现。在英格兰，新型衡平法院[星室法院（star chamber，以滥刑专断闻名，在1616年被废除。——译者注）和恳请法院（court of requests）]也同时获得了发展。新建的大学和准大学，尤其是在神圣罗马帝国为不断扩大的国家机关做好了人才准备，但也导致了大量的开支。君主试图通过成文法和法规来治理国家，此举可被视为对社会不同阶层不断提升的预期作出的反应。等级社会分裂成相互竞争但又寻求国家调控的利益集团，而国家调控可能主要集中在国内事务，也可在欧洲大陆，但也可能涉及外贸和货币问题，如英格兰和合省联邦。

欧洲国家运营成本不断提高的结果促成了税收增加的一般趋势。在《政治与民法六书》（*Politicorum sive civilis doctrinae libri sex*，1589年）中，尤斯图斯·利普修斯（Justus Lipsius）效仿让·博丹把国家需要的货币比作人体的肌肉（*pecunia nervus rerum*）：就像人走路需要肌肉，国家没有"肌肉"（财政资源）就不能运行。全欧洲很多作家对这句话重新做过诠释，而这句话则成了欧洲最著名的政治格言之一。[35] 不少君主很快就认识到了组织有方的财政的好处。1611年，巴伐利亚公爵马克西米利安一世评论说，"声望和宏伟（*gran-*

---

32 Cf. Greengrass (1991)，14. 但这些数据包括教士的数据：Mousnier (1970a)，17—20。

33 军人的数据通常没有被包含在 Parker (1979：96)的数据中，但请参阅 Greengrass (1991：5)中更加详细的表格。

34 请参阅 Ranieri (1985)。Ranieri (1985)给出了关于欧洲其他国家的中央法院制度。

35 Cf. Stolleis (1983)，66.

dezza)并不意味着要花钱"。"身处逆境的君主既无权威又没声望。如果他失去了权威和声望,那么,公共事务管理必将以失败告终。"[36]16世纪的统计数据相当零散,但我们能够找到在像蒙佩里埃(Montpellier)这样一些特定地方税收增加的证据。在蒙佩里埃,就像在法国南方其他地方一样,平民人头税是一种对物税。[37] 法国、英格兰和西班牙虽然在16世纪经历了人口增长和通货膨胀,但好像都获得了收入的实际增长。[38] 西班牙帝国东南边境受到了奥斯曼帝国的威胁,因此在16世纪下半叶需要大幅度增加帝国税收。与16世纪上半叶相比,下半叶的税收差不多增加了5倍,也就是总收入从1521～1556年的430万弗罗林增加到了1557～1607年的2 330万弗罗林。哈布斯堡王朝治下的全部领土,包括波希米亚和摩拉维亚(Moravia),承担了远比帝国北方地区沉重得多的财政负担。就连奥格斯堡城也目睹自己的收入从1498年的12 889弗罗林增加到了1618年的71 346弗罗林。欧洲其他地方的数据显示出一种类似的税收增长格局。英格兰的年平均收入从1485～1490年的52 000英镑增加到了1598～1600年的382 000英镑。卡斯蒂利亚的收入从1515年的150万杜卡特增加到了腓力二世统治结束的1598年的1 300万杜卡特。法国缴入国库的收入从1500年前后的346万里弗尔增加到了1608年的2 030万里弗尔。那不勒斯王国的收入从1507～1508年的438 845杜卡特增加到了1595年的近250万杜卡特。威尼斯的收入从1500年的115万杜卡特增加到了1600年的245万杜卡特。罗马也目睹自己的收入从16世纪初的118 000杜卡特增加到了16世纪末的408 000杜卡特,教皇辖地的其他区域经历了更大涨幅的收入增长(从236 000杜卡特增加到了687 700杜卡特)。[39]

---

36 Chroust (1903),51 (15 Jan. 1611).

37 Le Roy Ladurie (1966),ii,1 026.

38 Miskimin (1977:160)中有一张名义数值图。图中,增长率是根据"可获得统计数据时期地区最大值"的百分率绘制的。但请参阅 Hendricks (1976)。Hendricks (1976)表明,卡斯蒂利亚议会比在查理五世统治时期控制了更多的税收,并且成功地把增税置于议会的控制下。

39 Figures in Cipolla (1976),45—46;Wilson and Parker (1977),49—50,213;Hartung (1898);Hendricks (1976),271;Schulze (1978);Bonney (1991b),352;Galasso in de Maddalena and Kellenbenz (1984),45—88;Mieck (1982),206;Miskimin (1989),159—160. Bonney 和 Mieck 的这两组关于法国的数据表明,法国王室收入在我们考察的这个世纪里至少增长了4倍。请参阅 Richad Bonney 关于16和17世纪财政史研究方法论的一般论述。France in Genel and Le Mené (1987),193—201.

8.4 16世纪欧洲的财政体制类型

16世纪，欧洲仍有许多不同的收入体系，[40]但通常都没有年度总预算，而是把不同的收入来源用于不同类型的支出（见本书第十三章第二节）。一般来说，和平时期财政支出主要依靠王领、关税和王权收入。只有在国家受到外敌威胁时，君主才可以要求三级会议“建言献策并提供现金援助”。15世纪末，英格兰的财政体制仍主要是一种“领地型”收入加议会临时拨款的混搭模式时，西班牙和法国已经是非常发达的“税收国家”（见本书第五章第九节）。在德国的诸领土国家（侯国、公国等）、北欧和中东欧，财政国家仍相对欠发达：就是在这些地区，16世纪末和17世纪初是一个决定性的转折时期。

例如，克鲁格(Krüger)曾经表示，黑森(Hesse)是一个组织有方的“领地国家”，采用一种相对有效的方式在郡一级征收林地、盐业生产和贸易盈余。但是，在黑森参战时，这个组织有方的“领地国家”就达到了它的财政能力极限。16世纪50年代，黑森已经欠债100万弗罗林，也就是约10倍于其财政收入。这个危机只能通过向“税收国家”过渡并要求三级会议批准越来越多的拨款来解决。于是，黑森就设立了课征于个人财富的配赋税，并且还取得了一定程度的成功：君主的贵族子民与非贵族子民作为公平的纳税主体一起缴税纳贡，此举是向着创建现代税收制度迈出的重要一步。另一个成就就是设立了一种课征于葡萄酒和啤酒的税，通常一次授予多年有效的征收权，因此为君主开辟了一个可靠的收入来源。消费税也被证明是未来非常多产的一个收入来源。[41]

在16世纪的各种财政创新中可以观察到很多颇具创造性的技能。16世纪财政创新的主要目的就是要找到最有利可图的税收形式，也就是那些能确保尽可能多的收入快速、可靠地入库的税收形式。当时有三种主要的收入取得形式可资利用。首先是由国王陛下的子民缴纳的直接税。直接税有不同的种类，如课征于个人及其财富的税（就如德国的“帝国芬尼税”）、各种壁炉税、各种地产和城市财产税，课征于一些特定财富的税以及各种课征于牲畜的税

40 请参阅 Koenigsberger 和 Mosse (1968:226—231)的综述。

41 Cf. Krüger (1980),291 ff.

(见本书第十三章第五节)。其次是课征于食品、葡萄酒、啤酒和食盐的间接税(见本书第十三章第六节)。这种形式的税后来被称为“消费税”。从征收程序上讲,这种税必须以与直接税一样的方式获得批准,一旦获得批准往往能持续有效。最后一种“收入”方式是借贷。这种方式随着16世纪的推移变得越来越不可或缺,因为欧洲大多数国家的财政体制无法保证在因参战或者其他用途急需资金时就能满足需要。赤字只能通过短期或者长期借贷来弥补(见本书第十四章)。[42] 巨额债务是16世纪欧洲各国财政的一种特征。这种做法似乎就是教廷的“贷款”(*monti*)[43]。当时欧洲国家经常求助于借贷,已经导致有人认为国家财政在创建资本主义方面发挥了至关重要的作用。[44] 由于国家自己的信用资源相当有限,因此,国家就向不同类别的放款人告贷。第一种可能就是向私人个人借钱。在德国有从富有的农民和手工业者到皇家高级官员的不同放款人。教会机构也像城市和商人或者商人团体那样放贷。政府债券通常用地方收入来源担保,无论是领地、关税还是其他王权。在法国,国王以发行市政担保公债的形式推出了一种合并公债。这种生息公债最初用巴黎市政府的收入作担保,这种公债的发行额在弗朗西斯一世治下没有超过680万里弗尔,但在弗朗西斯一世的继位者亨利二世治下增加到了680万里弗尔,而到了1574年已经增加到了2 590万里弗尔。到了16世纪末,法国王室的债务总额已高达2.97亿里弗尔,约为法国王室年收入的15倍,王室收入不足以应付债务的还本付息。在这样的情况下,法国为了应对这个财政问题又发展了一种替代性策略:有组织地销售官职开始成为第二种“公债”。司法和行政官职卖给了富有的竞买者,他们把年俸看作买官交给王室金库的资本的利息。

1581年,尼古拉·福鲁蒙脱(Nicolas Froumenteau)在他题献给亨利三世的《法国的财政秘密》(*Le secret des finances de France*)中希望“发现为帮助国王陛下摆脱债务困扰、帮助陛下的子民免除之前31年承担的税收并且补足

---

42 Cf. the relevant section in Bonney (1991b),357—358;Webber and Wildavsky (1986),251—252.

43 Cf. Partner in Greengrass (1991),42,and the general outline by Bauer (1928). 关于犹太人社团在教廷财政体系中的重要作用,请参阅文献:Stow (1982)。

44 请参阅研究福格尔王朝的德国历史学家 Strieder (1932)。Bauer 表示,没有教廷的财政体制,就不可能有资本主义的出现:Bauer(1928),475。

国王陛下少收的收入所必需的合法措施”。福鲁蒙脱想为法国做的，也就是格奥尔格·奥布雷赫特(Georg Obrecht)、雅各布·鲍尔尼茨(Jacob Bornitz)和克里斯托弗·贝佐尔德(Christoph Besold)试图在神圣罗马帝国推行的。这些法学家强调，在必要时，君主可以做任何为帮助国家抵御外来入侵所必需的事情，即所谓的“需要面前无法律”(*necessitas legem non habet*)。但是，一切税收都必须以公共福祉(*salus publica*)为依据，课征非常税必须有正当的理由，否则可能而且应该遭到反对。让·博丹已经表示，课征非常税应该是君主的最后选择，而不是首选(见本书第六章第一节)。他还用路易十六遗嘱中关于平民人头税和贡金的内容来为自己的观点辩护。路易十六在他的遗嘱中表示，除非有紧急需要，并且有明确的用途和正当的原因，才可以征收平民人头税和贡金；否则，他的继位者就不能被视为国王，而是暴君。但在博丹以后大概过了一代人的时间，德国法学家雅各布·鲍尔尼茨抱怨称，征收非常税已经成为家常便饭。[45] 如何最佳地消除国王的债务或者免除其子民过重的税负是在统治者的“奥秘帝国”(*arcana imperii*)里谈论的主要问题。[46]

虽然地方收税仍是村民社区的职责，[47]但征税相关职责以及税收从地方缴到中央时明显存在的问题导致一个专门负责解决这类问题的官吏群体诞生。这个专业化趋势在法国较早出现。1523 年，法国设立了积蓄总管(*trésorier de l'épargne*)的职务：这个新官员掌管王室的全部收入，包括领地收入和税收收入。最初，他有 2 个财政监督官和 1 名出纳员辅助，但到了 1547 年又任命了 2 个总监。这是早期迈向收入统一的重要一步，也表明法兰西王国全国财政体系的相对均衡发展。1542 年，弗朗西斯一世在法国创立了 16 个总督区作为行政单位。每个总督区(*généralité*)设一名总税务官负责征收本区国王陛下的全部直接税。1577 年，这种做法又因在每个总督区设立一个财政局(*bureau des finances*)而得到了巩固。[48] 商人和市民家庭可以通过购买这些官职成为王室官员和财政专家，当时还出现了一种把出钱买来的这种

45 Bomitz (1612), 61.

46 Froumenteau (1581).

47 Cf. Villain (1952), 22.

48 Gaston Zeller 的这些表述转引自 Lloyd (1983:65)。Lloyd (1983:65)中有很多关于法国 16 世纪财政政策和管理的信息。

官职作为家庭财产的明显趋势:实际上,官职被视为一种“不可撤销的与公职联系在一起的重要身份(*dignité*)。[49] 财政管理官吏和地区最高法院的司法官员至少在16世纪已经公开在市民中“招募”。[50] 在神圣罗马帝国,1566年作为常设职务设立财政大臣的官职;之前,税收全由特派财政官员负责征收。

8.5 抗税运动

欧洲各国的历史有一个共同特点,那就是各国的近代化过程都伴随着基于传统法律观的抗税运动的风起云涌。封建主义究其最深层的意义而言就是一种相互责任体系。从领主的角度看,对农民征税就等于增加他们自己要承担的财政责任,因此令他们深感不安,而且还有可能破坏领主借以保护农民而农民以支付租金和提供劳役作为回报的传统领主—农民关系。的确,全体子民都有义务保卫受来犯之敌侵犯的国家,但这并不能被视为课征经常税的理由。因此,在16世纪,有人用保护传统秩序的论点来为抗税辩护。抗税不仅仅局限于享受政治权和王权(*dominium politicum et regale*)[51]的不同政治阶级,而且也是农民表示反对的一种传统形式。

租金与税收之间的紧张关系创造了一些抗税得以发生的结构性条件。[52] 在几乎所有的欧洲国家,当时农民占人口压倒性的比例,而他们的生产构成了国民经济的核心。他们缴纳的税费要占到封建领主庄园和国家预算的很大比例。16世纪(但这种现象并不局限于16世纪),欧洲所有国家都处在一个介于自给经济与市场经济之间的过渡阶段,只是程度不同而已。这一点很能说明为什么争夺用货币缴纳的税收的斗争发展到那么激烈的程度。在16世纪,所有的欧洲国家都经历过自治的封建领主与已经实现中央集权化或正在实行中央集权化的君主之间某种程度的对抗:双方为了掌握对农民的控制权而进

49 Loyseau (1610)是这样说的:“与官职联系在一起的普通身份”(dignité ordinaire avec fonction publique);cf. Mousnier (1971),7. Lloyd in Loyseau,ed. Lloyd (1994),xxiii:Lloyd把这说成“与对公权力的态度联系在一起的身份”。

50 关于16世纪法国财政体制复杂的历史,请参阅文献:Mieck (1982);Wolfe (1972)。

51 Koenigsberger (1986),1—25.

52 作者在这里引用了Bliclde、Rublack和Schulze (1984:61—98)中的总论。

行抗争。“国家建构”进程的推进并非一帆风顺，而农民—领主关系在所有的欧洲国家就是一个决定性因素。在任何情况下，民族君主国家都是由于国家财政能力的增强而作为权力中心出现的，因而逐渐形成了一种农民、封建领主与中央国家机关之间的三角关系。由于人口增长导致货币交易不断发展，并且促成了有利的土地市场条件，因此，封建领主急切希望尽可能利用好农民的租费和劳役。他们反对王室的税收，因为它会削弱农民缴纳租费的能力。而农民则关心尽可能保住他们个人和集体的土地所有权、他们的继承权以及在有利的条件下使用或销售产品的权利。只有这样，他们才能做到利用土地来盈利并且分享部分市场剩余，从而能够缴纳他们的税负。中央集权化的君主国家（或者帝国内部的诸侯国）有兴趣促进有纳税能力的人口的增长。这样，统治者才能对外维护自己的权益，而对内稳定自己的政权。西欧近代早期的历代农民起义清楚地表明，法国和英格兰的农民起义有相对明确的周期性。[53] 在法国，从 1548 年吉耶纳的农民反盐税起义到 1675 年布列塔尼农民的反印花税起义，是一个可被视为传统农民起义的周期。1548 年的那场起义可以说是这类起义的原型，是一次可用起义者的口号“国王万岁，但勿征盐税”来反映其性质的抗税起义。1675 年也许不能被定义为这类起义的明确结束，但勒洛瓦·拉杜利（Le Roy Ladurie）认为，专制制度在 1675～1685 年得到了巩固：税收实际有所减少；教派冲突是通过撤销《南特敕令》（*Edict of Nantes*）才强行解决的，而地方行政长官则能更加有效地捍卫农民的利益。在英格兰，也可观察到一个从 1497 年康威尔郡的起义到 1628～1632 年的土地革命起义的类似周期。这个时期的英格兰起义有三个不同类型：抗税起义（16 世纪初的起义）、反宗教改革起义（主要是 1536 年修道院解体造成的后果之一）和反领主起义（1549 年、1607 年和 1628～1632 年发生的起义）。这些起义显然是对三个基本现代化过程——财政政策发展、宗教改革和我们今天所说的早期“土地革命”——作出的反应。

在中欧、南欧和东欧不可能发现关于类似现象的蛛丝马迹。这些地区在 15 世纪末、16 世纪初出现的农民战争大潮并不是一个周期的结束。16 世纪

53 Kamen (1984:258－291)进行了很好的综述。

末、17 世纪初,上日耳曼和哈布斯堡王朝统治地区掀起了一股新的起义浪潮。的确,也许有人会认为,我们可以发现一个几乎是连续不断的抵抗运动序列,但这些抵抗运动各不相同,因此只能按发生地来分类。欧洲中东部和东南部的情况也同样如此。在这些地区,起义以反封建制度为主,但也有一些抗税起义。就连奥斯曼帝国在 1590～1607 年也经历了抗税起义。[54] 维克多·布加诺夫(Viktor Buganov)已经提到俄罗斯的“相对比较落后”,俄罗斯的农民起义直到 17 和 18 世纪才达到它的最高潮。这可以用俄罗斯资本主义发展“滞后”、专制制度出现较晚来解释。[55] 约瑟夫·彼特兰(Josef Petran)认为,波兰和波希米亚的农民起义直到 18 世纪下半叶才达到它的高潮。[56]

不同的抗税起义年表表明,我们应该在欧洲国家形成的背景下来审视这些运动,因为它们涉及中央集权化管理模式、内容丰富的税收制度、国家内部即使不是唯一也至少是占支配地位的教派以及议会与君主之间界定明确的权力关系的发展。这个国家机构发展的新阶段是与领主庄园和农民起义所表达的强烈抵制联系在一起的。从这个更加宽广的视角看,各种各样的起义是衡量这个现代化过程的发展程度、持续时间和成功与否的一个重要指标,而农民的抵制也有助于确定这个现代化过程的发展方向。反对国家现代化过程的起义涉及的范围远比反领主起义宽泛。对财政政策的抵制或者对“顶层”设计改革的抵制当然会进一步涉及土地所有者个人的具体问题。封建势力的抗拒除了对农民阶级的地位产生了广泛意义上的冲击以外,并没有真正变得非常严重。不过,除了英格兰的圈地运动或者波希米亚的强制劳役政策以外,对农民阶级地位产生冲击的事件很少发生。一般来说,反领主运动发生在地方或庄园(最多)或者地区层面,而反对国家和税收的起义涉及面要大得多。

8.6 结论:16 世纪的税收成功

说 16 世纪见证了“现代税收”的成功,可能不会有什么疑问。如果我们对

---

54 Paroqi (1991).

55 Buganov (1977),119.

56 Petran (1969),107—140.

16 世纪初与 17 世纪初的税收状况进行比较，就能清楚地看到税收“现代化”方面取得的成就：“金钱命脉论”（*pecunia nervus rerum*）在一些国家已经成为税收准则。布罗代尔（Braudel）曾表示，国家“正日益作为收入的大征收者和再分配者出现”；虽然欧洲在 1800 年前后人均纳税不超过 1 杜卡特，但是，这点税收来源于以农业为主、地区间货币流通发展水平参差不齐的经济的生产剩余。[57] 17 世纪初遭遇强烈反对的东西[匈牙利爆发了自治公社（Comuneros）起义，而德国则爆发了农民战争]，到了 17 世纪末就被作为必不可少、势在必行的东西来接受。这是一场政治组织和观念革命，在三代人的时间里，人们的精神面貌发生了翻天覆地的变化，但仍有人怀疑这场革命在 16 世纪是否已经产生充分影响。[58] 利维坦（Leviathan）还是认为，领主仍然充当着农民剩余财富第二攫取者的角色。

这一税收成就必然也令当时的欧洲国家的政府感到意外，而议员们则倾向于考虑新的财政措施是否可能导致不满情绪甚至反叛。只要某项税收措施被置于政治背景下来讨论，那么就会较少考虑它的经济可行性，而更多地考虑国王陛下的子民会做出怎样的反应。在欧洲 16 世纪末的政治文献中，有很多作者发表了关于如何避免骚乱、叛乱或者暴动的观点。事实上，我们难免会产生“那个时代的税收讨论仍然相当传统”[59]的感觉，甚至可能还会产生那个时代的讨论“完全已经不合时宜”[60]的感觉。国王或君主仍被认为应该“自食其力”，财政必须严格管理，领地收入仍应该增加。开征新税仍然是一种非常事件，必须用正当理由或者缺少其他财政资源来证明。在征税之前必须征得子民的同意；在紧急状况结束后就应该停止征收。那个时代几乎从不赋予国王一揽子征税授权。实际上，当时的情况正好相反：正如在中世纪，税收被作为对公民合法私人财产的严重侵犯，只有在非常严格的条件下才可征收（见本书第一章第四节）。

---

57 Cf. Braudel in Barle (1974), 26—28; Braudel (1973), i, 449; ibid. i, 451: ‘the “fast-flowing blood” of the circulation of metal currencies... ’

58 Cf. Bonney (1991b), 352.

59 Stolleis (1983), 123—124; Schulz (1982), 28—29. 这两个文献都介绍了德国丰富的相关文献以及欧洲其他国家的相关论文。

60 Schlògl (1988), 208.

这些评论意见大多是法学家提出的,他们非常清楚个人权利受到侵犯的法律问题。他们对税收的谨慎评论以及试图限制贪婪的国家的努力都是建立在需要(*necessitas*)这个核心论点上的,因为“需要”在当时仍然是征税的唯一正当理由。[61] 当时,“需要”已经改变其性质,从一种真实且可控的危险(如外敌入侵)变成了君主自己可以确定的一般理由。用李维(Livy)的话来说,格奥尔格·奥布雷赫特曾在1597年指出:“这是非常正确的,因为这些税收是一种需要和责任。没有它们,国家注定要消亡。”[62]曾被让·博丹理解为构成国家基本威胁的东西可以被相当不同地阐释为一种包括政府自己确定的职责在内的相对现象。欧洲君主对自己的税收原则所作的评论只有很少能够存世。萨瓦的查理·埃曼努埃尔一世(Charles Emmanuel Ⅰ of Savoy)告诉亨利四世说,萨瓦和皮埃蒙特在财政能力上的区别在于:前者,他是能征多少就征多少;而后者,他是想征多少就征多少[他的原话是“对于萨瓦,我是能征多少就征多少;而对于皮埃蒙特,我是想征多少就征多少”(Je tire de Savoie ce que je peux et de Piemont ce que je veux)]。[63] 1632年,巴伐利亚选帝侯马克西米利安一世——一个对财政问题的态度比较“现代”的君主——当他回想起税收在他治下,特别是在那些敌占地区显著增加时感慨地说“这居然也能做到”。早30年,没人敢想象竟然能征到这么多的税收;除非动用武力,否则不可能做到。这句话可被作为16世纪中期以后的欧洲统治者对“现代”财政政策的事后认可。[64] 在社会底层,农民自然希望把他们的税收负担限制在传统可接受的水平上。他们不能接受这种使税收成为永久性平常负担的新生事物,犹如在罗马帝国增加了几个“罗马月”(*Römermonate*)。1598年,斯瓦比亚(Swabia,中世纪德国西南部的公爵领地。——译者注)农民社区的居民要按照新规定在4年里缴纳大约80个“罗马月”的月费,但农民希望恢复“旧时德国的正常月份”(即每年缴纳12个月的月费,而不是20个月的月费)。试图向农民说明这种新规定的官员也怀疑他们是否能够理解新规定。[65] 我们可以断

---

61 关于“*necessitas*”的概念,请参阅文献 Pichler (1983),esp. 165—166。

62 Schulz (1982),65.

63 Cf. Stumpo (1979),4.

64 Schlògl (1988),21.

65 Schulze (1980).

定，他们是不想理解新规定，因为他们根本就是反对增税。

封建领主与他们的附属民之间倒是存在某种程度的休戚相关性，他们都反对集权化的中央政府。贵族与农民之间的反财政负担联盟在巴伐利亚和法国证据确凿。中央税收对于要依靠领地收入的领主来说是一个不断增大的危险，就如从16世纪中期～17世纪中期位于布格豪森(Burghausen)的巴伐利亚财政署(*Rentamt*)所管辖的租种不同领主土地的大约50个农民庄园的例子中可以看到的那样。[66] 实物租金停滞不涨和货币租金缓慢增长与税收快速增加之间的差别不断扩大。在这个世纪里，领主是输家，而国家则成了赢家。这个例子再次说明，对于税收，应该与领主和农民的利益联系起来审视。

到了16世纪末，通过税收能比过去更加稳定地征到更多的收入，税收已经成为筹款供国家开销和支付其官员和军队的唯一手段。17和18世纪的财政理论家描述了一个税收循环模型：统治者从其子民那里征走税收，但资金只会通过慈善返还社会。[67] 实际上，16世纪的税收收入全部用于支付官员和军队，因为当时大多数欧洲国家用在教育和基础设施建设上的支出微不足道。因此，税收仅仅是在那些明显参与国家商业和财政事务的社会阶层——律师、法官、士兵、军需物资制造商、国家专卖事业经营者和金融家——之间进行财富再分配。杰拉德·埃尔默(Gerald Aylmer)把这称作“宫廷—国家”模式：“如果把官员享受的所有物质利益以及狭义的税收全部包括在内，那么，‘宫廷—国家’财政假说倒是似乎比任何其他假说更加贴近事实，至少对于16和17世纪的欧洲，或许还有今天的部分第三世界国家。”[68]

---

66 Cf. graph in Schlògl (1988), 265.

67 Schulz (1982).

68 Aylmer in Burke (1972), 169.

第九章　“税收国家”的诞生与巩固(Ⅱ):17 世纪

马基林特·哈特(Marjolein’t Hart)

如果我们接受“中央集权化、富有效率的收入—支出体系从近代早期开始出现”[1]这种观点,那么也许有人会说,17 世纪战争规模的明显扩大加快了这个进程,军事创新和连绵不断的战争提出了新的挑战。由西班牙美洲白银输入导致的通货膨胀早已提高了政府的总体成本,结果,中央政府、省政府、城市和领主之间争夺资源的竞争愈演愈烈,而竞争的加剧又提高了爆发战争的可能性。此外,在很多欧洲国家,经济衰退改变了争抢现金的基本条件:私人资金和公共资金受制于广大民众的支付能力,而人口则受到了生存危机和瘟疫周期性暴发的影响。欧洲地中海沿海地区的情况尤其如此,而北欧和西欧地区的情况要略微好些。[2]

国家由于一些特定的原因而需要增强自己的潜在强制力。首先,战争的财政负担不断加重,国家的支出急剧增加。其次,“领地国家”向“税收国家”转型的进程得到了巩固,这是一种把国家财政建立在一个更加可持续的基础上的趋势。再者,对于变得更加好战的国家来说,必须经常发行长期公债。最后,国家对社会的影响不断扩大,从而提出了重新界定财产权利和如何推进“国家建构”的问题,进而增加了国内发生冲突和动乱的可能性。这些趋势并非这个时代独有:它们在中世纪末已经开始显现,并且贯穿旧制度欧洲的最后阶段,但直到 17 世纪才开始定型。

1　Webber and Wildavsky (1986),229.

2　De Vries (1976).

9.1 战争与新的权力中心

欧洲的多极国家体系由于攻击和防御两方面的原因导致了军国主义化趋势的加剧。军事创新总是费用高昂，而陆军和海军兵力则不断扩大。[3] 所有这一切都需要越来越多的资金。军费支出成了国家预算的沉重负担。法国在17世纪30年代参与“三十年战争”以后，军费支出急剧增加。按实际增幅算，法国的军费支出从17世纪初到90年代大概增加了5～8倍。西班牙在16世纪经历了军费支出的大幅上涨——很可能没有一个国家能与西班牙相比，并且在50年代迎来了军费支出的新高点。[4] 16世纪90年代～17世纪70年代，英格兰的预算按货币额计增加了16倍；如果把17世纪最后十年包括在内，那么增幅就更大。[5] 1602～1700年，丹麦的国家支出增加了12倍；在1673年建立常备军以后，国家支出明显增加。荷兰共和国的军费支出因爆发对西班牙的“八年战争”而在17世纪30年代和40年代间创下了新高，而且在英荷战争和17世纪90年代的“九年战争”期间也达到了同样高的水平。[6]

战争支出与其他费用成比例增加。荷兰共和国几乎把90%的预算花在了战争上，神圣罗马帝国的这个比例甚至更高，大约有98%的税收用在了战争上。德国诸邦国也出现了类似的趋势。勃兰登堡—普鲁士(Brandenburg-Prussia)的战争支出在17世纪40年代后快速增加。[7] 没有加入军备竞赛的国家军费支出增幅要低得多。例如，瑞士联邦没有建立常备军，因为它在1650年以后才勉强参战。[8] 然而，欧洲只有少数几个幸运的国家才可能推行这样的政策，而大部分国家都陷入了军费螺旋式增长的漩涡。

预算主要是在当时欧洲的中心国家不断增加，而国家的“核心地区”，如荷兰共和国的荷兰省、西班牙的卡斯蒂利亚、法国的选举制地区、丹麦王国，以及

---

3 Roberts (1956), passim; Parker (1988), 61—64; Kennedy (1989), 734.

4 Bonney in Bonney (1995); Gelabert in Bonney (1995).

5 Braddick (1991), 2; O'Brien (1988), 2.

6 't Hart (1993), 60—61; Petersen (1983), 43.

7 Krüger in Witt (1987); Braun in Tilly (1975), 268, 311.

8 Körner in Bonney (1995).

英格兰、苏格兰和爱尔兰联盟的英格兰诸郡,总是税负最重,[9]周边省份税负相对较轻。总的来说,处于优势地位的是一些设法推进中央集权化并且集中自己资源的国家,17 世纪后期的英格兰就是一个典型的例子(见本书第十一章第一节)。[10]

然而,各君主国家的财政需要也能提高本国专制君主最强大的对手三级会议的地位。财政实力的提高通常是花代价“买来的”,这个代价就是允许国内财产所有人以参加代议机构会议的方式取得接近新的国家权力的机会。[11]更重要的是,中观层次的政府(即省和郡政府)必须充满活力,因为中央政府别无选择,只有依靠省财政当局才能承受军费不断增加的压力。极端的中观政府例子有荷兰共和国(七省联盟)、瑞士联邦(一个城市和农民共和国联邦)和神圣罗马帝国。即使“专制君主政体”的法国也不得不依靠某些三级会议制地区的三级会议行政官员,而西班牙也被视为独立国家(如阿拉贡、加泰罗尼亚、巴伦西亚和葡萄牙,因为它们在财政上都是独立的)的联盟比较贴切。[12]

领土单位的行政机构使得主要城市的行政机构、地方城镇、领主和教会黯然失色,它们的预算增长速度较之于层次较高的政府为慢,而它们的自治资源也被中央政府所掏空。无论它们享有怎样的传统特权,都越来越多地受到中央政府现代税收的冲击。[13] 国家的强制力伴随着战事的升级而不断增强,这就是领土单位行政机构得到发展的一个原因。最重要的是,“三十年战争”似乎已经扩大了君主的支配力。专制政体先后于 17 世纪 60 年代和 80 年代在丹麦和瑞典确立了地位,而法国的“太阳王”(roi soleil)和普鲁士的“士兵王”(soldier-king)则是这种政体的典型代表。[14]

---

9 Thomas and Meyer (1984),467;Limm (1984),61;Elliott (1984),163;Kennedy (1989),43,53.

10 Brewer (1989),3.

11 Tilly (1990),99.

12 Elliott (1992),passim;Heper (1985),98;Kennedy (1989),52—53.

13 Rosenberg (1958),33;Tilly (1986),160;关于遇到地方强烈抵制的地区,请参阅文献:Blockmans (1989),751;Prak (1991),75.

14 Petersen (1983),46;Tilly (1990),68;Duffy (1980),4;Rosenberg (1958),12;Press (1988),266.

9.2 向着现代"税收国家"的转型

在"领地国家",重要的领地资源允许君主完全不用顾及社会需求采取行动(见本书第五章第七节)。[15] 在"税收国家",大部分公共资金应该来源于用货币缴纳的税收。虽然仍然要区分和平时期一般手段与战时应急手段(经常与非常手段),但经常性税收最终成为主要收入来源。贷款就用来作为在全国(整个领土)征收常规消费税、关税和土地税的担保,但在某些情况下要报请议会批准。[16]

由战争导致的需要促进了"领地国家"向着现代"税收国家"的转型,而常备军或者海军的创建常常触发了临时税朝着常设税的转变。由于物价不断上涨,因此,王领收入并不能满足好战国家的需要。通过非常手段(如在被征服国征收土地税)为战争筹款的财政,只要能打胜仗倒也有助于收支平衡,如瑞典设法构建一种靠敌人纳贡的财政制度,但军事失败有可能对整个财政体系造成破坏。[17] 财政体制创新常受到竞争对手国家的启发,尤其是受到某个成功地做到某种程度收支平衡的国家的启发。近代早期,即使最富有的国家,如法国或者西班牙,也没能成功地避免支出增长远快于收入增长的问题。在改善增长迅速的支出的管理方法方面,荷兰共和国、英格兰、丹麦和普鲁士好像比其他国家更加成功。但不管怎样,公共财政的"成败"必须用很小的差异来衡量——所有的国家遇到了相似的困难。[18]

出售王田筹款支付军饷的简单解决办法加快了税收国家的创建进程。例如,16 世纪末,英格兰的君主以变卖王室财产的方式避免了征税,但到了 17 世纪(查理一世人治时期除外)发现自己在筹款方面严重依赖议会。[19] 在瑞典,由于经常入不敷出,王室常出售或抵押自己的收入权来筹措现金。[20] 丹麦

15 Braun in Tilly (1975),251.

16 Bonney in Bonney (1995);Krüger in Witt (1987),49.

17 Limm (1984),60.

18 Bonney (1991b),529;Webber (1986),237;Elliott (1984),71;'t Hari:(1991),passim.

19 Stone (1972),60—66.

20 Limm (1984),60.

国家预算的发展清晰显示了这样一个转型过程:按绝对值计,领地收入最初有所增加,但到了 1662 年,领地收入的占比下降到了 10%,而在 17 世纪的头几十年里还在 37%~67%之间徘徊;土地税是最重要的新收入来源,但土地税是在 17 世纪 50 年代瑞典战争时期王室大肆出售王田后被迫开征的。此外,之前的实物税在 1660 年以后也被货币税所取代,而且被作为丹麦专制政体确立后打造的新财政体系的一个组成部分。[21]

战争对于国家起到了某种休克疗法的作用,非定期征收的临时税在国家建立常备军以后就变成了定期征收的常设税。1593~1606 年的对土(耳其)战争,帮助神圣罗马帝国建立了某种类似于“现代”税收制度的税收制度。“三十年战争”迫使一些交战国摆脱之前的财政约束,强制课征之前不可思议且无先例可循的重税(见本书第八章第六节)。即使农业社会也被证明要比可能认为的更有效率。[22] 勃兰登堡—普鲁士在 17 世纪 60 年代把以前的一些临时税改成了常设税,并且开征了很多新税,如商品消费税和被称为“*Akzise*”(货物税)的销售税。[23] 在英格兰,一种集权化的关税、消费税和土地税制度到了 1688 年就成了国家财政的支柱。[24] 法兰西君主国试图逐渐降低贵族的平民人头税(最重要的直接税)免税额,征收土地税的地区制作了新的土地登记册,而且在 1640 年为了更加公平地分摊财政负担还开征了一种税率为 5%的销售税(*sol pour livre*,即“1 里弗尔征 1 苏”):该税因遭到抵制而于 1643 年废除。1695 年又开征了另一种新税——人头税(按家庭人口缴纳)。之前,也就是 1681 年,为了提高征管效率,对一些间接税的包税制进行了合并。[25] 丹麦君主在 1662 年开征了一些新的土地税(*hartkornskatter*),废除了贵族最重要的税收豁免权。[26] 在荷兰共和国,国务委员会对 1648 年后取得的“大部分”土地征收一些新税,并且推行适合荷兰的更加先进的税制。[27]

这一朝向“税收国家”的演进过程并不是完全同时发生在欧洲各国。在瑞

---

21 Petersen (1983),34—38.

22 Zagorin (1982),i,127;Elliott (1984),64,70.

23 Rosenberg (1958),34—40,49;Braun in Tilly (1975),269.

24 Brewer (1989),95.

25 Bonney in Bonney (1995);Bonney (1979),12,24.

26 Petersen (1983),47.

27 Kappelhof (1986),79.

典，早先的领地制度在17世纪80年代得到了巩固。瑞士联邦没有任何由军费增加导致的压倒性财政需要，也没有经历任何明显的临时税转变为常设税的过程。瑞士联邦的一大部分预算依靠的是各共和国的经济活动。[28] 此外，即使在税收国家现代化的过程中，传统的税收豁免问题依然存在，如贵族纳税不足，有些城市全体居民享受的部分免税待遇。但在欧洲很多国家，税负不断加重，因此，“税收国家”不断走强，而“领地国家”则日薄西山（本书第十三章第三节讨论了一些例外情况，特别是勃兰登堡—普鲁士）。[29]

9.3 长期国债的出现

16世纪只有很少的国家举借长期贷款，但有些城邦和西班牙是最早也是最值得注意的例外。但到了17世纪，几乎所有的欧洲国家都已经欠下了长期债务。威尼斯城邦的公债虽然在1600年之前得到了非常用心的管理，但到了17世纪也还是快速增加，1641年几乎增加到了800万杜卡特，而到了1714年更是增加到了5 000多万杜卡特。[30] 在“领地国家”，贷款被用来解决短期财政困难。常有部分领地被抵押，但只要有财力，当局就会偿还债务赎回领地。在“税收国家”，贷款已经被作为预算的一个组成部分编入国家预算，并且用经常税来担保。借贷条件因把利率不同的短期债务合并成固定利率的长期债务而得到了改善。支付债务费用的资金用经常税资源来筹措。[31]

战争也是贷款的一个促进因素。军事需要常通过动用信用来加以满足，因为税收不能充分迅速地为满足陆军和海军的需要动用资金。首先，高度商业化、货币化的国家与资本共生为获得重要利益所必需。公债的长期化为增强市民的影响力铺平了道路，而城市及其金融精英充当了向国家提供借贷资本的角色。[32]

货币和信贷供给不但是经济发展的“输送带”，还是决定战争胜败的重要

---

28 Körner in Bonney (1995).

29 O'Brien (1988), 16; Dent (1973), 232.

30 Lane (1973), 402, 416; Petersen (1983), 45.

31 Tracy (1985), 3.

32 Tilly (1990), 89; Ardant in Tilly (1975), 189.

因素。值得注意的是,荷兰共和国不但躲过了17世纪历次经济危机的最严重影响,而且还能管理好稳定的长期公债。荷兰能够比任何其他国家——或许不包括某些城邦——更加便宜地发行自愿认购的债券。荷兰公众对政府债券始终保持高度信任,因此,荷兰的政府债券由一大批国内投资者持有。荷兰共和国资信最高的荷兰省的公债从17世纪10年代的500万基尔德增加到了17世纪90年代的1.9亿基尔德,而同期利率则从8.5%下降到了3.75%。[33] 阿姆斯特丹扮演的国际金银市场中心角色促进了这个公债增加、利率下降的过程,而阿姆斯特丹的城市银行吸引了全欧各地的资本。

在大多数情况下,高利率常与公债制度存在缺陷联系在一起。法国的政府债务费用在17世纪40年代和50年代初有所增加,而法国政府在1648年实际破产。[34] 西班牙也没能成功地根据经常性收入重新安排好债务费用付款。传统上,西班牙用美洲的金银来支付债务利息。但是,17世纪30和40年代,来自美洲的金银没有16世纪那么多,结果导致当局具有一定规律性地分别在1607年、1627年、1647年、1652年和1662年宣布破产(见本书第七章第四节)。[35] 丹麦也曾在1660年宣布暂停付款,尽管它的利率相对较低,只有6%。[36] 在这个时期,英格兰的查理二世仍要支付10%的利息,而法国的路易十四甚至要支付15%的利息。鉴于合省联邦政府在17世纪60年代爆发了另一场战争以后仍能以4%的利率借到贷款,因此,荷兰共和国的国内金融市场对于政府债务有较大的弹性。[37]

由于利息负担沉重、需要增税来筹款付息以及随时有政府宣布破产的危险,因此,欧洲所有国家都想减少债务总量,但只有很少的国家取得了成功。在17世纪50年代以前,瑞典通过出让王室收入权避免了欠下巨额公债,但在随后的几十年里也是负债累累。[38] 荷兰在17世纪50年代后仍能把公债保持在一定的限度内,但也是好景不长。不久,战争破灭了所有的良好愿望。但不

---

33 Dormans (1991),65,81;'t Hart (1993),177—179.

34 Dent (1973),239;Bonney (1981a),204—206,320.

35 Thompson (1976),96—97.

36 Petersen (1983),47.

37 Parker (1974),574.

38 Limm (1984),60.

管怎样，瑞士联邦的公债政策比较成功。1659 年以后开始分期偿还债务，这是一种可持续的策略，因为瑞士回避介入军事冲突。更重要的是，通过认购其他国家的国债，瑞士甚至能够为自己赚取利息收入，而欧洲其他国家却负债累累。[39]

向举借长期债务过渡的一个典型阶段就是求助于中介机构。某个省或者城市的政府借钱给中央政府，债务由中介管理。主要城市、教会和行会组织、贸易公司（如东印度公司）以及省三级会议（如荷兰共和国的荷兰省三级会议）就以这种方式把很多钱借给了中央政府。由于中央政府的财政机构被置于地方的严密监视下，因此保证了债务费用的支付，利率也明显低于直接借给中央政府的贷款。实际上，由于省和城市下级政府具有公信力，因此较容易为有中介管理的公债找到投资人。神圣罗马帝国的财政体系几乎就是排他性地依靠城市财政部门：如果没有它们在战时预付税收，那么，帝国就不可能为战争筹款。因此，及至“三十年战争”结束时，德国诸城市已是负债累累。[40] 法国王室通过发行由巴黎市政府担保的年金来举借长期贷款，就像英格兰在 17 世纪 60 年代通过伦敦市政府所做的那样。在英格兰，主要的创新是通过 1694 年创设的国家银行来发行长期政府债券，这种创新被称为“国家的财政革命”[41]。

另一个借钱途径就是国家官员。文职官员和地方当局常被要求甚或被迫通过转让他们的资本来为政府贷款作出贡献。在法国，包税人有时被要求贷放“以贷款作抵押的贷款”。[42] 把城市和省府当局以及银行作为中介的贷款方式似乎提高了国家借贷的稳定性，而政府官员内部的贷款安排却是一种具有内在不稳定性的寄生贷款增加方式。后来，欧洲国家的债务总额已经变得难以估计，而债息则要用由政府官员收税来支付。因此，政府官员为了确保他们自己的贷款能收到利息，往往就横征暴敛。

---

39 Körner in Bonney (1995).

40 Gerteis in Genet and Le Mené (1987),155.

41 Parker (1974),574—579;Dent (1973),50;Braun in Tilly (1975),288. Cf. Dickson (1967).

42 Bonney (1979),20—22.

9.4 “国家建构”与国内纷争

由战争导致的需要几乎在欧洲各国引发了一种强烈的财政主义倾向,而一种强烈的改良主义倾向又必然内在于财政主义倾向的形成过程,因为财政主义把税收扩展到了至此一直受到传统特权保护的地区和社会阶层。[43] 然而,正是由于这种中央税收的改良主义倾向,17 世纪自始至终见证了反对君主制的叛乱。财政创新必然会触及传统的税收豁免权,并且被地方视为高度“恣意妄为”。然而,“恣意妄为”的税收并不是导致反叛的唯一原因。财政负担已经达到难以容忍的地步,尤其是在国家的财政需求因地方不利的环境而显得更加过分时。地方资源可能已经被地方税收或封建权利或者路过的军队所耗竭。严重的生存危机有可能进一步侵蚀税基,就像法国在 1647～1653 年和西班牙在 1650～1651 年所遭遇的那样。经济形势必然会对税收产出产生直接的影响,而 17 世纪频繁发生经济危机。1619 年以后,由于矿业减产、金银输入减少,发生了一场严重的金融危机。当局纷纷降低铸币成色或重量,首先发生在德国各地,这就是这场金融危机造成的后果(见本书第十三章第四节)。此外,农业社会,尤其是在货币化水平较低的地区,经常发生纳税人很难找到现金缴纳正税的情况。丰收会导致农产品价格下跌,从而导致农民业主收入减少;而歉收会导致农产品价格大涨,从而导致非产粮农民陷入极度的贫困。[44]

除了宗教和地方性原因外,17 世纪的很多叛乱是由中央政府的财政措施触发的。在瑞士联邦,中央政府的财政措施在 1652～1653 年导致了一场农民大暴动,尽管这场暴动最终被瑞士各城市武装力量联手镇压了下去。[45] 在德国,虽然征税反复导致城镇混乱雪上加霜,但抗税在农村比在城镇更经常是导致起义的原因。[46] 税收冲突引发了对西班牙国王权威的挑战,首先是荷兰起

---

43 Elliott (1984),141.

44 Ardant in Tilly (1975),178－179;Bonney (1979),17;Tilly (1986),156－158;Kindleberger (1991),149;de Vries (1976),16.

45 Bonney (1991b),412;Körner in Bonney (1995).

46 Gerteis in Genet and Le Mené (1987),158.

义,然后是巴斯克诸省、加泰罗尼亚、葡萄牙、巴勒莫和那不勒斯起义。17 世纪 30 年代,教士和巴斯克诸省纷纷揭竿而起,反对卡斯蒂利亚政府开征盐税来取代百万赋(大众消费品消费税)的企图,但结果,当局不得不取消开征新税的计划。加泰罗尼亚的起义从 1640 年持续到了 1652 年。葡萄牙也在 1640 年揭竿而起,部分是因为葡萄牙的自治权在卡斯蒂利亚中央政府征收一种税率 5%的课征于全部财产的税时受到了侵犯。于是,一个独立的葡萄牙君主国就此诞生,但直到 1668 年才得到西班牙的承认。巴勒莫在遭遇了粮食歉收以后于 1647 年也发生了反对沉重的谷物消费税的起义。那不勒斯也在同年举事起义,直接原因就是当局开征一种新税,一种课征于水果的消费税,而水果是穷人的主食。当局很快又重新控制了局势,但也废除了水果消费税。[47]

在荷兰共和国,以省为基础的地方主义情绪在旷日持久的联邦支出辩论中战胜了"Stadhouder"(省长,也可以是军队总指挥官)和国务委员会的中央集权化倾向。1650 年,荷兰省政府把中央政府的预算从平均 2 000 万基尔德减少到了 500 万基尔德,而且还大幅度减少连队的士兵人数和配备水兵的战船的数量,而且一直到爆发英荷战争以后才恢复到原来的预算水平,但直到 1672 年才重新设立"Stadhouder"的职位。

在英格兰,一场旷日持久的内战扩大了议会的权力,但削弱了斯图亚特(Stuart)王朝的权力。议会重申并重视控制王室财政的原则,而反对派在 17 世纪 20 年代历次危机期间联手投票支持开征桶酒税和磅税。1635 年推行船税——一种至此在沿海各郡征收但这时才推广到全王国的税收——的企图激起了公愤,因为此举被认为是要赋予政府不受议会约束的财政权力。1640 年,英格兰爆发了全国性的抗税起义,而且又正好赶上对苏(格兰)战争。即使 1660 年斯图亚特王朝复辟王政以后,英格兰君主在财政上仍完全受制于议会。[48]

就连法国强大的君主政体也被接连不断的抗税起义所动摇。1620 年以后,政府的增税需要也因经济衰退而变得更加迫切。由于王室代理人取代了

47 Zagorin (1982), i, 126, 247—249; Gelabert in Bonney (1995); Elliott (1984), 139.

48 Zagorin (1982), ii, 141—145; Popofsky (1990), 45; Stone (1972), 94, 122; Roberts (1977), 74—75.

省税务官,因此,盖尔斯(Quercy)的乡巴佬(Croquants)在 1624 年揭竿而起;1635 年,吉耶纳城镇居民也因一种课征于酒吧葡萄酒销售的新税而举事起义。由于平民人头税和强加在圣东日(Saintonge)、昂古穆瓦(Angoymois)、普瓦图(Poitou)、佩里戈尔(Périgord)省份头上的财政要求几近翻番,因此,这些省份和其他地区的居民也纷纷揭竿而起。对税收的怨恨也激起诺曼底“光脚汉”(Nu-Pieds)们在 1639 年举事起义。这场起义是因(除了这个重税地区对其他财政措施不满外)抗议王室把盐税推广到诺曼底之前免缴盐税的地区而发起的。农民经常发起抗盐税暴动。[49] 政府旨在解决财政危机的政策激起了强烈民愤,从而赋予投石党运动(Fronde,1648～1652 年)以动能,王室的征税权受到了质疑。抗议包税人横征暴敛的呼声不断高涨,有几个包税人被判刑坐了大牢。巴黎城也被王室操纵公债(*rentes*)利息的巧取豪夺行径所激怒。从此以后,抗税一直是导致法国民众起义的主要原因。1675 年还爆发了另一次重要的抗税起义,即布列塔尼的抗“印花税”(*papier timbré*)起义。[50]

罗杰·梅里曼(Roger Merriman)在探讨了 17 世纪发生的 6 次大规模起义的共同成因以后下结论表示:“首先,我们发现导致其中每一次起义的最直接但并非总是最基本的原因就是财政:其中的每次起义都是由某种形式的横征暴敛及其引发的民怨导致矛盾激化引起的。”[51]地方政治精英没有持续参加起义,这一点对于平息起义至关重要。地方政治精英没有持续表示抗议,并且拒绝把自己的命运与社会下层阶级的命运联系在一起,因为他们要为自己谋求利益。例如,法国的盐税对地方精英有利,因为很多盐税收入被用来支付公债(*rentes*)持有者的年金,而公债主要由土地和其他财产所有者持有。[52] 如果地方政治精英的呼声经常得不到倾听,那么,不满情绪可能会影响到他们。法国的全国三级会议在 1615 年以后就一直没有召开,因此,发表意见的主要平台就是最高法院(*Parlements*)和省三级会议。结果,省自治权就成了国家与地方精英之间激烈的权力斗争的焦点。当局很少调整传统的地区赋税份额,

---

49　Bonney (1991b), 392; Zagorin (1982), i, 215—220; ii, 11; Tilly (1986), 132—136.

50　Bonney (1981b), 830; Zagorin (1982), ii, 193, 210; Dent (1973), 28.

51　Merriman (1937), 15—16.

52　Hocquet in Genet and Le Mené (1987), 218.

因为这种调整有可能导致特权阶层的不满。[53] 这种对地区赋税份额调整的善意疏忽给国家造成了在旧制度下财政体系长期低效的困扰。

大地主阶级的利益也受到了税收的影响。法国通过地契登记对土地所有权进行了重新界定,此举在某些情况下增强了国家的财力。此外,有些精英被允许参与国家不断扩大的职能部门。在朗格多克,路易十四在让外省精英为王室效劳方面做得特别成功。路易十四授权外省精英管理过境部队,把营利事业和运河交给朗格多克省管理,并且压制胡格诺教派的竞争性经济势力。[54] 在 18 世纪的英格兰,国家的行政效率继续取决于郡、村精英与中央政府的合作。[55] 由此而产生的行政管理往往是一个兼具私人和公共元素的高度复杂体系,但贵族仍保留了他们的免税权。在丹麦,虽然开征了一种新的综合土地税,但在 1682 年把过去封建领主享受的庄园免税权授给了土地所有者,作为对他们从事收税活动的一种奖励。

众多半私人的安排又加重了国家机构的复杂性,包税人和官吏必然只考虑自己的短期安全和利益,忠诚于自己的"事业",而不是忠诚于国家。[56] 欧洲国家普遍推行包税制。作为每年上缴定额包税银的交换条件,包税人负责收税(见本书第十三章第二节),任何盈余都归他们。在法国,三种包税银[盐税、贡金和五大包税(*cinq grosses fermes*)]在 17 世纪上半叶要占到王室间接税收入的 80%,在旧制度崩溃之前要占到王室总收入的很大但变动不定的比例(见本书第十三章第六节)。[57] 由于卖官鬻爵盛行,国家内部显然普遍存在竞争性的私人利益。花钱买官就成了有钱并一心想提高社会地位的商人获得社会尊重的捷径,虽然几乎所有的国家都存在卖官问题,但相对而言都没有法国那样臭名昭著。法国的卖官收入在 17 世纪上半叶的一个五年期里(1630～1634 年)竟然达到了占经常性收入 55%的水平。17 世纪 60 年代,法国买官

53 Bonney (1992a), 162; Bonney (1992b), 112; Bonney in Bonney (1995).

54 Beik (1985), 281—287.

55 Braddick (1991), 3; Brooks (1974), 300.

56 Thompson (1976), 274—275.

57 Hocquet (1987), 46; Bonney (1979), 11.

的资金估计达到了 4.19 亿里弗尔。[58] 在路易十四后来连续发动战争的那个时期,法国又迎来了第二波卖官高潮,而法国财政依赖半私人包税人收税的问题一直持续到法国大革命以后。对于那些中央政权在这个时期没有得到增强的国家来说,巩固寡头政治可是一个可供选择的路径。荷兰共和国和瑞士联邦在这方面是最明显的例子。相当数量的家庭为自己找到了进入新官僚机构的门路,并且为自己攫取了部分收入。必须通过排挤竞争对手家庭来限制参与统治的中产阶级家庭的数量,并且把权力集中在寡头统治集团手中。这一点本身可能就是造成那些被排斥在权力之外的群体发动抗议运动的一个原因,就如 1691 年巴塞尔城市社团举事起义所表明的那样。[59]

9.5 结束语

“领地国家”只产生很小的社会影响,而“税收国家”会随着其自身的发展而引发重大的社会经济变革。分散的原子化家庭不得不缴纳要求他们缴纳的税负,这就意味着他们必须为市场生产,或者出卖他们的劳动力换取工资,以便获取必要的现金缴税。税收需要有商品交换的市场存在,而公共借贷则需要有资本市场存在。“无孔不入”的“税收国家”与一种起始于中世纪晚期的社会约束以及新的财产登记和直接税征收一起,引发了集中表达不满的抗税运动。“税收国家”的诞生与巩固两者既是造成近代早期欧洲国家很多动乱的原因,又是这类动乱导致的结果。[60]

税收“合法”性问题随着财政负担的加重而不断尖锐化,而经济衰退从负面影响了有关这些问题的辩论。渐渐地,税收被认为为保证公共安全所必需。在这个过程中,城市化地区较大的国家就处于有利的地位,因为城市较之于农村比较容易获得现金,税基也较大,而且信贷机构也主要集中在城市中心。农民的暴力抗税必须置于征收货币税的视角下来审视,而城市起义常是为了争

58 Bonney (1978), 450 n. 2; Bonney (1981a), 313; Bonney (1992b), 108—109; Dent (1973), 233.

59 Körner in Bonney (1995);还请参阅 Prak (1989:165)。

60 Krüger in Witt (1987), 62.

夺税收资金的实际控制权。

不管怎样，欧洲国家在17世纪已经排除了大部分税收障碍。随着中央国家机关、支持中央权力扩大的地方精英、军队以及放贷导致公债不断增加的家族之间的关系的日益密切，中央政府的地位也不断得到巩固。[61] 常备军的建立使得国家变得空前强大，而战争和资源动员是一种周而复始的现象，其结果就是财政—军事国家的发展壮大。到了18世纪，欧洲多数国家已经有自己相对完整的领土，中央政府对经济、政治和社会行使一定程度的管理权，所有这一切在中世纪晚期是不可想象的。

61 特别是1660年以后：Bonney (1991b)，188。

第十章 18世纪(Ⅰ):奥地利君主国和意大利诸国的财政

卡洛·卡普拉(Carlo Capra)

奥地利君主国作为一个大国的出现是1700年前后欧洲历史上发生的重要事件之一。在土耳其人1683年兵败维也纳以后,整个匈牙利和特兰西瓦尼亚(Transylvania)都被置于哈布斯堡王朝的统治之下。在1718年征服了贝尔格莱德(Belgrade)和巴纳特(Banat)以后,奥地利君主国与奥斯曼帝国的边界又进一步南移。其间,1713～1714年西班牙王位继承战结束以后,奥地利得以把近代比利时、米兰和曼图亚(Mantua)公国以及那不勒斯和撒丁(Sardinia)王国也纳入自己的版图,并且在1720年又用撒丁王国换取了西西里王国。在不到40年的时间里,哈布斯堡王朝统治的领土面积扩大了1倍多,而这些领土的总人口也从约700万增加到了1 800万。奥地利如此快速的崛起得益于多种因素——奥斯曼帝国的衰落、在反对路易十四治下的法国的争斗中成功地与海上列强结盟、萨沃伊的欧根亲王(Prince Eugene of Savoy)的军事天才——的偶合,所有这一切因素帮助奥地利这个庞然大物把自己的真正弱点瞒过了那个时代人的眼睛:在像西西里、奥属尼德兰(Austrian Nehterlands)和塞尔维亚(Serbia)相距那么遥远的属地之间缺乏地理连续性以及文化和政治同一性;奥地利君主国核心地区经济落后;三级会议仍然大权在握,有效地限制了君主在属地树立自己的权威。所有这一切导致一名历史学家说那个时期的奥地利就如同一幅"巴洛克式的错视画"[1]。不过,这倒也足以说

1 Gherardi (1980),81.

明为什么领土远比法国大、人口略少于法国、由哈布斯堡王朝统治的奥地利在1720 年前后只能勉强依靠仅相当于法国 1/5 的资源的原因。[2]

10.1　截至 1740 年奥地利领土上的财政体制

在这个战争简直就是连绵不断的时期——在从 1695 年到 1740 年的 46 年里有 36 年军队一直处于战争状态，奥地利财政自然承受了巨大的压力。在这个时期，奥地利差不多全部可获得的收入都来自两个方面，即所谓的“官房”（*camerale*）和“捐助”（*contributionale*）。官房的收入来源于依法征收（因此，这种收入被称为“*regalia*”），主要由领地收入、矿山收入、关税收入和消费税收入构成。到利奥波德一世（Leopold I）驾崩（1705 年）时，奥地利君主国在效仿普鲁士或者丹麦以后早就不再是“领地国家”。这时，大部分王田已经变卖或者抵押换取现金。[3] 遥遥领先的最重要单一收入来源是君主的食盐生产和销售垄断权，常被称为“最珍贵的财政珠宝”；[4] 其次是银矿、铜矿和其他金属矿的开采；然后才是对内和对外征收的通行税。在全国各地的很多代征机构中，只有很少的代征机构在扣除征管费用和拨给地方的款项后还有可观的净收入。不管怎样，剩下的余款要押解到位于维也纳、不包括比利时和意大利诸省的全国中央财政机构（*Hofkammer*），并且用于支付非军事开支，如王室娱乐宴请、官员俸银、抚恤金和礼金等。

另一方面，军费大体上都采用一种完全不同的征款方式——“捐助”——来筹集，但在紧急情况下，也会支用部分“官房”收入。捐助形式的收入直到 18 世纪中期仍被视为临时性收入，并且必须经各地三级会议表决通过。奥地利—波希尼亚地区的三级会议每年举行一次，而匈牙利诸省的三级会议要间隔更长的时间才举行。各地三级会议在会议期间审议本地要承担的税额，并且通过自己的机构征收。所谓的“捐助”基本上就是一种土地税，但在波希米亚也征收直接税。贵族通常能够免税，或者按低于农民的税率纳税。“捐助”

2　Ardant in Tilly (1975), 200.

3　Bérenger (1975), 300—302; Mensi (1890), 300.

4　Mensi (1890), 10.

收入通过一个名叫“*Hofkriegs-zahlamt*”的专门机构而不是通过中央财政机构 *Hofkammer* 转交军队。[5]

尽管这种财政体制具有内在刚性，而且财政和行政管理机构效率低下，但在西班牙王位继承战期间，奥地利为筹集一支在某些年份兵力接近14万的军队所需的巨额军费作出了很大的努力。按照尹格劳(Ingrao)的说法，“1708年后，*Hofkammer* 在大多数年份里可望从世袭领地(*Erblande*)收到1 600万～1 700万弗罗林，而及至利奥波德一世统治结束时只能收到不足900万弗罗林”。[6] 然而，这并不是“经常税收增加，而是采取很多不同的非常措施——如征收财产税、人头税、教士特别捐、变卖官职和王产[1713年以240万弗罗林的价格把菲纳莱(Finale)港卖给了热那亚共和国]甚至王室珠宝——”的结果。此外，那些年的支出从2 000万到2 800万弗罗林不等。因此，虽然同盟国提供了大量资助，但奥地利仍免不了大肆借贷。[7] 1703～1715年出任Hofkammer总管、能干尽职的贡达喀尔·托马斯·冯·斯塔仁伯格(Gundakar Thomas von Stahremberg)深深懂得，只有进行意义深远的财政体制改革，才可能取得重大改善。他曾建议王室下令通过代理机构征收一种“综合消费税”来取代“捐助”，[8]但他没有获得实施这项革命性计划所需的支持。他最大的成就就是在1705年创建了维也纳城市银行(Vienna City Bank)。这家银行在渡过了最初的危机以后变成了很有活力的信贷机构，并且最终能够承担政府的大部分债务。此外，斯塔仁伯格表达了自己对捐助计征方面存在明显不公的担心，并且说服查理六世皇帝(Emperor Charles Ⅵ，1711～1749年在位)下令在波希米亚、西里西亚(Silesia)和伦巴第进行一次新的地籍调查。[9]

尽管斯塔仁伯格做了以上种种努力，但是，奥地利财政在这个时期总给人一种“国家被悬在悬崖边缘摇摇欲坠、万分危急”的感觉。[10] 造成这种情况的原因部分就是“官房”和“捐助”收入与众多付款机构相分离——斯塔仁伯格曾

5　关于奥地利财政体制的简明介绍，请参阅 Bérenger (1975:297－334)。

6　Ingrao (1979),26.

7　Mensi (189o);Holl (1976),passim.

8　Holl (1976),144－146.

9　Ibid. 238－272,323－324.

10　Ibid. 437.

经指出,“几乎就是有多少官员就有多少出纳”[11]——导致政府不可能清楚地掌握财政状况,也无法编制综合预算。1715 年创建了一家新的名叫“*Universalbancalität*”的国家银行,此举标志着奥地利帝国朝着统一财政收支这个方向迈出了一大步。这家银行虽然没有实现查理六世寄予它的希望,但促进了财政收支的集中化管理。翌年,Hofkammer 和 Bancalität 都被置于所谓的“财政会议”(Finance Conference)的监管之下。这个会议后来成了奥地利财政问题的最高咨询机构。根据这种新的制度安排,一份 11 年期的预测报告在 1721 年呈递给了皇帝。1721～1731 年的民事和军事经费需要估计分别为 6 950 万和 8 800 万弗罗林,另外还要增加 4 670 万用于各类债务的还本付息,所需总额超过 2.04 亿弗罗林,而预期总收入大概只有 1.78 亿弗罗林。如果把弥补预期收支缺口所需的贷款这个追加负担包括在内,那么,预期总赤字就可能达到 4 000 万弗罗林左右。[12] 这份预测报告没有把意大利和比利时诸省的收入包括在内,因为这些省份的收入被用于供养驻扎在当地的帝国军队。那个时代的一些观察家认为,意大利的财富——就如一位萨瓦外交官所说的那样——是“维也纳宫廷的印度群岛”(*les Indes de la Cour de Vienne*)。[13] 不过,除了皇帝的秘密基金和给他的西班牙追随者的津贴以外,这种观点好像并没有得到事实的支持。18 世纪 20 年代,奥地利—波希米亚和匈牙利属地的收入好像年均实际达到了 2 000 万弗罗林左右,其中大约有一半是“官房”收入,一半是“捐助”收入。[14]

奥地利糟糕的财政状况部分是由 18 世纪 30 年代的军事灾难造成的。哈布斯堡王朝在把那不勒斯和西西里赔给波旁(Bourbons)王朝以后,不得不把两个伦巴第省割让给撒丁王国,而且甚至还[根据《帕萨罗维茨和约》(Peace of Passarowit)]让土耳其人也收复了部分失地。这些失败战争的非常开支也是通过采取应急措施和告贷来解决的。奥地利的公债总额在 18 世纪 20 年代还只有 7 000 万弗罗林,但到了 40 年代已经猛增到了 1 亿弗罗林,而其中一

---

11 Ibid. 342.

12 Mensi (1890),553—554.

13 Marquis lgnazio del Borgo,quoted by Quazza (1965),30.

14 Dickson (1987),ii,380.

半多(5 000万弗罗林)是向维也纳城市银行借的。[15] 同期,"捐助"和"官房"收入分别只增加到了1 100万和990万弗罗林,990万弗罗林的"官房"收入中还包括430万弗罗林偿还维也纳城市银行欠款的那部分收入。1740年奥地利君主国中心地区的收入总计2 200万弗罗林,但与1723年相比增加不足300万弗罗林,而与1717年相比勉强增加了160万弗罗林。[16] 其间,查理六世治下一些像欧根亲王那样非常能干的大臣不是去世就是年迈体弱,而三级会议的地方主义倾向在奥地利、波希米亚和匈牙利平衡法院找到了有力的支持。这些地方的平衡法院被同一些主导当地生活的贵族家族所操纵。1740年10月继承查理六世帝位的玛丽娅·特蕾莎(Maria Theresa)不得不承认,她发现自己要在"无钱、无信用和无军队……最后还有无商议的四无状态下"面对先是由弗腓特烈二世后来由宁芬堡(Nymphenburg)同盟发起的侵犯。[17]

10.2　1740年以前意大利诸国的情势

17世纪末意大利诸国的财政体制有一部分是公社时期的遗产,有一部分是今天历史学家所说的由文艺复兴时期"国家建构"驱动、因意大利没能发展成为民族国家而不再继续且与西北欧一个类似的过程同时甚至更早发生的过程的产物。它们在15和16世纪采取的财政政策有一个共同的特点,那就是努力扩大承受快速加重的财政负担的范围,特别是经常甚至定期对土地资产征税,但是,这种把这样的税收视为非常税而不是经常税的观点一直阴魂不散。同时,公债以空前的速度增加,而吸引或迫使潜在贷款人贷款和保证付息的新方法层出不穷:从委托债权人征税和管理国家资金——尤其就像在热那亚和那不勒斯所做的那样——到像教宗国那样把出卖闲职官位包装成贷款。早在17世纪已经开始的经济衰退以及西班牙这个强国的走弱结束了一个充满创造性的时代。1700年前后业已存在的各种财政体制无一例外地从不同方面反映了一种不同特权阶层——贵族、教士、市民——通过以最高权力合法

15　Mensi (1890),705.

16　Dickson (1987),ii,380.

17　Kallbrunner (1952),29.

伙伴的身份重申自己主张达成的复杂平衡。如果不能达成这种平衡，他们就会自己掌控最高权力，就像威尼斯或热那亚贵族所做的那样。红衣主教詹巴蒂斯塔·德·卢卡(Giambattista de Luca)在把国家与君主(其实就是指国家的"当然统治者")之间的关系比作夫妻关系时就非常形象地表达了这种观点。因此，国家的收入就像丈夫有权使用和管理的妻子嫁妆，而不是妻子拥有全部所有权的财产。[18]

这种政治和财政僵局被18世纪上半叶的那场战争打破，从而导致意大利政治版图发生了意义深远的变化。西班牙的优势在1706～1707年米兰、曼图亚和那不勒斯被奥地利军队征服以后突然消失。皮德蒙特—萨瓦这个之前无足轻重的横跨阿尔卑斯山的公国多亏了维克托·阿玛迪斯二世(Victor Amadeus Ⅱ)和查尔斯·伊曼纽尔三世(Charles Emmanuel Ⅲ)运用政治技巧和采取军事行动取得了新的国际影响力。维克托·阿玛迪斯二世和查尔斯·伊曼纽尔三世在取得了1720年用于交换撒丁岛的西西里后就取得了国王的地位，而他们时而与奥地利结盟，时而又改与法国和西班牙结盟，使他们得以逐步吞并伦巴第的领土，并且一直扩张到提契诺(Ticino)河畔。最后，波旁王朝在18世纪30年代的东山再起，再加上两个古老贵族世家帕尔马(Parma)法尔内塞(Farnese)和佛罗伦萨美第奇(Medici)的消亡，导致一些新的外国王朝的崛起：西班牙腓力五世(Philip Ⅴ of Spain)的儿子查理·德·波旁(Charles of Bourbon)在1734年当上了那不勒斯国王；托斯卡纳(Tuscany)大公国在1737年转让给了洛林(Lorraine)的弗朗西斯·斯蒂芬(Francis Stephen)。弗朗西斯·斯蒂芬作为玛丽娅·特蕾莎的丈夫被推选为皇帝，而帕尔马和皮亚琴察(Piacenza)在被奥地利管辖了一段时间后又被分给另一个波旁王子。《亚琛和约》(Peace of Aix-la-Chapelle，1748年)的签署确保了意大利半岛政局稳定了半个世纪，只有教宗国和寡头共和政体国家(威尼斯和热那亚)保留了它们原来的政体。

在阿尔卑斯山南麓地区，长达半个世纪的战争也意味着各相关国家财政需要的急剧增加，因为这些国家如果不是交战国，就是军事入侵或者帝国财政

18 关于更加全面的陈述和参考文献，请参阅文献 De Luca (1680)，13－14；Capra (1990)，141－146。

部横征暴敛的受害国——就像托斯卡纳和波河流域(Po Valley)诸小侯国所遭遇的那样。[19] 虽然那不勒斯(无论在奥地利统治下还是在波旁王朝查理治下)、米兰或者佛罗伦萨都不乏改革尝试,但总体而言,通过传统渠道产生的财政压力已经变得非常沉重。不管怎样,皮德蒙特—萨瓦在这个阶段彻底改革自己的行政管理和财政体制的经历可以说是独一无二,因此有必要做专门介绍。

用新近一名传记作家杰弗里・辛考克斯(Geoffrey Symcox)的话来说,"维克托・阿玛迪斯二世(Victor Amadeus Ⅱ)的改革……赋予萨瓦国一个欧洲最有效的行政管理体系,而且远远领先于法国和西班牙君主国臃肿的行政管理体系或者其他意大利国家过时的行政机构"[20]。事实上,就如恩里克・斯通波(Enrico Stumpo)在他那部关于 17 世纪皮德蒙特财政和近代国家的著作中所指出的那样,皮德蒙特行政和财政机构的建构是一个比通常想象的还要缓慢、渐进的过程,并且必须与军队的发展和军费的增加联系在一起审视。[21] 即使在维克托・阿玛迪斯二世人治时期(1686～1731 年),毫无疑问,首先考虑的是筹款维持那场这位君主为了摆脱法国的监护而发起的殊死斗争。1688～1700 年皮德蒙特经常性收入实现了 31%的增长幅度,从某种程度上说是开征印花税等新税的结果,但更主要是中央政府机构加强对外省监管的结果。在奥格斯堡联盟战与西班牙王位继承战之间享受到的短暂和平时期里,皮德蒙特仿效法国模式把省长或省督(*direttor* 或者 *referendari*)改成了完全独立的省行政长官,并且把他们派往之前从不受中央干预的省份。那些年,皮德蒙特还着手进行了一次地籍普查,最终颁布了 1731 年的税收配赋令(*Editto di perequazione*),主要是为了根据各地土地的估计价值重新摊派土地税(在皮德蒙特称"*tasso*",而在萨瓦则称"*taille*")。土地测量和估价并不像过去那样由地方自己,而是委托由政府任命并由省行政长官领导的专业调查员来完成,这一点反映了以上两项改革之间的关系。间接税——最重要的是盐税——也是采取效率最高、成本较低的方式来征收。1717 年,皮德蒙特对财政管理体

19　关于这个问题,请参阅文献:Pugliese (1924)。

20　Symcox (1983),197.

21　Stumpo (1979),passim.

制进行了一次彻底改革，新的被称为“财政稽查”(*Controllore delle finanze*)的官员受命与已有的财政总督(*Generale delle finanze*)一起负责审计和年度预算编制工作，而各个隶属于一个扩大的财政委员会的部门重组成4个机构，其中一个机构取代之前负责收入和支出的不同机构，负责全部的收支工作。维克托·阿玛迪斯二世和他的儿子查尔斯·伊曼纽尔三世(1731～1773年在位)通过偿还短期贷款、降低长期贷款利率，成功地减轻了公债负担。由于政府的债权人大多属于特权阶层，因此，这也意味着减轻他们对国家财政的束缚，并且减弱了他们对君主决策的影响。在这方面，就像在其他方面一样，维克托·阿玛迪斯二世比受启蒙运动影响的君主更早实施了这些政策，尽管他本人绝非是启蒙运动的先驱。[22]

10.3　从玛丽娅·特蕾莎登基到1756年前后

经常有人讲述玛丽娅·特蕾莎这位在最危难时刻受命治理奥地利这个庞然大物的年轻没有经验的女性是如何成功地把损失减少到最低并保全奥地利大国地位的故事，因此有必要在这里重复一遍。据迪克森(Dickson)估计，奥地利王位继承战的军费支出总计高达1.858亿弗罗林。[23] 这笔开支大部分是靠在中心地区征收直接税来支付的，这个财政负担由于失去西里西亚和盟国的援助而变得更加沉重，何况借贷一直保持在相对小的规模上。结果，在奥地利王位继承战临近结束时，奥地利的财力几乎耗尽，并且引发了对奥地利能否击退普鲁士另一次进攻——一个看起来很可能发生的事件——的疑虑。

早在战争年代早期，玛丽娅·特蕾莎已经表示了不按旧方式和制度行事的意愿，如废除财政会议制度，创建新的宫廷管理部门和国务会议制度。在18世纪40年代中期，她遇到了自己心仪的男人——在西西里亚避难的弗里德里希·威廉·豪格威茨(Friedrich Wilhelm Haugwitz)。豪格威茨曾亲眼看见腓特烈二世在自己的祖国实行的苛政。豪格威茨的目标就是和平时期在

22　关于维克托·阿玛迪斯二世改革的更详细内容，请参阅文献：Einaudi (1908)、Quazza (1957)、Symcox (1983)、Ricuperati (1990)。

23　Dickson (1987), ii, 119.

奥地利的中心地区维持一支拥有10.8万兵力的军队,不包括驻扎在意大利和奥属尼德兰的军团。维持这支10.8万兵力的军队需要1 660万弗罗林的“捐助”,其中包括260万弗罗林的债务,这个数额几乎是上一年三级会议拨款的2倍。豪格威茨认为只要做到以下两点就能筹到这笔款子:按照“上帝满意的公平”原则更加公平地分摊负担;税收征管不要经过腐败、低效的三级会议之手。

多亏了女皇的坚决支持,这项计划于1748～1749年在强烈的反对声中付诸实施。三级会议被说服投票支持或者是被迫接受在10年内把“捐助”提高到一个新水平,责成在各属地新设立的名叫“*Representationen und Kammern*”(宫廷代表处)的机构负责财政和行政工作,而在中央一级则设立“*Directorium in publicis et cameralibus*”(即“公共与宫廷事务督导部”)接管以前由*Hofkammer*以及奥地利和波希米亚衡平法院负责的工作。与此同时,奥地利和波希米亚各省对已有的地籍册进行了修订。各属地提交的报告要经过帝国官吏的审核——这是1753年推行“圈子”行政(*Kreisämter*)的主要目的。虽然“基督”(dominical)的土地[24]仍按低于农民土地的税率缴税,但逃税已经比以前困难了许多。

这场行政革命的财政效果可谓立竿见影。“捐助”收入从1747～1748年的920万弗罗林猛增到了1749年的1 660万弗罗林,而总收入在18世纪50年代大大超过了3 000万弗罗林,几乎比1740年增加了50%。[25] 同期,国债——欠维也纳城市银行的除外——在弗朗西斯·斯蒂芬——玛丽娅·特蕾莎在这个问题上完全信任他——巧妙管理下处于一个比较安全的状态。债务总额在1749～1756年从1.24亿弗罗林减少到了1.14亿弗罗林。[26]

1748～1749年的改革安排没有包括匈牙利(尽管18世纪50年代用于军费支出的“捐助”也有所增加)、奥属尼德兰或者意大利。但是,奥属伦巴第令

---

24 这里的“基督”的土地主要是指属于贵族和教士的土地,与“乡下”(rustical)土地相对应,后者是属于农民和城镇居民的土地:Kain and Baigent (1992),181,191 [Ed.]。讨论豪格威茨改革的文献主要有:Beer (1894);Walter (1958);Szabo (1979);Dickson (1987),i,222—232,264—272,and ii,7—23。

25 Dickson (1987),ii,399 (“捐助收入”),380 (总收入)。

26 Ibid. ii,29.

人注目地同时发生了与中心地区改革内容相同的事件。奥属伦巴第的改革由詹卢卡·帕拉维奇尼(Gianluca Pallavicini)策划并部分付诸实施。帕拉维奇尼被迪克森说成是“意大利的豪格威茨”[27]。詹卢卡·帕拉维奇尼先前曾出任意大利军队全权代表和总督,后又当过“意大利财政大臣”(1749年),最后又做过地方长官(1750～1753年),因此,他对原先分开的财政和行政管理进行了合并,把间接税征收合并成法国模式的总包税制,用额外收入和专项贷款创建了一家公营银行,并且恰如其分地给这家银行取名为“圣特蕾莎贷款银行”(*Monte di Santa Teresa*)。这家银行专门经营国债的还本付息业务。但是,这家银行的最大成就无疑是重新开始并完成了在1718年查理六世治下开始但因法国—皮德蒙特入侵而于1733年中断的地籍调查(*censimento*)。第二个由托斯卡纳人蓬佩奥·内里(Pompeo Neri)领衔的政府专营事业(*Giunta Regia*)完成了根据扣除种植成本后的年产出测量土地和评估土地价值的艰巨任务。根据1760年生效的新方法摊派土地税需要做的就是根据土地价值的百分比来计算税收分摊额,这就是与过去把总税负分给每个社区或者纳税人团体的做法的一大区别。按照过去的做法,社区或纳税人团体在把应税额分摊到个人时或多或少具有随意性。其他直接税与土地税都维持不变,最重要的直接税是一种农村每个成年男性都要缴纳的人头税。不过,这种人头税现在被固定在一个统一的较低水平上,因此,它的影响几乎平均减小了一半。伦巴第的地籍调查还有两个方面值得一提,因为它们后来成了意大利和其他地方类似调查的样板。首先,财政改革与行政改革相结合:社区事务从此以后由全体土地所有者(不论出身和社会地位)选出的行政官负责管理,而监督是否严格遵守规则的任务,则由政府新任命的官员“普查监督官”(*cancellieri del censo*)来完成。其次,由于每块土地的资本价值是根据调查时的产出评估的,因此,日后生产率提高所增加的产出实际上就享受免税。在大多数学者看来,此举促进了18世纪晚期伦巴第的农业发展。[28]

我们在这里介绍托斯卡纳的发展是有一定原因的。因为,如前所述,托斯

---

27 Ibid. ii,23.

28 关于这些问题,请参阅文献:Capra in Sella and Capra (1984),310—328,343—350。还请参阅文献:Zaninelli (1963);Klang (1977);Cova (1982);Mozzarelli (1982)。

卡纳大公就是那个在奥地利财政管理中扮演重要角色的弗朗西斯·斯蒂芬。弗朗西斯·斯蒂芬在1737年设立的新机构摄政委员会(Regency Council)和财政委员会(Council of Finance)是叠加而非替代关系。过去行政与司法两个部门之间的混乱关系可追溯到共和时期或者美第奇家族统治初期。从某种意义上讲,这也反映在了弗朗西斯·斯蒂芬的权臣伊曼纽尔·德·里奇库特(Emmanuel de Richecourt)在间接税方面采取的措施:复杂、异构的间接税体系并没有发生变化,但1740年间接税的征收工作委托给了一批法国金融家或者总包税人(fermiers généraux),总包税人按合同规定每年缴纳固定的包税银。此举一方面增加了大公的收入,大公在1740～1765年成功地征收到了差不多680万埃居(écu)的收入;[29]但另一方面也导致了一场持续的反浪费、反特权和反舞弊斗争。帕拉维奇尼在1751年创立的总包税制(*Ferma generale*)在伦巴第应该也取得了相同的效果。结果,一个几乎与佛罗伦萨贵族占据支配地位的传统优势完全决裂的行政机构脱颖而出。据说,"大概是在1759年,洛林人创建的财政—行政管理体系包括一个财政总督(由里奇库特本人担任),一个行政机构——秘书处,一个审计机构——托管处(*Depositeria*)、一个裁决机构——大公府,以及一个财政机构——总包税处(*Ferma generale*)"。[30] 另一方面,在利奥波德二世1765年接替弗朗西斯·斯蒂芬继位之前,托斯卡纳既没有偿还巨额国债——尽管利率降低到了3%——也没有改革已经过时且有缺陷的土地税计征方法。

10.4　官房经济思想的影响与考尼茨和约瑟夫二世的改革

在我们开讲这一节的内容之前,至少有必要简单交代一下18世纪第三个25年启蒙运动在奥地利和意大利造成的公共财政观念的变化。奥地利帝国的官房经济传统可追溯到比彻(Becher)、霍尔尼格可(Hörnigk)和施罗德

29　Waquet (1990),563.

30　Ibid. 567. 关于托斯卡纳摄政时期的财政,还请参阅文献:Büchi (1915),93－125;Dal Pane (1965),43－72;Diaz (1987),59－73。

(Schröder)[他们的"*Furstliche Schatz-und Rentkammer*"对豪格威茨形成自己的观点产生过影响(见本书第六章第四节)]。这种经济传统迷恋于如何增加国家收入的问题，把在广泛的专制国家基础上要实现的经济扩张看作一种提高社会纳税能力的手段；而像那不勒斯人卡洛·安东尼奥·布鲁吉亚(Carlo Antonio Broggia)的《赋税论》(*Trattato de' tributi*，1743年)和洛多维科·穆拉托里(Lodovico Muratori)的《论公共福祉》(*Della pubblicafelicitd*，1749年)这样的意大利著作更加关心财政公平和子民福祉问题。这些作者的思想对于约瑟夫主义(即约瑟夫二世的改革主张。——译者注)的崛起产生过影响。他们主张君主"应该满足于索取绵羊身上的羊毛，而不应该剥去羊皮"[31]。然而，真正的变化发生在重农主义和功利主义思想扩散之后，并且导致公共财政从政治领域扩展到了经济领域。这些作者认为，不是君主的良心或者扩张的意愿决定财政政策，而应该是对决定商品生产和交换的"自然规律"的认识决定财政政策。经济发展和社会福祉变成了目的本身，而国家的财政需要退居其次。在奥地利，这些观点在约瑟夫·冯·索南菲尔斯那里找到了它们最有表达力和影响力的代言人(见本书第六章第四节)。1763年后，索南菲尔斯在维也纳大学讲授官房学，而他的《行政管理原理》(*Principles of Police*，1765～1768年)到了19世纪中期就成了奥地利多所大学的教材，对奥地利的几代国家公职人员产生了重塑性的影响。索南菲尔斯写道："征税是一系列关系到共同福祉的事情，因为它只是达到目的的一种手段：凡是颠倒这个顺序并把收入作为目的的财政行为都是有害的。"[32]许多意大利作者，如米兰的彼得罗·维利(Pietro Verri)和恺撒·贝卡利亚(Cesare Beccaria)或者托斯卡纳所谓的"重农党"(Physiocratic party)都表达了相同的思想。朱塞佩·帕尔米耶里(Giuseppe Palmieri)的"关于那不勒斯地区公共福祉的思考"(*Riflessioni sulla pubblica felicita relativamente al regno di Napoli*，1790年)是这种思想最清晰的表达之一：

"关于财政的那一部分……是如此地依赖公共经济，以至于除了经济学决定和规定的准则以外，它没有真正的准则或者明确的规则。因为，如果公共收

---

31 Muratori, ed. Falco and Forti (1964), ii, 1 508.

32 Sonnenfels (1971), ii, 209.

入是国民收入和财富的一部分,那么显而易见,支配这部分经济活动的准则必然类似于支配全部经济活动的准则。"[33]

其实,经常有人提到索南菲尔斯与奥地利政府中的主要启蒙运动拥护者文泽尔·安东·冯·考尼茨—里特伯格(Wenzel Anton von Kaunitz-Rittberg)首相之间的"志趣相投"(*Geistesverwandschaft*)[34]。考尼茨在1757年评论豪格威茨的狭义财政主义时写道:

"不需要深思熟虑或者任何深邃的洞察力就能发现各种从子民那里攫取钱财的方法和手段。无论是谁,只要愿意以一种既合理又有利于君主和国家的方式这么做,那么必须首先或者至少同时有同等热情增加子民的财富,以便他们能够承受这个额外负担。"[35]

随着"七年战争"的临近,奥地利君主国的行政和财政机构越来越显得无力筹措所需的资金,这种状况驱使考尼茨加紧对政府进行变革。1760～1761年,考尼茨实施了政府机构改革:撤销了"公共与宫廷事务督导部"这个机构;财政问题再次移交给 *hofkammer* 处理,但政治责任仍由一个新设立的波希米亚和奥地利联席衡平法院承担,审计由一个新设的账房(*hofrechenkammer*)负责。政府这些中央机关(*Hofstellen*)与其他中央机关之间的协调由一个考尼茨的影响占主导地位的国务委员会负责。这样的机构安排一直持续到1782年。1782年,约瑟夫二世再次决定把财政和行政职责合并交给一个名叫"*Vereinigte Hofstellen*"的部门化中央机构。[36] 另一方面,由于采取各种财政应急手段筹款应付巨额战争支出,因此国内不满情绪日益高涨,考尼茨再次采纳了他的门徒路德维希·冯·詹泽多尔夫(Ludwig von Zinzendorf)提出的计划。詹泽多尔夫计划的核心思想主要基于英国模式,就是通过创建新的国家银行并发行可像纸币那样流通的不记名债券来动用公共信用。詹泽多尔夫的计划由于遭到了经过扩大的新的 *Hofkammer* 的总管哈特泽菲尔德(Hatzfeld)的强烈反对,因此只是到了玛丽娅·特蕾莎治下发行了一种名叫

33　Palmieri (1790),3－4.

34　Osterloh (1970),37.

35　转引自 Szabo (1979:124)。

36　请参阅注释24中援引的相关文献,尤其是 Szabo (1979)和 Dickson (1987:i,233－256)。

"*Banco-Zettell*"("银行券")的流通债券才得到部分实施。其间,奥地利不经意间找到了一种减轻不堪重负的公债负担的方法。到"七年战争"结束时,奥地利的公债已经飙升到了2.84亿弗罗林。约瑟夫二世在弗朗西斯·斯蒂芬驾崩后于1765年继位当上了皇帝。他在登基以后便决定把他从父亲那里继承的巨额财富(大约3 200万弗罗林)交给国家使用。结果,政府用这笔遗产建立了一个偿债基金。于是,政府能够要求债权人收回他们的本金,或者迫使他们答应把贷款利率统一降低到4%。此举取得了百分之百的成功,因为大多数债权人接受了第二个选项,而每年支付给托斯卡纳的资金因此而大约减少了300万弗罗林。[37] 不管怎样,奥地利政府中的不同圈子后来都接受了考尼茨和詹泽多尔夫关于自由贸易和经济发展是健康财政基础的思想。因此,到了18世纪70年代中期,奥地利已经能够取消全部的国内关税,并且着手废除行会制度和对粮食买卖的传统管制。这些举措促进了贸易和消费的发展,并且反过来又有助于增加官房收入。改善管理、和平时期保留"七年战争"期间开征的税、更加系统地推行包税制度,所有这一切都朝着同一方向发力。

因此,就如图33所显示的那样,间接税产出的增加是导致1753~1778年总收入增长42.6%的主要原因。[38] 间接税包括采矿和铸币税在内的收入占总收入的份额从1749年的26.8%上涨到了1778年的44.4%,尽管这个势头在1769~1772年出现过暂时的逆转。相比之下,直接税在1749年还占到总收入的3/5,但到了1778年只占到2/5而已。除了1770年,领地收入从未超过5%,而"其他收入"在18世纪70年代的增长是因为比利时和意大利的资助并入了这个项目。1767年以后,收入持续超过支出,出现了盈余,比较图33和图34就能显示这一点,[39]但这两张图并没有把非常支出的影响考虑进去。在战争年代,单单波兰承担的第一笔非常支出(从1769年到1773年年中)总计就超过1 800万弗罗林,[40]而非常支出在巴伐利亚王位继承战(1778~1779年)期间连创新高。另一方面,对支出进行分解,就能证实传统的军费支出差

37 Dickson (1987), ii, 52—57; Beales (1987), 161—164.

38 Dickson (1987), ii, 380; ESPDB \austria\ausb006 based on \ausd003.

39 Dickson (1987), ii, 385—386; ESFDB \austria\ausb007 based on \ausd004.

40 Dickson (1987), ii, 105.

不多要占总收入的一半;然后是债务还本付息的支出,占总收入的份额在1/4～1/3之间(见图34)。

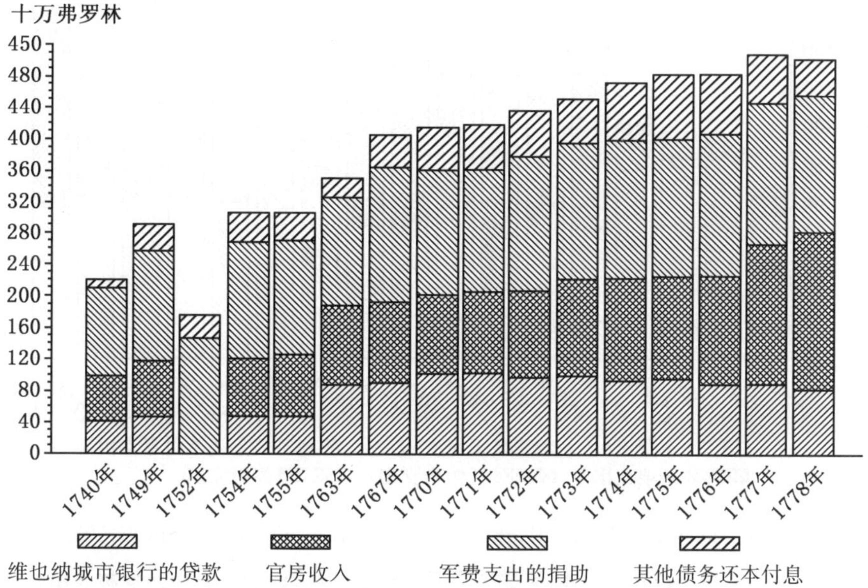

资料来源::Dickson (1987),II,380 \austria\ausb006 © ESFOB1993.

图33　1740～1778年奥地利君主国不同类别的经常性收入净额(用弗罗林表示)

关于约瑟夫二世统治时期的收支状况,有3个不同的统计数据序列存世,而且这3个序列互不相同,因此造成了阐释的困难。[41] 科泽艾尔尼格(Czoernig)的"官方"数据序列如图35[42]所示,无法与玛丽娅·特蕾莎统治时期的数据进行比较。总收入的显著增长主要是因为把意大利诸地和奥属尼德兰的收入并入了总收入,它们的收入在18世纪80年代中期总共约有1 300万弗罗林。[43] 但扣除物价上涨因素之后,收入增长远算不上显著:"如果国家的经常性收入在约瑟夫二世治下名义上增长了14.8%,扣除9.5%的通货膨胀率以后,就意味着实际只增长了5.3%。"[44]在支出方面,1788～1790年不得人心的土耳其战争的影响在图35中显而易见;而在收入方面,直接税占收入的份

41　Otruba (1985),11－15;Czoemig (1864).

42　Otruba (1985),243;ESPDB \austria\ausb016 based on \ausd005 and \ausd006.

43　Dickson (1987),ii,113.

44　Otruba (1985),219.

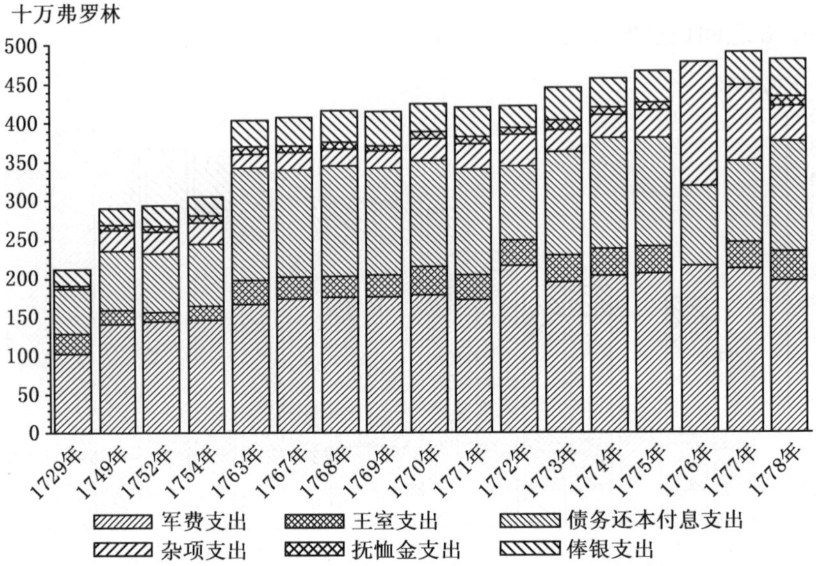

资料来源:Dickson (1987),II,385－386 \austria\ausb007 © ESFOB1993.

图 34　1729～1778 年奥地利君主国不同类别的经常性支出(用弗罗林表示)

额从 1781～1786 年的平均 35%进一步下降到了 1788～1791 年的平均 28.2%。

从某种程度上说,约瑟夫二世就是为了扭转这种收入构成中"捐助"相对减少的趋势,才推出了这项伟大的土地税和土地改革计划。如果这项计划能够获得成功,那么就会比 19 世纪实际发生的变迁早半个世纪在哈布斯堡王朝统治的君主国摧毁封建关系。最初是在 1783 年下令在奥地利—波希米亚和匈牙利境内进行一次新的地籍调查,目的是要弥补玛丽娅·特蕾莎统治时期土地登记中存在的众所周知的缺陷,并且推行完全统一的税收制度。这项改革计划不但遭到了贵族们的强烈反对,而且还遇到了一些高级官僚的极力抵制。然而,由于奥地利皇帝决心坚定,并且得到了一些热心改革者和全体农民的支持,再加上农民积极参与繁重的土地测量和平均产量评估工作,因此成功地克服了所有的政治和技术困难,并且花了 4 年时间(1784～1788 年)完成了这次新的土地登记;然后,奥地利皇帝又决定严格按比例重新摊派土地税,因此能按相当于土地总收入 12.22%的较低税率课征土地税,而种植成本和地

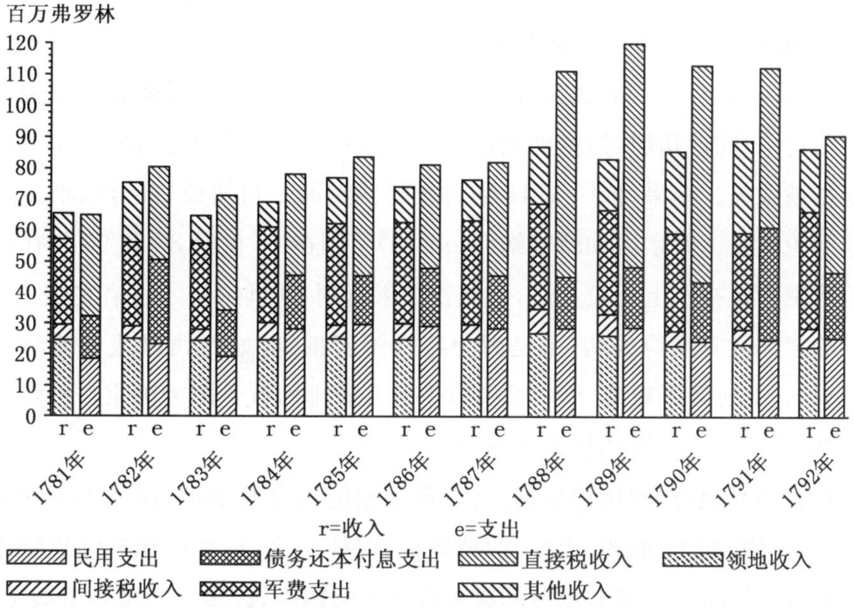

资料来源:Otruba (1985),243 \austria\ausb016 © ESFDB 1993.

图 35 1781～1792 年奥地利君主国不同类别的净收入和支出(用弗罗林表示)

方费用估计要占到总收入的 20%。由于皇帝确信农民土地承担的总负担绝不应该超过其总收入的 50%,因此,领地主正好可以获得 17.77%的土地总收入。更重要的是,约瑟夫二世希望这个份额在将来能够用现金而不是以差役的形式缴纳。这些规定以 1789 年 2 月特许状的形式作为法律向全国颁布。由于遭到了强烈的抗议,君主最终不得不做出让步,暂缓 1 年执行。到了 1790 年 2 月,约瑟夫二世驾崩,他的继任者利奥波德二世急忙废除了这部法律,以安抚哈布斯堡王朝治下各个国家的贵族和其他子民。[45]

10.5 法国大革命前夕意大利诸地的财政状况

在意大利,土地登记也仍是重新分摊财政负担的最受欢迎的手段之一。意大利半岛的其他国家效仿皮德蒙特和伦巴第取得了不同程度的成功。威尼

45 Rozdolski (1961)的解释最为详细,但 Wangermann (1973:92—94)作了很好的综述。

斯共和国早在1740年就根据一些统一的准则修订了当地的地籍登记规则。在那不勒斯王国,大多数社区在18世纪第二和第三个25年里编制了一种被叫做"*catasti onciari*"(因此后来就简称为"*oncia*",即一种用来表示应税价值的记账货币)的地籍册,但精确测量的缺失和封建特权的维系导致改革者的希望基本被毁灭。结果,依照1741年与教廷谈定的一份协议,部分取消了教会土地的免税权。教宗国和摩德纳(Modena)公国在18世纪80和90年代进行的地籍调查在技术上比较先进,但调查结果直到19世纪初才付诸实施。其他国家的尝试没有取得成功,不是因为特权阶层抵制,如西西里或者博洛尼亚(Bologna,土地属于教皇,但与其他省份分开管理),就是因为国家官员意见分歧,就如我们下文要讲的托斯卡纳。[46]

在大多数地方,间接税包括盐、烟草和硝的国家专卖税,课征于不同消费商品(葡萄酒、肉类、面粉、兽皮)的消费税,课征于进口、出口和省际货物流通的关税以及进城费。只有部分间接税收入上缴国库,许多间接税是由城镇、封建领主、地方社区或者过去出钱买下或者被授予相关权利的家族征收的。想要整顿混乱的间接税制,就意味着先要重申国家对这些已转让收入权的控制权,这在那不勒斯被称为"包税权"(*arrendamenti*),而在米兰被称为"*regalie*"(即王权)。在那不勒斯王国,查理·德·波旁在1751年创建了一个赎权委员会(*Giunta delle ricompre*)。但是,国家必须面对不友好的法庭才能赎回已转让的收入权。即使国家赎回已转让的收入权,通常也就是"*arrendatari*"(权利受让人)同意一次性支付一笔费用,但仍得让受让人使用收入权。1783年,已转让收入仍高达320万杜卡特,而同年的国家经常性收入略低于490万杜卡特。[47] 而在伦巴第,奥地利政府正确地作出了无论转让条款如何规定都要赎回全部"*regalie*"的决定。"*regalie*"的实际赎回总共大概花了20年的时间和3 000万里拉(lire)。奥地利财政部得到的好处显而易见,因为这些收入权通常每年能产出超过赎回价款10%～15%的收益。[48]

---

46 关于资料翔实的考察和参考文献,请参阅文献:Zangheri (1979)。

47 Bianchini (1834—1835),iii,175. 想要获得有关那不勒斯王国的一般信息和参考文献,请参阅文献:Rao(1983)。

48 Capra in Sella and Capra (1984),451—455.

改革的另一个先决条件是改包税为国家直接征管。像萨瓦公爵早在1698年、托斯卡纳大公在1741年、詹卢卡·帕拉维奇尼在1751年为米兰设立的总包税制那样,在撕破错综复杂的传统特权和免税权这张关系网的同时,还能保证国家得到较多收入的好处。一旦这个先决条件得到满足,立志改革的政府就能接管收税权,并且对税收进行有利于国民经济的改革。米兰和佛罗伦萨的情况尤其如此,这两个地方分别在1768年和1770年撤销了与总包税人签订的税收承包合同,从而得以废除一些不得人心的关税,首先是取消国内的关税壁垒:托斯卡纳和伦巴第在经过了长期准备以后分别在1781年和1787年实现了国内市场的统一。[49] 教宗国和威尼斯共和国分别在1786年和1794年进行了改革,虽然没有以上介绍的国家那么彻底,但意图相似。[50] 粮食和其他食品买卖管制和关税制度导致了一种特殊情况。彼得·利奥波德是欧洲第一个根据重农学派的学说完全取消谷物进口和出口限制的君主,而重农学派的学说在18世纪60和70年代在托斯卡纳的上层官僚中获得了热情的支持。[51]

公债严重影响了大部分意大利国家的财政,但皮德蒙特是一个重要例外。利率下跌的一般趋势有助于政府为合并浮动债务、偿还债权人债务和减轻债息负担所作出的努力取得成功。到了18世纪下半叶,意大利诸国的利率基本上都跌到了3%或者接近3%,并且采取不同的方式——从宣布部分破产(如威尼斯)到发行禁止债券以较低利率转让的新公债——来解决债务问题,但只有托斯卡纳决心努力消除一切债务,那是因为托斯卡纳听从了彼得·利奥波德(Peter Leopold,即后来的利奥波德二世)一个名叫弗朗西斯科·马里亚·詹尼(Francesco Maria Gianni)近臣的建议。詹尼在18世纪80年代就想肃清主张根据新的地籍调查结果征收单一税(*impôt unique*)的重农党的影响。他注意到,土地税摊派上存在的种种不公平现象,可以通过废除这种税来消除。这种单一税的年收入大致相当于每年支付给国债债权人的利息,詹尼想出一

49　Ibid. 455—457;Becagli (1983).

50　Caracciolo in Caravale and Caracciolo (1978),503—504;Scarabello in Cozzi,Knapton and Scarabello (1992),606.

51　Mirri (1972,1980).

个一箭双雕同时解决这两个问题的主意。按照他的想法，债权人应该放弃他们持有的债券，以换取免除缴纳直接税的义务；那些没有债权或者持有债券不多的纳税人受鼓励以较低的价格从教会组织、慈善机构或者其他团体那里购买债券，因为这些组织、机构或团体持有大量的公债券。詹尼的这项大胆计划真的被付诸实施，而且到了1790年彼得·利奥波德必须离开佛罗伦萨去维也纳继承其兄长的遗产时，托斯卡纳采用这种方法已经消除了2/3的公债。[52]当然，只有在不存在任何其他形式的直接税，而且不再发行新公债的情况下，这项计划才能取得成功。但是，在18世纪90年代这样困难的情况下，彼得·利奥波德的继承人无法满足其中任何一个条件。

詹尼消除国债的计划被视为18世纪国家支出和干预趋增趋势下的一个显著例外。事实上，托斯卡纳是在这个物价上涨时期实际减轻财政负担的很少几个欧洲国家之一。具体而言，托斯卡纳的财政负担从1758年的1 100万里拉减轻到了1789年的900万里拉。[53] 在这方面，伦巴第在玛丽娅·特蕾莎和约瑟夫二世治下遭遇了截然不同的经历：伦巴第的国家总收入从1761年的1 400万里拉增加到了1784年的2 470万里拉。就如在图36中能够看到的那样，[54]伦巴第国家收入的增长基本上是因为间接税收入快速增加——伦巴第间接税收入占总收入的比例在1761年是46.9%，但到了1794年已经占到了60.5%。但应该强调的是，伦巴第间接税占比的增加基本是因为上文已经提到的改革（赎回已转让的收入权、以直接征管取代包税制）以及贸易和消费的自然发展，所以并不意味着纳税人税负的加重。

1790年前后，米兰的人均财政负担差不多是20里拉，而托斯卡纳大约只有9里拉。在意大利半岛其他国家中，只有皮德蒙特在这方面堪与伦巴第相比，而人均财政负担威尼斯共和国是9里拉，教宗国和那不勒斯王国各为4里拉。[55] 不过，这些数据只表示国家总收入，如果关注缴入国库的收入，那么这些数值的意义就变得更加明显：那不勒斯王国的子民要把3杜卡特缴给封建

52 Bilchi (1915), 347—348; Dal Pane (1965), 139—147; Diaz (1966), 224—228.

53 Dal Pane (1965), 64—65; Governo della Toscana (1791), 54—55.

54 Capra in Sella and Capra (1984), 445; ESFDB \austria\ausb015 based on \ausd009.

55 所有数值都用米兰里拉表示。米兰里拉与奥地利弗罗林当时的汇率大概是：1弗罗林＝3.5米兰里拉。

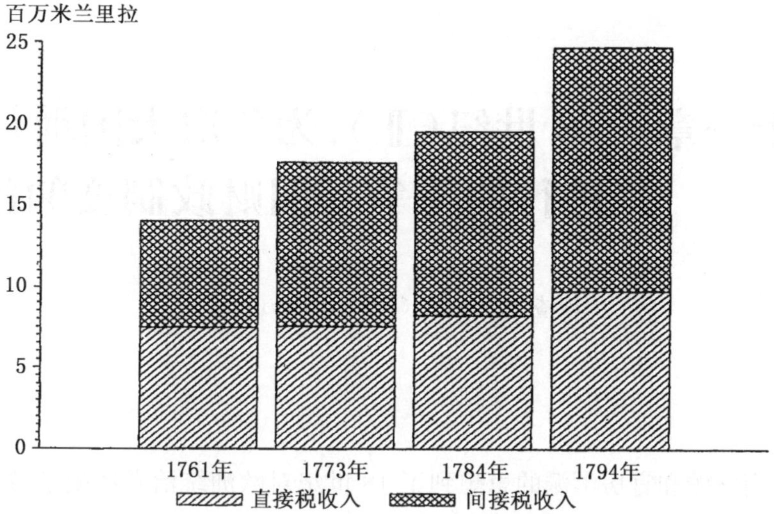

资料来源:Capra in Sella and Capra (1984), 445 \austria\ausb015 © ESFDB 1993.

图 36　1761~1794 年米兰公国直接税和间接税收入(用米兰里拉表示)

领主、教会、所在社区和"*arrendatari*"(收入权受让人);18 世纪末,米兰纳税人口缴纳的税收大约有 90%都进了这些机构或者群体的腰包。[56] 我们无法在这里对意大利诸国的支出进行分析,这不但是由于篇幅的原因,而且通常还因为无法获得相关数据。但毫无疑问,皮德蒙特和伦巴第军费支出占国家预算的份额要远大于(譬如说)基本上没有任何军队的托斯卡纳或者教宗国。皮德蒙特和伦巴第税负确实较重,但它们在行政管理改进、公共工程、教育等方面也进行了较多的投资。19 世纪,在意大利诸国中,奥属伦巴第和撒丁王国在工业化和经济发展方面处于领先地位,或许并非巧合。

56　Bianchini (1834—1835), iii, 170; Capra in Sella and Capra (1984), 448.

第十一章　18世纪(Ⅱ):为争取大国地位而进行的斗争与旧财政制度的消亡

理查德·邦尼(Richard Bonney)

重商学派和官房学派的思想到了18世纪对欧洲统治者产生了持久的影响。腓特烈大帝[Frederick the Great,1712～1786年),普鲁士国王(1740～1786年),腓特烈·威廉一世之子。——译者注]在他的回忆录中写道:"由父亲传承给儿子并且经过不断完善的财政制度能够改变政府的财政状况。财政制度能把一个原来贫穷的政府变成非常富有的政府,因此能够改变欧洲列强之间的力量对比。"[1]到了18世纪,欧洲统治者都已经认识到,在经济发展、国民幸福与他们自己的财政和军事实力增强之间存在着紧密的关系。约瑟夫二世曾经表示,他"对军事的关注绝对不及对财政的关注"。如果他不是对财政的重视胜过对军事的重视,那么就不能缩小军队规模,并且使他的子民努力劳作。但是,他的责任就是"把必不可少的国家安全与国民的幸福联系起来"。在其他场合,他谴责了有些统治者致力于"毫无意义的征服"和构建"微不足道的优势",但却减少了国家真正的收入来源以及未来可用的资源。[2] 一些小国的统治者也表达了类似的担心。黑森的腓特烈二世伯爵(Landgrave Frederick Ⅱ of Hesse)就是这样一个统治者。据说,他善于治理自己的领地,热爱他的子民,并且也深受子民的爱戴;但也有人说,他的"最大爱好"是军队,而且深深"根植于他对金钱和利润的酷爱"——但黑森例外,因为它已经垄断德国

1　Hubatsch (1975),147. 本章作者要感谢 François Crouzet、William Doyle 和 Patrick O'Brien 三位教授以及 Hamish Scott 博士对本章的草稿作的点评。

2　Beales (1991),16.

的“士兵交易”市场。[3]

但不管怎样,即使统治者能获得比以前更好的建议,并且大体知道自己想在治理国家方面做些什么,也并不意味着他们必然就能作出明智的决定。奥地利甚至黑森在某些方面采用了普鲁士模式,但普鲁士税务局(régie)本身模仿了法国的总包税制。普鲁士模式在较长时期内暴露了一些不足,而且就连普鲁士自己也放弃了这种模式。[4] 受到重农学派和官房学派思想影响的谋士们真的能评价国家潜在财政产出的程度仍值得怀疑,这方面最有说服力的证据就有旨在用巴伐利亚与约瑟夫二世换取奥属尼德兰的失败谈判。的确,这笔交易有可能导致与普鲁士开战和法国的暗中反对,因此没有谈成。但就在普鲁士腓特烈二世驾崩前不久,也就是在 1784～1785 年前后,真有一个创建领土优势的机会,因此有可能推行就如约瑟夫二世已经意识到的那种意义重大的行政变革。[5] 但是约瑟夫二世的主要谋士考尼茨表明,他本人并不能实现他所效力的君主国的真正利益。约瑟夫二世本人关心的那笔领土转让交易所涉及的六个问题中有五个是关于财政的,而且每一个问题的答案都是否定的。那笔领土转让交易可能要使约瑟夫二世损失 40 万纳税人口,而巴伐利亚军队只有 4 000 人。最重要的是,在只能承受 100 万塔勒(taler,德国旧银币。——译者注)损失的情况下可能要损失 400 万塔勒。奥地利的谋士们认为,奥属尼德兰的收入超过巴伐利亚的收入;如果斯凯尔特河(River Scheidt)重新通航,比利时的贸易也因此而能获得复苏,那么两地的收入缺口还会扩大。实际上,这些谋士并没有令人满意地完成简单的加法演算。因为,根据他们自己的数据,巴伐利亚的收入应该能够达到 625 万塔勒,这个数额要比他们认为的巴伐利亚 400 万塔勒年收入更加接近奥属尼德兰的收入。实际数据表明,巴伐利亚的收入超过奥属尼德兰的收入(分别是 800 万和 760 万),但如果在比选帝侯卡尔・西奥多(Karl Theodor)更能干的人的治理下,巴伐利亚的年收入或许还能增加 1/3。巴伐利亚可实现的潜在收入也许没有奥属尼德兰

3　Ingrao (1987),87,129.

4　关于普鲁士,请参阅文献:Henderson (1963),64－65,164－165;Johnson (1975:270－271,278)作了更加积极的评价。关于黑森,请参阅文献:Ingrao (1967),90－91,202。

5　Bernard (1965),160;Beales (1991),17.

的潜在收入多，而且奥属尼德兰的潜在收入还是一个贷款来源。但是，到了1787年，约瑟夫二世还在公开为没有做成这笔交换领土的交易表示遗憾。因为，如果能做成这笔交易，哈布斯堡王朝治下的“核心”领土就可以连成一片。[6]

因此，狭隘地关注财政问题而忽视更重要的战略和经济问题，可能会弄巧成拙。总的来说，由于经济发展，更重要的是人口增长，18世纪欧洲国家的统治者已经能够预期到他们的收入会增加，尤其是间接税收入。腓特烈大帝在他1739年的《反马基雅弗利》著作和1768年的《遗嘱》(*Testament*)中说出了“国家的真正实力是国民人数”的名言。他从人口和军事实力的角度对俄罗斯广阔无垠、人烟稀少的西伯利亚与人口稠密、面积很小的荷兰进行了比较，得出了不利于西伯利亚的结论。普鲁士政府斥巨资吸引移民，到了18世纪80年代，在全国475万的总人口中大约有25万或者占总人口1/20的普鲁士人是外来移民。[7] 其他国家，尤其是奥地利和俄罗斯效仿普鲁士推行殖民计划，直到18世纪70年代才有人由于人口固有的增长倾向首次对鼓励移民的做法提出质疑。荷兰共和国人口稠密、经济繁荣的形象被马尔萨斯在1798年用中国人口众多、贫穷落后的形象取而代之。但早在1767年，詹姆斯·斯图亚特爵士就警告称，人口增长超过生计以后，人口只有因为挨饿才会停止增长；而内克尔(Necker)在1775年警告说“很多贫困现象”是由人口过度增长造成的。[8] 这些想法直到18世纪末一直都是新的少数意见。无论我们是否接受1320～1720年欧洲人口规模几乎或者根本就没有持续增长的论点[9](这个论点无视英格兰和瑞典人口明显增长的证据)，1720年以后，欧洲几乎所有国家的人口都获得了实际的增长。奥地利各地的人口从1740年的1 270万增长到了1787年的2 070万。[10] 法国的人口在1715年时大约有1 900万或者2 000万，到了1789年增加到了2 900万，然后在拿破仑统治时期就始终保持

---

6 Bernard (1965), 53, 153, 158—160, 172—173, 188, 205, 207, 217; Blanning (1983), 67, 69.

7 Hubatsch (1975), 110; Riley (1985: 76)中数值略大。

8 Steuart, ed. Skinner (1966), i, 85:“……是乱生滥生导致那么多人饿死”; Riley (1985), 137—138. 其实，要不是外来移民，荷兰的人口可能会大幅度减少: van Zanden (1993), 24。

9 Le Roy Ladurie (1981), 10—13.

10 Dickson (1987), i, 36.

在 3 000 万稳定不变。[11] 英国这个众所周知的人口小国也迎来了比任何国家都快的人口增长速度,在从光荣革命到美国独立战争结束这个时期里,英国人口增长了 46%,到 1815 年达到了 1 000 万或者 1 200 万,如果包括爱尔兰的人口,那么更是高达 1 500 万或者 1 700 万。[12] 欧洲国家的政府也变得比以往任何时候都更加关心人口统计,于是就出现了"典型人口普查"(并非只是出于财政目的),尽管真正现代意义上的人口普查直到 19 世纪才发展起来。[13] 人口对食品资源的压力也成了一个严重的政治关切,而谷物贸易"自由化",也就是撤销传统上对谷物贸易的"监督"(*police*)或者管制,就如同为战时和荒年储备谷物一样,[14]到了 19 世纪中期已经成为一个重要的政治因素。[15] 合理的谷物价格是一个具有潜在重要性的问题,因为它涉及政府干预市场的问题:这一点在法国大革命时期实行"最高限价"(*le maximum*)时就显得再清楚不过。[16]

国家的收入基础可以证明凭借经济繁荣和人口增长是否足以满足国家的需要。但由于大多数欧洲国家存在财政刚性、特权和免税权、值得怀疑的增税合理性以及国家间争夺大国地位的竞争等问题,因此,国家的收入基础并不能证明凭借经济繁荣和人口增长是否足以满足本国的需要。虽然粗糙的"人口—军队比"作用有限(我们还必须考虑军队规模的变化、外国雇佣兵人数的变化等),[17]但有些国家显然要比另一些国家的军事化程度高很多,[18]这会对它们的经济发展能力和居民的财政负担产生巨大的影响。到了 1786 年,普鲁士按人口计已经是欧洲第十三大国家,按军队规模计是欧洲第四大(或许第三

11　Dupaquier (1988),ii,60—65 and iii,67—70,123.

12　Hall (1992),1 and refs;ibid. 23 n. 2,引用了一份提交给议会的报告,报告中的数值高于 Wrigley 和 Schofield (1981:534)中的估计值;Wrigley in Stone (1994),78—81.

13　Dupaquier(1988),ii,27—43;Perrot (1977),8—21;Perrot and Woolf(1984),19,165;Dickson (1987),i,25—27.

14　关于普鲁士的情况,请参阅:Speier (1936),309;Hubatsch (1975),60—61;Johnson (1975),162—163.

15　Kaplan (1976);Miller (1992);Liebel-Weckowicz (1974),70—71.

16　Margairaz in *Etat*, *Finances et Economie* (1991),399—427;Crouzet (1993),260—264.

17　Brewer (1989),42.

18　Jones (1988a),29,318—319.

大)国家。[19] 然而,就连腓特烈大帝在晚年也开始承认,这个国家的军队规模是这个国家经济的一个拖累;对于国家来说,纳税人和商品生产者要比士兵更有价值。[20] 黑森的军队相对于人口而言规模甚至比普鲁士还大,由于英国人需要招募黑森雇佣军,因此,这对于黑森纳税人来说起到了发放补贴的效果。当时,黑森纳税人的人均财政负担只相当于普鲁士纳税人财政负担的一半。实际上,黑森的人均财政负担是整个神圣罗马帝国最轻的之一,并且在18世纪还实际有所下降。[21] 因此,国家的组织能力是决定国家能否取得成功及其国民能否幸福的关键所在。皮德蒙特—萨瓦公国进行的改革使得这个国家比它的规模和人口允许它能做到的更加强大(见本书第十章第二节)。[22]

11.1 路易十四后来发动的几场战争造成的财政结果

就如我们在本书第六章第三节中已经看到的那样,17世纪末,欧洲迎来了"政治算术"时代。政治算术的解释者们纷纷向他们的统治者讲述一种财政体制相对于另一种财政体制的优点,而且还比较国家收入和债务的相对规模。在里斯维克(Ryswick)和约签署(1697年)后不久,查尔斯·戴夫南特写道:"那些合格的政治家人才济济的王国是多么幸运。"他断定,法国的债务要比想象的还要多(他估计,英格兰欠下了1 750万英镑的债务,荷兰有2 500万英镑的债务,而法国的债务则高达1亿英镑)。[23] 戴夫南特估计的这些数值值得怀疑,但很重要,因为它们提醒我们公债的增加是对国家现代性的最重要检验:债务管理在1698年以前对于交战国来说至关重要,在战争连绵不断的18世纪就成了核心问题之一(见本书第十四章)。[24] 国家关心的另一个问题就是为了给对外战争筹款如何根据商品、服务和付款的流入来平衡它们的流出。没有国际收支盈余,就会对汇率产生灾难性的影响:"如果我们没钱支付军队,那

19 Hubatsch (1975),137;Blanning in Scott (1990),270.

20 Craig (1955),22.

21 Ingrao (1987),127,132.

22 Symcox (1983),118—133,190—225.

23 Davenant,ed. Whitworth (1967),i,250.

24 Dickson and Sperling in Bromley (1971),286—294,297—298,300—302,308—313.

么,外国人肯定会有我们的银子,因为汇兑是由贸易差额决定的。”[25]欧洲大陆国家有一个优势,它们的对外战争通常距离自己的国家相当近。在奥地利、普鲁士和俄罗斯发生对外战争的情况下,它们能够直接向自己的军队给养军需。[26] 虽然法国和合省联邦并不总能做到直接供给,但是,军队产生的需要有很多会导致部分或者全部花销发生在国内。[27] 即便如此,法国金银的净流出在18世纪的对外战争中是一种常态,因为法国在1710～1792年没有受到外敌侵犯,它的军队都在德国、意大利北部、低地国家和北美采取行动。[28] 在光荣革命以后,英格兰免除战争汇款的能力几乎完全取决于它的外贸净收入,这可是一种风险巨大的策略。因为,17世纪,英格兰外贸在战争时期常常减少;此外,装运外贸物资的船舶经常受到海盗抢劫,因此需要护卫,从而有可能对海军的竞争性需要产生不利影响。[29]

18世纪在欧洲就是以战争这种相同的方式开始和结束的。这些战争,而且基本上就是英格兰(或者在1707年与苏格兰颁布了《联合法案》以后的英国)与法国在1689～1815年间的交战,也就是所谓的第二次“百年战争”,为欧洲构建未来世界性的经济和政治实力奠定了基础。[30] 法国在英格兰光荣革命后,甚至在汉诺威王朝继承英格兰王位以后,仍然被视为英王国的“当然天敌”。[31] 然而,这场冲突当然并不只是英法两国之间,而是欧洲5个国家之间的冲突,奥地利通常站在英国一边,而西班牙则属于法国阵营:除了西班牙这个唯一可能的例外之外,合省联邦是第一个同时成功地动员强大的陆军和海

---

25 Jones (1988a),161.

26 Ibid. 35.

27 Ibid. 42—43.

28 Riley (1986),84—85.

29 Jones (1988a),41,50,60,64—65,166—168;Fayle (1923).

30 这个术语最早由 Meyer 和 Bromley 在 Bedarida、Crouzet 和 Johnson (1979:155—190)中使用。Meyer 和 Bromley 在 Bedarida、Crouzet 和 Johnson (1979:155—190)中对这场海战作了最好的描述。还请参阅文献:Meyer and Bromley in Bedarida,Crouzet and Johnson (1980),139—172。Wallerstein (1980:245)也使用了这个术语,但是用来表述1689～1763年这个时期(sic)。Wallerstein (1980:256)提到了 1713～1739 年这个英法两国和平相处时期。Cf. Crouzet (1985),71,316;Crouzet (1990),78,339。

31 O'Brien (1991),14;Black (1985).

军的欧洲国家，[32]并且至少直到1740年从它占据世界经济地位的角度看一直是世界最强大的国家，尽管签订《乌得勒支和约》(Treaty of Utrecht)对于尼德兰来说是一次重大的政治失败，并且标志着英国取代荷兰成为主要贸易强国迈出了重要一步。[33] "九年战争"(1689～1697年，对于法国来说是"十年战争"，因为法国从1688年末就参战了)是有史以来最彻底的经济战争。英格兰和荷兰共和国作为威廉三世(William Ⅲ)一生中缔结的一个特殊同盟联袂采取行动，能够迫使它们的盟国西班牙和奥地利联手对法国进行封锁。经济战争中的如此团结在拿破仑对欧洲大陆实施性质截然不同的封锁之前再也没有出现过。

相比之下，西班牙王位继承战虽然从荷兰的角度看，出于经济原因是必要的，但只是部分干扰了与法国和尼德兰南部的贸易，而没有阻止与西班牙和西班牙美洲的贸易。荷兰在1706年以后恢复了它在尼德兰南部的贸易霸权地位，但被证明在英国并不受欢迎，并且明显导致英国和荷兰之间在这场战争后期阶段的紧张关系进一步加剧。当荷兰人在1709～1710年愚蠢地拒绝了法国人的议和建议以后，英国的托利党(Tory)政府获得了单独与路易十四议和的机会。[34] 然而，对于英国来说，利用和约(*asiento*)获得进入西班牙殖民地的特许权利绝非容易，结果爆发了1739～1748年的英西战争。1750年，西班牙议会废除了英西两国的贸易条约。[35] 然而，并不是1713年的一次外交胜利确保了英国在18世纪的贸易领先地位，而是路易十四在最后两场战争的遭遇造就了英国的贸易领先地位。在奥格斯堡同盟战期间，英国的贸易濒临崩溃，而支付机制通过降低铸币成色才得以维持，就这也没能阻止汇率在1695～1696年大幅下挫。[36] 也是英格兰该走好运，由于即将发生的危机盖过了西班牙王位继承战，因此法国不得不在难以继续这场战争的时候要求议和。相比之下，在西班牙王位继承战期间，英国实现了强劲的出口驱动型增长，这在一定程度上得益于欧洲北部军事力量扩大导致的棉衣需要增加(俄罗斯是一个重要市

32 't Hart (1993).

33 Israel (1989), 375, 399.

34 Ibid. 342—343, 361, 364, 372, 374.

35 Walker (1979), 210.

36 Jones (1988a), 236.

场,但由于管制,奥地利和瑞典军队全部用国产军装),以及贸易竞争对手在战争期间因直接参与军事行动或者课征高消费税而暂时消失。“北方大战”扰乱了波罗的海地区的谷物贸易,从而为英国的谷物出口贸易开辟了新的市场。

最重要的是,西班牙王位继承战确保了英国在两个经过 18 世纪的发展而变得真正重要的市场上的地位(1700 年,英国在这两个市场上的前途受到了葡萄牙和西班牙的威胁)。此外,英国还进入了这两个国家的殖民地市场。向葡萄牙和西班牙及其殖民帝国的销售在 18 世纪的头 40 年里平均为英国出口贸易的增长作出了一半甚至多达 2/3 的贡献。[37] 英国对葡萄牙这个最早盟友的利用对于英国取得这一成就具有至关重要的意义。17 世纪,在埃利塞伊拉(Ericeira,殁于 1690 年)伯爵这个葡萄牙的“科尔伯特”[38]治下,葡萄牙曾试图推行一种旨在把其他国家逐出殖民地贸易的重商主义政策。这种贸易保护主义政策的作用因葡萄牙—大西洋经济增长,特别是巴西黄金出口的增加而有所减弱。[39] 1654 年,克伦威尔(Cromwell)保护了有利的英葡贸易关系,而 1703 年签订的《梅休因条约》(Methuen Treaty)实际赋予英格兰最优惠贸易伙伴的地位,并且确保了巴西的黄金经由葡萄牙出口到英国。[40]《梅休因条约》为确保英格兰货币流通量的增加赶上生产和贸易发展的速度提供了一个新的黄金来源(见图 37)。[41] 因此,亚当·斯密下结论说的“我们的全部黄金几乎都来自葡萄牙”并没有错。[42]

这种在世界经济竞争中的领先,意味着检验交战国军事能力的标准并不只是建设强大野战军的能力,还有建设海军的能力。这也是区分一流和二流强国的标准之一,而且是那个时代的人已经认识到的区分标准。[43]

从 1689 年起,英格兰无与伦比地采纳了同时致力于陆军和海军建设的做法,而法国则不得不在 1693 年和 1704 年放弃了它最重要的舰队建设行动。到了“七年战争”时期,法国已经没有财力同时动员像英格兰那样庞大的陆军

37　Ibid. 312—317.

38　Hanson (1981),161.

39　Ibid. 187;Arruda in Tracy (1991),385—389;Marineau (1985),135—137;Sideri (1970),65.

40　Magalbaes Godinho in Bromley (1971),535;Jones (1988a),194;Marineau (1985),165—173.

41　ESFDB \rjb\porb001 based on \pord001;Morineau (1985),167—168,170.

42　Sideri (1970),22,49,51.

43　Meyer (1991),23.

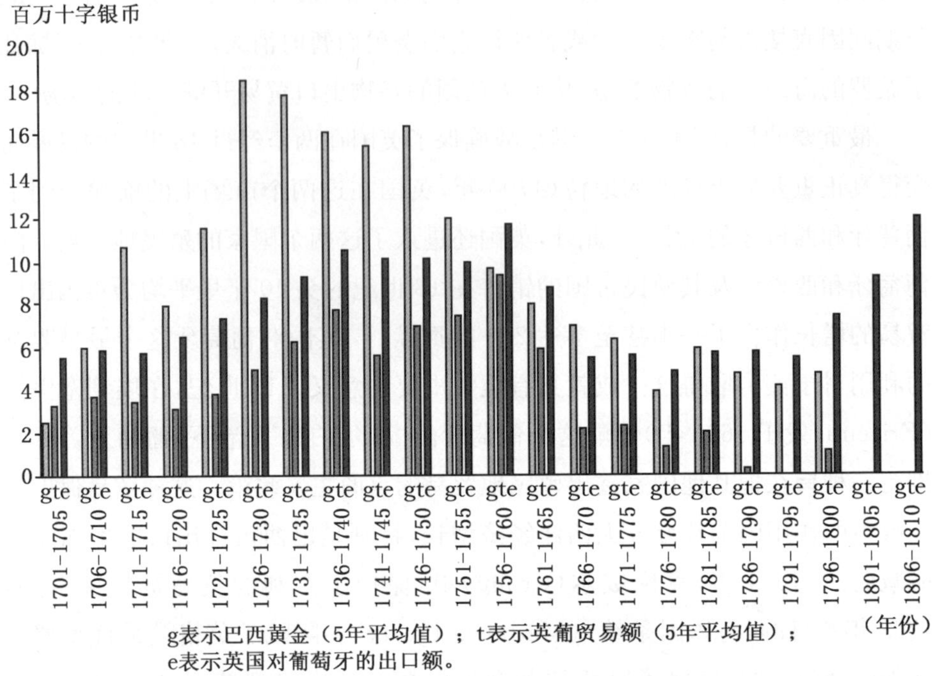

资料来源：Marineau (1985)，168，170 \rjb\porb001 © ESFDB 1993.

图 37 1701～1810 年英葡贸易与巴西黄金输入(用十字银币表示)

和海军。[44] 对于英格兰来说，可能并不是简单地在陆战和海战之间作出选择："欧洲的安全对于大英帝国的安全至关重要。我们不能把两者分开。"奥克兰(Auckland)勋爵 1799 年在议会上如是说。[45] 经常在世界性的战场上同时进行这两种战争的支出会对国家的财政发展产生巨大的影响，造成军费支出增长、军队规模扩大。虽然历史学家有很多关于 1660 年前英格兰发生过"军事革命"的讨论，但单个野战军的规模很少超过 2.5 万～3 万兵力。相比之下，在路易十四发动最后两场战争时，单个野战军 5 万～10 万的兵力已成为常

44 Jones (1988a)，28；Riley (1986)，80—81；Innes in Stone (1994)，108；Baugh in Stone (1994)，195—197.

45 Mackesy in Dickinson (1989)，148.

态[46],而法国方面军队规模就更大了。在路易十四在位的最后20年里,法国军队的规模显著扩大:1689年法军有15.8万兵力,到了1691年已经增加到了27.3万,而到了1693年几乎达到了最高的40万。[47] 40万这个数字是旧制度下法兰西君主国资源所允许的派往各战场的最大军队规模。事实上,在1710～1792年,法军规模明显缩小,通常只保留15万～20万的兵力。[48]

这样的军队规模扩大对财政支出产生了明显的影响。时任法国财政大臣行政文书的马莱(Malet)曾表示,1708～1714年法国的年均军费支出是2.18亿里弗尔,而1672～1678年荷兰战争期间法国的年均军费支出只有9 900万里弗尔。[49] 1693年发生的生存危机减少了国家税收,而效仿奥地利哈布斯堡王朝开征的一种新税——1695年的人头税——只取得了相对成功,勉强能够维持战争继续下去。[50] 法国沿海受到的威胁意味着法国在1693年已经没钱维持庞大的舰队,私掠船乘虚而入填补了正规舰队撤走留下的空白,它们先是掠夺英格兰和荷兰的船只。[51] 到了1709年,虽然路易十四与腓力五世缔结了联盟,但法国的贸易"非法"发展到了西班牙帝国的南美殖民地[之前受到法国财政大臣夏米亚尔(Chamillart)的纵容][52]。1709年,法国凭借从南美输入的3 000万里弗尔金银得以把战争继续下去。[53] 1710年3月,在杰尔特路伊博格(Gertruydenberg)举行的和谈失败,导致了一场战争筹款危机。到了这一年

46　Lind (1987),222 and his dataset ESFDB \armies\armdom. 本章作者要感谢Gunner Lind博士(哥本哈根大学)对本章的草稿所作的有益的评论。

47　Martin in Sonnino (1990),120,122—123. 拿破仑后来估计,路易十四统治时期法军规模在1692年最多,曾达到54.6万兵力:Woolf (1991),159;不过,这个数据可能包括了民兵,而我们这里的数据没有包括民兵。

48　Lynn (1980),579,581.

49　Bonney (1991a),190;Bonney and Bonney (1993),23.

50　Bonney (1992a),162,164.

51　Kamen (1969),155. 关于之前法国商人认为荷兰和英格兰得益于西班牙无力保护其帝国的观点,请参阅文献:A[rchives] N[ationales] G^7 183,no. 239,241,260,16 Sept.,23 Sept.,17 Oct. 1703;G^7 185 no. 120,21 June 1705 and undated minute of Chamillart;Boislisle (1874—1879),ii,252.

52　3 000万的传闻起初受到了怀疑:AN G^7 188,no. 371—373,9 Apr. 1709。

53　Malet和Desmaretz都接受3 000万这个数据:Malet (1789),116;Desmaretz (1789),13;Boislisle (1874—1879),iii,675. Kamen (1969:192)给出了维隆币(西班牙旧时的一种铜币。——译者注)里亚尔(reale,西班牙旧时的货币单位。——译者注)年度数据。按照这个兑换率,1709年的数值应该是1 625万。

的7月中旬，除了把战争打下去以外似乎别无选择，除非路易十四接受盟国的要求让腓力五世退位不再任西班牙国王；必要的话，法王应该向腓力五世的孙子宣战，把他赶下王位。在这种情况下有必要建立一支新的军队，但法国对此毫无准备，因为前年艰苦的和谈曾燃起过解决主要争议的希望。在经历了由被称为"严冬"（*grand hiver*）的1709～1710年生计危机造成的社会动荡以后，法国再没有任何可用的税收收入来创建这支新军。1710年夏末，法国在严厉审核支出以后遵循荷兰先例，强行征收了一种新的什一税。[54] 法国的内阁大臣们似乎认为这种新税取得了成功，因为这种新税对于提高盟国的现实意识产生了一定的影响。实际上，1710年托利党大选获胜，铲除了英国主战派的滋生土壤。在"背信弃义的阿尔比恩"（Albion，希腊人和罗马人对英格兰或不列颠的称谓。——译者注）单方面议和以后，留下荷兰人独自去争抢他们能够获得的特权。

法国货币疲软，特别是相对于西班牙的达布隆（doblón，西班牙和西班牙美洲殖民地金币。——译者注）或者皮斯托尔币（pistole，西班牙旧金币。——译者注）的疲软，在1689～1714年反英荷同盟战中，对于削弱法国的备战能力起到了关键作用。虽然西班牙政府在1686年推行了有利于法国政府货币稳定的政策，但法国政府在这两场战争中几乎持续不断地降低本币成色的策略却无助于改变法国货币疲软的状况。在西班牙王位继承战期间，汇率成了一个重要问题。由于法国政府需要支付它在伊比利亚半岛的驻军军费，因此，汇率的走势几乎总是有利于西班牙。在西班牙，法国商品在价格上远没有荷兰和英格兰的走私商品有吸引力。[55] 因此，虽然大量的金银经由南特（Nantes）、圣马洛（Saint-Malo）、拉罗歇尔（La Rochelle）和巴约纳（Bayonne）输入法国，而且法国政府也确实进行了各种努力，但也有大量的金银经

54 Bonney (1991a), 196—197; Bonney and Bonney (1993), 74—81; Bonney (1993a).

55 Kamen (1969), 168—170; AN G^7 140, 25 May 1704; G^7 116, 27 Jan. 1705; G^7 117, 22. Sept., 3 Oct. 1708; G^7 118, 27 May 1710.

由里昂非法输往热那亚。[56] 法国因此而遇到了流通货币不足的严重问题。[57] 政府为了克服这个困难采取了各种应急措施,最臭名昭著的措施就是发行纸币(*billets de monnaie*)[58],随后又规定:无论什么交易,1/4的价款必须用这种纸币支付。[59] 1708年后,德马雷(Desmaretz)从流通中撤走了很多纸币,并且废除了这种纸币的使用规定。但是,赤字财政仍是常态,以至于到了1715年路易十四驾崩时,付息公债已经大约多达17.39亿里弗尔。但不清楚,德马雷是依据什么得出这个数据的。[60]

结果,法国勉强逃过了1713～1714年被清算的劫难,但已经没有任何财力推行冒险的对外政策。在西班牙王位继承战的最后几年里,法国特权阶层已经非常怨恨严重的财政压力,这一点从他们只同意在战争时期征收什一税就能看出。摄政王不得不在1717年让步撤销了这种税。劳氏曾试图扩大信贷市场,以减少公债并用纸币替代铸币充当主要交换媒介。劳氏方案的过度扩展主张,而不是抵制既得利益集团的斗争,导致劳氏信用系统在1720年7月17日彻底崩溃,而且还负面影响了未来很多年人们对金融创新和纸币的信心。[61] 而劳氏非但没有减少公债,还实际成功地增加了大约7亿里弗尔的公债,并且(事与愿违地)加剧了经济萧条。即使在经认证(visa)武断地减少欠款票据后,仍有大约17亿里弗尔的公债需要偿还,法国肯定还需要好几年的时间才能消除劳氏信用系统崩溃造成的影响。图尔里弗尔从1726年开始重新升值,直到1785年,图尔里弗尔的相对稳定才在很大程度上恢复了它所需要的信心。之前,法国的流通货币深受政府推行的咄咄逼人的对外政策之困

---

56 关于货币网络(monetary networks),请参阅文献:AN G^7 142 nos. 58,76,16 Feb. and 12 Apr. 1707。

57 关于吉耶纳,请参阅文献:AN G^7 140,9 Oct. and 27 Oct. 1703;Boislisle (1874—1879),ii,154;G^7 141,no. 383,22 May 1706;G^7 144,no. 20,27 Jan. 1711;Boislisle (1874—1879),iii,348。

58 关于对发行纸币的呼声,请参阅文献:AN G^7 142,no. 81,86,90,30 Apr. ,8 May and 21 May 1707.

59 AN G^7 142,no. 155,158,161,5 Nov. and 26 Nov. 1707.

60 Bonney (1992a),171 n. 87;Desmaretz (1789),54;Boislisle (1874—1879),iii,681. 关于对德马雷债务记述的考证,请参阅文献:Steuart,ed. Skinner (1966),ii,605;Bonney and Bonney (1993),73;这些数值根据 Joël Félix 的数据作了上调。

61 据说,随着贴现银行(Caisse d'escompte)在1776年的创立,情况有所好转:Marion (1914),348;Crouzet (1993),35—42。

扰。法国和平时期的财政收入也从 1727 年的 2.07 亿图尔里弗尔增加到了 1768 年的 3.44 亿图尔里弗尔。但在 1768 年以前,法国财政收入实际增加有限,具体取决于如何计算通货膨胀率。问题的关键在于,法国的税负在和平时期似乎也持续得到了实际减轻。[62] 在 1756 年爆发"七年战争"之前,法国只采取一些规模相对较小的军事行动:成功地压缩了波兰王位继承战(1733~1738 年)造成的财政需要,就连奥地利王位继承战(1740~1748 年)也没能对法国造成财政灾难。[63]

西班牙的情况与法国不同,虽然腓力五世保住了王位,西班牙也至少在领土方面为 1713~1714 年的和解付出了沉重的代价,但它的财政状况要大大好于法国。首先,与可能的预期不同,腓力五世在王位继承战期间获得的收入实际有所增加:主要是冷酷无情地开发利用教会等临时性收入来源,没收反叛者的财产,课征附加税等手段,总收入从 1703~1704 年的 1.203 亿维隆币里亚尔增加到了 1713 年与加泰罗尼亚交战最激烈时候的 2.294 亿维隆币里亚尔。[64] 其次,财政复苏的第二个原因就是 1707 年和 1714 年先后废除了阿拉贡和巴伦西亚以及加泰罗尼亚享受的特权。此举允许西班牙到 1718 年把有效的直接税制扩展推行到边远地区,这一点哈布斯堡王朝从来没有做到过。1718 年,这些边远地区差不多作出了占西班牙总收入 1/10 的贡献。[65] 因此,1687 年 5 月的收入和支出估计分别是 8 400 万维隆币里亚尔和 1.229 亿维隆币里亚尔,但 1717~1718 年的财政状况大有好转:支出确有 2.379 亿维隆币里亚尔,但收入也有 2.364 亿维隆币里亚尔。[66] 此后,收入增速有所回落,而且直到詹金斯的耳朵战争(Jenkins's Ear War,1739~1748 年,英国与西班牙之间发生的一次军事冲突。——译者注)爆发,财政收入也没能突破 3 亿维隆

62 Mathias and O'Brien (1976:604—605)断言,财政负担实际上没有加重。1768 年的调整数值是 1.78 亿里弗尔。Riley (1987:232—233)重新计算得出 2.34 亿或者 2.49 亿里弗尔,具体取决于是采用 Labrousse 还是 Posthumus 的数据序列。关于财政负担占总产出的比例(和平时期略有下降):ibid. 236。人均财政负担差不多,仍保持在 8.2 里弗尔(1733 年)和 8.9 里弗尔(1768 年):loc. cit。

63 Morineau (1980),303,307;Riley (1987),237.

64 Kamen (1969),215.

65 Ibid. 224.

66 Ibid. 215,228;Kamen (1980),367.

币里亚尔这个关口,后来也只能应付支出的增加。[67]

1713～1714年签署《乌得勒支和约》的各战胜国在财政收入增长和财政稳定方面遭遇了完全不同的命运。奥地利的哈布斯堡王朝在三个战胜国中境况最糟,因为在利奥波德一世治下,各不同组成领土的税收和信贷便利基本上都被置于三级会议的控制之下。在1703年,动员一支12.9万兵力的军队成了巨大的资源负担。[68] 在西班牙王位继承战期间,至少在1704年以后,奥地利的军费支出年年都要超过2 000万弗罗林。[69] 在查理五世治下,虽然推行了新的收入政策,但可支配收入并没有获得实际增加。国债在1718年是5 210万弗罗林,但到了1739年已经增加到了9 900万弗罗林,这还不包括布鲁塞尔和米兰政府单独欠下的债务。[70] 奥地利的哈布斯堡王朝不可避免地变得严重依赖外国提供的战争援助,在1756年外交革命之前主要是英国提供的战争援助。[71] 即便如此,玛丽娅・特蕾莎1740年的"*damnosa heritas*"(意思是"不能依法获得补救的损害"。她自嘲是"一无钱、二无信贷、三无军队")[72]为她在奥地利王位继承战中遭遇军事失败埋下了伏笔,从而使得豪格威茨在1747～1749年推行的改革成为必需(见本书第十章第三节)。

签署1713～1714年《乌得勒支和约》的第二个战胜国合省联邦虽然处境要好于奥地利,但对这份条约仍感到极度失望,并且在1672～1713年与法国打了三场旷日持久、代价昂贵的仗之后显然已经耗尽了财力。[73] 有很多文献反映了荷兰当时的状况:1660年以前,荷兰军队的总兵力只有一年超过6万人。荷兰战争(1672～1679年)期间,荷兰军队在1673～1675年创造了规模纪录(兵力在88 000～93 000人之间),但荷兰的兵力直到1695年才超过10

67 Kamen (1969),223,230:作者从未公开发表或者发布过这两张图的基本数据。Ozanam in Otazu (1978a),51,54;Artola (1982:312)给出了较低的估值。

68 Bérenger (1975),276;Bérenger (1984),221,230.

69 Dickson and Sperling in Bromley (1971),306.

70 Dickson (1987),ii,6.

71 Ibid. ii,158—172.

72 Ibid. ii,3.

73 Veenendaal in Hofmann and Norberg (1994),127—129.

万。然而，1702～1713 年荷兰军队的规模始终保持在 10 万以上（见图 38），[74] 年度军费支出估计在 1703 年达到了 2 440 万基尔德，在 1708 年达到了 2 770 万基尔德，到了 1712 年已经达到了 2 900 万基尔德。[75] 因此，到西班牙王位继承战结束时荷兰共和国的财政已经严重透支，就不足为奇了。[76] 1713 年，据计算，西班牙王位继承战令荷兰共和国付出了大约 1.28 亿基尔德的代价，而荷兰从签署《奈美根和约》到签署《乌得勒支和约》这个时期光支付公债利息就差不多翻了一番。[77] 此外，荷兰的人口增长慢于其他国家，财政收入也难以实现增加。按照市价，1725～1790 年荷兰的税收大约只增加了 25％，而同期英国和法国的税收收入大约都增长了 35％。但与英国和法国的情况不同，按不变价格计，荷兰的税收收入实际有所减少。[78] 更糟糕的是，就如艾萨克·德·平托早在 1771 年就指出的那样，确保荷兰世界贸易领先地位的主要因素到了 18 世纪 60 年代已经开始消失。[79]

英国在 1713 年成了无可争议的赢家，尽管它的国债从 1697 年以来已经增加了 1 倍多（从 1697 年的 1 670 万英镑增加到了 1713 年的 3 620 万英镑）；而在西班牙王位继承战中平均支出已经大大高于 17 世纪 90 年代（是 700 万英镑，而不是 550 万英镑）。军队，即陆军和海军，总兵力从“九年战争”时的平均 11.6 万多增加到了西班牙王位继承战时的 13.5 万多。至 1729 年英国财政崩溃时（南海泡沫事件至少在一定程度上是对劳氏信用系统最初表面上的成功的一个回应），[80]英国的公债已经超过 5 000 万英镑，但在此后 18 世纪 20 和 30 年代的和平岁月里又有所减少。[81] 即便如此，英国的公债在从 1713 年到奥地利王位继承战（1739～1748 年）结束的这个时期里增长了 1 倍多，也就是增加到了 7 400 万英镑，而且到了“七年战争”结束时差不多又翻了一番，也

---

74 Zwitzer (1991), 175—176; Vaupell (1898). 本章作者要感谢（乌得勒支大学的）Maarten Prak 教授和 Gunner Lind 博士提供了这些参考文献。ESFDB \armies\netb001 based on \netm001.

75 Dickson and Sperling in Bromley (1971), 295.

76 Aalbers (1977), 82.

77 Schama in Winter (1975), 103.

78 Aalbers (1977), 84—93; Fritschy (1990), 60—61; cf. Mathias and O'Brien (1976).

79 Israel (1989), 379, 401, 377—398, passim, 但这个问题仍有争议。

80 Neal (1990), 62—80, 89—117.

81 Brewer (1989), 114.

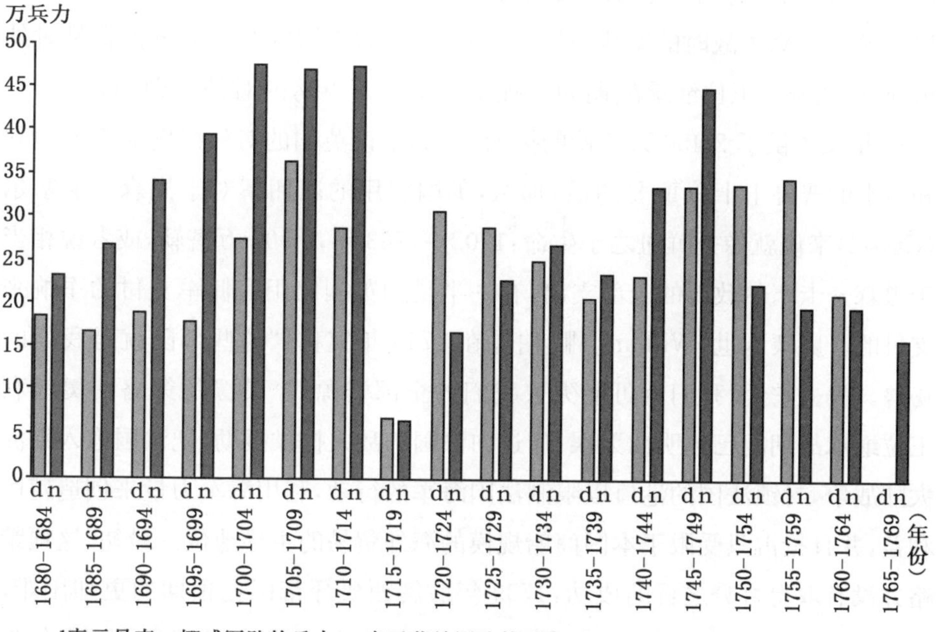

d表示丹麦—挪威军队的兵力;n表示荷兰军队的兵力。

资料来源:Vaupell (1898);Zwitzer (1991),175—176 \armies\nelb001 © ESFDB 1993.

图 38　1680～1769 年丹麦—挪威军队与荷兰军队总兵力(用万人表示)

就是从 7 400 万英镑增加到了 1.326 亿英镑。在 1714 年后的任何一场战争中,国债中的短期债务占比不管怎样都没有超过 20%,而且通常是在 10%以下:这是朝向债务长期化的一个决定性变化(长期债务直到 1712 年才超过短期债务)。[82] 奥地利王位继承战期间的英国年均支出只是略高于最后一场征讨路易十四的战争的年均支出(分别是 878 万英镑和 706 万英镑),主要是因为战时军队规模较小。但不管怎样,军费支出在"七年战争"期间增加了 1 倍多,而且年均达到了 1 800 万英镑,而军队规模扩大、兵力超过 9 万,是其中的一个促进因素。[83] 到了 1760 年,军费支出占国民收入的比例甚至超过了西班

82　Ibid,119.

83　Ibid. 30. 请注意:O'Brien (1991:34)中的数据不同,因为这些数据是 5 年平均值,而不是不同战争时期的数据。

牙王位继承战期间的占比(据估计,1760 年是 15.5%,而 1710 年则是 14.5%)。[84] 除了战时的军队规模外,还有一个需要摆脱的沉重负担就是对外援助:单西班牙王位继承战期间就提供了 700 万英镑的对外援助,而 1703～1763 年又提供了 2 450 万英镑的援助。[85] 如果说英国的对外援助对于奥地利和后来的普鲁士十分重要的话,那么,英国雇用的雇佣军对于黑森—卡塞尔(Cassel)来说就像是鲜血之于生命:1702～1763 年,2 500 万塔勒,或者说相当于黑森—卡塞尔政府的全部支出,有一半是用英国雇用雇佣军支付的军饷来支付的。威廉八世(William Ⅷ)伯爵在 1745 年宣称:"这些部队就是我们的秘鲁。失去它们,我们就可能失去我们的全部资源。"[86]英国的策略在奥地利王位继承战期间已经明白无误:通过向法国的敌人提供援助,把法国拖入欧洲大陆战争,封锁法国的港口以限制法国海军的行动,利用海军力量来创造殖民利益,并且抢占只受限于本国商船规模的海外贸易的主导地位。最初,这项策略并没有取得百分之百的成功:1739 年肢解西班牙帝国比预期的更加困难;这项策略直到"七年战争"才见到了成效。因为,在 18 世纪的战争中,"七年战争"是英国在战争期间对外贸易获得增长,而且关税也随之增加的最显著例子:这在一定程度上多亏了海外军费支出。[87]

11.2 北方大战的财政结果与"开明专制"的崛起

瑞典与俄罗斯之间争霸东波罗的海的大战于 1721 年以俄罗斯取得决定性胜利而告终。但在 1697 年之前,瑞典似乎仍有更大的胜算保持它在东波罗的海的霸主地位。在查理十一(Charles Ⅺ)治下,瑞典实行军饷拨付(*indelningsverket*)制,拥有一支防卫常备军。政府在和平时期拨付专款来维持这支军队,这样,防卫常备军驻扎在地方,又不会伤害地方农村经济。查理十一把国债从 4 400 万达勒(*daler*,瑞典旧时货币。——译者注)减少到了 1 100 万

84 O'Brien (1991),35.

85 Brewer (1989:32)给出了略大于 Dickson (1987:ii,158—160)的数据。

86 Ingrao (1987),127.

87 Brewer (1989),99,175.

达勒,并且还在地下银库窖藏了差不多 200 万达勒供应急之用。当他的儿子查理十二在 1700 年受到攻击时,查理十一留下的制度完美无缺地发挥了作用,并且被瑞典在纳尔瓦(Narva)战役中大获全胜所证明。[88] 此后,查理十二不得不在 1701～1709 年重新采取传统的"以战养战"策略。瑞典 1709 年在波尔塔瓦(Poltava)打了败仗后,虽然为了把战争继续下去,查理十二采取了积极的财政措施,但仍然难以为继。[89] 1718 年国王驾崩,第二年就开启了一个"自由时代",因为黑森的腓特烈二世仅以牺牲专制政体为代价为他的妻子赢得了王位继承战。主要是出于财政的原因,军事冒险就此告一段落:1718 年的支出大约是经常性收入的 12 倍(支出 3 470 万银达勒,而经常性收入还不到 1696 年 689 万银达勒的一半)。[90] 比战争造成的纯预算后果更严重的是,征兵到海外服役导致人口剧减,并且殃及经济。瑞典不再是一个大国,不过,瑞典模式之前已经证明,通过高效利用自己的资源和高水平动员国民备战,人口小国也能成为重要的军事强国,并且称霸地区。

在 1719～1921 年战争的战胜国中,相对于国家人口的规模而言,丹麦的军队规模最大(见图 38)。丹麦与普鲁士不同,它还拥有一支重要的海军。[91] 丹麦受到了瑞典模式的影响,但又不同于他的竞争对手。18 世纪,高度军事化的专制制度仍是丹麦的一种常态。腓特烈四世(Frederick Ⅳ)在西班牙王位继承战期间把 1.2 万兵力借给了荷兰和英国政府;作为交换条件,荷兰和英国政府许诺在出现紧急情况时派海军相助。[92] 丹麦的财政支出 1710 年是 450 万里格斯达勒(rigsdaler,丹麦旧时货币,它的英文名称是"rixdollar"。——译者注),到了 1720 年增加到了 580 万里格斯达勒;陆军开支在这个时期略有减少,但海军和行政支出大幅度增加。在"北方大战"(Great Northern War)期间,丹麦是唯一一个财政出现盈余的波罗的海国家:总收入从 1710 年的 530 万里格斯达勒增加到了 1720 年的 690 万里格斯达勒。来自国外的军费援助对于实现财政盈余起到了重要作用;杂项收入是丹麦预算中最大的收入项目

---

88 Roberts (1967), 250; Aberg in Roberts (1973), 268, 286; Upton in Miller (1990), 118.

89 Hatton in Bromley (1971), 672, 674—675.

90 Roberts (1986), 18 n. 9.

91 Lind (1987), 222, 241—242; Vaupell (1898).

92 Stoye in Bromley (1971), 774.

(1710年和1720年分别是270万里格斯达勒和300万里格斯达勒)。[93] 即便如此,丹麦在"北方大战"期间公债仍有增加,铸币成色降低,并且在1713年首次发行纸币。1721年后,丹麦每年的军费支出跌破200万里格斯达勒,并且在1762年之前一直都没有超过200万里格斯达勒(具体取决于采用哪个数据来源)[94]。虽然波罗的海国家之间的贸易起伏不定,但18世纪松得海峡通行税(*Sound dues*)仍对丹麦王室十分重要(见本书第十三章第三节)。

1709年在波尔塔瓦(Poltava)取胜之前,俄罗斯在与瑞典的冲突中略占优势。1705年对于俄罗斯人来说是关键的一年,这一年俄罗斯96%的支出用于战备。[95] 到了1710年,俄罗斯战备支出占比大概降低到了80%。[96] 1710年,俄罗斯只有4/5的支出要靠税收来筹措,这在一个几乎没有信贷体系的国家就意味着不小的危机:财政赤字要靠降低货币成色来弥补,这是俄罗斯在1701~1709年的一个重要收入来源(大约产出440万卢布)[97]。后来,俄罗斯又依靠征收附加税来弥补财政赤字。[98] 根据俄罗斯1725年的存世财政账簿,直到彼得大帝(Peter the Great)驾崩那年,用于战争需要的总支出(也就是陆军和海军支出)才减少到654万卢布或者占总支出的64.5%,但仍只比850万卢布的总收入少(原文是"多")200万卢布左右。[99] 1700年俄罗斯在纳尔瓦(Narva)遭遇的军事灾难使得彼得大帝明白了瑞典模式在财政和军事管理方面的价值。不过,通过德国人海因里希·菲克(Heinrich Fick),彼得大帝领教了查理十一的成就,并且了解到有关瑞典政府体系的详细信息。[100] 1714年,俄

---

93 Jespersen (1989), 280, 282 and ESPDB \poul\dand010 and \dand014. 本章作者感谢 Bjem Poulsen 博士提供了这份材料。

94 我们在这里采用了 Vaupell 的数据。Nathanson (1836)中有预算其他部分的数据,但可能不可靠。他给出了1743年和1744年非常高的军费支出,超过200万里格斯达勒;1759~1761年的军费支出也是如此。总的来看,Nathanson 提供的军费支出数值大于 Vaupell (ESFDB \poul\dand006)中的军费支出数值。本章作者要感谢 Bjem Poulsen 博士提供了这份材料。

95 Anderson in Bromley (1971), 723.

96 LeDonne (1991), 276.

97 Anderson (1978), 95.

98 Klyuchevsky (1965), 73.

99 Dukes (1982), 91.

100 Peterson (1979), 162, 178, 411—413. Peterson (412)断言:"瑞典在推行新的财政管理体制后产生了特别大的影响……特别值得关注的是所谓的军饷拨付制(*indelningsverket*)……"

罗斯海军在汉科(Hängo)打了胜仗(即甘古特会战)以后,彼得大帝在俄罗斯推行一种经过改良的瑞典行政管理制度,尤其是推行联合委员会制度,其中有6个联合委员会是专职财政机构,或者把收税包括在自己的职责中。[101] 同时,彼得大帝在1722年下令根据瑞典和普鲁士的经验编制军阶表(Table of Ranks)。1722年的军阶表确认了贵族的军旅生涯优先性和军事长官的决策角色。[102] 俄罗斯与瑞典交战20年的最明显结果就是军事力量不断增强:就连1724年的财政危机也没有导致遣散军官团,而是准许他们无薪休假。[103] 可谓"功夫不负有心人",但俄罗斯要想实现其对西方的领土野心,波兰的衰败是先决条件。财政改革当时被认为是波兰的当务之急,但并没有在1717年波兰被俄罗斯托管之后的时期里付诸实施。那年"沉默的议会(Sejm)"把国家的年度财政收入定为1 000万兹罗提(zloty,波兰货币单位。——译者注)。如果要与俄罗斯进行军事对抗,这笔收入实在是太小;在任何情况下,波兰都把军队规模限制在2.4万兵力以内。[104] 一个至少在1667年签署停战协议到1686年停战承认战败之前的前大国,竟沦落为被列强瓜分的潜在猎物。由于贵族不愿纳税,因此,波兰的国家和军队都很虚弱。直到1788年,波兰才决定创建一支拥有10万兵力或者占全国人口1%的军队。正是由于1788～1792年这届议会试图对国家和军队实行现代化,一心想瓜分波兰的列强在1793年对波兰采取了最后的行动。[105]

我们不能狭义地从财政和经济两个方面来解释"开明的专制",因为它是一个与启蒙思想的传播和官房学派的影响直接有关的概念(见本书第六章第四节)。[106] 然而,有一点可以不用怀疑,那就是波兰至少想像两个最大的德意志邦国——先是普鲁士,后是奥地利——那样在政治、财政和经济发展方面赶上像英国和尼德兰那样的其他欧洲国家。英国和法国可能仍是其他欧洲国家不能匹敌的大国。对于波兰来说,有待解决的问题就是要在二流国家中争当

101　Anderson in Bromley (1971),726;LeDonne (1991),74,240.

102　Dukes (1982),79—82. Dukes (82)评论指出:"……普鲁士、瑞典和丹麦产生了最大的影响,很可能就应该按照这个顺序排列。" LeDonne (1991),23,50.

103　LeDonne (1991),46.

104　Gierowski and Kaminsky in Bromley (1971),713—714;Filipczak-Kocur in Bonney (1995).

105　Kochanowicz in Chirot (1989),115.

106　Beales (1991),4—5;Scott (1990),346;Raeff (1975,1983).

第一，并且争取与两个大国结盟。腓特烈二世曾夸口称，就像普鲁士和奥地利这样的国家也好于不能依赖外国援助、没有财力奉行独立对外政策的三流国家。[107] 在这一点上，其他德意志邦国大多属于三流国家：开明的专制并没有在普鲁士和奥地利采取完全相同的形式，[108]或者说，普鲁士和奥地利根本就没有存在过所谓的开明专制。起初，由于西班牙王位继承战期间的军事合作（选帝侯腓特烈三世也因此在 1701 年获得了普鲁士国王的名分）[109]，腓特烈·威廉一世（Frederick William Ⅰ，1713～1740 年在位）通常奉行一种亲奥地利的政策，因此，奥地利与普鲁士之间的竞争并不公开。虽然历史学家正确地注意到了"大选帝侯"腓特烈·威廉一世早期在创建永久性税收制度和战时军需总部方面取得的成就的重要意义，[110]但往往会忘记：普鲁士与俄罗斯一样，最初是仿效瑞典的军事和财政管理模式；虽然进行了一些改进，但 18 世纪后期普鲁士推行的行政区制度暴露出一些类似于瑞典同期实行的行政区制度的缺点。[111] 腓特烈二世政权供养了一支 19 万兵力的常备军，这对于普鲁士经济来说是一个沉重的负担。奥地利军队在兵力上要比普鲁士多 1/3，但普鲁士兵力占人口的比例要比奥地利高出 2 倍。腓特烈·威廉一世在 1722～1723 年创建了一个重要机构——总督政府（General Directory）[112][但没能引进瑞典和俄罗斯的联合委员会（*krigskollegium*）制，奥地利直到 1787 年才推行这种制度]，[113]并且在 1733 年推行了便于征兵的行政区制度。[114] 他——就像 1679 年

107 Roberts (1986)，19 n. 10. 三流国家还有撒丁、丹麦、葡萄牙、波兰和瑞典。在斯特拉斯堡大学 Koch 教授的讲稿中也有类似的国家分类：Meyer (1991)，23－24。关于腓特烈二世的误信，请参阅下文介绍的普鲁士在 1793～1794 年发生的事件。

108 Blanning (1974：139)介绍了美因茨（Mianz）的相关情况；Liebel (1965)介绍了巴顿（Baden）的相关情况；Vann (1984：184，186，224－245，275－279)介绍了符腾堡（Württemberg）的相关情况；Ingrao (1987：6－7，213)介绍了黑森的相关情况；Ingrao in Scott (1990：227)介绍了一些较小的德意志邦国的相关情况；cf. Moraze (1948).

109 Koch in Miller (1990)，154.

110 Ibid. 146.

111 Oestreich (1982)，235－236，238－239. 关于瑞典后来的问题，请参阅 Roberts (1986)，22－23；关于普鲁士的问题，请参阅文献：Craig (1955)，22－23。

112 Dorwart (1953)，167，199－211.

113 Peterson (1979)，399－402；Craig (1955)，29.

114 Bosch (1962)，19；Sheehan (1989)，62，64；Johnson (1975)，6－7，26. 1743 年在普(鲁士)属西里西亚推行；Baumgart in Greengrass (1991)，168；但没有在后来征服的前波兰领土上执行：Speier (1936)，313.

后的查理十一那样——总设法避免战事,并且设立了一个国家储备基金(*Staatsschatz*)。到他 1740 年驾崩时,这个基金已经积累了 1 000 万帝国塔勒(*Reichstaler*)的金币。就是这个国家储备基金和一支强大的军队(在欧洲被认为对于一个人口规模像普鲁士这样的国家过于庞大的军队)[115]使得腓特烈二世能够在 1740 年一举夺取西里西亚。此举明确改变了欧洲 18 世纪历史的进程。[116] 在占领西里西亚以后,普鲁士就在西里西亚推行一种经过改良的财政制度——一种"普鲁士式"的税收制度;虽然这种税制有利于普鲁士,而不是有利于西里西亚,税负也比过去重,但比过去公平。[117] 腓特烈二世的战争准备金有 2/3 花在了发动第一次西里西亚战争的那 2 年里。到了 1745 年,虽然国库已经补充到 600 万帝国塔勒,但普鲁士在第二次西里西亚战争中付出了 1 200 万帝国塔勒的代价。到了 1752 年,西里西亚产出了普鲁士 28%的收入。后来,在普鲁士各行省中只有西里西亚在"七年战争"期间仍定期缴税。[118] 战争赔款和财政盈余使得普鲁士国库能够重建准备金。这次到了 1756 年,普鲁士国库积累的准备金达到了 2 000 万帝国塔勒(见图 39)。[119]

玛丽娅·特蕾莎对失去西里西亚作出了回应,那就是为收复西里西亚进行殊死的斗争:因此,在 18 世纪 40 年代发动了两场不成功的战争。豪格威茨在 1749 年推行的旨在扭转哈布斯堡王朝君主国财政和军事命运的改革计划,不但受到了官房学派观点的影响(见本书第六章第四节),而且受到他担任——1743 年后奥属西里西亚仍保留的——行署长官(*President of the Royal Bureau*)经历(他在行署长官任上了解到很多关于普鲁士人推行跨国改革的情况)的影响。他曾表示,普鲁士驻西里西亚行署几乎实现了税收翻番、实际财政负担由于财政效率提高而有所减轻的业绩。[120] 督政府(*Directorium*)

115　Hubatsch (1975),128.

116　Scott in Scott (1990),23;Sheehan (1989),21;Meyer (1991),55—6,86—87.

117　Baumgart in Greengrass (1991),165,173;Johnson (1975),148—149.

118　Johnson (1975:144 n. 20)根据腓特烈二世 1752 年的《政治遗嘱》:西里西亚是 340 万塔勒,其他行省总共为 875 万塔勒。Henderson (1963),65.

119　ESFDB \korner\prussia\prub003 after \prum003;Riedel (1866). 本章作者要感谢 Körner 教授对这些表的解释。请注意,Riedel 表中的早期官房收入有误。请参阅 Schremmer 关于普鲁士会计方法不足的评论:Schremmer in Mathias and Pollard (1989),414;Koser (1891),551;Hubatsch (1975),137—138.

120　Dickson (1987),ii,8—9;Scott in Scott (1990),152—153.

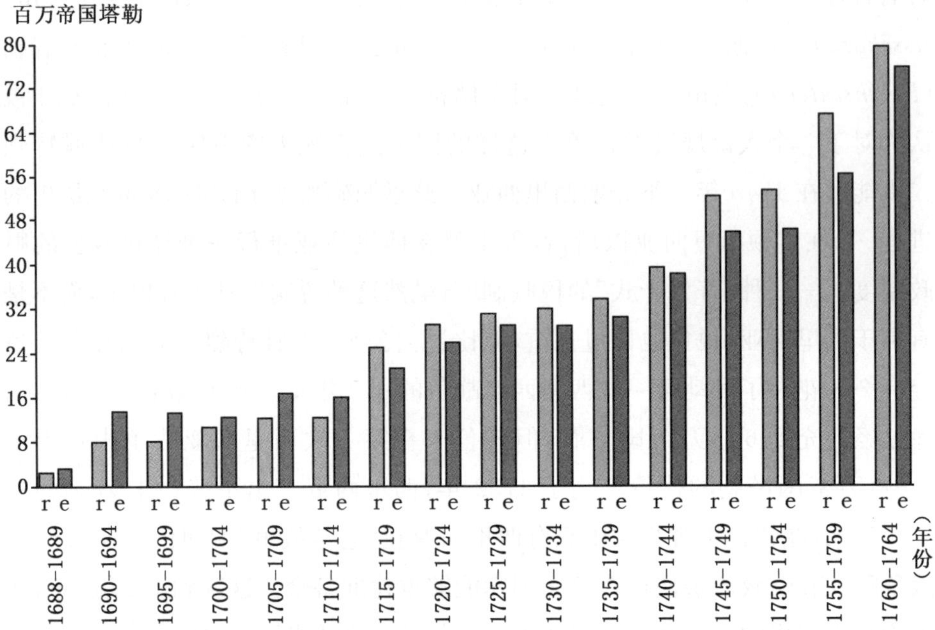

r表示净收入；e表示净支出。

资料来源：Riedel (1866)\korner\prussia\prub003 © ESFDB 1993.

图 39　1688～1764 年普鲁士总收入和总支出比较(用帝国塔勒表示)

是奥地利版的普鲁士总督政府(*General Directory*)，[121]但它压倒一切的目标就是要通过增加课征于世袭领地的“捐助”，在和平时期创建一支拥有 10.8 万兵力的常备军。[122] 这次改革在“七年战争”这次严酷的效果“检验”中输得一塌糊涂。这场战争使普鲁士付出了 1 400 万帝国塔勒的代价。虽然(与奥地利结盟的)俄罗斯军队在这场战争的大部分时间里占领了东普鲁士，但普鲁士反过来占领了萨克森(Saxony)、梅克伦堡(Mecklenburg)和瑞典的波美拉尼亚(Pomerania)：这为普鲁士创造了 5 300 万帝国塔勒的收入。英国每年用黄金支付的 67 万英镑援助总共合 2 759 万帝国塔勒。之前的储蓄、后来的增税、大幅度降低被占领国家(战争临近结束时普鲁士自身)货币的成色、野蛮掠夺萨克森、拖欠军饷，所有这一切都有助于增收节支。1753 年，腓特烈二世得以

121　Baumgart in Greengrass (1991), 166; Scott in Scott (1990), 152, 154.

122　Dickson (1987), ii, 117－118.

全身退出战争,而且还积累了多达1 440万帝国塔勒的储备(*Dispositions-fond*)。[123]

敌对方的遭遇形成了鲜明的对照。叶卡捷琳娜二世(Catherine Ⅱ)在俄罗斯即位时,驻扎在东普鲁士的俄罗斯军队连军饷都发不出。1762年,俄罗斯的财政支出达到1 600万卢布,其中73.7%花在了军队身上。第二年,俄罗斯的财政支出甚至又增加到了1 720万卢布。[124] 虽然财政收入随着和平的恢复而快速增加,但仍没有快到足以消除财政赤字的地步。1763年,俄罗斯的财政赤字达到270万卢布,这还没有包括拖欠的税收。[125] 彼得三世(Peter Ⅲ)在1762年5月就考虑发行纸币,但相关法案没有得到已经在位的叶卡捷琳娜的批准。及至"七年战争"结束时,奥地利诸地的财政状况甚至变得更糟。在豪格威茨和考尼茨1761年争夺权力的斗争结束以后,豪格威茨的督政府失去了它的大部分军事和财政职能,但征收"捐助"这个职能除外。为了迎接战争的挑战,奥地利中央政府不得不改革自己的决策程序。奥地利军队在1704年这个布伦海姆会战(Blenheim,1704年在巴伐利亚布伦海姆村打响了西班牙王位继承战的一场决定性会战。——译者注)年达到了13.8万兵力的规模,并且在土耳其战争及其后(1716～1730年)更是达到了16.2万兵力的新规模。"七年战争"的头几年,奥地利军队已经超过20万兵力,只是在1762～1763年减少到了18万左右。[126] 虽然军费支出在奥地利王位继承战中从未超过2 650万弗罗林,而且1744～1746年的军费支出大大高于另外几年,但奥地利在"七年战争"期间每年的军费支出估计接近4 000万弗罗林,大大超过3 200万弗罗林。[127] 如此庞大的战争支出导致财政负担大幅度加重。但是,奥地利政府并没有求助于普鲁士政府采取降低货币成色这种应急手段,而是在1761～1763年之前越来越多地求助于票据。到了1761～1763年,奥地利政府已欠下1 800万弗罗林的票据信用,至少相当于一场战役所需经费的一半。

123 Koser (1903),446;Henderson (1963),39—40;Hubatsch (1975),139—140.

124 Madariaga (1981),482;LeDonne (1991),277;Kahan (1985:337)中的数值多少要小一些。

125 Kahan (1985),341;cf. Madariaga (1981),482.

126 Dickson (1987),ii,114—115.

127 Ibid. ii,119,124.

贷款利息常会拖欠,尽管贷款利息费用占用了越来越多的"捐助"和新税收入。[128] 这时,法国已经取代英国成了奥地利的主要战争援助提供者,并且是一个相当高效的盟友,1760～1762 年每年要提供 750 万里弗尔援助。但是,1757 年公约最初商定的那么多的援助(每年提供 1 200 万里弗尔)承诺并不可能兑现,而且也没有实际履行。但到了 1763 年,奥地利政府已经不再能指望把战争援助作为后续任何战争的筹款手段,而是开始考虑如何增加国民财富、税收和公共信贷。[129]

11.3 "七年战争"和新殖民地争夺战的财政后果

就英国和法国波旁王朝之间的竞争而言,"七年战争"就是一场争夺经济和贸易霸权的竞争,而英国令人信服地赢得了这场竞争。任何旨在谋求全球大国地位的国家都不会满足于现状、止步不前,因此,法国首先采用比较法考察了未来冲突的收入基础问题,并且着重关注了意大利某些城邦的改革经验(见本书第十章第五节)。之前,贝尔丹(Bertin)下令进行的一次汇率调查提供了估算图尔里弗尔与其他货币价值对比关系的合理依据,[130]而且还能把比较扩大到更大的时间范围(见图 40)。[131] 单就财政资源而言(即不包括信贷),1763 年,法国在欧洲仍名列第一,年收入 3.21 亿图尔里弗尔;英国紧随其后,年收入 2.24 亿图尔里弗尔。[132] 西班牙财政大臣虽然看过法国政府的报告,但并没有估算西班牙的年收入。当时西班牙的年收入估计为 1.318 亿图尔里弗尔。[133] 因此,根据法国调查提供的证据,合省联邦位居第三,年收入 1.2 亿图

128 Ibid. ii,132,134－138.

129 Ibid. ii,173－184.

130 Hartmann (1979),22.

131 ESFDB \rjb\malg049 based on \malm047 以及许多这个文献引用的来源文献。英镑的兑换并没有考虑对图尔里弗尔的贴水率,但明显接近于当时的计算结果:取自于数据集"\malm047"的 1763 年英国收入是 2.228 亿图尔里弗尔。

132 这些数据转引自 Bonney (1994:74－75)。

133 Pieper (1988:88)引用的 5.012 亿维隆币里亚尔用 Bonney (1994a:74－75,n. 62)采用的乘数进行了换算。Gelabert in Bonney (1995)讨论了 Pieper 研究 1753～1788 年这个时期的重要文献;Meyer (1983:140)根据 Merino (1981)中的数据计算得出了较大的数值(1752 年是 1.4 亿图尔里弗尔),但是,Merino 采用了卡洛斯四世政权的里亚尔数据,而且没有交代数据来源和汇率。

尔里弗尔,不过这是合省联邦的总财政负担(即全国三级会议和各城市议会批准的总收入),联邦可支配收入可能只有8 500万图尔里弗尔。奥地利哈布斯堡王朝以9 200万图尔里弗尔的年收入紧随合省联邦之后,但不包括伦巴第和奥属尼德兰的收入。普鲁士正在迅速崛起,法国的那次调查并没有估计普鲁士的年收入,但可以认为奥地利的年收入已达到4 900万图尔里弗尔。[134] 普鲁士的收入增长迅速,以至于到腓特烈二世1786年驾崩时估计可能已经接近9 000万图尔里弗尔,[135]而荷兰的收入几乎静止不变。

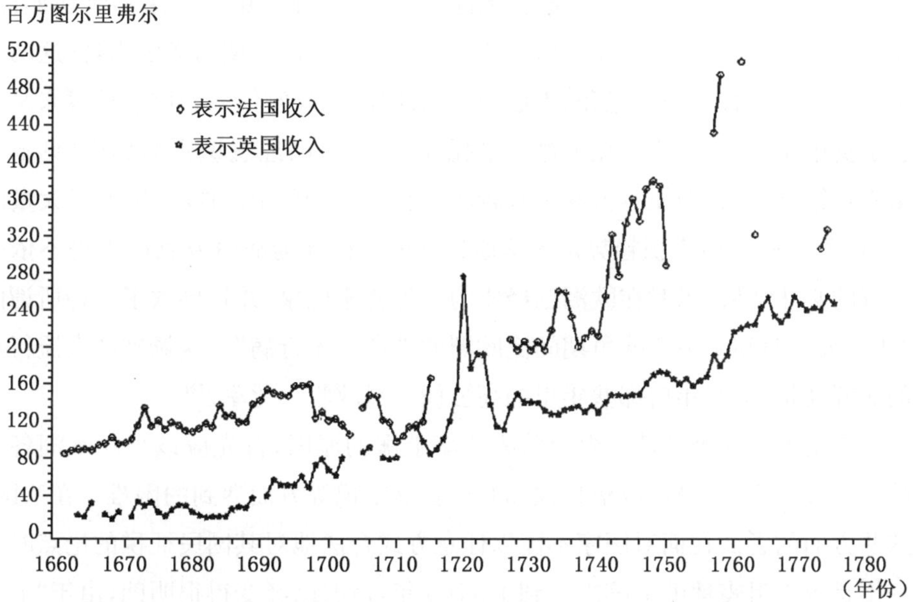

资料来源:various \rjb\malel\malg049 © ESFOB 1993.

图40　1660～1775年法国和英国总收入比较

在贝尔丹于1763年命人调查的其他欧洲国家中,只有葡萄牙(年收入大概有5 000万图尔里弗尔)与普鲁士比较相似,但它的财政要承担更多的固定

134　Hartmann (1979),222.

135　Rousselot de Surgy (1784—1787:iii,417)记录的数值是4 610万埃居(或者帝国塔勒),相当于1.66亿图尔里弗尔。这个数值似乎太大。Koser (1903:119)记录了2 173万帝国塔勒这个数值(可折合8 150万图尔里弗尔),又在(ibid. 121)记载了1786年2 380万帝国塔勒(可折合8 923万图尔里弗尔)。Koser在做加法时出了错,Henderson (1963:66 n. iii)作了纠正。Koser的估计值大于Riedel (1866,table 14)中的数值。Riedel和Henderson用的货币单位是塔勒,而Koser用的是帝国塔勒。

支出。[136] 瑞典和芬兰(年收入 2 300 万图尔里弗尔)、那不勒斯(年收入 2 700 万图尔里弗尔)以及丹麦和挪威(年收入 2 400 万图尔里弗尔)财力明显小于普鲁士,教宗国(年收入可能是 1 300 万图尔里弗尔)以及萨克森、汉诺威和巴伐利亚等另一些德意志邦国的情况也是如此。虽然他们提交的报告都证明被调查国家的税收获得了长期增长,但法国派往国外的调查代表由于缺少可靠的人口数据,因此很少进行人均财政负担分析。[137] 上述法国调查的结果显示,高货币流通速度与复杂、高度发达的财政体制之间存在一种明确的关系。在有些国家,如教宗国和瑞典,货币流通速度据悉很慢,几乎就像不流动那样。相反,英国和合省联邦的高货币流通速度推助了巨额长期债务的出现(这两个国家估计分别有 29.64 亿和 21 亿的长期债务)。政府债务的增加反过来又促进了货币流通,就如艾萨克·德·平托在 1771 年已经意识到的那样(见本书第六章第五节)。即便意大利一些较小的公国,如托斯卡纳,也欠下了大量的公债。[138] 这种公债累积趋势是无法通过开征新税来为战争筹款而不得不依赖借贷的必然结果,当时在欧洲已经成为一种普遍现象,并且导致了一种所谓的"法国大革命和拿破仑战争期间泛欧洲的破产大流行病"。这场破产大流行病的病源就是 1750 年后那些年里的高公债—财政收入比率。[139]

想要解释这个公债—财政收入比率上涨的原因,首先应该关注欧洲各国政府在改革税收结构、取消特权和开征新财富税等方面遇到的困难。在法国,这些方面的尝试在面对国家不能以任意方式合法地对其国民征税的论点时无一不是令人沮丧地败下阵来。到了 1763 年,情况已经变得很明朗,由于"七年战争"对法国财政造成了深刻的影响,因此,法国必须进行一场彻底的财政改革。[140] 就在放弃地籍调查,也就是说,贝尔丹 1763 年辞去财政总监职务的时候,重农学派对法国政府的影响达到了登峰造极的地步。贝尔丹已经拟定了放开谷物交易的改革措施,而且他的继任者拉凡尔迪(L'Averdy)全面执行了

---

136 A. M. Hespanha 提交给里斯本团队碰头会的未发表报告和附图。

137 关于这些数据和有关这次调查的详细讨论的全部参考文献,请参阅文献 Bonney (1994);瑞典数据的换算是个有争议的问题。

138 Ibid.

139 Riley (1980),114—118,214;Ellis in Aerts and Crouzet (1990),7.

140 Marineau (1980),308;Riley (1986),xvi,144—145,159—161,183—184;Riley (1987),237.

这些措施。[141] 原先打算放开谷物交易与全国地籍调查同步进行,而放开谷物交易可以说是一次基本财政改革的替代或者前奏。[142] 此外,谷物交易自由化政策在最高法院得到了一定程度的支持(而地籍调查并没有获得丝毫支持)。[143] 经济改革的成功应该有助于明确日后财政体制改革的方向。但是,谷物交易自由化政策——从 1765 年发生生计危机开始执行,并有证据表明泰雷(Terray)主政时期撤销了这项政策——的失败排除了进行任何像法国财政体制改革这样重大的财政改革的可能性。[144] 泰雷建议的领土税(impôt territorial)结果也胎死腹中,[145]而他的部分赖债以及把唐提式养老金转化为终身年金的计划倒是令人特别是令唐提式养老金持有者抱恨终身。[146] 1774 年,杜尔哥(Turgot)接替了泰雷的财政总监职务。在一个承诺撤销泰雷政策的国王治下,杜尔哥这个最亲重农学派的财政总监[147]并没有能力推行影响深远的改革。因为,改革运动的思想在当时基本上已经名声扫地。[148] 虽然财政改革以失败告终,但殖民地贸易在"七年战争"结束后获得了复苏。虽然在 1730～1740 年和 1740～1754 年这两个时期,法国的殖民地贸易获得了显著的增长(分别增长了 119%和 71%),但这部分贸易还不是增长最快的贸易[与列万特(Levant)的贸易在前一时期和北方贸易在后一时期的增长幅度更大]。不过,在 1765～1776 年这个时期,法国的殖民地贸易增长快于其他任何贸易,增幅达到了 76.7%,而同期与西班牙的贸易减少了 6%。按贸易值计,法国的殖民地贸易此时已经是其他贸易总和的 3 倍。[149]

141　Kaplan (1976),i,90－96,136－137,142. 关于重农学派对拟定这项措施的影响,请参阅文献:ibid. i,146－149。

142　Ibid. i,158－159.

143　Ibid. i,180;ii,448;Antoine (1989),799.

144　Bosher (1970)and Bruguière (1990),285－309,493－497. 这两位作者都主要是从体制角度去审视这个君主国家的财政问题的。科尔贝特在 1681 年推行的间接税改革一直持续到旧制度结束。这次改革表明,可以在不改变税收性质或者税收对税基影响的情况下进行意义深远的体制改革。

145　Marion (1910),103,362;Antoine (1989),946－947.

146　Weir (1989),97,121－124.

147　路易十四就是由于这个原因才不同意对他的任命的:"他非常刻板,并且与百科全书派有联系"(Il est bien systematique,et il est en liaison avec les Encyclopedistes):Faure (1961),40。杜尔哥担任财政总监才 1 年多时间,也就是从 1774 年 8 月到 1776 年 5 月。

148　Kaplan (1976),ii,661－662;Faure (1961).

149　Butel in Tracy (1990),163.

对于英国殖民地来说，与西班牙殖民地开展贸易势在必行，因为与西班牙殖民地的贸易是英国殖民地的主要现金来源。当时，无论是法国还是西班牙都认为攻占敌人的殖民地是很值得做的事情，不但是为了把它们作为市场和供给来源，还因为它们是敌人的财力来源。[150] 18 世纪，欧洲的金银贸易出现了顺差：欧洲的主要金银输出是通过与远东的贸易来完成的，而且对远东的金银输出多于美洲金银的输入（见本书图 1）。[151] 不过，英国的金银输出状况要好于欧洲其他列强，荷兰可能是一个例外。荷兰的远东贸易——至少在 18 世纪 80 年代的第四次英荷战争之前——也得益于英国打败法国。[152] 巴西的黄金生产在 1726～1730 年达到顶峰，但在 18 世纪 50 年代以后显著衰退，就如流入英国的黄金所显示的那样（见图 37）。此外，葡萄牙对英国的经济依赖遭到了若泽一世（José Ⅰ，1750～1777 年在位）的财政大臣彭巴尔（Pombal）侯爵的抵制。彭巴尔在葡萄牙推行了类似于欧洲其他国家“开明专制”的政策。在若泽一世驾崩后，彭巴尔被迫辞去财政大臣的职务，若泽一世之前推行的一些政策也随之被废除。但总的来说，葡萄牙得益于在 1778～1783 年和 1793～1802 年两场英法战争期间保持中立以及在这个时期降低了经济上对英国的依赖。[153]

如果英国与其第一个美洲帝国的关系在 1763～1783 年没有经历危机，并且因此而丧失了 13 个殖民地，那么，西班牙[154]和法国这两个国家在各自殖民地政策上表现出来的新活力就不会对英国构成严重威胁。英国经历的那场殖民地危机是因为英国试图使这些自治的殖民地变得“较好治理”而引发的。从 1763 年到 1778 年，英国（或者帝国）议会坚持认为英国有权以印花税的形式对它的美洲殖民地课征直接税。但在 1778 年以后，英国就实际上停止对其美洲殖民地征收这种税，原因是美洲殖民地爆发了大规模的抗税起义。[155] 威廉·诺克斯（William Knox）在美国独立战争结束时评论说：“如果不能让殖民

---

150 Fayle (1923), 283, 285, 287; Arruda in Tracy (1991), 383.

151 Barrett in Tracy (1990), 242－243, 253－254. 某个特定国家（如英国）在某个给定时间可能出现不平衡。

152 Neal in Tracy (1990), 221, 223; Prakash (1994).

153 Maxwell in Scott (1990), 106, 112, 114; Sideri (1970), 98, 104－105, 110－111.

154 Kuethe 和 Inglis (1985: 118, 122)强调了卡洛斯三世和 Esquilache 的改革努力。

155 D. K. Fieldhouse, paper at ESP plenary meeting at Lisbon (1992).

地屈服于大英帝国的海上力量和经济利益,那还不如干脆就不要它们。"[156] 1767年征收汤森法案(Townshen Acts)规定但有争议的关税的公开目的是管制贸易,而不是为了税收。但在执行汤森法案受挫以后,就有人认为,"无论这种想法是新是旧,通过征收关税来阻止走私或者创收的想法都是愚蠢的"[157]。以前像关税这样的税收基本上就是一种为实现其他目的而采取措施的副产品,但不管怎样,美洲大陆殖民地与西印度群岛(West Indies)缴纳的关税按比例计已经降到了无穷小的地步。[158] 1763年以后对在美洲殖民地设立常备军的需要可能每年要花费22.4万英镑(民事管理每年只要5万英镑),这就意味着要在美洲殖民地寻找新的税收来源来筹措这笔经费。[159]

1775年美国独立战争爆发后,英国政府遇到了前所未有的困难,要通过大约远在3 000英里外的主要供给源向美洲派遣大量兵力并供应武器装备和其他军需物资。这次,与之前的几场战争不同,由于"所有的殖民地都拒绝向英王陛下的军队供应任何军需物资",英国大约有6万兵力(1780～1781年最多达到过9.2万兵力)[160]的驻美部队无法在当地获得给养。[161] 英国方面感觉到了这场殖民地革命的严重性:这是一场结局难以预料的漫长战争,但又被认为是任何一场战役都有可能成为最后的战役;能取得胜利的错误预判也导致贸易限制令执行不力。[162] 法国在1778年、西班牙在1779年参战以后,英国海军不堪重负。一些中立国家也开始选边站队,如合省联邦于1780年参战,进一步阻挠了英国封锁政策的实施。[163] 一旦要给驻扎在美国和西印度群岛的庞大军队供应军需物资,而且整整持续7年,就不难发现,所采用的外包供给方法既低效又昂贵。英国的海运能力也不足以维持源源不断的兵力和军需物资补给:如果这场战争一直持续到1783年,英国的驻美军队很可能会因为弹尽粮

---

156 Barrow (1967),256—257.

157 Thomas (1975),36.

158 Barrow (1967),75.

159 Thomas (1975),35,38;Baugh in Stone (1994),203—204.

160 Baker (1971),4.

161 Ibid. 1.

162 Mackesy (1964),101.

163 Ibid. 377,378.

绝而缴械投降。[164]“这是1689～1815年第一场而且也是唯一一场英国同时与法国和西班牙交战，但却没有其他战争或者目标分散法国和西班牙的精力和资源。不幸的是，我们却要应付另一场战争，从而分散了我们的财力，并且占用了我们很大一部分的海军和陆军兵力……”[165]乔治三世（George Ⅲ）在1780年9月自我安慰称，法国和西班牙陷入了糟糕的财政状况，“这场战争最后将证明是一场信用战”。[166] 虽然诺斯勋爵（Lord North）因“吝啬公共财物”而臭名昭著，[167]但主要是由于海军开支飙升。[168] 因此，美国独立战争创下了年度支出的纪录（平均每年支出2 030万英镑），并且还导致税收显著增加：土地税税率在1775年以后从未低于3/20（即每英镑缴纳3先令），在美国独立战争的大多数年份里达到了4/20（即每英镑缴纳4先令）。但当时，消费税是一种更加重要的税收，及至美国独立战争结束时已经差不多产出了650万英镑的收入。尽管如此，每年仍有平均800万英镑的收支缺口。由于80%以上为这场战争筹款的额外收入来自借贷，因此，英国的公债从美国独立战争爆发时的1.273亿英镑，到了1783年就增加到了2.429亿英镑，几乎翻了一番，也就不足为奇了。[169] 英国在美国独立战争期间花费的支出接近1.24亿英镑，比1780年英国全年的国民收入大概还要多1/4。美国独立战争期间，英国的税收实际增加了近1/3。[170]

法国当时的外交大臣韦尔热纳（Vergennes）明白战争期间维护信用至关重要：“这真是一场金币战（*Une guerre d'écus*），因此有理由担心，如果我们长期陷入这场战争不能自拔，那么最后会被耗得筋疲力尽”。[171] 他相信，法国必将恢复“由于最近一场战争造成的不幸或许还有其他原因而严重衰退的公共

164 Syrett (1970), 245－246.

165 Ibid. 314.

166 Ibid. 384; Harris (1979), 216.

167 Mackesy (1964), 22.

168 Ibid. 6; Bromley in Bedarida, Crouzet and Johnson (1979), 186; and Bromley in Bedarida, Crouzet and Johnson (1980), 169.

169 O'Brien (1988:4)（为这场战争筹款的额外收入只有19%来自税收，这是1689～1815年各场战争中最低的比例）; Brewer(1989), 30, 95, 99, 114（但文献“ibid. 38”报告了接近3 000万英镑的年支出）; Mackesy (1964), 370, 460, 464.

170 O'Brien in Dickinson (1989), 171.

171 Mackesy (1964), 386; Harris (1979), 209.

记忆"[172]。杜尔哥这个路易十六登基时的法国财政总监反对参加这场战争,因为在他看来,法国的国内改革才是最重要的。他认为,美国的例子就是整个殖民体系注定的命运;法国也不值得为保卫自己的殖民地而发动战争;英国,但不是法国,能得益于和平恢复后重建的新经济系统;"第一枚炮弹击中的将是陛下的内阁政府"。[173] 韦尔热纳的看法比较客观,而杜尔哥对殖民体系命运的预言最终没有成为事实。美国获得了独立,而英国的其他殖民地成功地抵御了波旁王朝的攻占。英国虽然丧失了很大的"声望",但还能相对安然无恙地走出旧制度下的最后一场战争,因此也绝不可能回到1763年的原状。虽然有人认为,北美殖民地在独立后对于大英帝国已经没有什么经济意义,但事实并非如此(1772~1773年北美的进口要占到英国37%的出口,而1700~1701年只占10%)。[174] 其他殖民国家倒是确实无力封锁英国的贸易,尤其是经由西印度群岛的转口贸易(法国企图抢占英国市场的宏伟构想惨遭失败)。[175] 此外,美国的财政也陷入了令人失望的困境,而国会在独立战争期间批准发行的纸币到1780年已经被实际废弃,滥发纸币也是欧洲在法国大革命和拿破仑战争期间发生的事件的一个重要先导因素。[176] 虽然哈密尔顿政府欠下的大约8 000万美元债务与英国皮特(Pitt)政府欠下的近12.75亿美元债务之间几乎没有可比性,但美国的金融形势直到亚历山大·汉密尔顿(Alexander Hamilton)在1790年发表公共信用报告时才完全稳定下来。[177] 最重要的是,法国侵占英国殖民地的殖民行动明确受到了遏制。克莱夫(Clive)在1757年取得普拉西(Plassey)大捷后把印度变成了英国的一个"真正"殖民地,这个殖民地到了1766~1769年产出了750万英镑的净收入;但法国旨在扭转"七年

---

172 Bromley in Bedarida, Crouzet and Johnson (1979), 185, and Bromley in Bedarlda, Crouzet and Johnson (1980), 168; cf. Hardman (1993) 92, 94:路易十六认为,"在我们这边,参加这场战争并不是想侵占领土,而只是为了摧毁他们的贸易和削弱他们的实力……"

173 Harris (1979), 216; Dull (1975:32—47)是有关杜尔哥和韦尔热纳两人间辩论的基本研究。

174 Thomas 和 McCloskey 在文献"Floud and McCloskey (1981:97)"中的观点首先遭到了 Bromley 在 Bedarida、Crouzet 和 Johnson (1979:189)中以及 Bromley 在 Bedarida、Crouzet 和 Johnson (1980:172)中的驳斥;O'Brien and Engerman in Solow (1991), 185—186。

175 Mackesy (1964), 37; Crouzet (1985), 300; Crouzet (1990), 319—320; Richardson in Solow (1991), 249—250, 261 n. 73, 263.

176 Harris (1979), 210—211; Riley (1980), 185—187.

177 Swanson and Trout (1990), 631; Weir (1989), 98.

战争"在印度的结局作出的努力在1781～1782年遭到了失败。[178]

内克尔(Necker)在初次担任财政大臣期间(1776～1781年)只进行了一次关于直接税征收方法的财政改革,但没有触及直接税本身。[179] 由于受到英国事例以及艾萨克·德·平托关于必须通过公布账目树立公信力的思想的影响,[180]内克尔主要使用贷款而不是征税来为法国参加美国独立战争——8年内至少耗资10亿里弗尔[181]——筹款:他在初次担任财政大臣期间借贷了5.3亿里弗尔。部分偿债费用是靠节俭省出来的,可还是留下了沉重的债务,但最重要的是,到了1787年偿债负担仍然很重(见图41)。[182] 临到他卸任时,这项政策本身已经明显不能再起作用,他也不得不征收税收。当时,英国收到了一份错误的报告。这份报告称,内克尔是因为反对追加战争支出才被迫在1781年辞职的:"只有最厉害的人才会认为,内克尔先生的辞职是法国信用和美国独立的致命伤。"英国人普遍希望法国发生财政崩溃,[183]但韦尔热纳相信1781年真有可能发生这种情况。实际上,虽然内克尔参与了一次未遂的和平倡议行动,但没有证据表明他是在节俭潜力和各种贷款可能性都用尽之后才不反对增加税收的。他辞去财政大臣的职务是因为法王拒绝他参加枢密院的请求,而他要求参加枢密院,则是因为海军开支猛增。[184]

米拉波(Mirabeau)后来谴责内克尔过分依赖成本很高的终身年金(rentes viagères),[185]但有人质疑平均6%的年利率与内克尔各前任支付的利

---

178 Parker in Tracy (1991),184;Mackesy (1964),494;但有人急切希望能从印度获得更多的好处:Lawson (1993),107－108. Cf. Bayly in Stone (1994),339－341;想要了解更加一般的情况,请参阅文献Marshall (1993)。

179 Harris (1979),91;Harris (ibid. 68)把内克尔第一次出任财政大臣这个时期描绘成1763年后发起的改革运动的顶峰时期。

180 Brewer (1989),131.

181 Marineau (1980),312;Harris (1979),118－119(从这7年到1782年不足10亿里弗尔):ibid. 247.

182 Harris (1979),117,120－121,135－136;ESFDB \rjb\frb002 based on \frd008;AN AD IX 517.

183 Mackesy (1964),384.

184 Dull (1975),227,279－280,297－298,345－350;Harris (1979),225:Hardman (1993),62,66.

185 Harris (1979),117,132－134;but cf. Hardman (1993),60:这个文献说是"10%"(如果期限超过持有人的寿命,那么就会成比例下降)。

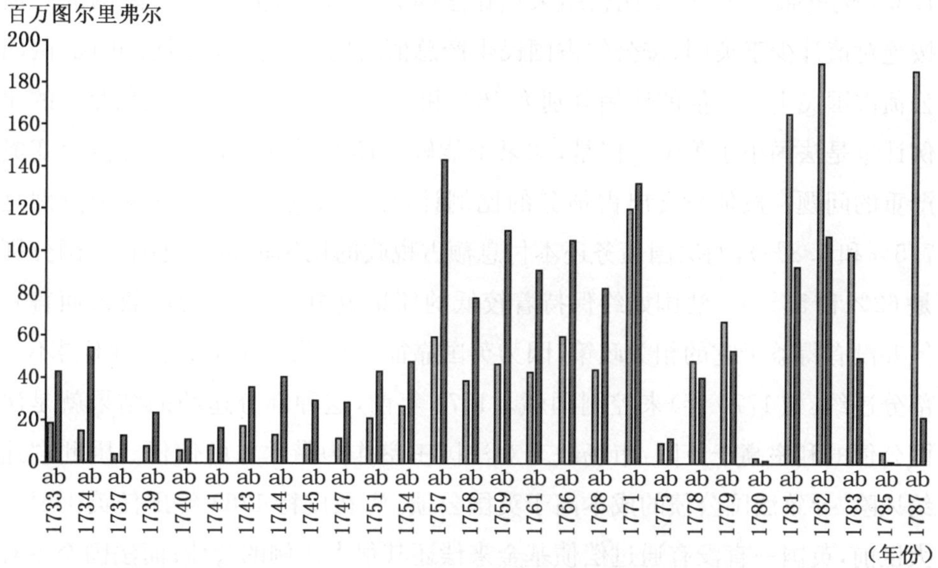

a 表示财政部所借的贷款本金；b 表示从借款日到 1788 年的债务费用。

资料来源：AN AD IX 517 \rjb\frb002 © ESFDB 1993.

图 41　1733～1788 年法国财政部发行的终身年金和唐提式养老年金(用图尔里弗尔表示)

率相比是否能算成本过高。[186] 法国政府 1782 年编制的一份报告对英法两国在美国独立战争中付出的代价及其对两国公债造成的影响进行了估计。法国政府采用 1 英镑兑换 23.17 里弗尔的汇率计算得出的结果显示，英国军队在 1776 年后的 7 年里总共花费了 28.34 亿里弗尔，减去和平时期的正常支出，战争支出就减少到了 22.705 亿里弗尔；同期，法国军队支出 17.325 亿里弗尔，也减去和平时期的正常支出，战争支出就减少到了 9.289 亿里弗尔。因此，在这 7 年里英国的战备支出是法国的 2 倍多，这是因为法国没有海、陆双线作战。两国战备支出对公债的影响呈现出相似的格局。英国公债包括国库券(一种由军队发行的国库券)和欠款，达到了 55.32 亿里弗尔，每年要支付利息 2.2 亿里弗尔(固定公债的这两个数值分别是 45.38 亿和 1.7 亿里弗尔)；而法国的公债(包括 1782 年的贷款)是 33.151 亿里弗尔，每年要支付利息

186　White (1989), 559. 但是，法国政府是否完全明白市场成熟度在不断提高是另一个问题(见本书第六章第八节)。

1.654亿里弗尔。[187] 这个比较结果只在法国大革命爆发前有效。法国的公债按绝对值计少于英国，按公债占国民生产总值的比例计就远远少于英国（两国公债占国民生产总值的比例分别为56%和182%），而按公债占人均收入的比例计也是法国小于英国。但是，如果不能轻松还本付息，那么，债务就会变成严重的问题。按债务支出占债务的比例计，法国就远大于英国（两国分别是7.5%和3.8%），而法国债务还本付息额占税收的比例也高于英国（两国分别是62%和56%）。法国始终保持着较低的债息负担（相对于税收收入而言），但并没有得益于它的相关政策，因为英国靠征税来偿还国债，而法国不得不靠部分违约（如1770年）来控制国债。1774年前，这种部分违约的结果就是法国公债的利率高于英国：市场缺乏对法国王室作为借款人的信任。因此，"违约风险"导致法国公债的成本高于英国公债。[188] 在皮特1783年出任英国财政大臣前，英国一直没有通过偿债基金来偿还其很大比例的公债；而法国至少有30%的偿债支出需要摊销。[189]

1783年以后，英国政府改变了自己的政策：皮特把海军账单和其他短期债务转化为永久和定期偿还债务，并且通过开征新税来支付债息和偿还部分本金。皮特在完成这项任务的过程中得益于财政收入的增加：英国的财政收入从1782～1784年的年均1 200万英镑增加到了1790～1792年的年均1 600多万英镑。[190] 1786年重组后的偿债基金计划是在35年里还清全部公债，因此，英国需要比较和谐的英法关系，而那年签署的英法贸易条约就反映了英国的这种需要。1783年和平的恢复促使英国对自己的殖民地贸易政策目标进行基本的重新评估。亚当·斯密在《国富论》第四卷（"论政治经济制度"）中想说服英国政客对大英帝国进行政治和贸易改革。斯密对英国政府的影响被大大夸大，但英国与法国表面上达成的谅解在1786年的英法贸易条约

187 Harris (1976), 247－250.

188 Velde and Weir (1992), 5, 18－19, 30, 35－37; Bordo and White (1991), 309; Bordo and White in Bordo and Capie (1994), 250; Schwarz在Bordo和Capie (1994: 379)中对Bordo和White认为"英国政府由于有长期的财政自律记录，因此作为借款人资信要好于法国政府"的观点提出了质疑；而Velde和Weir似乎支持这种观点。

189 Weir (1989), 97－103; Brewer (1989), 123－124.

190 O'Brien in Dickinson (1989), 174－176.

中得到了体现:两国出口到对方的大多数商品都只需缴纳较低的互惠关税,其实双方在贸易上都享受到了对方的最惠国待遇。[191] 法国的殖民地贸易在美国独立战争期间遭遇了损失,但自1783年和平恢复以后达到了大革命之前的最高点。到了1784～1788年,法国的年均贸易额比1716～1729年几乎增加了4倍,也就是从2.15亿里弗尔增加到了10.62亿里弗尔(按市价)。[192] 法国贸易的增长仅仅是18世纪60年代陷入衰退的大西洋地区经济普遍复苏的一个组成部分。1783～1792年,英国经济在经历了美国独立战争期间的萧条以后也迎来了复苏,出口贸易年增长率达到了8.9%;而在随后截止于1815年的这个时期,出口贸易年增长率就更高。毫无疑问,英国的对法出口贸易在签署了1789年的"伊甸园条约"(Eden Treaty)后也是急剧上涨。[193] 另一方面,英国财政部打击走私、增加关税收入的决心在1783～1793年似乎促成了许多英国降低关税的事例。英国政府一成不变地坚持着自己要让本国廉价的制成品充斥欧洲大陆市场的目标,并且在1846年废除《谷物法》之前一直顽固地坚持着自己的"重商主义"立场。[194]

11.4　法国大革命:纸币通胀时代

路易十六在1774年登基后非常讨厌法国前几年实行的财政政策,但仍慎重地选择了不抵赖公债的立场,而且在他治下始终坚持这种立场不变。[195] 但是,当时法国实行"一种将花钱的特权与和纳税义务完全分离并且赋予公众充

191　Crowley (1990),339—341,353,360.

192　Butel in Tracy (1990),153—154,162;Riley (1986:106—111)特别构建了一条不变价格曲线,从而使法国1780年的出口额减少到了1.549亿里弗尔,即对法国1780年的出口额根据1721～1745年的价格指数进行了平减(ibid. 110)。

193　Crouzet in Dickinson (1989),190—191;O'Brien (1989),369;Crouzet (1985),43—44,91—92,171—173,187;Crouzet (1990),36—37,107—108,217—219,236—237;O'Brien 和 Engennan 在 Solow (1991:183)中的计算结果多少有点不同:Thomas and McCloskey in Floud and McCloskey (1981),88—89。

194　O'Brien (1988),25—26;O'Brien and Pigman (199:2),92—93.

195　Root (1994:11,228—231)讨论了路易十六采取这种态度的原因。

分抗税权利的政治制度”[196]，从而导致财政赤字不断增加。因此，国家如果不定期进行某种形式的赖债就根本无法生存。和平时期借款不断增加，是路易十六推行的财政政策的必然结果：1783年4月～1787年11月，法国政府又欠下了7.704亿里弗尔的净债务；和平时期债务还本付息的支出增加了1倍多，这种支出占财政总支出的比例从1751年的28%增长到了1788年的49.3%。[197] 卡罗纳(Calonne)担任财政大臣时期(1783～1787年)通常被作为法国大革命财政起因的转折点，也是和平时期借款最多的几年(借款净额高达3.35亿里弗尔)，但这位财政大臣对法国财政体制进行了旧制度时期最为深刻的批评，并且提出了旧制度时期意义最深远的财政改革建议。[198] 他的改革计划遭遇失败对法国政治制度造成了严重冲击。布里埃纳(Brienne)力度较小的改革计划也受到了阻挠。由于难以借到新的贷款，财政部面临难以解决的危机。在这种情况下，三级会议不得已召集会议。三级会议获得如下承诺：税收和包括国王个人支出在内的预算必须提交三级会议审议通过。[199] 1789年6月新成立的国民议会作出的第一项决议就是宣布：国民议会“已经通过投票表决暂时代表国家一致同意，现行税捐虽然是非法设立和征收的，但仍应以与过去相同的方法继续征收”[200]。

国民议会的这项决议虽然是作为一项旨在确保议会不召集会议，国王及其内阁大臣就不能进行治理的措施宣布的，但却造成了灾难性的后果，因为它引发了大规模的反对新革命政府的起义。[201] 历届革命政府都不可能迅速建立任何新的税收制度(因而根据事实认定旧有税制为“合法”)，因此缺乏大肆诉诸强制行动的手段，或许也缺乏这方面的意愿，因为大肆诉诸强制行动就会结

---

196 Velde and Weir (1992), 36. 这两个作者介绍了新借款(1747～1788年)的情况：ibid. 20。他们俩介绍了之前采取的不同违约策略：ibid. 8—10. Cf. Crouzet (1993), 61—66, 77—83, 127—132。

197 Velde and Weir (1992), 20 (table 2); Crouzet (1993), 61, 78 (引用了Taylor和White的不同估计值)。

198 Marion (1914), 350—399, 386—401; Bruguière (1991), 342; Vovelle (1984), 75—77; Hardman (1993), 103—107, 235—236; Bonney in Bonney (1995); Doyle (1989: 68)称这份计划为“法国君主政体历史上最彻底、最全面的改革计划”。

199 Aftalion in Aerts and Crouzet (1990), 24; Aftalion (1990), 30; Hardman (1993), 142; Doyle (1989), 78—85, esp. 85:“法国君主政体的破产……不但是财政上，而且也是政治和理智上的破产。”

200 Aftalion (1990), 51; cf. Doyle (1989), 105.

201 Marion (1916); Marion (1919), 67—89; Rose (1969).

束在许多人看来是革命主要政治利益的纳税人“蜜月”。[202] 内克尔明白,必须开征一种应急税才能解决已有税收被废除(*dépérissement des impôts existants*)、推行新税迟缓和税制创新固有风险(*hasards inseparables d'un systeme complet d'innovation*)这三重问题。拖拉作风已经在外省促成了“一种非常有利于革命的情绪”。民众把财政改革混同为税收减免,[203]而国民议会在没有找到适当的替代税种的情况下投票否决了令人厌恶的间接税,因而硬是从新生国家手中剥夺了旧制度下最丰厚收入的来源,并且导致改革的天平以一种完全意外的方式从间接税朝着直接税倾斜。[204] 此外,国民议会先是暂时继续征收,后来就废除了教士什一税。[205] 如果教士无论怎样都要纳税的话[教会财产世俗化以后被称为“国家财产”(biens nationaux)],教士什一税虽然是一种令教士讨厌的税,[206]内克尔特别谴责了国民议会在1789年12月作出的发行纸币——臭名昭著的纸券(*assignat*)——的决议。这种纸券是为变卖教会财产预备的,最初发行4亿里弗尔。虽然这项决议是在1789年12月原则上通过的,但新纸币[虚拟计价货币(*numéraire fictif*)]一直拖到1790年4月才实际发行。[207] 一种由三大直接税[土地税(*contribution foncière*)、动产税(*contribution mobilière et personnelle*)和营业税(*patente*)]构成的新税制终于付诸实施。新的地产税有不少严重的缺陷(如在没有进行全国土地登记的情况下,仍根据纳税人的申报征收;这种税收按照旧制度下的先例来摊派)。但最大的问题是,开征太迟,估计收入太乐观。在1790年和1791年这两年里,法国的月度支出一直超过其收入。[208] 1791年征收地产税,到1792年12月只收

202　Aftalion (1990),101;Crouzet (1993),120—123.

203　Necker (1791),130.

204　Marion (1919),249—257;Bonney (1992a),175;Doyle (1989),131;Aftalion (1990),93.

205　Aftalion (1990),54,75.

206　Doyle (1989),134;Aftalion (1990),65—67;Crouzet (1993),99—103.

207　Necker (1791:131—134)反对这项计划,部分是因为他本人偏好经过改革的贴现银行;Marion (1919),100—121;Harris (1930),41;Harris (1986),724—727,730—731,759—760;Aftalion (1990),66;Doyle (1989),133—134;Bruguiere (1991),371—383。纸券在1790年初次发行时还有3%的利息:Crouzet (1993:111—112,572)对纸券实践的研究是目前最明确的阐释。关于Crouzet对“领土抵押欺骗特点”的批评,请参阅文献:ibid. 209。

208　Aftalion (1990),72(图根据Braesch的数据绘制);关于地产税的收入,请参阅文献:Marion (1919),179—94;关于动产税和营业税的收入,请参阅文献:ibid. 194—224。

到 3 400 万里弗尔，比先前的估计收入整整少了 2.66 亿里弗尔。1791 年，国家年度支出达到了 8.227 亿里弗尔，而税收收入只有 2.49 亿里弗尔（预期税收收入是 5.87 亿里弗尔）。[209]

布里索（Brissot）及其追随者成功地煽动了国民议会议员向奥地利宣战（1792 年 4 月）。后来，这场战争对于法国革命政府来说就成了一次"针对反法君主同盟的财政行动"。[210] 从政治意义（剥夺流亡者任何采取反革命行动的基础）和实际意义（赋予纸券国际可兑换性）上讲，这场战争为法国大革命正名所必需：布里索在 1791 年 12 月 31 日对雅各宾党（Jacobin Club）人说，"不发动这场战争就是想摧毁我们的纸券信用"[211]。汇率应该能得到恢复；在成功恢复和平的情况下，纸券应该会涌向欧洲其他国家，因此有利于大革命取得全面胜利。[212] 在反法同盟这边看来，法国既没有训练有素的军队，又缺乏经验丰富的将军，而且还缺少战争经费……因此无力抵抗反法联军。[213] 虽然纸券是作为劳氏信用系统的一种苦涩体验，而且是在完全了解美国、丹麦和瑞典发行纸币造成的灾难性后果的情况下发行的，但纸币的全部影响后来在俄罗斯和西班牙才显露出来（见本书第十三章第四节）。[214] 虽然法国革命政府在 1790～1795 年收到了占总收入 13％的税收，但纸券后来有意被扩展用于弥补赤字和弥补收入不足。纸券就这样创造了 70 亿里弗尔的收入（按纸券 1790 年的稳定价值计），相当于法国财政 14 年的正常收入。[215] 1793 年 1 月以后，发行纸券

---

209 Marion (1919), 332—334; Aftalion (1990), 93, 103. 关于最近估计赤字的不同结果，请参阅文献：Bordo and White in Bordo and Capie (1994), 250—251; Crouzet (1993: 123, 213—217, 571) 比较了 Bordo 和 White（一篇较早的论文）的数据与 Harris (1930) 的数据之间的差异。

210 Aftalion (1990), 106.

211 Blanning (1986), 105; Dorigny in *Etat, Finances et Econornie* (1991), 348—349.

212 Blanning (1986), 105—106; Kohn (1967), 55; Crouzet (1993), 207.

213 Blanning (1986), 114—115.

214 关于美国、丹麦、瑞典和俄罗斯的灾难，Aftalion (1990: 81) 引用了凡尔赛一个名叫 Boislandry 的商人的话。

215 Marion (1921) 解释十分详细；Harris (1930), 52—53; Bruguière (1991), 371—383; Crouzet (1993: 562) 接受了 Harris 的计算结果和评论，harris 在评论中对布里耶纳的 1788 年预算（与 4.72 亿里弗尔的财政收入）进行了比较："因此，革命政府可以保证自己有 3 倍于旧政权的资金来源"（'L'Etat revolutionnaire se serait, donc assuré des ressources trois fois supérieures *à* celles que l' Ancien Régime obtenait'）。

已经成为替这场战争筹款的一项关键措施。[216] 但是，发行纸券付出了巨大的经济代价，这种流通纸币没有任何新的经济资源作担保。对纸券的早期信心很多源自土地担保，也就是说，这种纸币会通过变卖前面所说的国家财产来赎回。但是，教会土地和逃亡者财产的实际销售收入并没有达到9亿多纸券的稳定价值。[217] 纸券先是在巴黎进入流通，并且以不同的速度流向外省，纸券在不同省份之间有很大的价差。[218] 虽然是由于不同的原因才推行最高价格制度的，但1793年推行的最高价格制度(即硬性规定的低于市价的限制价格)起先有助于维持纸券的价值，至少在纸券不能折算成面包购买力在爆发生计危机时变得显而易见之前就是如此。由于革命政府在1794年夏季实行向首都供应面包并为一支75万兵力的军队征用面包和其他军需物资的政策，[219]因此，它自身避免了很多由纸券贬值造成的困扰。[220] 到了1795年，革命政府计划等人们按市价(*au cours*)接受纸券后开始用纸券征税。但临到实施这项计划时，纸券——在1796年初已经贬值到不足其名义价值1%的程度——已经贬值到不能再继续贬值的程度。后来，试图寻找一种替代纸币[发行一种所谓的"领土凭证约定"(promesses de mandats territoriaux)]的努力也迅速作罢。[221] 由过度发行纸券导致的通货膨胀成了一种名副其实的税收，而且这种形式的税收甚至比旧制度下征收的令人憎恨的各种税收更具剥夺性(从1791年5月

216　Crouzet (1993)，213，572—575；cf. Aubin (1991). Ramel后来评论称，"国民公会几乎未提(财政)收入部分，可能是因为这是一份原则性行为准则，可能是因为财政收入不足"[the Convention 'abandonna presque la partie des rentrées (fiscales)，soit par principe de conduite，soit *à* cause de leur insuffisance']：转引自Crouzet (1993：300)。

217　名义金额是21亿里弗尔：Harris (1930)，85。1796年3月18日颁布的法律指出"发行额与抵押物价值不成比例"(la disproportion entre la quantité en émission et la valeur du gage)：转引自Crouzet (1993：412)。

218　Caron (1909)；Aubin (1991)，760；White (1991)；Crouzet (1993)，433，576—578.

219　Delmas (1992：242)中的"1789～1799年法国军队(理论)规模图"；Crouzet (1993)，268，273，367. Crouzet挤掉了军队规模数据中的水分：ibid. 304。

220　Harris (1930)，159. 关于大革命时期战争筹款的数据，请参阅文献：Brown (1990)；Pinaud (1991)。

221　Harris (1930)，187—188，200.(卡隆以后的)纸券贬值图：Hirtcker (1989)，134；Aftalion (1990)，96；Crouzet (1993)，581。Crouzet详细介绍了发行"领土凭证约定"惨败的情况，"领土凭证约定"失信的速度甚至比纸券还要快：ibid. 411—430。

起才发行小面额纸券)。[222]

收支差额在1792年4月法国对奥地利宣战后就变成了难以弥合的缺口。1793年9月的账簿显示,在从1791年7月1日起的26个月里,有16个月采取了军事行动。在这个时期,支出增加到了26.52亿里弗尔,其中23.22亿花在了这场战争上(包括7.14亿里弗尔的参战部队军需物资、4.9亿里弗尔的军饷和3.24亿里弗尔的军装)。其中,只有2.26亿里弗尔的战争支出使用现金支付。[223] 然而,为备战筹集的68亿里弗尔中有56亿里弗尔(或82%)是通过发行纸券筹到的,而税收和国有土地收入的数额要小很多,分别是3.68亿里弗尔和1.3亿里弗尔。[224] 1792年12月15日,前奥属尼德兰的行政机构已经停止工作,但仍做了利用当地资源供养法国驻军的安排,纸券也被输出到了被法军占领的领土。[225] 反法同盟战变成一场国家危机,国民公会被迫在1793年8月发出了适龄入伍者总动员令(*levée en masse*)。法国军队规模在旧制度下受到的有效限制(1789年的限额是20万人)一下子就被取消了:到了1794年9月,法军号称拥有117万兵力,但装备齐全、受过实战训练的大概也就75万人,而且逃兵很快就成了一个严重的问题。[226]

军队在国内的开支可采用管制经济的方式根据最高价格制度来支付(1793年5月~1794年12月),这为国民公会打开了通向"取之不尽的宝藏"的大门:按照有些人的说法,"自从实行最高价格制度以来,纸券贬值,革命政府只有在购买进口商品时才需要掏钱"[227]。军队在国外的开支就是另一回事了。一支40万兵力的军队在共和五年的实际开支是3.54亿里弗尔(军饷

222 Aftalion (1990),98,185;关于400台为印刷纸券所需的印钞机,请参阅 Crouzet (1993),217—221,406;关于通货膨胀的代价,Crouzet 评论说,"这其实是一种实物税",但它的归宿"十分随意、很不公平":ibid. 319。

223 Belhoste in *Etat, Finances et Economie* (1991),322—323;Bordo and White in Bordo and Capie (1994:250—251)提供了这些年份的其他数据。

224 Belhoste in *Etat, Finances et Economie* (1991),323—324.

225 Doyle (1989),199;Marion (1921),19—22,193—199.

226 Lynn (1980),579;Doyle (1989),204—205;Woolf (1991),17;Delmas (1992),242.

227 Harris (1930:45)引用了 Mallet du Pan 的数据。这个主题的两项详尽研究是 Margairaz 的 *Etat, Finances et Economie* (1991:399—427)和 Crouzet(1993:255—279)。Mallet du Pan 写道:"请记住,公共安全委员会奉行的基本原则就是保证首都和军队的食品供应。"转引自 Crouzet (1993),273。从某种程度上说,"最高价格"有助于维持纸券价值:ibid. 310。

1.41亿里弗尔,给养1.58亿里弗尔,追加费用5 500万里弗尔,还包括3 400万里弗尔的运输费用,但不包括给养费用)。[228] 在法军占领的领土,最初法国占领军受到的欢迎随着纸券在当地的强制流通和法军不付钱的征用而化为泡影。可怕的1794～1795年冬天,被占领土被洗劫一空。从莱茵河(Rhine)到马斯河(Maas)各地声称(几乎肯定是过分)损失或被掠夺了大量的食品和物品,到了1796年3月,价值已经达到25.75亿里弗尔(按硬通货计)。其中的5 470万里弗尔是用纸券支付的,而另有4 920万里弗尔被视为可归因于纸券贬值的损失。[229] 即使采用法国国内通行的会计方法也无法精确计算法国在被占领国家和"兄弟共和国"搜刮的钱财。[230] 但据一种保守的估计,在1792～1799年,法国至少搜刮了3.60亿法郎(franc),大约相当于督政府共和六年和七年1/4的收入。[231] 小皮特(Pitt the Younger)曾夸口,他能预见到革命法国的财政破产。威伯福斯(Wilberforce)据说曾反问:"那么,谁是匈奴王阿提拉(Attila)的财政大臣?"[232]

随着纸券和领土凭证的贬值,共和三年(1794年9月～1795年9月)官方不得不按纸券和领土凭证赎回时的价值来做账。当时,总支出按硬通货计已经达到4.57亿里弗尔,其中2.52亿是直接用现金支付的,而现金支出中有2.13亿是直接用于战备的。[233] 这个会计时期的可用现金只有2.71亿里弗尔,其中5 100万里弗尔来自税收,还包括1793年的部分强制性贷款(强制性贷款总计可能达到2.28亿里弗尔纸券)[234]和在前奥属尼德兰被吞并省课征的税收。相比之下,在被征服国家收到捐税1.22亿(其中,荷兰1.05亿,意大利1 200万),用纸券购买的秘密现金5 500万(为购买这么多现金需要花费74亿纸券和4.5亿领土凭证)。[235] 共和五年(1796～1797年)的一份预算显示,收

---

228 Belhoste in *Etat, Finances et Economie*(1991),320—321.

229 Kohn (1967),57;Blanning (1974),327;Diefendorf (1980),57 n. 11.

230 Harris (1930),45.

231 Woolf (1991:17)引用了Godechot的估计数据;Crouzet (1993),331(关于比利时被征用物资的估价),437—445,497—502(关于谷物对外贸易差额)。

232 Mackesy (1964),35—36.

233 Bellioste in *Etat, Finances et Economie* (1991),325.

234 Mascard in *Etat, Finances et Economie* (1991),374.

235 Belhoste in *Etat, Finances et Economie* (1991),327—328,331—333.

入只有 4.22 亿(大部分是税收),但支出却高达 8.42 亿:贵金属稀缺,因此难以增加税收,而军队规模到了 1795 年底就不可避免地减少到了 40 万人左右,因为国家缺乏资源筹集更多的军费。[236] 恢复钱币化是一个缓慢、痛苦的过程,因为流通中的领土凭证和其他信用工具没能在过渡时期帮助法兰西共和国。[237] 在纸券通用时期,法国通货汇价也大幅下跌,这可从资本输出、购买外国小麦和限制黄金输出的角度来解释。[238] 信心的丧失以及战争期间法国出口贸易遭到了破坏,是导致法国货币汇价大幅下跌的关键原因。虽然金银输入因 1795～1796 年法国和西班牙结盟而变得比较容易,而且英国输出黄金(国外军费支出负担重,还要进口谷物)很可能也提供了便利。但是,纸券和领土凭证的增加非常迅速,以至于恢复金属本位制困难重重。[239]

到了 1797 年,法兰西共和国国内的征税效率有所提高,名义收入也变得稳定(见图 42),但几乎可以肯定,低廉的农产品价格增加了土地税的实际财政负担。[240] 在(1797 年 9 月发生的)2/3 的破产中,财政部部长拉梅尔(Ramel)一下子就把偿债支出从 2.5 亿(已经比 1790 年减少了不少)减少到了 8 000 万。[241] 但是,军队的供货承包商都是政府的特殊关系户。由于财政控制短路,督政府把 3.2 亿里弗尔预期税收的一半交给了军队供货承包商支配,其中的一半(或者说 8 000 万铸币)是付给承包商的预付款,剩下的货款用国有土地来支付:这个付款方案被说成是“把手枪顶在了承包商的喉咙上”(*le pistolet sur la gorge aux fournisseurs*)。这是“1798 年过去 9 个月”成本效益较高的支付供货承包商货款的方法。[242] 到了 1798 年底,法占领土地上的各种反法起义都遭到了镇压,法国已经能够通过卫星共和国来利用西欧和南欧的大部分资源。[243] 这些卫星共和国要付出很大的代价,尽管法国人要求的金额与其最

---

236 Harris (1930),232;Crouzet (1993),366.

237 Harris (1930),226,231—234;Crouzet (1993:377)提到了一些地方按照谷物价值来进行交换。

238 Harris (1930),258;Crouzet (1993),285—299.

239 Bruguière (1991),432,502;Crouzet (1993),445—451.

240 Le Goff and Sutherland in Forrest and Jones (1991),71;Bruguière (1969),13;ESFDB \rjb\frg03 based on\frd009;Crouzet (1993),459—462.

241 Marion (1925),55—70;Aftalion (1990),178;Crouzet (1993),466—471. Crouzet (453)引证了 Ramel 对平衡预算的信心。

242 Brown (1990),72—73.

243 Blanning (1986),196.

终收到的金额之间通常有很大的缺口。由西耶斯和路贝尔(Sieyès and Reubell)强加给荷兰的《海牙条约》(1795 年 5 月)因为把荷兰人从"橙色暴君"的奴役下解放出来而要求荷兰赔款 1 亿基尔德,并且处以正常的征用处罚,外加纸券在荷兰的自由流通。这些要求严重打击了羽翼未丰的荷兰共和国的财政。[244] 1797 年又提出征收一种税率为 8%的新所得税,并且于 1798 年 4 月付诸实施。[245] 到了 1800 年,经常收支的赤字达到了 4 400 万基尔德。据估计,1795～1804 年,荷兰向法国缴纳了 2.29 亿多的基尔德,相当于荷兰 1 年多的年总收入。荷兰人均税负重于欧洲任何其他国家。据计算,1803 年,法国公民人均缴税 15.2 法郎,而荷兰公民人均缴税相当于 64.3 法郎。[246]

11.5　拿破仑:回归货币正统与对欧洲大陆的财政剥削

剥削法国附属领土果实的收获者不但有法兰西共和国,还有第一帝国。拿破仑被认为是旧制度的维护者,因此,他全盘否定了革命的纸币体验,并且支持严格的货币主义主张。[247] 他完成了革命政府限制国债规模的任务,而且还接管了其他国家,如 1810 年接管了荷兰,并且随即就在那里推行相同的政策。[248] 在很多方面,他拒绝在督政府时期实行银行业实践,[249]因为法兰西银行(Bank of France)(虽然创建于 1800 年 1 月,但一直受制于 1803 年 4 月 14 日颁布的法律所规定的营运规则)基本上作用有限。法兰西银行垄断了银行票据签发权,但每次只能签发面额 500 里弗尔的票据,并且只能在巴黎兑换。法兰西银行在第一帝国时期从未签发超过 1.12 亿里弗尔的银行票据,因此在国家支付系统中并不能发挥重要作用。在大革命前夕,法兰西银行吸收的存款

244　Schama in Winter (1975),111;Schama (1977a),207,238;1 基尔德等于 42 苏(sou)又 6 但尼尔(denier),但由于各种减免,因此,年缴款额在 1 530 万法郎上下:Marion (1925),22 n. 1。

245　Schama (1977a),293－295,305;Schama in Winter (1975),111(关于这份条约和接受纸券义务),112 (关于法国军队的开支),115－116。

246　Schama in Winter (1975),117－118;Schama (1977a),385,446;Crouzet (1993:500)中的数据有所不同。

247　Gabillard (1953),549;Woolf (1991),138;Crouzet (1993:399)提到了波拿巴在 1796 年说的话"最终还是应该为了钱"。

248　Marion (1925),334－341;Ellis (1991),39;Pinaud (1991),424.

249　Jacoud (1991);Bergeron (1978a),87－119.

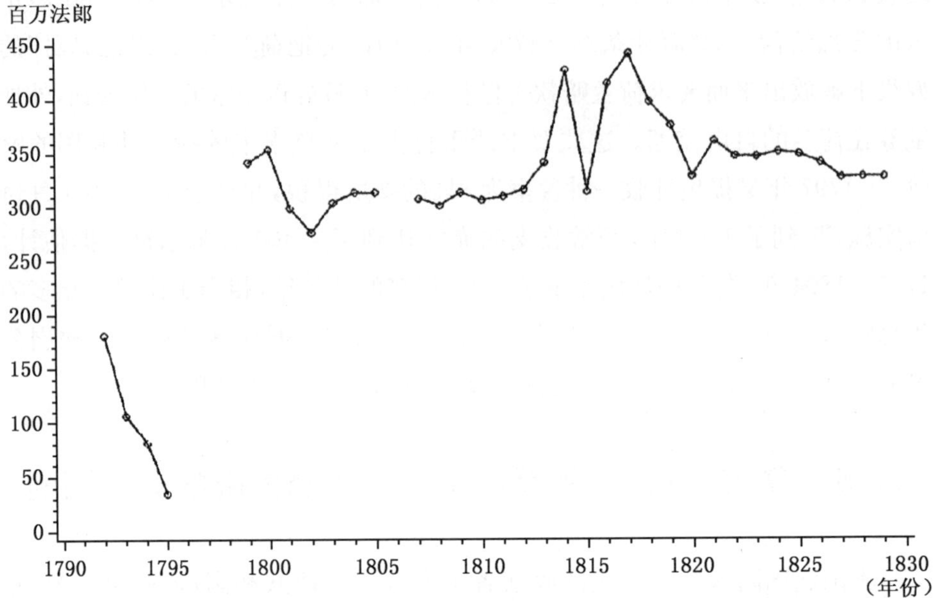

资料来源：Le Goff and Sutherland in Forrest and Jones (1991)：Brugulère (1969)\rjb\frg003 © ESFDB1993.

图 42　1792～1829 年法国的直接税收入

几乎没有超过贴现银行吸收的存款。拿破仑把“纸英镑”看作一种货币主义诚实：1803 年发行的“芽月法郎”与 1785 年发行的图尔里弗尔价值相同。[250] 帝国并不希望大肆借贷，而财政纪律也是因为政府缺乏信誉而强制执行的：在纸券经历惨败后，拉梅尔在 1791 年的赖债严重破坏了政府的公信力，以至于即使政府能借到款，也是贵得借不起。[251]

虽然说拿破仑因为不信任纸币而是一个支持旧制度的人，但他也讨厌金融家，他把他们称为“国家的灾难和麻风病患者”。不过，这并不意味着他可以不用金融家提供的服务：从 1806 年起，税收实际上重又成为政府征收直接税

250　Marion (1925)，246—250；Braesch (1936a)；Gabillard (1953)，550；Jacoud (1991)，134；Ellis (1991)，37—38；Plessis in *Etat，Financrs et Economie* (1991)，257—258；Hincker (1989). 201—206；Bruguière (1991)，432—434. 这方面的基本文献有：Thuillier (1983)，63—152，and Crouzet (1993)，530—539。

251　Velde and Weir (1992)，17—18；Bordo and White (1991)，314—315；Bordo and White in Bordo and Capie (1994)，266—268；Crouzet (1993)，567—568.

官吏的工作。[252] 虽然间接税不是以单一税收入承包的方式来管理,但在第一帝国[253]时期也以课征关税和合并权利费的形式重新恢复征收(见本书第十三章第五节)。因此,拿破仑虽然没有完全重建法国的财政制度,但肯定是巩固了法国的财政制度,并且确定了以巴黎为中心的中央集权化过程。[254] 就他的观点而言,他也是一个重商主义者:封锁欧洲大陆就是出于财政目的,用他的财政部长莫里安(Mollien,1806～1815年出任拿破仑的财政部长)的话来说,“就是要在财政上重创英国,让它尝尝法国没有遭遇过的重创的滋味”[255]。莫里安认为,拿破仑对欧洲大陆实施的封锁“已经动摇了英国势力的主要支撑……”他还认为,皇帝曾想“毁坏英国的信用,但他错误地在反复无常的外汇行情中寻找毁坏英国信用的措施,并且耗尽英国能给新的反法同盟的援助来源”[256]。因此,拿破仑急不可待地研究外汇行情,并把汉堡(Hamburg)[257]或者但泽(Danzig)汇率的波动视为货币从英格兰银行流出的证据,而不是欧洲大陆进口曼彻斯特棉花或者牙买加食糖的结果。[258] 因此,封锁欧洲大陆的目的从防卫的角度看,就是把英国的商品逐出欧洲。[259] 整个欧洲大陆系统具有更加积极的目的:军事、外交和王朝同盟以及财政和行政改革集合,有计划地盘剥卫星国家的资源,这一切都是为了建设一个财政自给、经济繁荣的帝国。[260]

但重要的是,由于战争支出呈螺旋式上涨,法国第一帝国必须自力更生:1806～1814年,战争支出高达51亿法郎;在俄罗斯吃了败仗后,1813年创下

---

252 Gabillard (1953),552;Bergeron (1978a),147—166;Theret (1991),154. 1802年就已经设置他们的职位,但还没有银行家的头衔。关于莫里安的改革,请参阅 Marion (1925),290—293。

253 Marion (1925),297—307;Gabillard (1953),557;Hincker (1989),197—200;Bruguière (1991),425—426.

254 Bruguière (1991),179—184,esp. 179:“是财政迫使我们实行这种行政专制。”(‘c’est la fiscalité qui nous α conduits a cette tyrannie administrative)

255 Gabillard (1953),553:“给英国制造一个比法国曾经遭遇过的更加严重的金钱创伤”(Faire à l’Angleterre une plaie d’argent plus profonde que celle que recevait la France)。Cf. Connelly (1965:47)认为,拿破仑既是重商主义者又是金银本位论者。

256 转引自 Silberling (1924:423)。关于莫里安,请参阅文献:Bruguière (1991:446—449);还请参阅援引了波拿巴1812年在俄罗斯说的话的 Root (1994:220)。

257 关于拿破仑和汉堡,请参阅文献:Bruguière (1991),137—151。

258 Silberling (1924),42,43.

259 Gabillard (1953),553.

260 Ellis (1981:108—109)作了区分。

了8.17亿法郎的年度战争支出纪录。[261] 拿破仑对预算支出的非正常增长进行了管理，因为预算支出按名义价值计在1801～1812年(如果数据可信)几乎翻了一番，也就是从5.496亿法郎增加到了9.755亿法郎，其中的1811年和1813年都达到了10亿法郎(见图43)。[262] 在预算收入端，最重要的单个收入来源就是军事胜利，因为战争赔款和其他特别税捐成了皇帝的特别财源。[263] 1805年12月，拿破仑在奥斯特里茨(Austerlitz)大败俄罗斯和奥地利联军，并且通过签署普雷斯堡条约(Treaty of Pressburg)在全帝国而不是城市强征了4 000万弗罗林的捐税，但并非由战败国或者被占领国缴纳或者支付全部的捐税和赔款。葡萄牙被认为在1807年会缴纳1亿法郎，但它基本上仍然亲英，并且只缴纳了7 000万法郎。[264] 虽然拿破仑追溯性平衡预算的做法会造成很多不确定性，[265] 但是，1806年和1807年的战役好像创造了占法国预算支出1/3的收入，这还不包括用于供给国外驻军给养的收入。[266]

财政改革也在被占领国和半自治王国推行，其中很多改革就按照法国模式(包括把公共收入与领地和王室收入分开；废除封建特权，编制地籍登记册；统一、优化和简化收入与支出管理)进行的。这些改革为现代公共财政制度奠定了基础。[267] 拿破仑推动了规模较小的德意志邦国在莱茵河邦联的框架下快速现代化。[268] 他甚至对附庸国也提出了非常严苛的财政要求，也就是要求它们接管它们之前的国家所欠的债务，结果造成公债螺旋式增加。巴伐利亚的债务从18世纪末的2 000万弗罗林增加到了1818年的1.05亿弗罗林，而巴

---

261 Tulard (1980), 490; Delmas (1992: 314)中的军费图。

262 ESFDB \rjb\frg001 based on \frd002 and \frd005; Tapies (1845), 191; cf. Chabert (1949), 292—293; Flora (1983), 378—379. 关于法国第一帝国末期的预算支出和财政困难，请参阅文献：ESFDB \rjb\frg001 based on \frd002. and \frd005; Tapies (1845), 191; cf. Chabert (1949), 292—293; Flora (1983: 378—379)甚至给出了更大的预算支出数值，但1813年的军费支出数值相似(8.16亿法郎)。

263 Marion (1925), 350—354; Gabillard (1953), 558; Dufraisse (1984), 33; Tulard (1980); Bruguière (1991), 414—416.

264 Woolf (1991), 172; Hall (1992), 106, 113, 167—168; Sherwig (1965), 140, 191, 198—199.

265 Gabillard (1953), 556; Hincker (1989), 206: "没有预算机构，但有一个审计院"(pas de budget mais une cour des comptes)。

266 Woolf (1991), 172.

267 Ibid. 104—105.

268 Von Aretin in Aerts and Crouzet (1990), 50; Brandt in Witt (1987), 81—83.

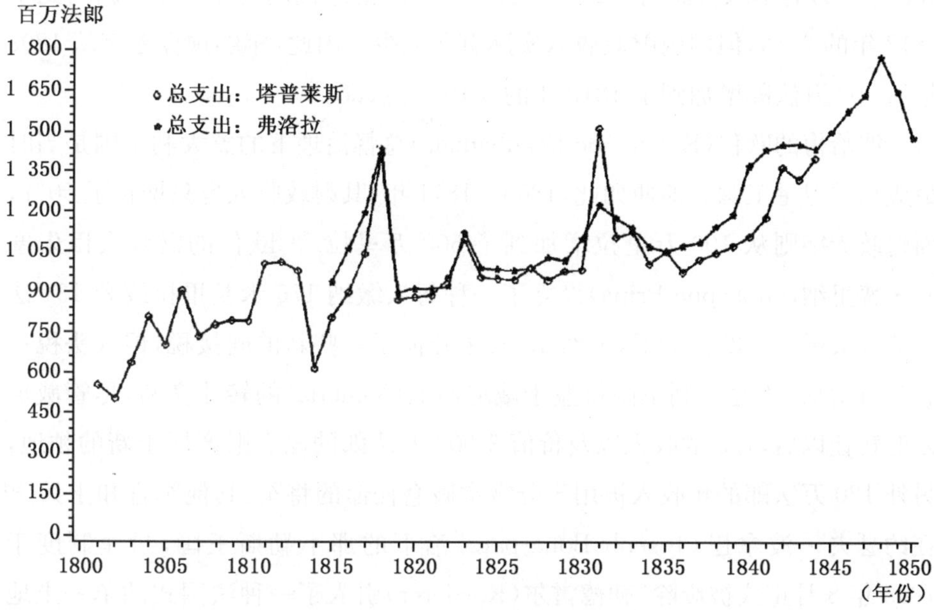

图 43　1801～1850 年法国的总支出

登的债务则从 18 世纪末的 6.5 万弗罗林增加到了 1818 年的 3 100 万弗罗林。这两个邦国还被迫接受分别高达 9 300 万弗罗林和 1 500 万弗罗林的新债务。[269] 但也正是由于债务规模太大,才不得不采取一些旨在实现财政现代化的重要步骤,并且得益于像巴伐利亚蒙特哲拉(Montgelas)这样的锐意改革的财政大臣。相反,威斯特伐利亚(Westphalia)王国在杰罗姆·波拿巴(Jérôme Bonaparte)的统治下经历了一场财政灾难。威斯特伐利亚也许没有希望恢复清偿能力,因为拿破仑一上来就迫使它接受 3 400 万法郎的债务。他每年从王领收入中为自己拨支 700 万法郎,并且每年把价值 500 万法郎的土地作为帝国领地。上千受益者肯定能够获得 700 万法郎,或者接近 20%的威斯特伐利亚王国财政收入。因此,威斯特伐利亚王国的国内债务从 1808 年的 4 700 万法郎增加到了 1813 年的 2.2 亿法郎,而财政收入被认为不可能超过 3 400 万法郎,战争捐税则达到了 3 100 万法郎,这还没有包括供养一支

269　Ullmann in Witt (1987),65－67;Sheehan (1989),248－249,253,262－263,267.

2.5 万兵力的军队所需的 1 150 万法郎。虽然土地税的税率从 5%调高到了 1812 年的 20%,但国内财政收入实际有所减少。因此,年度预算赤字从 1808 年的 800 万法郎增加到了 1813 年的 3 100 万法郎。[270]

波哈梅的欧仁(Eugène de Beauhamais)总督治理下的意大利王国是当时最成功的卫星王国。即便如此,1805～1811 年,其财政收入也只增长了 50%,而财政赤字则从 100 万里拉增加到了 500 万里拉。[271] 欧仁的财政大臣朱塞佩·普里纳(Giuseppe Prina)设立了一种每人缴纳 176 米兰里拉或者 134 法郎的人头税。在欧仁治下,虽然 1809 年开征了一些新的间接税,但人头税一直没有增加。[272] 意大利王国得益于威尼西亚(Venetia)的转让交易,尽管威尼西亚转让以后,1/5 的收入以及价值 3 000 万法郎的国有财产属于新的领地,另外 120 万法郎的年收入被用于分赏拿破仑任命的将军、其他军官和士兵。[273] 在约瑟夫·波拿巴(Joseph Bonarpate)治下的那不勒斯王国,封建制度于 1806 年 8 月正式被废除,勒德雷尔(Roederer)引入了一种法国式的单一土地和工业税取代之前征收的 23 种税。约阿希姆·缪拉(Joachim Murat)收获了这项改革的好处。1808 年,那不勒斯王国财政出现了预算赤字,但第二年几乎实现了预算平衡;1810 年和 1811 年预算盈余持续增加,债务却减少了一半多。不过,在 1812～1815 年,军费支出导致了新的预算赤字。1808～1811 年,财政收入从 4 800 万里拉增加到了 7 200 万里拉,但陆军和海军的军费支出在 1813 年就占到了预算支出的 71%(8 040 万里拉预算总支出中的 5 700 万里拉)。据勒德雷尔计算,1808 年那不勒斯的财政负担是人均 12 法郎,而法国同年的人均财政负担是 27 或者 30 法郎。但是,在一个以农业为主的贫穷的经济体中,人均 12 法郎的财政负担很可能是一个相当沉重的负担,而且在约阿希姆·缪拉治下又有所增加。[274]

荷兰和西班牙在法国第一帝国统治时期经历了比欧洲其他国家更具灾难

---

270 Connelly (1965),207—209;Woolf (1991),173,183.

271 Woolf(1991),105.

272 Connelly (1965),45—46.

273 Woolf (1991),182.

274 Rambaud (1911),39—68,esp. 38;Connelly (1965),80,116—117;Davis (1988),165—166;Woolf (1991),104,173.

性的遭遇。的确,荷兰财政大臣高哲尔(Gogel)在1806年曾设法强制推行一种经过改良的财政制度,这种财政制度更应归因于他在1801年进行的未遂改革,而不是法国经验。[275] 在这次改革之前,荷兰1804年的收支缺口据估计达到了3 820万弗罗林,1805年的预算支出似乎又有所增加,[276]高哲尔推行的改革确保财政收入大约增加了1 600万弗罗林。但1806～1809年,年度总收入差不多保持在5 200万弗罗林(也就是1.13亿法郎)左右,只有1809年的净收入突破了5 000万弗罗林。[277] 经确认的赤字在1 800万～5 200万弗罗林之间,但如果把公债增加额包括在年度支出中,那么,赤字就要平均增加到1.35亿弗罗林。路易·波拿巴(Louis Bonarparte)无力实施财政改革——他认为高哲尔的苛政会影响民心,因此在1809年5月解除了他的职务,是触发拿破仑在1810年吞并荷兰王国的一个诱因。[278]

在西班牙,约瑟夫·波拿巴政权接管了波旁王朝欠下的72亿维隆币里亚尔(也就是19.2亿法郎),并且宣称用国有财产(即没收的价值高达97亿里亚尔的修道院和反叛者财产)赎回这些债务。[279] 波旁王朝发行的纸币(*vales reales*)可直接兑换财产,但要用一种"抵押票据"(*cédultas hipotecarias*)替代。这种抵押票据在兑换财产后就被焚毁。这个债务赎回计划不但具有名声扫地的纸券的一些特点,而且没有得到妥善管理和执行。由于约瑟夫发行的不可兑换纸币只在西班牙的部分地区流通,因此,西班牙境内还有其他几种纸币在流通。结果,约瑟夫发行的纸币急剧贬值,到了1809年11月只剩下相当于面额25%的价值。由于废除皇家专卖权和之前的关税政策以及关闭皇家赌场导致年收入差不多损失1亿维隆币里亚尔,因此新的国内债务持续增加,到了1813年6月已经增加到了3.27亿维隆币里亚尔(约合8 700万法郎)。如果把截止到1813年6月的欠法国的债务包括在内(6.2亿维隆币里亚尔,或者1.653亿法郎),那么就能获得更加贴近实际的债务数据。但是,由于我们不

275　Woolf (1991),104.

276　Schama (1974),497.

277　Schama (1974:514,697 n. 121)对Connelly (1965:143－144)中的数据进行了修正;还请参阅文献:Schama in Winter (1975),136 n. 85。

278　Connelly (1965),142－151.

279　Connelly (1965:241 n. 4)接受了1法郎兑换3.75里亚尔的汇率;Artola (1982:459)中的债务是70亿里亚尔,想必是略微早些时候的数据。

清楚波旁王朝的债务偿还政策,因此,无法了解他们所欠债务的通胀情况。驻西(班牙)法军的累计总费用从1808年的5.32亿维隆币里亚尔(1.42亿法郎)增加到了1813年6月的32.42亿维隆币里亚尔(8.65亿法郎)。据一项夸大的估计,拿破仑在5年西班牙战争中花费了10亿法郎的铸币,外加30亿贷款和纸币。[280]

11.6 旧制度下的君主国改革与对法国扩张的抵制(截至1815年左右)

"阿姆斯特丹很快就会成为你们的账房",康邦(Cambon)在国民公会会议上如是说。[281] 占领奥属尼德兰和荷兰帮助法国解决了财政赤字问题,并且摧毁了信任这个英国信用的根基。我们并非总是充分了解历届革命政府距离实现他们的目标有多么近。虽然总的来说,参加反法同盟的国家(除英国外)都是一些经济和财政体制欠发达的国家,[282]但是,1794年法国入侵荷兰暂时剥夺了俄罗斯等外国列强利用主要货币市场的可能性。[283] 拿破仑甚至造成了比法国第一共和国更具破坏性的灾难,欧洲大陆4个最重要的旧制度君主国在1800~1806年不是被迫求和,就是被拿破仑打败:俄罗斯在1800年向法国求和,并且几乎变得亲法;[284]奥地利、普鲁士、俄罗斯和西班牙分别在1805年、1806年、1807年和1808年被打败或者占领(而奥地利在1809年再次被打败)。对于这些国家,这个战争时期具有巨大的财政意义。由于这些国家具有一些共同的特点,因此,有必要合并对由此而导致的变迁的意义进行考察。[285]

这四个国家各自的主要目标就是在度过大革命和拿破仑扩张时期后至少不至于变得更加虚弱,它们的统治者和政治领导人明显希望自己的国家能够利用这次欧洲国家之间的冲突所提供的机会变得比对手强大。有必要对第二

280 Connelly (1965:241—244,344)表(ibid. 241)中的数据值得怀疑。

281 Mackesy in Dickinson (1989),148.

282 Riley (1980),118,290;Anan'ich and Lebedev in Aerts and Crouzet (1990),38;Buist (1974),154—155.

283 Bergeron in Aerts and Crouzet (1990),16.

284 Schroeder (1987),282—283.

285 Holzmair (1949)进行了比较,但并没有讨论西班牙问题。

次反法同盟战期间普鲁士和俄罗斯的得失,譬如说与奥地利进行认真的比较。[286] 许多非常著名的启蒙运动思想家对那个时代的国际关系实践进行了非常严厉的批评。在普鲁士1740年占领了西里西亚后,那个时代的国际关系实践明显受到了一种占领和瓜分心态的影响。[287] 对"七年战争"破坏作用的分析[288]常常忽略了普鲁士的财政状况比欧洲大陆其他交战方更加稳健这一事实。1740年发起的那场冲突确实有一个看似矛盾但其实有道理的长期利益:1740～1786年,普鲁士的参战时间短于其他欧洲主要列强。[289] 此外,这个喘息机会或者战后改革时期对腓特烈大帝恢复元气产生了有利的影响。到了1786年,腓特烈二世在他的国家储备基金(*Staatsschatz*)和国家储备基金的相关基金中已经积累了5 130万帝国塔勒的储备,[290]大约相当于1.92亿里弗尔。法国政府在这个时期从未有过这么多的预算盈余,更不用说储备基金了。普鲁士在1763～1793年的明显崛起正好与法国在财政和政治方面一定程度的黯然失色不谋而合。[291] 对于1763年以后财政负担远比普鲁士重的奥地利和俄罗斯来说,事先瓜分战争的领土战利品是动员这两个国家参战的一个先决条件。

1763年的和约告诉玛丽娅·特蕾莎,想从普鲁士那里夺回西里西亚简直就是"妄想"[292]。从1763年起玛丽娅·特蕾莎的共同统治者约瑟夫二世在一项几乎不可行的政治安排中试图在奥地利推行一种普鲁士式的行政区制度。这项政策并非没有前后矛盾的问题,因为约瑟夫二世确信"腓特烈大帝纯粹的军政府几乎耗尽了他治下各行省的资源,因此,一旦发生战争,他已经无法在自己治理的行省动用资源"。[293] 然而,不是约瑟夫二世,而是玛丽娅·特蕾莎反对全面推行普鲁士行政区制度。但不管怎样,到了1771年,奥地利完成了

286　Schroeder (1987),253－254.

287　Scott in Scott (1990),25－26.

288　Ibid. 17.

289　Blanning in Scott (1990),281.

290　Koser (1903),474;Hubatsch (1975),147.

291　Cf. Blanning (1986),208.

292　Beales (1987),110.

293　Ibid. 189.

推行普鲁士行政区制度的工作。[294] 及至玛丽娅·特蕾莎退位时，军队改革，再加上人口增长，使得奥地利已经能够在战时动员大量兵力，但1779年一年的战争支出6 500万弗罗林还是有点过分。[295] 1778～1779年的巴伐利亚王位继承战是要腓特烈二世为1740年攻占西里西亚买单的一次间接尝试。奥地利君主国在1778年动员了19.5万兵力，并且设法在第二年把兵力增加到30.8万。[296] 这场战争的胜败倒是失去了它的重要性，而财政开支倒是变得越来越重要。用约瑟夫二世的话来说，奥地利君主国"真的失去了盟友"，"因此要在国内寻找资源，并且只能依靠自己的资源"。就如考尼茨预言的那样，一支庞大的军队并不能保证打败普鲁士，[297]但保证能发生巨大的支出。与1亿弗罗林的支出以及从1763年起就煞费心思地推行的财政改革的失败这两大损失相比较，奥地利获得的收益实在是少得可怜：只获得了茵维尔特尔（Innviertel）这个区区1 000英里、人口12万、年收入不到50万弗罗林的小镇。[298] 与奥斯曼土耳其为期3年的冲突（1788～1790年）造成了更大的损失（见图35）。约瑟夫二世承认，这样一场战争的经济和财政意义都值得怀疑："即使取得胜利，付出的金钱和人员代价，尤其是疾病总会造成严重的损失，这还没有考虑各省受到的损失、人口减少以及被征服者不愿生育等问题。"[299]为了打这场战争，奥地利大约动用了31.5万兵力的军队，需要2.077亿弗罗林的支出。虽然收入从1781年的6 580万弗罗林增加到了1788年的8 750万弗罗林，但这样的增长速度是不够的。到了1790年，为了弥补预算赤字，已经发行纸币（*Banco-Zettel or Bqnkozettel*）2 800万弗罗林，国债已经达到了4亿弗罗林。[300] 因此，约瑟夫二世财政改革计划的失败被认为具有重要的意义。尽管他宣称，"关于财政信条，我已经成为无神论者"[301]，但是，他推行的单一土地税从一开始就具有接近重农学派主张的单一税的性质。1789年颁布了税收和

---

294 Ibid. 227;cf. 184,222,344－346.

295 Dickson (1987),ii,150,154.

296 根据Dickson (1987:ii,149)，而不是Beales (1987:404,414)。

297 Beales (1987),186.

298 Ibid. 403－404,414,422.

299 Ibid. 276.

300 Dickson (1987),ii,115,155－156;Blanning (1978),56,86;Macartney (1968),179.

301 Blanning (1978),53－54.

土地管理条例,从此,农民拥有的不属于领主的任何"乡下"土地都要缴纳占收入12.22%的税金以及占收入17.77%付给贵族的永久性补偿金,而剩下的70%的收入用于养家糊口。税收改革在战时不可行,但约瑟夫二世任意改变税收性质,从课征于农业净产品改为课征于农业总产品。这一改革在减少贵族收入的同时导致了实际加重农民财政负担的可能性,因此在匈牙利引发了抗税起义,而在其他国家也引起了普遍不满。[302] 约瑟夫二世的意图众所周知,那就是把更大比例的匈牙利税收收入转移到奥地利(用他自己的话来说,匈牙利就因此而成了"另一个新发现的秘鲁")[303]。面对奥属尼德兰和匈牙利同时发生的剧变,利奥波德二世在1790年登基后就立刻废除了这些改革措施。虽然此举丝毫没有加剧匈牙利的财政危机,但利奥波德二世确实在一定程度上减少了非常军费支出(从1790年的4 180万弗罗林减少到了1792年的1 640万弗罗林),但公债到了1792年多少有所增加(增加到了4.17亿弗罗林)。

奥地利哈布斯堡王朝统治的国家普遍反对反法战争,是因为有人承诺"这场战争不会持续很长时间,而且不必增税"才予以支持。但这一承诺在1794年没能兑现。[304] 1781~1818年间只有一年奥地利的收入超过了当年的支出。[305] 1793年出现了1 000万弗罗林的赤字(约合100万英镑)。[306] 按照1702年的一个先例,奥地利当局试图利用自己的信用到英国货币市场上去借贷。到了1794年12月,皮特觉得为奥地利600万英镑的贷款作担保,很可能为换取20万兵力参战所必需。到了1795年1月,英国担保的贷款减少到了400万英镑或者4 000万弗罗林。虽然英国政府既担心奥地利当局破产又害怕它按兵不动,但后来还是把贷款担保额增加到了460万英镑。福克斯(Fox)把贷款担保视同战争援助,而事实证明他是对的。[307] 到第一次反法同盟战结束时,奥地利的外债几乎达到了1.16亿弗罗林,或者占到其国债总额的1/5。[308]

1795年,普鲁士退出反法同盟,留下奥地利继续作战。到了1796年,奥

---

302 Liebel-Weckowicz (1974),78,80;Scott in Scott (1990),185—186.

303 Beales (1987),100.

304 Wangennann (1969),121,123,147—149.

305 Riley (1980),107;Mitchell (1981),733,742—743.

306 Helleiner (1965),3,11.

307 Ibid. 2,28,33—34,49—50,54,56,106.

308 Macartney (1968),179 n. 1.

地利就靠总额 4 680 万弗罗林的纸币来维持自己的财政；第二年，纸币就不能兑换铸币。[309] 随着军事上的节节败退，哈布斯堡王朝的财力不断被削弱，财政虚弱使得做好战备工作变得越来越难。[310] 虽然英国人对奥地利的目标心生疑虑，宁可与俄罗斯和普鲁士结盟，但 1800～1808 年英国借给奥地利的贷款达到了 3 130 万弗罗林。[311] 这么多的贷款仍不足以阻止由 1805 年和 1809 年两次战争动员和战败造成的破产。英国人为防止贷款资金流入敌人腰包而不得不停止付款，从而使奥地利 1805 年的财政危机雪上加霜。尽管如此，奥地利作为英国援助收到的 100 万英镑极有可能以战争赔款的形式进了法国的腰包。[312] 到了 1806 年，奥地利差不多有 4.5 亿弗罗林的纸币进入了流通，而纸币贬值比率已达到 175。[313] 1809 年 7 月，奥地利在瓦格拉姆(Wagram)又打了败仗。至此，英国已经为帮助哈布斯堡王朝备战汇款 119 万英镑的铸币。[314] 奥地利遭遇的这两次军事失败总共赔款 3.5 亿法郎，其中很多赔款花在了占领军身上，但也有 1.2 亿法郎的赔款装进了法国人的腰包。[315] 1809 年 12 月，奥地利政府不得不征集国民(匈牙利除外)持有的白银向法国支付第二笔赔款。此时，流通中的纸币已经增加到了 8.46 亿弗罗林，而贬值比率已经上涨到了 469，令人想起了臭名昭著的法国纸券。

在 1811 年 2 月的改革措施推行前不久，流通中的纸币总量已经达到了 10.60 亿弗罗林，而贬值比率也超过了 800。[316] 这次改革收回了全部发行在外的纸币(*Bankozettel*)和小额硬币，并且发行了一种名叫“赎回券”(*Einlosungsscheine*)的新纸币兑换原先的纸币“*Bankozettel*”，兑换率是 1 张新纸币兑换 5 张同面额的旧纸币。由于税收一律用新纸币缴纳，而政府抚恤金和官员薪水也用新纸币支付，因此，税收和政府抚恤金和官员薪水都增加了 4 倍，

309 Ibid. 179; Riley (1980), 204; Blanning (1986), 176.

310 Sheehan (1989), 282—283.

311 Schremmer in Mathias and Pollard (1989), 416—417 and n. 11; Schroeder (1987), 283, 287 n. 96.

312 Helleiner (1965), 144—145; Sherwig (1969), 170.

313 Macartney (1968), 183.

314 Sherwig (1969), 212—213; Hall (1992), 176.

315 Woolf (1991), 172; Gabillard (1953), 559.

316 Macartney (1968), 183, 195; Holzmair (1949), 129.

但贷款利率却下降了一半。新纸币的发行量从未超过 2.12 亿弗罗林,并且逐步减少。匈牙利在 1812 年 9 月以后才依法实施这项改革计划,因为改革计划在这之前一直没有获得议会通过。[317] 这次改革就其目的而言没能在奥地利取得成功,因为奥地利政府在 1813 年 4 月重新开始大规模扩军时又不得不发行 4 500 万弗罗林的纸币[这次发行的纸币叫"预付券"(*Anticipationsscheines*)],后来又秘密发行了 7 次纸币,从而导致贬值比率到了 1815 年 4 月又涨到了 408。流通中的新、旧纸币这时已经达到了 6.35 亿弗罗林。[318] 因此,英国的战争援助显得非常必要,但就是数额太小,因为反法同盟是在奥地利参战之前建立的,而且英国的资源也濒临枯竭:100 万英镑是 1813 年承诺的额度,但还另外提供了 50 万英镑的物资。第二年,由于战争接近尾声,英国的援助又略有减少。[319] 奥地利把军队规模缩小到名义上的 40 万兵力(实际只有 20 万～23 万)以及把军费预算维持在 4 500 万～5 000 万弗罗林(正式限额先是 4 000 万弗罗林,后来又增加到了 4 400 万弗罗林)的决定直到 1815 年以后才付诸实施,那是因为奥地利其间享受到了 35 年的和平(1820～1821 年军事干预意大利除外)。裁军节约的资金,再加上经常性收入从 1814 年的 5 070 万弗罗林增加到了 1817 年的近 9 400 万弗罗林(这主要是 1809 年收回失地的结果),两者提供了平衡预算的可能性。接下来的问题是,年度预算仍然出现赤字,国债从 1816 年的 7.39 亿弗罗林增加到了 1823 年的 9.05 亿弗罗林,而同期利息支出也增加了 2 倍,即从 1 200 万弗罗林增加到了 3 600 万弗罗林。即便英国政府可以放弃奥地利政府在 1823 年所借的 2 350 万英镑贷款中差不多 250 万英镑的债权,但对于奥地利堆积如山的债务也起不了多大的作用。[320]

普鲁士的预算数据令人困惑或者容易造成误解。[321] 存世账簿显示,即便是战时,预算收入仍经常超过预算支出(见图 44)。[322] 然而,我们从其他来源获

317 Macartney (1968),196—197;Hamik (1991),91.

318 Macartney (1968),194—198.

319 Sherwig (1969),310,323;Hall (1992),200,205.

320 Macartney (1968),203—206;Helleiner (1965),147—179;Sherwig (1969),343.

321 Schremmer in Mathias and Pollard (1989),414—415.

322 Riedel (1866);ESFDB \korner\prussia\prub004 after \prud004.

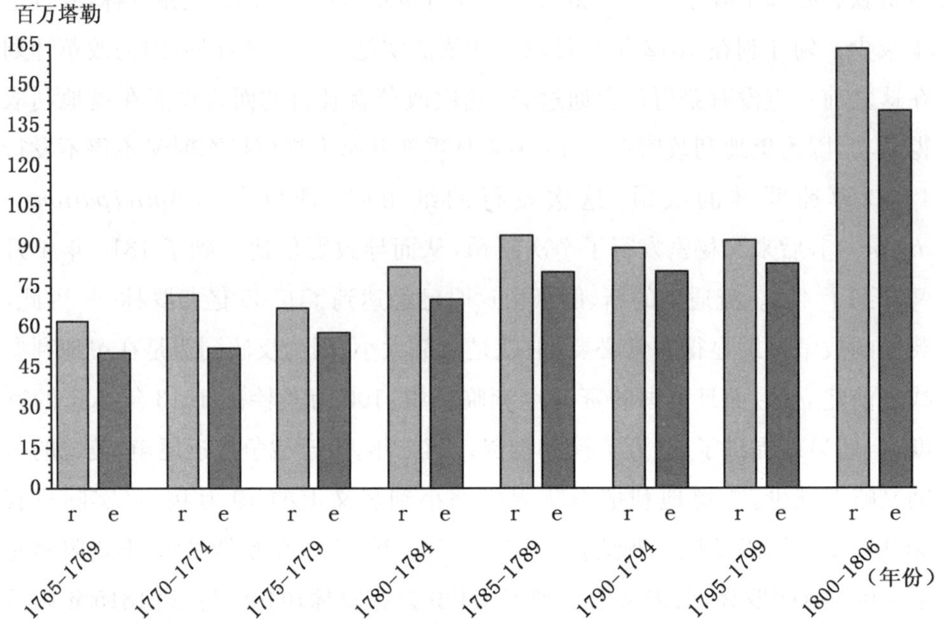

r 表示净收入；e 表示净支出。

资料来源：Riedel (1866)\korner\prussia\prub004 © ESFDB 1993.

图 44　1765～1806 年普鲁士的净收入和净支出(用塔勒表示)

得的数据表明，1786 年以后，普鲁士的预算状况正好相反；由于腓特烈·威廉二世(Frederick William Ⅱ)拒绝限制他的对外承诺，因此，腓特烈大帝留下的预算盈余最后被消耗殆尽。到了 1793 年底，没有外国援助，普鲁士已经不能继续长期参战；1786 年腓特烈大帝留下的 1 300 万英镑也只剩下不到 300 万英镑——英国外交大臣格伦威尔(Grenville)知道的差不多就是这个数额，而普鲁士的收入经常少于支出。[323] 普鲁士的存世账簿显示，派遣一支 10 万兵力的军队参战，向盟友的要价是 2 200 万塔勒(或者 350 万英镑)：腓特烈大帝在说“二流国家战时不需要任何外国援助”时也表达了这个意思。[324] 到了 1794 年，普鲁士的公债已经达到 3 810 万塔勒，这有助于解释第二年退出战争的原

---

323 Sherwig (1969), 35.

324 Helleiner (1965), 1.

因。[325] 一个像普鲁士这样从表面上看是欧洲大陆最有效旧制度君主国之一的国家,实际上饱受国内政治分裂和体制缺陷的困扰,因此在1795年以后不得不对法国保持中立,并且在1806年的直接军事交锋中败下阵来,是有其必然性的。[326] 就在英国可能答应奥地利提出的对1794年的战争援助条约进行展期的要求前,1806年10月奥地利又在耶拿(Jena)吃了败战。虽然有传闻说,普鲁士财政部在柏林(Berlin)被攻克之前已经花费了相当于200万英镑硬币的支出,但英国认为普鲁士的资源"不但严重减少甚至消耗殆尽,而且……几乎……已不复存在"[327]。战败的代价是沉重的:普鲁士的领土面积缩小了一半以上(从33.5万平方公里减少到15.8万平方公里),因此几乎一半的人口流失到其他国家(普鲁士的人口从1 070万减少到了490万)。[328] 战败简直就是财政灾难,并且还造成了严重的政治后果,导致普鲁士作为大国濒临灭绝。[329] 大概到了1812年,普鲁士的总收入仍只有1 720万塔勒,而在1800年曾经达到过2 970万塔勒。[330] 1807年,普鲁士的债务已经达到了5 370万塔勒,外加拿破仑强加的巨额战争赔款:拿破仑索要5.5亿法郎的战争赔款,其中2.2亿法郎付给法国财政,而相似金额的赔款付给占领军;这5.5亿法郎的战争赔款已经超过割地后普鲁士国家的全年总收入。[331] 毫不奇怪,债务快速增加,1810年达到了1亿塔勒,1811年达到1.12亿塔勒,而1815年更是高达2.06亿塔勒。[332] 到了1810年春天,阿尔滕施泰因一多纳(Altenstein-Dohna)政府仍没能付清法国的全部赔款,并且建议把西里西亚割让给法国抵债:那年官复原职的哈登贝格(Hardenberg)许诺腓特烈·威廉三世一定会设法付清全部战争

---

325 Schremmer in Mathias and Pollard (1989),415.

326 Schroeder (1987),267—268,274,286;Sheehan (1989),224—225,233—234.

327 Sherwig (1969),179.

328 Schremmer in Mathias and Pollard (1989),417.

329 Sheehan (1989),291;Simon (1971:232)评论指出,"直接因果链……把1811年的宪法危机与拿破仑承受的财政压力联系在了一起"。

330 Schremmer in Mathias and Pollard (1989),416.

331 Ibid. 415;Woolf (1991),17;Dufraisse (1984),33;Gabillard (1953),559;Sheehan (1989),255;Simon (1971),14.

332 Sheehan (1989),305;根据文献"Schremmer in Mathias and Pollard (1989),454",1815年是2.876亿塔勒。

赔款。[333] 事实上,普鲁士政府寻找了可供它利用的各种方法来逃避向法国支付战争赔款。这时,这笔战争赔款已经减少到了 1.987 亿法郎(约合 5 630 万塔勒),其中 1.545 亿法郎直到 1897 年 7 月 12 日仍没有支付。有人估计,在剩下的赔款中,1 500 万法郎用现金支付,4 500 万法郎以割让王领的形式支付,而 9 000 万法郎用商业信用支付。虽然采用各种应急措施在 1807 年 11 月把欠法国的战争赔款减少到了 1.084 亿法郎,但到了 1813 年 3 月仍然欠有 4 440 万法郎没付。[334] 正因为如此,普鲁士的财政经济亟待改革,并且在 1807 年签署泰尔西特和约(Peace of Tilsit)后正式开始推行,但直到 1820 年仍没有完成:用哈登伯格的话来说,一个不接受革命原则的国家"不是强制贯彻革命原则,就是自我灭亡"[335]。普鲁士这次改革的短期目标是在 1808 年就个人所得征收一种临时直接税,而长期目标则是更加公平地分摊土地税,包括取消免税权以及城镇与农村之间的税收差别。斯坦(Stein)是这些思想的提出者,而哈登伯格则把它们作为事业来做。斯坦的思想肯定对贵族不利,但还是这样做了。结果,哈登伯格不得不因废除免税权而放弃了意义深远的改革。[336]

1763～1796 年,俄罗斯的收入稳定增长,但征收成本无论按绝对值还是按占实收收入的百分比计都有所增加。到了叶卡捷琳娜二世 1762 年掌权时,与普鲁士军队作战的俄罗斯野战军已经有 8 个月没有领到军饷,欠款总计 1 700 万卢布。[337] 俄罗斯的相关会计处理方式根本就毫无确定性可言(有一份材料估计俄罗斯 1764 年的收入是 930 万卢布,但另一份材料估计 1769 年的收入是 1 990 万卢布)[338]。比较可信的数据是 1764 年总收入 2 190 万卢布,征收费用 420 万卢布,净收入 1 770 万卢布(征收费用占总收入的 19.2%)。至叶卡捷琳娜二世 1796 年驾崩时,俄罗斯的总收入已经猛增到了 7 310 万卢布,除去 1 770 万卢布的征收费用,还有 5 540 万卢布(征收成本占总收入的

333 Simon (1971),49;Sheehan (1989),305.

334 Lesage (1924),12,29,79,93,116,182,251,258—259,290—291,298,307. Lesage(299)指出,赔款用一个固定汇率:85 塔勒兑换 300 法郎。

335 Schremmer in Mathias and Pollard (1989),421;Sheehan (1989),252.

336 Simon (1971),11,54—55,57—60,83—87. 关于哈登伯格(Hardenberg),还请参阅文献:Klein (1965),21—34;Noke (1990),32—39,49—50,93—105.

337 Duran (1970),485;Madariaga (1981),470.

338 LeDonne (1984),245.

24.2%)。[339] 如果说所有国家的财政机制都是“支出驱动型”的(见本书第十二章),那么,俄罗斯的情况尤其如此。在俄罗斯,收入随着支出的增加而增加,但有一个明显的时滞(见图 45)。[340] 俄罗斯的财政支出在 1764 年是 2 160 万卢布,但到了 1796 年就增加到了 7 820 万卢布。赤字应该是通过发行纸币——卢布纸券——来弥补的。[341] 1768 年底,俄罗斯为了给第一次俄(罗斯)土(耳其)战争(1768～1774 年)筹款,设立了一家纸券银行,并且发行了纸币,到了 1786 年,在为第二次俄土战争(1787～1792 年)筹款,纸券发行达到 1 亿卢布上限时已经大约有 4 500 万卢布的纸券在流通。到叶卡捷琳娜二世 1796 年驾崩时,俄罗斯已经发行了 1.567 亿卢布,结果就是纸券的价值及其汇价(如对荷兰基尔德的汇价,由于俄罗斯在阿姆斯特丹货币市场大肆借贷,因此特别重要)大跌。[342] 俄罗斯的财政状况在所有的潜在盟友中是最糟糕的。到了 1796 年,俄罗斯的国债已经达到了 2.15 亿卢布,而年收入和支出分别是 5 540 万卢布和 7 820 万卢布,因此债务必然是只增不减。[343]

俄罗斯反对法国大革命。在 1797 年之前,尽管奥地利和普鲁士请求军事援助,但俄罗斯的反雅各宾党斗争一直只局限于对波兰的军事干预。就连在 1795 年从英国那里获得优惠贷款(100 万英镑用于建立一支 5.5 万兵力的军队)也没能让俄罗斯放弃中立。[344] 英国的这位首选盟友不得不在其财政处于 3 个主要潜在盟友最糟糕的状态时远离主战场采取行动。在保罗一世(Paul Ⅰ)治下与法国和平相处时期,俄罗斯的财政赤字停止了螺旋式上涨,但在亚历山大一世(Alexander Ⅰ)统治的头 10 年里,财政已经失控。1803 年,收入只有 9 550 万或者 1.016 亿纸卢布(*assignat* rouble),但支出却高达 1.094 亿纸卢布。到了 1805 年,收入差不多还算稳定(1 亿或 1.072 亿纸卢布),但支出已经增加到了 1.255 亿纸卢布。灾难性的反拿破仑战争在签署了泰尔西特

339　Kahan (1985),341;Madariaga (1981),481;征收费用多少有点被夸大。

340　Kahan (1985);Khromov (1950);ESFDB \russia\rusb002 based on \rusm002. Kahan 提供的 1796 年前的数据是净收入;Khromov 的数据包括临时性收入和借款。

341　Kahan (1985),341,346;LeDonne (1984),259—260.

342　De Bloch (1899),i,71;Khromov (1950),121—122;Riley (1980),154—157;LeDonne (1984),260;LeDonne (1991),280.

343　Saul (1970),22;Blanning (1986),188.

344　Helleiner (1965),80.

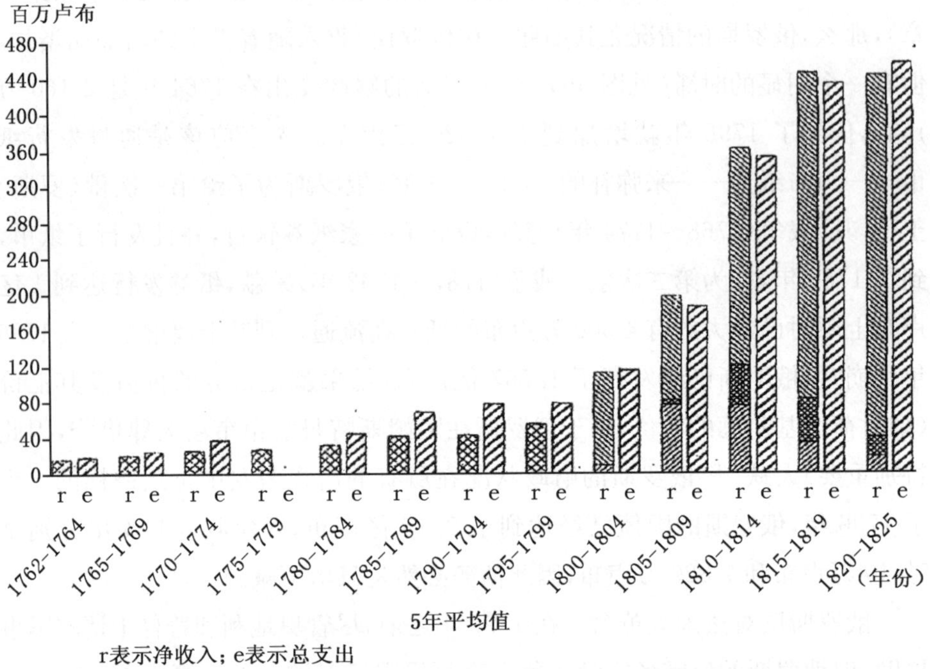

资料来源：Kahan (1985)；Khromov (1950)\russla\rusb002 © ESFDB 1993.

图 45 1762～1825 年俄罗斯包括借款在内的各类支出和收入(用卢布表示)

条约后便告结束，这场战争导致俄罗斯 1809 年的支出达到了 2.785 亿纸卢布，而收入才 1.275 亿或者 1.338 亿纸卢布。俄罗斯政府要求英国提供 600 万英镑的援助才能继续参战，但英国因担心俄罗斯赖债作出了否定的回答。但不管怎样，英国总是认为，发动这场战争是为了保卫俄罗斯的领土和利益，因此，俄罗斯应该在没有援助的情况下为这场战争筹款。最后，1807 年 11 月，根据在泰尔西特做出的承诺，俄罗斯向英国宣战。此外，亚历山大一世在看到了一个补偿签署泰尔西特条约的机会以后，就千方百计地想吞并芬兰，因此又发生了新一波的支出流。[345] 与过去一样，俄罗斯又通过增发卢布纸券来为军事承诺筹款，并且确实在 1808～1810 年创下了发行纪录(分别为 9 500

345 Bloch (1899：i，113)的数据小于 Khromov (1950：440－441，446－447)的数据；Raeff(1969)，83－84；LeDonne (1991)，281－283；Sherwig (1969)，179－182；Hall (1992)，137，163－164.

万、5 580 万和 4 620 万纸卢布),从而导致这三年流通中的纸币总量分别达到了 4.774 亿、5.332 亿和 5.794 亿卢布。到了 1810 年,纸卢布的价值创下了空前的最低纪录(只相当于其名义含银量的 1/4,即 25.4%)。[346] 俄罗斯政府新的财政顾问迈克尔·斯皮兰斯基(Michael Speransky)表示,当务之急是减少流通中的纸券数量,停发纸币,缩减支出,并且发行国内债券以创建一个相当于法国偿债金库的国内还贷机构。斯皮兰斯基的改革计划被收入了 1810 年 2 月的敕令:政府承认纸券为国债,承诺将如数赎回,并且停止增发。后来,政府还宣布了流通中纸券不得不超过但可维持 5.77 亿卢布这个限额的规定。1812～1815 年战争的非常财政负担堪与 1709 年和查理三世(Charles Ⅲ)夺权时的最终财政负担相比,因此无法采用这样一种财政解决方法。[347] 俄罗斯要求英国提供 400 万英镑的特别津贴才答应重新加入反拿破仑同盟,但由于西班牙半岛问题是当时英国要重点解决的问题,因此 400 万津贴的要求超出了英国的承受能力。此外,即使英国愿意提供津贴,也会要求用纸币而不是铸币支付;英国的津贴相对俄罗斯的财政需要而言明显不够,部分是因为在法军以极其昂贵的代价取得博罗季诺(Borodino)战役胜利之前,俄罗斯的反拿破仑意愿始终值得怀疑。[348] 俄罗斯财政收支缺口由于税基缺乏弹性而不断扩大,而贷款和其他应急手段为弥补缺口所必需(见图 46)。[349] 到了 1815 年,流通中已有 8.258 亿卢布的纸券;纸券从 1810 年以来又遭遇了一定程度的贬值(其实际价值占其面额的比例从 1810 年的 25.4%进一步下降到了 1815 年的 23.8%)。即使在恢复和平以后,俄罗斯的债务也继续增加,1825 年已经达到了 13 亿卢布。

旨在更加公平地分摊税负的举措在旧制度下的西班牙基本上没有取得成功,这也解释了西班牙税收制度达到财政极限以及西班牙在 1808 年无力抵抗拿破仑军队入侵的原因。[350] 卡洛斯三世(Carlos Ⅲ)治下有一种重要的“单一

346 Riley (1980),156;de Bloch (1899),i,110—111;Raeff (1969),84 n. 1.

347 Raeff (1969),95—97,101—102,104—105.

348 Sherwig (1969),282,289—290,294—295,301—304;Hall (1992),198—200.

349 Kahan (1985);Khromov (1950);Riley (1980),156;ESFDB \russia\rusb005 based on \russia \rusm004.

350 Noel in Scott (1990),123,131,134,142;Barbier and Klein (1981).

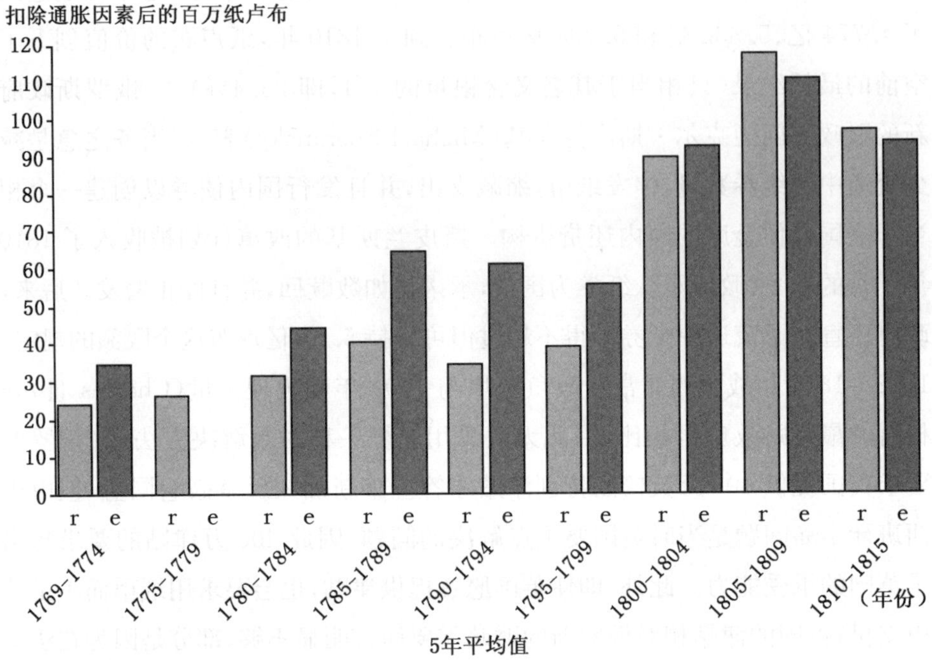

r表示净收入；e表示总支出。

资料来源：Kahan (198S)；Khromov (1950)；Ailey (1980)\russia\rusb005 © ES-FOB 1993.

图 46　1769～1815 年俄罗斯扣除通胀因素后包括借款在内的收入和支出
(用扣除通胀因素后的纸卢布表示)

税”(única contribución)思想，这种思想早在重农学派思想传入西班牙之前就已经形成。西班牙成立了一个改革委员会，目的就是要证明单一税制较之于 18 世纪盛行的复合税制度更优。此举在 1756 年 4 月得到了正面报道，[351]过后就没了下文。但到了 1760 年，单一税制思想又活跃起来。西班牙政府试图摆脱间接税的负担，但最终以失败告终(由于贵族和平民的反对在 1766 年达到了高潮)。[352] 1770 年的另一次改革尝试也中途夭折。在法国大革命战争期间

351　*Mémoires*, ed. Moreau de Beaumont (1768), i, 493－494. 这些数据已经与 1756 年 4 月 30 日执政团的数据做过比较：Matilla Tascón (1947), 92－93. 关于 Ensenada 改革努力的一般介绍，请参阅文献：Lynch (1989), 164－175。

352　Herr (1989), 8－10; Noel in Scott (1990), 134.

发行纸币以及随后解除对教会财产继承的限制,都是 18 世纪早些时候无力进行财政体制改革的必然结果。1768 年前,西班牙的省级捐税没有一年超过 9 000 万维隆币里亚尔。但在 1779 年以后,西班牙的财政效率有所提高,随着省级捐税承包制的撤销和捐税直接征管制的推行,省级捐税从 1779 年的 1.026 亿维隆币里亚尔增加到了 1793 年的 1.58 亿维隆币里亚尔(见图 47)。[353]

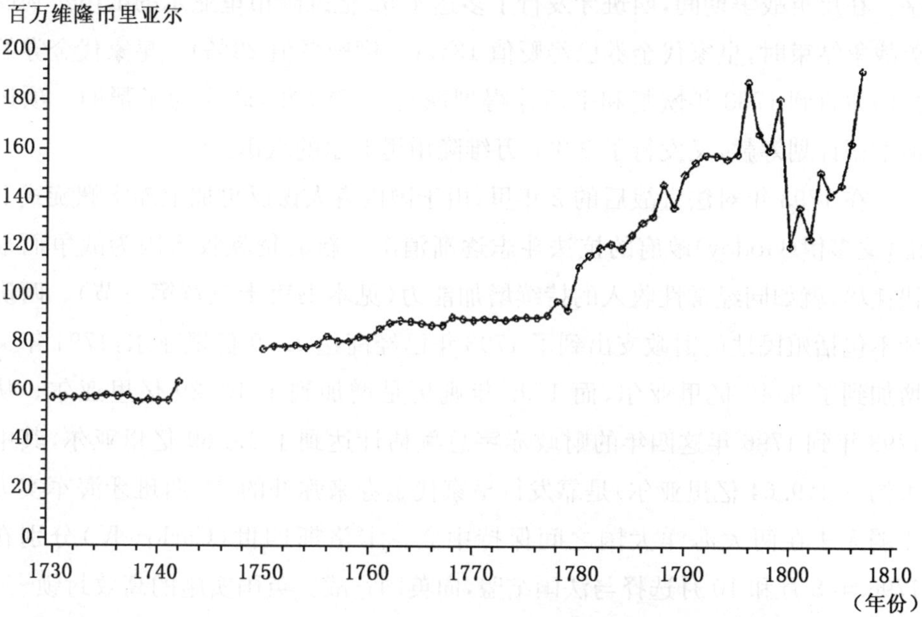

资料来源:Ariola (1992)\rjb\spain\spg003 © ESFDB 1993.

图 47　1730～1807 年卡斯蒂利亚省级捐税(用维隆币里亚尔表示)

"美洲是我们变得伟大的关键所在":殖民地对于西班牙君主国的重要作用在签署 1763 年和约[在西班牙前几年——英军攻克哈瓦那(Havana)——遭遇了灾难性失败]以后得到了重新体现。[354] 西班牙为了驱赶英国入侵者而发展海军和陆军的能力取决于皇家收入的增长,西班牙帝国在当时被认为是一个有待开发利用并且必须加以保护的收入来源。[355] 毫无疑问,西班牙帝国

353　Artola (1982),306,343,349;ESFDB \rjb\spain\spg003 based on \spd005.

354　Noel in Scott (1990),121,123－124;Lynch (1958),14－15;Walker (1979),222.

355　Lynch (1958),15－16,18,116－118.

的财政收入在18世纪有所增加。来自利马财政部(Lima Treasury)的收入虽然直到1780年也没有达到18世纪创纪录年份的水平,但在1750年以后已经得到了恢复。[356] 尽管西班牙在反英战争(1779～1783年)中攻占了地中海的米诺卡岛(Minorca)和美国的佛罗里达(Florida),但它的财政陷入了一种长期出现赤字的状况,而且只能依靠发行纸币皇家代金券(*vale reale*)来弥补赤字。在反英战争期间,西班牙发行了多达4.52亿维隆币里亚尔的纸币。到反英战争结束时,皇家代金券已经贬值13%(一度曾贬值22%)。皇家代金券的公信力直到1783年恢复和平后才得到恢复。1789年,政府为了帮助一项运河挖掘计划筹款,又发行了9 900万维隆币里亚尔的纸币。[357]

在1793年对法宣战后的2年里,由于国内有人谋反再加上赤字螺旋式上涨,戈多伊(Godoy)政府的抗法斗志逐渐消沉。新的贷款收入因为战争而很快耗尽,就如同经常性收入的持续增加能力(见本书第十三章第三节)。西班牙不包括殖民地的财政支出到了1793年已经高达7.09亿里亚尔,1794年又增加到了9.46亿里亚尔,而1795年则更是增加到了10.29亿里亚尔。从1793年到1796年这四年的财政赤字总额估计达到了12.69亿里亚尔,其中大约3/4(9.64亿里亚尔)是靠发行皇家代金券来弥补的。[358] 西班牙海军实力太弱无法在两大海洋大国之间保持中立。卡洛斯四世(Carlos Ⅳ)分别在1796年8月和10月选择与法国结盟,向英国宣战。英国实施的高效封锁[359]致使西班牙财政蒙受了灾难。虽然不同来源的文献存在分歧,但帝国财政部和马德里(Madrid)财政部的收入——帝国收入的主要构成部分——在对英战争爆发以后都出现了问题(见图48和图49)。[360] 据一个文献估计,皇家财政收入在1793年是5.84亿维隆币里亚尔,但到了1797年已经减少到了4.78亿

356 TePaske and Klein (1981),122—123;Lynch (1958),121—122;Brading in Betliell (1984),409.

357 Riley (1980),167—168;Herr in Otazu (1978a),124;Herr (1989),79,768—769;Artola (1982),369—387;Harris (1979),211.

358 Barbier and Klein (1981),321;Herr (1989),80—83. 请注意:Barbier 和 Klein 的数据与 Cuenca Esteban (1981)的数据有所不同,后者1788～1792年的经常性收入数据没有减少20%:Herr (1989),79 n. 3;Herr in Otazu (1978a),124;Artola (1982),404—405,417。

359 Brading in Bethell (1984),434—435.

360 Cuenca Esteban (1981),191—199;Barbier and Klein (1981),318,338;ESFDB\rjb\spain\spg002 based on \spd004;rjb\spain\spg001 based on \spd001.

维隆币里亚尔,而财政支出在1797年增加到了14.23亿维隆币里亚尔,赤字高达9.45亿维隆币里亚尔。作为皇家收入重要来源的关税也不可避免地出现了减少,作为更加重要收入来源的美洲收入也有所减少:1793～1795年美洲的年均收入是1.23亿,1796年达到了2.32亿,但到了1797～1801年已经跌到了1 700万。[361] 虽然纸币已经贬值15%～20%,但西班牙政府仍按面额接受自己发行的纸币:因此,在1797年,西班牙政府用10.8亿维隆币里亚尔来支付9亿维隆币里亚尔的支出。到了1798年5月,西班牙政府有2 600万里亚尔的账单拖欠未付,而预计赤字高达8亿里亚尔。[362]

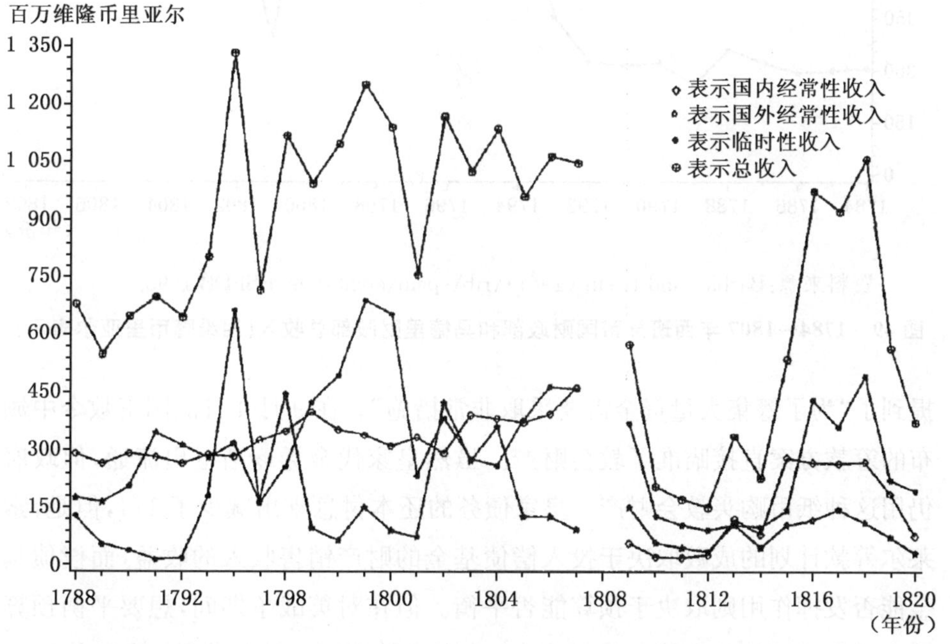

资料来源:Cuenca Esteban (1981),192—199\rjb\spain\spg002 © ESFDB 1993.

图48　1788～1820年西班牙帝国财政净收入(用维隆币里亚尔表示)

为备战组织的一次公募只征集到2 300万维隆币里亚尔,而举借无息爱国应偿贷款只筹到150万维隆币里亚尔。1798年8月底,索莱尔(Soler)报告

361　Herr (1989),84. Barbier和Klein (1981:338)中的收入和(ibid. 326)中的美洲收入数据仍比较乐观;Cuenca Esteban (1981:192—199)也同样如此。

362　Herr (1989),85,87,770.

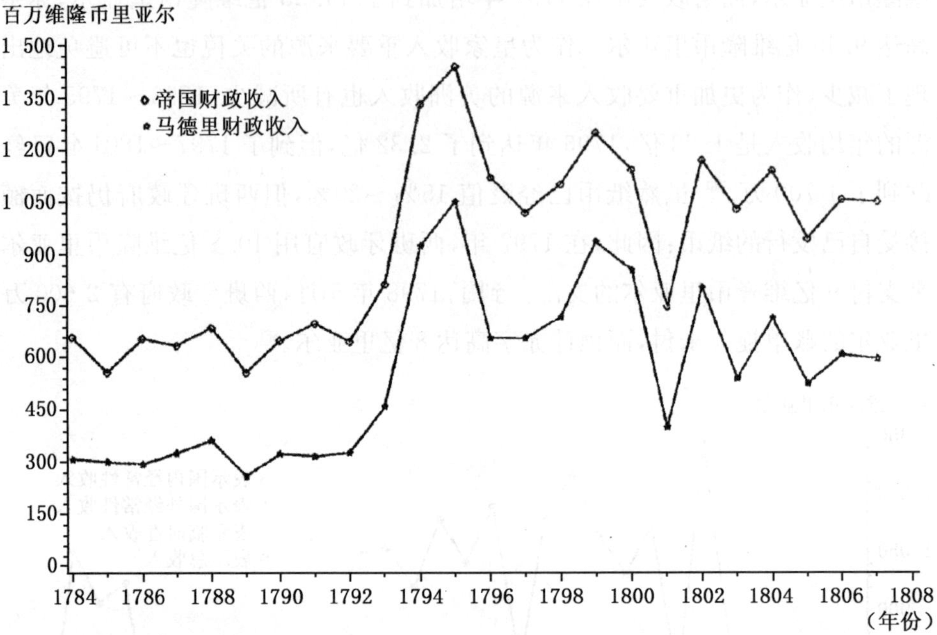

资料来源:Barbier and Kleln (1981)\rjb\spain\apg001 © ESFDB 1993.

图 49　1784～1807 年西班牙帝国财政部和马德里财政部总收入(用维隆币里亚尔表示)

提到了"为了筹集大量资金需要采取非常措施"。在 9 月 4 日的国王敕令中颁布的筹款方案直接瞄准了教会财产。虽然皇家代金券逐渐退出流通,但政府仍用这种纸币购买教会财产。皇家债务的还本付息支出减少了 1/4,但是,索莱尔筹款计划的成败取决于投入偿债基金的财产销售收入的收益,而偿债基金能否发挥作用则取决于预算能否平衡。但在对英战争期间,想要平衡预算简直就是不可能的事情。没过多久,政府又借到了一笔新贷款,并且在 1799 年 4 月又发行了差不多 8 亿维隆币里亚尔的皇家代金券。代金券大幅贬值,其价值在 1799 年上半年已经跌到了比其面值低 30%～45%的水平,而到了 1800 年 8 月更是跌到了比其面值低 62%～72%的水平。法国、西班牙和英国之间只有 1802 年无战事,因此,其间皇家代金券的价值一度回升到了比其面值低 10%～20%的水平。1800 年 8 月,为了提升皇家代金券的公信力,政府承认 1780 年以后发行的全部代金券为合法国债,并且另外设立一个合并基金:根据 1808 年呈报拿破仑的数据,这个合并基金大概从流通中 21.93 亿的代金券中赎回了3亿。政府不可思议地没能利用好教会财产的变卖收入,变卖教会财产总共才实现3.4亿里亚尔的收入。剩下的16.53亿代金券又成了新债。[363] 1803年5月,英法重新开战,赎回代金券的计划也不得不停止执行。卡洛斯四世在拿破仑的逼迫下不得不在1803年10月支付了600万法郎的"中立津贴"(约合2 400万维隆币里亚尔)。由于没有任何可用的收入来源,卡洛斯四世不得不动用合并基金来支付这笔津贴。但结果表明,合并基金也没有这个能力。于是,卡洛斯四世不得不在1805年9月与"希望之家"(house of Hope)和阿姆斯特丹公司(Co. of Amsterdam)签约按5.5%的利率举借1 000万弗罗林(约合8 000万维隆币里亚尔)的贷款。1808年西班牙欠法国的债务达到了3 160万维隆币里亚尔,外加欠荷兰银行家3.18亿维隆币里亚尔的借款。[364]

英国对西班牙要求支付"中立津贴"的回应是夺取了西班牙三四艘装满白银正在从墨西哥返回西班牙途中的护卫舰。于是,西班牙在1804年12月向英国宣战。[365] 西班牙皇家来自西印度群岛的收入从1802～1804年的年均1.93亿维隆币里亚尔减少到1805～1807年的年均2 800万维隆币里亚尔,而同期关税收入平均也减少了一半,也就是从1.87亿减少到了8 500万。[366] 根据呈报拿破仑的数据,1807年,西班牙的支出达到了6.37亿,而收入只有5.05亿,赤字高达1.32亿。新税非常不受欢迎,并没能创造足够多的收入来弥补赤字。[367] 促使拿破仑在1808年接管西班牙的一个因素就是拿破仑担心他的这个盟友财政崩溃:拿破仑认为,西班牙拥有巨大的财富,但它的无能统治者没有能力善加利用,而他收到的报告也证明了他的看法。[368] 但是,拿破仑没有意识到这场战争不可避免地切断了西班牙与其美洲殖民地的关系。在这方面,西班牙与葡萄牙形成了鲜明的对比。1807～1808年,法(国)西(班牙)

363　Ibid. 88－89,93－96,100－102,112－114 (esp. 114 n. 56),117－118,151.

364　Ibid. 141,145－147;Buist (1974),298－304;Riley (1980),170－174.

365　Hall (1992),112.

366　Herr (1989),138,based on Cuenca Esteban (1981). Barbier和Klein (1981:338)中的数据再次有所不同。

367　Herr (1989),140－142. 这些数据既不同于Barbier和Klein (1981)的数据,又有别于Cuenca Esteban (1981)中的数据. Artola (1982:458)中,1807年的总收入是5.702亿(固定)和47.59亿(变动)。

368　Herr (1989),155,713.

同盟成功地对葡萄牙发起了进攻,迫使葡萄牙政府流亡国外,撤到了巴西。在巴西,葡萄牙流亡政府巩固了自己对殖民地的控制,并且得以组织抵抗西班牙在美洲统治的活动。[369] 相比之下,西班牙殖民地因不满帝国政府的统治而群情激昂,殖民地居民在承认费尔南多七世(Fernando Ⅶ)、约瑟夫·波拿巴(Joseph Bonaparte)还是宣布独立的问题上产生了分歧:在一场"保皇起义"的框架下涌现出了"民族解放"的思想。[370] 这些不满与分裂情绪,再加上由英国封锁造成的与帝国政府的强制性隔离,导致西班牙帝国在1808~1810年蒙受了巨大的损失,并且改变了它的整个财政史进程。到费尔南多七世复辟王政时,一切都已经木已成舟,无法挽回。由于1804年英国实行海上封锁,因此,西班牙美洲的叛军经常几乎完全停止金银汇款。[371] 外来收入(关税和殖民地汇款)从1793年战争前约占政府全部收入的1/4减少到了1815年后的不到10%。白银汇款完全消失,西班牙的经济损失估计要占到国民收入的2.3%~5.6%,而单单白银汇款损失就要占到国民收入的1%~1.3%。[372] 王政复辟后的费尔南多七世(1811~1820年)承诺要恢复美洲帝国,但只给予地方最低限度的自治权。结果是西班牙政府遭遇政治和财政破产。只有美洲的白银能够阻止西班牙政府破产,但只有有支付能力的国家才能够重新征服美洲。[373] 实际上,西班牙已经无可挽回地失去了它的美洲殖民地。

11.7 英国为争夺经济和金融霸权付出的代价

法国在1793年2月向英国和荷兰宣战。虽然英国在1783年参战是为了在欧洲大陆取得均势,而不是为了帝国利益("法国在西印度群岛的岛屿并不

---

369 Ibid. 154;Lynch (1958),275-276;Mansuy-Diniz Silva in Bethell (1984),508;Maxwell (1993:223)评论说,"这一事件使得里斯本成了葡萄牙—大西洋经济体系的中介,而且还导致欧洲与巴西港口的直接通航"。

370 Lynch (1958),266-269,274;Carr (1975),102;Brading in Bethell (1984),438-439.

371 Marineau (1985),437. Marineau 在(1985:438)中的5年平均值止于1804年,而年度数据(ibid. 435-436)也止于1804年。

372 Prados de la Escosura in Aerts and Crouzet (1990),80-83.

373 Carr (1975),122-123,143-146.

值得我们为它们付出我们正在享受的无比珍贵的1年和平时期”[374],格伦威尔在1791年如是说)。但是,一旦参战,英国就把目标扩大到了征服法国的海外帝国,“以拓展我们的国民财富和确保我们国家的安全,并使英国成为世界最重要的商业和海军大国”[375]。亨利·邓达斯(Henry Dendas)在1801年宣称,“……这个国家目前的实力和卓越都是依靠它那丰富的密不可分的商业和海军资源造就的”。但最重要的是,英国的“工商业离不开它拓展的国外市场”[376]。事实上,法国的殖民地贸易在英法战争初期、1791年圣多明哥(San Domingo,是占法国殖民地贸易3/4的基地)奴隶起义之后就已经崩溃。[377] 法国在西印度群岛的很多岛屿在英法战争爆发后的头18个月里就已经被攻占,但一直到1810年才完全被控制(英军消灭了各驻防部队,并且派驻了17个独立驻守部队)。英国在1793年实施的海上封锁摧毁了法国的商船队。随着欧洲大陆市场的关闭,法国工业产出到了1796年已经一落千丈。因此,英国主要竞争对手的经济实力几乎一下子就受到重创,这也就成了英国成为世界经济霸主的决定性一步。[378] 就像李嘉图坚持认为的那样(见本书第六章第七节),英法战争的费用在某种程度上要依靠英国经济的实际增长收回,而且这在很大程度上导致这场竞争的天平向着有利于英国的一边倾斜。但是,这场战争既为英国带来利益,也造成了经济损失。从1792年到1802年签署《亚眠和约》(Peace of Amiens),英国的出口贸易平均增长了5.9%,但战争爆发后的头几年远慢于1798～1802年这个时期。羊毛织品,但首先是棉织品(从1790年到1811年年均增长5.6%)在英国取得的出口贸易成就中发挥了决定性的作用。因此,英国政府在1793～1801年向盟国提供的2 120万英镑的参

374　Blanning (1986),158.

375　Duffy in Dickinson (1989),130;Mackesy in Dickinson (1989),150.

376　Mackesy in Dickinson (1989),150;O'Brien (1991),21;O'Brien and Engerman in Solow (1991),177.

377　Crouzet (1985),282;Crouzet (1990),297;Doyle (1989),412—413;Villiers in Solow (1991),225;Tarrade in *Etat,Finances et Economie* (1991),562;Butel in *Etat,Finances et Economie* (1991),568.

378　Crouzet (1985),282,296,301;Crouzet (1990),297,313,320—321.

战援助有一部分就是以购买英国商品支出的形式回流到英国的。[379]

拿破仑通过1806年11月柏林法令实行的对欧洲大陆的封锁，就是试图通过采取经济自给措施来阻止英国获得这些利益：在拿破仑的控制下，英国的商品根本就被排斥在欧洲大陆市场之外。拿破仑的封锁政策取得了一定的成功，英国的经济增长率显著下跌：出口贸易在1802～1814年平均增长了3.1%，而在1792～1802年曾以5.9%的速度增长。就连英国快速增长的棉织品出口也放慢了增长速度，1802～1814年棉织品出口年增长率降到了8.4%。[380] 英国不得不果断采取对策，首先是为了捍卫大英帝国的利益，确保跨大西洋贸易不受阻挠。直到1807年，一些中立国才被允许大量分享跨大西洋转口贸易。美国的航运业填补了1792年以后因殖民地贸易传统竞争对手法国退出而留下的空白。美国的出口贸易额从1792年的2 000万美元增加到了1807年的1.08亿美元——这是这个时期美国出口贸易的最高纪录。同期，美国商船队取代法国商船队成为仅次于英国的世界第二大商船队。大英帝国经济遭遇的一次危机促成了作为应对措施的1807年11月枢密令的通过。这项枢密令禁止美国与敌国通商，但经英国港口的转口贸易除外。[381] 1807年11月通过的枢密令直到1812年6月才撤销，但4天前，麦迪逊(Madison)已经宣布英国进入战争状态。1812～1814年的这场战争在与拿破仑争霸进入白热化阶段时分散了英国的不少资源，但1807～1815年与美国进行经济竞争的结果是美国商船队被驱逐出局，并且不再对英国霸权构成威胁。英国保住了对加拿大的控制权，而美国则成了英国事实上的经济卫星国。[382] 英国与传统友好国家丹麦的关系也由于枢密院有可能要颁布禁止中立贸易的枢密令而降级到了最低水平。丹麦在9月对英国宣战，但英国已经决定(通过先发制人打击哥本哈根)消灭有可能落入拿破仑手中的敌对海军。[383]

---

379 Crouzet (1985), 173; Crouzet in Dickinson (1989), 191, 200; Crouzet (1990), 219; O'Brien (1989), 369.

380 Crouzet (1985), 179; Crouzet (1987), xii, xv, xix; Crouzet in Dickinson (1989), 191; O'Brien (1989), 370—371; O'Brien and Engennan in Solow (1991), 184.

381 Crouzet (1985), 302; Crouzet (1990), 321—322; Crouzet in Dickinson (1989), 192, 382; Crouzet (1985), 313.

382 Crouzet (1990), 335, 340; Hall (1992), 197—198.

383 Hall (1992), 161—162.

英国针对拿破仑对欧洲大陆实施的封锁采取的第二个应对措施是进行更加有力的封锁,最好是夺取西班牙和葡萄牙两国的殖民地铸币汇款。[384] 法国革命者认为,西班牙帝国已经处于一种腐朽没落、人民要求解放(他们谈到了“西班牙桎梏的愚蠢性”)的状态,[385]但由于英国拥有绝对的制海权,因此法国革命者没有能力向殖民者伸出援助之手。英国需要输出金银提供对外战争援助,因此又有了“与西班牙美洲交往”的紧迫感。[386] 1806年,波帕姆(Popham)一度攻占了布宜诺斯艾利斯(Buenos Aires),并且把110万英镑的赏金(尤指出售捕获船舶上的货物后分发给立功官兵的赏金。——译者注)汇回英国,[387]但随后针对布宜诺斯艾利斯采取的军事行动并没有取得成功。不过,财政和商业利益是否能够补偿军费支出这一点值得怀疑。[388] 虽然西班牙议会不愿开放殖民地市场,但西班牙的王朝更迭和1808年反对法国统治的起义使得英国能够比过去更加有效地渗透到西班牙的美洲市场。[389] 除了这些利益外,英国还从法国1807年对葡萄牙发动的战争中获得了一个重要利益:英国把葡萄牙王室安全转移到了里约热内卢(Rio de Janeiro),而1810年签署的贸易和结盟条约则为英国商品打开了巴西市场(并且通过巴西开展对安哥拉的贸易)。到了1812年,英国对巴西的出口开始超过英国对葡萄牙的出口。这项条约是英国在经济领域先发制人的一个经典例子:争取到了获得廉价原材料的特权,为英国商品打开了新的市场,而且还防止了外国的报复。此外,自庞巴尔(Pombal)主政以来,葡萄牙政府就无力阻止这项条约大部分条款的废除:从1807年到若望六世(John Ⅵ)1821年从巴西回国,葡萄牙本土由一个摄政委员会治理。这个摄政委员会最有影响力的成员就是英国W. 卡尔·贝雷斯福德(W. Carr Beresford)将军。葡萄牙无力为获得英国的支持而付出了更大的

---

384 Gabillard (1953), 554; Lynch (1989), 369—370.

385 Dorigny in *Etat, Finances et Economie* (1991), 350.

386 Sherwig (1965), 200.

387 Hall (1992), 144.

388 Ibid. 148.

389 Sherwig (1969), 201; Crouzet (1985), 175; Crouzet (1990), 221—222; Crouzet in Dickinson (1989), 192.

代价，并且被迫于1825年承认巴西独立。[390] 英国保住了它的帝国，但明显得益于它的两个前竞争对手被迫推行的去殖民化。

1793年战争刚爆发时，英国首相皮特据说曾表示，“他已经准备好了200万(英镑)，他相信经常性收入每年会有60万英镑的盈余……”[391]靠这么一点资金来应对随后发生的如此大规模的战争是完全不现实的。英国在这场战争中花费的年支出是之前战争年支出水平的6倍，而1793～1815年英国的总支出按市价计大约是10.39亿英镑，而整个18世纪，战争支出是英国财政支出的大头(见图50)。[392] 西班牙王位继承战期间英国的年均战争支出是520万英镑，“七年战争”英国的年均战争支出是950万英镑，美国独立战争期间英国的年均战争支出是990万英镑，而最后几场对法战争英国的年均战争支出在1793～1797年是2 200万英镑，到了1815年达到了最高的8 400万英镑。按实际值计，英国的年均战争支出从1798～1801年的1 320万英镑增加到了这场战争最后几年的2 830万英镑。[393] 扣除通胀因素后，实际支出显著增加(见图51)。[394] 在这场战争的最后几年里，战争支出占国民收入的比例也有所增长，1792年是6%，但到了1808～1815年最高几年的比例或许要占到1/4，而且高于之前的任何一场战争。[395] 支出如此大幅度地增加的一个明显后果就是国债的名义价值同样显著增加，也就是从1788～1792年的2.9亿英镑增加到了1815年的8.62亿英镑。战争年代通货膨胀明显，而国债按1788～1792年的价格计，实际从这场战争的第一阶段(1793～1797年)的年均1 800万英镑减少到了战争中期(1798～1812年)的1 100万英镑，但到了支出巨大的战争最后阶段(1813～1816年)又增加到了1 800万英镑以上。在这场战争中，虽然国债的名义本金增加了2倍，但实际利率却有所下降。尽管这个问题仍有争议，但对英国经济的投资似乎由于英国政府有大量的贷款需求而受到了制

---

390 Magalhaes Godinho (1955), 276－280; Crouzet (1958, 1987), 314－317; Sideri (1970), 120－129; Hall (1992), 168; Miller in Solow (1991), 132.

391 Blanning (1986), 155.

392 O'Brien (1991), 34; ESFDB \obrien\engb001 based on \engd011.

393 O'Brien in Dickinson (1989), 177.

394 O'Brien (1991), 34; ESFDB \obrien\engb002 based on \engd011.

395 O'Brien in Dickinson (1989), 177; O'Brien (1989), 341－342; O'Brien (1991), 35; Crouzet (1987), lxii.

约,却并没有被完全“挤出”,因为国民收入中的投资份额在这场战争的大部分时间里仍大致保持不变。[396]

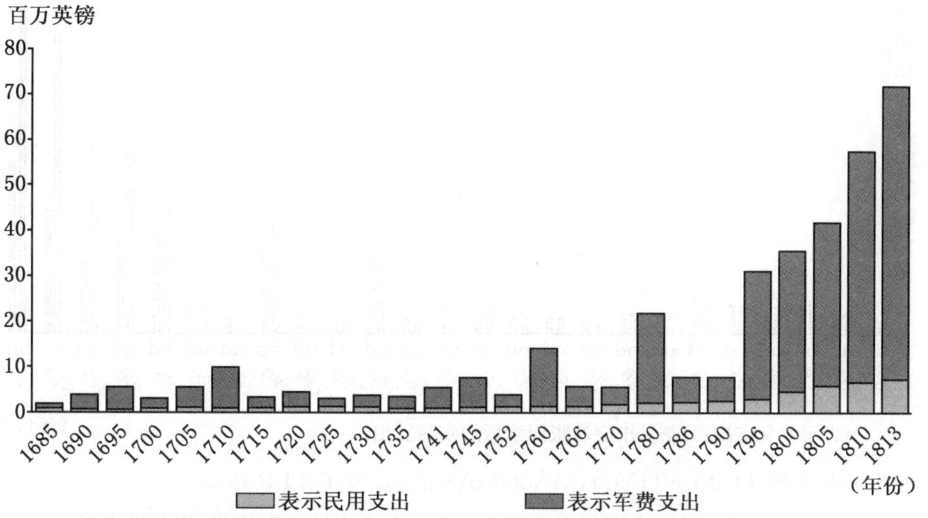

资料来源:O'Brien (1991),34 \obrien\engb001 © ESFDB 1993.

图50　1685～1813年英国政府民用和军事支出5年中心移动平均值(用英镑表示)

英国政府债务的增加导致支付给债权人的利息在1793～1815年总共达到了约2.36亿英镑。增加税收幅度不大,既不可能付清这笔利息支付额,也不能在战争期间维持政府的信用:1793～1815年从普通民众那里征收的额外税收约有60%用于支付公债利息或者偿还公债本金。战争年代大致相同的百分比(而不是金额),即63%的额外税收是课征于富人所得和消费收到的,尽管这可能表明当时完全没有任何程度的财政规划:皮特和他的继任者“简直就是只管编预算,编到哪里是哪里,根本就没有规划可言”[397]。1793～1815年的额外税收大部分(约占55%)是通过提高政府在战争爆发前已经课征的税收的税率征收到的,36%来自大概21种新税。在新税中,最重要的是1799年的所得或财产税。这个税种是皮特在1797年11月建议开征的,并且于1798年1月立法付诸实施:这个税种1798年创造税收186万英镑,1799年创造税

396　O'Brien (1989),345－347,355;Crouzet (1987),liii－liv.

397　O'Brien (1988:13)与O'Brien (1989:349)进行了比较;O'Brien in Dickinson (1989),177。

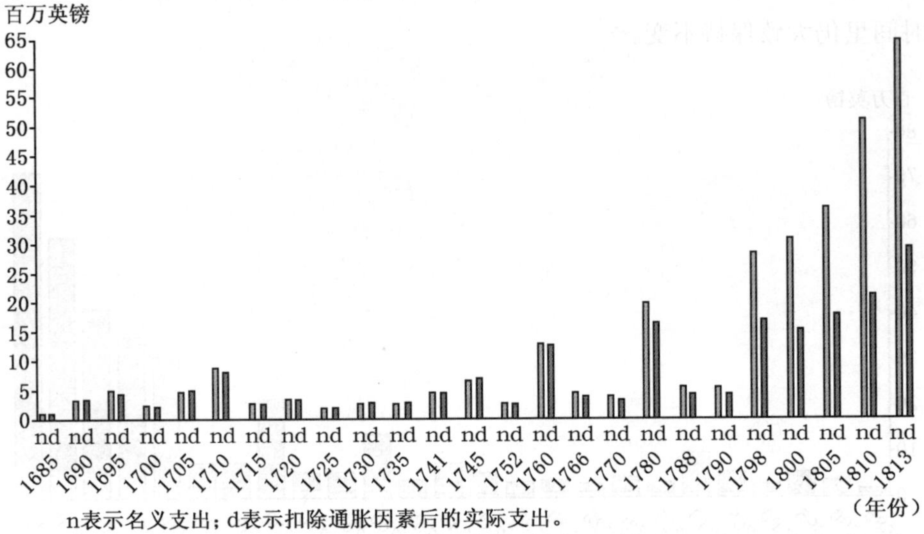

资料来源：O'Brien (1991)，34 \obrien\engb002 © ESFDB 1993.

图 51　1685～1813 年英国政府军费支出 5 年中心移动平均值(用英镑表示)

收 605 万英镑。[398] 收入需要增加、对间接税的依赖程度提高和物价普遍上涨的合并效应是，英国这个在战前已经是欧洲仅次于合省联邦的第二重税国，在战争期间某种程度上成了欧洲税收最重的国家。1803～1812 年，按人均小麦当量税负计，英国人承担的税负比法国人重 3 倍。到了 1818 年，英国的财政收入约合 11.84 亿法郎，法国的财政收入是 7.32 亿法郎。法国抵赖公债以及拿破仑不愿并无力借贷倾向于扩大这两个国家的相对公债负担：1818 年，英国的人均公债负担约合 1 210 法郎，而法国的人均公债负担只有 80 法郎。[399]

英国的黄金和外汇储备在 1793 年是 700 万英镑，并在 1794 年 4 月达到了最高的 900 万英镑。[400] 1793～1815 年，英国向其盟友提供了 6 580 万英镑的战争津贴，其中差不多一半(3 070 万英镑)是在战争的最后 5 年里支付的。英国支付其盟友的战争津贴约相当于其在战争期间收到的收入的 10%。"海

398　Seligman (1914)，62，65，115；O'Brien (1988)，22；O'Brien in Dickinson (1989)，182—183.

399　Mathias and O'Brien (1976)；Crouzet (1987)，1xii；Crouzet in Dickinson (1989)，208；Wrigley in Stone (1994)，74—75.

400　Sherwig (1969)，86；Gayer，Rostow and Schwartz (1953)，i，49.

外支出”总额,不包括英国军队的支出,在 1793～1815 年达到了 1.63 亿英镑,并且也是在 1812 年以后达到了最高水平(见图 52)。由于物价显著上涨,因此,后来几年的实际支出大幅减少。[401] 除 1795 年外,1808 年前的对外援助支付额相对较小(见图 53),[402]并没有超过国民总产值的 1%或 2%。格伦威尔以“德意志诸邦国君主认为英国是一头相当不错的奶牛”[403]为由不赞同每年对外援助超过 200 万英镑的说法。皮特认为,普鲁士国王可能更喜欢“自力更生、量力而行”[404]。格伦威尔为这种被福克斯说成是有可能导致把全部的战争支出都压在英国身上的对外援助政策辩护说,英国始终认为,“出钱雇用外国军队要比招募我们自己种田织布的青年去当兵划算、明智,后者不但会影响国内的所有产业,而且还会导致人口外流并削弱我们国家的实力”。英国在海军力量、商业和财富方面相对于法国的优势“显而易见”,但“在人口和征兵手段方面必须承认不如它的竞争对手……”[405]。奥地利的贷款担保只是 1797 年导致英国财政资源达到极限的几个原因之一:1797 年 1～3 月,英国的黄金和外汇储备已经从 330 万英镑减少到了这个时期的低点 220 万英镑。的确,法国革命政府曾试图限制对外汇款,但法国的逃亡者和仍留在国内的银行家积极在伦敦进行投资,以免他们的存款在纸券流通时期贬值。[406] 在对法战争期间,英格兰银行的储备状况因为这些投资而显著好转,但主要增幅出现在 1801 年以后。[407] 1796～1797 年法国恢复金属本位制,已经产生了不利于英格兰银行利益的影响,但无法确定到底产生了多大的影响。[408] 皮特的反对者们把对外战争津贴作为造成 1797 年银行危机的主要原因:英国已经以铸币或者汇票的形式为军事行动至少汇出了 1 300 万英镑,已经支付对外战争津贴 1 000 万英

401　Anderson (1974),618;ESFDB \rjb\engb001 based on \engd001;Crouzet (1987),1xxi－lxxiii,esp. the explanatory note at lxxi n. 3;Sherwig (1969),345;Silberling (1924),227。图 52 中 Anderson 的名义数值已经按 Crouzet (1987:lxx)中的物价指数扣除通胀因素。

402　Sherwig (1969),365－368;ESFDB \rjb\engb002 based on \engd002.

403　Sherwig (1969),37.

404　Ibid. 43. 关于付款数据,请参阅文献:ibid. 52,365。

405　Ibid. 44.

406　Antonetti in *Etat*,*Finances et Economie* (1991),261－272.

407　Neal (1990),206－214.

408　Silberling (1924),232 n. 3;Crouzet (1993),445－451.

镑。[409] 但 400 万英镑是在银行危机前一年仅仅是为了在国外采购粮食花掉的,[410]因此,国际收支危机并不只是由战争支出和支付给盟友的战争津贴造成的。皮特的决定并不是要停付对外战争津贴,而是要通过税收来筹措占财政支出更大比例的收入。汇率和国际收支仍是主要关心的问题,黄金和外汇储备也是一个需要考虑的问题,[411]但我们仍很可能正确地认为,如果汇率和国际收支状况能够维持下去,那么黄金和外汇储备状况自然会得到改善。

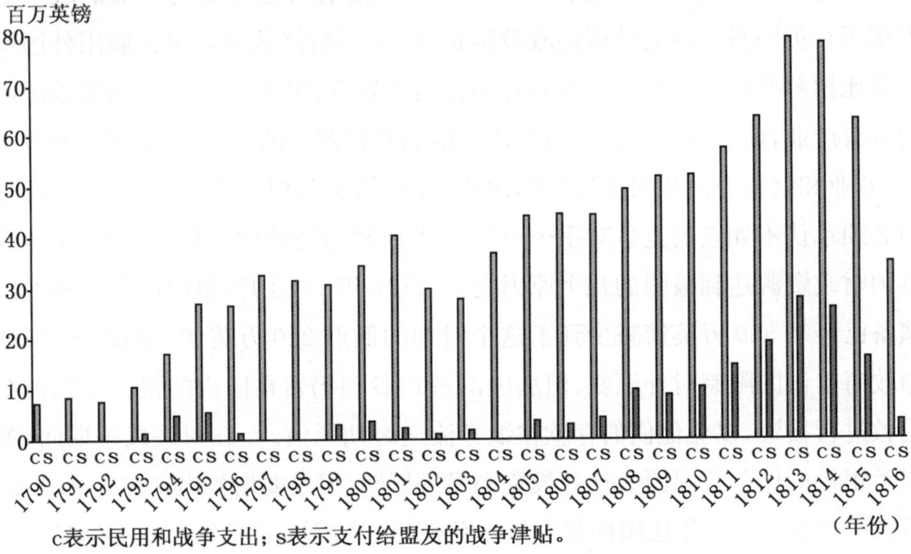

资料来源:Anderson(1974a)\rjb\engb001 © ESFDB 1993.

图 52　1790～1816 年英国民用和战争支出以及支付给盟友的战争津贴(用英镑表示)

英格兰银行根据 1797 年 2 月颁布的暂停付款法案停止了现金付款。[412]这项限制英格兰银行把自己发行的纸币兑换成金块或者金币的规定始于一直持续到 1821 年的所谓"纸英镑"时期。执行这项规定的一个结果就是锁住了

409　Sherwig (1969),87.

410　Silberling (1924),227 (即 200 万英镑加上这张表中的 250 万英镑,这 250 万英镑就是超过 200 万英镑的部分);Sherwig (1969),88。

411　Helleiner (1965),62,87.

412　Gayer,Rostow and Schwartz (1953),i,49;Silberling (1924),398－399,402－403;Neal (1990),192 n. 31,217;O'Brien in Dickinson (1989),180;O'Brien (1989),351,413.

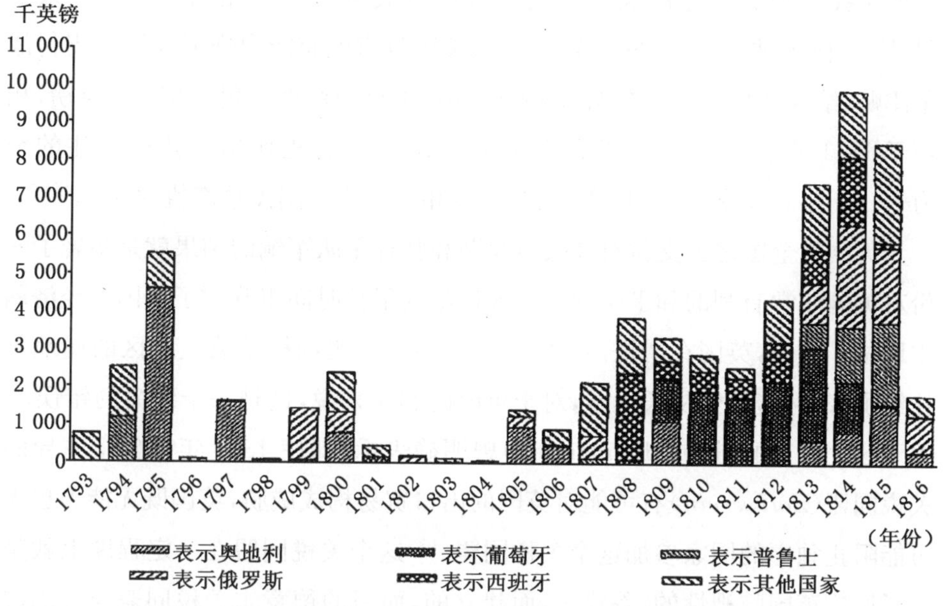

资料来源:Sherwig (1969)\rjb\engb002 © ESFDB 1993.

图53　1793～1816年英国政府支付给盟友的战争津贴(用英镑表示)

在英国的外来投资,因为外国投资者要是用汇票把自己的投资转往国外,就会因伦敦的汇率下跌而蒙受汇损。[413] 货币供给增加,因而有可能在英国引发类似于法国经历过的“恶性通货膨胀”。尽管金银本位论者对政府这种行为表示担心,大卫·李嘉图猛烈地抨击了1809～1810年英国财政大臣推行的政策,但恶性通货膨胀从未在英国发生。如果英国不能重新安排其有限的黄金储备以保证纸英镑的完全可兑换性,那么就无力资助在欧洲作战的惠灵顿(Wellington,1769～1851年,英国著名军事家、统帅、政治家。——译者注)的军队和盟军。[414] 最初,拿破仑对欧洲大陆的封锁对英国支付国外战争津贴的能力产生了毁灭性的影响。1808年的国际收支状况在需要再次安排战争津贴时具有极其重要的意义。西班牙人被告知不可能“获得足够的白银来满足很多

413　Neal (1990),215,217.

414　Silberling (1924),420—439;Gayer,Rostow and Schwartz (1953),i,107;O'Brien in Dickinson (1989),181,185—186;O'Brien (1989),373. Crouzet (1987:560—561)以纸英镑会产生不利的通胀效应为由,对这种观点提出了一定程度的质疑。

要依靠我们的资源才能满足的需要”，而且战争津贴只能用财政部汇票支付。[415] 一俟渡过1808～1809年的危机，英国政府就有能力恢复向盟友支付战争津贴，给驻外部队支付军饷：1808～1815年年均对外支付1 610万英镑，相当于1811年英国国民总产值的5.3%；1813年真正作出了值得关注的努力——一年对外支付2 740万英镑，至少相当于当年国民总产值的8%。[416]

英国举全国之力支付对外战争津贴和驻外军队军饷的结果就是签署了一份对英国非常有利的和平条约，在18世纪的很长时间里确保了英国的经济霸主地位。的确，英国在滑铁卢(Waterloo)签署的盟约把莱茵兰地区的属地割让给了普鲁士，尽管从长远看，对于英国的利益来说，这是一个致命的错误。[417] 关于这一点，帕默斯顿(Palmerston)曾明确表示，即使1834年普鲁士主导的关税同盟(*Zollverein*)有可能对英国的出口贸易构成威胁，英国既无能力也无可能阻止独立的国家参加这个关税同盟。[418] 这个关税同盟在一定程度上就是为了回应英国歧视性的《谷物法》而建立的，而新的德意志关税同盟与英国之间的经济竞争从一开始就在所难免。[419] 总的来说，英国在维也纳会议(指1814～1815年英、普、俄、奥等国在维也纳召开的一次国际会议。——译者注)后签署的双边贸易协定只是取消了针对英国商品的歧视性关税或者针对英国船舶的歧视性港口税。这种重商主义的贸易保护主义是一种互掐行为。有些国家，如西班牙和葡萄牙，非常清楚“门户开放”政策的结果，但就是拒绝签订任何条约。王政复辟后的法国在1814年试行了几个月的自由贸易，但自由贸易的灾难性后果刚露端倪，法国(尽管从1820年到1880年关税始终低于英国)就恢复了贸易保护主义立场，并且一直持续到1860年。[420] 15年后，英国对外继续执行重商主义政策，而对内则奉行自流放任政策。利物浦(Liverpool)勋爵政府采纳了一种倒退的财政政策，(在1816年取消所得税以后)依靠

---

415 Sherwig (1969), 214; Crouzet (1987), lxxii－lxiii(原文如此。——译者注), 540; Neal (1990), 204－205; Hall (1992), 174.

416 Anderson (1974), 618; Crouzet (1987), lxxiii.

417 Crouzet (1985), 239; Crouzet (1990), 284.

418 O'Brien and Pigman (1992), 95.

419 Kiesewetter (1991), 277－278, 298.

420 Nye (1991), 27, fig. I, table I.

间接税来支付公债利息以及和平时期扩大陆军和海军建制的支出(这些支出1820～1825年要比1788～1792年多2.5倍)。最后举一个金融保守主义的例子,“纸英镑”在1821年随着金本位制的恢复而被废弃。从偿债基金在当时是一种创新这个意义上讲,就连1828年放弃任何偿债借口也可能被说成是一种保守行为。最重要的是,国家财政支出增长的趋势即使在新的和平条件下也没有出现任何逆转的迹象。因此,到了1816年,税收几乎达到相当于战前3倍的水平。总体而言,那些持有公债的人在和平时期比普通纳税人过得更好。[421]

11.8　结束语

凯尔桑(Kersaint)1793年在法国国民公会会议上信誓旦旦地表示,“英格兰的信用是建立在虚拟财富上的”。拿破仑也坚信英国的公债是“蛀虫”(*verrongeur*),有可能导致英国经济崩溃。但在英国这边,格伦威尔勋爵就在英法战争爆发前写道,“法国财政的泡沫……必然会破灭”[422]。战争因国家财政问题而只能持续有限时间的假设在法国大革命和拿破仑统治时期被证明是一种幻想。英国人慢慢适应了新的战争条件。因为,除了失去13个美国殖民地外,英国在旧制度下的这场局部战争中取得了惊人的胜利,这场战争没有推翻哪个欧洲国家,但却提出了财富和实力的量化问题。[423] 英国的宪政原则是“既然现代战争都是争抢钱包”,因此国防大臣就应该是财政大臣。[424] 尽管如此,在1807～1808年前,英国的战略重点在于贸易和殖民地,而不是在欧洲大陆采取军事行动。内克尔早在法国不惜牺牲英国的利益趁机大发殖民地之财的时候就明白了这个宪政原则,但在1781年没能说服路易十六接受把财政大臣变成首席大臣的必要性。

有人说,“法国革命者发动了激烈程度和规模空前的全面战争”[425]。拿破

421　O'Brien (1989),374,379;Crouzet (1987),lxxxvi—lxxxvii.

422　Mackesy in Dickinson (1989),148,158;Crouzet (1985),241;Crouzet (1990),285.

423　Mackesy (1964),4—7.

424　Aspinall and Smith (1959),124—125;Mackesy (1964),21;Mackesy in Dickinson (1989),149.

425　Blanning (1986),211.

仑继承了他们未竟的事业,“所到之处变着法儿强取豪夺”[426]。最终甚至包括英国在内的其他国家仅仅是为了生存,不得不竞相效仿某些全民动员和资源利用的方法。有人估计,英国当时可为国防动员 61.5 万兵力。50 万兵力这个比较保守的数据就相当于英国 3%或者 4%的人口直接在陆军服役(不包括另外大约 11 万在海军服役的兵力)。如果法国也有相当比例的人口服役,那么差不多就能动用 100 万的兵力。1805 年法国有 2 960 万的人口,[427]但只有 31 万兵力在前方作战。在拿破仑侵犯俄罗斯的五六十万兵力中,超过一半来自法国境外,而来自法国境外的士兵总数可能高达 100 万。拿破仑统治时期,法军兵力最多时号称有 280 万,但 1813 年实际动用了 110 万,而且并不都是法国人。[428] 因此,当时英国和法国兵力悬殊明显,其原因主要是法国在人口上具有压倒性优势。为了弥补这个缺口,英国不得不结盟并向盟友支付战争津贴。拿破仑发起的最后一场战役就让英国为这场持续 100 天的战役支付了将近 700 万英镑的战争津贴。然而,这笔账很清楚:在国外雇用一个士兵每年需花 11 英镑 2 先令,要比在英国征一个士兵派往欧洲大陆每年 60～70 英镑的费用便宜。[429] 因此,对外战争津贴可以说是一种节约,而欧洲大陆国家的贫穷则帮助英国在打败拿破仑的过程中节约了巨额战争经费。

法国大革命和拿破仑统治时期的遭遇表明,欧洲的政治版图有可能经历一次更加彻底的重塑,并且永久不变。在这张新的欧洲政治版图中,英国和法国这两个“超级大国”可能拥有明显优于旧制度下拥有的资源:如果 1802 年签署的《亚眠和约》是永久性和平条约,那么结局就会如此。因此,旧制度下业已存在的国家的存续取决于它们战时全面动员本国资源的能力。奥地利在 1805 年,而普鲁士在 1806 年,都没能入拿破仑的法眼。在财政资源开发利用方面,法国大革命和拿破仑统治时期也具有极其重要的意义。拿破仑政权在国外(虽然没有在国内)取得的重大成就之一就是推行财政合理化和增加财政

426 Ibid. 128.

427 Hall (1992:6－7)引用了 Dupaquier (1988)和 Postei Vinay (1989:1024,“稳定的领土疆界”)中的人口数据,但进行了调整;Colley in Stone (1994),167。

428 Woolf (1991),159,172;Ellis (1991),62;Emsley (1993:142,146)中皇家军队分遣队的兵力数据要小得多。

429 Sherwig (1969),337－341.

收入,但由此带来的好处因为战争支出螺旋式上升而丧失殆尽。[430] 1793～1815年这个几乎是战争连绵不断的时期大大缩短了在欧洲创建现代财政国家的漫长过程。

我们很容易得出这样的结论:英国在1815年的对法战争中最终之所以能够永久性地消除拿破仑对其霸主地位构成的威胁,是因为之前的"财政革命"使得英国能够早于其他国家适应在全球范围内调动战争资源的形势。我们甚至可以说,这种全面战争的经历证明了它对于工业革命的经济导向作用,因为"军事冲动会对经济增长产生刺激性影响",即军备需要是"产业结构的主要决定因素"。[431] 在欧洲历史的进程中,有很多技术创新促成了"金融革命"。虽然英国的公债独自在18世纪90年代及其后帮助英国避免了"恶性通货膨胀",但是,把英国版的"荷兰金融"作为取得成功的唯一因素难免有过分简单化之嫌。想要取得成功,还必须为取得英国一代又一代投资者的信任而不断调整信贷结构。英国的公债先是不得不合并成不可赎回的永久性债券,然后又不得不提供可赎回预期。在法国大革命和拿破仑战争时期,空前规模的增税和放弃金属本位制两者都是为在一个全面战争时期巩固财政体系所必需的。英国为了保证取得成功还得采纳一种明智的策略。也许更重要的是,为了确保国内生产总值中可税部分的增加,必须保持经济增长。但是,这得不到任何保证,甚或无法预测。和平时期的棉花消费作为对外收入的来源要比军备需要更加重要。前面说过一种观点,读者应该还没有忘记,[432]那就是战争筹款"挤走"了和平时期英国经济增长所需的投资。换言之,就是如果先是法国的国民公会,然后是拿破仑没有把英国拖入一场从1793年持续到1815年几乎连绵不断的战争,那么,英国的经济状况有可能变得更好。由法国扩张导致的力量对比变化使得孤立绝不是一种严肃的政治选择。如果欧洲市场拒绝英国商品,那么,英国经济有可能蒙受长期损失。与"挤出"假说截然相反的观点是,战争的连绵不断全面提升了需求水平,并且吸纳了否则就会被闲置不用或者

430　Woolf (1991),104－105,172－173.

431　Sen (1984),93.

432　Williamson in Aerts and Crouzet (1990:31－32)重新表述了他的论点。但请参阅:Neal (1990),221－222;O'Brien (1989),354,356;Crouzet (1987),lii－lvii。

利用不足的资源。为战备征收的税收和举借的贷款来自国民收入的增加,而国民收入增加有可能因为战争导致政府支出增加而无法现实。英国在1791～1811年需要增加370万～430万人口,否则英国就更难承受战备的经济代价。虽然有一种不同的观点认为,英国工业革命不到15%的投资来自英国与"外围国家",即对拉丁美洲、加勒比海、非洲和亚洲国家[433]的海外贸易,但是,在1807～1810年事件发生以后,随着对殖民地渗透的不断深入,英国也需要其殖民地的贡品和意外之财。如果这最后一种观点能够成立,那么,英国的"深海"政策是否收益大于成本呢?关于欧洲大陆的战争,答案可能再次可以在这样一个反命题中找到:造成英国经济损失的原因可能就是其他国家先于英国渗透了殖民地市场,并且对英国商品关闭了殖民地市场。例如,1808年,英国内阁认为,"在法国俘虏西班牙'国内'政府与攻占西班牙'国外'殖民地之间可能只有很小的时间间隔……"[434]如果英国被迫与拿破仑求和,而拿破仑想把自己在欧洲大陆的军事优势转化为经济利益,那么,英国的那部分世界贸易有可能会出现什么状况呢?总体来看,英国的国内投资有可能出现可归因于战时"挤出"效应的净减少,而由于消除了欧洲大陆旧制度下最强大的国家强加的威胁而获得的经济利益明显超过由战争造成的损失:法国的出口贸易大约直到1826年才重新达到1788年的水平。如果法国当时没有实行有力的赖债政策,那么,法国就可能无力在1789年保住它在欧洲大陆的大国地位。[435]法国大革命造成的动乱以及1792～1815年的战争导致法国丧失了作为英国经济优势强大威胁方的相对地位。[436]

433 O'Brien (1982),7;cf. Klein in Tracy (1990),303 n. 46.

434 Hall (1992),91;cf. ibid. 77.

435 Crouzet (1993),70—83,127—132,561;Bordo and White in Bordo and Capie (1994),249—251;Root (1994),228—231.

436 Ellis (1981),267,285—286;Ellis in Aerts and Crouzet (1990),11;Ellis (1991),98—99,106;Dufraisse (1984),23—25,30;Hincker (1989),45—46,149,183.

第三篇

财政结构

第十二章　财政支出

马丁·科尔纳(Martin Körner)

任何想就近代早期欧洲国家的财政问题发表自己看法的学者都应该思考那个时期欧洲国家需要承担的职责。在费尔南德·布罗代尔(Fernand Braudel)看来,国家的第一个职责就是"确保国民顺从,为自身赢得在给定社会动用武力的垄断权,消除国内的挑战并且用马克斯·韦伯(Max Weber)所说的'合法暴力'来对付挑战"。国家的第二个职责是控制和组织经济生活和商品流通,并且建立物质和法律基础以促进生产和交换的正常进行。国家的第三个也是最后一个职责,就是通过监视和引导思想与知识运动来参与文化和精神生活。[1] 然而,布罗代尔在论述国家的职责和预算时,把国家预算描绘成一种具有侵略性的怪物,这种怪物总是千方百计地不断增加为实现国家自定的目标所必需的财政资源。他指出了国家预算的一个永恒不变的特点——预算支出通常都会超过预算收入,结果总需要借贷。[2]

12.1　观点与方法问题

之前关于欧洲近代早期国家财政的研究大多关注财政收入,特别是关注通过税收和贷款筹集到的收入。[3] 虽然兼顾收支的研究同时关注收入的增加

1　Braudel (1981—1984), ii, 515. 本章作者和本书编者要感谢(曼彻斯特大学的)J. A. Bergin 博士承担了本章的翻译工作。

2　Ibid. ii, 519—520.

3　Ziegler (1981); Schulz (1986); contributions of Corbier, Depeyrot and Hocquet in Genet (1990).

和支出问题，但 1984 年法国国家科学研究中心（CNRS）在丰特弗劳德（Fontevraud）召开的“税收与再分配”（Prélèvement et Redistribution）研讨会收到的论文几乎全是论述收入问题的。除了国家在战争上耗费多少这个重要问题以外，只有很少的会议论文讨论了支出问题。[4] 支出问题还有很多工作需要我们去做，如结合数额、结构、增长和波动等因素去探讨国家支出的系统性比较研究。[5] 尽管如此，笔者在准备这一章的写作过程中仍能参考许多质量上乘的新、旧专题著作和论文，其中的原始统计数据弥足珍贵，非常值得关注。[6]

显然，费尔南德·布罗代尔与其他许多历史学家一样，有点太过狭隘地聚焦于近代早期欧洲国家的君主政体变体，也就是从 15 世纪开始安然成长并建立起来的君主国家。在不否定欧洲君主国家在创建近代早期国家、颠覆或者摧毁“之前的政治实体——行省、城邦、贵族领地、邦国”[7]——方面所起的主导作用的前提下，应该承认仍有很多这样的规模较小的国家得以存续下来，并且抵制君主国家的蚕食一直到旧制度崩溃以后。这反过来又促使我们评论说，这些不同的国家替代形式具有真正的活力和现代化能力，而且还有能力使看似陈旧过时的组织机构存续下来。特别是一些城市早在君主国家之前就已经建立了现代、高效的地方和领地财政管理体系，而君主国家就是后来得益于这种商人和城市文化的产物。大多数统治者就是依靠这种模式来发展他们公国和王国的财政管理体制的。[8]

国家财政支出分析必须从多个层次展开。在第一个层次上，我们拥有并不会出现在任何较高层次的财政管理账簿上的地方支出数据，因为这些地方单位实行自治，甚至拥有主权。这种情况出现在热那亚、苏黎世、纽伦堡和汉

---

4 Genet and Le Mené (1987).

5 除中世纪和近代早期的一个主要例外外，该研究关注城市和城市共和国：Körner (1981), 93—99；Körner (1989)。

6 关于这些研究，请参阅 ESPDB \korner\swid006 中的注释。

7 Brandel (1981—1984), ii, 515.

8 如勃艮第公爵于 14 世纪在里昂和第戎设立了他们最早的账房：Richard (1978), 183。关于帝国的一般情况，请参阅文献：Orth in Schulz (1986), 74—86；Möhring in Schulz (1986), 87—99；Henning (1985), 64, 120—122。还请参阅文献：Boyer-Xambeu, Deleplace and Gillard (1986)。瑞士城镇随着它们的领土合并不断扩大它们的财政管理范围：Körner in Bonney (1995)。

堡这样的城邦或者城市共和国和自由城市；一些面积不大的教会或者世俗领地的情况也是如此，神圣罗马帝国有很多这样的领地。在这个层次之上有并不会剥夺其成员国家地位的帝国。同样，我们也不应该忽视那些并不享有主权但却是更大领土单位的组成部分并附属于某个君主的城市，如一些附属于法兰西国王或者某个贵族阶级的法国城市，像 1427 年以后附属于威尼斯的贝加莫(Bergamo)或者 1536 年以后附属于伯尔尼的洛桑(Lausanne)。

国家在时间上的发展速度也提出了这样一个的问题：1600 年的国家已经不是 1400 年的国家，更不可能是 1800 年的国家。就如我们早已明白的那样，就连明显不变的政体的历史也是一个运动和变化的问题。[9] 伯尔尼从 13 世纪到 16 世纪的历史可以说明这个问题。伯尔尼以前是一个下属城市，获得实际解放后就变成了一个享有主权的共和国，甚至还统治了包括其他城镇和农村社区的广阔领土。因此，伯尔尼城在它治下有市民、农民甚至贵族领主。[10] 有些公国没能保住它们的国家地位，布列塔尼(Britany)和勃艮第的情况就是如此，它们在 15 世纪的最后 25 年里被并入了法兰西王国。[11] 此外，西属尼德兰和伦巴第从 16 世纪起常被视为国家，因为它们的领土远离西班牙帝国的中心卡斯蒂利亚(见本书第七章第一节)。[12] 因此，我们在讨论近代早期欧洲国家财政支出时，应该把不同的国家演变模式或者可能性铭记在心：自由城市或者城邦、教会或世俗领地、行省、郡县、公国、王国、联邦、帝国。即便如此，我们仍应该把神圣罗马帝国及其具有某些联邦尤其是选帝侯性质的政体与西班牙帝国及其世袭君主制建立起来的高度中央集权化的行政管理体制区分开来。的确，为了强调不同政体之间的区别，我们还应该记住从中世纪晚期开始像瑞士这样的国家出现的城镇和省联邦以及 16 世纪独立战争以后出现的合省联邦(United Provinces)。[13]

只有从制度、政治、社会和地域等不同方面来考察不同国家在财政支出和不断变化的支出总量上的相似性和差异性，财政支出研究才更有意义。即便

9　Braudel (1973)提供了关于这个问题的令人吃惊的例证。

10　Peller (1946—1960).

11　Richard (1978),180—205;Kerherve (1987).

12　Durand (1969),146—162,185—192.

13　Ibid. 178—208;Peyer (1978);Blockmans (1989).

如此，本章的比较研究尝试还要受到很多误差的影响，原因就在于不同国家在计算自己的财政支出时采用了截然不同的方法。我们找到了一些总额数据和净值数据，它们可能包括或者不包括地方行政费用和支出。除此之外，历史学家还会遇到以前的财政管理档案资料——无论账目做得仔细还是粗糙——不全、存世文献散失等问题。因此，本章引用的绝对和相对数据都不能反映全部的财政支出，而只是一些相当合理的近似值。最后，已发表的财政研究成果所表达或者采用的明显不同的观点、方法和学术处理技巧迫使我们作出在所难免的痛苦选择，因此必须根据每个案例研究显著的差异而不是无关紧要的细节来解释统计数据。为了对支出数额进行量化比较，我们把用不同领土计价单位或流通货币表示的金额转换成了吨银。[14]

12.2 财政支出理论与理论家

近代早期的财政支出问题研究在近代早期最著名的国家研究著作或者被引用最多的近代早期欧洲国家研究文献中，似乎没有中世纪晚期的财政支出问题研究在中世纪晚期的国家研究著作中那么重要（见本书第一章和第六章）。从16世纪起，研究国家问题的学者似乎总是迷恋于寻找更多的增加统治者收入的新方法，而敢于批评收入使用或者建议限制收入的学者屈指可数。威廉·配第爵士（1623—1687）曾表示，英格兰国王索要的收入多于需要，他是他那个时代最早思考支出较之收入第一性问题（见本书第六章第三节）的理论家之一。大约1个世纪后，官房学派经济学家约翰·海因里希·戈特洛布·冯·尤斯蒂（Johann Heinrich Gottlob von Justi，1720—1771）也表示，统治者征到的收入不应该超过国家为了创造国家（一般而言）和国民共同福祉（具体来说）所必需的财政需要。

官房学派的一些代言人从18世纪20年代开始就主张预算应该包括公共收入和支出。从他们的观点出发，以下几点就不言自明：应该量入为出；只有

14 Braudel and Spooner (1967); Guery (1978); Körner (1984).

在极端情况下才允许发行国债,发行国债筹集的资金必须用于支付非常支出。[15] 但从16世纪起就有人认为,国家支出能刺激私人经济,尤其是在把贷款放给值得借钱给他们的企业家时。后来,威廉·冯·施罗德(Wilhelm von Schröder,1640—1688年)、西奥多·路德维希·劳(Theodor Ludwig Lau,1670—1740)、约翰·格奥尔格·莱布(Johann Georg Leib,1670—1727)、尤斯蒂和约瑟夫·冯·索南菲尔斯(Joseph von Sonnenfels,1732—1817)又不断提到这种格奥尔格·奥布雷赫特(Georg Obrecht,1547—1612)早已公开表达的思想。此外,尤斯蒂和约瑟夫·冯·索南菲尔斯还强调指出了国家的财政支出与一般就业水平之间的关系。[16] 从国家的财政支出能刺激私人经济这一假设出发,这些官房学派学者以及克里斯托弗·贝佐尔德(Christoph Besold,1577—1638)、卡斯帕·克罗克(Kaspar Klock,1583—1655)、马克西米利安·浮士德(Maximilian Faust,殁于1641年左右)、约翰·约钦姆·贝歇尔(Johann Joachim Becher,1635—1682)和贾斯特斯·克里斯托弗·迪特马尔(Justus Christoph Dithmar,1678—1737)等学者提出了一种国家即企业家的洞见。在一些私人企业没有取得成功或者滥用其垄断地位的部门创建公营银行、公营制造企业和国家专营机构,使得政府能够一方面通过干预利率、价格和就业来应对危机,另一面通过帮助企业盈利来增加关税、其他税收和其他收入。[17]

关于国家财政支出的实践,我们应该注意两种随着时间的推移而形成的职能型实践。第一种职能型实践涉及大金融家一族的干预,他们往往是战争经费的供给方,并且通过在财政收入实际发生前用于支付支出项目的信贷和现金预付款与国家财政发生关系。国家把某些种类的收入出租或者承包给他们,而且还委托他们管理很大一部分支出项目。这是一种由"金融专家"控制

---

15 这里所说的官房学派代言人包括朱利叶斯·伯纳德·冯·罗尔(Julius Bernhard von Rohr,1688—1742)、西蒙·彼得·加塞尔(Simon Peter Gasser,1676—1745)、雅克布·弗里德里希·冯·比勒菲尔德(Jakob Friedrich von Bielfeld,1717—1777)、约翰·弗里德里希·法伊弗(Johann Friedrich Pfeiffer,1718—1787)和J. H. G. 冯·尤斯蒂(J. H. G. von Justi,1717—1771):Dittrich (1974),77—78。

16 Ibid. 66—67,103—104.

17 Ibid. 44—45,83—84,103—104.

的分散型支出管理方式。大金融家作为“君主政体的支柱”，在君主国家与既不愿意纳税又讨厌把钱投资于有助于巩固王室财政的活动的有钱特权阶层之间扮演了不可或缺的角色。[18] 这种公共支出管理方式不但导致国家任由一帮财力雄厚但寡廉鲜耻的人摆布，而且还助长了腐败和欺诈。早在 13 世纪和 14 世纪，这种公共支出管理方式已经在某些意大利城邦推行，并且逐步得到了改善，但通常被证明会对国家财政管理造成很大的成本。欧洲拉丁语系国家的情况尤其如此，并且以法国和西班牙君主国最为典型。[19] 从某种意义上讲，有些城市的财政管理也存在这种问题。直到 18 世纪初，日内瓦在由国家直接接管之前，包税制仍是一种常态。[20]

第二种职能型财政管理方式就没有那么惊人的作用。这种方式借鉴于城市财政，而且始于中世纪。它的主要原理就是通过一个或更多的“账房”[21]对公共财政——无论是收入还是支出——管理进行集中监督，账房全年主要负责审查中心和外围国家各部门行政长官必须上报的账目。在某个特定国家的全部自治市、农村社区和教区，大法官(baillis)或者任期为 2 年、4 年或 5 年的民选地方长官要依靠由地方社区代表大会挑选或者提名参选管理委员会成员的宣誓代表。这种公共管理职业化方式提高了国民的公民意识，并且促进了行政官员和国民的相互监督，从而在很大程度上避免了严重的财政欺诈和舞弊。这种职业化的管理方式广泛流行于阿尔卑斯山北麓那些推行官房学派思想的国家，如巴伐利亚和普鲁士，但最值得关注的是瑞士诸共和国。[22] 这种公共管理方法成本较低，比较“透明”，而且更接近于企业管理方法。因此，我们可以下结论说，这是一种比较“现代”的管理方法，一种比较接近于 20 世纪国家财政管理的方法。

交代过以上几点以后，关于公共支出需要回答的问题应该涉及以下三个

---

18 Gaubert's preface in Bayard (1988).

19 主要是参阅 Bayard (1988)的结论(451－455)；还请参阅 Calabria (1991)的结论(130－132)。

20 Hiler (1982－1983),24.

21 被 Rechenherren 称为“*Rechenkammer*”。

22 Barudio (1981),222－230;Hinze (1988). 关于卢塞恩的情况，请参阅文献：Körner (1981), 17－43。关于苏黎世的情况，请参阅文献：Prey (1910),8－57;Sigg (1971),关于巴塞尔的情况，请参阅文献：Vettori (1984),42－176。关于沙夫豪森(Schaffhausen)的情况，请参阅文献：Schmuki (1986),37－168。

方面：首先是与一些可变因素和单个国家重要性有关的支出数额以及在我们考察的几个世纪里支出水平的变化；其次是与国家职能和需要相关的支出结构及其变化；最后是主要被视为财富分配或再分配者的欧洲近代早期国家的成长和演进。

12.3　支出额

早在14世纪和15世纪，不同国家[23]之间的支出规模的差别已经非常明显。15世纪，巴塞尔(Basel)、伯尔尼、法兰克福(Frankfurt)、施韦比施哈尔(Schwäbisch Hall)、卢塞恩(Lucerne)、慕尼黑(Munich)和维也纳等城市的支出大多在0.2～1吨白银之间。在贵族领地、郡县、公国和主教辖区中，布兰登堡、萨克森、波希米亚、韦尔夫斯(Welfs)、巴伐利亚的安斯巴赫(Ansbach)以及科隆(Cologne)主教辖区的支出大多超过1吨白银。符腾堡(Württemberg)的支出大约是2吨白银，而巴伐利亚、巴拉丁领地(Palatinate)和提洛尔(Tyrol)的支出差不多是3吨白银。阿尔卑斯山北麓至少有一个城市具有了相同的财政能力：纽伦堡的支出从1.5吨白银增加到了2.7吨白银。1438年，奥地利的支出相当于4.5吨白银。15世纪末，神圣罗马帝国可支配收入几乎多达5吨白银。14世纪，纳瓦拉(Navarre)王国的支出已经超过了5吨白银，1390年达到了5.9吨白银。纳瓦拉王国的支出是在1360年后从1.2吨开始慢慢增长的，但在下一个世纪之交重又跌到了3.6吨。

在上述这些支出水平上，我们发现了一些其雄心在15世纪已经众所周知的中等支出政权。布列塔尼的财政支出已经达到7吨白银，勃艮第的财政支出是12吨白银，勃艮第属尼德兰的财政支出在8吨～15吨白银之间，而教宗国的财政支出也有10吨白银。但是，它们的财政资源仍难以与它们同时代的大国相比。大约在1470年之前，它们还能与威尼斯6吨～12吨白银的财政支出水平一比高下。但到了1490年以后，威尼斯这个重商共和国终于跻身财

23　中央和地区政权机构的财政支出不一定要加总，但无论是重要的中央政权、地区政权还是地方政权机构，我们都必须设法确定国家的财政支出可能性。如果已经实行中央集权化或者采取了某种联邦政体，那么可以接受一定程度的加总。

政支出大国之列，它的财政支出居然达到了 37 吨白银的水平，远远超过伦巴第和那不勒斯各 22 吨的支出水平。在财政支出大国中，我们也看到了财政支出在 17 吨～44 吨之间的英格兰、在 12 吨～76 吨之间的卡斯蒂利亚，当然还有财政支出在 42 吨～91 吨之间的法国。

简单的算术演算就能帮助我们反映欧洲列强在 15 世纪末的变化情况。通过把公爵领地的支出加入尼德兰的支出，勃艮第公爵就有 20 吨～70 吨白银的财政支出，财政资源几乎达到了大国的水平。哈布斯堡家族的世袭领地(*Hausmachtpolitik*)分布在奥地利、提洛尔、波希米亚以及弗朗什一孔泰(Franche-Comté，过去属于勃艮第)、尼德兰和匈牙利，他们的支出至少可以达到 35 吨白银，因此足以帮助他们跻身于财政支出大国之列。如果我们再加上伦巴第的支出，那么哈布斯堡家族的支出就接近 60 吨白银，当然，除非法兰西君主国阻止我们这么做。此外，卡斯蒂利亚国王在买下那不勒斯王国以后就拥有了比法国国王更多的支出手段。

总体来看，每个类别国家的平均支出金额在 16 世纪有所增加。16 世纪，大多数城市的支出增加到了 0.3 吨～2.5 吨白银的水平，汉堡这个德国未来大都市的支出已经达到了 16 世纪大多数城市支出水平的上限。16 世纪末，米兰的预算支出达到了 5.9 吨白银。纽伦堡的财政支出在 2.3 吨～8.1 吨之间，总是相当于一个德国中等邦国的支出水平。事实上，黑森的财政支出在 16 世纪上半叶从不到 1 吨增加到了 6.6 吨，但后来又减少到了 2.8 吨。符腾堡的预算支出从 3.1 吨大幅增加到了 10.4 吨。奥地利和提洛尔的财政支出合在一起也达到了 6.6 吨。如果我们把瑞士各共和国的支出加在一起，那么瑞士联邦的支出就达到了 5 吨～7 吨白银，接近神圣罗马帝国一个公国的财政支出水平。瑞士的邻国皮埃蒙特(Piedmont)在 1559～1580 年年均支出也达到了 9 吨白银的水平。16 世纪末，又有一批新的中等财政支出国家显示出自己的财政能力，其中有年支出 20 吨白银的波兰；威尼斯的财政支出也从 46 吨增加到了 66 吨。1550 年，那不勒斯的预算支出已经达到 42 吨白银的水平，比它 15 世纪末的支出增加了整整 1 倍，后来又进一步增加到了 100 吨以上。法国财政支出的增幅超过了除西班牙以外的任何其他国家，在 16 世纪 80 年代达到了最多的 444 吨白银；而同期，西班牙以 500 多吨白银的支出打破了 16 世纪的所有纪录，这还不包括前面所说的那不勒斯的财政支出。

在国家财政支出方面，17 世纪看起来像是延续了 16 世纪的势头。首先，我们发现了大部分城市支出地方化或者增长势头趋缓（具体视不同的观点而定）的证据：大多数城市的支出不再增加，而是稳定在 0.2 吨～2.9 吨白银之间。大都市的支出也增长乏力：纽伦堡的支出在 6.4 吨与 12.5 吨之间，汉堡在 7.1 吨与 13.8 吨之间，米兰在 5.9 吨与 11.6 吨之间。但不管怎样，这些大都市的财政支出仍然超过一些小领土国家[如班贝克（Bamberg）主教辖区和符腾堡公国]不多的财政支出。班贝克当时的财政支出在 2.2 吨～5 吨白银之间，而符腾堡的预算支出约为 10 吨白银。西西里和热那亚达到了皮埃蒙特和波兰 1 个世纪前就达到的水平，而波兰在 17 世纪就像巴伐利亚，财政支出超过了 40 吨白银。在中等支出国家当中，我们注意到了丹麦的财政支出在 17 世纪快速增长，从 6 吨增加到了 113 吨；普鲁士的财政支出从 17 世纪 80 年代的 56 吨增加到了 20 年后的 156 吨。

17 世纪，荷兰共和国的财政支出甚至更多。年轻的荷兰共和国 1641 年的财政支出几乎达到了 264 吨白银，荷兰是欧洲近代早期国家中的“后起之秀”，这也是荷兰城市财政实力雄厚的有力证据。[24] 如果我们多少有点武断地把财政支出中等国家和大国之间的界限设定在 250 吨白银，那么荷兰正好能在财政支出大国中找到自己的位置。奥地利（包括哈布斯堡王朝的世袭领地）把自己的财政支出从 17 世纪 50 年代的 68 吨增加到了 17 世纪末的 288 吨，因此最终也保住了自己的财政支出大国地位。但是，3 个主要的财政支出大国再次与其他国家拉开了距离。在 17 世纪的最初几十年里卡斯蒂利亚和那不勒斯的合并财政支出在 500 吨～600 吨白银之间，英格兰增加到了 926 吨白银，而法国的财政支出在 17 世纪末已经超过了 1 600 吨白银。

18 世纪，欧洲国家财政支出出现了明显不同的变化趋势，有保持原来趋势不变的，也有发生变化的。虽然有些资源有限的城市，如汉诺威（Hanover）、乌伯林根（überlingen）和卢塞恩，仍保持它们原来年均约 1 吨白银的支出水平，但其他城市的财政支出增速引人注目。慕尼黑的预算支出达到了

24　’t Hart (1989).

3 吨白银，还有一些城市的财政支出超过了 5 吨白银：巴塞尔达到了 5.3 吨白银，法兰克福在 4.3 吨～8.2 吨白银之间，乌尔姆(Ulm)大概是 6 吨白银，苏黎世差不多是 8 吨白银，而伯尔尼则已达到 14 吨白银。18 世纪，纽伦堡的财政支出从 11.3 吨白银减少到了 5.7 吨白银，而米兰的财政支出从 7 吨白银减少到了不足 4 吨白银。有些城市用自己拥有的财政资源也能满足这样的支出水平，如符腾堡公国。此外，瑞士各城市共和国的合并财政资源大约为瑞士联邦创造了 40 吨白银的收入，因此瑞士联邦在财政资源方面与欧洲其他地区性大国处于相同的水平。[25] 例如，西西里和热那亚各支出 27 吨白银，瑞士的邻国皮埃蒙特是 45 吨白银，而巴伐利亚在 41 吨和 73 吨白银之间。1720 年前后，伦巴第的预算支出在 49 吨～66 吨白银之间，换句话说，大约是米兰和九省政府合计支出的 6 倍。

西班牙王位继承战结束后，皮埃蒙特和西西里有几年的财政支出处于相似的水平，至少有 69 吨白银。威尼斯 1783 年的预算支出约为 118 吨白银。较新的北欧列强继续了它们从上个世纪开始的增长势头。丹麦的财政支出从 18 世纪初的 86 吨白银增加到了 1801 年的 360 吨白银。普鲁士分阶段从 112 吨白银增加到了 485 吨白银，到了 1795 年普鲁士已经超过支出为 439 吨白银的荷兰。奥地利哈布斯堡的支出在 18 世纪的头几十年里从 495 吨白银减少到了 345 吨白银，但在西班牙王位继承战结束后买下了伦巴第和那不勒斯，又在 1720 年用西西里换取了撒丁岛，因此它的财政支出至少增加了 100 吨甚至 150 吨白银。法国在 18 世纪下半叶成功地保住了其财政支出最多的大国地位，法国 18 世纪 80 年代的年平均支出达到了 3 000 吨白银，在 1800 年以后的战争年代更是创下了 3 660 吨白银的纪录。但在 1790 年以后，法国被英国取代，英国的预算支出达到了 8 500 吨白银。

12.4　14 世纪和 15 世纪欧洲国家的财政支出构成

为了对 14 世纪和 15 世纪欧洲国家的财政支出进行比较，有必要把他们

25　瑞士联邦可被视为其成员享有很大行政和财政权力的联邦的典型。

的财政支出分为若干明确、有意义的类别——王室支出、民事支出、公共建筑和其他类似工程支出、国内治安和对外防卫支出、公债还本付息支出、财政和社会转移支付、生产性投资支出以及不能归入以上各类支出的其他支出。256个用附图概述的样本虽然规模不大，但仍能帮助我们清晰地显示欧洲近代早期国家的财政支出变化情况。

14～15世纪期间，神圣罗马帝国诸邦国的王室支出大概占其总支出的10％～40％(见图54)。[26] 总的来说，王室支出的相对比例较高，因为国内治安和对外防卫支出处于低水平。如果我们把民事支出也加入王室支出，那么这种印象就会变得更加强烈。勃艮第和尼德兰15世纪的民事支出要占到其支出预算的50％～71％，这说明当时民事管理在这两个地方特别发达。如果单凭财政支出数据就可作出判断，那么勃艮第和尼德兰的民事管理支出是英格兰、法国、卡斯蒂利亚、纳瓦拉、符腾堡的2～3倍。我们也应该从这个角度来判断财政支出在神圣罗马帝国的分布，帝国当局的主要责任对内就是处理各邦国之间的纠纷，而对外要确保整个帝国的安全。帝国当局在15世纪末占其总支出17％的行政管理支出就是帝国议会和宫廷的支出，这种支出占比较为适中，因为帝国会议和宫廷仍是很不健全的代议和行政机构，而占帝国总支出83％的战争支出足以证明当时武装冲突的严重性和支出占比的不合理性。

及至15世纪结束时，欧洲国家财政支出出现了令人惊讶的特点，那就是显然完全没有把财政收入用于公债的还本付息。但是，我们不能就此断定，君主国家在这之前还没有欠债，因为有确凿的证据可以证明相反的情况。[27] 对公共财政的比较分析可使我们得出这样的结论：当时，公债还本付息的支出还没有达到后来的水平(见本书第八章第四节)。此外，为了满足计划支出的需要，统治者仍有预期效率更高的财政选择。卡斯蒂利亚在1500年把自己12％的预算支出用于公债的还本付息，而符腾堡在1483年就把高达55％的预算支出用于支付公债利息。这两个国家较早选择了财政支出大国和一些财

26　ESFDB \korner\swib003 based on \swid006 有一张很详细的资料来源表，由于太长而无法在这里复制。请读者注意，这张图和以下几张图中遗漏了一些数据，或者说为了凑整，百分数加总不一定等于100％。

27　德里克·奈茨(Derek Knights，已故)在我们研究团队1991年在阿尔克—瑟南(Arc-et-Senans)举行的碰头会上报告的一篇论文中权威地证明了这一点。不过，这篇论文到现在仍没有发表。

政支出较少的区域性大国从 16 世纪开始才采用的筹款方式。

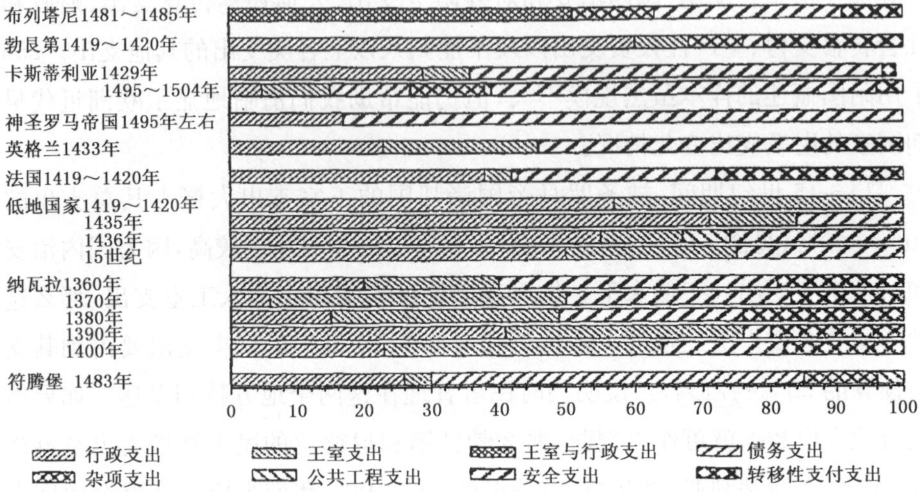

资料来源：Körner (unpubfished data)\Körner\swib003 © ESFDB 1993.

图 54　约 1360～1504 年神圣罗马帝国、欧洲公国和王国的不同类别支出占比比较

从以上分析可得出一个惊人(但错误)的结论：从表面上看，各君主国在公共建设工程和领土权取得方面没有花费分文；然而这样一种极端的观点毫无史实根据。史实是统治者通常生活在城堡里，修建城堡一般使用领地收入和征用子民或者城市居民的劳役。至于领土权取得的问题，通过世袭原则结合适当的联姻策略来解决。一旦发生继承权争执，武力通常是最后的解决手段。因此，君主国家的对外防卫支出至少应该部分被视为对取得统治权的一种投资，起码在通过战争扩大领土的情况下就是如此。最后，转移性支付形式下的支出在英格兰、法国、勃艮第和纳瓦拉达到了最高水平，大概要占它们各自总支出的 14%～28%。转移性支付支出主要是支付给政治和军事盟友的礼金和特别津贴。

在体制和机构受到共和实践影响的城市里，财政支出结构在有些方面不同于君主国家的财政支出结构(见图 55)。[28] 首先，城市财政中没有直接的王室支出。城市议会和政治领导人的支出包括在公共管理支出中，按比例计不

28　Sources as for Figure 54；BSFDB \korner\swib004 based on \swid006.

会超过君主国家的民事管理支出。但与君主国相比，城市共和国行政管理支出占总支出的比例相对较小(8%)或者相对较大(50%)是其他对周期性意外事件比较敏感的支出占比发生变化的结果。总的来说，15世纪城市共和国的政府和行政管理支出相对而言要低于需要承担很高王室和行政管理支出的君主国家。

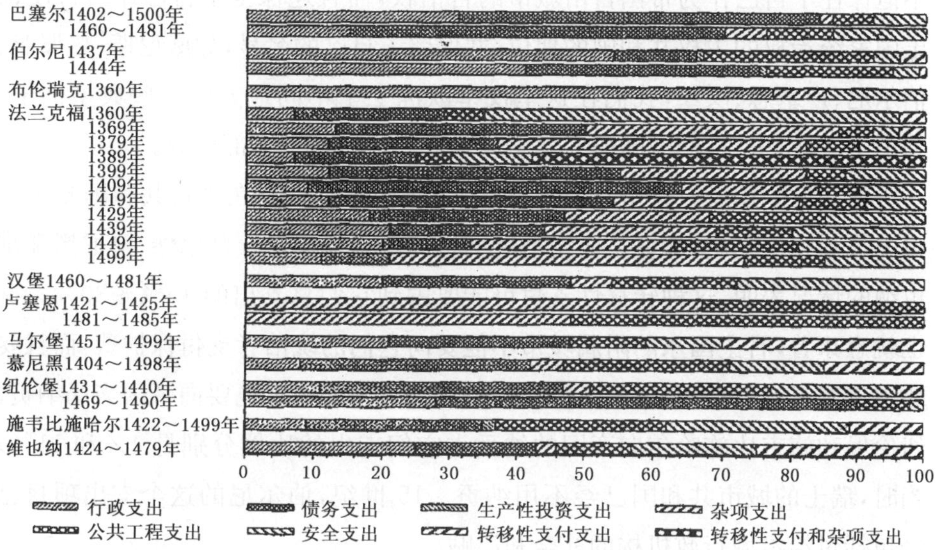

图55　约1360～1500年欧洲共和国和城市的不同类别支出占比比较

多数城市共和国最多把其1/4的支出用于公共建筑投资或维护，如市政厅、室内市场、谷仓和盐仓、磨坊、教堂、桥梁，但也用于城镇防御工事修建。从这个角度看，这方面的支出部分应该被作为对外防卫支出；但从经济分析的角度看，公共建筑工程都属于一种类型的支出。除个别差异不明显的例外情况外，战争支出的占比要小于公共建筑工程支出。战争支出始终低于行政管理和公共建筑工程支出。城市共和国治安和防卫支出的相对比例均值和中值在任何情况下都低于君主国家(不包括神圣罗马帝国)的治安和防卫支出相对比例的均值和中值，分别是15%和14%以及29%与26%和27%。那么，城市共和国是不是没有君主国家好战呢？城市共和国虽然也一心想获得或者扩大领土，但机会要少于享有继承权的君主。在卢塞恩花费52%预算的公共建筑和1481～1485年赎买主权的项目中，我们发现了卢塞恩为购买穆尔巴赫(Murbach)修道院附属权以及许多邻近和远处大法管辖区主权所花费的支出。

同样可以肯定的是,这些城市为满足自己的安全需要也欠下了债务。神圣罗马帝国的城市长期受到有可能附属于领土国家的威胁。[29] 15世纪,这些城市准备甚或不得不把至少12%(但通常在25%～50%之间甚或超过60%)的预算用于债务的还本付息。对于某些城市来说,这方面的财政努力使它们不但保住了自己作为帝国自由城市的自治权,而且还保全了自己作为行使领土国家统治权的主权共和国的地位,并保留了自己的名号,如威尼斯、热那亚、伯尔尼、卢塞恩、汉堡,我们在这里仅举欧洲三个不同地方的一些典型例子。到了15世纪末,它们中间的卢塞恩甚至成功地还清了全部债务。

那些没能摆脱对某个领土国家依附的城市[30]有一类在主权共和国支出项目中找不到的支出,那就是向统治者纳贡的转移性支付。马尔堡、慕尼黑和维也纳的情况表明,这种转移性支付可能要占到它们总支出的15%～30%。这也就意味着,君主国家的附属城市不但要向它们的统治者支付保护费,而且要缴纳供养王室的费用!但是,就连神圣罗马帝国的城市也要向帝国当局纳贡,纽伦堡和施韦比施哈尔向帝国的纳贡占它们支出的比例分别是4%和11%。当时,瑞士的城市共和国已经不用纳贡。15世纪,伯尔尼的这个支出项目已经包括付给本城行政机构的礼金和津贴。

12.5 欧洲国家16世纪的支出构成

欧洲国家城镇财政支出的构成在16世纪只发生了轻微的变化(见图56)。[31] 16世纪有些类别支出占比的中值接近于上个世纪:15世纪和16世纪行政管理支出占比的中值分别是16%和17%对20%,公共建筑工程支出占比的中值是19%对18%,而公债还本付息支出占比的中值是30%对30%和34%。但是,16世纪欧洲国家在国家安全方面的支出有所减少,占比中值只有5%,而15世纪的占比中值是14%。这显然是瑞士和德国分别在1531年

---

29 Isenmann (1988), 174－179.

30 这些领土国家被称为"*Landstadt*"或者"*Munizipalstadt*"。

31 Sources as for Figure 54; ESFDB \körner\swib006 based on \swid006.

和 1555 年以后实现了领土和平的结果。为了测度 15 世纪和 16 世纪这类财政支出的实际相差程度，有必要对法国和尼德兰的相关财政数据进行比较。

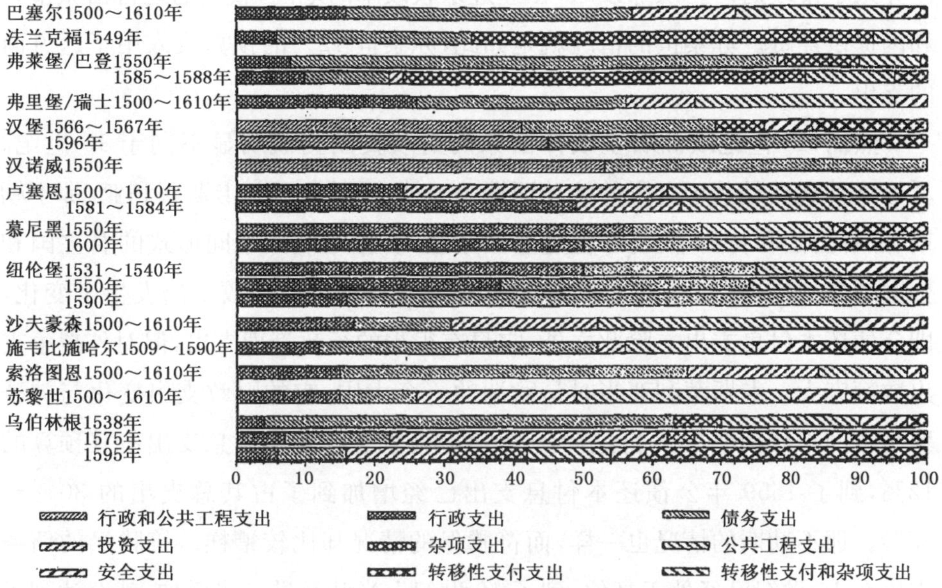

资料来源：Körner (unpublished data)\korner\swlb006 © ESFDB 1993.

图 56　1500～1610 年欧洲共和国和城市各类支出占比比较

至于转移性支付支出，德国所有城市在 16 世纪继续要向帝国当局或邦国缴纳占年度预算 3%～41%的贡金。瑞士诸共和国则经常把自己 10%～38%的财政收入拿到国外去进行金融投资，并且给它们带来了颇受欢迎的年收入。为了在经济衰退时期刺激商业，瑞士诸共和国还通过军火承包商投资于国外早期的工业活动甚至服务业。[32] 施韦比施哈尔和乌伯林根等其他城市也采取了类似的财政政策，并且取得了一定的成功。但与瑞士城市共和国不同，它们把钱花在了基本食品生产上，食品总销售回报最终作为城市当年或者随后 1～2 年的财政收入入账。从 14 世纪开始，欧洲的其他城市也像瑞士城市共和国那样(原文如此)推行一种集体食品供应政策，而且还设立了独立核算的粮政、盐政和(葡萄)酒政管理机构。只有粮政、盐政和酒政的盈余才会随后上

32　Körner (1980), 430—440.

报中央政府入账。在支出端，我们只发现了以营运资本预付款的形式进行的早期投资。最后，在 16 世纪的宗教改革运动中，瑞士城市共和国把教会的财产并入了市政财产。从那以后，在经过宗教改革的地区，教堂的运行由城市共和国提供经费。苏黎世的情况就是如此，苏黎世 12%的预算收入用于这方面的支出。[33]

然而，16 世纪欧洲君主政体国家的财政支出构成明显不同于 15 世纪。尽管这种观点是基于有限的统计证据——神圣罗马帝国、卡斯蒂利亚、那不勒斯、黑森公国和符腾堡公国，但这些国家是 16 世纪欧洲不同形式的君主国和公国的典型代表(见图 57)。[34] 神圣罗马帝国只有一种财政支出发生了变化，即公债还本付息支出。除此之外，它只有很少的行政管理支出，但对外战争支出数额庞大。卡斯蒂利亚当时是欧洲的一个大国，它的财政支出变化与神圣罗马帝国十分相似。16 世纪初，卡斯蒂利亚的公债还本付息支出占其预算的 12%，到了 1559 年公债还本付息支出已经增加到了占其总支出的 30%～45%。那不勒斯的情况也一样，而符腾堡的情况却比较糟糕。符腾堡的债务支出在 15 世纪已经处于高位，到了 16 世纪上半叶又进一步增加，甚至达到了占总支出 80%以上的程度。大约在 1550 年以后，符腾堡的债务状况开始好转，到了 1580 年以后，符腾堡的公债还本付息支出占其总支出的比例在 12%～13%之间。相比之下，黑森公国的公债还本付息支出要少得多，占其总支出的 2%～9%。

德国的这两个例子表明，君主国与公国的支出构成纯粹由于统治者个性不同而彼此大相径庭。符腾堡财政在某些大公治下因他们大肆挥霍而饱受困扰，乌尔里奇(Ulrich)大公在 1519 年根据皇帝诏书被废黜并被逐出公国。乌尔里奇大公本人和黑森的腓力(Philip of Hesse)在 1534 年主要依靠可由复国后的公国偿还的贷款重新夺回了符腾堡，这笔贷款其实是用符腾堡数十年的财政收入作为抵押获得的。相比之下，黑森的历代伯爵更加成功地适应了神圣罗马帝国动荡的政局，因此没有负债累累。由于在神圣罗马帝国宗教战争

---

33 在经过宗教改革的地方，基督教德语称作“*Landeskirche*”(国教)，法语称作“*Eglise nationale*”(国教)。

34 Sources as for Figure 54; ESFDB \korner\swib005 based on \swid006.

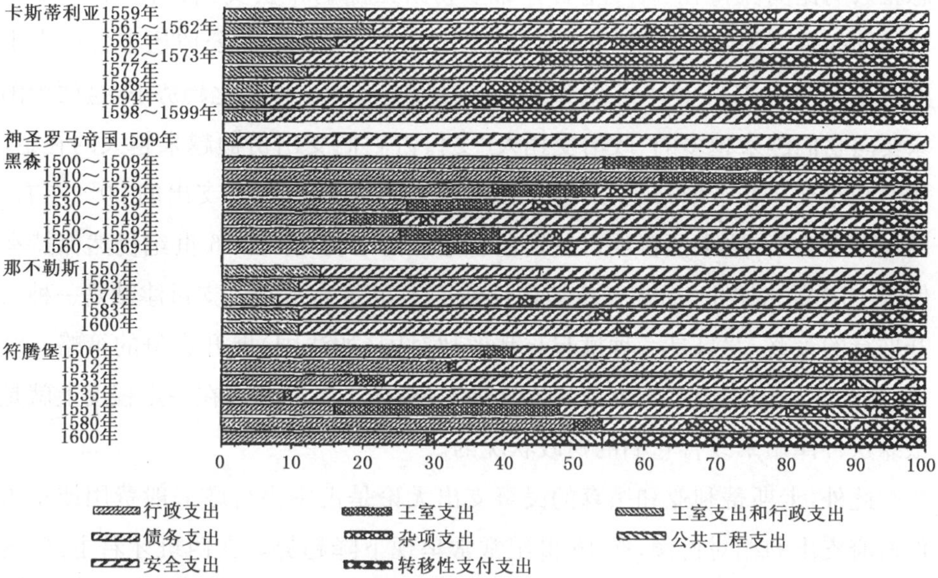

资料来源：Körner（未发表数据）\Körner\swlb006 © ESFDB 1993.

图57　1500～1600年神圣罗马帝国、欧洲公国和王国不同类别支出占比比较

期间，黑森不得不把其35%～63%的预算用于满足武装防卫的需要，因此黑森那几任伯爵取得的成功就显得难能可贵。如果我们再加上转移性支付给帝国当局和其他列强的资金，那么黑森的战争支出显然经常超过其预算的50%。到了16世纪末，符腾堡也陷入一种类似的状况，也就是要把其45%的预算缴给神圣罗马帝国。从长远看，修建现代防御工事花费巨大，严重削弱了一些中等国家的财力，并且导致一些欧洲大国走向破产。[35]

欧洲列强争夺霸权的野心使它们陷入了几乎连绵不断的战争，并且不得不推行一种使借债成为常态的财政政策。16世纪下半叶，卡斯蒂利亚的军费支出占其总支出的比例在14%～29%之间，而它的意大利行省那不勒斯的军费支出占其自身总支出的比例则高达34%～51%。随着时间的推移，卡斯蒂利亚成功地使战争支出和公债还本付息支出保持在占总收入比例比较稳定的水平上——战争支出占总收入的比例在20%上下浮动，公债还本付息支出占

35　See above, n. 11. Margolin (1977), 713－719.

总收入的比例保持在 40%左右。那不勒斯王国的军费支出占比从 1574 年 51%的高位下降到了 1627 年仅占总支出 27%的水平,而公债还本付息支出的占比同期从 31%上升到了 56%。在财政支出的这种变化趋势下,这两个国家要向它们越来越多的“政治受托人”支付占它们支出份额越来越大的礼金、津贴和年金。在卡斯蒂利亚,这个预算项目通常要占到总支出的 20%左右;而在那不勒斯,这个预算项目呈现显著增加的态势,但在 16 世纪仍然保持在低于 10%的水平上,后来又持续增长到 12%的最高水平。支付津贴是一种公开推行的策略,并且是一种挑起与其他敌对国(如法国)展开竞争的策略。结果,津贴收受国学会了娴熟地玩弄这种花招:瑞士各共和国在一定程度上就是依靠这种津贴来改善它们的财政状况的。

此外,卡斯蒂利亚和黑森的民事支出无论是占中央行政一般费用或是占伯爵府支出的相对份额,在 16 世纪常常呈现下降趋势。在西班牙君主国,这种趋势是总支出大幅膨胀的结果,而总支出大幅度膨胀主要是由西班牙向尼德兰支付津贴等转移性支付造成的;而在黑森,这种趋势是一种错觉,因为在每个民事支出占伯爵府支出相对份额明显减小的 10 年里,我们都发现了另一种支出非常高的百分比:16 世纪 40 年代,由于爆发了施马尔卡尔登同盟战(Schmalkaldic War),因此出现了占比非常高的防卫支出;而 16 世纪 50 年代,由于根据帝国和执政王朝与纳塞(Nassau)公国大公府之间达成的协议付款,因此出现了占比非常高的转移性支付支出。在那不勒斯和符腾堡,王室或者大公府支出和民事支出的比例似乎相对比较稳定[符腾堡大公府 1551 年的高支出应该被认定为克里斯托弗(Christoph)登基所花的费用]。

12.6 欧洲国家 17 世纪和 18 世纪的财政支出结构

我们在解释 17 世纪奥地利和丹麦王室一般行政支出显著减少的原因时还是应该谨慎为好(见图 58)。[36] 就像它们之前的其他列强,这两个国家提高了支出的总体水平,特别是增加了战争支出。17 世纪下半叶,班贝克主教辖

36 Sources as for Figure 54;ESFDB \körner\swib007 based on \swid006.

区的情况可以说也是如此。在像皮埃蒙特和西西里这样的国家，支出只是适度增加，支出结构也相对比较稳定(见图 59)。[37] 在法国，军费支出的比例在 17 世纪 60 年代以后迅速上涨，结果导致王室、行政和其他服务或者消费项目支出的比例下降。只有那不勒斯始于 16 世纪的军费支出占比下降趋势一直持续到了 17 世纪 20 年代(仅占总支出的 27%)。但一般而言，君主国家几乎把一半的预算用于军事活动，它们的军费支出占总支出比列的中值是 44%和 45%。与有些人预期的情况可能不同，军费支出占比中值的最大值并不是出现在“三十年战争”时期，而是出现在 17 世纪的最后 10 年里。在 17 世纪最后 10 年里，西西里的军费支出占其总支出的比例达到了 65%，法国是 76%，丹麦是 88%，而奥地利更高，是 93%。

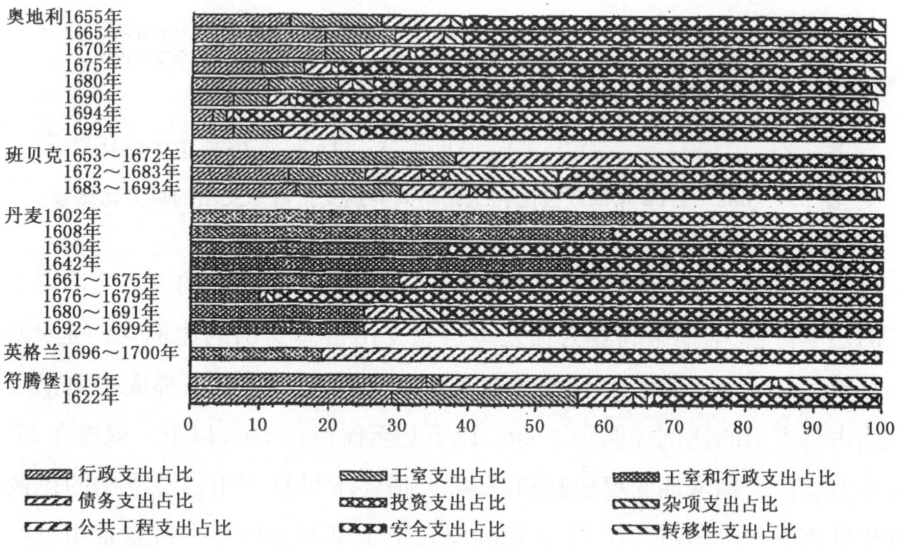

资料来源：Körner (未发表数据)\korner\swlb007 © ESFDB 1993.

图 58　1602～1700 年北欧公国和王国不同类别支出占总支出的百分比比较

另一方面，各君主国似乎改变了它们的津贴和补贴支出政策。在 17 世纪 20 年代之前，津贴和补贴支出占总支出的最大比例在 20%左右，但到了 17 世纪末已经下降到了不足 10%。至于公债还本付息支出，西班牙和英格兰这两

37　Sources as for Figure 54；ESFDB \körner\swib008 based on \swid006.

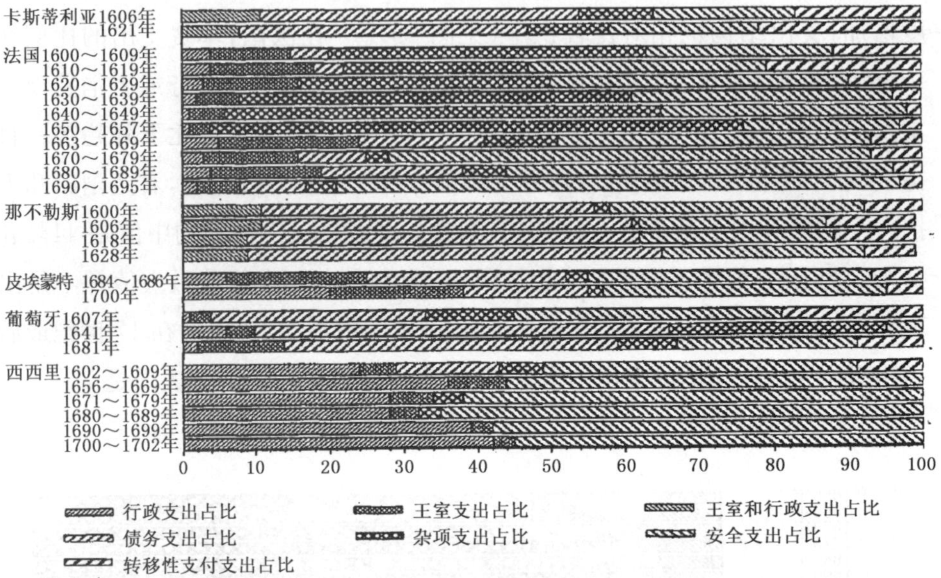

资料来源：Körner (unpublished data)\korner\swib008 © ESFOB1993.

图 59 1600～1702 年南欧公国和王国不同类别支出占总支出的百分比比较

个君主国好像不得不作出最大牺牲。那不勒斯足足把自己的一半支出用于公债的还本付息，卡斯蒂利亚公债还本付息支出占总支出的比例大约是 40%，而英格兰是 30%。我们掌握相关数据的欧洲其他君主国家都成功地把这种支出占总支出的比例降低到了 20%以下甚至保持在 10%以下。就连在 17 世纪军费支出大幅增加的奥地利和丹麦，公债还本付息支出占总支出的比例也处于低水平。法国虽然在 17 世纪的前几十年里对公债还本付息费用进行了控制（主要是因为这些都是隐性费用），[38]但在路易十四治下仍增加到了占总支出的比例略低于 20%的水平。

在欧洲诸共和国中，荷兰共和国 17 世纪的财政支出结构很像神圣罗马帝国前几个世纪的财政支出结构，军费支出占总支出的比例超过了 80%，中央行政支出处于低位，而且像其他新兴大国一样，公债还本付息支出仍然无足轻

38 Bonney (1981a), 298, 308—310; Bonney (1992b), 104—105, 110—111.

重(见图 60)。[39] 尽管有许多制度上的区别,但在中央财政方面,荷兰共和国与神圣罗马帝国有着明显的可比性。荷兰的主要目标和行动旨在维持其成员的相互独立性。行政机构的密度有所提高,而省、市级的行政管理远比过去发达。欧洲的大部分城市共和国和其他城市在 17 世纪也延续了这种势头,但是,城市共和国行政和公共工程支出所占的相对比例始终普遍高于欧洲各君主国。欧洲各君主国又过了很长时间才在这方面赶上了城市共和国、自由城市和城邦。[40]

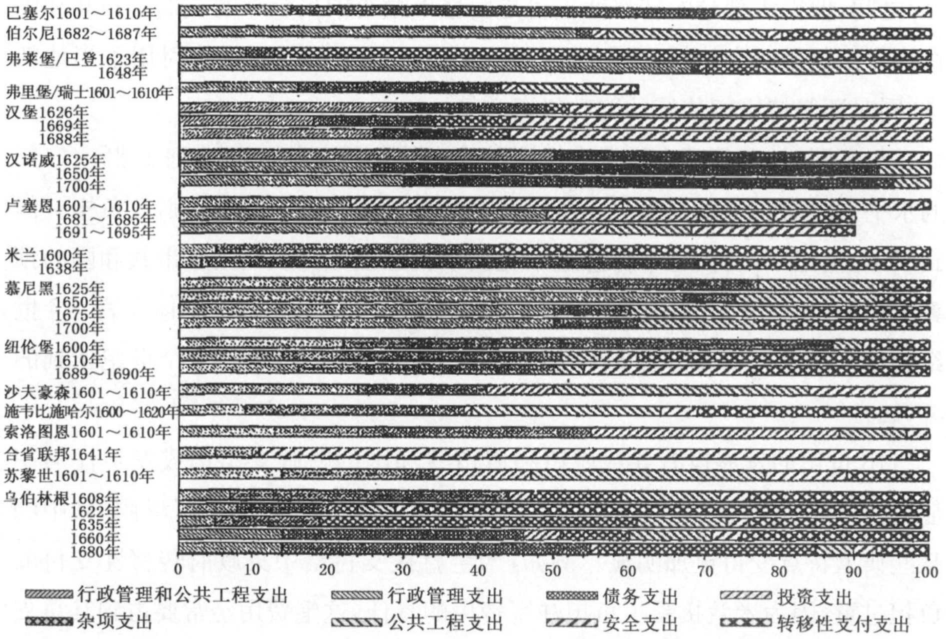

资料来源:Körner(unpublished data)\korner\swib009 © ESFDB 1993.

图 60　1600～1700 年欧洲共和国和城市不同类别支出占比比较

至于对外安全支出,汉堡至少把一半的预算用在了这个支出项目上,而其他德国城市和瑞士城市共和国成功地把对外安全支出保持在占总支出 20% 甚或更低比例的水平上。事实上,凡是某单个十年这个支出项目占总支出的

39　Sources as for Figure 54;ESFDB \körner\swib009 based on \swid006.

40　Hildebrandt (1977).

比例超过10%的城市，都是因为大力改善防御工事或者推进军备“现代化”而造成的。尽管如此，那些在16世纪必须向统治者或者神圣罗马帝国提供大量转移性支付的城市，在17世纪仍要承受相同甚或更重的转移性支付负担。慕尼黑的这类转移性支付占总支出的比例从7%到23%不等，纽伦堡在8%～39%之间，施韦比施哈尔是31%，乌伯林根在7%～68%这个宽区间内波动，而米兰也在31%～58%之间波动。虽然这种支出有一定比例用于地方社会和宗教机构，如在卢塞恩天主教共和国，这种支出占总支出的比例在1%～5%之间，但更大部分的转移性支付是由城市缴给中央金库的。瑞士各共和国在这方面仍是一个特例，它们把占预算11%～20%的转移性支付用于当地教堂，同时还坚持它们传统的财政投资政策。

与此同时，公债还本付息支出占总支出的比例可能已经达到17%～56%的水平，并且在17世纪头几十年里仍是某些城市共和国的沉重财政负担。但到了17世纪末，公债还本付息这个支出项目已经完全从瑞士城市共和国的预算中消失，但在其他国家城市仍要占总支出的11%～65%。总体而言，17世纪公债还本付息支出占总支出的比例的中值是22%，要低于上个世纪达到的30%。

18世纪的发展没有导致城镇和城市共和国的财政支出构成发生任何明显的新变化（见图61）。[41] 相反，以前既定的财政支出构成得到了巩固，其中的某些典型特点变得更加明显。例如，米兰直接支付给中央政府转移性支付的负担过重，因为米兰接受了负担驻军费用的责任，这笔费用经常要占到其总支出的72%～88%。德国城市的类似转移性支付负担就没有米兰那么重，最多占其总支出的25%，但是，德国城市要把自己较大份额的支出花在安全上，通常是10%～20%。18世纪公债还本付息支出占总支出的份额，平均而言与17世纪持平，但具体到城市，可能略有减小或者增大。瑞士城市共和国保持了它们的财政支出特点：安全支出极少，而用于保护城市免受外来威胁的军事支出又少于保证内部治安的支出。以卢塞恩为例，这个用途的支出在18世纪末增长到了占其总支出11%的水平。最后，我们应该注意到，在瑞士城市共

41　Sources as for Figure 54; ESPDB \körner\swib010 based on \swid006.

和国 18 世纪的财政支出中仍然没有公债还本付息支出，但出现了可观的金融投资。

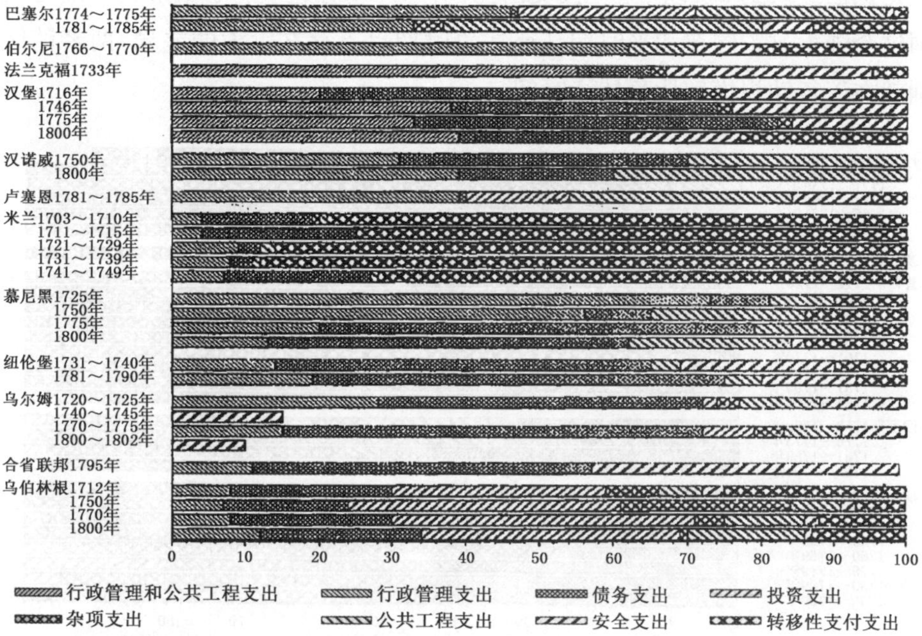

资料来源：Körner(unpublished data)\korner\swib010 © ESFDB1993.

图 61　1703～1802 年欧洲共和国和城市不同类别支出占比比较

荷兰共和国 18 世纪的财政支出结构基本上与欧洲君主大国没有什么区别，行政支出继续处于相对较低的水平（见图 62 和图 63），[42]战争支出要占总支出的 42%——欧洲各君主国的战争支出占总支出比例的中值是 54%，公债还本付息支出占总支出的 46%，即接近法国和英国的水平。[43] 欧洲君主国家军费支出的相对成本可以在英国的案例中得到反映：1685～1813 年，英国的私人投资占国民生产总值的份额在 4%～8.8%之间波动，而军费支出占国民

42　Sources as for Figure 54；ESFDB \körner\swib011 and \swib012 based on \swid006.

43　根据't Hart (1991：41)以及 Schremmer 在 Mathias 和 Pollard (1989：320，326)中的数据计算。Patrick O'Brien 表示，债务还本付息支出应该作为战争支出的一个组成部分，因为在英格兰，贷款的唯一用途就是为战争筹款。根据这个数据，英格兰债务还本付息支出占总支出的比例在和平时期上涨到了 60%，而在战时（1688～1815 年）则上涨到了 87%：O'Brien (1991)。

生产总值的份额位于和平时期最低的 2%与战争时期的 17.6%之间。[44] 卢塞恩总支出在 16 世纪末差不多占其国民生产总值的 3%，但到了 18 世纪末这个比例已经跌到 2%以下。[45] 按支出比例计，卢塞恩这个弱小城市共和国与英国这个强大君主国在和平时期甚至战争时期也不存在巨大的差异，两者的区别就在于行动规模和战争持续时间。

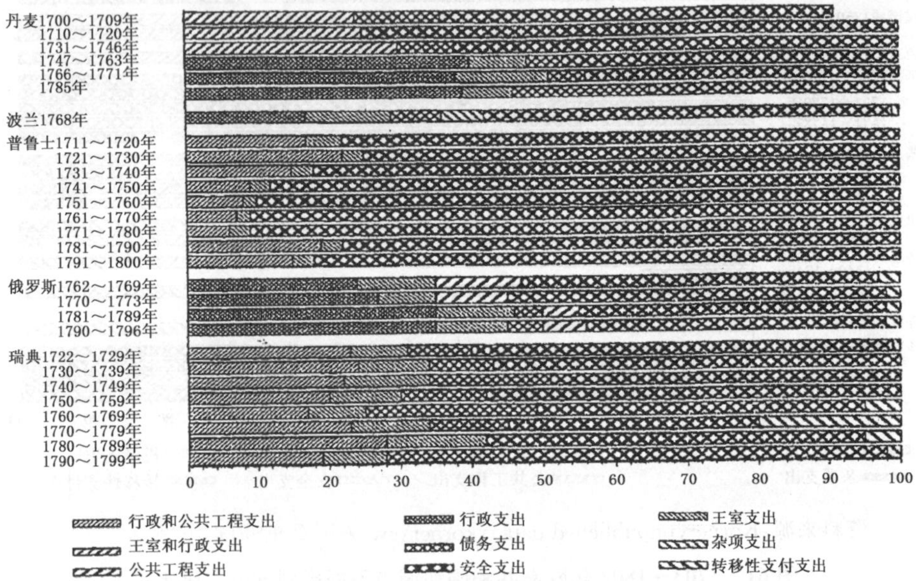

资料来源：Körner (unpublished data)\körner\swlb011 © ESFDB 1993.

图 62　1700～1800 年波罗的海地区公国、王国和帝国不同类别支出占比比较

44　O'Brien (1991), 35.

45　Körner (1981), 376.

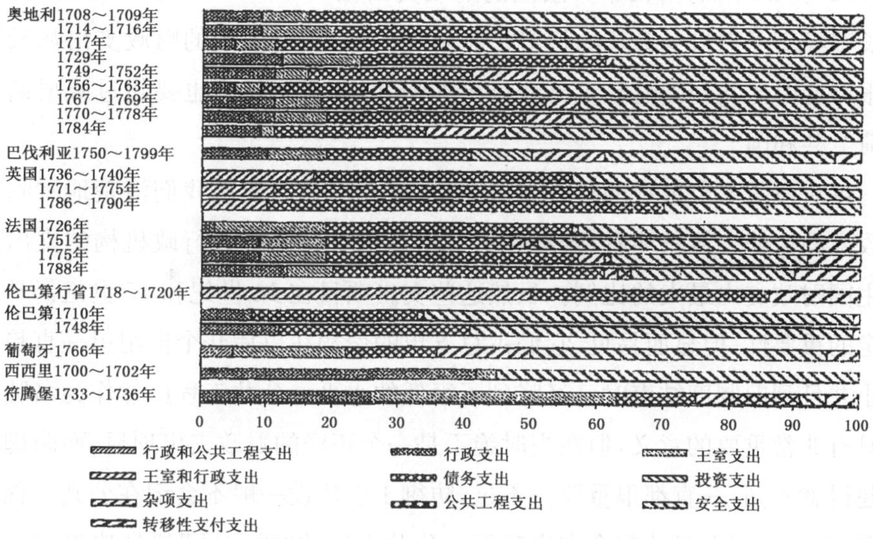

资料来源：Körner (unpublished data)\körner\swlb012 © ESFDB 1993.

图 63　1700～1799 年欧洲非波罗的海地区公国、王国和帝国不同类别支出占比比较

12.7　结论：欧洲国家财政支出的长期变化

欧洲不同类型国家的财政支出增长并不是一种普遍现象。如果我们随机计算欧洲 40 个国家在一个 30 年的短时期，以及一度曾很强大的城市、城市共和国和共和国，包括像威尼斯共和国或者荷兰共和国这样的国家，在一个 380 年的长时期里的年支出增长率，那么就有 10 例负增长或者零增长、22 例增长率不到 1%的正增长、13 例增长率超过 1%的正增长和 2 例增长率最高达到 2%的正增长。[46] 一项涉及 32 个君主国支出增长率的类似计算得出了明显不同的结果：只有 2 例负增长，3 例增长率低于 1%，而有 10 例增长率超过 2%。除了纳瓦拉王国 14 世纪和班贝克主教辖区 1600～1680 年的高支出增长率外（这两例的考察期都比较短），最高的年支出增长率是丹麦 1600～1700 年 2.7%的增长率、英格兰或英国 1690～1770 年 3%的增长率以及俄罗斯 1762

46　增长率是按吨纯银单位计算。

～1796 年 4.3%的增长率。法国的财政支出在 1590～1690 年以 2.2%的年增长率经历了它自身最长的相对扩张时期。因此,君主国的财政支出从长期看很可能要比共和国财政支出涨势更加强劲,而且增长率也要超过威尼斯或者荷兰共和国。

仅对覆盖 4 个世纪的财政支出结构作一分析,就能使我们清楚地看到财政收入的去处。从长期看,既不是王室支出也不是统治者行政机构的支出占君主国财政支出最大的比例。虽然这些支出项目在 14 世纪和 15 世纪仍具有一定的重要性,但显而易见,它们占总支出的份额在以后几个世纪里一直趋于减小并且到旧制度结束时已经降到了很低的水平。公共工程虽然作为名胜古迹具有非常重要的意义,但在当时绝不是一个正经的财政支出项目,而防御工事建设就不同,一直都很重要。不过,防御工事建设一般不会记在公共工程支出名下,而是记在对外安全支出项下。公共支出的"重灾区"就是战争支出占比不断增大,就如那些我们有数据为证的君主国的平均值——战争支出占总支出的比例 15 世纪是 40%,16 世纪是 42%,17 世纪是 46%,而 18 世纪则高达 54%——所清晰地显示的那样。由于大量举债为战争筹款,从而背上了沉重的债务还本付息负担。[47]

在国家间的竞争中,城市通常只有三种选择:归顺、武装抵抗或者协商解决。归顺并且被并入某个君主国的版图是当时多数城市的命运,其结果就是以转移性支付的形式为统治者担保的和平和提供的保护买单,从而对城市公共支出造成沉重的负担。对于很多城市来说,归顺就意味着防御工事修建和战争支出的增加。其他城市,如中世纪的热那亚和威尼斯,或者 16 世纪末合省联邦的城市,选择了不惜一切代价奋起反抗甚或渴求跻身于一流强国的道路,这么做当然要付出高昂的代价。瑞士诸共和国在 16 世纪初很可能发现了经济上最有效的解决方法,那就是政治妥协。不过,它们也是在 15 世纪尝试了武装抵抗的选项并背负沉重的还本付息债务、付出了惯常的代价以后,才发现经济上最高效的解决方法。瑞士诸共和国在选择了和平而不是武装抵抗策略以后,它们的支出通常就少于收入——赤字属于例外,而盈余成了常态。

---

47 关于法国,请参阅文献:Morineau (1980),318;关于英格兰,请参阅文献:O'Brien (1991)。

想要证明这一点，只需对可作为瑞士其他城市共和国榜样的卢塞恩（见图64）[48]与法国这个君主大国的支出图（见图 65）作一比较。从 1435 年到 1795 年，卢塞恩的支出一直在一个小区间或者中等区间内波动，这是一种完全正常的情况。图中的峰值表示在 15 世纪和 16 世纪前几十年里发生战争的频率要高于后来。[49] 卢塞恩支出在 1693～1702 年暂时但显而易见的增长是奥格斯堡同盟战期间卢塞恩大肆重整军备的明证。但是，所有这些战争都为期很短，没有给卢塞恩的预算平衡造成灾难性的后果。18 世纪 60 年代，卢塞恩的财政支出之所以出现了比较明显的增长，是因为卢塞恩主要是为了加强内部安全而设立了一支专业化的常备治安力量。这也清晰地显示这个城市共和国的预算状况多么依赖因贯彻建立武装民兵而不是常备军这个原则而能够实现的节约。

法兰西君主国的财政支出是在弗朗西斯一世和他的几个继位者的治下开始显著增加的。[50] 但是，法国在 17 世纪和 18 世纪推行的霸权政策导致财政支出爆炸式增长，第一个支出增长的峰值出现在"三十年战争"以及 17 世纪 30 和 40 年代法国直接出兵干预期间（见图 65）。[51] 在经历了短暂的停战以后，随着科尔伯特的出场，法国的财政支出再次随着荷兰战争（Dutch War）和奥格斯堡同盟战的爆发而增加。第二个峰值出现在西班牙王位继承战期间，而第三个峰值出现在"七年战争"期间。但是，法国财政总支出这三次大涨之间的区别在于每次大涨要持续几年、战争支出对总支出结构产生很大的影响。最重要的是，经常性支出与总支出之间的差别明显增大（见图 66）。[52]

但是，法兰西君主国支出图和弱小的卢塞恩共和国的支出图之间也有相似的地方。"漫长"的 16 世纪是支出增加最多的时期。城市共和国和君主国

48　Körner (1981)；ESFDB \körner\swib002 based on \swid005.

49　在这个时期发生的战争或战役有：1444 年的比尔斯河畔圣雅克（Saint-Jacques-sur-La-Birse）战役、1474～1476 年的勃艮第战争、1498～1499 年反马克西米利安一世的斯瓦比亚（Swabia）战争、1513～1515 年的意大利战争、1528 年的第一次宗教战争、1513 年的第二次宗教战争、1653 年的农民战争、1655 年的菲尔默根（Villmergen）战争和第二次菲尔默根战争或者 1712 年的托根伯格（Toggenbourg）战争。

50　Guéry (1978)，227－228.

51　ESFDB \rjb\malet\malg048 based on \malm046 以及这个文献中引用的来源文献。

52　ESFDB \rjb\malet\malg050 based on \malm046 以及这个文献中引用的来源文献。

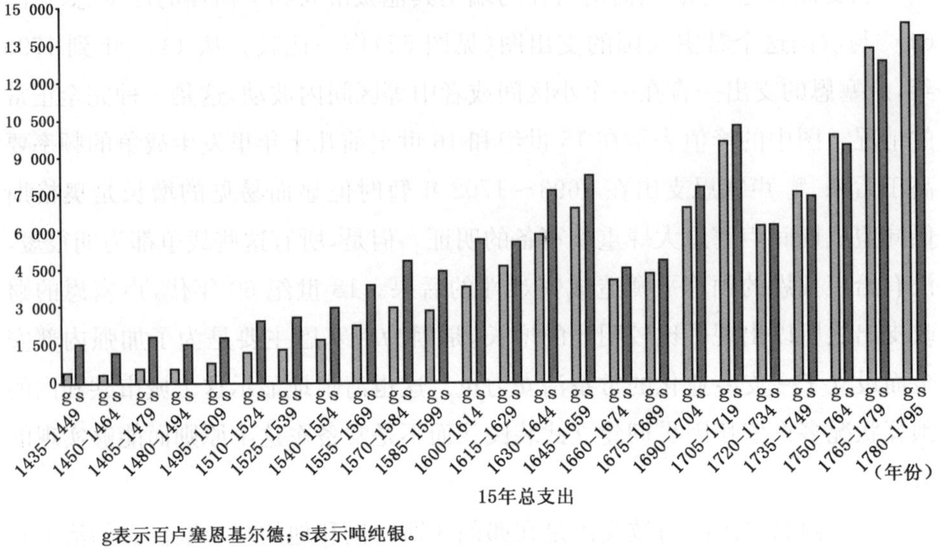

资料来源：Körner (1981)\körner\swib002 © ESFDB 1993.

图 64　1435～1795 年卢塞恩共和国财政总支出（用卢塞恩基尔德和吨纯银表示）

家的财政活力是“欧洲近代早期国家出现和形成的重要标志”[53]。预算支出的不断增加实际上忠实反映了国家掌握的干预手段的增加。在君主国家，这一点首先表现在战争和债务还本付息支出上，而皇家官吏增多导致的支出增加仅次于以上两个主要支出项目。[54] 在这个谱系的另一端，如在瑞士城市共和国，国家与顶层始终能够成功地团结社区民众的国家、贵族和寡头领导人一起获得合乎情理的发展或者成长。在这样的国家里，战争支出几乎可忽略不计。

我们还应该注意主权城市与附属于王国和帝国的城市之间支出增长方面的差别及其持续变化。一方面，作为神圣罗马帝国最富有城市之一的纽伦堡在 16 世纪支出强劲增长，但到了 18 世纪又保持在正常水平，如果按实际值计还有所下降。像卢塞恩这样的主权城市也面临作为领土国家财政需要不断增加的问题，而帝国城市（即附属于神圣罗马帝国的城市）能够把自己正常的支出限制在仅满足本地需要的水平上。另一方面，纽伦堡财政支出波动不定（见

53　Braudel，转引自 Guéry (1978)，321。

54　Guéry (1978:231)表达了不同观点。

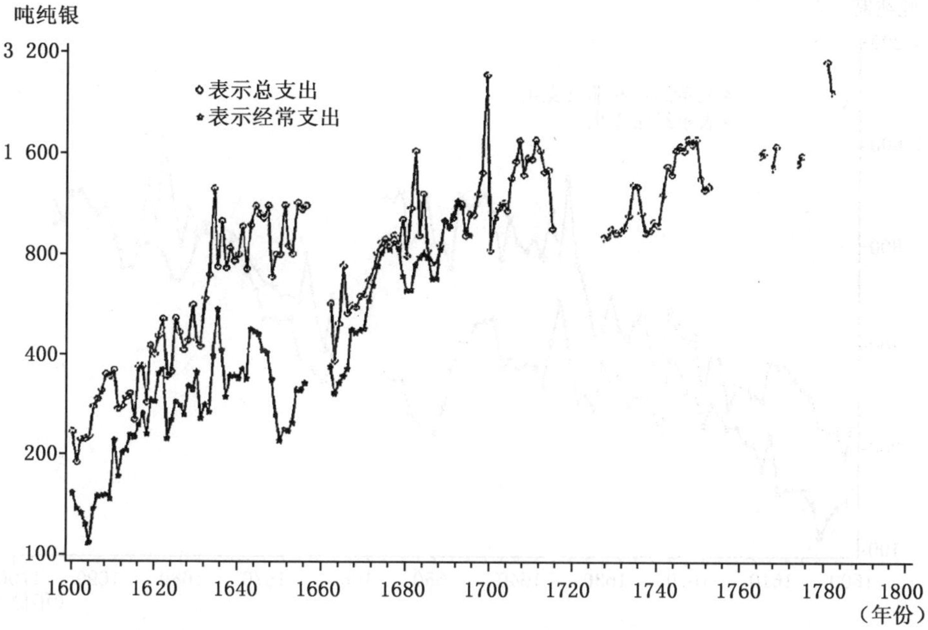

资料来源：various\rjb\malet\malg048 © ESFDB 1993.

图 65　1600～1785 年法兰西王国财政支出（用吨纯银表示）

图 67 和图 68）[55]有力地说明，帝国附属城市在旷日持久、代价昂贵的战争期间要被迫缴纳贡金。这在 1498～1513 年马克西米利安一世发动的战争、宗教改革战争，尤其是 1546～1547 年的施马尔卡尔顿同盟战，“三十年战争”至少 3 个阶段以及西班牙王位继承战之前的奥格斯堡同盟战期间最为明显，最后在“七年战争”期间尤为严重。[56]

18 世纪波罗的海地区君主国财政支出的强劲增长和波动不定，也反映了军费支出以及由此而产生的公债还本付息支出在财政支出中占据的支配地位（见图 69）。[57] 瑞典财政支出在 18 世纪 40 年代的增加是 1741 年发动代价昂

55　Sander (1902), 698, 750, 780—781, 804—807; ESFDB \körner\nurb001 based on \nurd001; ESFDB \körner\nurb002 based on \nurd002.

56　Sander (1902).

57　Amark (1961); Riedel (1866); Nathanson (1836); Kahan (1985), 345; ESPDB \körner\eurg001 based on \eurd001.

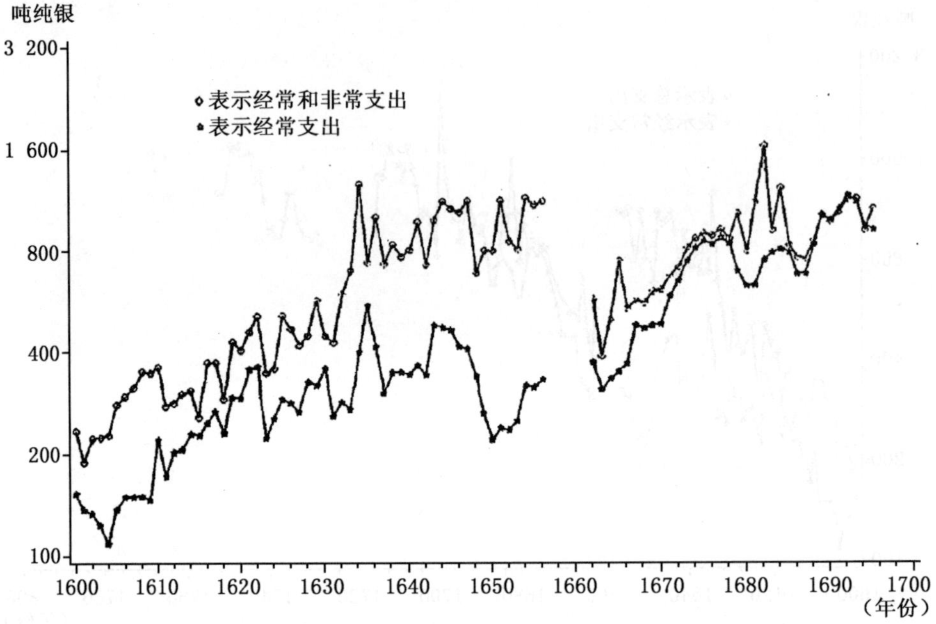

资料来源：various\rjb\malal\malg050 © ESFDB 1993.

图 66　17 世纪法兰西王国财政支出（用吨纯银表示）

贵的对俄战争的结果。这个支出水平后来由于“七年战争”而延续了下来。最重要的是，1788～1790 年再次发动的对俄战争导致了财政支出峰值的出现。[58] 图 69 中表示普鲁士支出的曲线反映了普鲁士发动的战争尤其是包括“七年战争”在内的西里西亚争夺战、不断推进军事化以及在 18 世纪 80 年代把新征服的领土并入王国版图的行政一体化所导致的财政支出变化情况。这条曲线的持续上行是普鲁士在 18 世纪迅速崛起的有力证据。[59] 俄罗斯在叶卡捷琳娜大帝（Catherine the Great）治下作为大国崛起期间，财政支出曲线也出现了相同的变化：俄罗斯的财政支出曲线反映了俄罗斯在 1768～1774 年和 1787～1792 年针对土耳其帝国以及在 1783 年后与俄罗斯向克里米亚（Crimea）扩张联系在一起的创建黑海舰队而作出的军事努力。[60] 最后，在“七年战争”期间

58　Amark (1961).

59　Riedel (1866).

60　Kahan (1985).

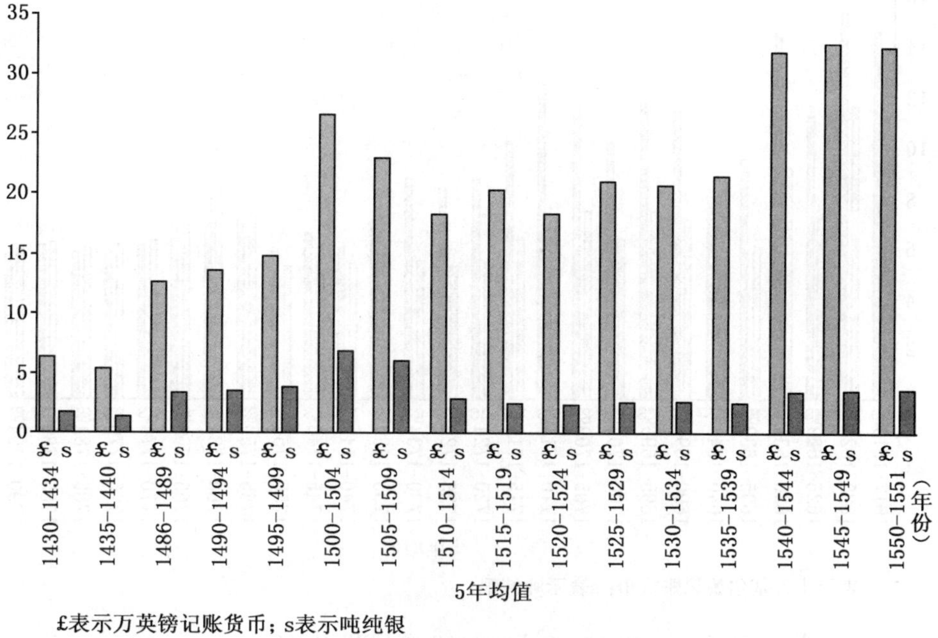

资料来源：Sander (1902)\körner\nurb001 © ESFDB 1993.

图 67　1430～1551 年纽伦堡城财政支出(用记账货币英镑和吨纯银表示)

因与瑞典缔结海事同盟而作出巨大财政努力以后，丹麦后来虽然不是为了进行自我军事约束而选择中立，但其结果立刻就反映为丹麦财政支出在 1770 年以后的大幅度减少。[61]

61　Barudio (1981)数据由 Bjørn Poulsen 提供：ESFDB dataset \poul\dand006.

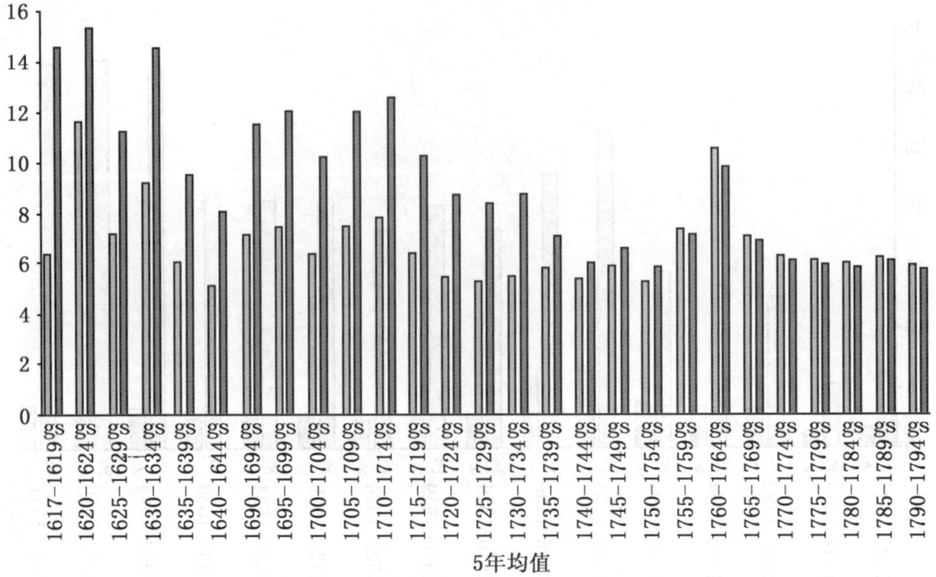

g表示十万基尔德记账货币；s表示吨纯银。

资料来源：Sander (1902)\korner\nurb002 © ESFOB 1993.

图 68　1617～1794 年纽伦堡城支出(用记账货币基尔德和吨纯银表示)

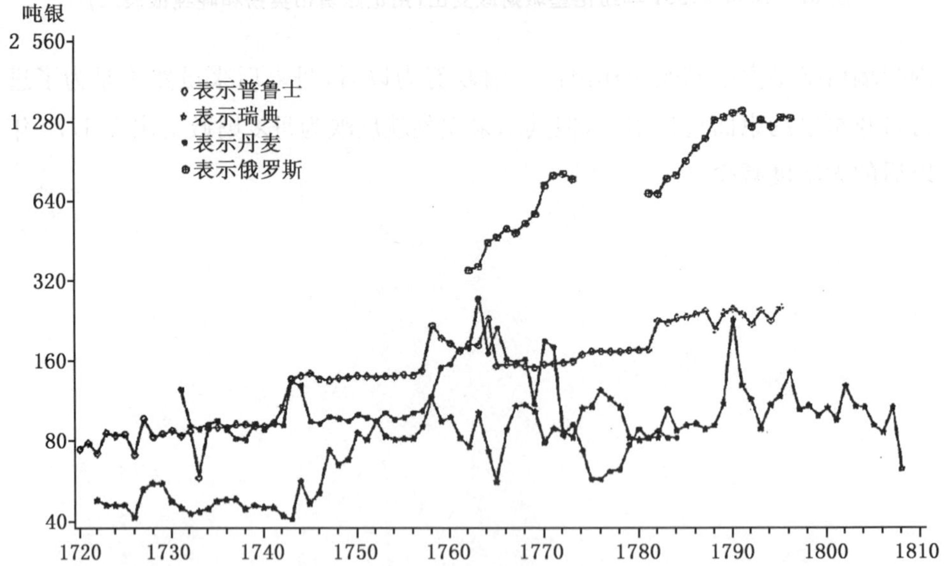

资料来源：Amark (1961)；Nathanson (1836)；Riedel (1866)；Kahan (1985)\korner \eurg001 © ESFDB 1993.

图 69　1720～1808 年普鲁士、瑞典、丹麦和俄罗斯财政总支出(用吨纯银表示)

第十三章　财政收入

理查德·邦尼(Richard Bonney)

要让一个研究项目覆盖这么大的范畴,就必须先从设定研究参数开始。我们不可能研究每个欧洲国家财政收入制度的演进情况,更不用说研究每个国家财政收入制度主要类别收入的演进情况了。我们比较谦虚的目标是描述某些我们认为在西欧相当有代表性的收入的演化情况,并且试图考察这些类别的收入与政治和经济发展的关系。换句话说,某些类型的政治、经济和社会发展为国家采用特定形式的收入所必需。就如我们在前文(见本书第六章第五节)所看到的那样,至少到了18世纪,欧洲的一些理论家已经明白,某些类型的收入更加适合某些特定的政府体制和经济系统。我们的部分目的就是要明确孟德斯鸠关于国家体制与收入制度关系的观点是否正确,而且还要讨论“财政立宪”的本质。这样一来,我们必然因为教宗国的普救论主张而不得不把它(教宗国)搁在一边。阿维农教皇若望廿二(Avignon Pope John ⅩⅩⅡ,1316～1334年在位)的年均收入是22.8万弗罗林,要少于佛罗伦萨的财政收入,并且要远远少于法兰西国王、那不勒斯国王或者英格兰国王的收入。但与这些国家统治者的财政收入来源不同,教皇的收入来源于欧洲各地。教廷财政是研究国家财政发展的一个重要方面。但除了收入来自教皇辖境(直到16世纪还不到其总收入的一半)外,教宗国完全是一个特例。教皇不但在采取新的财政手段创收方面对世俗统治者起到了带头作用,尤其是在卖官鬻爵方面,而且又因为从世俗统治者统治的王国攫走了金银而对他们构成了威胁。[1]

在我们能够着手分析欧洲国家的财政收入制度如何随年代演化之前，有必要先对那个时代欧洲国家的财政收入和税收作些分类，尽管这是件非常困难的事情。我们怎么能够拿即便是同一时期的相同东西去与不同的东西进行比较呢？在蒙古人奴役时期(1240～1480 年)，除了贵族及其扈从课征的苛捐杂税以外，俄罗斯大概还要课征十来种税向征服者纳贡。俄罗斯只有很少或者根本就没有自己的货币，也没有银矿，但在俄罗斯流通的大量外国货币因缴纳贡金而流到了蒙古征服者的手中。这种财政制度基本上是一种“供养制度”(*kormlenie*)。根据这种财政制度，执政贵族的宠臣或者宠仆要轮流离京去外省任职，实际上是充当地方行政长官。他们的很多收入是用实物征收的，因此，我们无法计算俄罗斯在中世纪的税负。[2] 13 世纪英格兰的情况就不同了，我们可以对 13 世纪英格兰王国的收入进行细致的分类，但要精确计算英格兰王国收入的实际购买力可能仍有点冒险。[3] 进一步比较英格兰 13 世纪 90 年代和 18 世纪 90 年代[4]的收入情况，会再次显示对收入制度进行任何形式的分类所具有的复杂性。在本书的考察期内，同一国家的收入制度也会发生巨大的变化。如果把其他国家的收入制度变化也考虑进去，那么问题就有了多维性。一般来说，随着经济结构的变化，税基性质也会发生变化；而随着税基性质的变化，应税项目也会发生变化。税收政策的经济目标因经济发展阶段的不同而异，这一点可以作为评判税收制度是否有效的标准。虽然随着更加发达的钱币化经济的发展，可利用的税基确实会大大扩大，但是，税制变革是由制度性决策决定的，并不完全是一个经济问题。[5] 统治者及其官吏评估财富的能力会影响哪种财产可以课税和应该在哪里征收的问题。譬如说，在欧

1 Partner in Bonney (1995)；Delumeau (1957－1959，1961)；Spufford (1989)，157－158，183；Lunt (1934)，i，57－136；Prodi (1987)，57，208 n. 85. 1404～1408 年，法国 53%～54%的新币因教皇的原因流出了法国：Miskimin (1984)，79。本章作者要感谢 Patrick O'Brien 教授审阅了本章的草稿。

2 Hellie in Bonney (1995).

3 Ormrod (1995).

4 O'Brien (1988)，O'Brien 和 Hunt (1993)以及 O'Brien 和 Hunt 在 Bonney (1995)中都讨论了 1485～1815 年英国的收入变化问题。

5 Musgrave (1969：125－136)是这个问题研究的基本文献；Tilly (1990：88)提供了图示。

洲出现开展土地调查和编制地籍册的一般趋势之前，就不可能公平分摊土地税。[6]

我们只能从那个时代的理论家那里获得相对不足的指导，从而加大了理解那个时代财政制度结构性变化的难度。现在的问题是，近代早期之前的理论家是否已经有完整的财政制度概念；而且，除了索南菲尔斯（见本书第六章第四节）和米拉波以外，近代早期只有很少的理论家写过相关的系统分析论文。在英语作者中，斯密和李嘉图虽然有着深邃的洞察力，但他们关心的主要问题不是这个（见本书第六章第七节）。无论如何，直到约翰·雷姆塞·麦卡洛克（J. R. McCulloch）发表《论税收和筹款制度原理与实际影响》（*A Treatise on the Principles and Practical Influence of Taxation and the Funding System*，1845 年）才有了"专门论述税收问题的具有一定权威性的出版物"[7]。从那以后，现代税收才真正开始成为一门独立的学科。[8] 除了收入制度的内在复杂性——那个时代的学者难以像我们现在这样进行分析——以外，其实不难理解为什么那个时代的理论家总是倾向于回避对这个主题进行全面研究，他们总是迷恋自己的那种系统论。根据他们的理论，经济总受制于某个主要或者主导系统。虽然孔狄亚克（Condillac）在他的《论系统》（*Traités des Systèmes*，1749 年）中谴责了这样一种演绎推理，斯图亚特（Steuart）也把这样的系统说成"只是幻想而已"，但是，我们在"税收最终多半要落在土地上"（洛克语）以及斯密的"农业系统""商业系统"讨论和他对"朴素的自然自由系统"的辩解中发现了这样一些支持重农学派观点的指导原则。[9] 因此，那个时代的理论家更加关心某种税收制度的指导原则而不是对某种税收制度的全面研究，就不足为奇了。我们已经说过（见本书第六章第七节），从某种意义上讲，尤斯蒂在亚当·斯密提出税收四原则之前就表述过类似的思想。斯密之前的其他理论家曾试图认同这些支持税收效率的原则。对于恩斯特·路德维希·卡尔（Ernst Ludwig Carl，1682—1743）来说，（他在 1722～1723 年写道，）关于

6　Levi (1981)，455—456；Kain and Baigent (1992)，336—341. 对于欧洲的一般趋势来说，英格兰的土地税仍然是一个例外。

7　McCulloch，ed. O'Brien (1975)，xv (a quotation from *The Times*，27 Sept. 1845).

8　斯密是 Groves (1974)讨论过的唯一早期作者。

9　Hutchison (1988)，325，338，358.

税收最重要的问题是：民众能够方便地把税收缴给政府；税款应该立刻从欠税者那里转到被欠税者手中(因此，卡尔反对像包税人这样的税收中间人)；税收都应该“按比例课征”，卡尔的意思是征税应该顾及纳税能力；[10]税收不应该因为过度、重复或者不确定而危及或者破坏国家财富。[11] 彼得罗·维利(Pietro Verri，1728—1797)在他的《政治经济学思考》(*Meditations on Political Economy*，1771 年)中提出了税收五原则：税收不应该直接落在穷人头上；税收应该采用费用最低的方式征收；税收立法必须清晰、准确、神圣和公正；税收绝不应该提高运输费用；税收绝不应该惩罚产业增长。[12] 亨利·霍姆·凯穆茨(Henry Home Kames)勋爵那部用很大篇幅讨论税收问题的《人类史素描》(*Sketches on the History of Man*，1769 年)是斯密之前并且肯定影响过斯密本人的财政论著的最后一个例子。凯穆茨阐明了“在税收实践中必须遵守”的六条准则。他认为，如果存在逃税、漏税的机会，税收就应该适度，这样就不会事先诱惑纳税人，然后又惩罚受诱惑的纳税人；应该避免课征征收费用高的税；随意征税会“引起普遍反感”，因为税额根据“别人模糊、推测”的意见来确定。凯穆茨主张实行一定的税收累进制，并表示穷人应该免除承担任何沉重税负的责任，以弥补他们遭遇的“财富不公”；应该免征会削弱国力的税，因为这种税与政府“保护而不是削弱”国力的本质格格不入。最后，税收不应该采取根据道德和效率原则要求纳税人发誓的方式来课征[“(在收税执法的过程中)轻率地不断要求纳税人发誓，不但会导致腐败蔓延……而且会通过削弱凭良心发誓的权威性而使发誓失去实效”[13]]。

虽然那个时代也有理论家提出了一些很重要的思想，但我们或许还是以在发展中国家背景下发展起来的现代财政理论为指导比较好。由于发展中国家普遍存在财政赤字，因此，这是一种相关比较。显然，在没有发生社会动荡的情况下，只有在相对较长的时期里才会发生税收征管方面的重大变革：在税

---

10 现代经济学家所说的真正的税收比例性是指富人与穷人缴纳相同的税额，因此不同于累进性(富人按高于他人的比例纳税)和累退性(穷人按高于富人的比例纳税)：Adams (1993)，76. Carl 在与 Francis Hutcheson1755 年相同的意义——“只征收占纳税人财富一个合理比例的税收”——上使用“比例”一词：Hutchison (1988)，197。

11 Hutchison (1988)，162.

12 Ibid. 305—306.

13 Adams (1993)，286—287.

收大幅度减少时，不宜说税收征管效率下降，因为税收减少通常是由经济原因造成的，或者是经济政策与财政政策相互作用的结果。[14] 发展中国家税收制度的有些特点与中世纪和近代早期欧洲国家税收制度的特点十分相似。首先，通常有很多税种。依据一项财政原则，“税种增多不但会加大征管难度，(而且会)令纳税人困惑，甚或逃税……”[15]其次，税负、储蓄率和国际收支之间存在关系。如果税收制度导致扭曲，从而削弱国家赚取外汇的能力，那么，即便是相当低的税收水平也会阻止资本形成。[16] 乌斯塔里斯(Ustáriz)等那个时代的理论家对西班牙18世纪财政实践的批评就说明了这条税收原则(见本书第六章第二节)。发展中国家有可能在收税拖延时间短、税制有弹性时实现实际收入的增加，但收税拖延时间短、税制有弹性主要是工业化国家的特点。实际收入可能由于税制缺乏弹性、收税拖沓和高通胀这三种因素的共同作用而大幅度减少。[17] 发展中国家政府可用以收到期望收入的税基能否获得发展取决于许多因素，如人均所得(常被作为经济发展的替代变量)、城市化程度、受教育者比例、经济货币化程度、进出口贸易占国内生产总值的比例、采矿业或农业产值占国内生产总值的比例、国家领土面积等。此外，还有许多重要但难以量化的因素，如税收征管质量、国家收入分布、自给经济部门的重要程度、公民对国家的态度(可能会受到税收利用效率的影响)、政府的组织形式等。由于问题非常复杂，因此，税收制度的发展没有任何简单的衡量标准，唯一可行的方法就是发展一种可适用于一组可利用税基和人均所得水平比较相似的国家的“典型税收制度”。[18]

存世统计资料难处理、不完整，又加大了中世纪和近代早期欧洲国家财政史研究的难度。只有部分欧洲国家有中世纪和近代早期统计资料存世，即使在18世纪的存世资料中，区分正常的“收入”与“支出”有时也难以做到。[19] 这

---

14 Tanzi (1991),116,133.

15 Ibid. 17,159. 增加税种数量“使得采取积极的财政政策变得十分困难，因为如果政府想征收更多的税收……就必须改变很多税种的名义税率”。“烦人的小税种会导致税收体系混乱……低产出税种往往需要付出与高产出税种相同的征管努力。”

16 Ibid. 25.

17 Ibid. 104.

18 Ibid. 117—118;Musgrave (1969),166.

19 Johansen (1985),313 n. 1.

种情况部分是由直接从特定收入中拨支费用的做法造成的，但其中也有具体国家特有的其他会计原因。另一困难是由那个时代的会计实务通常对经常性收入和临时性收入不加区分造成的：1682 年后，在奥地利哈布斯堡王朝统治的领土上，非常税就是指为了保卫维也纳和收复匈牙利而征收的“土耳其税”（*Türcken-Steuer*）（见图 70）。[20] 除了吉欧瓦尼·波特罗（Giovanni Botero）在 1589 年已经注意到的可观察现象“非常税随着时间的推移往往就变成了经常税”[21]，对经常税与非常税的区分阻碍了国家之间的比较，因为各国的非常税定义互不相同。尽管如此，行政官员的概念框架仍然非常传统：就连内克尔著名的 1781 年账簿（最先在法国发表）仅仅以单式簿记的方式显示了经常性支出和经常性收入。实际上，内克尔批评了英国人没有区分经常性收入和临时性收入。在他看来，由于这个原因，所以无法确定国家财政收入与定期或者“固定”支出（les dépenses fixées）之间的确切关系。[22] 早在苏利（Sully）担任财政大臣时，据说，西蒙·斯蒂文（Simon Stevin）曾建议在法国推行复式记账法。苏利这位伟大的财政大臣据说拒绝采纳这个建议。[23] 法国直到 1808 年才在国家财政的不同会计实践中全面推行复式记账法。[24] 不过，这也并不是说，法国财政部门之前完全没有采用过某种形式的复式记账法：有证据表明，1711 年法国新开征的什一税的周收入账就是用复式记账法做的。[25] 这种记账方法相对而言比较完善，因为它区分了收入和支出的不同分量（票据、铸币、拨

---

20 Bérenger (1975)，335－337，349；ESFDB \austria\ahb001 based on \adhd002；请注意：1664～1674 年用实物缴纳非常税，因此这个时期的非常税不是按照这个数据库所采用的计算表估值。

21 Bonney (1991b)，353，after Botero，ed. Waley (1956)，135.

22 Necker (1791)，145；Harris (1979)，122，224－225；请注意 Vergennes 的不同意见，“内克尔试图依据他在账簿中提到的英国例子来处理账目……”：Hardman (1993)，66. 内克尔赞同不应该公布非常支出账，因为向敌人披露太多的信息是轻率之举：Harris (1986)，230. Harris 注意到内克尔在 1789 年使用了不同的术语。1789 年以后，他改用固定支出和收入（fixed expenses and revenues），而之前他使用了“常规支出和收入”（ordinary expenses and revenues）：ibid. 412.

23 Buisseret (1968)，85；摄政时期，巴黎有两个大包税人，他们是俩兄弟。据说他们曾在总包税账（ferme générale）中试用过复式记账法，但后来就没有了下文（*sans lendemain*）：Perrot (1992)，21。

24 Théret (1991)，172.

25 AN G^7 1140，16 May 1711，‘caisse du dix，Bordereau de la recette et dépense’。账簿的左边页面记税收收入，右边页面记支出，收入与支出之间的差额被记作“结余”（Reste en caisse）。

支款)[26],但没能在全国范围内全面推行这种记账方法。只是到了 18 世纪,有些国家利用技术和行政管理进步成果率先发展形成了国家预算:俄罗斯是在 1781 年,差不多是在叶卡捷琳娜二世即位 20 年后才开始编制国家预算。[27]

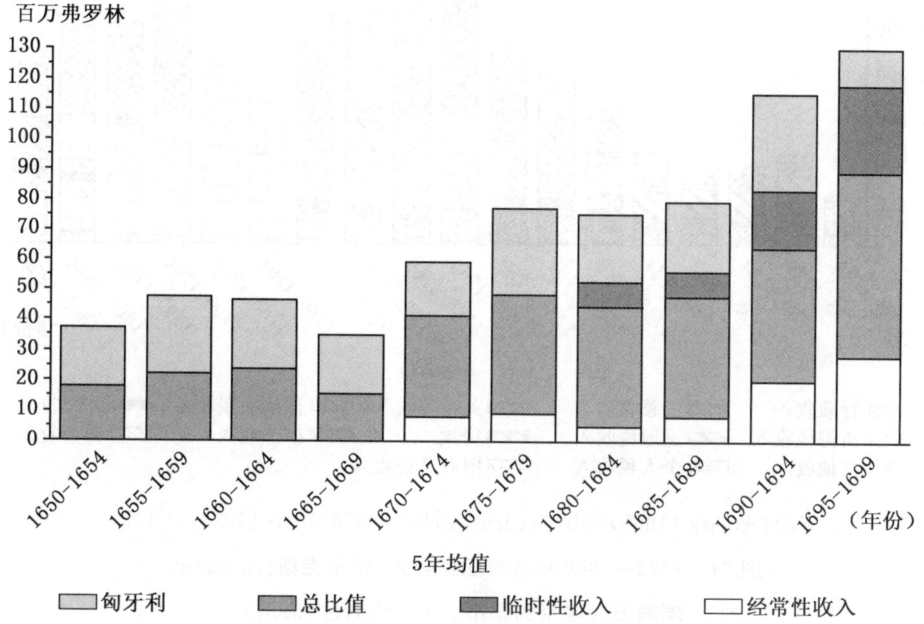

资料来源:Bérenger (1975),349 \austrla\ahb001 © ESFDB 1993.

图 70　1650～1699 年奥地利哈布斯堡王朝世袭领地的经常性和临时性收入(用弗罗林表示)

俄罗斯的预算实务严重受到瑞典模式的影响。复式记账法是由荷兰人亚伯拉罕·卡贝里丘或者卡比里奥(Abraham Cabeljau or Cabiliau)在 1623 年引入瑞典的。到了 17 世纪 30 年代,瑞典已经编制人员预算、拨款预算和"一般安排"(*general disposition*)。[28] 虽然比较完善的会计技术逐渐在瑞典普及,而且有从 1722 年到 1809 年几乎完整无缺的统计数据存世(见图 71),但仍须

26　收入项目具体注明"铸币"、"纸币"、"拨支款"或"付款通知"。支出项目具体注明收款人姓名,"铸币"、"纸币"、总税务官签发的"票据"或"付款通知"或者"三级会议制地区的拨支款"。

27　Duran (1970),485,493.

28　Buisseret (1968),85;Peterson (1979),191—193.

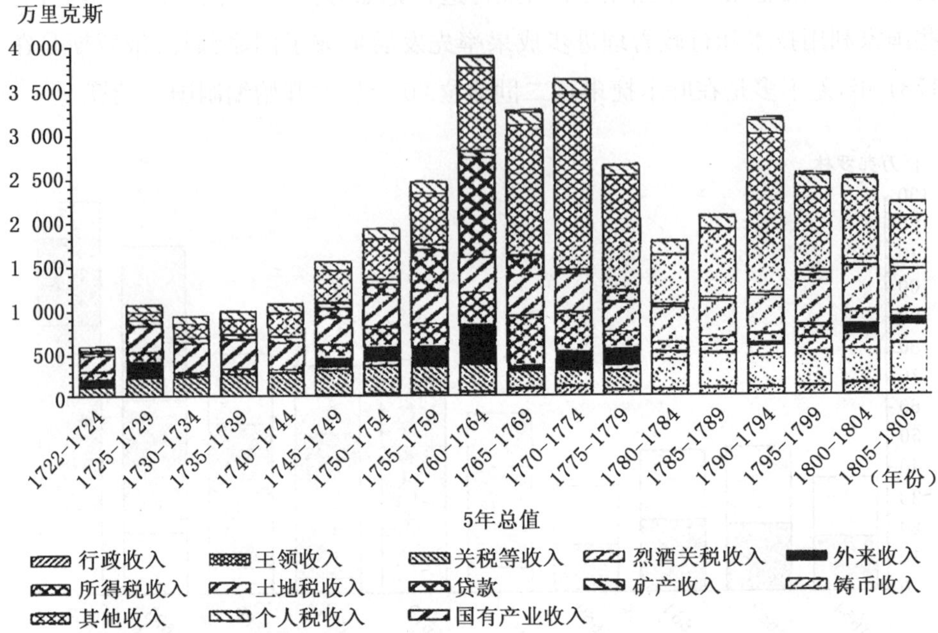

资料来源:Amark (1961)\rjb\sweden\sweb001 © ESFDB 1993.

图 71　1722～1809 年瑞典国家收入[用里克斯(riksdaler,瑞典旧时使用的银币。——译者注)表示]

小心解释存世证据。[29] 国内外借款就其增强国家支出能力这一点而言也应该包括在收入中。尽管如此,借款收入仍应被看作一种递延税收:借款必须偿还;从长远看,只有经济增长才能通过借款来偿还借款。在一些中世纪国家,借款(无论自愿还是强制,无论是否要偿还)就如同直接税。譬如说,锡耶纳在 1355 年以前较之于直接税,就更多地借助于强制借款(*preste or prestanze*)和自愿借款。[30] 强制借款和拖欠不还的借款应该被视同于财富税,而"真正"的借款,无论那个时代的会计实务如何处理,都必须自愿并且得到偿还。在 18

29　ESFDB \rjb\sweden\sweb001 based on \swem001. 1719 年后的瑞典数据全部转引自几乎公布了瑞典这个时期全部统计数据的 Amark (1961:400—414)或者 Jörberg (1972:i,78—85;ii,127—144)。这些数据需要按照 H.-C. Johansen 教授 1993 年 10 月 1 日在欧登塞(Odense)举行的丹麦国家财政研讨会上建议的方法做进一步解释。

30　Bowsky (1970),166,189,223—224.

世纪，对于像瑞典这样的国家来说，外来收入和津贴是一个重要的收入来源。但是，如果目的只是研究纯国内收入（见图72），那么就应该从计算结果中剔除外来收入和津贴数值。最后，那个时代的会计实务把其他项目（如在我们看来不属于年度收入的前几年结转收入以及相对于支出的拟定赤字）也包括在收入内。[31] 由于以上这些原因以及其他国家的会计实务往往没有瑞典那样发达，因此将一国的财政制度与另一国的进行比较是极其冒险的。

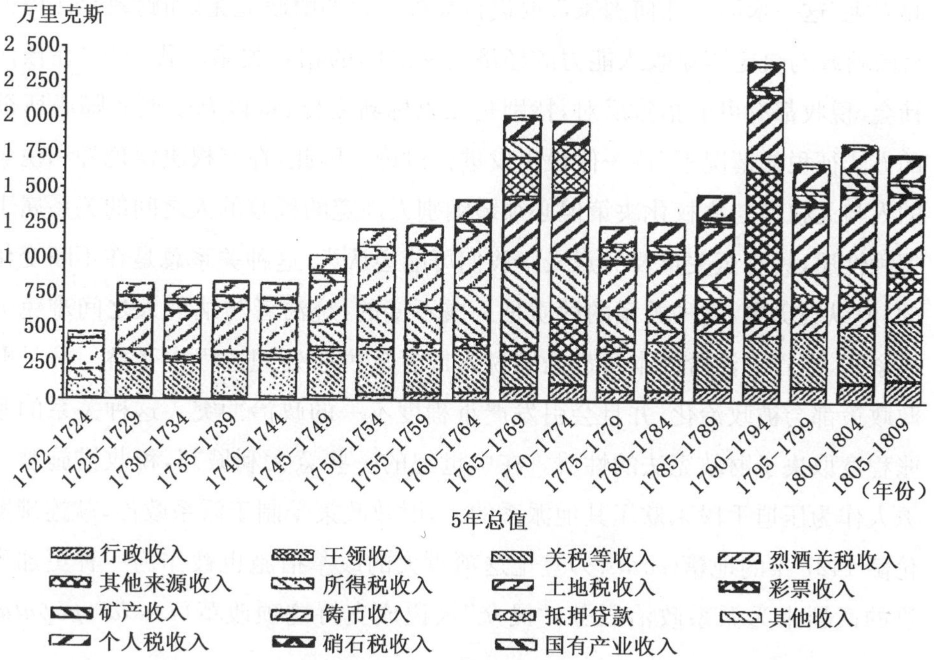

资料来源：Amark (1961)\rjb\sweden\sweb002 © ESFDB 1993.

图72　1722～1809年瑞典不同类别的国内收入（用里克斯表示）

13.1　财政立宪：强制、许可和管理

重要的是应该承认，所有的国家都有自己的"收入观"，一种财政方面的独

31　Sources as Figure 71; ESPDB \rjb\sweden\sweb002 based on \swem002. 这最后两个项目包括在该图的"其他收入"中。收入按照 Amark 的方法分类，Amark 大致介绍了瑞典的收入账。

立观点。国家在采取任何新的税收措施时总要明确或者隐含地考虑一些类似的问题：拟征税收是否经济，或者征收成本太高？政府是否有权征收这种税，税务机关是否有能力计征，还是因计征太复杂而不可行？这种税是否特别容易偷逃？开征这种税是否有损于作为财政收入来源的经济活动，如损害某个行业？最后，这种税是否会导致政治麻烦或者动荡？[32] 在开展以下讨论的语境下，我们有意从广于其提出者和本书导论讨论赋予它的意义的角度使用“财政立宪”这一术语。任何国家都要进行某种形式的财政立宪，而财政宪法应该反映财政与决定国家收入能力的经济发展之间的相互关系。我们从“在任何社会，税收都有可能招致反对，特别是在以标新立异、难以忍受或者随心所欲的方式征税的情况下”这一假设出发进行讨论。因此，在有权决定税种和税额的人与无权参与集权化决策但必须缴纳别人规定的税收的人之间的关系属于哪种性质，具有至关重要的意义。我们可能会认为，这种关系总是在不断变化的，但纵观历史，这种关系的性质是一成不变的：统治者与纳税人之间难免关系紧张，尽管统治阶级本身都是纳税人或者从税收处理过程中受益。凡是财政政策都会被政治化，并且会引发严重程度不一的政治冲突。这种关系的紧张程度取决于财政宪法的性质。在中世纪的一些意大利城邦，税收措施被一派人作为压迫手段来欺压其他派系的人，财政政策受制于派系政治，就连佛罗伦萨 1427 年的地籍(*catasto*)登记这项重大的改革措施也被作为一种更加先进的武器来为派系政治服务：“民众”被说成支持这项改革(*laudat populus catastum*)。[33]

凡是在一定程度上实行代议制的国家，纳税人代表在他们所在社区以及他们在政府心目中的地位随着他们控制财政决策和执行过程的程度而变得重要。卡斯蒂利亚议会及其常务委员会在从腓力二世驾崩到腓力四世驾崩这个时期所经历的变迁表明，即使在一个持续 67 年的相对较短的时期(1598～1665 年)里也可能发生巨大的力量对比变化。[34] 由财政因素引发的反抗和叛

---

32 Stamp (1921)，92—93.

33 “地籍登记并不是一次简单的税制改革，而是被作为一心想击败对手的派系政治的战争机器”：Herlihy and Klapisch-Zuber (1978)，34。

34 Thompson (1982，1984)；Portea Perez (1991)；Thompson in Hoffman and Norberg (1994).

乱可能会削弱或巩固试图通过斡旋改变政府财政政策的民意代表的地位。就连在16世纪末的英格兰,虽然议会定期举行会议,而且也没有发生任何公开的抗税叛乱,但是,对都铎朝统治之初发生的抗税起义的记忆明显限制了英格兰王室的财政选择。[35] 另一方面,即使在查理一世设法撇开议会施政的所谓"十一年暴政"时期(1629～1640年),抵制令人憎恨的造船费(Ship Money,为装备战舰筹集经费而课征的税,于1640年废除。——译者注)的反抗并没有起到什么作用,而国王的收入至少在无国会统治十年的后半期大幅度增加。因此,我们是否可以理由充分地认为,如果两次对苏格兰采取的灾难性军事行动没有遭遇失败,那么就没有任何召集议会开会的财政必要。[36] 到了18世纪,有人认为,在设法创收方面,代议制优于绝对君主制,而不是相反。凡是代议机构拥有最高权力的国家,如尼德兰和18世纪的英国,代议机构都有助于税收的征收。[37] 另一方面,法国在1789年以后创立了拥有财政决定权的国民议会,民众施压阻止了重税。由发行纸币导致的通货膨胀至少最初并非让人讨厌(见本书第十一章第四节),但法国的纳税人长期"纳税不足"。

凡是不实行代议制,因而没有民意代表居中斡旋的国家,由财政因素引发的反抗和叛乱甚至被认为具有更大的意义,并能影响政府的财政政策。在这样的国家,财政政策会受到直接的影响,因为反抗和起义有时会迫使政府放弃开征某种税的企图,仅仅是因为反对势力太大:由于民众反对,法国不得不在1602年和1643年两次取消一种税率为5%的销售税[在不同地区,有不同的称谓,如"sol pour livre"("每里弗尔课1苏"税,即5%的税率)、"pancarte"(标价税)和"subvention générale"(一般补助金)]。[38] 有时,财政政策也会受到间接影响,因为对抗税事件重复发生的担心导致有些类型的财政解决方案尚未付诸实施就遭废弃。由于以前曾发生过这样的抗税事件,因此政府杜绝采取某些税改措施,并且倾向于采行财政保守主义,而不是推进创新和改革。某个国家也许在历史学家看来相对比较原始的财政制度,可以用这样的统治者在

35 Bush (1991). 关于伊丽莎白在位时期议会的财政政策,请参阅文献:Hartley (1992),38—58。

36 Sharpe (1991:105—130)对这个问题作了非常详细的讨论。

37 Hoffman and Norberg in Hoffman and Norberg (1994),306;cf. ibid. 310.

38 Bonney (1992b),124—125.

权力关系随时间演化起到重要作用的特定财政宪法的约束下采取的行动来解释。在某些国家，如普（鲁士）属西里西亚，在1740年以后可以对贵族和教士的财产征税；而在另一些国家，如法国，在同一时期就不能这么做（虽然不是不可以想）。因此，从1561年到1788年，法兰西君主国的收入无论是按实际值还是按占王室总支出的比例计都有所减少，而按后者计从约占15%的水平减少到了不足1%。[39]

这样（对贵族和教士财产征税）一种政策即便并非不能考虑，但也无法付诸实施，因而就提出了两个相关的次要问题：某个特定欧洲国家依规纳税或者顺从纳税（以下统称“依规纳税”。——译者注）属于什么性质以及它的征税系统效率如何。从概念上讲，税收运营成本包括依规纳税成本和税收计征成本或“间接成本”。依规纳税理论表明，税制不同，与逃税程度相关的成本也不同。不顺从纳税的惩罚有多种，一般来说，税收计征成本和依规纳税成本随着税收复杂性的提高而提高。如果这两种成本变得太高，就会导致逃税行为和反税心理。斯密的税收四原则中有两条原则（最后两条说的就是税收便利和经济）就是依规纳税理论在那个时代的表述（见本书第六章第七节）。但就连斯密第一条税收原则“公平”也与依规纳税成本这个问题有关，因为依规纳税的成本有可能不公平地落在不同的纳税人身上。可以说，斯密的第二条税收原则“确定”也与依规纳税成本有关，因为税收征管和依规纳税成本都有自己的时标（某种税收的初始成本必须与税收征管者和缴纳者在理解这种税收的过程中增加的临时费用以及继续课征这种税的固定成本区分开来）。[40] 在中世纪和近代早期欧洲的所有国家里，逃税是一种普遍现象。近代早期欧洲的全部直接税制都有一个严重的缺陷，那就是欧洲各国都不愿对本国国民的财产进行“调查”。直到1845年，麦卡洛克（McCulloch）还在谴责各种不同的所得税，因为“它们要求经常干预并查询个人私事；因此，除了会造成不公外，它们总让人觉得讨厌”[41]。自愿申报财产总比不停地查验家庭证件和公证文书更受欢迎。威廉·配第爵士几乎是唯一一个要求“弄清错在哪里”的学者（见

39 Michaud (1991), 9, 543.

40 Sandford (1980), 155—157; Sandford, Godwin and Hardwick (1989), 16—17, 24—26.

41 McCulloch, ed. O'Brien (1975), xxxiv, 133—134.

本书第六章第三节）。1556年，苏格兰的贵族有不同的想法，他们以“他们不想像表达遗愿、立遗嘱那样盘点自己的财产”[42]为由拒不接受为开征一种新税要进行的财产评估。路易十四这个有可能是当时欧洲最专制的统治者在他的统治出现严重危机（1710年）时也不得不下令征收什一税，但也无法保证纳税人能够如实申报财产。那个时代的学者认为，第一次开征什一税时（1710～1717年），财产被低估一半以上。由于对财产低估的处罚是按应税额的4倍纳税，因此，这种处罚（政府勉强但无力执行）被视为软弱的表示，因而不足以阻止严重的逃税行为。[43]

凡是税收都需要凭借强制威胁来确保它们的执行，纳税人中有人相信政府可能动用它的执政力让这种威胁实际产生作用，但需要解决的问题不是隐含的威胁，而是明确的行动。例如，在17世纪的法国，法国王室不得不在“三十年战争”期间采取强制措施来镇压民众抗议直接税加重的行动，并保证及时征收到战备所需的资金。民众并不关心战备需要，王室就强制增税，并且派武装部队协助收税。[44] 逐渐地，在17世纪60年代这个比较稳定的10年里，虽然多菲纳（Dauphiné）[45]和吉耶纳省[46]是明显的例外，强制措施实施了较长的时间，但法国大部分省份都放弃了强制措施。像柯尔贝尔这样主张改革的大臣批评了那些强征仍是常态的省份相对较高的征税成本。在西班牙王位继承战期间，同样的增税反对呼声重又高涨起来，强征又在许多省份报复性地卷土重来，直到路易十四驾崩以后才被废弃。18世纪末期，强征再次死灰复燃，因为它被认为比对巴黎市民实施司法制裁来得便宜。[47]

42　Goodare (1989), 23.

43　Petty, ed. Hull (1899), i, 53－54; Bonney (1993a); Marion (1910), 273 (déclaration of 14 Oct. 1710, article 11).

44　Bonney (1978), ch. 10.

45　AN G^7 239, no. 12, 'Projet d' ordonnance pour la levée des tailles en Dauphiné', c. 24 Apr. 1679; G^7 240, no. 60, 'Mémoires des principaux abus qui se sont introduits dans le recouvrement des deniers des tailles de la province de Dauphine', c. 7 July 1683; G^7 240, no. 180, ruling of Le Bret, 18 Nov. 1684.

46　关于Le Goux de La Berchère在Montauban总督区的统治，请参阅文献：AN G^7 391, no. 50, 4 Nov. 1685。关于突然减少诉诸强制手段造成的困难，请参阅文献：G^7 391, no. 244, 14 Aug. 1686, and no. 256, the intendant's printed ordinance, c. 4 Sept. 1686。

47　Marion (1910), 14－15.

法国的例子表明，明显的强制性是税收的一个重要方面。有时，强制性对于确保收入源源不断至关重要。有些国家，如18世纪重新被哈布斯堡王朝征服的特兰西瓦尼亚，完全依靠强征暴敛。[48] 我们不能忽视强制手段在国家发展史上的作用。可以说，强制手段是导致国家朝着"更高形式"发展或者政府变得更加专制的政治演化过程中的一个基本元素。[49] 从"暴力征税"（即军队不受控制的抢劫）到正规的赋税制度的转型，对于加强政治稳定和提高税制存续能力起到了至关重要的作用。在17世纪50年代以前，法国历代财政大臣一直以不能从外省收到预期税收为由把外省作为被征服领土来对待，派军队驻扎外省协助收税。即使在10年以后，这种状况也没有发生根本的变化。[50] 外国占领军征收的兵税对于当地纳税人来说可能极其沉重，因为往往要重于政府在正常情况下课征的赋税。[51] 很多地方在和平时期往往缴纳相对较轻的经常税。[52] 1708年盟军在阿图瓦（Artois）总共征收了200万图尔里弗尔，其中的1/4必须在1个月内缴纳；而法国王室同年早些时候在阿图瓦只征收了40万图尔里弗尔的正常税收，而且第一笔税款直到敌军入侵差不多5个月以后才缴纳。[53] 阿图瓦的农业承担了更加沉重的兵税，但在合省联邦的例子中，兵税并不是缴给外国占领当局的经常性收入。我们只发现很少能证明一个国家通过占领他国的领土取得收入（如法国在西班牙王位继承战期间占领萨瓦）[54]的统计证据或者能证明占领国军费支出得到补偿和"以战（争）养战

48 AN K 879 no. 80/9："这是一个名副其实的军人政府，君主可以随心所欲地征税……"（'C'est un gouvemement purement militaire; le souverain peut yétablir tels impôts qu'il juge convenable . . . '）

49 Downing (1992)讨论了所谓的"军事—官僚专制主义"（'military-bureaucratic absolutism'）崛起的问题；cf. Levi (1981), 458："统治掠夺论认为，统治者总是设法使自己的财富和权力最大化"（'The predatory theory of rule suggests that a ruler will always seek to maximize his wealth and power'）。

50 Redlich (1959); Bonney (1978), 260—263, 280—283; Bonney (1981a), 248—249; Lynn (1993), 293.

51 Lynn (1993: 298 n. 28)指出，西班牙人在1689年设定的捐税水平只相当于法国相关省份1687年所缴税收的一半。显然，他们的军队处于弱势地位。

52 Potter (1993: 235, 241)认为，皮卡第(Picardy)的边远地区即使在战时缴税也相对较少。

53 AN E 1946, fos. 136, 184, 7 July and 14 Sept. 1708.

54 AN G^7 249 no. 242, 'Estat des sommes imposées en Savoye depuis et compris le 15 nouembre 1703 jour de l' occupation du pays par les troupes du Roy jusqu'en 1711 inclusivement. . . '

(争)"的兵税数额的明确证据。根据法国存世账簿计算的结果和估计值表明，占领军征收的兵税大概占其全部支出的18%～43%，但占领军征用的饲料价值可能要超过兵税。[55] 兵税也有可能在内战期间课征。有证据表明：在这种情况下，兵税也远比和平时期的税赋重。偶尔也有一些能够反映当地纳税人感受的证据，如在英格兰内战期间，内战双方在英格兰中北部地区连续几天征收兵税，而且双方好像都没有明显试图阻止对方收税的意图。[56] 通常，兵税的明显强制性并没有改变所收到收入的性质。兵税的征管方法具有任意性或强制性的一面，但税收的性质没变，除非能扣除军队的驻扎费用，或者用实物缴纳。在这一节的讨论中，我们不应该把采用军事手段或者武力强行征税与某些国家——如奥地利哈布斯堡王朝1749年后统治的国家——所区分的兵税[57]以及"官房税"或者"民税"(cameral or civil contributions)中的兵税混为一谈。[58] 这种根据普鲁士模式[59]所作的区分，目的在于把特定的收入用于满足特定的支出需要。

各种形式的征税即使不具有强制性，也都需要加以管理，并且从某种程度上说需要领导力。法国的财政系统，尤其是征收直接税的那部分财政系统，在1642年把财政权力下放给省长之前和以后表现出了惊人的效率差异。他们在阻止直接税与间接税相互拆台式的竞争中扮演的角色得到了法国1642年以后的历代财政大臣的认可；但重要的是，在投石党闹事的那几年(1648～1652年)从选举制地区撤回握有财政大权的省长，是一个向政治反对派投降的软弱政府出现暂时错乱的结果。在正常时期(1642～1648年和1653～1790年)，这些掌握财政权力的省长不可或缺。直到大革命爆发，他们一直是法国直接税征管的关键所在。[60] 法国的例子表明，法国发展了一种监督直接税征

55　Lynn (1993:303－306)是讨论相关问题的最好文献。Lynn 表示，捐税可能平均占到陆战支出的25%。

56　Bennett (1986),8.

57　Dickson (1987),ii,398－400;ESFDB dataset \austria\ausb004,reprod. in chart form in Bonney (forthcoming),fig. 9.

58　Dickson (1987),ii,398－400;ESFDB dataset \austria\ausb005,reprod. in chart form in Bonney (forthcoming),fig. 10.

59　Dorwart (1953).

60　Bonney (1978)对早期地方行政长官负责征管的情况进行了分析。本章作者正致力于路易十四统治时期地方行政长官负责的税收征管问题的研究。

收的新型管理模式，因为之前主要依靠各种捐班者负责的直接税征管系统在“三十年战争”期间不但没有经受住考验，而且暴露出了缺陷。税务官依法征税是任何国家财政效率的一个重要方面，就像依法纳税那样重要。[61]

如果想要高效征税，就应该早日构建基本的税收征管体系。中世纪英格兰关税征管机构的发展是间接税征管方面一个非常超前的例子。当局改用一种新的官吏等级制度把不同的关税计征部门和舞弊监督部门联系在一起，伦敦这个最大的海外贸易港口拥有一大批非常令人钦佩的海关官员负责处理一些到了15世纪已经变得比较职业化的业务。到了1490年，伦敦港有42名隶属于自己的海关官员。可能除了拥有英格兰第二大海关的布里斯托尔(Bristol)港(配备了2个负责税务、1个负责监督和1个负责检查的官员，还有4个雇来看守已经海关官员估价和检查的船货的“服务生”)以外，英格兰没有其他港口能够配备这么多的海关官员。这些主要或者“领头”港口的重要性不断提高，并且因议会通过了一项财政立法而变得制度更加完善。政府挑选为数很少的领头港负责管理中世纪英格兰出口贸易的结果，就是这些港口制作了内容丰富的文献，而存世文献详细记录了船舶进出港口的信息，包括船上装运货物的价值、使用港口进行贸易的商人的姓名、出口货物的种类和品质，欧洲其他国家不可能有可以比拟的文献存世。[62] 这些港口档案文献也可用来估计英格兰王国课征出口织物和羊毛织品以及石蜡、兽皮和“一般商品”间接税得到的税收。因此，从研究收入制度长期演化的角度看，英格兰是一个文献资料非常丰富的国家(见本书第十三章第七节)。

13.2　收入征收、统一与分配

约翰·劳1719年在法国进行的直接税和间接税合一的尝试[63]，以及重农学派主张对农业净产品征收单一税的思想(见本书第六章第五节)，是18世纪主张统一税收的两种不同思想，前者主张统一整个税收体系，而后者则提倡用

61　Musgrave (1969), 128.

62　Bonney (1992c), and the datasets in the ESFDB therein cited.

63　Bonney (1992a), 172.

单一税制来取代多税制。亚当·斯密曾赞美英国的“统一税制……”使得这个国家的国内商业、内陆贸易和沿海贸易几乎全都成了自由……国内商业享受到的这份自由，统一税制的结果，被斯密看作是“英国经济繁荣的主要原因之一……”[64]相比之下，“法国不同省份颁行的不同税法要求很多官员不但要在王国境内，而且还要到几乎每个省去巡察……”但是，如此“不同、复杂的税法并非法国特有”。斯密在评论法国1763年的调查时表示，米兰公国下设6省，各省都有自己不同的税收制度，而帕尔马（Parma）公国在更小的领土上肯定也执行3种不同的税收制度。[65] 在像皮埃蒙特和萨瓦这样的小国家推行税收改革比较方便，但在征管问题上，小国显然遇到了很多与大国相同的问题。

17世纪和18世纪这些关于统一税收的思想还是相当新潮的。除英国以外，欧洲君主国家早期统一税收的尝试都遭到了失败。圣殿骑士团在1200年后差不多1个世纪里把法兰西王国的财政作为“他们自己的账”来管理。但是，税收统一这种早期残缺不全的发展在1307～1314年半途夭折：在把法国国王的税收不加监督地承包给单个组织或者个人时，除了国王陛下的仆人因国王突然改变政策而要面临危险外，对于国王收入来说，圣殿骑士团的管理本身似乎就是风险。[66] 在中世纪，很多国家的征税指导原则好像都很看重分散征收的好处。高效率的包税人需要掌握小规模经营商品和商品市场的专业化知识。例如，1297年，锡耶纳市政当局宣布出售或者出租38种课征于像赌桌这样的“项目”、城市及其郊区牲畜屠宰、城市鱼市场卖鱼摊位租金甚至监狱的不同商品（专营）税（*gabelle*）——意大利语“*gabella*”这个词几乎可以肯定来源于阿拉伯语（*qabala*）——的征收权。[67]

分散征收意味着有更多的人投资于因而有可能得益于征收工作，需要征收的特定税收可拍卖给出价最高者。最重要的是，此举能降低由收税人丧失

64　Smith，ed. Campbell，Skinner and Todd (1976)，ii，900.

65　Ibid. ii，901－902. 关于米兰，请参阅文献：Mémoires，ed. Moreau de Beaumont (1768)，264；AN K 880 no. 10。例如，帕尔马、皮亚琴察（Piacenza）和瓜斯塔拉（Guastalla）的盐价不同：ibid. 367；AN K 880 no. 8. 斯密表示，帕尔马大公在其统治的领土上推行三四种不同的税收制度。

66　Lot and Fawtier (1957－1962)，ii，188. 圣殿骑士团依照1314年1月19日的法令交出了财政管理权：Favier (1963)，104，204。关于一般背景，请参阅文献：Barber (1978)，40－41，246。

67　Bowsky (1970)，122－123；但包税制最早好像是在古希腊发展起来的：Adams (1993)，66－67。

清偿能力导致的风险，因为每个收税单位都有自己的保人。在18世纪晚期的俄罗斯，烈酒税的征收权总是采用分散化的方式出租，以鼓励基础更加广泛的参与，承租人中有商人、贵族甚至农民。[68] 分散征收也会遇到两个基本的征管难题：一是不同地区之间税率大相径庭，如城乡之间；二是不同收税租约的征收率也不同，常常非常复杂，合并不同租约有可能导致混乱。凡是征收"大商品（专营）税"（*great gabelle*）或者"8种商品税"（*gabelle of the eight gabelles*）的地方，如锡耶纳，并不公布该税的具体构成，因此，市政当局必然难以评估各构成税的收入情况。[69] 同样，契税和入城税这两种锡耶纳和其他意大利城邦普遍征收的税种造成了巨大的征管复杂性，因为契税涉及很多种类的公证事宜，而入城税更是课征于数百种从城门入城的商品。锡耶纳这个意大利城邦后来采取了一种比较统一的方法来解决其"孔塔多"（*contado*）的税收问题：锡耶纳在1291年用一种"孔塔多"商品税（*contado gabelle*）取代多种以前在"孔塔多"课征的商品税，而且基本上是根据各社区的承受能力按比例分摊收税成本。[70]

在很早以前，国家就要作出是自己直接征管还是有限期地出租或者出售收入的选择。抵押或转让收入是两种出售收入的比较极端形式，通常对于国家来说条件比较苛刻，并且意味着一定的长期性。抵押或变卖王田是转让王领财产从而会导致年收入减少的一个显著例子。有些国家还变卖经常税，甚至一直延续到17世纪：法国1634年前和那不勒斯王国在爆发1647年抗税起义之前的情况就是如此[在法国，平民人头税附加税收税权变卖后就被称为"已转让权利"（*droits aliénés*）]。[71] 在意大利城市共和国，直接税基本上都由国家直接征管，而商品税的征收权则租赁出去。在17世纪的法国，国家主要对直接税进行直接征管，而对间接税采取出租的方式（但也有例外，就像我们在下文将要看到的那样）。不管怎样，中世纪意大利的情况有所不同：不能把国家直接征管从"*dazi*"（关税）转向商品税说成是从直接税转向间接税，因为

68 LeDonne (1976)，190.

69 Bowsky (1970)，145－146.

70 Ibid. 226，230.

71 关于法国的情况，请参阅文献：Bonney (1981a)，165－166；Collins (1988)，135－143。关于那不勒斯的情况，请参阅文献：Villari (1993)，75，102－103，195－196。

有些商品税是直接税。[72]

虽然到了18世纪中期，无论是在理论上（尤其是孟德斯鸠的著述：见本书第六章第五节）还是在实践中（见本书第十章第五节）都出现了一种由包税转向直接征管（*régie*）的强劲势头，但是，任何单个因素都不能决定国家是出租收税权还是自己收税的决策。[73] 这种决策取决于许多彼此相关的问题，如国家的财政状况（是否有立刻发生危机的风险）、官员的潜在或实际人数与收税权承租人潜在或实际人数比以及像国内依法纳税水平和国家财政宪法性质这样一些比较难以确定的因素。在早期的意大利城邦，租赁（*appalto*）好像是用来为用途已经确定的收入预收一笔稳当的预收款。热那亚市政府直到1326年还要每年决定是把商品税征收权包出去还是自己派人征收。但到了1340年，热那亚通过法律决定外包所有的直接税。此后，热那亚的商品税税种成倍增加，并且成了国家收入的主要来源：到了1457年，记录在案的商品税已经多达55种，就这还没有把各种课征于食品的商品税包括在内。[74] 最终，几乎所有的间接税都脱离了市政府的控制，而成了“圣乔治公司”（*Casa di San Giorgio*）这家银行的“囊中之物”，而且被这家银行用来支付国债利息（*luoghi delle Compere di San Giorgio*）。随着国债在1454～1464年的快速增加（从800万里拉增加到了1 100万里拉），圣乔治银行必须预先确定自己的收入规模，这样才能确定是否可以按相同的利率来支付国债利息。因此，这家银行也希望能在一个固定的期限内租赁商品税的征收权。于是，从1472年起，5年就成了收税权的标准租赁期。[75] 在佛罗伦萨，公债（*Monte*）的增加也可能促成了一种规划未来收入的倾向。但是，14世纪50年代，尤其是在暴发黑死病后消费减少的时期里，佛罗伦萨当局难以找到包税人，于是采取了一种越来越依

72　Herlihy (1964), 393; Bowsky (1970), 100. La Roncière 人为地区分了一般商品税和真正的商品税或者间接税：La Roncière (1968), 146。

73　Dickson (1987), ii, 51—52. 尽管 Zinzendorf 认为，包税制可以提高税收的产出：ibid. ii, 51 n. 54; cf. Bonney (1994), 68, 71—72. Copland 和 Godley 在 Butcher 和 Dick (1993: 45—68)中介绍了近代早期的包税制。

74　Heers (1961), 125; cf. ibid. 597.

75　Ibid. 130—131; cf. Bowsky (1970), 120 n. 28 at 121.

靠官员收税的策略。[76]

佛罗伦萨税收征管实践的变化可能也是对包税人要求租金减免和租约贴现作出的反应。即使在很早以前，似乎也采取过不同的做法来减免包税人的租金。佛罗伦萨很少减免包税人的租金，但锡耶纳政府在这方面出手比较大方。[77] 减免包税人应付的租金本身就是对包税概念的否定。所谓“包税”就是包税人预估其包税业务的盈利性，而且无论年景好坏都应该恪守诺言。[78] 实际上，包税期越长，情况变化的概率就越大，特别是爆发战争导致消费意外的大幅度减少或者商业歇业。后来的包税契约，如 17 世纪末法国包税人签订的契约对战时和和平时期应缴的包税银作了区分。但是，此举也没有完全解决包税人要求减免包税银的问题，因为战时减少包税银再多也不足以弥补包税人的损失。包税契约规定的固定条件往往不能实际反映某个特定时期的实际税收收入和税收收入因经济情况变化而增减的程度。譬如说，在包税人按期缴纳包税银，准备提供额外信贷以及他们未来的继承人准备高估包税收入的情况下，我们就有理由认为，这种包税银上涨的趋势是战争结束后交易复苏的结果。[79] 相反，在像 17 世纪 20 年代这样的商业突遭萧条时期，英格兰海关有可能“多收了包税银”，而王室也许应该同意降低包税银。[80] 问题的关键在于确定经济影响是否结束，税收机构是否开始能够富有成效地收税。

另一个问题是，统治者不会客观地看待自己的国家税收机关，而总是以获得最大效益为目的。相反，他们往往会混淆税收机关和信用机构：某些国家在没有充分发达的银行机构的情况下，税收机关的确变成了主要的公共信用机构：斯图亚特王室早期在英格兰越来越依赖包税人提供的短期贷款，也就是预支当年包税银，后来又越来越依赖包税人期限较长的贷款，也就是提前两三年预支包税银。[81] 这其中有两个相互矛盾的趋势在起作用：通过合并包税契约，

---

76 Herlihy (1964)，400—401. La Roncière (1968：182—185)强调指出，14 世纪 50 年代见证了对地方社区官员依赖程度的提高。

77 La Roncière (1968)，179；Bowsky (1970)，134，285.

78 Chancellor Séguier 在投石党运动时期很好地试行了这一原则：Bonney (1979)，17。关于 17 世纪 30 和 40 年代期间的包税银减免，请参阅文献：ibid. 18—19。

79 Chandaman (1975)，24.

80 Ashton (1960)，95.

81 Ashton (1956，1960)，97，99.

政府就能以借贷或者预支包税银的方式获得更多的好处，这就是支持约翰·劳1719年试图在法国合并直接税和间接税包税契约以及腓力五世在西班牙王位继承战后合并省包税契约(rentas provinciales)的根本目的。[82] 包税契约分散化是由包税合伙人之间发生争执或者包税人破产等原因造成的。在某些情况下，如17世纪初的法国，包税人就明确表示由于包税银总额太大不愿合伙签署总包税契约。[83]

直接征管似乎是一种替代包税的成本较低的方式。直接征管可采取许多不同的方式。一种经过改革的直接征管方式是把财政管理权授予某个管理委员会或者政府部门。就像在英格兰，1671年，在乔治·唐宁(George Downing)爵士的主持下，由一个政府部门接管了关税征管。1683年，英格兰的消费税征收改革也遵循了关税征收改革的先例。这两个税务部门的支薪人员在18世纪大幅度增加。[84] 瑞典的税收征管模式也基本如此，俄罗斯后来推行了改进版的瑞典模式。[85] 在瑞典，至少直到古斯塔夫三世(Gustavus Ⅲ)统治时期，主计大臣(Paymaster General，Kungliga Statskontoret)同时负责收支和预算编制。不管怎样，收入要在瑞典银行和地方省级税务局(*lantriinterier-na*)的协助下统一收缴财政部。俄罗斯改革征税方式的目的是要设立作为政府税收主管机关的收入联合委员会(College of Revenue)，但是，1731年的改革被证明是短命的；而组建"国家收入远征团"(*Expedition of State Revenues*，1775年2月)是目的相同的另一步骤，直到1811年以后，俄罗斯才明确出现了财政部。实际上，它既是俄罗斯唯一的税务机关，又履行国库的职能，但这并不排除在地方上实行包税制。[86]

另一种替代性征税方式是通过领取俸禄但后来买下官职的捐班者来征税。到了1665年，法国大约有4.6万个捐班者，他们的官职按市价计价值4.196亿里弗尔，其中5 468个是司法官职捐班者，4 968个是财政官职捐班

---

82 Bonney (1992a), 172; Artola (1982), 301; Mounier (1919), 68; Ustariz, trans. Kippax (1751), i, 267.

83 Bonney (1979).

84 Roseveare (1973), 40; Brewer (1989), 101—114.

85 Peterson (1979).

86 LeDonne (1984), 246—247 and (1991), 240—241.

者。[87] 17 世纪,尤其是在 17 世纪 30～90 年代,变卖官职时常是法兰西君主国至关重要的收入来源,而官职买卖市场在 18 世纪仍购销两旺。[88] 官职买卖对财政管理产生了不小的影响。在中央一级,直接隶属于财政大臣的财政总管(*intendants des finances*)拥有自己的官职,并且享有很大的行动独立性。在省一级,像平民人头税这样的传统直接税(但不是 1695 年的人头税或者 18 世纪开征的那些新税——什一税或者廿一税)在 1642 年以后由官员(民选官员)在省行政长官的监督下负责摊派。征税工作(*taxations*)由领俸银的非捐班税务官负责,而收上来的税款在选区(*élection*)由特派税务官(*receveurs particuliers*)掌管,而在总督区(*généralité*)则由财政部总税务官((*receveurs généraux des finances*)掌管。这样就形成了一种多金库制:到旧制度结束时,全法国大约有 418 个税务官,也就是有 418 个分金库。[89] 起初,这样一种多金库制被认为要比总金库制更加安全。1716 年 6 月设立一般收入共同金库(*Caisse commune des recettes générales*),并由若弗鲁瓦・达西(Geoffroy d' Assy)任共同金库总管。约翰・劳认为这项改革并不全面,并且表示多金库制意味着统治者有这么多资金堵塞无法流通(*les amas particuliers d'argent ... mettent une obstruction lethargique dans les affaires*)。[90] 从税收上来到资金实际入库之间存在很长的时间间隔,几乎是所有欧洲国家财政制度的严重缺陷。税务官能够私用手头的现金余额,从而损害中央财政的利益。事实上,这就是支持"金融家"参与促使王室资金重新流通起来的基本原则,而驱使金融家参与财政事务的原因恰恰就是可以不断利用存在他们账户上的现金。[91] 法国直到莫里安(Mollien)在 1806 年设立"公务金库"(*Caisse de service*)以后,中央财政才实现了对自己资金的绝对支配。[92]

出于收入统一和预算控制的目的设立单一金库,已经被作为国家财政现

87 Mousnier (1970a),20;Veron de Forbonnais (1758),i,329.

88 Mousnier (1971);Doyle (1984).

89 Bosher (1970),79.

90 Bonney (1992a),172.

91 Bosher (1970);Thomas in Hoyle (1992),75,for a specific example (Wentworth as receiver of recusant revenues in England in 1637). Cf. Tanzi (1991),160－161:'When such delays are possible, the tax system cannot be efficient,regardless of how well designed it may be in theory'.

92 Marion (1925),290－293.

代化的一个基本检验标准。俄罗斯集中在一个单一机构(国家收入远征团)编制预算的做法是向着1781年推行国家预算制度迈出的重要一步。[93] 内克尔1780年在法国推行的改革(虽然在1781年被废除)同样可被视为法国大革命的先兆性变革,最终由一个单一金库负责收管税收,而税务人员全都转为准公职人员。但是,其中的某些变革在第一帝国和王政复辟时期被废除:1800年后又重新要求税务官缴纳保证金,从而恢复了他们在旧制度下的捐班者地位。[94] 1667～1668年,英格兰在乔治·唐宁(George Downing)爵士的影响下,也为创建掌握实权的财政部作出了努力。唐宁爵士曾强烈呼吁,必须把所有的收入置于统一的控制之下,英格兰才能在资信上赶超荷兰人。但这还不够,就如伯克(Burke)1780年2月关于经济改革的讲话所证明的那样。在伯克看来,财政部必须不受约束地监督公共收入和支出,而不应该受到"下属财政机构"——各部财务机构这些独立王国——以及早就过时的财政署(直到1834年才废除)的阻扰。[95] 这些旨在财政统一的举措付诸实施相对较晚,大多数欧洲国家仍主要实行多金库和分散核算的制度。及至旧制度行将寿终正寝时,普鲁士、奥地利和西班牙等国家仍在执行多金库和分散核算制度,这就是造成这些国家难以恢复适当的"预算"制度的一个原因。

另一个更加复杂的问题是如何可以使收入不经中央金库和繁琐的会计程序就地或就近拨付收入以满足支出需要。这种收入拨付程序需要谨慎规定,但这种收入拨付方式在莫卧儿(Mughal)王朝统治下的印度是一种司空见惯的做法。在当时的印度,这样拨付收入(*jagirs*)在长达3～4年的时间里用于支付服务费用。[96] 据一项新近的研究估计,莫卧儿王朝的皇帝大概从1595年开始就有82%的收入不经中央金库直接拨付给1 671个统治阶级成员用于维持人数固定的军队;而税收官则要把2/3的俸银用于供养收税部队。这基本上是一个循环的非生产性过程:收入用来支付军饷,部队确保税收能收上来,

---

93 LeDonne (1991),283,289.

94 Bosher (1970);Theret (1991),151－152,172.

95 Roseveare (1973),22－29,63,65.

96 Habib (1963),257－261. 关于莫卧儿王朝的一般财政情况,请参阅文献:Richards (1993),97。

而土地收入则被用来供养住在镇上的统治阶级。[97] 这种方式似乎更像税收转让或者抵押,而不是拨付收入;更像是在某个给定会计期间用特定收入的产出来支付包税银。这样作为俸银(*bestitllningar*)拨给皇家官员的款项是瑞典从古斯塔夫一世(Gustavus Vasa)统治时期起的会计实践的一个特点。[98] 在古斯塔夫二世(Gustavus Adolphus)治下,税收临时和较长期转让式的拨款大幅度增加。临时转让式拨款(*fàrläningar*)大约占到瑞典 1632 年常规收入的 5%,而较长期转让式拨款则增加到了接近 7%。[99] 17 世纪下半叶瑞典最重要的两项财政变革就是在 1680 年全部收回转让在外的土地和收入(*reduktionen*)以及查理十一为建立后备军而推行的军饷拨付制度(*indelningsverket*)(见本书第十一章第二节)。通过第一项变革收回的王领随后就用于实行"拨付"制或者长期用于支付皇家官吏的俸银和军队官兵的军饷。这项变革因 1720 年瑞典成立了新政府而作古。新政府宣布必须严格执行 1696 年的预算。[100] 当然,瑞典仍继续临时拨款满足特定支出需要的做法,而瑞典的这种做法也被俄罗斯效仿。[101] 从 17 世纪 80 年代到 1722～1723 年成立总督政府(*General Directory*),普鲁士勃兰登堡(Brandenburg-Prussia)的军需部(*Kriegskammer*)或者军务处(*Kriegskommissariat*)一直控制着所有的军需拨款。[102] 一种更加长期的拨款形式是转让收入支付公债利息,这是 17 世纪和 18 世纪西班牙和葡萄牙财政的特点,但也是造成这两个国家财政问题的一个原因。[103]

由于柯尔贝尔推行了变革,因此,法国 1660 年以后的财政会计实践就区分了租税总收入(*montant des impositions et baux*)、直接拨付款和净收入(收入皇家国库的那部分收入,*partie du Trésor royal*)。根据定义,拨付款基本上就适用于当期收入,因此不同于可支配收入。[104] 柯尔贝尔财政会计变革的

---

97 Moosvi (1987),221,272,299;Pearson in Tracy (1991),54—55.

98 Krüger (1988),143.

99 Roberts (1953—1958),74.

100 Peterson (1979),180,193—195.

101 Ibid. 204—207.

102 Carsten (1954),199,224,259—263;Dorwart (1953),136—137,151—152,203—204.

103 关于腓力五世治下筹款偿还长期债务的问题,请参阅文献:Kamen (1969),224—228。

104 Bonney (1991a),204;Bonney and Bonney (1993),41.

重要意义在于，法国第一次可以相当精确地计算拨付款总额，从而可以计算直接税给整个国家造成的财政负担。尽管如此，由于间接税采用不同的包税制征管，而且包税契约覆盖的区域并不一定与省行政区划相同，因此计算外省承担的总财政负担仍成问题。[105] 我们应该把短期收入拨付款与期限较长的税收转让——如法国在 17 世纪 20 年代发明的所谓“已转让权利”（*droits aliénés*）——区分开来。法国在 1634 年收回了已转让税收权利后就废除了这种税收转让政策。显然，个人是为了赚取已转让税收权能够创造的利润而花钱购买这些权利。在那不勒斯王国，巴尔托洛梅奥·达基诺（Bartolomeo d'Aquino）在 1642～1643 年花了 160 万杜卡特或者说按 59%的溢价买下了名义价值为 290 万杜卡特的壁炉税和封建继承税等的直接税征收权，并且还以 110 万杜卡特的价格，即按 49%的平均溢价，把其他一些名义价值 216 万杜卡特的按壁炉征收的直接税的征收权卖给那不勒斯的一些主要封建领主。[106] 以上讨论的收入拨付和收入转让的不同方面表明，收入处置确实是财政体制效率的一个重要方面，一个和本章和本书其他章节考察的收入水平问题同样重要的方面。[107]

13.3　土地、企业和殖民地：近代早期不同的领地国家

18 世纪感觉敏锐的评论家们已经认识到，一个国家的财政收入制度是一个漫长演化过程的产物，不从历史的视角出发就不可能理解财政收入制度是如何形成的。因此，法国的财政总管莫罗·德·博蒙（Moreau de Beaumont）在 18 世纪就认为，法兰西王国原先是一个领地国家，它有来自土地和森林等专有财产的王室收入，包括没收财产在内的临时性封建领主收入以及每个领地专有的领主权收入。[108] 在王国奉行侵略性外交政策时，这些收入来源是不够的，因为它们太少、不确定，也难以发展：必须更加高效地对经济中的真实财

105　Bonney (1992a)，169－170；Bonney (1992b)，116，118；Collins (1988：109－110)区分了“定期拨付”和“非定期拨付”。

106　Villari (1993)，102－103，195－196.

107　Brennan and Buchanan (1980)，135.

108　Mémoires，ed. Moreau de Beaumont (1769)，ii，p. vii.

富(real wealth)征税。莫罗·德·博蒙认为,在更高级的经济和政治组织形式(我们可以随熊彼特称之为"税收国家")中,税收往往具有一些共同的特点,因为只有某些类别的财富可以征税。他还认为,它们大致上就是地产、不同来源的收入[说到法国,他提到了年金(*rentes*)]、消费项目(*les fruits et les consommations*),最后是商业和工业。[109] 莫罗·德·博蒙的分析是在君主国家框架下表述"领地国家"向"税收国家"过渡这个不同君主国家在不同时期发生的转型过程的早期尝试,并且对简单化的分析提出了挑战:在"百年大战"初期,法国仍是一个"领地国家",而英格兰已经不再是"领地国家"(见本书第五章第七节)。事实上,英格兰也许根本就没有经历过所谓的"领地国家"阶段,这有助于解释英国历史研究较少关注这个问题的原因。

法国在16世纪似乎已经没有任何复兴"领土国家"的希望。虽然根据法兰西王国的基本法律,领地不得转让,但实际上领地已经在廉价买卖或者长期出租。这种来源的收入估计在300万~450万里弗尔之间,而其中的很大部分流入了王室的腰包。苏利在亨利四世治下为扭转从领地国家向税收国家转型的过程白白浪费了自己很大一部分精力:他签下了价值接近4 000万里弗尔的租约,但这些租约每年只能产出130万左右的额外收入。按名义价值计,柯尔贝尔在恢复领地收入(不包括领地权)方面取得了比苏利更大并且更加持久的成就(见图73)。[110] 18世纪,法国的领地收入(不包括领地权)继续增加,并且在法国从旧制度朝着大革命的新财政制度转型的过程中发挥了关键作用。[111] 最重要的是,王领(或者在公国是大公领地)不应该为供养王室或大公府而转让他人:只有彻底改变这种政策,如符登堡在18世纪30年代改变了这种政策,领地收入就从占总收入的32.4%增加到了46.1%。[112] 如此高比例的

109 Ibid. ii, p. xiii. Moreau de Beaumont 的第四卷详细分析了法国有关王领的立法。

110 Malet (1789); ESFDB \rjb\frmalet\malb029 based on dataset \malm044. 请注意:领地收入非常少,因此,图73中只有1670年后的数据。还请注意:在这张图中,Bonney (1981a: 305 n.)采用的方法是在计算收入时把额外收入作为经常性收入。对于1611~1156年这个时期,Malet没有把这个项目包括在经常性收入总额中:Bonney and Bonney (1993), tables 12 and 19, pp. 149 and 172 nn. 关于一般的领地收入历史,请参阅文献:Clamageran (1867-1876), ii, 198, 221, 244, 246, 253; Bonney (1981a), 33, 62-63, 81, 111, 130-131, 133。基于按30德尼埃的比率资本化计算。

111 Braesch (1934), 41; 但在大革命爆发时出现过一些严重侵犯森林权的行为: Marion (1919), 327-331; Massaloux (1989)。

112 Vann (1984), 67, 107, 112-116, 228-229.

领地收入即使在18世纪也绝非寻常。大概是在1704年,黑森公爵52%的收入来自领地。[113] 亚当·斯密在1776年大胆地宣称,没有一个"文明国家""靠出租土地这种国家财产来创造其大部分公共收入"。他表示,王田如果与同样的土地归私人所有而产出的收入相比,那么肯定可被忽略。斯密还补充说,就是全国土地都像属于某个所有人那样全部出租,收到的租金也抵不上统治者即使在和平时期"从国民那里征收到的常规收入"。[114]

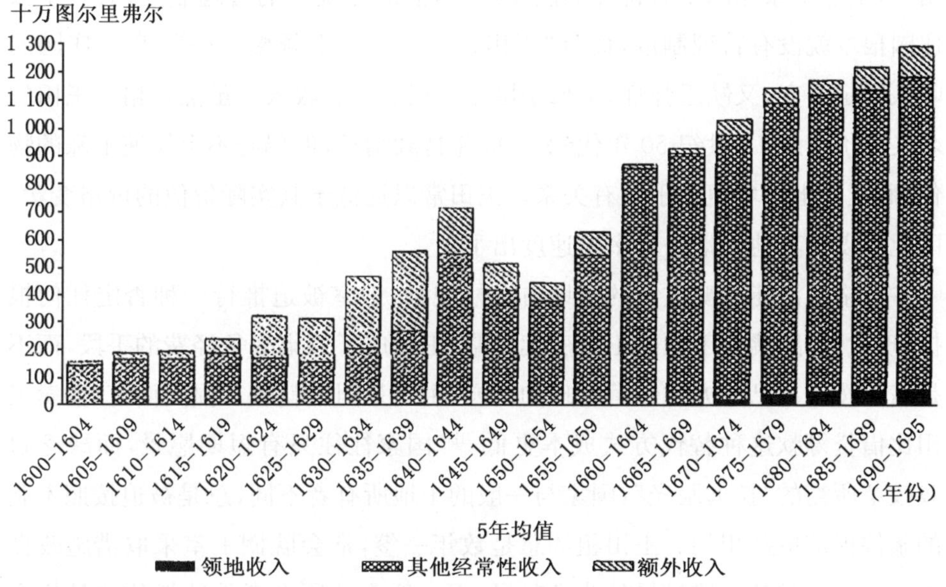

资料来源:Malet (1789)\rjb\malet\malb029 © ESFDB 1993.

图73　1600～1695年法国不同类别的经常性收入(用图尔里弗尔表示)

斯密的论述强调了领地的特点,那就是领地管理处在庄园管理和土地盈利性与国家财政和清偿力的十字路口。最近完成的一项关于1558～1640年英格兰王田管理的合作研究推定,王田的逐渐衰落"是现代国家出现的一个决定性因素",[115]这种观点能够代表本书在其他章节表达的关于"领地国家"衰落

113　Krüger in Witt (1987:59)评论称,"领地国家与税收国家几乎旗鼓相当"。关于前一时期,请参阅文献:Krüger (1980);关于后一时期,请参阅文献:Ingrao (1987),38－39,105－107,190－192。

114　Smith,ed. Campbell,Skinner and Todd (1976),ii,823－824.

115　Hoyle in Hoyle (1992),432.

的观点。不管怎样，有两个要点需要注意。第一个要点前面已经提到过，那就是欧洲各王国或者公国的领地收入并非均匀地减少。譬如说，按照这个现代性检验标准，普鲁士即使在18世纪仍不是一个"现代"国家。第二个应该注意的要点是，领地管理曾经是一种一般的财政制度管理范式。在管理王田中遇到的问题在很多方面类似于所谓的现代"税收国家"所遇到的问题。第二个问题就是王田的分散性，这个问题类似于中世纪和近代早期国家的多税制：在英格兰，虽然皇家庄园享有特殊的法律地位，但缺乏统一的管理制度；有些皇家庄园根本就没有管理制度，而且"王田进出王室之手频繁……"[116]皇家庄园的收入固定不变，又缺乏弹性，类似于国家的很多税收收入。虽然英格兰王田的名义总价值从16世纪50年代到1603年持续增长，但仍赶不上快速上涨的物价，而且与土地增值几乎没有关系。王田常以远低于其实际价值的价格变卖，因此能以比其他土地快得多的速度出手。[117]

英格兰没能改变惯常的土地占有权规则，王室被迫推行一种否定任何根据"现代"思路调整王领的王田变卖策略，王领成了筹集战争经费的手段，而不是需要按照自己的方式经营管理的庄园，主要是因为就收入损失而言，变卖王田比借贷筹款这种替代方式成本更低。[118] 国家往往只有短期愿景，而缺乏财政改革所需的"长远眼光"：国家与一般的土地所有者不同，总是被迫按照不利的条件提前更新租约。王田租约总是数年一签，常会耽搁王室采取措施改良土地。王室难免会错过最佳改良时机，而一般土地所有者就能抓住这种机会来改良土地。[119] 譬如说，王室能否像有效的"规划者"或者"企业家"那样实施"退林还耕"和农田排水呢。像英格兰伊丽莎白治下的财政大臣尤里乌斯·恺撒(Julius Caesar)爵士和法国亨利四世治下的财政总监苏利这样的重臣都是他们自家庄园无可挑剔的管理者。[120] 他们并不缺少专业知识和经验，但这样的变革需要长期观和长期投资。在英格兰，国家并不具备这两个条件，国家能

116 Ibid. 9.

117 Ibid. 12；Thomas in Hoyle (1992)，58—59，86.

118 Hoyle in Hoyle (1992)，3；Thomas in Hoyle (1992)，32—33.

119 关于"长远眼光"，请参阅文献：Tanzi (1991)，188("改革总会立刻产生成本，而收益几乎总要等到未来")；Hoyle in Hoyle (1992)，373，421—423，427.

120 Thirsk in Hoyle (1992)，299；Aristide (1990).

做的最多就是允许改变王田的用途，但由王田用途改变者自担风险；而王室最多是采取措施打击隐瞒王田收入的行为，派“巡视大员”巡察森林损失情况、承租人资格是否有瑕疵以及王田是否被侵占等。英格兰曾进行过一次“前所未有的地契大检查”，这次地契大检查“引发了一场旷日持久的争论”和土地所有者的强烈不满，于是就有了1614年的“大谏章”（Grand Remonstrance of 1641，指1640年英格兰议会拟定的文件，该文件列举了王政的弊病和恶行，并提出了改良主张。——译者注）。

由于像贾尔斯·蒙佩森（Giles Mompesson）爵士这样臭名昭著的“隐瞒收入搜查员”搞腐败，因此，英格兰的情况变得更加糟糕[121]：虽然推行了激进的财政政策，但只能收到相对较少的收入，而且与不负责任的承包人和官员造成的政治危害完全不成比例。因此，皇家地产管理也遇到了与整个财政系统早已存在的税吏不依法征税、贪污腐败等相同的问题。此外，如果说有人转移或者隐瞒庄园产出（shifting and shaking of men's estates），那么就必须有足够的证据支持王室的主张：只有经过调查才能根据土地价值，而不是常常已经过时的土地租金进行处罚。但出于费用和技术困难的原因，从未进行过王田普查。[122] 虽然这里“领地国家”也提前遇到了18世纪推行地籍改革的“税收国家”遇到的困难，但是，土地测量员不足和官吏无知又加大了地籍调查的难度。私人土地所有者请得起土地测量员，就像他们有钱对自己的地产进行投资那样，因为他们持有基于明确所有权的较长远观念。改良王田就不那么容易：出售比较容易，无论是永久性转让还是变卖像木材这样的资产，甚至是签署新的租约，当时都能带来可观的收入，但随后在能够重新利用自己的资产前就要等上一代人的时间。[123]

亚当·斯密曾经表示，王田收入如果与同样的土地归私人所有而产出的收入相比，那么肯定会被忽略。他的想法很可能是正确的。不过，我们必须小心太过狭义的“领地国家”定义。“领地国家”有可能多少有点武断地被定义为

121　Thirsk in Hoyle (1992)，306，327—328，348—351；Thomas in Hoyle (1992)，69—70.

122　Barber in Buisseret (1992:79—82)讨论了有关王田的调查。

123　Hoyle in Hoyle (1992)，111—117，261—262；Thirsk in Hoyle (1991)，320；Bonney (1994)，78—79.

领地收入经常占总收入一半或者以上的国家。对领地国家做进一步细分，也许可把它们分为“原始”、“较不原始”、“企业型”和“殖民型”四种类型。我们所说的“原始领地国家”是指统治者不得不就地消费其庄园产出：这种类型的领地国家没有销售市场，也没有一个能管理产品销售从而保证实物缴纳转化为现金的中央征收点。这种“原始”体制的缺点是：统治者如果想享用自己的实物收入，那么就得过“巡游”(peripatetic)生活；此外，这种体制固定不变，而且不适合战争时期。石勒苏益格(Schleswig)公爵大概在1490年就遇到过这样的问题。[124] 显然，“较不原始”的领地国家因为有中央和地方行政机构负责征收、储存和消费实物产品，所以处境要好些。16世纪的丹麦就是这种国家财政的一个典型例子。按名义价值计，1533～1574年丹麦的领地收入增加了3倍。由于物价在这个时期大幅度上涨，因此，领地的实物收入实际涨幅甚至更大。领地合并也是导致丹麦实际财政收入增加的一个促进因素。1533年，丹麦小块领地的收入占领地收入的1/5，但到了1574年，小块领地收入占领地收入的份额下降到了差不多1/7。[125] 领地不断扩大还产生了另一作用：克里斯蒂安三世(Christian Ⅲ)登基时，丹麦有215块小领地，其中115块是没收来的主教领地，而原先的修道院地产1574年产出的收入约占领地收入的1/5。到了1574年，以前主教持有的土地不再单独统计，而是并入大领地和小领地。毫无疑问，如果不是克里斯蒂安四世(Christian Ⅳ)冒险推行侵略性对外政策，丹麦有可能仍是一个相对比较稳定的领地国家。瑞典在打输了1611～1613年卡尔马战争(War of Kalmar)后支付的战争赔款有助于丹麦休养生息。但是，丹麦在1625～1629年参加“三十年战争”造成了灾难性的后果：临时税收增加到了占其净收入1/5以上的水平。虽然经常收支账簿记录的数据显示，收大于支出现了盈余(见图74)，[126]但在剔除贷款收入以后就能发现，丹麦财政已经不能依靠相对缺乏弹性的领地收入来源来为17世纪的战争筹款(见本书第四章第六节和本章图75)。1630年，丹麦的领地收入几乎只占其净

124 Poulsen (1990), 63.

125 Krüger (1988), 135.

126 Krüger (1970), 212—217; ESFDB \krug\danb003 based on \dand001 and \dand002. 本章作者感谢Krüger教授为绘制本书图74所提供的慷慨帮助。在1993年10月1日在欧登塞举行的荷兰国家财政研讨会上有人指出，Krüger教授所用的证据相当于欧洲其他国家经常性收支数据。

收入的 37%。[127]

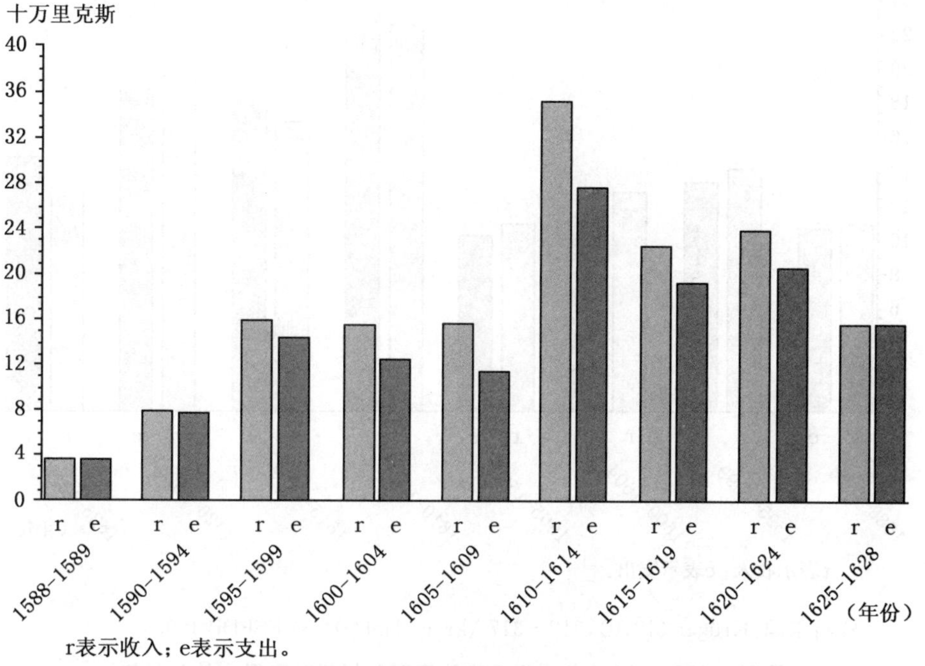

资料来源：Krüger (1970)，312—317 \krüg\danb003 © ESFDB 1993.

图 74　1588～1628 年丹麦王室账房(*rentmeister*)收入与支出(用里克斯表示)

然而，与瑞典的比较又显示了另一个可能的过渡阶段，即从"较不原始型"领地国家过渡到"企业型"领地国家。16 世纪，瑞典征收并花销了大量的实物而不是货币税收，帮助王室渡过了物价急剧上涨和物品短缺的艰难时期。瑞典王室的王田都集中在斯德哥尔摩以北的省份[乌普兰(Uppland)、西曼兰(Vastmanland)、达拉纳(Dalarna)、达尔斯兰(Dalsland)和诺尔兰(Norrland)]和芬兰，而贵族的领地主要在南方省份[南曼兰(Södermanland)、纳尔切(Närke)、东约特兰(Östergötland)和西约特兰(Vastergötland)、斯莫兰(Småland)]。王领(*gârdslän*)由非贵族地方行政长官(*bailiffs*)管理，他们得把盈

127　Sources as for Figure 74；ESFDB \krüg\danb004 based on \krüg\danm001；Krüger (1988)，130；Krüger (1970)中的数据做过处理，因此不包括贷款、债务还本付息费用和收入盈余。

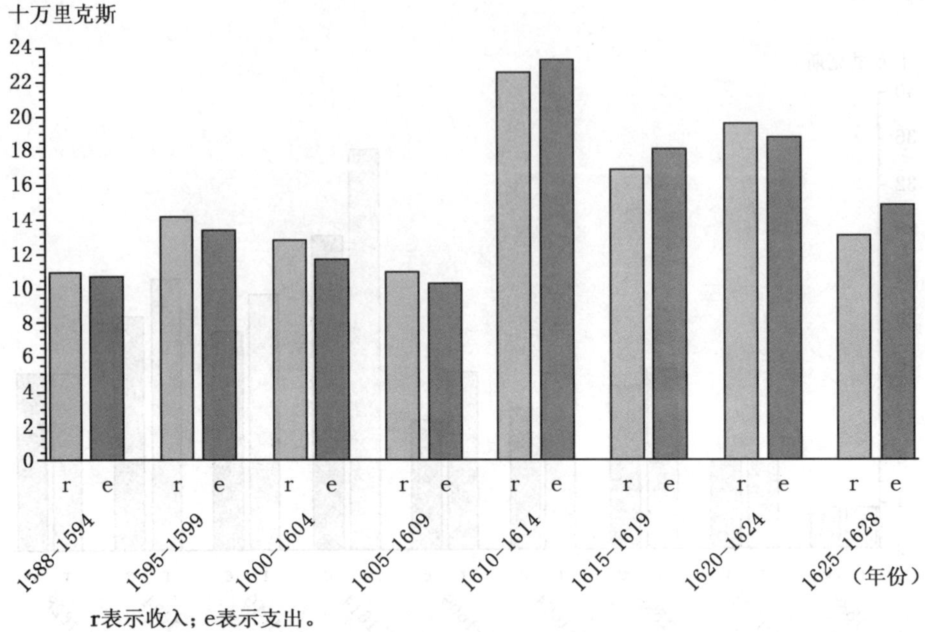

资料来源：Krüger（1970），312－317 \krüg\danb004 © ESFDB 1993.

图 75　1588～1628 年丹麦王室账房不包括贷款和盈余的收入与不包括债务还本付息费用的支出（用里克斯表示）

余上缴中央财政。比较分散的王领被合并成百户郡，百户郡守负责收税和收取罚金，然后上缴中央财政。1524 年，古斯塔夫一世命令郡守“统计王室在他们辖区的全部收入——包括实物和货币收入——以及生活在每块王领上的自由农民和王室佃户的人数”。改革前教会雇用的农民被转为王室佃户，而贵族雇用的农民也要登记在册。[128] 随后又根据统计数据编制内容齐全的领地名册（*jordeböcker*），列表记录每个农户及其承担的税负。这样就可按领地名册统计王室年度经常性收入总额，而地方官员必须把自己的年度账册和领地名册一同上报中央财政，从而为中央财政实行严格控制创造了先决条件。总收入必须具体注明所缴实物，但也要转换成货币收入，作了各项扣除（*avkortning*）——如交付王室和其他皇家官府的货物、郡守及其下属的俸禄和供给品

128　Krüger（1988），142；Lindkvist in Genet and Le Mené（1987），61.

以及给皇家官吏的财物——后的净收入也要列表如数上报。任何货币盈余都必须上缴国库(*räntekammare*)，尽管这项规定被证明不可能适用于实物盈余。1530 年后，中央财政设立了地区仓库负责收储上缴实物并拿到市场去销售。[129]

高级的会计实务和先进的行政管理在一定程度上可以解释领地国家在瑞典寿命长于丹麦的原因。古斯塔夫二世 1628 年下令在瑞典开展土地调查，据此编制的地籍手册(*Geometriska Jordeböckerna*)肯定是当时一个很了不起的地籍测绘成就。不过，此举是否有明确的财政目的仍然值得怀疑，因为税率在地籍调查结束、地籍手册编制好后仍旧保持没变。相比之下，腓特烈三世(Frederick Ⅲ)在丹麦先是于 1662 年编制了地籍手册(*matrikel*)，然后又在 1663～1664 年对地籍手册进行了修正。不过，这本地籍手册没有土地测绘基础。丹麦直到 1668 年才进行系统的地籍调查。[130] 瑞典和丹麦的经济结构也有很大的区别。丹麦以牲畜出口闻名，但没有发现任何矿藏，直到 1624 年才在挪威发现了铁矿和银矿。相比之下，瑞典早在 1510 年就在萨拉(Sala)发现了银矿，而开采银矿获得的利润对王国财政起到了重要的作用。王室宣布银矿的全部利润归王室所有，王室垄断企业也参与银矿开采，并对私产白银征税。白银开采年收入在 1530 年前大约已经达到 1 万帝国塔勒(Reichstaler)，但在 1536 年创下了 20 多万帝国塔勒的纪录。在 1538 年以后的 10 年里，这个来源的年均收入差不多是 14 万帝国塔勒，但此后就迅速减少。[131] 从财政的角度看，铁矿的重要性远不及银矿，1530 年铁矿的收入大约只占瑞典实物收入的 9%，[132] 但在 16 世纪末和整个 17 世纪由于军火工业需要而变得越来越重要。[133] 铜矿开采是瑞典的另一项重要矿业活动。大约在 1570 年，欧洲市场铜价一度上涨，因此，采铜就成了一项潜在的有利可图的事业。17 世纪，瑞典一度差不多垄断了欧洲铜矿市场，采铜更是有利可图。瑞典王室曾两度(1580

---

129 Krüger (1988), 143.

130 Kain and Baigent (1992), 53－56, 66, 77－78.

131 Krüger (1988), 146.

132 Ibid. 147.

133 Roberts (1953－1958), ii, 104.

～1589年和1619～1628年)实施皇家铜矿专卖制度,[134]在其他时候征收铜矿出口税,借此来分享铜业利润。随着17世纪20年代铜价的下跌,瑞典王室的这项政策遇到了大麻烦。[135] 奥克森斯迪尔纳(Oxenstierna)认为,对于瑞典王室来说,最佳策略既不是开办铜业公司,也不是对采铜业实施皇家管制——前者是垄断,而后者会导致王室收入受到市场投资的影响,而是鼓励自由贸易,并通过征收出口关税来创造收入。即使在1629～1631年危机期间,古斯塔夫二世从法伦(Falun)矿业获得了比任何其他国内来源都多的收入(1623年,从这个来源获得的收入达到了29.1万多帝国塔勒,占王室财政净收入总额的23%)[136],而且只有转让去奥地利的通行税征收权被证明是更加重要的战时财政收入来源。[137]

因此,更加高级的领地国家或者"企业型领地国家"也许能够避免一些原始领地国家固有的局限性。一国训练有素的人力资源可用于创业——瑞士各州(canton)在15和16世纪输出雇佣军树立了这方面的榜样;它们还为与欧洲其他大国结盟索取高价。亨利四世在16世纪90年代无力支付他雇用的瑞士雇佣兵的军饷,是他推迟从天主教联盟手中夺回英格兰王国的一个关键因素。[138] 其他国家,包括丹麦、黑森、符腾堡(在"七年战争"前一个相对较短的时期里)[139],最后还包括俄罗斯(拿破仑战争最后几个阶段:见本书第十三章第六节),都效仿了瑞士。输出雇佣军的净效果就是减少了课征于国内资源的税收,从而减轻了国民的财政负担。对外国商品课征的通行税虽然是一种间接税,但在本国的生产性资产不受影响的情况下也具有类似的效应。这样的税收严重依赖于暂时的军事优势:瑞典军队只是在古斯塔夫二世攻打普鲁士取胜以后才享受到了"在普鲁士的自由通行权"。但在古斯塔夫二世驾崩后,瑞典军事力量刚开始衰退,波兰就收回了自由通行权。[140] 其他对外征收通行税

---

134 Krüger (1988), 148; Roberts (1953—1958), ii, 92; Krüger (1988), 148; Roberts (1953—1958: ii, 92)表示,1615年拟建的公司结果没有建成。

135 Roberts (1953—1958), ii, 99.

136 Krüger (1988), 130—131.

137 Roberts (1953—1958), ii, 103—104.

138 Körner (1980), 110—116; Bonney (1981a), 35—38.

139 Vann (1984), 265.

140 Roberts (1953—1958), ii, 80—85.

的做法持续时间要长很多，而且在军事危机结束以后得以延续下去。丹麦大约从1426年到1857年成功地对经过松德（Sound）海峡的波罗的海贸易收取通行税：亚当·斯密曾经说这是“世界上最重要的通行税”[141]。对国际贸易史感兴趣的经济史学家系统研究过松德海峡的通行税登记册，但财政史学家并没人做过此事。[142] 松德海峡的通行税最初定为每船1～3罗斯诺贝尔（rosenobel）——一种价值4倍于帝国塔勒的金币，但在1567年爆发的北方战争期间急剧上涨：每艘货船需要缴纳附加通行税：1拉斯特（*last*，合2吨）货物缴纳1帝国塔勒；压舱物每2吨缴纳0.5帝国塔勒。于是，通过松德海峡的贸易量与通行税收入之间发生了关系，而每艘货船要缴纳的通行税额与船舶本身的大小无关。松德海峡的通行税收入从1566年的大约4.5万帝国塔勒增加到了第二年的13.2万多帝国塔勒，其中9.2万是新开征的货物和压舱物附加税的收入。这种业绩直到16世纪结束再也没有取得过，但1630年松德海峡的通行税收入达到了大约18.3万帝国塔勒，或者占丹麦净收入的29%。[143] 克里斯蒂安四世分别在1613～1614年和1638年以后采取了一种具有挑衅性的通行税策略，即快速提高税率：在第二次采取这种通行税策略时，丹麦的这一收入来源在通过松德海峡的船舶没有增加的情况下翻了一番（而在1639年戏剧性地增加了2倍）。瑞典和荷兰以分别采取军事行动的方式作出了回应——瑞典陆军在1643年，荷兰海军在1645年：结果，松德海峡的通行税收入增速有所放缓。[144] 虽然18世纪波罗的海地区的贸易波动不定，但松德海峡的通行税收入在18世纪一直保持着它在丹麦财政收入中的重要地位（见图76）。[145]

西班牙对塞尔维亚（Seville）出口货物课征的“大关税”（*almojarifazgo*）[146]是一种与松德海峡通行税比较相似的通行税，但没有像松德海峡通行税那样得到有效执行。还有一种类似的税收名叫“海损税”（*avería*），课征于进

---

141 Smith, ed. Campbell, Skinner and Todd (1976), ii, 894.

142 Jeannin (1964); Israel (1989), 20, 51, 93, 118, 144, 214—216, 301, 366.

143 Krüger (1988), 130—131, 138.

144 Israel (1989), 94—95, 146—149, esp. table 5.9 (ibid. 147)。该文献对1627～1631年和1636～1642年通过松德海峡的船舶数量与通行税收入进行了比较。

145 ESFDB \poul\dang003 based on \poul\danm001，最后是 Nathanson (i836)。数据由 Bjørn Poulsen 博士友情提供。

146 Chaunu (1977), vi pt. i, 52—57, 434—453, 470, 472—474; Phillips in Tracy (1990), 82.

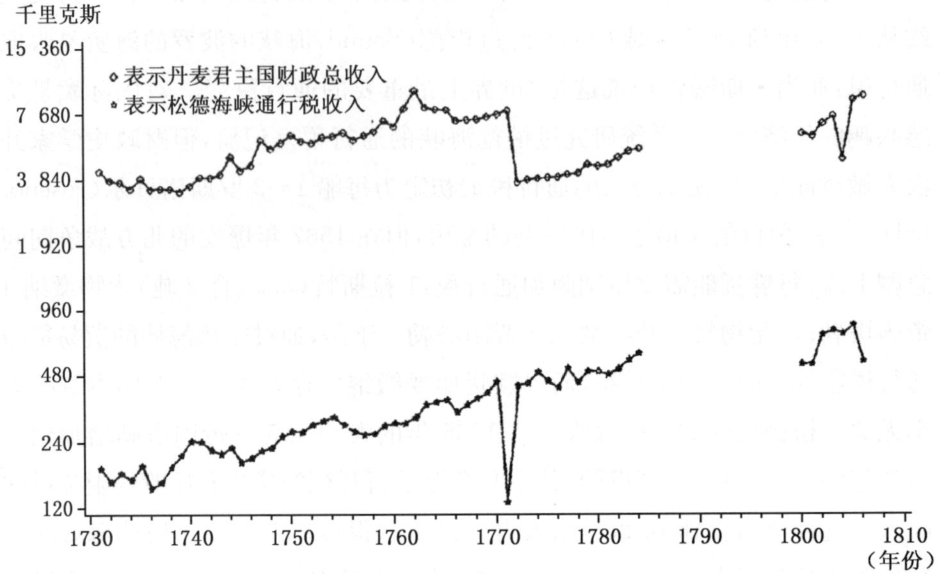

资料来源：Nathanson (1836)\poul\dang003 © ESFDB 1993.

图 76　1731～1806 年丹麦松德海峡通行税收入与丹麦君主国财政总收入比较（用里克斯表示）

出港货物，用于为武装护送船舶筹款（见图 77）。[147] 从法律上讲，西班牙帝国属于卡斯蒂利亚王国，从某种意义上讲也可被视为一个领地国家：装进西班牙王室金库的那部分美洲金银出口和税收收入，可以净节省西班牙的国内税收收入，从而可以净减轻国王陛下大陆西班牙子民的财政负担。关于新西班牙 17 世纪发生的危机有很多争论，而卡斯蒂利亚收到的白银汇款的减少具有明显的政治重要性。17 世纪，作为卡斯蒂利亚王国总收入一部分的墨西哥矿产收入波动不定，而且在 1680～1689 年下降到了只占总收入 12%的低水平。但在其他年份，这个比例要高得多：在 1610～1619 年、1650～1659 年和 1690～1699 年曾达到了占总收入 25%的水平，而在 1620～1629 年则更是达到过占总收入 30%的水平。墨西哥和秘鲁曾试图开征新税、提高旧税税率和惩治腐

147　Chaunu (1977), vi pt. i, 46－51, 414－420, 466－474; ESFDB \rjb\spain\spb004 based on \spm001; Phillips in Tracy (1990), 83.

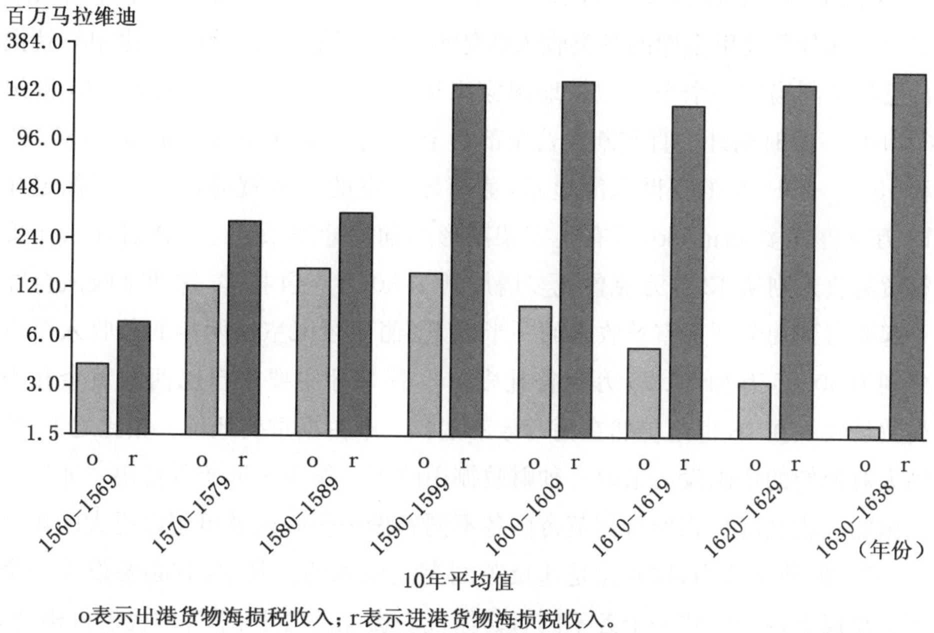

资料来源：Chaunu (1977)\rjb\spain\spb004 © ESFDB 1993.

图 77　1560～1638 年课征于卡斯蒂利亚和西印度群岛进出口货物的"海损税"收入（用马拉维迪表示）

败，但仅此不足以大幅度增加王室收入。虽然 1720 年以后，墨西哥财政收入增幅惊人，但是白银生产在 17 世纪使得墨西哥财政收入能大致保持稳定。相比之下，秘鲁在 17 世纪下半叶经历了一次严重的经济萧条，秘鲁经济直到 1780 年才真正复苏（见图 78）。到了 1800 年，秘鲁的总收入只有墨西哥的 1/6，而在 1580～1660 年，秘鲁输出到卡斯蒂利亚的白银是墨西哥的 2 倍。但是，卡斯蒂利亚并没有像预期的那样大量得益于 18 世纪墨西哥收入的恢复性增长，因为，整个 17 世纪，从第二个十年后开始，墨西哥财政收入汇往国外的比例持续下降。[148] 尽管如此，美洲收入对卡斯蒂利亚的重要性仍然显而易见。美洲收入在旧制度结束时的减少被证明对于西班牙在欧洲的地位简直就是灾

148　TePaske and Klein (1981), 122; (1982), i, 284－421; ESFDB \ tepaske \ tepg001 based on \tepm001. 数据由 TePaske 和 Klein 教授友情提供。

难(见图 79 和图 80 以及本书第十三章第六节),[149]西班牙帝国总金库及其重要构成部分马德里金库的各类收入清楚地证明了这一点。葡萄牙也很早就把自己的帝国当作一个企业型领地国家来运作,因为葡萄牙王室除了 15 世纪 60 年代一段时期外一直垄断经营全部黄金、奴隶和胡椒的进口贸易。1506 年和 1518～1519 年的存世账簿显示,葡萄牙王室的黄金贸易收入一直稳定在 12 万克鲁扎多(cruzado,铸有十字架图形的葡萄牙旧币。——译者注),而香料贸易收入则从 13.5 万克鲁扎多增加到了 30 万克鲁扎多,这两项收入合在一起要占到葡萄牙王室总收入的一半以上(葡萄牙王室这两年的总收入至少分别为 50.05 万和 77.25 万克鲁扎多)。[150] 葡萄牙主要来自巴西的黄金和香料贸易收入在 18 世纪仍然在葡萄牙王室收入中占据重要地位。相比之下,英国人对他们的帝国没有采取一种财政挪用政策。亚当·斯密曾指出,"通过把英国的税收制度扩张推行到英帝国各不同省份……收入就可望以更大的幅度增加"。但他又认为,这样做是违反英国宪法原则的。其实,有必要设立一个帝国总议会,也就是"一个各不同省份派代表参加的公平、平等的代议机构,每个省按照自己的税收产出比例来确定代表人数……"[151]从伊丽莎白一世登基到 1858 年(虽然 1763 年后英国政府不断加大干预力度),东印度公司(East India Company)就是印度的"国家",它扮演了身兼发展海外贸易、推动帝国进步和推进现代官僚国家发展的数种独特角色。在英帝国的很多地方,私人企业就是在这样的"企业型"国家里不断取得成功的。[152]

"企业型"领地国家不一定拥有可据以攫取收入以减轻本国子民财政负担的殖民领地:必须获得新的领土,或者更加有效地开发利用本土领地并鼓励经济发展。普鲁士勃兰登堡(Brandenburg-Prussia)就是这方面的一个典型例子。在普鲁士勃兰登堡建国之初及其整个历史过程中,领地收入一直很重要,从日耳曼骑士团认真做账开始就已经如此。[153] 在 1525 年日耳曼骑士团世俗

---

149 Cuenca Esteban (1981),192—199;ESFDB \rjb\spain\spb003 based on \spd004;Barbier and Klein (1981),338;ESFDB \spb002 based on \spd003.

150 Magalhaes Godinho (1969),830;Phillips in Tracy (1990),50.

151 Smith,ed. Campbell,Skinner and Todd (1976),ii,933.

152 Lawson (1993),116—125,164.

153 Burleigh (1984),57;关于领地收入的细节,请参阅文献:ibid. 58—62。

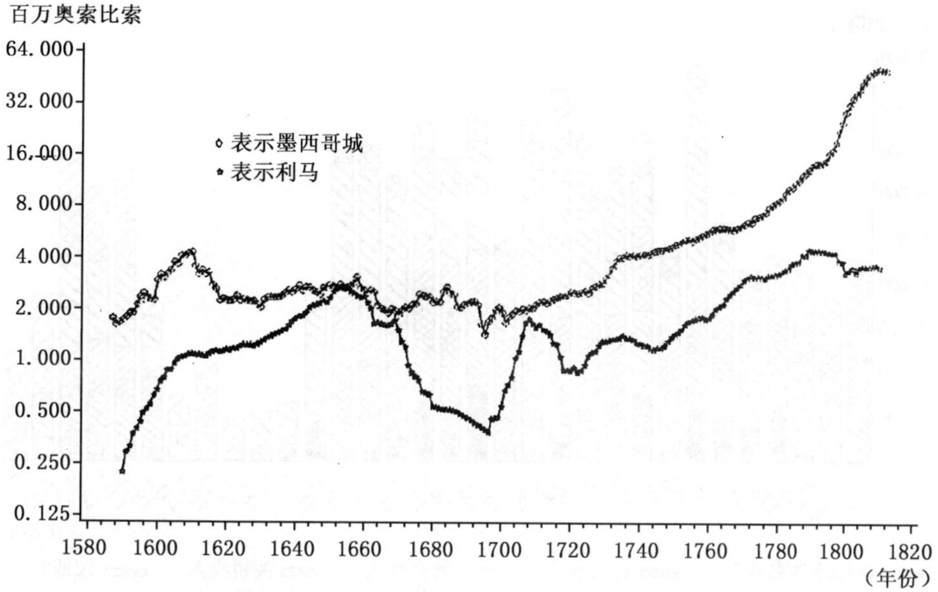

资料来源：TePaske and Klein (1982), I, 264 — 421 \lepaske\lepg001 © ESFDB 1993.

图 78 1587～1812 年墨西哥城和利马财政总收入 11 年移动均值

[用奥索比索(*pesos de ocho*)表示]

化以后，历代霍亨索伦(Hohenzollern)公爵就保留了很大的领地。[154] 在腓特烈·威廉(Frederick William)大选帝侯执政之初(1640 年)，领地和王权收入大约要占到总收入的 60%，到他的统治结束时(1688 年)已经减少到了占 50%左右，而总收入在这个时期从 100 万塔勒增加到了 300 多万塔勒。[155] 在第一位"普鲁士国王"腓特烈一世(Frederick Ⅰ)治下，基督徒弗雷德里克·吕邦(Frederick Luben)建议把王领分成较小的庄园，并且把庄园、磨坊和客栈租出去，而承租权可以成为可继承的权利：吕邦认为，这样就能激励更加集约地利用庄园、磨坊和客栈。正当瓦滕堡(Wartenberg)和维特根斯坦(Wittgenstein)打算采纳吕邦的建议时，这两个地区的王领管理房表示反对并采取了

154 Carsten (1954), 151.

155 Ibid. 266.

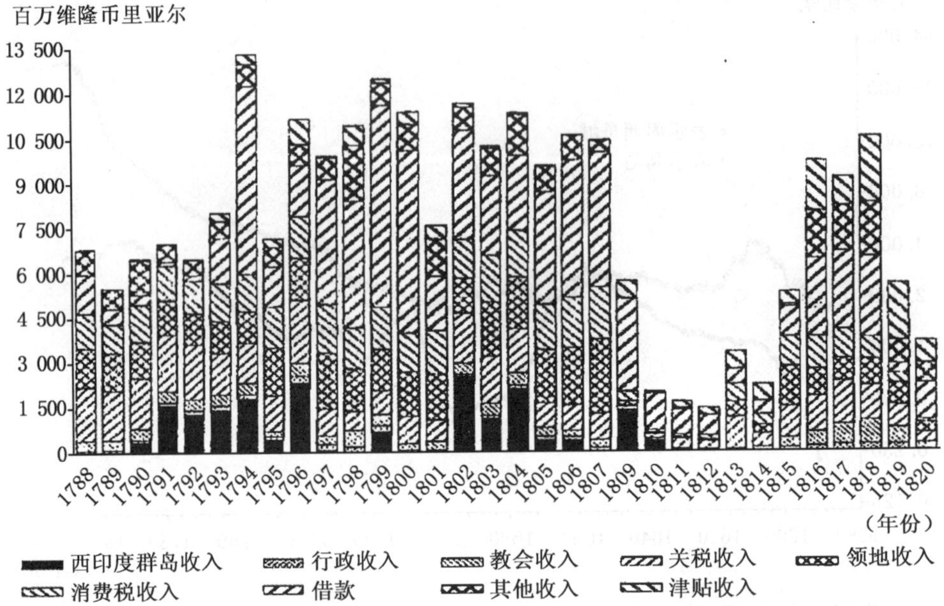

资料来源：Cuenca Esleban (1961)，192—199 \rjb\spain\spb003 © ESFDB 1993.

图 79　1788～1820 年西班牙帝国总金库不同类别收入
(用维隆币里亚尔表示)

抵制行动。[156] 1713 年，腓特烈一世宣布王领不可转让，因此也拒绝了吕邦的建议，[157]并且命令 1722～1723 年的总督府承担王领管委会的责任，负责调查改善或者更加有利可图地出租王田的方式。[158] 在腓特烈一世治下，领地收入的相对重要性又有小幅提高：领地收入从 1713 年的 160 万塔勒增加到了 1740 年的 340 万塔勒(从占净收入的 40％增加到了 46％)。[159] 腓特烈大帝获得了新的领土，而有了新的领土，就有了新的领地：1743 年，领地收入差不多占西里西亚收入的 23％。[160] 相比之下，攻占西普鲁士(West Prussia)在 1774～1786 年付出了投资 670 万帝国塔勒的代价，至少有 46 万帝国塔勒花在了设

156　Koch (1978)，73—74.

157　Ibid. 85；Braun in Tilly (1975)，274 n. 35，277.

158　Dorwart (1953)，209.

159　Schremmer in Mathias and Pollard (1989)，415；Koch (1978)，93.

160　Baumgart in Greengrass (1991)，165.

立新的王领和购置庄园上。[161]

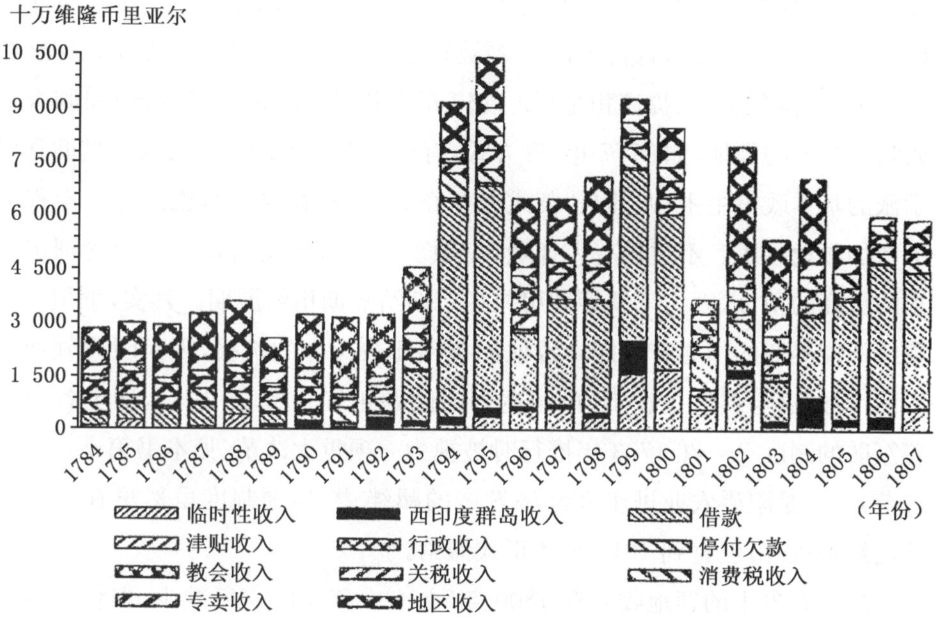

资料来源：Barbier and Klein (1981),338 \rjb\spain\spb002 © ESFDB 1993.

图 80　1784～1807 年马德里财政不同类别收入

(用维隆币里亚尔表示)

有历史学家根据存世的高行政支出证据推断，在腓特烈大帝治下，虽然获得了 3 个新省的领土，但领地发展在这之前已经达到了登峰造极的地步。[162]当然，领地收入从腓特烈大帝 1740 年登基之初就开始从占净收入 46%的峰值持续减少，到了 1778～1779 年在 2 280 万塔勒总收入中只占 900 万塔勒(或者 39.5%)。到腓特烈大帝驾崩时，领地收入和总收入分别为 850 万和 2 380 万塔勒(或者领地收入只占总收入的 35.7%)。[163] 当我们看到普鲁士领地收入相对减少时，必然会认为普鲁士的总收入获得了惊人的增长：1740 年净收入总额只有 740 万塔勒。因此，领地收入在腓特烈大帝治下有所增加(从

161　Hubatsch (1975),189.

162　Ibid. 174—175.

163　Henderson (1963),66 n. 1;Koser (1903),465.

340万塔勒增加到了据说850万～900万塔勒)，[164]但要比税收收入增加慢得多。由于腓特烈大帝尤其是在“七年战争”以后推行了“重建”(*rétablissement*)政策，普鲁士的王领被置于民事管理之下，并且由企业家经营。[165] 通过降低成本、提高租金(如1768年重新对租约进行了审核)和调查贵族暗中扩大的领地(如1777年)等方式，有可能增加了领地净收入。贯彻官房学派的基本政策主张，尤其是“英式农业经济”的发展方法[166]，也能在一定程度上增加领地收入。不过仍有人怀疑，王领承租人可能支付了比王领管理房要求的更高的租金，因为王领管理房往往定期给短期租约展期。其实，承租人对租约不能展期的担心有可能导致他们报出比较保守的价格，因而阻碍领地收入的增加，这与英格兰在16世纪遇到的问题正好相反。[167] 最后，瑞士各州供养军队的制度——在1733年推行时被视为一项重大改革(见本书第十一章第二节)——是阻碍农业进步和经济发展的羁绊。[168] 这项制度虽然早在5年以前已经被废弃，但直到1813年才正式撤销。[169]

虽然普鲁士的领地收入在1800年和1806年实际有所减少，但仍要占到普鲁士净收入总额的28%或者30%。[170] 因此，“企业型”领地国家看来是取得了相对成功。19世纪初，普鲁士发生过有关是否应该放弃全部税收、扩大王领的辩论。然而，1803～1805年所做的一项计算显示，普鲁士政府必须拥有差不多全国22%的生产性土地才有可能放弃全部税收。[171] 放弃全部税收的任何可能性因为拿破仑在耶拿(Jena)取得了决定性胜利和普鲁士因此失去了大片领土而消失殆尽(见本书第十一章第六节)。法国政府千方百计地要求通过割让领地的方式来偿还它的战争赔款，但腓特烈·威廉四世[Frederick William Ⅳ(1795年10月15日～1861年1月2日)，普鲁士国王(1840～1861年

---

164 从1778～1779年到1786年似乎没有增加。Schremmer在Mathias和Pollard (1989:415)中把1786年的领地收入定为600万～700万塔勒。这个数值要远小于Koser提供的数值。

165 Johnson (1975), 79—80.

166 Ibid. 237—241.

167 Hubatsch (1975), 173—176.

168 Johnson (1975), 263—266.

169 Koch (1978), 186.

170 Schremmer in Mathias and Pollard (1989), 415—416.

171 Ibid. 410.

在位)，腓特烈·威廉三世之子。——译者注]却想方设法地要保住自己的领地["国王非常留恋自己的领地"(*le roi tient beaucoup à ses domaines*)]。鉴于战后资本难以变现，达鲁(Dalu)这个精力充沛的法国代表怀疑这些领地能变卖 5 000 万法郎。这些领地的估计收入只有 1 030 万法郎。[172] 尽管最终没有把领地割让给法国，但普鲁士的公产收入占净收入比例到了 1821 年下降到了 23.6%(如果不包括盐业专卖收入，那么这个比例只有 15.9%)。[173] 不管怎样，在除了农田和林地以外又出现了重工业和铁路业的情况下，整个 19 世纪仍然秉承了拥有大量公产的传统：在 19 世纪的最后 25 年里，随着国有企业收入占财政收入的比例的提高，直接税和间接税收入实际有所减少。[174] 虽然现代历史研究强调从"领地国家"过渡到"税收国家"的必然性，但普鲁士的例子也许能够表明，领地管理的改善和把新型企业收入纳入经常性收入可作为检验国家构建过程现代性的一个标准。

13.4　钱币化、铸币利润和信用发行

以实物缴纳的税收很可能是农业经济占主导地位的国家最早形式的财政收入，并且是封建生产方式的特点。亚当·斯密曾经指出，土地税既可实物也能货币征收。在通常以实物形式征收土地税的中国，统治者最大部分的收入总是来源于土地税。"据估计当时中国的土地税负担非常适中，在很多省份，据说并没有超过占土地一般产出 1/30 的水平。"[175]在明朝(1368～1644 年)，土地税大约提供了 3/4 的财政收入或者 2 700 万担谷物，税率在清朝(1644～1911 年)的头几十年里一直没有发生重大变化。土地税约占农业产出的 10%，但按担谷物计各地差别明显。[176] 斯密谴责了用实物缴纳土地税的做法："以实物形式征收的公共收入有可能饱受税吏管理不善的困扰，子民缴纳的税

172 Lesage (1924)，79—80，85，87，95 n. 1.

173 Schremmer in Mathias and Pollard (1989)，435.

174 Ibid. 418—419.

175 Smith，ed. Campbell，Skinner and Todd (1976)，ii，838. Cf. ibid. ii，683.

176 Huang (1974)，40，46，49，164，183，308；Huang (1969)，89. 关于土地税在清朝的持续重要性，请参阅文献：Chen (1914)，56，66—69。

收只有很小一部分解入君主的金库。”他认为，中国行政官和税吏可在继续这种税制的过程中“找到他们自己的利益”。斯密肯定没有说错，因为中国的税负与君主的收入相差巨大。[177] 在莫卧儿王朝统治下的印度(1556～1707年)，耕农缴纳的实物税对照复杂的折算表兑换成现金后交付给部队指挥官。不同省份之间甚至同一省份内部的税率差异最后变得十分明显，而一省内部不同地方允许采用不同的税率，但不得超过最高和最低税率。后来，当局开展了一次调查，列表公布了所允许的税率，并且根据是否种植了高价值作物确定适用税率。这样，这种税制在某种程度上把某给定年份的收成与实际税收收入分离开来。把年实物税收兑换成现金的做法，在16世纪末、17世纪初需要越来越多的货币。1605～1635年，莫卧儿帝国的年银币供给估计略低于160吨白银，而法国1631～1635年的银币供给只有75.3吨白银。[178]

即使在欧洲，有些国家也较晚完成从实物纳税到货币纳税的转型。1532年，瑞典就是用实物偿还它欠吕贝克(Lübeck)的债务的，其中一部分是用黄油偿还的。[179] 在俄罗斯，彼得大帝(Peter the Great)希望确保税收用银子缴纳，因此采纳了日耳曼人的做法，[180] 但流通中就是没有足够的银币来推行日耳曼人的做法；而且，譬如说，在“七年战争”期间，要靠铸造铜币来为军事行动筹款。银币短缺迫使俄罗斯政府从1768年起开始印制纸币：那年创立的2家纸券(*Assignat*)银行开始几乎是无限制地发行纸币，为实行扩张主义对外政策，尤其是为参与旷日持久的拿破仑战争筹款(见本书第十一章第六节)。尽管如此，货币短缺意味着实物纳税的问题仍然广泛存在。3种主要税收——财政贡赋、以徭役(corvé)形式征用的劳役以及驻军食宿供给，三者合称“田赋”(*zemskie povinnosti*)——直到进入19世纪仍是俄罗斯农民的沉重负担和国家行政机关的主要收入来源。[181]

法国在1763年发起的欧洲比较收入调查显示了欧洲其他国家普遍出现了一种坚决废除实物纳税做法的趋势。丹麦于1763年10月正式以货币纳税

177 Smith, ed. Campbell, Skinner and Todd (1976), ii, 839; Huang (1974); 268, 271.

178 Habib (1963), 201—212; Moosvi (1987), 97—107, 361—362.

179 Hecksher (1953), 213—214.

180 Montesquieu, ed. Cobler, Miller and Stone (1989), 216.

181 LeDonne (1991), 269—275.

取代实物纳税，[182] 但瑞典仍采用实物和货币混合的方式纳税。结果，法国在进行欧洲国家比较调查后认为，瑞典由于仍存在实物纳税的做法，因此难以估计瑞典的收入。[183] 但不管怎样，这并没有阻止瑞典政府在1719年以后成功地对自己的收入进行纯货币评估。从瑞典政府的评估结果清晰可见(见图81)，到了18世纪，领地收入已经从瑞典财政收入中消失，而且在1722～1809年的单个十年里占总收入的比例从未达到过1%。[184] 但是，土地税已经占到国内收入的很大比例，在17世纪90年代22%的低点与18世纪30年代40%的高点之间浮动。[185] 土地税按照像谷物这样的天然物产的一定单位来计算应税额，并且主要用谷物来缴纳。土地税收入被用来支付皇家官员俸银，这种做法比较稳定，因此能保护皇家官员免受币值波动对他们俸禄的影响。[186] 即使在法国也仍存在实物纳税的例子，直到1725年，一种名叫"五十一税"(cinquantième)的新税仍按规定直接用收获的作物缴纳。虽然从理论上讲，这种新税要比其他税公平，但实践证明很难执行，并且还遭到了教士和贵族土地所有者的强烈反对。[187] 在当时，这样的实物税已经显得很不正常，结果2年不到就被废除。在1709～1710年的战时极端情况下，法国重又恢复实物纳税的做法。当时，法国发生了生计危机，前方的军队得不到补给，只有就地征收特别税才能避免灾难的发生。[188] 像阿尔萨斯(Alsace)和弗朗什-孔泰(Franche-Comté)这样的边境省份，情况当然比较特殊。由于它们以农业为主的经济距离前方部队较近，因此，它们就成了在国外作战的法国军队的军需物资补给基地。当时，阿尔萨斯征收大量的实物税，并且还要征用农民修工事跑运输，这也许就是阿尔萨斯不用缴纳新的直接税——1710年的什一税——

182 Hartmann (1979), 119; *Mémoires*, ed. Moreau de Beaumont (1768: 63)指出，改革是"为了让人民满意"。

183 Hartmann (1979), 71, 73; *Mémoires*, ed. Moreau de Beaumont (1768), 27, 29.

184 Ärnark (1961), 400－414; Jörberg (1972), i, 80; ii, 131－132; ESFDB \rjb\sweden\sweg001 based on \swem002 and \swed003.

185 按照我们的定义，国内收入不包括无论是国内还是国外的贷款以及上一财政年度结转下一财政年度的收入，并且也不包括相对于支出的预算赤字。

186 Ämark(1961), 884 (English summary). 本章作者感谢 Paul Hart 博士翻译了一些瑞典财政术语。

187 Bonney (1992a), 153－154.

188 Ibid. 154 n. 18.

的原因。[189]

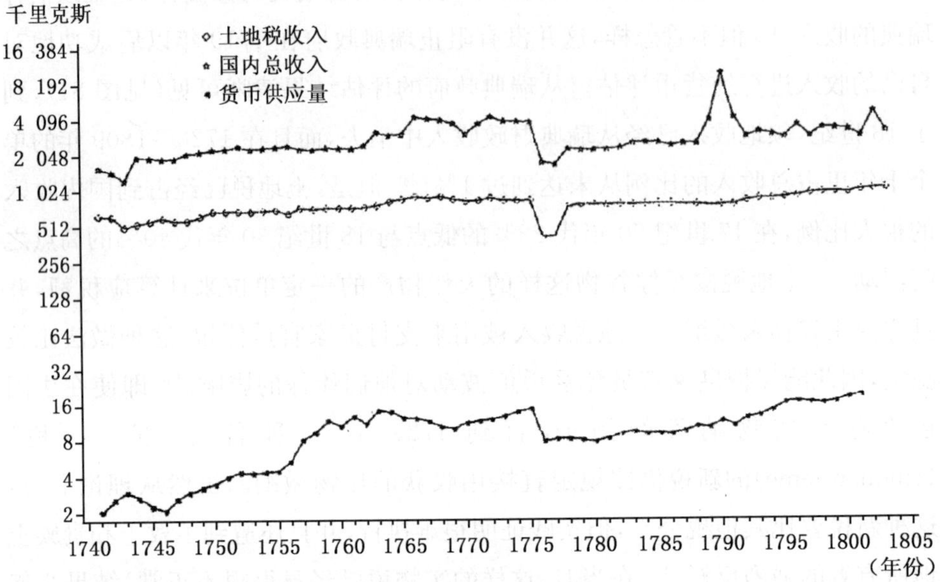

资料来源:Amark (1961);Jörberg (1972)\rjb\sweden\sweg001 © ESFDB 1993.

图 81　1741～1803 年瑞典土地税收入、国内总收入和货币总供应量

(用里克斯表示)

近代早期,这种征用劳役和实物纳税的做法在西欧已不多见。13 世纪,欧洲见证了普遍的钱币化过程,从而促进了从实物缴税向货币缴税的过渡,也因此而加深了国家对税收的依赖程度(见本书第五章第三节)。[190] 中世纪初期,征收铸币税和"货币确认"税被作为最早的王权之一。[191] 这种王权后来就变为更加稳定、定期的铸币税征收权(*seigneuriage or moneyage*),一种更加类似于一般收税权而不是王权的权利。[192] 我们并不总能准确了解这方面的皇家定期收入:詹姆斯·斯图亚特爵士和亚当·斯密认为,法国国王在 18 世纪

189　Ibid. 154 n. 19.

190　Cf. Spufford (1989);246—247,383.

191　Bisson (1979).

192　Marineau in Genet and Le Mené (1987);120—121;Einaudi (1953),240,257—258;Boyer-Xambeu,Deleplace and Gillard (1986),83;Ardant in Tilly (1975),191.

征收过税率大约为8%的铸币税。不过，这么高的铸币税率很可能不符合实际，因为，就如大卫·休谟指出的那样，“没人会把金条或者银块拿到造币厂去兑换”。按照内克尔的说法，实际税率大概是3%，但不同时期有所变动，就如重铸硬币的利润。[193] 尼古拉斯·奥雷斯姆(Nicholas Oresme)在他的《货币论》(*De moneta*)中表示，硬币贬值(降低货币金属成色或者减轻货币重量)其实就是一种税收，而统治者改变硬币的原因就是想赚取利润或者收益(见本书第一章第四节)。[194] 到了18世纪，这种操纵货币的行径受到了那个时代学者的谴责：亚当·斯密比奥雷斯姆走得更远，把这种行径说成“简直就是公然动用暴力……实施侵犯；而铸币掺杂则就是实施欺诈”。[195] 在某些年份，硬币蚀变的收益要占皇家收入的很大比例。法国1298～1299年硬币贬值为国王创造了相当于其他各种来源合并收入1.5倍的收入；腓力六世1349年下令降低货币成色，这次创造了占总收入67%的收入，相当于爱德华三世当时实施硬币贬值创造的收入的100倍；而1420年和1421年法国的两次硬币贬值分别给王室创造了相当于其他各种来源合并收入4倍和11倍的收入，尽管这也是一些绝无仅有的事。[196] 无畏的约翰(John the Fearless，勃艮第公爵。——译者注)在1416～1419年通过钱币贬值使他从两个勃艮第获得的“正常”收入几乎增加了4倍。[197] 但最重要的是，卡斯蒂利亚在中世纪后期因钱币贬值引发了暴乱，马拉维迪的币值在差不多130年的时间里大约降低了95%。由于没有关于卡斯蒂利亚铸币产出的档案资料存世，因此，中世纪晚期欧洲流行的货币紧缩概念值得怀疑。[198] 但有一点是明确的，那就是任何来自铸币利润的短期收益都被王室实际经常性收入的灾难性减少所侵蚀。按实际价值计，卡斯蒂

193　Smith, ed. Campbell, Skinner and Todd (1976), i, 62; Steuart, ed. Skinner (1966), ii, 431, 575; Bonney (1992a), 156 n. 21; Boyer-Xambeu, Deleplace and Gillard (1986), 82.

194　Spufford (1989), 295, 300, 306－368; Oresme, ed. Johnson (1956), 24, 36, 41.

195　Smith, ed. Campbell, Skinner and Todd (1976), ii, 932.

196　Spufford (1989), 302, 305, 308－310, 317; Day (1978, 1987a), 53; Day in Depeyrot, Hackens and Moucharte (1987); Miskimin (1984: 50 n. 48)表示，Day数据低估了法国15世纪早些年的硬币产出，而高估了15世纪晚些年的硬币产出。

197　Spufford (1989), 311－312.

198　Day (1987a: 53－54, 64－67)在其他场合列表介绍了主要的存世数据序列。请参阅Day (1984)。

利亚王室1504年的收入只比1429年增加了40%。[199] 此后，马拉维迪的币值保持稳定，直到17世纪铸造一种名叫"维隆"的铜币。这种铜币主要用在阿姆斯特丹有卖的瑞典铜铸造。[200]

铸币利润最重要的作用或许体现在王领收入已经不够但税制还没有达到充分发达水平的时候，如法国14世纪的金币和银币铸造鼎盛时期，而不是15世纪的钱币贬值时期。[201] 但是，欧洲主要国家的历史经验并没有证明"国家在税制健全之前就已经实施钱币贬值"的论点：腓特烈大帝到"七年战争"快结束时不得已大肆降低货币成色，因为他的收入体系不足以满足他战时的需要。[202] 普鲁士1619～1623年的货币大贬值(*Kipper-und Wipperzeit*)遭遇主要始于一些规模较小的邦国(这些小邦国的君主在"三十年战争"爆发后力图增加自己的收入)，结果表明竞相降低硬币的含铜量造成了灾难性的后果。亚当·斯密对法国或者英格兰等那些控制本国货币的欧洲大国与热那亚和汉堡等无力控制自己货币的小国进行了比较。[203] 虽然斯密的观点在18世纪已经变得基本正确(除了神圣罗马帝国的一些小邦国)，但在早期仍有误导之嫌。英格兰的情况在中世纪比较少见，因为它的岛国条件允许王室阻止外币流通。[204] 这在欧洲大陆是不可能做到的。例如，16世纪外国硬币仍在法国自由流通。法国的地区造币厂接受不同外国来源的硬币，只是在17世纪期间，大部分外国货币才逐渐要被重新做成"法国货币"。[205] 一旦出现这种情况，像柯尔贝尔这样的坚定金银本位论者几乎就能率先考虑征税可获得的收入金额与王国流通货币数量之间的关系。[206] 即使发行了"本国"货币以后仍有流通中的"真"币与记账货币——一种用于计算流通中实际货币价值并且把流通中货币限制在

---

199 Spufford (1989), 299, 314－315; Ladero Quesada (1970, 1973), 43－44; Ladero Quesada in Bonney (1995).

200 Spooner (1972), 60.

201 Binaudi (1953), 158; Miskimin (1984), 50.

202 Henderson (1963), 40－41; Hubatsch (1975), 139－141.

203 Smith, ed. Campbell, Skinner and Todd (1976), i, 479－480; Kindleberger (1991), 153.

204 Mayhew in Challis (1992), 131－132.

205 Richet (1961); Spooner (1972), 306, 316; Boyer-Xambeu, Deleplace and Gillard (1986), 110－112, 220－221.

206 Hecksher (1953), 221－222; Bonney (1981a), 282 n. 2.

货币体系中的抽象单位——之间的区别。在这样一个体系里，当局可以通过"喊高"(crying up：当时，硬币的价值由国王派遣的传令官在十字路口或市场上口头宣布。这里的"crying up"意思就是"喊高"或"调高"，而"crying down"或者"decrying"则表示"喊低"或"调低"、"从流通中收回"或"全面禁止"。——译者注)流通中实际货币相对于记账货币的价值来使货币贬值。[207]如果一个大国同时有一种以上的记账货币，那么，它的政治和经济凝聚力就可能值得怀疑。[208]

一名英格兰评论家在1621年把造币厂的锤子比作人的脉搏："如果脉搏跳动有力，就被认为身体健康；如果脉搏跳动微弱，就说明身体虚弱。"[209]这样来看，虽然从长期看，英格兰和法国造币厂的产出似乎大幅增加(见本书图2)，但产出并不稳定，会出现一些短期峰值(往往说明硬币在蚀变)，随后又会出现造币厂相对清闲的时期——这可能就预示着国家的政治但首先是经济健康有问题。[210] 法国自始至终都有，而英格兰至少在中世纪确实有的一个明显特征[211]，就是地区造币厂不断增多。地区造币厂就像地区税收，都有自己与众不同的历史，而各地造币厂产出的波动并不能用任何一个单一因素来解释：各地的市场状况、各造币厂厂长的努力和技能以及国家给各地造币厂创造的机会都各不相同。[212] 有些地区造币厂距离贵金属的到达点要比其他造币厂近很多，这一点也很重要，因为贵金属的货源或许是决定造币厂产出的最重要单个因素。[213] 由于以上种种原因，再加上技术变革和王权经历的沧桑的影响(在议会1642年夺取了铸币决定权以后，查理一世发现自己在英格兰内战期间无

---

207 Binaudi (1953),248—249;Boyer-Xambeu,Deleplace and Gillard (1986),102.

208 Einaudi (1953),244;Boyer-Xambeu,Deleplace and Gillard (1986),39,204.

209 Challis in Challis (1992),307.

210 Ibid. 190,192;Dyer and Gaspar in Challis (1992),431.

211 关于英格兰外省造币厂萎缩的情况，请参阅文献：Mayhew in Challis (1992),83,149。Mayhew把他写外省造币厂萎缩的那一章取名为"从地区造币厂到中央造币厂：1158～1464年"，但这个时期以后仍有几家地区造币厂，而且后来创建了一些新的地区造币厂。

212 Challis in Challis (1992),240—241;Sussman (1990),155;Williams (1991)讨论了一个地方案例[即阿让(Agen)的案例]。

213 基本上采用Spooner (1972：222—245)中的法国地图；Mayhew in Challis (1992),130。直到1815年以后，金银输入才不再具有第一重要性：Dyer and Gaspar in Challis (1992),484。

法要求造币厂铸造明显多于对手的硬币)，[214]因此，一个国家的造币历史是非常复杂的。从收入的角度看，关于铸币的主要关切必然是王室通过造币、硬币重铸和降低货币成色可获得的利润。在这方面，从英格兰造币厂经过修改的历史中能够得出的最重要结论，就是王室的利润率无论是在中世纪还是近代早期都不是王室政策的一个重要方面。推行每镑1先令的固定铸币税和铸币收费(尽管时常波动)具有重要意义，因为此举取代了一种比较分散、不稳定的收入来源。在中世纪的大部分时间里，即使爱德华四世通过调整铸币税和铸币收费而不是出于财政目的降低货币成色大赚铸币利润，稳健的货币在英格兰仍是一种常态。在近代早期的大部分时间里，造币厂的财政回报率一直处于低水平。[215] 在14世纪，尽管佛罗伦萨由于外部压力而不是财政原因也实施过2次货币贬值(1345～1347年的金银比价危机和1366～1371年的比萨货币入侵)，但大致情况与英格兰相似：国家凭借自己课征铸币税的权利来谋取利益。[216] 虽然重铸货币是为了赚取利润或者至少能做到“自负盈亏”，但也可能犯下灾难性的错误，就像英格兰的1696～1698年货币大重铸。英格兰政府在约翰·洛克(John Locke)的力劝下实施了这次货币大重铸，结果以花费大约270万英镑的代价发行了680万英镑的银币。洛克的货币理论虽然极其重要，但在付诸实施的过程中或者从收到的经济效果来看并没有通过“自负盈亏”的检验。[217] 亨利八世(Henry Ⅷ)在1544～1551年实施了货币大贬值，它的影响直到1561年还没有完全消失。相比之下，在这个对造币厂进行系统性财政利用的时期发行了总面值440万英镑的成色不足的硬币，其中大部分是银币。造币厂每兑出100英镑的银币，王室就能赚到不少于46英镑的不包括日常费用的利润。[218]

虽然技术不同，但降低货币成色在性质上无异于印发纸币。第一次正经的纸币发行在18世纪前10年发生在法国，正值硬币快速贬值时期：1701年

---

214 Challis in Challis (1992),281,283.

215 Mayhew in Challis (1992),85,89－90,133－135,138;Challis in Challis (1992),216,332.

216 Cipolla (1982),88;Cipolla (1990)对米兰和佛罗伦萨的货币政策进行了详细的比较。

217 Challis in Challis (1992),381－382,386,397; Locke, ed. Kelly (1991),55－67,110－121; Appelby (1976).

218 Challis in Challis (1992),228,232－233,239.

以后，造币厂印制了一些货币兑换券(*billets de monnaie*)发给拿金条、银块或者硬币前来造币厂兑换或者重铸硬币的顾客。到了1708年，法国已经发行了总面值3.437亿里弗尔的各种纸币，其中7 200万里弗尔是货币兑换券。由于货币兑换券这种纸币不可完全兑换，因此，它的兑换价格迅速下跌，到了1707年已经跌掉了60%甚至70%。[219] 1715年，大约6亿里弗尔的纸币债务转换成了2.5亿里弗尔的国家纸币(*billets d'Etat*)，但后来，在劳氏的"光辉但不切实际的思想"(斯密语)的影响下，这种纸币迅速膨胀。斯密曾评论称，"这种主张几乎不加限制地增发纸币……的思想是所谓的'密西西比计划'这个或许是人类历史上最荒诞的银行和证券批发计划的现实基础……"[220] 詹姆斯·斯图亚特爵士在解释这项计划的起因时表示：

"法国的债务……已经超过20亿。法国现在估计大约有12亿的硬币……摄政王认为，如果他能把这12亿硬币全部甚或绝大部分存入银行，并且用同样多的纸币取而代之，那么按照他的说法，他应该能用这些硬币差不多还掉一半的法国债务……"

但在劳氏信用系统崩溃时，流通中仍有"22.35亿信用全无的钞票和少量用来偿付钞票的硬币……""1720年不可避免的破产"造成的必然结果就是1726年的硬币重铸：

"从最近一次货币大重铸来看，国王通过货币重铸致富的相同原则指导着财政大臣的行为。旧硬币被'贬低'并被禁止流通，但有人认为，就像国王对待自己的硬币那样，他有按照一个不同于任何其他相同成色金银的比价对硬币定价的自由，而且还有权命令金银所有人按照他规定的价格到造币厂兑换硬币。"[221]

直到国民公会开始有计划地通过发行纸券来为它反对旧制度君主政体备战而筹款，法国一直没有再进行劳氏实践(见本书第十一章第四节)，内克尔正

219 Bonney and Bonney (1993), 70—71; Seligmann (1925).

220 Smith, ed. Campbell, Skinner and Todd (1976), i, 317.

221 Steuart, ed. Skinner (1966), ii, 538, 556, 583.

确地把劳氏实践看作"用明天的通货膨胀为今天的政策买单"。[222] 拿破仑拒绝了这样的权宜之计(见本书第十一章第五节):1803年法郎的发行等于宣告了之前的货币突变是灾难性的,未来也不再进行出于财政目的的货币变革。法国最终也放弃了对记账货币与流通中"真"币的区分。[223]

欧洲也有国家效仿路易十四发行某种形式的纸币,但大多规模要小许多。丹麦率先在"北方大战"中为补充税收不足发行纸币,但这些纸币到了1728年就退出了流通。1736年,丹麦重又发行纸币,并且一直持续到美国独立战争结束。在1784年发生内阁成员更迭以后,纸币发行规模有所缩小,到了1789年又恢复到了1783年的水平。[224] 在瑞典,国内税收增速不及纸币供给,而里克斯在外汇交易中也相应贬值。瑞典第一次大量发行纸币是在"七年战争"期间,纸币流通量从1755年的1 380万里克斯增加到了1763年的4 400万里克斯,到了1769年又减少到了3 180万里克斯。在对俄战争期间,瑞典的经常项目赤字是通过举借国外贷款和进一步发行纸币尤其是不可兑换白银的国债局债券(*riksdaler riksgälds*)来弥补的。瑞典从1755年恢复银本位制到了1789～1790年又重新回归纸本位制,[225] 然后直到1803年通货才可兑换,瑞典一直有两种平行本位币,也就是(可兑换银币的)里克斯钞票(*riksdaler banko*)和国债局债券(*riksdaler riksgälds*)。但不管怎样,瑞典的实物土地税显然要比货币发行(无论是纸币还是银币)更加重要。到了18世纪末,就如我们在前文已经看到的那样,欧洲主要国家大多通过借贷来为备战筹款,但在某些情况下也通过发行货币来为备战筹款。法国带头发明了法定货币,并且在18世纪90年代把自己的法币制度推入了灾难的深渊。因此,货币发行终于被当作一种创收手段,并且拓宽了国家的筹款来源,从而也扩大了财政赤字的规模。事实上,国家终于能够依靠自己来弥补财政赤字,并且导致货币流通量进

222 Harris (1986),759－760;Necker (1791),132:"他由此而产生了这样一种想法:创造一种类似的货币,使所有交易物品的价格可能比他们的公允价值高出两三倍。"DuPont de Nemours 早已预见到了1790年纸券的通货膨胀效应。

223 McLain (1977),148;Hutchison (1988),407 n. 11.

224 Riley (1980),136－141.

225 Jörberg (1972),i,78－85;ii,127－144;Riley (1980),144－151.

一步扩大。[226] 法国政府在消除了因存在竞争性货币而强加给它的约束以后，终于掌握了法币创造的垄断特权，其他国家在发现自己也有类似的需要时也纷纷效仿法国（见本书第十一章第六节）。[227]

13.5　直接税

现代意义上的税收最先在一些国家被作为子民自愿捐给统治者的赠款（像教士这样的群体在法国大革命时期，在一些享受特权的省份[228]的背景下以及平时免缴直接税的城市里仍用“无偿赠款”来指称税收），[229]是政府强制攫取个人金钱的权力体现。直接税收可采取课征于个人财产或者包括所得在内的不同资产的税收形式，而资产所得税就相当于一种课征于资产资本价值的税收。[230] 亚当·斯密曾质疑国家即使在18世纪也能像对土地租金那样有效地对存款利息征税。虽然能够非常精确地确定某人全部土地的数量和价值，但“个人的资本存量几乎总是一个秘密”，因而难以估计，更不用说资本存量会发生变化。斯密因此而断言，“任何国家都应该尽量避免对个人财产状况进行严厉的调查”。在翁特瓦尔登（Unterwald）和苏黎世，自我评估财富宣誓在当时是司空见惯的；而在巴塞尔，商人要提交一张为期3个月的外汇交易应税报表。[231] 相反，汉堡的商人可能会认为申报交易活动有弊无利，但都做好了缴纳0.25％财富税的准备：由于他们的资产主要是存量资产，因此，这种税率为

226　Cf. Tanzi (1991), 79, 102.

227　Cf. Brennan and Buchanan (1980), 109—101; Ardant in Tilly (1975), 192. 在奥地利，Zinzendor 曾经在18世纪60年代末、70年代初提出了发行不可赎回纸币的危险性：最终会像法国国家纸币那样贬值。Zinzendor 的预言在1787年后纸币通胀的20年里被证明是正确的：Dickson (1987), ii, 72—73.

228　如17世纪后期：Bonney and Bonney (1993), 201—204, 297 (tables 26, 49)；关于路易十四对该词的使用，请参阅文献：Hardman (1993), 62。

229　Descimon (1989), 72. 关于16世纪法国城镇增税的情况，请参阅文献：Chevalier in Genet and Le Mené (1987), 150—151; Knecht (1982), 123—124。

230　Ardant (1965), i, 22—23, 32; Brennan and Buchanan (1980), 8, 84—85; Gury (1984).

231　*Mémoires*, ed. Moreau de Beaumont (1768), 163, 166—167, 171; AN K 879 no. 107. 关于斯夏富豪斯（Schafthouse）和圣迦尔（Saint-Gall）早些年征收的财富税，请参阅文献：Körner (1980), 93—94, 232。

0.25%的财富税就相当于课征于他们财富存量的税收。[232]

意大利大部分城邦似乎在中世纪相对较早的时期就发展了发达先进的财政制度：意大利半岛内部激烈的政治竞争足以导致各城邦之间的竞争也成为一种以谋取采用高效增收手段的溢价为目的、争夺财政资源的争斗。[233] 佛罗伦萨1427年进行的地籍调查只不过是这方面最著名的例子而已，因为这次地籍调查应该是对后来推行土地登记产生了巨大影响，而且是一次旨在几乎把全部财富纳入税收体系的复杂尝试。[234] 在其他地方，也有国家较早就发展了一种直接税收：由于这样的直接税定期课征，因此难免会与每个国家的社会但首先是政治发展发生关系。[235] 这一节要研究的问题是：直接税从财富价值评估的角度看是如何构想出来的、税收包含财政基础的程度以及直接税的征收机制。在这每一个方面，都有一个从15世纪到18世纪日益成熟的过程，因此到了法国大革命时期，直接税终于被纳税人视为一种公平的税收，甚至（至少在法国）被认为是一种最公平的税收形式。

最早形式的直接税也许就是除了贫困潦倒者以外不考虑纳税能力的无差别壁炉税或者人头税。例如，锡耶纳在1323年就征过这种税（而且规定住在郊区的人要按市民的双倍税率缴纳）。[236] 英格兰在1380～1381年第三次征收的著名人头税引发了1381年的农民起义：这是一种除了真乞丐以外凡年满15岁的成年人都要缴纳1先令的税。[237] 1377年第一次课征的人头税相对较轻（但纳税主体扩大到了年满14岁的成年人）。只有第二次征收的人头税是根据纳税人的社会和经济地位分级征收（后来也征收过分级人头税，如1641年和1660年）。无差别税也课征于特殊群体，但在这种情况下有时会规定最

---

232 *Mémoires*, ed. Moreau de Beaumont (1768), 74; Hartmann (1979), 139; Pelus in Buist and Genet (1988), 252.

233 相关内容的最好综述是 Herlihy (1964), repr. in Herlihy (1980)。还请参阅 Burke 在 Hall (1986:141)中的评论。

234 AN K 881 no. 3，"关于托斯卡纳地籍调查和由此产生的税收回忆"('Memoire sur le cadastre de Toscane et l'imposition qui en résulte')：Herlihy and Klapisch-Zuber (1978, 1985); Veseth (1990), 48—50。

235 这是 Bonney (1995)不同论文的主题之一。

236 Bowsky (1970), 69.

237 Dobson (1986), 117; Hilton (1973), 162. 关于产出的收入，请参阅文献：ESFDB datset \orm\engd010。是议会派遣的税务专员强行征收导致了起义：Harding in Hilton and Aston (1984), 169。

低财产“资格线”。例如，神圣罗马帝国在1342年对境内犹太人课征过一种“金芬尼税”（*gulden pfennig*）：这是一种每个犹太人都要缴纳1弗罗林的税，包括年龄在12岁以上、财产不少于20弗罗林的寡妇。[238] 在16世纪末、17世纪初，波兰对境内犹太人也做过类似的安排[如每人缴纳1兹罗提（zloty）或以上的人头税]。[239] 查尔斯·戴夫南特在1695年称人头税是“令人作呕的税”，其实是“土耳其人强加在基督徒头上的非常明显的奴隶制标记”。[240] 就如我们在前文（见本书第六章第五节）已经看到的那样，孟德斯鸠在18世纪也做过这样的推理。亚当·斯密曾经说过，“农奴要承担这么重的人头税，这在古代似乎整个欧洲都是这样。现在，俄罗斯帝国仍有这个税种”[241]。其实，人头税是彼得大帝在对540万人口进行普查的基础上于1724～1725年引入俄罗斯的。当时设定的税额是70戈比（kopek），这样就能收到400万卢布的税收。俄罗斯的人头税人均税额在1794年之前一直没有发生变化。因此，人头税一直是一个不能满足不断增加的预算需要的税种：如果不大幅提高人均税额（而这在政治上又是不可接受的），那么，人头税收入的增加就绝不可能比人口增长率快。因此，18世纪人头税占俄罗斯总收入的比例趋于下降。[242] 斯密理所当然地认为：

“人头税的征收费用很低。凡是严格征收人头税的地方都能为国家提供非常可靠的收入……然而一个大帝国一般通过这种税收只能征到占其公共收入一小部分的收入，而它总可以采用其他某种对民众来说比较便利的方式征收到其最大份额的收入。”

然而，俄罗斯的人头税并不是典型的西欧人头税，因为西欧典型的人头税多少试图按照社会阶层来分摊。斯密在威廉三世和玛丽在位期间在英格兰开征的人头税中观察到了这个特点：“在计征一种并非太重的税的过程中，严重的不公平被认为要比任何程度的不确定性容易忍受。”法国1695年的人头税

---

238 Isenmann in Bonney (1995).

239 Tollet, unpubd. paper.

240 Davenant, ed. Whitworth (1771), i, 22.

241 Smith, ed. Campbell, Skinner and Todd (1976), ii, 857.

242 Klyuchevsky (1965), 116－118, 169－176; LeDonne (1984), 251－254; Kahan (1985), 328－334; LeDonne (1991), 259－260, 277－278.

是由庞查特兰(Pontchartrain)模仿利奥波德一世皇帝1690年下令在他的世袭领地上课征的税开征的(利奥波德一世的敕令规定教士也要缴纳这种人头税,但在法国的版本中不包括这一条)。[243] 法国政府最初想把这种人头税作为一种几乎没人享受豁免权的个人税来征收——这也曾是奥地利政府的意愿。[244] 但是,法国政府就在1695年1月开始征收之前改变了自己的初衷,结果,这种税就变成了按每户人口征收的税,因为这种方式相对于此税最初的目的而言更加适合法国的社会结构。[245] 此税在奥格斯堡同盟战争结束时被废除,但到了1701年又重新课征,并且在旧制度剩下的日子里变成了一种经常税,而且是一种主要被置于地方行政长官管辖之下而不受财政局、选举制地区当局和贡金法院(*cours des aides*)管束的经常税。此税的用途也发生了彻底的变化,并且在1791年又多收了50%。许多地方行政长官把它作为平民人头税的附加税来征收,但又鼓励基层行政单位预先一次性缴清(*abonnement*)。[246] 亚当·斯密曾表示,英格兰的人头税"从未产出所预期的收入",而"更加厉害的法国政府从每个总督区收到了地方行政长官肯定觉得自己已经尽了力的人头税"。贵族只缴纳了"少得不能再少的人头税。最大(比例)的附加人头税落在了那些需要缴纳平民人头税的纳税主体身上,因为他们在缴纳平民人头税的基础上估计还要缴纳多达1英镑的附加人头税"。[247] 人头税是斯密认为法国应该废除的几种税之一。

另一种(譬如说)锡耶纳基层行政单位早在1168~1175年征收直接税采用的替代性方法,就是对财富进行评估作为征税的依据:在锡耶纳,这种征税方法称为"收里拉"(*alliramento*)。"收里拉"具体由拥有最低应税财富的估税员来实施,而估税员是从公民中挑选出来的。他们的任务就是评估每个户主名下的不动产(*possessioni*)和动产(*mobile*)价值:有时,但并非总是,会对

243 Bérenger (1975),338.

244 B[ibliothèque] N[ationale],Paris,MS. fr. 8852.,fo. 83^{v},31 Oct. 1694;Bérenger (1975),338 n. 204.

245 Guéry (1986),1 048. 庞查特兰在他的信中相当详细地叙述了计划的修改情况:BN MS. fr. 8853,fos. 82,240,14 Jan. and 16 Feb. 1695。

246 Bossenga (1991),27;Bonney and Bonney (1993),75.

247 Cf. *Mémoires*,ed. Moreau de Beaumont (1769),ii,421;Rousselot de Surgy (1784—1787),i,177.

动产和不动产采用差别税率。[248] 但以下这些问题都不清楚：两种不同财产是并在一起还是分开评估？按什么标准，是按估计市价、年租金收入还是销售产品可望获得的年回报来评估？在锡耶纳通常是租金收入，就像在特雷维素(Treviso)。[249] 1285 年，锡耶纳三次征税总共评估了大约 7 000 个纳税人的财产，这本身就是一个不小的成就。[250] 锡耶纳在 1316～1320 年试行过另一种财产评估方法，即"财产评估表"(*Tavola delle Possessioni*)法。这是一种在城邦内部推行的更加复杂的不动产(或许还有动产)测量、说明和评价的方法，试行这种方法的目的是要创立一种更加公平、公正的财政制度。这种方法太过复杂，结果在 1324 年被废弃。佛罗伦萨人在 1346 年重新启用过这种方法，但也在 9 年以后不得不放弃。[251]

佛罗伦萨通过强借贷款(prestanze)来取代直接税。"计征"强借贷款符合有权势公民的利益，而有权势的公民总是保护自己、惠及朋友、惩罚敌人。随着强制性贷款数额的不断增大(见图 82)，有关强制性贷款分派不公的抱怨也成倍增加。[252] 1422～1424 年，佛罗伦萨组织了一次农村财产评估，1427 年又依照威尼斯 1411 年的规程[253]进行了一次地籍调查，目的是要树立个人的纳税责任感，提供现金、商业投资等流动资产的征税依据，以便不仅仅依据地产征税，最重要的是要消除财政不公。1427 年 5 月 25 日颁布的法律要求佛罗伦萨公民、附属民和成年仆人申报自己的财产，计税单位是应税壁炉或者纳税家庭。对于地产，计算土地应税价值的依据是地租或者土地产出的收益(按总收成一半来计算)，而不是邻里之间提供的"公允估计值"。土地所有者被要求如实填表申报每块土地前 3 年的实收租金：地租按地产价值的 7%计收。动产价值由调查员根据他们认为的市场公允价值来评估，但如发生争执，财产所有者与调查员之间必须达成一致。除了公债(*Monte*)外，流动资产很难发现，但

248　Bowsky (1970)，70—72，75—76，78—79.

249　Herlihy (1958)，78 n. 25.

250　Waley in Denley and Blam (1988)，177.

251　Bowsky (1970)，87—90，97，110—112.

252　Molho (1971)；62，76 — 77；Conti (1984)，81 — 83；ESFDB \ rjb \ italy \ flog001 based on \flod001.

253　Molho (1971)，79；Herlihy and Klapisch-Zuber (1978)，56—58，(1985)，9. 这个词的词源(希腊语"*kata-stikhos*")表明，威尼斯人从拜占庭人那里借用了这个词，或许还借用了计征方法。

调查员可要求商人出示账簿，并且对债权人和债务人各自所说的金额进行核对。一般来说，资产与负债之间的差额就是家庭应税财产（*soprabondante*），按市场价值的0.5%纳税。[254] 尽管佛罗伦萨的地籍调查已经非常成熟，但仍有必要记住，这次税改寿命很短：2年后，1430年和1433年地籍登记册上的信息质量明显下降。财政压力又分别在1442年、1451年、1469年和1480年引发了“通过地籍调查”（*via catasti*）开拓新财源的进一步尝试。但是，这种税收制度在1495年因改征什一税（*decima*）而被永久性地废弃。[255] 所谓的什一税，就是不问家庭人数，一律按10%的税率缴纳财产税。但实际上，这是一种按10.5%的税率课征于家庭财产的税，农村按11.66%的税率对租金收入课征。到了18世纪中期，所谓的什一税已经变成了城市按14%的税率对净收入课征，而城外税率略低的税。[256]

地籍调查是城市政治、社会和行政管理体制高度发达的产物。但是，即使在这样的环境下也很难坚持地籍调查制度。按照定义，这样的地籍调查不可能在君主制大国推行。法国大城市（*bonnes villes*）从未试图进行过这样的财政公平努力，因为它们不愿征收像平民人头税那样的直接人均税，并且几乎从不长期采用某种固定不变的税收计征方法。[257] 同样，荷兰的城镇在17世纪较之于直接税也偏好间接税。虽然荷兰也有一种人头税，直到采用减少付息（“*100e en 200e penningen*”）的方式课征的政府债券和其他证券税已经变得很重要的18世纪，荷兰小城市和农村的税负始终高于像阿姆斯特丹、莱顿（Leiden）、哈勒姆（Haarlem）、代尔夫特（Delft）、多德雷赫特（Dordrecht）和豪达（Gouda）这样的大城市。[258] 在那不勒斯、英格兰和法兰西王国，到了16世纪，直接税的计征方法已经陈旧过时，并且越来越不能用来对全体子民不断增加的财富征税。在那不勒斯王国，直接税在1550～1638年几乎增长了2倍，

---

254 Herlihy and Klapisch-Zuber (1985), 14—17 and (1978), 59—71; Molho (1971), 81; Herlihy (1972), 42—43 [repr. in Herlihy (1980)].

255 Herlihy (1972), 45; Conti (1984), 320, 326.

256 AN K 881 no. 3，“关于托斯卡纳地籍调查和由此产生的税收的回忆”（‘*Mémoire sur le cadastre de Toscane et l’imposition qui en résulte*’），31 May 1765。

257 Favier (1970), 40—60; Chevalier in Genet and Le Mené (1987), 145; Descimon (1989), 73—74.

258 ’t Hart (1989), 675—676; Fritschy (1990), 66—67.

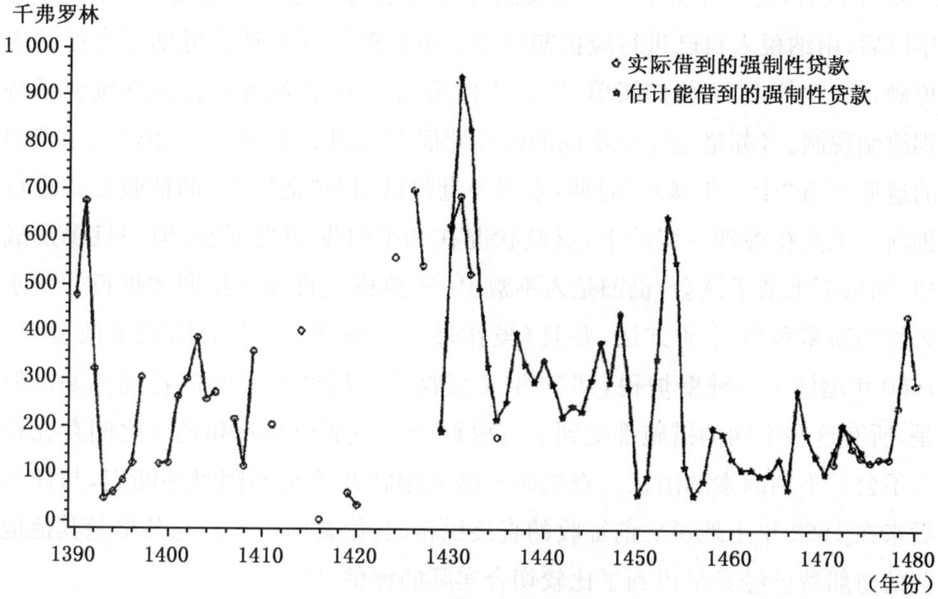

资料来源：Molho (1971)；Conti (1984)\rjb\Italy\flog001 © ESFDB 1993.

图 82　1390～1480 年佛罗伦萨估计能借到和实际借到的强制性贷款

(用弗罗林表示)

但仍赶不上通货膨胀，因为直接税是根据增长缓慢的家庭户数课征的。附加直接税在 17 世纪 20 年代和 40 年代变得越来越沉重，而王室常授权其债权人代为征税又凸显了税制本身的缺陷。1550 年，直接税已经占到财政收入的 80%，而到了 1638 年却减少到了只占财政收入 55%的水平。[259]

在英格兰，都铎王朝发现中世纪的什一税和十五一税已经不足以充当直接税的基本税种，并且形成了一种间歇性的世俗特别津贴制(如在伊丽莎白女王在位的 45 年里总共征收过 12 次特别津贴)[260]，目的就是要更加有效地对财产和收入征税。这种特别津贴税制在 1513～1553 年形式有所变化；但在玛丽治下，地产的税率一直固定在每英镑收入缴 4 先令的水平上，而其他财产则每英镑收入缴纳 2 先令 8 便士。这两种税率在伊丽莎白治下没有发生变化：

259　Calabria (1991)，58－66.

260　Hartley (1992)，40. 1589 年，这一授权后来成了双倍津贴(4 年共征收 28 万英镑)，而伊丽莎白在位时的最后一届议会授权征收了 4 次特别津贴。

1563年以后，税务专员不再一定要纳税人为他们自己的申报发誓，而在1566年以后，由纳税人自己进行应税额评估。枢密院怀疑有钱人低估了自己的应税额，让“次等人”为他们买单。[261] 结果便是到了17世纪无可挽回地废弃了特别津贴税制。（苏格兰完全不同的税收计征方法到了16世纪末也经历了类似的遭遇）[262]在“十一年暴政”时期，查理一世曾试图对“造船费”的征收方式进行创新。虽然在查理一世治下，财政状况在和平时期相当不错，但一旦爆发战争，如果不求助于议会，仍旧是入不敷出。[263] 英格兰直到空位期才推行一种永久性的新型税收计征方法，并且（虽作过一些修改）一直沿用到王政复辟。1660年增课了一种壁炉税，1671年又征收了一种经过修改的特别津贴。但是，所有这些不同的措施都受到了应税财产评估不切实际和地区之间存在税收不公等不利因素的困扰。查尔斯·戴夫南特几乎毫不困难地断定，与任何后来在1692年土地税之前征收的直接税相比，伦敦周边郡县与英格兰其他地区的造船费已经算是得到了比较切合实际的评估。[264]

法国也明显遇到了直接税制不切实际的问题。平民人头税是法国主要的直接税，从1439年起，选举制地区经常征收这种税。平民人头税的收入在路易十一治下已经达到了它的峰值，但它的增加直到亨利三世登基也没有赶上通货膨胀。[265] 亚当·斯密在评论这种直接人头税时表示：“显然，要缴这种税的人在征收之前都不能确定自己需要缴纳多少税款，甚至在征收之后也不能……”[266] 斯密的观点也许并没有充分公正地对待法国政府的税改努力和某些省份致力于税改的地方行政长官取得的实际成就。虽然某些地方，如里摩日（Limoges）和沙隆（Chalons）[267]，进行过“明确税率”（tarifé）的平民人头税的实践，但主要是伯尔迪埃·德·索维尼（Bertier de Sauvigny）在巴黎总督区所

261 Ibid. 52.

262 Goodare (1989), 23—25, 46.

263 Sharpe (1992), 105—130, 567—595.

264 Davenant, ed. Whitworth (1771), i, 38—39.

265 ESFDB \rjb\frd007 reprod. by Bonney in Bonney (1995); cf. Guéry (1985), 62.

266 Smith, ed. Campbell, Skinner and Todd (1976), ii, 855.

267 Marion (1910), 43—44, 168—171; Touzery (1983); Kain and Baigent (1992), 220—221.

做的工作大大推进了构建更加公平的税制(尽管这种税制并不总是受到欢迎),[268]拉凡迪(L'Averdy)还是在1768年发表了一份旨在节制税收摊派中存在的某些弊端的声明。[269] 然而,选举制地区不可能取得任何进步:一种组织一次全国性地籍调查的想法刚刚形成就被遗弃。内克尔关于平民人头税的观点十分明确:没有它可能不行,但没有在最高法院登记就不应该进一步增收,而且这也是1780年2月颁布的规定。[270] 因此,从长期看,通货膨胀会相应降低平民人头税的重要性。[271]

这些评论不但适用于选举制地区征收对人平民人头税的区域——覆盖法国大部分领土,而且也适用于实行三级会议制的地区按照各省自己确定的不同规则征收土地税[对物平民人头税(*taille réelle*)]的区域。亚当·斯密曾经指出,"对物平民人头税由于只在这个国家部分地区课征,因此必然是一个不公平的税种,但并不总是一种随意课征的税收(尽管有时确实如此)"。虽然省行政长官克洛德·佩罗(Claude Pellot)对蒙托邦(Montauban)总督区的地籍登记进行过改革,但是,该总督区的地籍登记到了1727年仍被认为是"非常不公平"。省行政长官不得不通过严格控制的追加评估和减免来弥补之前的地籍登记所存在的不足。[272] 只有多菲纳(Dauphiné)省在行政长官布旭(Bouchu)的倡议下着手进行了一次重大的改革[即所谓的"壁炉税改革"(*révision des feux*)]。这次改革虽然是路易十四治下的法国进行的最完备的税收改革,但持续时间太长,直到摄政时期还没有完全结束,而到了1716年又被废弃。[273] 譬如说,由于勃良第与布列塔尼采取不同的行政管理实践,"壁炉"这个

268 Ibid. 35—37,153—156. *Mémoires*,ed. Moreau de Beaumont (1769:ii;80—113)中的改革讨论参考了1767年的法令和1768年的声明以及这两个总督区行政长官的工作手册。Kain and Baigent (1992),218—219.

269 Marion (1910),39—40,159—164.

270 Harris (1979),190;Necker (1791),137;Marion (1910),46,174—178.

271 Bonney (1992b),119,and ESFDB \rjb\eleg006.

272 Smith,ed. Campbell,Skinner and Todd (1976),ii,836,854;*Mémoires*,ed. Moreau de Beaumont (1769),ii,145;AN G7 391,nos. 362,367—437,21 Nov. 1687 and avis of the intendant,26 Nov. 1687.

273 AN G7 243,no. 409,3 Sept. 1697 and above all nos. 434 and 435,instructions and decree of the council authorizing the 'revision generalle des feux de la province de Dauphine',27 Aug. 1697. On the révocation of the commission:AN G7 251 nos. 7. 8,21,5 Sept. ,8 Oct. 1716,28 July 1718.

词本身就造成了棘手的不同省份之间兼容的问题。[274] 在布列塔尼，壁炉的数量非常重要，因为那里从未进行过地籍登记，而应税壁炉[平民家的壁炉(*feux roturiers*)]的数量从15世纪起已经有所减少。[275]

亚当·斯密对法国的廿一税(*vingtième*)与英国的土地税进行了比较，并且把英国的土地税作为一种税率与地租波动无关的定率税的主要例子来举。毫无疑问，在斯密看来，廿一税优于平民人头税。[276] 最初在1710年作为一种战时临时税征收的什一税(*dixième*)在1717年被废除，但在1733年波兰王位继承战期间和1741年奥地利王位继承战爆发以后重新征收。什一税的征管条例保持没变，而什一税直到1749年奥地利王位继承战结束才被废除，并且在和平时期被替代它的廿一税所取代。但是，廿一税最初也依照基于1710年什一税征管条例修改的条例征管。财政总监马绍(Machault)把它作为一项重要的财政改革措施来推行。这次尝试在1754年基本以失败而告终。直到1763年，后来的财政总监贝尔丹(Bertin)试图确保两种廿一税——也就是旧什一税的相应税种——都能够课征，并且为保证妥善评估应税财富采取了适当的措施(受到了地籍登记或者地籍调查思想的影响)。各地最高法院对这个改革方案的联合抵制迫使政府做出了让步。廿一税的实际收入直到1771年仍然平平或者呈减少趋势。莫普(Maupeou)政变促使泰雷(Terray)就像马绍在1749年考虑的那样进行了修订计征方法的尝试：这就构成了一种经过改革的国税[领土税(*impôt territorial*)]的基础。[277] 负责领土税计征的税务总管们做了大量的查证工作，但计征不切实际的问题依然存在：面对各地最高法院的联合抵制，选举制地区22 508个教区中只有4 902个教区在1772～1782年对它们的纳税人名册进行了核验，而此举导致这些教区的税收几乎增加了50%。[278]

---

274 AN G^7 190 no. 191,6 Nov. 1710.

275 Kerherve (1987),ii,549,551,578;(1992),11,21. 由于存在豁免权以及15世纪壁炉数量减少，因此，最初评估的应税壁炉数79 748个和免税壁炉数18 699个绝对不符合实际情况；1577年、1638年和1640年免征壁炉税(*affranchissements desfouages*)，在1710年得到了证实。

276 斯密建议取消平民人头税和人头税，并增课廿一税：Smith, ed. Campbell, Skinner and Todd (1976),ii,904.

277 Marion (1910),103,362－365.

278 Ibid. 107－108,317.

英格兰1692年的土地税是为了给"激烈的对法战争"筹款而征收的,因此之前没做任何调查或者筹划就确定了。纳税申报单列示了每块土地的所有人和/或占用人、最高年租和已缴税额,但并不是总要申报土地名称,也不注明土地面积或地界。[279] 英格兰的土地税最初在设定时还是公平的,但"随着时间的推移以及全国各地耕作水平的提高,或者由于各地忽视了各地耕作水平不同,必然变成了一种不公平的税收"。这种税收固定不变的性质起到了有利于纳税人而不是统治者的作用,因为地租从1692年设立此税以后持续上涨,而币值仍保持不变。[280] 18世纪60年代,一些外国观察家认为,英格兰在1692年开征的土地税大致相当于一种课征于土地的五一税,但又存在最严重的地区和人际不公平。[281] 由于农业萧条,这种土地税在战时就成了一个沉重的负担,这种情况一直持续到18世纪40年代。然而,未能重估1692年估算的全国土地价值,就意味着土地所有者在1750年以后取得的成功就不用纳税。形势变好的农业非但没有受到土地税的困扰,甚至可能受到了激励,就像帕尼尼(Pagnini)等外国观察家所认为的那样。[282] 斯密也许更加正确,他认为,英格兰的土地税既没有促进也没有阻扰农业形势的好转。[283] 也可能是,英格兰的土地税成本基本上不是由土地所有者而是由农民和农民雇用的帮工承担的。不过,这个问题仍有争议。[284] 毫无疑问,土地所有者总想通过增收地租来获得补偿,但不可能把直接税的全部税负都通过这种方式转嫁给农民。比较地租在英格兰土地税税率区间内波动的变化趋势,并没有发现土地税的税负全部由土地所有者转嫁给了佃农,原因无疑是土地租期长,从而导致租金变化滞后于税率变化。到了18世纪90年代,英国的土地税也不再像它在18世纪早些时

---

279 Kain and Baigent (1992:257—259)评论称:"土地测绘调查必然都掌控在被置于中央政府控制下的专业测绘员的手中,并且剥夺了地方土地所有者的税收控制权,这种情况不可思议。"

280 Smith, ed. Campbell, Skinner and Todd (1976), ii, 828—830.

281 Hartmann (1979), 50—52.

282 AN K 881 no. 3, 'Mémoire sur le cadastre de Toscane et l'imposition qui en résulte' (31 May 1765):"M. Pagnini...认为,据他所知,最好的地籍调查是英格兰在1698年进行的地籍调查,从它尤其有利于农业的不可思议的效果中就能看到……"

283 Smith, ed. Campbell, Skinner and Todd (1976), ii, 839. 李嘉图认为,任何土地税都不可能促进农业发展:Ricardo, ed. Sraffa and Dobb (1951—1955), i, 188。

284 O'Brien (1988), 19; Brewer (1989), 203; Beckett and Turner (1990), 387:关于税负转嫁,李嘉图有自己的观点:Ricardo, ed. Sraffa and Dobb (1951—1955), i, 186。

候那样伤人。

亚当·斯密曾经指出，重农学派把一种课征于随耕作好坏涨跌的地租的税收作为“最公平的税收”来推荐。斯密用法国1763年完成的一项调查解释了他的论点，并且以威尼斯的一种耕地租金什一税为例与英格兰的土地税进行了比较，并且认为“前者虽然征管成本很高，但肯定比后者更加公平”。斯密还认为，对自耕农“适度减税”有望促进农业进步，但一般而言，威尼斯式的可变土地税，确切地说会作为阻碍因素发挥作用。[285] 斯密还提到了租约登记的好处，并且充分认识到了欧洲地籍登记改革运动的重要意义(见本书第十章第五节)：他谈到了“在经过仔细调查以后公平估价，就像米兰人以及奥地利、普鲁士和撒丁岛不久前所做的那样”[286]。波希米亚的地籍调查影响并不是特别大，因为它是在1个世纪里逐渐完成的。[287] 普鲁士在1740年占领西里西亚以后对西里西亚进行了一次地籍登记。贵族的土地要按比下等阶层人士的土地高出3%的税率纳税；[288]而教会土地的收入要缴纳比世俗地主的土地收入更重的税(分别按净收入的50%和38.33%纳税)，因为较大部分的土地税是落在地租上的负担。[289] 斯密在他说到法国1763年的地籍调查时也提到了萨瓦和皮埃蒙特的地籍改革运动[290]以及米兰公国的地籍改革运动，并且认为他们“进行了迄今为止最精确的地籍调查”[291]。斯密断言，地籍改革的效率取决于政府对国家各方面的变化以及全国每个不同农户产出的持续、用心的关注。在斯密看来，这样的关注“是那样地不适合政府，因此不可能持续很久；即便能够持

---

285 Cf. *Mémoires*, ed. Moreau de Beaumont (1768), i, 240; AN K 880 no. 1. 土地所有者缴纳占其收入8%的税收。

286 Smith, ed. Campbell, Skinner and Todd (1976), ii, 934. 关于奥地利，请参阅文献：Vann in Buisseret (1992), 165—166; Kain and Baigent (1992), 191—192。

287 *Mémoires*, ed. Moreau de Beaumont (1768), 183; AN K 879 no. 70. 关于波希米亚1747年的地籍调查及以后的税改，请参阅文献：Dickson (1987), ii, 224ff。

288 *Mémoires*, ed. Moreau de Beaumont (1768), 119; AN K 879 no. 81. Hartmann复制了详细的耕作方式和税收摊派分类数据：Hartmann (1979), 203—213; Baumgart in Greengrass (1991), 165。毫无疑问，西里西亚的地籍调查借鉴了之前普鲁士克里斯夫(Cleves)的经验：Kain and Baigent (1992), 153—157。

289 Cf. *Mémoires*, ed. Moreau de Beaumont (1768), 119; AN K 879 no. 81; Rousselot de Surgy (1784—1787). iii, 409.

290 Cf. Symcox (1983), 123—127, 202—206; Kain and Baigent (1992), 188—190, 213—217.

291 Cf. Klang (1977); Kain and Baigent (1992), 181—185.

续很久,也很可能在长期内对纳税人造成的麻烦远多于可能提供的救济”[292]。

应该指出,斯密的评论与他的原始资料法国 1763 年地籍调查的基调,尤其是与撒丁王国的地籍调查被认为具有的优点形成了强烈的反差。[293] 斯密不可能预先知道在高丹(Gaudin)主持下完成的法国地籍调查取得的成功和法国的地籍调查对欧洲其他国家的影响。在法国的影响下,欧洲其他国家都运用公制和《拿破仑法典》推行了新的土地登记。[294] 然而,即使在拿破仑统治下的法国,分块进行的地籍调查因量地耗时费力而推进缓慢:1808～1814 年总共测量了 9 000 个市镇 1 200 万公顷的土地,整个调查直到 1850 年才结束。调查刚结束,就有人发现仍有必要进行基本的修改。[295] 拿破仑是一个旧制度时期的人,而这次地籍调查是旧制度下推行的改革。即使法国历届革命政府也都讨厌间接税,但在直接税改革方面表现得非常保守。法国大革命宣告了“税收应该根据纳税能力在全体公民之间公平分摊”[296] 的原则,革命政府还开征了一种土地税、一种(基本不可行的)[297] 动产税和一种商业利润税(见本书第十一章第四节)。在这些新开征的税种中,最重要的是土地税(*contribution foncière*)这种取代旧制度下课征于土地的多种税(平民人头税、廿一税等)的新直接税。这种新直接税采纳了重农学派的基本主张,因此应该是一种课征于净收入的税(土地税的税率不得超过土地净收入的 1/6)。[298] 虽然土地税占全部直接税的比例可能略有降低(从 1789 年前的约 80%降低到了 1790 年的 75%左右),[299] 但这一相对较小的变化却是为了废除特权、提高税收计征公平

---

292 Smith, ed. Campbell, Skinner and Todd (1976), ii, 836.

293 Cf. *Mémoires*, ed. Moreau de Beaumont (1768), 312－315; AN K 880 no. 59.

294 Marion (1925), 256－259, 307－312; Ardant (1971－1972), ii, 197－209, and (1965), i, 227－229, 456－457; Pro Ruiz (unpubd)认为,“拿破仑下令完成的地籍调查应该是欧洲大陆所有的地籍调查都效仿的样本,并且还允许各地保留自己 17 世纪的传统”; Kain and Baigent (1992), 233－234。

295 Herbin and Rebereau (1953), 23－29; ibid. 21. 关于 1807 年《拿破仑法典》和地籍调查想法之间的关系,请参阅文献:Kain and Baigent (1992), 228－229。

296 Doyle (1989: 119)和 Bonney (1992a: 176)都援引了《人权和公民宣言》(*Declaration of the Rights of Man and the Citizen*)第十三条。

297 Gross (1993), 108.

298 Hincker (1989: 100)对法国大革命财政改革的详细情况作了概述。请参阅 Du Pont de Nemours 对“什一税的批评和 1789 年关于开征一种课征于净收入的税收的主张”(Criticism of the dîme and call in 1789 for a tax on net revenue): McLain (1977), 14－18。

299 Le Goff and Sutherland in Forrest and Jones (1991), 83 n. 60.

水平而作出了巨大努力的结果。此外，在全国地籍调查结束以前一直依赖旧制度时期的税收名册，从而导致各地区之间长期存在明显的区别。[300] 实际收到的税款也大大低于土地税收入的正常水平，1791 年和 1792 年一直保持在 2.4 亿法郎的水平上（见本书图 42）。[301] 旧制度的影响仍在继续的另一表现是，大革命时期的直接税制继续采用财产估价或者自愿申报的方式：1775 年，人们普遍认为，要求纳税人自愿申报收入，就好比是对他们说“请对我说谎”（*mens-moi*）。[302] 直接税的计征方法特别容易变更，这方面最显著的变更就是在 1790 年撤销在旧制度下充当关键角色的省财政总管。1793 年的强制性借款是一个例外，在 1797 年实际推行有效的计征方法之前，革命政府没能确保公民依法纳税。当时，收税的职责交给了新任命的税务专员，他们在纳税人拒不纳税的情况下有权动用军队。拿破仑沿用了督政府创建的税制。[303] 然而，土地税并不受有地阶级的欢迎，他们讨厌由土地位置及其对生产者的不利影响造成的长期财政负担差别。他们在拿破仑统治时期主张征收间接税时，仍是满脑子都装着重农学派的论点：“也许真是一切来源于土地，必须回报土地”，但有一点肯定不是真的，那就是“直接税必然都落在土地上”[304]。

18 世纪影响最持久的创新既不是大革命时期进行的直接税改革，也不是拿破仑统治时期完成的地籍调查，而是所得税。就如我们在前文（本书第六章第五节）所看到的那样，布阿吉尔贝尔、沃邦和圣皮埃尔都已经有了课征累进直接税的想法。谢瓦利埃・德・若古（Chevalier de Jaucourt）在 1765 年就已经认为，几何级数原理可应用于任何形式的税收，而让一路易・格拉斯兰（Jean-Louis Graslin）则在 1767 年引用了与税收有关的“累进性”这个词，并且认为富人可以拿出 1/4 的收入用于缴税，下层阶级成员可以拿出 1/5、1/8、1/20 以及以此类推的收入份额用于纳税，直到最低阶层的成员分文不缴为止，因为他们必须满足自己的基本生活需要。孔多塞（Condorcet）和西奥多・

300 Sutherland (1989), 103.

301 Mascard in *Etat, Finances et Economie* (1991), 374. Marion (1919: 193)评论说，由于重农学派的理论占据主导地位，再加上高估了土地收入，因此，此税产出颇高（14.4 亿或者 15 亿）。

302 Gross (1993), 101.

303 Sutherland (1989), 346; Doyle (1989), 333—334, 384; Theret (1991); Hardman (1993), 178; Crouzet (1993), 454, 460—462.

304 Marion (1925), 297—307; Collins (1989), 85.

韦尼耶(Théodore Vernier)在18世纪90年代提出了累进税设想。但直到1792～1793年爆发战争,罗伯斯庇尔(Robespierre)才起草了新的人权宣言,并且提出了税收累进原则:“那些收入没有超过为维持生存所必需水平的公民应该享受免为公共支出作贡献的权利,而其他公民则应该根据自己的财力累进支持公共支出。”[305]1793年强借的贷款,其实就是一种“累进所得税”,并且在自愿申报的基础上征收到了大约3亿法郎。这简直就是在国家遭遇严重危机时能够征收到的全部收入,但后来再也没有取得过这样的成就。[306]就像拉梅尔(Ramel)观察到的那样,政府一次性强借的贷款与旨在使财富温和[通过温和手段(“*par des voies douces*”)]均等化的常设累进税之间存在巨大差别。然而,以税后所得4 500里弗尔为名义上限的强借贷款(因此,15 000里弗尔应税收入这个第十五收入档次需要缴纳10 500里弗尔的税金),与其他激进的建议一起,提出了关于这种倘若雅各宾党人的实践获得成功那么在战后就会推行的税收政策的一个相当明确的观点。1794年以后,分级制因受到雅各宾党污名的玷污而完全退出了法国的税制。[307]

雅各宾党1793年的豪言壮语和所作所为在法国以外产生了巨大的影响。诺斯(North)勋爵早些年曾受荷兰人的启发,美国独立战争期间在英国已有的直接税体系中又增添了新的税种,[308]而荷兰人在巴达维亚共和国(Batavian Republic,1795～1806年,法国第一共和国在今天荷兰的领土上建立的一个傀儡国家。——译者注)时期明显受到了雅各宾党的影响。在法国国民议会以非常接近的票数(58票对54票)表决通过以后,巴达维亚共和国在1797年开征了迄今已知的最早所得税,税率为8%。1798年和1800年又课征了累进所得税。然而,即使虔诚的改革者艾亚克·戈格尔(Isaac Gogel)也明显无力改变课征于基本生活必需品的沉重间接消费税与断断续续征收的所得税之间的平衡关系。与其继续课征所得税,并且有可能要求助于搜查、封存和监禁等手

---

305 Gross (1993),115.

306 Sutherland (1989:310,325—326)提供了过去的数据;Mascard in *Etat*,*Finances et Economie* (1991:374,384)对这些数据作了上调。

307 Gross (1993),115—117,121—122;Crouzet (1993:247—248,250,479—482)讨论了这笔贷款以及后来的实践。

308 Seligman (1914),59.

段，戈格尔宁可继续课征一种名叫“*verponding*”的旧制度时期存续下来的课征于各种财产的税。这种财产税的优点是可以进行法律认证，并且有地籍图作为依据。[309] 在巴达维亚共和国时期及其后的政权下，这种财产税的收入大约占总收入的20%或25%，而旧“*verponding*”税的收入只占荷兰总收入的10%。戈格尔坚持要求政府任命的官员按照15年租金的平均值，而不是根据财产市价课征这种财产税，因为财产市价由于战时经济衰退而大幅下跌。[310]

虽然英国1799年开征的所得税在战争结束后就停止征收，而且导致停征这种税的原因主要不是它自身的缺陷，而是遭到了政治反对派的反对，但与荷兰的上述财产税相比也算不上是一种更加长久地解决税收不足问题的税种。有批评者认为，所得税“只有法国的‘五百人会议’(Council of Five Hundred，又译作五百人议事会，是古希腊城邦雅典民主政治的核心；这里是指法国国民议会。——译者注)才会觉得值得征收”；开征所得税“不多不少正好相当于推行财富均等计划”。[311] 英国在1798年依照《援金和特别捐税法案》(the Aid and Contribution Act)先于所得税征收过一种类似所得税的税。这种税把纳税人分为三类。虽然正常税率是10%，但所有低于200英镑的所得税率累退，60英镑的所得不用缴纳所得税；所得超过200英镑的纳税人被要求追缴自愿捐，以保证他们拿出10%的所得缴税。1798年的三级计征法由于把支出作为所得的代理变量，因此被证明是一次失败的行动：结果令人失望，只收到200万英镑，而不是皮特估计的450万英镑，(用皮特的话来说)原因就在于“难以测算起抵消作用的可耻的逃税行为或者更确切地说可耻的欺骗行为”。但不管怎样，自愿捐款倒是达到了200万英镑，而不是事前估计的150万英镑。[312]《1799年所得征税法案》(The Act of 1799 for Taxing Income)规定对个人各种所得征税，并且把个人所得分为4个部分或者4个主要部分(地产收入，动产、交易、执业、养老金、薪俸、就业和职业收入，境外收入以及不受其他

---

309 关于1805年改革前的情况，请参阅文献：Kain and Baigent (1992)，27—32。关于1805年改革及以后的情况：ibid. 32—39。

310 Schama in Winter (1975)，123，126，136 n. 84；Schama (1977a)，292—294，305，385；Fritschy (1990)，70—71.

311 Gross (1993)，122.

312 Seligman (1914)，66，71.

规则约束的收入)。皮特估计可产出 1 000 万英镑的收入,但实际只收到略多于 600 万英镑的税收。[313] 从两个重要方面来看,这部所得征税法案是一部保守的法案:首先,它规定了每镑所得缴纳 2 先令或者按 10%的统一税率缴纳所得税;其次,自愿申报财产收入。当时就有人承认,此税之所以公平、公正,正是因为它不是累进税,但也让"受其影响的人在纳税前后都处于彼此相同的相对状况……"[314] 阿丁顿(Addington)在 1803 年对此税所作的修改彻底改变了计征方法,并且提供了按纳税人类别的应税序列或者明细表。A 表规定了"房地产所有者的纳税义务",按扣除维修费用后的房地产租金纳税;B 表规定了"承租人的纳税义务";而 C 表规定了持有人或他们的代理人就年金、债息(即投资于政府基金或者证券的利息)和年金份额收益需承担的纳税义务;D 表适用于前述各表不适用或者可适用 E 表(E 表适用于公职或就业所得)的财产收入。1803 年推行从源扣缴原则,从而收到了与 1801 年几乎相同的收入(535 万英镑),但 1803 年的税率要比 1801 年低 50%。1806 年大规模推广从源扣缴原则,因此,英格兰银行本身也要按 C 表计征税收;税率从 6.25%提高到了 10%。这些变化的合并结果是税收翻了一番,增加到了 1 280 万英镑,而在那场 1815 年结束的战争的大部分年份里,税收都超过了 1 280 万英镑(见图 83)。[315] 皮特曾向议会保证该法案(指《1799 年所得征税法案》。——译者注)尽量避免"不适当地要求披露有违我们礼仪习俗的情况"。该法案在 1802 年和 1816 年两度被废除,所得税税务专员持有的相关文件全部被销毁。[316] 伦敦城称这种税"难以忍受":"此税的计征方法(通过可憎、任意、讨厌的手段来调查个人最私密的问题和情况)被认为烦人、不公正和难以忍受,而且还有悖英国宪法精神。"[317]事实上,只有法国大革命时期的军队取得的成功以及政府信用的可能崩溃才促使英国各政治阶级把《1799 年所得征税法案》

---

313 Ibid. 79,87.

314 Sabine (1966),27—28;Hope-Jones (1939),17;Shehab (1953),48.

315 Seligman (1914),102,105,115;ESPDB \obrien\engb003 based on \engm010;关于适用不同分类表纳税人缴纳的税额,请参阅文献:Hope-Jones (1939),77—78;文献(ibid. 117—118)讨论了不同分类表的税收产出效率。

316 Seligman (1914),88,113;O'Brien in Dickinson (1989),184.

317 Seligman (1914),110;Hope-Jones (1939),114—116.

作为一项等和约一签署就要废除的临时措施来接受。[318]

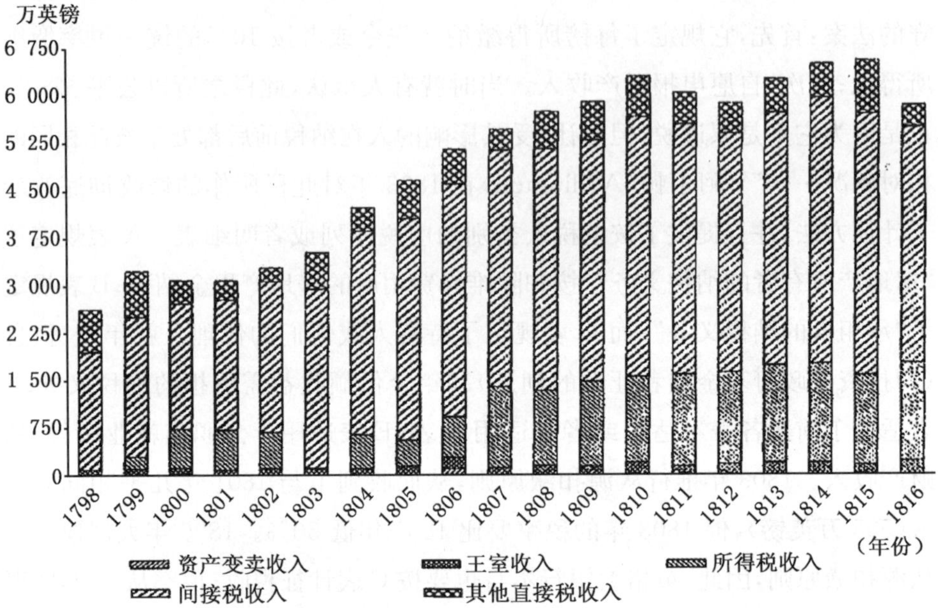

资料来源:various \obrien\engb003 © ESFOB 1993.

图 83　1798～1816 年英国政府的不同类别收入(用英镑表示)

13.6　间接税

按照亚当·斯密的说法,"采用任何平摊方法按照收入比例对民众课税的不可能性,似乎推动了课征于消费品税收的发明"。尽管随着财富变得越来越多样化,或者从财政目的的角度看,人头税不再是一种合适或者充分的筹款手段,18 世纪欧洲范围内流行一种课征消费税和间接税的趋势,但历史地看,斯密的论断也许并不正确。[319] 斯密表示:

"国家并不知道如何直接按比例(原文如此)对其国民的收入征税,通过对国民支出征税来间接地对他们收入征税的努力被认为通常接近于按国民收入

318　Hope-Jones (1939),116;O'Brien (1988),22.

319　Seligman (1914),11.

比例来征税。可通过对国民购买的消费品征税来对他们的支出征税。”[320]

消费者在购买商品时缴税,从表面上看就像是自愿纳税,于是政府就求助于间接税。古希腊就把间接税看作是自由的标志,而直接税主要课征于外部人。[321] 税收归宿看起来就隐匿在商品的销售价格中,瑞典首相阿克塞尔·奥克桑斯迪耶纳(Axel Oxenstiema)因此而断言间接税能“取悦上帝,不伤害人,而且还不会引发抗税起义”[322]。[相比之下,凡是在间接税隐匿不太明显,并且对像面包这样的商品征税的地方,这句格言就被证明是错误的——1647 年导致帕勒莫(Palermo)爆发抗税起义的情况就是如此:当时,帕勒莫的税收明显难以忍受,因为征税,面包的重量从 11 $\frac{3}{4}$ 盎司减轻到了 10 盎司,最终引发了抗税起义]马修·德克尔(Matthew Decker)爵士在他的《论对外贸易衰退的原因》(*Essay on the Causes of the Decline of Foreign Trade*,1744 年)中建议,间接税应该通过购买许可的方式每年、每半年或者每季度征收一次。(德克尔想要削减间接税,并且降低和简化关税,以促进贸易、杜绝走私)[323]亚当·斯密指出,这样的建议有可能丧失“课征于快速消费品的税收的主要便利之一——分散缴纳”。在一个没有任何垄断权或者强征的间接税制中,个人只要有消费能力,购买商品就是在缴税。[324]

我们已经——在收入管理和统一的语境下——看到,中世纪意大利城邦普遍采用包税制,尤其是承包商业交易税。商业交易税虽然并非全部都是间接税,但却大部分是间接税。多数商业交易税适合城市,并且在城市征收,而不适合农村,并且也没有在农村征收,就如 1334 年的锡耶纳所证明的那样。[325] 城市较大程度地依赖间接税的现象并非意大利诸共和国独有。例如,类似的情况在根特(Ghent,今比利时北部城市。——译者注)也很普遍。在根特,课征于“大众”葡萄酒和啤酒的累退税、谷物官价和木柴税造成了严重的社会后

320 Smith, ed. Campbell, Skinner and Todd (1976), ii, 869.

321 Adams (1993), 52, 54.

322 Roberts in Aston (1965), 200.

323 Kennedy (1913), 114—115, 132—133; Brewer (1989), 216.

324 Smith, ed. Campbell, Skinner and Todd (1976), ii, 877—878.

325 Bowsky (1970), 118—119.

果。根特在1348～1455年有548个税务员和包税人，这两种官吏来自同一社会群体(其成员无一例外都是弗莱芒人)。尤其是在农作物收上来并且都知道是个丰收年以后就明显偏好采用包税制来收税：只有在财政年度之初，潜在的包税人有可能因为不知道收成状况而出价谨慎时，当局才会采用直接征管方式或者责成税务局收税。[326]

如果不怕冒过分简化之险，就可以把间接税分为三大类(我们已经知道，亚当·斯密和大卫·李嘉图根据税收的经济作用来区分间接税：见本书第六章第七节)。第一大类是通行税，可以由国家或城市当局确定并课征于对内或对外贸易。这类间接税可采取五花八门的“城门税”形式，也就是对不同商品进城课以差别税率，早期意大利诸城邦共和国就这么做过，如锡耶纳和佛罗伦萨。[327] 16世纪莫斯科公国的对内通行税征管，可以肯定基本上都包给了城里或镇上的商人。[328] 过境贸易占比高的国家通行税收入的变化，能够反映不同贸易的相对重要性和不同地区经济重要性的变化。[329] 另外，通行税可以在像丹麦松德海峡这样的船舶航运必经之地征收。然而，其他地理位置较为不利的国家也可从类似的来源谋求收入：英格兰中世纪晚期的一大收入来源虽然不是出于这个目的，但就是对羊毛出口和后来的纺织品进出口征税。[330] 在1670年以后的岁月里，英国的关税收入没有像消费税收入那样快速增长，但按不变价格计从17世纪70年代的年均20万英镑增加到了18世纪70年代的220万英镑；按市价计也从1785年的330万英镑增加到了1810年的1 880万英镑。但按不同收入所占比例计，关税所占的比例呈下降趋势，从1675～1685年这个时期占王国收入1/3左右下降到了1个世纪后的不足1/4，但在1790年后再次出现了明显的上涨趋势。[331] 亚当·斯密援引很多人的观点称“只要管理有方，……就可以在无损于公共收入但有利于对外贸易的情况下仅

---

326 Boone (1989)，113－118；Boone (1990)，213－218. 本章作者要感谢 Maarten Prak 教授提醒本人要关注这些文献，并且提供了以上援引文章的英文概述。

327 Bowsky (1970)，158－159；La Roncière (1968)，152－155，163－165.

328 Bushkovitch (1978).

329 Körner (1992).

330 Prestwich (1982)，55；Bonney (1992c)，24.

331 O'Brien (1988)，14；ibid. 9 (table 4)，and 15 (table 6，col. 4)；Brewer(1989)，96－99. 但Beckett 和 Turner (1990：379－381)表明，关税收入占比在1796～1799年下跌到了19.5%。

对少数商品征收关税……”[332] 事实上，关税收入的增加是英国发展对外贸易而不是实行增加关税收入的政策的结果。虽然英国在1722年以后不但不再对出口征税，而且还奖励或补贴某些大宗商品出口，但是，双边条约限制了增加课征于所有进口的关税的可能性。[333]

中世纪晚期，卡斯蒂利亚财政体制之所以存在不足，就是因为梅斯塔(Mesta，中世纪卡斯蒂利亚牧羊人协会。——译者注)获得了很大的季节性迁移放牧特权，王室没有从财政的角度充分利用好牧群过山赋(*servicio y montazgo*)。[334] 此外，卡斯蒂利亚的重要羊毛出口被课以新关税(*derecho nuevo*)和旧关税(*derecho antiguo*)：后者不同于前者，根据羊毛的品质按差别税率且只在东南沿海地区征收；北方沿海地区的羊毛出口免税，因为已被课征普通出口关税(即所谓的“卡斯蒂利亚海洋什一税”，*diezmo de la mar de Castilla*)。[335] 在以游牧经济为主的那不勒斯王国，阿拉贡的阿方索五世(Alfonso V of Aragon)系统利用了牧群迁移放牧税的控制权，而王室税务专员根据迁移牲畜数量征收牧群迁移放牧税。[336] 福贾羊群迁移关卡(Foggia Sheep Customhouse)的收入特别是在1611年之前一直是那不勒斯王国收入的一个重要部分。[337] 1553年后，为收到更多的税款，用一种所谓“自由申报”(*professazione voluntaria*)的复杂估计方法取代了按羊数收税(*numerazione*)的方法，结果是过境羊群大幅增加。1615年又用一种定率税(*transazione*)取代了“自由报数”法，在以后的40年里，定率税的税率定期重议并调高：牧羊人要缴纳一笔议定税款，外加一笔附加税金，这其中显然存在舞弊(“有权势的人少报羊数，并且少缴税款……”)。1661年为鼓励恢复对畜牧业投资重又恢复了“自愿申报”法，并且一直沿用这种方法到1805年(见图84)。[338] 总的来说，以上讨

---

332 Smith, ed. Campbell, Skinner and Todd (1976), ii, 883.

333 O'Brien (1988), 23—24.

334 Ladero Quesada in Genet and Le Mené (1987), 41, 44; Ladero Quesada (1989), 42.

335 Israel (1980), 196, n. to table 2.

336 Ryder (1976), 359; *Memoires*, ed. Moreau de Beaumont (1768), 428—429; AN K 881 no. 25.

337 Calabria (1991), 69—73.

338 ESFDB \rjb\italy\napg001 based on \napd001, based on Marino (1988), 277—283; ibid. 30—31, 34—35, 149—151, 283; Villari (1993), 145—146.

论的各种税收的要点是它们主要反映了取决于税收性质和起征点的内贸或外贸量或者畜牧业取得的成就。[339] 执行税权需要税收征管机构，并且在某些情况下(如福贾羊群迁移关卡)[340] 还要清点迁移羊群数量和查阅地图。由于统治者能够操纵税率，因此，经济的非人力因素并不一定能够决定税收的产出。经济陷入萧条时即使临时降低税率，也必然会导致税收减少；而像那不勒斯在1611～1612年遭遇的羊群大批死亡那样的意外事件无疑会造成灾难性的财政影响。

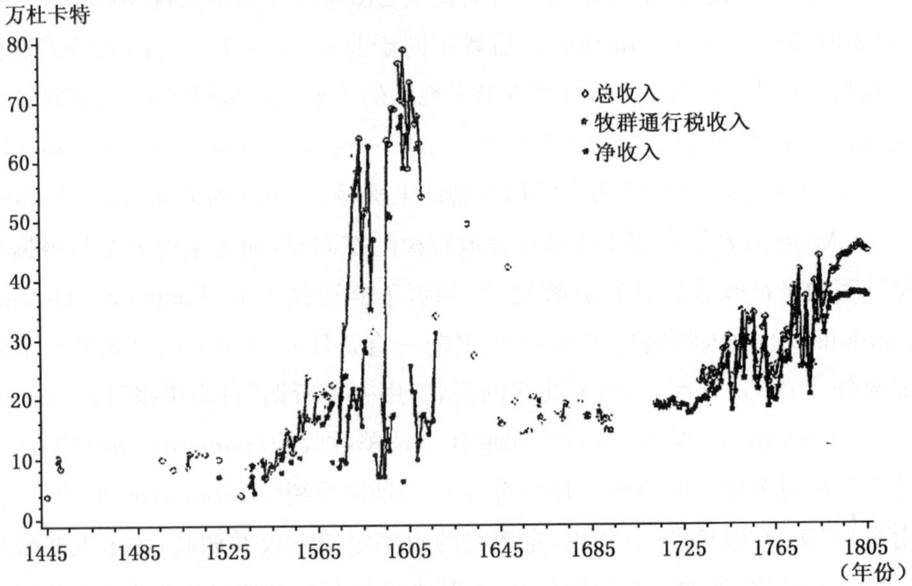

资料来源：Morino (1988)，277－283 \rjb\italy\napg001 © ESFDB 1993.

图84　1445～1805年福贾羊群迁移关卡通行税收入(用杜卡特表示)

商业交易税和消费税是第二大类间接税，它们也要受到人口和经济波动的影响。在一般情况下，商品价格上涨和人口增长往往能为国家带来更多的收入；而商品价格下跌和人口减少则会导致国家收入减少：间接税在通货膨胀时期会大幅度增加生活费用，从而有可能变得难以忍受。例如，14世纪50～

339　Körner (1980)，100－101.

340　Marino in Buisseret (1992)，15－16.

70 年代，佛罗伦萨物价上涨了 1 倍，而税收本身使油价上涨了 13%，桶装葡萄酒价格上涨了 22%，而葡萄酒零售价格则上涨了 66%。[341] 从长期看，譬如说，卢塞恩葡萄酒销售税收入的增加（见图 85）[342] 是经济增长和个人支出增加的结果。然而，商品销售间接税的增加同样也能反映国家对有需求的商品征税的能力的提高，并且有可能回过头来抑制商品需求。1702 年以后，英国开征战时麦芽和啤酒税就是一个很好的例子。亚当·斯密认为，“这很可能就是上等人的利益所在……迄今一直阻止着一种既不能增加收入又不能减轻上等人税负的税制变革”，但他建议的单一麦芽税直到拿破仑战争爆发以后才开始征收，而啤酒税仍保留到 1830 年。[343] 欧洲出现过一种很可能基于荷兰经验流行起来的一般趋势，就是趋向于征收一种广义的商品消费税（尽管有人指出，荷兰并没有征收一般消费税，而是征收多种消费税，而且也不能肯定“消费税”这个税名源自荷兰）。[344] 虽然我们不能肯定亨利四世统治时期进行的实践是否也受到过荷兰的影响，[345]但法国在 1640～1643 年征收的商品税虽然中途夭折，但肯定是专门模仿荷兰的产物。在英格兰，1643 年议会为了讨伐查理一世批准对烟草、葡萄酒、苹果酒、进口丝绸、毛皮、帽子、皮革、饰带、亚麻织品和其他商品征收消费税，此举被认为是增加税收收入“最容易、公平的方式”。[346]

垄断权或专营权构成了第三大类间接税。在大多数国家，食盐是早期的一种专卖商品。中国最早是在 758 年后的唐朝开始实行盐业专卖，到了 780 年，盐业专卖收入已经超过中央政府可支配年收入的 50%。[347] 盐业专卖对于威尼斯公共财政的发展至关重要，并且在威尼斯政治、社会和商业生活中发挥

341　La Roncière (1968), 186－187.

342　ESFDB \korner\swig003 based on \swid004; Körner (1981), 140－141; 由 Körner 教授提供的未发表数据。

343　Smith, ed. Campbell, Skinner and Todd (1976), ii, 893. 请参阅斯密在(ibid. ii, 891)中对 Davenant 的反驳。关于 Davenant“由于这种税现在仍在征收，全民不是作为商人就是作为消费者都要缴纳这种税……”的观点，请参阅文献：Davenant, ed. Whitworth (1771), i, 223; Mathias (1959), 355－361。

344　't Hart (1991), 43－44.

345　Bonney (1981a), 14, 50, 183－185. 苏利在 1596 年只字未提这种思想的荷兰渊源：Bonney (1992b), 125 n. 74。

346　't Hart (1991), 44－45; Kennedy (1913), 54－55. 关于英格兰人对“消费税”这个名称的反感，请参阅文献：Adams (1993), 21。

347　Twitchett (1963), 51－52.

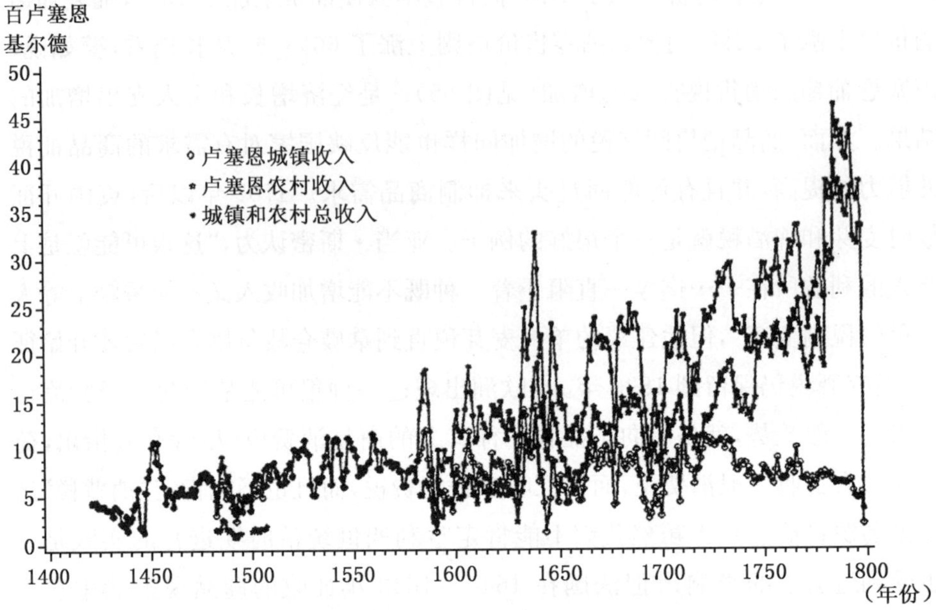

资料来源:Körner (1981),140—141 \korner\swig003 © ESFDB 1993.

图 85　1421～1798 年卢塞恩国家葡萄酒销售税收入(用卢塞恩基尔德表示)

了重要作用。[348] 同样,在热那亚,虽然当局明白不能让食盐价格过度上涨,但是,盐业专卖权在 1454 年还是变成了圣乔治公司这家银行的财产,并且具有很高的利润率。[349] 托斯卡纳城市共和国早就实行了盐业专卖,如在锡耶纳,到了 13 世纪初,盐业专卖是包括铁矿、谷物、食油和渔业在内的 7 个专卖事业中的一个。[350] 佛罗伦萨也有国家盐业专卖局。个人或者社区必须按照官价购买规定数量的食盐。无论是增加食盐规定购买量还是提高食盐官价这两种 14 世纪都采用过的做法,都能增加财政收入。[351] 到了 15 世纪前 1/3 期,盐业专卖收入已经成为仅次于进城费的第二大财政收入。[352]

因此,盐业专卖在欧洲君主国家实施之前已经在意大利城市共和国经受

348　Hocquet in Bonney (1995).
349　Heers (1961),136—140.
350　Herlihy (1958),83.
351　La Roncière (1968),158—161.
352　Molho (1971),54.

了很好的考验。[353] 我们能够以一个较早推行盐业专卖制的王国（法国）和一个较晚推行盐业专卖制的王国（俄罗斯）为例来进行考察。法国第一次征收盐税也许是在1331年，地点是在北方，但直到1366年一道——应该一直执行到1790年（其间经过修订，如1680年）的——国王敕令赋予皇家盐业专卖以法律依据时还是一种时征时停的税收。[354] 盐税后来才推广到了法兰西王国的其他地区，这有助于解释外省财政制度长期存在差异的原因：直到1411年，德·贝里（de Berry）公爵才最后在朗格多克（Languedoc）安排征收盐税。后来，布列塔尼与查理八世的辖地在1491年合并创建的君合国又提出了新的难题，因为布列塔尼人要求长期免缴盐税。弗朗西斯一世和亨利二世为创建统一盐税制度所做的努力由于西南各省另一特权地区的联合反对而遭遇了失败，法国西南各省在它们前英格兰主子的统治下只缴纳一种名叫"四一税"（*quartage*）的轻盐税。在驱逐英格兰人的最后10年里，更确切地说，查理七世在1445年向英格兰人做出让步被证明得忍受很长时间。从推广盐税的角度看，17世纪收复割地并没有取得任何收获。相反，柯尔贝尔在1680年颁布的改革法令只能保持原状：法国的大盐税区被分成12个总督区。12个总督区共有253个产粮区（*grenier*），其中部分产粮区是自愿销售产粮区（*greniers devente volontaire*），另一些是征税产粮区（*greniers d'impôt*）；法国有一个地区被称为"赎回地和免（盐）税省"（*pays rédimés et provinces exemptes*）；有些省份是小盐税区，包括法国最早征收盐税但从未受到盐税（招致反对的）充分影响的朗格多克；最后还有一些产盐区和"四一盐税"区（*pays de salines et de quartbouillon*）[尤其是这部分的诺曼底在1639年爆发了"流浪汉"起义。如此复杂的区划需要多重征管机构来落实包税人的权利，而这又反过来需要绘制不同的区划图。[355]

盐税造成的财政负担在不同地区大相径庭，但法兰西君主国王室也认识到了因其自身无能和腐败而造成的所谓"间接税"水平差别，并且设法通过在

353 Hocquet (1985)和 Adshead (1992)是关于盐业专卖的综述。

354 Hocquet (1985)，283—285；*Mémoires*，ed. Moreau de Beaumont (1769)，iii，3—6.

355 Buisseret in Buisseret (1992)，99—100.

那些特权省份增课直接税来弥补地区之间间接税税负的差别。[356] 不过,王室是否有能力实际做到这一点仍值得怀疑。[357] 在大盐税区盐税最难忍受的地方,历史学家把盐税说成"间接税"的表述需要修正。真正的间接税是消费者同意缴纳的税收,因为他们可以自由选择是否购买被课征间接税的商品;而且在间接税上有一个社会公平的基本问题,因为富人和穷人都根据自己的消费水平缴纳间接税。法国北方的盐税不能满足间接税的任何一个定义条件。由于食盐是基本消费品,消费者几乎不能选择是否购买。不管怎样,他们通常都要购买一定量的食盐。1638 年,诺曼底三级会议的会议纪要上记载了反对这项政策的抗议。[358] 法兰西君主国较晚才实现了盐税的增收(尽管弗朗西斯一世和亨利二世都做了努力,但这个收入来源直到 17 世纪才真正得到开发利用)。1681 年,包括盐税收入在内的商品税收入达到了 1 820 万里弗尔,1726 年 2 650 万里弗尔,1762 年 3 520 万里弗尔,1774 年 4 560 万里弗尔,而 1788 年则已高达 5 850 万里弗尔。然而,由于其他收入(如烟草专卖收入)也开始采用承包制(烟草专卖从 1730 年开始),并且变得更加重要。因此,在皇家总包税制的框架内,商品税收入占间接税总收入的比例基本呈现下降趋势:1681 年,商品税收入占总收入的比例是 31.5%,1726 年这个比例是 33.1%,1762 年是 28.4%,1774 年是 30%,而 1788 年已经下降到了 24%。[359]

1705 年,在彼得大帝治下,俄罗斯开始推行盐业专卖制度,但在 1728～1730 年期间暂停实施,并且又在 1731 年恢复执行。至少到了 18 世纪 40 年代,盐业专卖基本上已经出于财政目的被用来开发利用盐这种俄罗斯储量非常大的自然资源。但在 18 世纪最后 1/3 的时间里,俄罗斯的盐价没能随着通货膨胀和流通货币的贬值而上涨,再加上俄罗斯帝国幅员辽阔,盐的运输成本居高不下,结果导致盐业非但没有增加收入,而且还由盈余转为亏损:1762 年

356 Hocquet (1985),351.

357 Marion (1919),207－210.

358 这个省的部分地区位于大盐税区境内,它的这部分地区与它自己的"四一盐税"地区之间的税率差别应该是大得惊人["我们要求没人被迫在你们的产粮区食用多于需要的食盐"("demandons qu'aucun ne soit forcé de prendre en vos greniers plus de sel que ce dont il a besoin")]:Hocquet (1985),380－381;Porchnev (1963),433。

359 根据 Bayard 和 Bluche (1990:632)中的数据计算;Matthews (1958),88。

还有220万卢布的利润，但到了1795年已经出现了120万卢布的净亏损。因此，对于俄罗斯来说，盐业专卖的成功之处并不在于增加财政收入，而是把盐卖到了帝国各地：1781年颁布的一部法典规定修建地区盐仓储备2年供应量的食盐，这样就能在任何时候都有充分的食盐供应。然而，操作困难和国家专营引发的高成本迫使俄罗斯当局放弃盐业专卖，并且在1811年恢复了食盐自由买卖。如果叶卡捷琳娜二世向她的子民较少地表示"母亲般的怜悯"，并且像波兰和法国的君主那样无情地利用盐业专卖来搜刮钱财，那么俄罗斯或许就不会放弃盐业专卖，也不会恢复食盐买卖自由。[360]

其他国家推行了其他方面的专卖。中国早在782年就曾推行过烈酒专卖，但没有任何证据表明烈酒专卖像盐业专卖那样成为重要的收入来源。[361]俄罗斯1478年以后推行过一种烈酒皇家专卖制度，但贵族控制了大部分烈酒生产，并且在1716～1728年间和1754年后垄断了烈酒生产。一些表示有意为市场生产烈酒的贵族被要求签署为期4年的按官价供应烈酒的合同。最初，俄罗斯曾试图责成市府不同机构征收烈酒专卖收入，但到了18世纪越来越倾向于推行烈酒专卖收入承包制。俄罗斯从1767年开始正式实施烈酒专卖承包制，除了西伯利亚（Siberia）和边境地区外，烈酒专卖权全部被承包出去，通常是签署为期4年的小额承包合同。私酒贩卖的增加造成了严重的问题，并且因专卖收入承包商分包他们的专卖权而进一步加剧。到了18世纪90年代，私酒贩卖增加的问题已经变得非常严重，当局不得不采取有力措施来取缔私酒贩卖，但镇上人几乎垄断烈酒销售的局面也就此被打破。由于以上两方面的变化，俄罗斯的烈酒专卖收入从1793年的1 560万卢布增加到了1798年的2 200万卢布，而王室获得的净利润则几乎翻了一番，也就是从870万卢布增加到了1 500万卢布。除了1817～1827年外，这种合同四年一签的烈酒销售收入承包制度一直延续到了1863年。[362]

新的消费习惯，如16世纪末烟草引入欧洲后吸烟成风，使得新的应税收入来源获得了发展。法国和其他国家的烟草专卖在17和18世纪得到了发

360 LeDonne (1975), 185 and n. 56.

361 Twitchett (1963), 59, 62.

362 LeDonne (1976).

展。起初，这个来源的收入在法国增长缓慢，1717年只有400万里弗尔，1730年是750万里弗尔，但到了1788年，法国的皇家烟草专卖收入已经达到了醒目的3 050万里弗尔。烟草专卖收入占间接税收入的比例从1730年的约8.6%上涨到了1788年的12.2%，而烟草专卖收入最多时可能要占到皇家总收入的7.3%。[363] 内克尔认为烟草税是各种税收中最轻、最不易感觉的税收，并且理由充分地把它归入了最巧妙的财政发明一族。[364] 亚当·斯密也认为烟草是合适的税收对象，因为烟草与食糖和朗姆酒一样，虽然都是不属于生活必需品的大宗商品，但却成了一种"准普通消费"商品。[365]

到了18世纪中叶，从税收的角度看，欧洲国家的政府可以选择比以往任何时候都要多很多的消费项目。具体而言，政府能够确定新的奢侈品和传统基本大宗商品分别可征多重的税以及应该征收多少种间接税，而且还要决定应该在大多程度上依赖直接税和间接税。在1763年后的那些年里向法国政府报告的评论员看来，托斯卡纳是一个限制间接税数量失败的国家，而这个国家征收的为数众多、收入很少的间接税造成的烦恼超过了它们的价值。[366] 米兰的间接税被认为是灾难性的，因为它们不但影响了农业发展，还提高了城市的人工费用。[367] 西班牙提供了间接税与直接税之间失去必要平衡的最显著例子："在这个王国，土地几乎不承担任何税负"，奥桑(Ossun)侯爵在1765年5月对拉凡尔迪说："大部分税收的负担由消费者承担。"这种状况成功地摧毁了西班牙的国内商业，而西班牙的农业也没有像欧洲其他国家那样得到改善。[368] 此外，间接税本身的特性使问题进一步恶化。例如，乌斯里塔斯和斯密所谴责的商业税按照8%～14%的税率课征于全部销售商品，包括动产和不动产。这种税在每个交易环节征收，因此常常导致税金超过商品的内在价值，从而导

363 Matthews (1958), 118; *Mémoires*, ed. Moreau de Beaumont (1769), iv, 614－615; Price (1973), i, 361－375, esp. i, 374－375.

364 Price (1973), ii, 789.

365 Smith, ed. Campbell, Skinner and Todd (1976), ii, 936.

366 Bonney (1994), 70; AN K 880 no. 6, 14 June 1765. Waquet (1990)对托斯卡纳的税收结构作了总结性介绍；Capra in Bonney (1995)对18世纪意大利不同国家的税收进行了比较。托斯卡纳从未试图对贸易、制造业和银行业利润课税。

367 Bonney (1994), 70; AN K 880 no. 13.

368 Bonney (1994), 70; AN K 881 no. 51, 20 May 1765.

致有些纳税人和当局串通一起作弊。[369]

斯密后来也抨击了合省联邦高消费税对其人工费用的影响(见本书第六章第七节)。这次,他引用了前文所介绍的法国调查的相关评论:

“总的来说,消费税名目繁多、税负过重,结果导致人工费用持续上涨,而无力与外国竞争的制造业每天都在萎缩。不从事海上贸易的城镇居民日趋贫穷,就连商人也觉得难以为继。同样是这个导致高工资成本的因素……影响了……鲱鱼捕捞业、捕鲸业甚至造船业,因此必然会对整个经济产生影响。”[370]

农村的情况则完全不同,通常对农民比较有利,因为他们的产品十分畅销:真正意义上的农民用他们从消费者那里赚到的钱缴纳他们需缴的税(见本书第十五章第六节)。于是,城乡之间的财政差别不断扩大,而税收对不同经济活动影响的差别也随之扩大。不管怎样,虽然课征于生活必需品的税收占合省联邦间接税的1/4,但国家不断加重的利息负担是靠快速增长的奢侈品税收来分担的。[371] 尽管如此,荷兰共和国工薪税的确切重要性和高工资对经济发展的影响仍是一个有争议的问题。此外,18世纪后期,说到对合省联邦经济相对衰退的影响,外部变化也许要比内部发展更加重要(见本书第十一章第三节)。

由于受到了1789年三级会议会议纪要和收入承包人营私舞弊行为的启发,因此法国大革命立场坚定地反对间接税。据估计,1791年法国的间接税从2.872亿里弗尔减少到了1.33亿里弗尔,而直接税收入则因此而增加(从1.712亿里弗尔增加到了3亿里弗尔)。[372] 间接税先是在督政府治下于1798年得到了恢复,拿破仑又巩固了间接税的恢复势头,因为通过恢复征收间接税,拿破仑就可得到一个不受议会控制的收入来源。[373] 从财政的角度看,间接

---

369 Bonney (1994),71;到斯密谴责西班牙商品交易税时,这种税的税率已经有所下降。

370 Bonney (1994),69;*Mémoires*,ed. Moreau de Beaumont (1768),i,202;AN K 879 no. 123. 关于一般情况,请参阅文献:Wilson (1969),114—127。

371 Fritschy (1990),69. 在 ibid. 67 中,Fritschy 指出,荷兰(与法国和英国不同)25%的间接税收入来自于谷物加工税。van Zanden (1993:137—138)强调了这种复杂的消费税制的重要长期经济影响(尤其是保护谷物加工业的工艺结构)。谷物加工业固定不变的工艺结构直到1855年废除谷物加工税才逐渐发生变化:ibid. 148—149。

372 Bonney (1992a),175.

373 Doyle (1989),334;Sutherland (1989),380;Hincker (1989),197—200;Collins (1989),85.

税被认为具有明显的累退性，通过提高商品价格来促使人们为获得生活必需品和奢侈品而更加努力地工作。课征于烟草和饮料的间接税直接由税务局作为所谓的“合并税”(*droits réunis*)，而不是采用包税制的方式来征管。当局没有课征食品税，并且认为烟草和饮料并不是绝对的生活必需品，只有消费得起它们的人才需要纳税；此外，烟草和饮料是消费量很大的商品，因此烟草和饮料税落到了很多消费它们的人身上。[374] 在《亚眠和约》(Peace of Amiens)生效以后，当局又以法国倘若不征收进出口关税就成了英国的“进贡国”为由对进出口商品课征关税。但征收进出口关税需要配备阻止走私的重要执行机构。[375] 这两方面变化的结果就是新的间接税收入变得与政治事件和经济命运关系越来越密切：法国的关税收入在 1806 年英国实施封锁时期有所减少，而合并税收入则在 1810～1812 年的经济危机期间大幅下降。但到了 1813 年，法国的直接税和间接税收入几乎恢复了平衡(1813 年直接税的收入是 3.407 亿法郎，而间接税的收入是 5.15 亿法郎)。1814～1815 年王政复辟以后，直接税收入再次在法国占据上风。[376] 法国大革命对间接税的冲击也影响到了国外(当然英国除外)。1820 年西班牙革命的一个特点就是自行废除了各种消费品税(*consumos*)，即课征于主要生活必需品的间接税。当政府想恢复征收消费品税时，激进分子警告称，税收是民众评判政府的尺度。[377]

13.7 结束语

如果不说明很多国家城乡税制或者同一国家不同地区财政体制之间存在显著的差别，那么，我们就不能采用任何收入统计数据序列来妄下结论。在某种程度上，一个有自己的财政体制和财政特权的省份往往会受到其自身代议机构的保护。即使在合省联邦这个因为其财政组织机制具有“现代性”而成为

374 Collins (1989)，85.

375 Ibid. 86.

376 Bruguière (1991)，425. 他的间接税收入(4.71 亿法郎)中包括应该更加正确地归入注册费和领地收入(*enregistrement and domaines*)的 1.56 亿法郎；我们在这里没有把这笔收入包括在内。Bruguière (ibid. 520)认为，1815 年直接税收入应该占 5.9 亿法郎总收入的 57.6%，间接税收入占 22%，而注册费、领地和林地收入(*enregistrement*，*domaines and bois*)则占 20%。

377 Carr (1975)，133.

典型的国家里，几乎也没有任何统一的税收制度，各省份都有自己的财政系统。各省都有地区费用或者配额摊派；如何依靠税收筹款来支付费用，在很大程度上是各省必须关心的问题，而合省联邦的财政体制表明，即使在巴塔维亚革命时期也很难推行改革。[378] 如果我们读过鲁斯洛·德·絮尔吉(Rousselot de Surgy)在旧制度结束前不久出版的《分类百科全书》(*Encyclopedie methodique*)中的某些章节，那么就很难不为他所确定的法国省份主要在财政方面享有的权利而感到震惊。[379] 财政史学家很少掌握足以判断地区"纳税能力"这个难以捉摸的概念的全部定量经济数据。显然，这是政治意义上的"纳税能力"：在没有叛乱风险的情况下能安全地收到税款的能力。也许还有一个可从人口意义上来理解的"纳税能力"：也许能够为某些地区构建相对比较精确的相关人口证据，从而找到某种量化人均"实际"财政负担的方法。最不可能的是，为整个欧洲找到某种精确量化人均实际财政负担的方法。我们有可能做到的是把这种统计证据折算成银价，这样也许就有可能与其他地区大致相同时期的人均财政负担进行比较。在我们能够取得这个所希望的结果之前，还有很多工作要做。那么，是否有可能在一个更加宽泛的经济意义上进行地区"纳税能力"研究呢？从目前的情况来看，历史学家所能获得的全部资料过于零散且国家和地区之间分布不均匀，因此无法进行贴近实际的比较。我们所提的问题也许基于一个错误的前提：如果地区财政区划在很大程度上是一个特权问题，那么我们就不应该希望经济财富与财政负担之间存在任何显著的关系。就像法国的农民起义，往往是享受特权的地区哪怕是自己的特权受到最小的侵犯马上就会大声抗议。所以，我们可以推断，在很多但当然不是所有的情况下，不重的财政负担并不是内在贫困的标志，而是政治谨慎的反映：最麻烦的省份是税负最轻且地处边境地区(只要领土权已永久性转移)的省份。[380]

---

378 't Hart (1993), 77—80; Schama in Winter (1975), 123, 126, 136 n. 84; Schama (1977a), 292—294, 305, 385; Fritschy (1993), 70—71; Veenendaal in Hoffman and Norberg (1994); Price (1994), 279.

379 Rousselot de Surgy (1784—1787); Bonney (forthcoming).

380 如果领土权并没有永久性转移，那么就有很多关于在被占领时期被榨取尽可能多的收入的故事可说。即便如此，也会遇到很多困难。请参阅荷兰在实行"总督制"的地区：'t Hart (1993), 94—100。

就如威廉·配第爵士和亚当·斯密指出的那样，税收的性质和纳税的时间安排会对国民的纳税能力产生至关重要的影响。在农村，这句话的意思就是缴给国家的税收在很大程度上取决于收成好坏：农民通常一次性出售自己收获的农产品。[381] 像在 1693 年那样的法国发生生存危机的年份里，直接税的情况明显就是如此。[382] 但在一个依赖葡萄种植业的地方经济体中，税收收入不但取决于葡萄收成，还取决于葡萄种植者的外销能力：由于 1689 年爆发了战争，波尔多葡萄酒贸易中断，因此对当地税收收入产生了严重的影响。[383] 这种实际收成状况虽然对于很多直接税来说是一个常量，但对于大部分间接税情况就没有那么明朗，因为间接税是在购买消费品时零星缴纳的。本书在其他章节已经说过，测量财政负担的真正标准是财政负担与某一给定年份丰收程度之间的关系（见本书第十五章第五节）。

考察国家收入制度在长时期内的变化，由于边境和人口的显著变化而变得非常复杂。由于行政管理获得了超前的发展，较早采用货币纳税，全国实行了统一的行政管理，再加上只有英格兰有关于财政体制方面的许多完整文献存世，因此英格兰被选为考察王国在 1200～1800 年这个时期如何演化的例子。[384] 我们可以通过参考一个共同的基本指数（1451－1475＝指数 100）把统计数据换算成指数的方式来考察税收收入的长期演化情况，并且采用菲尔普斯—布朗和霍普金斯（Phelps-Brown and Hopkins）设计的价格平减指数剔除了通胀因素（见图 86）：图中的数值都是 11 年移动均值。[385] 我们还能够洞察同一国家在 1315～1815 年这个大致相同时期直接税与间接税占比的长期演化情况（见图 87）。[386] 因为很多中世纪的间接税占据很大的税收份额，有时由于

381 Spufford (1989)，382.

382 AN G^7 393，13 Sept. 1693.

383 AN G^7 134，5 Mar. 1689，26 Dec. 1690；AN G^7 135，3 Feb. and 5 Jun. 1691.

384 本章作者要感谢 Mark Onnrod 博士在研究中世纪英格兰和 Patrick O'Brien 教授在研究近代英格兰方面提供的慷慨帮助。他们俩各自撰写的两章发表在 Bonney(1995)中。在绘制了本章引用的图后，O'Brien 和 Hunt (1993：148－150)又采用了他俩自己计算的通胀平减指数，而不是菲尔普斯—布朗和霍普金斯计算的指数，对数据进行了调整。

385 ESFDB \obrien\engg001 based on \engm002 and \engm003；unpubd data kindly supplied by Dr W. M. Ormrod and Professor P. K. O'Brien；index from Phelps Brown and Hopkins (1962).

386 ESFDB datset \obrien\engg002 based on \engc001；unpubd data kindly supplied by Dr W. M. Ormrod and Professor P. K. O'Brien.

直接税的零星性而要占到100%。(图中的比例是占总税收而不是总收入的比例:总收入中总有其他收入,如领地收入,但并不总有可能计算中世纪的这些收入项目)然而,1530年以后,间接税占总税收的比例直到1571年也没有超过50%,然后在16世纪剩下的时间里只有5年没有超过50%。在斯图亚特王朝统治初期,情况发生了180度的变化——在1603～1640年这个时期里只有8年间接税占总税收的比例不足50%。共和时期以后在直接税明显占据主导地位时,间接税在王政复辟时期恢复了其先前的重要性。在汉诺威王朝治下,间接税占总税收的比例一直超过60%,并且在1750～1799年上升到了70%以上。英国的政治阶级预见到了J. R. 麦卡洛克的推断结果:课征于本国产品和进口商品的间接税具有在干扰经济增长最少的情况下创造收入的能力。较之于财产税和所得税,间接税大多不需要调查研究,因此在政治上更容易被接受。[387]

不管怎样,本书在其他章节中已经说明,间接税并不肯定有助于经济增长,但却能实际阻碍经济增长,如对西班牙17和18世纪财政制度的基本批判(见第十五章第六节)。因此,有必要考察财政政策对经济可能产生有利和不利的影响以及战时可能发生的生产性资本投资撤离。"挤出论"是一个在研究法国大革命和拿破仑战争时期英国历史学家中间引起一定争论的主题(见本书第十一章第八节)。在法国,大革命时期的财政变革被认为并没有对财产课征重到足以打击投资的税收,间接税的减少产生了刺激农业生产的作用,而18世纪90年代的通货膨胀降低了各种课征于土地的税收的实际价值。尽管如此,土地税收入仍要占到直接税总收入的约3/4,而拿破仑帝国末期和王政复辟初期的土地税水平已经对农民产生了沉重的负担。[388] 土地税只占农业生产要承担的全部田赋的一部分。除了土地税外,田赋还包括地租和(大革命前的)什一税和封建税费。农业生产要承担的总田赋或者苛捐杂税总额有一个上限,但各构成部分彼此独立。如果某构成部分减少,那么其他构成部分在经历了一个调整期后就会增加,然后又会减少。按较低税率征税的土地可能要比按较高税率纳税的土地多缴地租,贵族在国家增加赋税时可能不会增加地

387　McCulloch, ed. O'Brien (1975), xxxvi－xxxviii, 170－171.

388　Postel-Vinay (1989), 1 019, 1 043; Le Goff and Sutherland in Forrest and Jones (1991), 69.

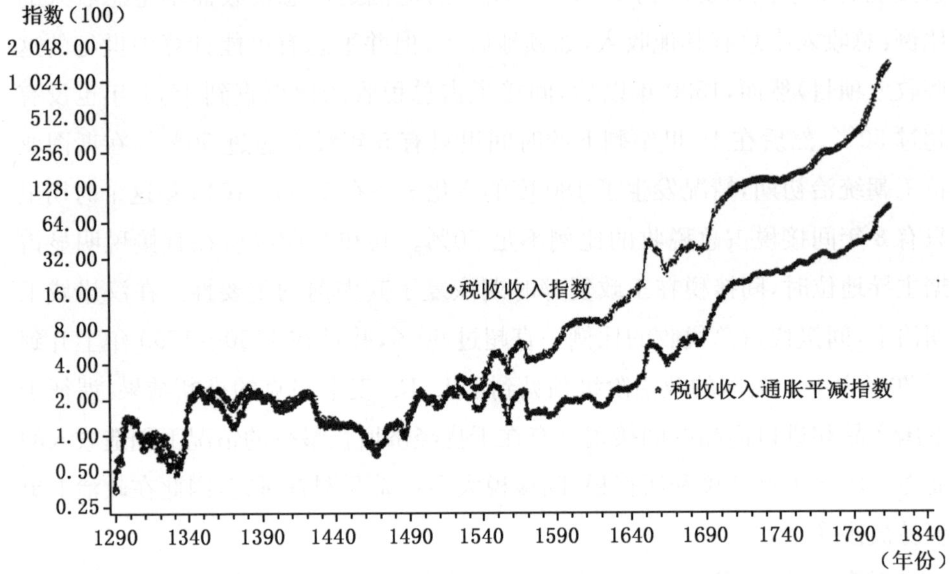

资料来源：Ormrod；O'Brien；Phelps Brawn and Hopkins (1959)\obrien\engg001 © ESFDB 1994.

图 86　1290～1815 年英格兰(英国)税收收入指数和税收收入通胀平减指数 11 年移动均值

租。什一税的废除从理论上讲在 1791 年以后解放了法国的农业生产，因此可以多收赋税，但实际并没有做到。[389] 这些变化之间的相互关系是否可以量化(换句话说，是否可为某个特定时期构建一个"被乘数"，[390]以便把财政变化作为一种有益于经济增长的积极因素来考虑)这个问题仍值得怀疑。

本章着重强调了西欧国家财政体制的成熟程度，并且试图拿东欧国家随意征税及其与经济停滞不前的相关关系同西欧国家标准化的财政负担及其与经济增长的相关关系进行比较。[391] 即使我们赋予财政变革以促进经济发展的积极作用，这样一种比较仍有过分简单化的风险。国家经济落后的状况除了

389　Le Goff and Sutherland in Forrest and Jones (1991), 69.

390　Anderson (1974a).

391　Ardant (1965), i, 188－195 and (1971－1972), i, 303－311.

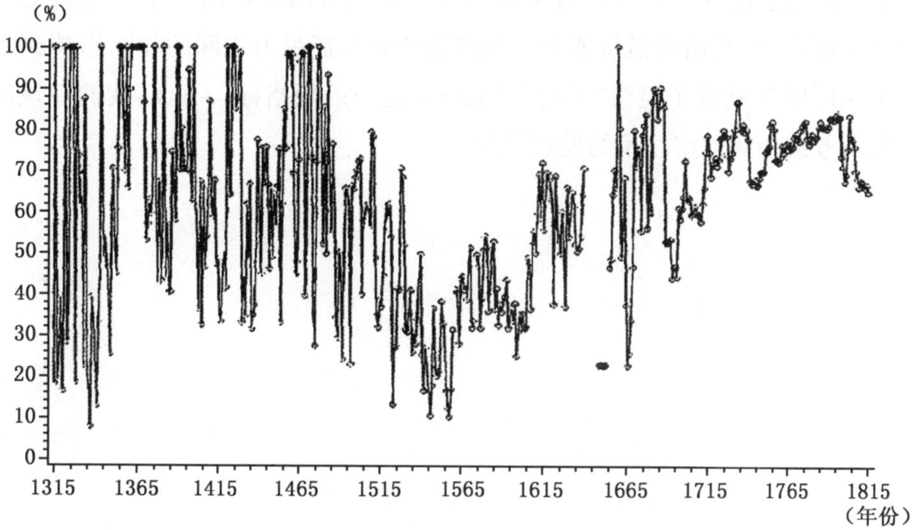

资料来源：various \obrien\engg002 © ESFDB 1993.

图 87　1315～1815 年英格兰(英国)间接税收入占税收总收入的百分比

随意征税或者税制不成熟外另有其他原因，如人口和制度缺陷等原因，[392]甚或还有闭关自守的心态，而不是外向型扩张心态。[393] 但是，如果说大城市最终创造了经济财富并且推动了进步，[394]那么，国家，即便像俄罗斯这样的国家，最终也在经济发展方面扮演了重要角色。正是在财政国家发展的后期阶段，东欧和西欧之间的差别，或者更加确切地说，成功的“西式”国家与仍然落后的国家(俄罗斯终究赶上了波兰)之间的差别，变得非常明显。无论那个时代的人对国家借贷以增加收入的能力(以及债务规模与财政基础之间的关系)有何保留意见，“堆积如山的债务”和高债务—收入比率的出现都是西欧现代性的一个特点。恰恰就在这种更加冒险的财政政策脱颖而出的时候，奥斯曼帝国却变得更加保守。骑士采邑(*timars*)先是改行包税制(*iltizam*)；然后到了 18 世纪，包税权不再能够世袭(*malikane*)，结果对收入的潜在增加产生了抑制效应。随着西欧专制国家寻求适合发展资本主义经济的更加有效的税收，某种

392　Gunst in Chirot (1989)，53－72，81－83.

393　Kochanowicz in Chirot (1989)，105.

394　Bérenger and Tollet in Genet (1990)，58－59.

程度上是由于资本主义发展迟缓，因此，奥斯曼帝国晚期的国家才变得更加“厌恶风险”。[395] 政府的借贷能力以及借贷约束和征税力之间的相互影响到了1800～1815年就成了检验“现代”国家财政能力的硬指标。下面，我们应该回过头来考察公共信用技术的发展状况。

395 Berktay (1991), 252—253; cf. Adanir in Chirot (1989), 146—149.

第十四章　公共信用

马丁·科尔纳(Martin Körner)

本篇前面讨论国家财政结构的几章揭示了国家财政基础不稳不断促使当权者告贷(见第十三章),而债务的还本付息在大部分国家构成了即便不是最重要的支出项目,至少也成了最重要的支出项目之一(见第十二章)。国家能够成功地偿还自己的债务并且每年有财政盈余(即积蓄)实属例外。如果真的出现这种情况,那么就有盈余管理的问题:是创建现金储备,还是进行纯粹的融资性投资或者其他形式的有收益投资?

无论是君主还是城市的公共信用,都是与商业、金融和银行技术联系在一起的。至少从12世纪起,银行家和金融家的服务对于向国家或者领主供应其入不敷出时所需的资金都已经变得不可或缺。银行家和金融家还为统治者出谋划策,帮助他们作出有关盈余资金投资或者代表君主或共和国进行地区或国家间资本转移的决策。从中世纪晚期起,商人银行家在城邦以及君主和国王的财政管理方面扮演了重要角色。我们发现,他们作为造币厂厂长、银矿经理人、税务员和国家垄断事业经营者发挥了积极作用。[1] 君主的资金吸引了他们,而他们则通过提供服务获得了经济利益。如果他们是君主的圈内成员,那么肯定消息灵通,尤其是关于战争与和平前景的消息,因此,他们能够更加有力地分散商业风险,并且推广一般银行活动。他们很快就明白,借钱给君主能为自己构建优势,而且还能使自己既快又多地盈利——当然,除非他们成为

1　1991年在阿尔克和瑟南(Arc-et-Senan)举行的研讨会上Derek Knights(已故)向我们研究团队宣读的未发表论文;Van der Wee (1991),71—103. 本章作者和本书编者要感谢(曼彻斯特大学的)J. A. Bergin博士承担了本章的翻译工作。

太过雄心勃勃的投机的牺牲品。不过，他们也可以把钱借给比较安全的城市当局，但光借钱给城市当局盈利就比较少。[2]

在中世纪后期，现代信贷结构逐渐成形，包括转移资金、国际贷款和复式簿记所需的技术。这些技术的应用可以放在托斯卡纳银行家与罗马元老院的商业关系以及他们与西欧国家君主的关系中加以审视，而这些关系受到了16世纪发生的历次危机的干扰。在16世纪的危机中，国际银行业分崩离析，并且后来在17世纪变成了国家银行系统。事实上，18世纪见证了管理公债的国家银行在一个日趋成型的世界经济中崭露头角。本章以下部分将用一些有关公共债务和公共信用问题的例子来概述这一发展过程。

14.1 中世纪晚期

大多数从事公债业务并且靠公债业务谋生的银行家和金融家可以按他们的业务范围——地方、地区、全国或者国际——来分类。12世纪中期至13世纪中期，罗马帝国军事行动或者十字军东征所需的贷款都由商人银行提供。当时，意大利商人银行家活跃在阿尔卑斯山脉两麓。当然，很多从事这类金融交易的高级金融界人士来自英格兰、佛兰德斯(Flanders)、阿图瓦(Artois，法国北方旧省。——译者注)、科隆(Cologne)和神圣罗马帝国北方，他们也活跃在阿尔卑斯山脉两麓。哈德尔家族(Hardels)、伯克雷尔家族(Bukerels)、伦格尔家族(Rengers)和伊思怀一阿德里安家族(Eswy-Adriens)都是伦敦显赫的商人银行家世家，威廉·凯德(William Cade)和威廉·菲茨·佛罗伦萨(William Fitz Florence)都来自圣奥梅(Saint-Omer，法国西北部卡尔瓦多斯省的城市。——译者注)，而格哈德·乌恩马泽(Gerhard Unmaze)、菲茨·西德马尔(Fitz Thedmar)和威尼斯齐亚尼(Ziani)的合伙人贝尔纳铎·条顿尼尤斯(Bernardus Teutonicus)则来自科隆。[3] 大约在1200年前后，贝尔纳铎·条顿尼尤斯的业务领域中像托斯卡纳锡耶纳、卢卡(Lucca)、皮亚琴察(Piacenza)和佛罗伦萨的银行公司都是国际性的，并且都为自己在13世纪末起英格

2 Favier (1987), 365—382; Vander Wee (1991), 103—117; Lüthy (1959), i, passim.

3 Pryde (1985), 41—48; Stromer in Dubois (1986), 62—71.

兰历代国王的财政事务中争得了一席之地(见本书第五章第二节)。[4]

在这些银行中,有一家名叫"斯科蒂"(Scotti)的锡耶纳银行于1249年在利马索尔(Limassol,塞浦路斯南部港口城市。——译者注)借钱给当时被穆斯林军队囚禁的路易九世,后者答应在来年的普罗万(Provins)交易会上还钱。1253年,斯科蒂银行在锡耶纳应教皇诺森四世的要求借钱给教廷。1271～1276年,这家银行是教皇格里高利十世(Gregory Ⅹ)在罗马最心仪的银行。1282年,斯科蒂银行借钱给英格兰的爱德华一世,并且于1287年在巴黎得到了偿还。继这家银行和它的同时代银行之后,本斯纽里(Bonsignori)和里恰尔迪(Ricciardi),再加上巴迪(Bardi)、佩鲁齐(Peruzzi)和阿克西埃乌里(Acciaioull)三巨头,统治国际金融大约一直到1350年。最后,14世纪下半叶目睹了弗雷斯科巴尔迪(Frescobaldi)、瓜尔特罗蒂(Gualterotti)、斯特罗齐(Strozzi),尤其是美第奇(Medici)银行的崛起。美第奇银行的霸主地位一直延续到15世纪末。这些银行的实力是建立在商业和银行业联营之上的。它们从事大规模、远距离的商业活动,拥有几乎遍布全欧洲的分支机构和代理行。托斯卡纳商行购买了大量的英格兰羊毛,它们用替教廷使徒院在英格兰和北欧征收的税款,而不是从意大利运来的资金支付羊毛货款,然后用在南欧转卖制成品的货款把税款缴给教廷金库。它们还在英格兰从事公共信贷业务。

1275年,爱德华一世为了推行财政改革,对英格兰的海关系统进行了重组,并且把海关系统的财务管理以出租的形式承包给了托斯卡纳的一些商人银行家。托斯卡纳的商人银行家以进出口关税作抵押向英王提供更多的贷款。可是,英格兰王室的贷款需求非常大,因此,爱德华一世在身后留下了大笔债务。意大利的一波破产潮同时席卷英格兰和托斯卡纳,但这并没有阻止其他商业银行家在爱德华三世治下重返英格兰。在爱德华三世治下,前面所说的三大银行,尤其是佛罗伦萨的巴迪和佩鲁齐银行迎来了它们的鼎盛期,尽管它们在"百年战争"第一阶段开始时有欠考虑地贷款给爱德华三世以满足他的财政需要。到了1339年,在爱德华三世明确无力偿还他欠下的巨额债务的

4　Favier (1987:58—67)多少有点夸大了意大利的优势。

情况下，他的债权人纷纷宣布破产：佩鲁齐银行和巴迪银行在1342年和1346年先后倒闭。此后，意大利银行家不再参与英格兰王室的信贷业务，意大利银行在英格兰的落败给教皇克雷芒四世(Clement Ⅳ)治下的教廷使徒院造成了严重的财政困难。

13世纪末，托斯卡纳银行家仍然比较活跃，但已经大不如前。法国国王在1294～1295年从代表佛罗伦萨弗兰泽奇(Franzesi)银行的圭迪(Guidi)兄弟那里借到了大笔贷款。后来，在14世纪，法国国王就很少向意大利银行家借钱。[5] 但意大利银行家在法国南方仍很活跃，并且与管理教廷财政的使徒院紧密合作。负责监管教廷收入征收并且把资金从基督教世界转到1308～1378年教廷所在地阿维尼翁(Avignon)的大银行根据教廷的指令发放活期贷款。在教廷迁离阿维尼翁后，佛罗伦萨银行家的活动中心就迁到了热那亚。此外，大银行也不再主要致力于皇家财政和信贷业务。15世纪，美第奇银行确实把大笔贷款借给爱德华四世和秃头查理，结果都没有偿还，但这些贷款只占美第奇银行业务总量的很小比例。

很可能是欧洲国家的国王和君主从意大利商人银行家那里获得的小额短期贷款便利，刺激了他们战时利用贷款来克服由常规税收收入不足导致的困难的欲望。为了满足国王和君主这方面的欲望，意大利大银行联袂行动就像事实上的银行辛迪加那样，通过流动资金贷款来动员更多的资金。一个非常著名的例子就是，本西纽里(Bonsignori)银行通过一个托斯卡纳银团为安茹的查理(Charles of Anjou)筹措了一笔20万图尔里弗尔的贷款，帮助他获得了西西里王国。尤其值得一提的是，在给几任英格兰国王放贷时，意大利银行家错误地听信了借款人的承诺并且误信了他们的偿贷能力。一旦遇到小部分存款人要求提取存款，意大利银行家就很容易受到由英格兰国王借款不还造成的流动性短缺的影响。

从14世纪尤其是15世纪起，银行家们越来越多地在国家、地区和地方框架内组织公共信用。在英格兰，王室从此能够依靠伦敦城英格兰的新兴资本家阶级，首先是依靠威廉·德·拉波尔(William de la Pole)。后来，像温彻斯

---

5 Dubois in *Banchi pubblici, banchi privati*, ii, 763—764.

特(Winchester)主教亨利·伯福特(Henry Beaufort)这样的教会富豪也成了这个阶级的一员。[6] 在法国,原籍布尔日(Bourges)的著名商人银行家雅克·科尔(Jacques Coeur)成功地控制了法兰西王国的财政。由于一直贷款给国王和贵族,他逐渐成了受查理七世信赖的人,后来又成了王室供应商、造币厂厂长、国王的私人司库和王国的财政主管。譬如说,1449 年,查理七世为了诺曼底的战事向科尔借了 20 万弗罗林的贷款,科尔经常代表这位国王与第三方商谈贷款事宜。1451 年,科尔被指控作为查理七世的私人司库挪用法兰西王国国库的资金私贷给查理七世,在被王国大议事会宣布有罪后灰溜溜地逃回了罗马。

查理七世并没有把自己的财政建立在贷款上,但路易十一(Louis Ⅺ,1461～1483 年在位)在财政压力很大的时候遇到了流动性问题,不得不求助于各种贷款,或者说不得不进行强借——通过拖欠官吏俸银,串通法院随意没收存款,向王国官吏强借短期贷款,由中介担保向个人举借贷款,向城镇尤其是里昂索要钱财(借贷或者索礼),向教士强借。路易十一还向意大利人借钱,先是向乔凡尼·阿诺菲尼(Giovanni Arnolfini),后来又向以里昂为据点的美第奇和帕奇(Pazzi)银行借钱,有时把里昂城作为他的中间人。不过,这些贷款绝不是有计划的长期安排,而只是在暂时遇到流动性问题时用于补缺。通常,第二年收税有了现金就会还本付息。[7]

此外,法国的很多王公贵族因经常入不敷出而更乐意求助于借贷,如香槟(Champagne)地区的伯爵、勃艮第和布列塔尼的公爵以及瓦卢瓦王朝的王孙公子。他们虽然有时也求助于意大利银行家提供的服务,但更多是依靠在他们领地城镇上开展业务的金融机构。[8] 好人腓力(Philip the Good,即腓力三世)确实在他统治早期通过日内瓦交易会借钱,但大胆的腓力(即腓力二世)的三个继承人主要向荷兰城市借钱。[9] 西班牙也曾有过一种类似的趋势,从 14 世纪末开始,卡斯蒂利亚国王和阿拉贡国王主要利用本国城市和市民来满足

6　Ormrod in Bonney (1995).

7　Dubois in *Banchi pubblici,banchi privati* (1990),ii,764.

8　Ibid. various;Kerhervé (1987),ii,615－636.

9　Dubois in *Banclai pubblici,banchi privati* (1990),ii,766.

他们各自财政的借贷需要。[10]

在西班牙和欧洲其他国家，至少从 13 世纪起，城镇的复兴伴随着城市社会的变富，这在一定程度上多亏了生产的集约化发展以及地方和地区贸易的复苏。在法国、英格兰、尼德兰、德意志和瑞士的城市集聚地，像来自伦巴第阿斯蒂(Asti)、齐耶里(Chieri)、诺瓦拉(Novara)和亚历山德里亚(Alexandria)以及法国南方卡奥尔(Cahors)这样城镇的商人在典当业扮演了重要的角色。伦巴第人和卡奥尔人通过建立典当行网络，在典当业日益取代了犹太人。他们也出现在了西班牙，但人数不多。当市政当局或者王公贵族前来借钱时，他们会模仿商人银行家，通过组建贷款辛迪加来分散风险。[11] 他们取得的经济成就也使他们进入很多城市金融精英的顶层。[12] 不过，渐渐地，伦巴第人也反过来被本地望族发展起来的金融网络所取代。到了 15 世纪初，这个取代过程在不经意间导致了创建公营交易所或典当行的初次尝试。[13]

就在意大利商人银行家凭借他们在罗马教廷和西欧国家财政体系中占据的显赫位置而闻名遐迩时，德国、尼德兰和英格兰悄然出现了本国贵族和资产阶级高级金融圈。虽然这些本国高级金融圈与意大利商人银行家相比仍相形见绌，但他们的命运是与本国家庭手工业(*Verlagssystem*，意指分发加工包销体系)、纺织品和冶金产品远程贸易或者精明的不动产管理联系在一起的。这些本地高级金融圈在本国的政治影响也变得越来越大，凭借自己的贷款能力控制了本国货币市场，并且非常精通城市金融管理。从 14 世纪末、15 世纪初开始，纽伦堡和奥格斯堡的高级金融圈终于跨国界掌控了中欧国家的财政金融。[14]

同样，14 世纪和 15 世纪，意大利、西班牙、荷兰和德国南方先后出现了公营银行机构(casa，taula，Stadtwechsel)。这些金融机构除了兑换流通货币外

---

10 Ladero Quesada in Dubois (1986), 32—34.

11 Amiet (1876—1877); Nabholz (1944); Irsigler in Bestmann (1987), 122—162; Vander Wee (1991), 75—80.

12 Sosson in Dubois (1986), 46—52.

13 Stromer in Vannini Marx (1985), 229—254; Körner in Bestmann (1987), 245—268.

14 Stromer (1970); Stromer in Dubois (1986), 62—71; Pryde in Bestmann (1987), 128—145; Pryde (1989), 1—12; Hucker in Bestmann (1987), 147—188; Irsigler in Bestmar (1987), 357—381.

还有一个共同的特点，那就是管理公共借款。城市当局越来越多地求助于出售终身年金这种最常见的长期信贷形式，来弥补由统治者索要贡金和城市治安费持续增加造成的日益常见的年度财政赤字。年金的发售和支付大多由镇上的货币兑换商或者公营银行负责。多亏了本地各镇公营货币兑换商之间结成的关系，各镇才能在更大的地域范围内吸引年金认购者。[15]

如果新创财富寻求有利可图的投资，那么，这种财富的可利用性也会刺激王公贵族的欲望，特别是在他们成功地把自己的领地统治权扩展到城市密度高的区域的情况下。例如，在大胆的腓力之后，勃艮第历代公爵越来越多地向尼德兰城镇借钱。1422 年，佛兰德斯和布拉班特（Brabant，比利时省名。——译者注）的城镇不得不赎回之前由荷兰公爵们在征得它们同意并获得它们担保的情况下认购的年金，以免年金因发生不利于其商人利益的逾期付款而被没收。为了以这种方式采取行动以及应对城镇财政需要的增加，像根特（Ghent）、布鲁塞尔（Brussels）、莱顿（Leiden）这样的城市在 15 世纪以后仍继续增借公债。[16] 虽然具体情况各不相同，但是，神圣罗马帝国的很多城市终于毫无例外地背上了越来越难以忍受的沉重债务。[17]

很多独立的主权城市也举借债务。到了 12 世纪末，威尼斯也赫然出现在这类城市中间。[18] 因此，这种城市当局举借的债务更加凸显了它们的公共性和长期性。热那亚和佛罗伦萨是这方面的两个著名例子，而像苏黎世、伯尔尼、卢塞恩、弗里堡（Fribourg）、索洛图恩（Solothurn）、巴塞尔和沙夫豪森（Schaffhausen）这样的瑞士城市大肆举债的情况则通常不为人知。如果说意大利诸城邦大肆举债，使它们能够在 14 和 15 世纪的意大利和地中海世界扮演强国的角色，那么，瑞士诸城的类似情况使它们能够有钱采取行动从自己的领主和阿尔卑斯山脉北麓帝国的统治下解放出来。意大利城邦一般都从事按市民不动产一定比例和复利计算的强借业务[19]，但每个城邦的做法都又各不

---

15 Stromer in Vannini Marx (1985), 229—254; Mueller (1987), 145—155; Banehi pubblici, banchiprivati (1990); Vander Wee (1991), 90—94.

16 Blockmans in Genet and Le Mené (1987), 77—90.

17 Isenmann (1988), 174—181.

18 Hocquet in Bonney (1995).

19 Presranza, compera.

相同。[20] 债券按浮动幅度很大的利率买卖,而利率的浮动取决于经济和政治形势。[21] 在瑞士诸城这个等级较低的债务世界,通常的做法是出售年金和发行债券供城市资产阶级市民、结盟城市和周边贵族认购。部分公债日后通过征收课征于城市资产阶级市民和其他居民财产的非常直接税来偿还。[22]

尽管贷款的名称和内容界定各不相同,但公共信用在中世纪各种社会和政治背景下采取的各种不同形式还是可以归纳为几个关键因素。贷款期限较短,一般是3～6个月,或者有时可以一直借到来年的某个确定日期。这种短期贷款往往要用珠宝、土地、矿产或者税收收入作抵押。利息并不包含在偿还金额中,但本金偿还权利却包含在偿还金额中:偿还金额预先确定。例如,在14世纪和15世纪,丹麦历代国王几乎都是通过抵押王领来获得额外资金的(见本书第四章第六节),在私人信用领域通常采用不同的担保方式。此外,我们发现,譬如说,神圣罗马帝国的皇帝为了盈利准许某公国君主或者城市把收入抵押出去,但通常为期有限,之前也没有借过任何形式的贷款。这种抵押(*Pfandschaft*)方式常用来在一个有限的时期里酬谢给皇帝提供过服务的公国君主或者城市。如果贷款的发放和偿还并不是在同一地,那么就会用汇票来支付,尤其是在还款人并不是贷款提款人的情况下。[23] 短期贷款业务的利率很高——年利率12%、30%、25%、33.3%或者43.3%,甚至还有更高的,具体取决于借款时的情况、地区、经济走势以及资金的稀缺或充盈程度。

长期贷款业务基本上采用两种形式:终身年金(有些地方也叫年金)和贷款,偿还期常由借款人相机决定。如果是终身年金"贷款",[24]那么"贷款人"(即年金认购者)得不到任何担保,但能定期(一年一次,要不然4个月或半年一次)领取年金,年金金额通常在本金或者终身年金认购额的7%和10%之间。年金受益期限以受益人的寿命为限。应偿贷款通常并不叫贷款,[25]而常

20 Estimo, and later, catasto. Hocquet in Bonney (1995).

21 Day (1987a); Mueller (1990), 39—64.

22 Körner (1981), 274—280; Rosen (1989), 148—174; Gilomen (1982).

23 出于篇幅考虑,删除了有关"汇票"(*lettre de change*)机理的讨论。Consult: De Roover (1953a); Munro in *Banchi pubblici, btinchi privati* (1990), i, 47—80。

24 *Lybding, Leibgeding, juros, rente*.

25 *Prestamosin Spain, prestito* at Venice.

被称作“购买资金”(purchases of money)或者“出售应付款”(sales of dues, cens)。[26] 贷款人购买的是领取合同规定的年金一直到本金收回的权利。[27] 贷款常用不动产来担保,[28]因为这种年金领取权原先就是分享土地或者不动产收益的权利。在公共信用领域,国王或者君主借贷抵押的不动产通常是某个城镇及其物产和收入。因借贷被抵押的城镇与商人和市民借款抵押出去的物品一样,在逾期不还的情况下就会被贷款人扣押。借款利率各不相同,但通常在4%～6%之间浮动。为了免谈中世纪官方不赞同的利息,通常是用“礼金”(gift)来指称。在某些不确定的情况下,贷款人可以要求借款人(无论是个人还是群体)追加担保。

只要是公营存款银行和结算银行,国家就没有权利因存款而收取利息,但能以公营银行提供担保和服务的形式获得补偿,因为公营银行被视为公共行政部门的一个专业化机构。但不管怎样,如果国家是银行的股东,那么就能分享它的利润。热那亚的情况尤其如此:热那亚市镇债权人(*compere*)出于管理国家领地和税收收入——各种商品税和富西亚(Phocea)矾矿收入等——的目的组建了辛迪加。虽然利率取决于银行利润和经济走势,但也达到过8%或者9%,也可能低到只有5%多一点(见图88)。[29] 也是意大利城邦发明了合并债券:这样,国家虽然不用再偿还普通债务,但能通过发售终身年金把普通债务转化为合并债务。但是,像瑞典这样远离地中海的国家,直到15世纪结束时还没有任何形式的安排有序的信用。[30]

26　*Geldleauf*, *Zinsleauf*.

27　*Hauptgut*.

28　Schnapper (1957).

29　Day (1963), i, xxv—xxvi; ESFDB \korner\geng001 based on \gend001; Favier (1987), 239—264.

30　Svanidze in Vannini Marx (1985), 49—51.

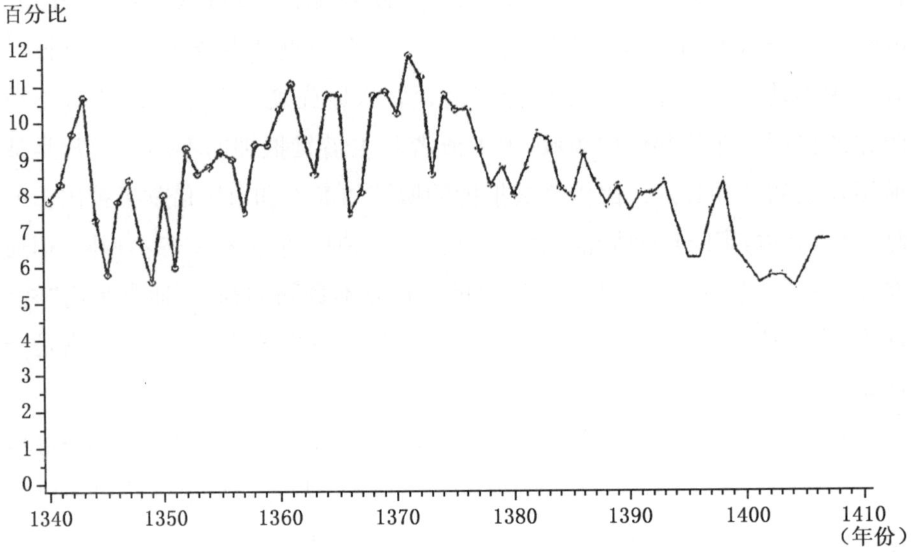

资料来源:Day (1963),i,xxv—xxvi \körner\gang001 © ESFDB 1993.

图 88　1340～1407 年热那亚合并债务利率

14.2　16 世纪

鉴于 16 世纪欧洲几乎每个王国、公国和共和国都欠下了公债,因此,对资本的需求差不多在全欧洲普遍增长也就不足为奇了(见本书第八章第四节)。很多研究详细介绍了查理五世治下神圣罗马帝国、法国和腓力二世治下西班牙连同它们的金融中心、金融家及其借贷、还贷技术和破产等的案例。[31] 那么,关于欧洲其他国家,这些集大成的研究成果告诉我们些什么呢?譬如说,关于佛罗伦萨、热那亚和威尼斯除外的其他意大利城邦——无论是米兰公国、教宗国还是那不勒斯和西西里王国——的公共信用,我们能够说些什么呢?关于阿尔卑斯山脉地区和神圣罗马帝国南方地区的萨沃伊、符腾堡、巴拉丁和黑森伯爵领地以及奥地利和瑞士诸共和国的公共信用问题,这个领域的主要

31　Carande (1967);Braudel (1981—1984),ii,522—525;Boyer-Xambeu,Deleplace and Gillard (1986);Van der Wee (1991),162—180.

研究只字未提。北欧当然有尼德兰，还有英格兰和丹麦王国以及汉堡城市共和国，关于它们的公共信用问题，主要研究也是惜墨如金。多亏了许多大多是20世纪80年代发表的研究成果，才有可能更加精确详细地展示16世纪欧洲公共信用总体状况。[32]

欧洲不同地方的资本供给互不相同，资本供给具有地域特殊性，并且能够如实反映经济结构以及经济结构内部的高利润部门和行业。16世纪，地中海和大西洋海上贸易实现了最高的利润，而从事这种贸易的商人全都集中在欧洲大陆尤其是神圣罗马帝国南方和莱茵兰地区的很多一流港口城市、制成品生产（通过分发加工包销制）和销售部门，而且还通过商品和货币交易合并的形式集中在工业和金融中心。石勒苏益格、荷尔斯泰、大平原地区和阿尔卑斯山脉地区的地租和牲畜交易也能产生利润。除此之外，还有教士和教会的财产、有助于偿还部分公债的财产转让或者充公也能创造高利润。各地的财政官员和管理者都忙于以国家收入为抵押筹借贷款。在资本供给方面，无论是享受和平、国家因无战争开支而出现预算盈余的地区还是通过履行各种与战争有关的不同职能赚取利润的军火承包商高度集中的地区都并非无足轻重。最后，我们还不应该忘记那些自己也告贷但又在某些情况下向盟国或者本国统治者提供应急贷款的国家或者城镇。这里并非是讨论美洲金银输入对欧洲资本供给影响的适当场合（见本书导论）；但我们可以认为，采矿、流通、汇款和金银进口贸易对于商人银行家阶层来说都是非常有利可图的业务（见本书第七章第三节）。

开展“公共”信用业务的金融中心也扮演了与举办商贸和银行交易会的城镇相似的角色。有时，同一地点同时履行贸易、金融和公共财政三种职能，但这既非一般现象也不是必然规律。金融市场凭借自己的优势吸引资本，如投资业务、诱人的利率、借款人资信或者金融技术的“现代性”和透明度。但是，由于公共借贷并非只依靠与交易条件捆绑在一起的商业资本，因此16世纪的金融市场都位于以经济活动活跃而闻名的地区。金融市场需要繁荣的区域经济，有剩余资本可用于投资。最后，金融市场具有资本供给充盈的特点。限于

32　特别要参阅 Kellenbenz (1986)。

篇幅,我们不可能逐一考察历史上每个有公共信用业务的金融市场。除了这些影响金融市场的纯粹经济或者技术因素以外,16 世纪欧洲的金融市场都还受到制度和政治因素的影响。因此,在威尼斯,执政团(*Signoria*)垄断了其自身公共信用业务的财富来源,资本市场要极大地满足执政团的公共信用需要,以至于任何其他政权甚至都不敢奢望在里亚尔特(Rialto)这个封闭的金融市场上借贷。[33] 不过,热那亚的资本倒是在其他市场上自由流通,并且满足了那不勒斯、里昂、安特卫普、马德里和巴利亚多利德(Valladolid,西班牙北方城市。——译者注)对公共信用的需求。热那亚的银行家作为国家债权人在多个市场上具有绝对的优势——在里昂是法国历代国王的债权人,在安特卫普、比桑佐那(Bisenzone)、米兰和那不勒斯,是历代西班牙国王的债权人。[34] 在那不勒斯王国,热那亚人持有 17%~24%的国债。[35] 大约在 1617 年前后,热那亚人差不多持有 30%承销威尼斯公债的金融工具。[36]

在意大利战争结束以后,弗朗西斯一世把里昂作为他在法国的主要借贷中心。在里昂的外国商人银行家主要是热那亚商人银行家,另外还有佛罗伦萨和卢凯塞(Lucchese)以及神圣罗马帝国和瑞士商人银行家。[37] 1558 年,瑞士商人银行家迫使亨利二世的代表接受了一笔根据卢塞恩惯例期限为 6 年的定期贷款。[38] 但是,里昂并不是法国唯一的借贷中心。1521~1591 年,从弗朗西斯一世到亨利四世的历代法兰西国王都通过他们的使节在瑞士特别是巴塞尔市场借钱,而最大的借款出现在 1560 年以后。不过,法国的历代国王从不到安特卫普借钱。安特卫普是查理五世治下的神圣罗马帝国和西欧以及腓力二世治下的西班牙的金融市场,但英格兰也常在安特卫普举借短期贷款。

虽然意大利的主要银行在安特卫普设有分号,但总部设在奥格斯堡的富格尔(Fugger)家族控制了安特卫普金融市场。从 16 世纪初开始,富格尔家族又在他们的商人银行家和采矿承包商业务中增加了教廷驻神圣罗马帝国、波

---

33 Favier (1987), 362.

34 Carande (1967); Castillo Pintado (1963b).

35 Calabria (1991), 115—117.

36 Hocquet in Bonney (1995).

37 Mauro (1966), 199—200.

38 Körner (1980), 419—420; Doucet (1933), 6.

兰、匈牙利和奥地利的官方银行业务，负责发售赎罪券、替教廷收税并且把收进的款项汇往意大利。1519 年，雅各布・富格尔(Jakob Fugger)牵头组织了一个银团，筹集到了勃艮第查理公爵为获得神圣罗马帝国各选帝侯支持他参选皇帝的保证而答应给他们的资金。从那时起，神圣罗马帝国南方富格尔家族和威尔瑟(Welser)家族主导的大银行一直是皇帝查理五世的主要银行，并且在安特卫普金融市场扮演着越来越重要的角色。奥格斯堡家族为打击土耳其人，还必须在维也纳动用大量的资金，并且请求大银行、贵族和皇家账房的主要官员把钱存在他们开的银行。奥地利朝廷和各省首先并主要向富格尔家族借钱，但到了 16 世纪末，越来越多地向维也纳和意大利银行家借钱。[39]

在北欧，汉堡是一个重要的金融市场，但首先是位于荷尔斯坦公国的基尔货币市场(*Kieler Umschlag*)。基尔货币市场在 16 世纪为欠石勒苏益格和荷尔斯坦贵族大量债务的丹麦历代国王借钱、支付利息和年金以及还债起到了重要作用(见本书第四章第六节)。在神圣罗马帝国的南方，美因河畔法兰克福(Frankfurt-am-Main)、斯特拉斯堡(Strasbour)、奥格斯堡、纽伦堡和其他城市都为大小不一的区域发挥了金融市场的作用。[40] 神圣罗马帝国从众多城市到主要公国的任何共和国或者邦国都因需要筹钱而在这些资本市场上借贷。我们可以合理地把这些资本市场称作国际市场；更何况，它们的客户在地域分布上也具有国际性。巴塞尔是得到最好研究的案例之一。巴塞尔位于瑞士与神圣罗马帝国接壤的边境地区，凭借银行家云集和它自己的公营银行而成为一个名副其实的国际金融市场。巴塞尔的公营银行为瑞士任何规模的城镇，联邦各农民共和国，鲁耶尔(Gruyère)、纽夏特(Neuchâtel)和弗斯滕堡(Fürstenberg)等周边国家以及斯特拉斯堡、美因河畔法兰克福等城市发行债券。此外，萨沃伊、符腾堡、巴拉丁、黑森、奥地利和法国在 16 世纪都通过在巴塞尔发行债券增加了自己的公债。巴塞尔、布赖施高的弗莱堡(Freiburg-im-Breisgau)、斯特拉斯堡和法兰克福等市场互通各自市场流动性的信息，这种做法变得越来越普遍。[41]

39　Bérenger (1975)，430.

40　Kellenbenz (1986)，318—326.

41　Körner (1980)，335，340—342；Krüger (1980)，232—235.

这里或许也应该介绍一下米兰、热那亚、佛罗伦萨、那不勒斯、巴塞罗那、塞尔维亚、里斯本、巴黎和伦敦等另一些更加重要的金融市场，以及为数更多的区域性小市场。不过，以上这些例子无论是从商人银行家还是各种借款人的角度看，有时同时从这两个方面看，应该足以反映欧洲金融市场——无论是城市、区域、区域间还是国际公共信用服务市场——的全貌。当然，无论是从它们的业务量还是从它们的一般经济或者具体金融职能的角度来看，这些金融市场并非同等重要，它们在创造结构性条件以及回应各种不同的政治和经济变化的过程中也在不断地自我进化。

16 世纪，欧洲许多国家和它们的银行—金融家不断完善中世纪晚期发展起来的金融技术，而且还不断进行公共信用机构和形式创新。公营银行在阿尔萨斯(Alsace)、瑞士和意大利的同时出现就是一个值得注意的机构创新成果。[42] 但是，这个机构创新成果一直没人提起过，就连最新的相关研究也没有提到它。最新的相关研究只提到了意大利巴勒莫、都灵、佛罗伦萨、热那亚、墨西拿(Messina)、威尼斯或者米兰，以及西班牙的巴塞罗那、巴伦西亚和萨拉戈萨(Saragossa)的公营存款银行、结算银行或者当铺。这些银行有的是在 16 世纪下半叶或者 17 世纪初创建的，有的则是在这个时期重新活跃起来的。[43] 然而，斯特拉斯堡很可能从 15 世纪末就有一个在工作日定时开门营业的公营交易所，而巴塞尔和热那亚分别在 1504 年以后以及 1568～1581 年也有过公营交易所。事实上，从交易条件来看，它们都是充当外国货币交易中心和承担当地货币发行的银行，在金融交易会闭幕期间签发和承兑汇票和本票。它们吸收存款，并且发放质押或者抵押贷款；它们也根据客户的书面委托通过转账汇款，至少为它们隶属的执政当局发行债券，并且还保证对存在它们那里的资金还本付息。[44]

关于债券发行，应该注意区分普通程序和特别程序。在压力并不过大、资金需求并不超过供给的市场上，借款人就能在正常条件下按照合理的利率借到钱。在包括神圣罗马帝国、阿尔萨斯和瑞士在内的这个广袤的欧洲内陆地

42 *Banchi pubblici, banchi privati* (1990).

43 Kellenbenz (1986), 324; Van der Wee (1991), 131－133.

44 Lütge (1966), 233; Körner (1980), 331－386.

区，16 世纪初资金比较便宜，终身年金的年息是 10%，而应偿债券的年息只有 4%～5%。在这个欧洲内陆的西部和南部边缘以及地中海和大西洋沿海地区，利率明显较高，因此资本纷纷涌入这个地区的市场。过了(距离米兰不远的)提契诺(Ticino)和热那亚，距离里昂不远的瑞士借款利率从 16 世纪中期开始一直面临上行压力。虽然日内瓦的借款利率通常维持在 5%左右，但在一些特殊情况下差不多涨到了 7%和 8%，有时甚至涨到了 10%。[45] 而在欧洲资金较贵的地区，利率在 16 世纪初处于较高的水平，但此后趋于下跌，就如查理五世在安特卫普借短期贷款以及西班牙和那不勒斯借长期贷款的利率所显示的那样(见图 89)。[46]

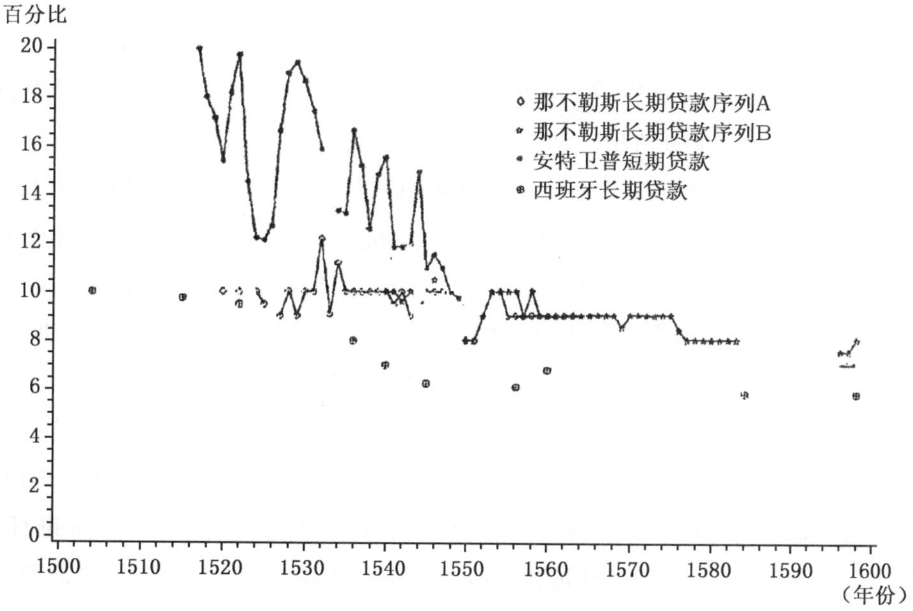

资料来源：Calabria (1991)；Blockmans in Genet and le Mené (1987)；Ruiz Martín (1975)\körner\eurg002 © ESFDB 1993.

图 89　1504～1598 年不同国家的公债利率

45　Körner (1980)，350—365；Krüger (1980)，232.

46　Calabria (1991)，143 — 145；Ruiz Martin (1975)，739；Blockmans in Genet and Le Mené (1987)，86；ESFDB \korner\eurg002 based on \eurd002.

在16世纪的欧洲，拿领地收入、城镇和村庄作抵押借贷的情况十分普遍，就如丹麦、法国、西班牙和那不勒斯国王，黑森、符腾堡和萨沃伊的统治者以及意大利和阿尔卑斯山脉北麓城市的借款所显示的那样。在贷款人认为抵押物不可靠的情况下，利率就会飙升。查理五世在安特卫普向他的热那亚、神圣罗马帝国、西班牙和佛兰德斯银行家借贷时，1520～1532年平均要支付18%的利息，1533～1542年平均要支付21%的利息，1543～1551年平均要支付38%的利息，而1552～1556年则更是平均要支付49%的利率。答应依靠位于卡斯蒂利亚的领地或者等美洲贵金属抵达后再偿还债务的承诺显得太不可靠。最重要的是，先是查理五世皇帝，然后是腓力二世急于为利率已经上涨的佛兰德斯和尼德兰的战事筹款，而热那亚的银行家明白如何充分利用自己的优势地位。[47]

法国的亨利二世也曾陷入相似的境地，要为16世纪50年代在里昂发行债券支付高达16%的利息。结果，法国财政部分别在1559年和1598年两次，西班牙财政部分别在1557年、1560年、1575年和1596年四次宣布无力偿还债务。许多历史学家把这几次财政危机说成是王室破产。[48] 他们这样做并没有全错，因为这些破产案从机理上看都是商业破产。但由于无论是法国还是西班牙都没有完全失去信用，而是延期偿还，后来都与债权人达成了协议，并且对短期债务进行了合并。[49] 法兰西和西班牙君主国都渡过难关幸存了下来，就像那些实力最雄厚的银行那样，但其他银行不得不亏本甩卖它们持有的债券；而且每发生一次危机，总有一定数量的银行倒闭。但是，这两个王国的短期债务被重新安排成利率较低的债务，偿还也相应展期。在西班牙，“*asientos*”（即短期债务）就变成了“*juros*”（长期债务）；而在法国，往往是发行更多的年金（*rentes*）。[50] 国家破产的情况大相径庭，这常是难以为继的小国家的命运，格鲁耶尔（Gruyere）伯爵领地就有过这样的经历。格鲁耶尔伯爵在

---

47 Gelabert in Bonney (1995).

48 Bonney (1981a); Braudel (1981－1984), ii, 525: ‘the bankruptcy of 1575’; Van der Wee (1991), 170－180.

49 Steele (1986), 159－165; Steele in Dubois (1986), 76－87; Steele in *Banchi pubblici, banchi privati* (1990), i, 183－204.

50 关于不同类型的长期贷款，请参阅文献：Steele in Dubois (1986), 76－87; Van der Wee (1991), 177－178。

16 世纪 40 年代以后负债累累，到了 1555 年再也无力支付利息，更不用说偿还本金了，也无法借到贷款或者找到保人，于是联邦议会组成法庭开会，决定把格鲁耶尔的领土分给伯尔尼和弗里堡，然后由伯尔尼和弗里堡负责偿还格鲁耶尔的债务，格鲁耶尔伯爵被驱逐出境。[51]

可继承年金在 16 世纪继续增加，而欧洲各君主国也大力促进这种年金的发行。1520 年后，法国拿一部分年金用于支付捐班者的俸禄，还从 1522 年开始按 8%的利率发售了另一批由巴黎市政厅作保并用于替代援金、商品税和巴黎城市税的年金。国王对贷款的需求不断增加，因此分别于 1553 年在普罗万、1559 年在穆兰（Moulins）、1569 年在雷恩（Rennes）和 1571 年在马赛（Marseille）发行了年金。[52] 从 16 世纪 60 年代起，法国教士也被迫为支付年金利息而缴纳特别津贴。[53] 可继承年金的可继承性意味着它们很快就积成一大笔合并债务。在卡斯蒂利亚，年金由塞尔维亚交易所（Casa de Contratación）拿殖民地收入作担保（见本书第七章第四节）发行。在那不勒斯，可继承年金到了 16 世纪 50 年代也变得数量可观，[54]而且还成了城市尤其是那些还未被更先进的信用工具渗透的地区的城市偏爱的长期债务工具。[55] 在大部分城市共和国都设法还清公债的瑞士联邦，年金后来就逐渐消失了（见图 90），[56]并被可继承或定期应偿低息贷款所取代。[57] 至于短期贷款合同（asientos），热那亚的银行家在后来的年份里继续用它来给腓力二世提供部分短期贷款。[58]

如果我们应该把通过背书将可转让票据转化为流通票据——一种到了 16 世纪末在安特卫普发展起来并逐步扩散开来的做法——看作是一次革命的话，那么银行和金融技术在 16 世纪见证了创新甚至革命。[59] 有价债券易手更容易，并且可以跨越更大的地域。汇票、其他票据和应偿债券、契据、年金合

51　Körner (1980)，150－151，405－406.

52　Mauro (1966)，2，29－34；Boyer-Xambeu，Deleplace and Gillard (1986)，88－90.

53　Michaud (1991)，102－146.

54　Toboso Sanchez (1987)；Calabria (1991)，104－109.

55　如关于神圣罗马帝国北方，请参阅文献：North (1990)，212－213；North in *Banchi pubblici*，*banchi privati* (1990)，ii，809－826。

56　Körner (1980)，302；本章作者提供的原始数据；ESFDB \körner\swig002 based on \swid003。

57　Körner (1980)，227－330.

58　Lapeyre (1953)，11－20；Castillo Pintado (1963b).

59　Van der Wee (1967)；Van der Wee (1991)，180－195.

同以及抵押凭证等都可以转让，因此在财政和公共信用交易中也被当作支付手段，并且从财政和公共信用交易扩展到了瑞士联邦和那不勒斯等国家的各类金融市场。[60]

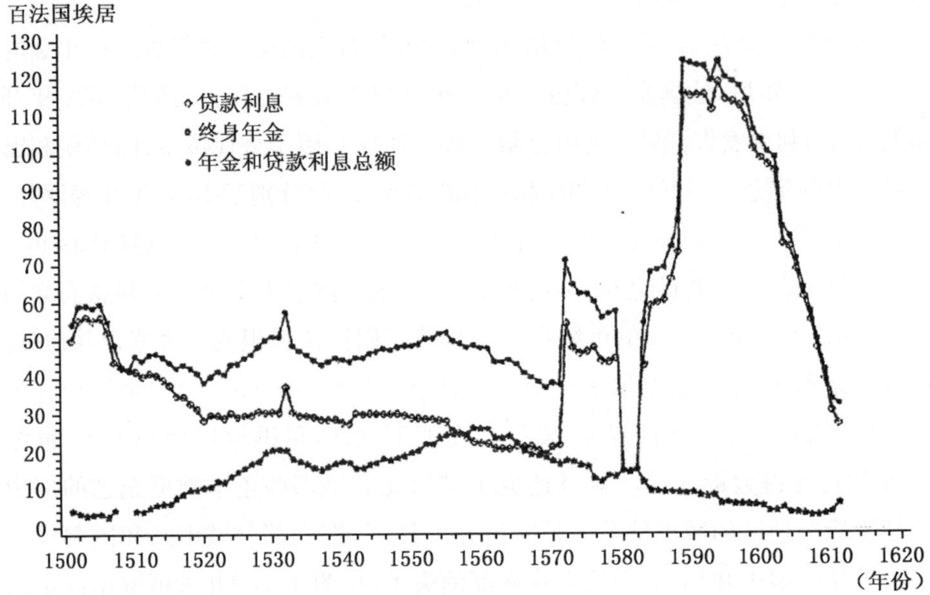

资料来源：Körner (1980)\körner\swig002 © ESFDB 1993.

图 90　1501～1611 年巴塞尔贷款利息和年金增长情况

（用法国埃居表示）

另一项创新——也许应该称“技术合理化”——就是公开向公众发售国债。这种做法明显是从意大利自中世纪起业已存在的“luogho”发展而来的，因为它与债券发行地的税收收入没有关系，但却是巴塞尔公营银行的特殊做法之一。[61] 在瑞士或者外国政府的要求下，巴塞尔公营银行负责处理确定拟议中的贷款金额、建议距离巴塞尔 150 千米以内的客户认贷、准备债券和收进认购款等事项，直到把债券发行款交给借款国的代表为止。显然，债券发行银行按市场利率支付债券利息，并最后偿还贷款。巴塞尔第一次发行债券筹集

60　Körner (1980), 368－376; Calabria (1991), 104－129.

61　Stadtwechsel.

贷款是在1506年，后来又进行了数次。在16世纪的最后10年里，巴塞尔公营银行为它的各国官方客户筹集所需的资金，并收取2%的发行佣金。安特卫普、里昂和里昂的筹款大聚会（*grand parti*）分别从1542年、1543年和16世纪50年代采用了这种金融技术创新的不同变体。[62] 多亏了它的公共地位、国际客户和技术创新，巴塞尔交易中心成了第一个由国家支持的公营银行采用应偿债券的形式组织公众公开认贷的机构。[63] 巴塞尔公营银行在赚取丰厚利润的同时，也为巴塞尔共和国筹集到了占其经常性收入12%的贷款。[64]

国家之间相互提供贷款是符合它们的政治结盟宗旨的。法国国王在施马尔卡尔顿同盟战（Schmalkaldic War）期间为支持黑森公国于1547年借给它大约10万埃居的贷款。10年后，符腾堡公爵又为黑森的大笔贷款作担保。[65] 瑞士各共和国在16世纪期间曾动用国库50多万埃居的资金在不同场合贷款给法国国王——这还不包括法国国王欠瑞士公民个人的其他债务。[66] 瑞士诸国在16世纪还采取了一种意想不到的公共信用形式。由于它们逐渐成功地彻底改善了自己的财政状况（见图91），因此能够进行专门的公共工程投资，并且为发展有前途的经济事业，特别是纺织业和利润丰厚的雇佣兵中介服务业提供了资金。[67]

---

62 关于传统的观点，请参阅文献：Boyer-Xambeu，Deleplace and Gillard (1986)，87；cf. Doucet (1933)。

63 Körner (1980)，331—386；Körner (1990)，885—857.

64 Körner (1980)，95，382—386.

65 Krüger (1980)，226，233.

66 Körner (1980)，133—225，416—430.

67 Ibid. 432；本章作者提供的原始数据；ESPDB \korner\swig001 based on \swid002；Körner (1989)，949—981.

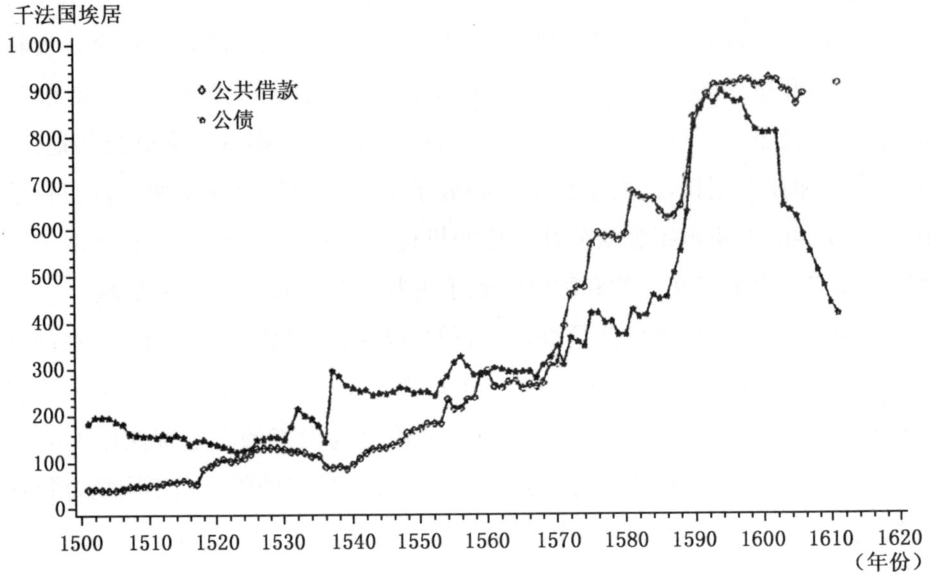

资料来源：Körner (1980) \körner\swig001 © ESFDB 1993.

图 91　1501～1611 年 9 个瑞士城镇公共借款和公债增长情况

（用法国埃居表示）

14.3　17 世纪

1598～1621 年，西班牙君主国成功地避免了军事冲突，但未能利用和平时期减少它的债务。更糟糕的是，莱尔马(Lerma)公爵内阁主政期间，西班牙财政委员会和债务清偿委员会(*junta del desempeño*)的无能和腐败在 1607 年 11 月导致了一场新的流动性危机，而这场危机又迫使腓力三世宣布破产。[68] 随后，西班牙王室继续举债，并且要用比例不断增大的经常和临时性收入来还本付息，结果在 20 年后导致了一场新的危机，迫使王室寻求与其债权人达成谅解。这是 1557 年以来西班牙王室经历的第五次危机。后来，西班牙王室分别在 1647 年、1652 年和 1662 年，也就是在“三十年战争”和漫长的法

68　Gelabert in Bonney (1995).

(国)西(班牙)冲突(1635～1659 年)期间又遭遇了 3 次危机。[69]

至于法国,在苏利内阁主政时期开始偿还部分债务。[70] 在亨利四世统治时期和玛丽·德·美第奇(Marie de Medicis)摄政的最初几年里,法国迎来了一个没有战事的和平时期,但从 1613 年起,内战和外战又打乱了预算预期。在努力推行其西欧霸主策略的过程中,法兰西君主国找到了一种国家组织信用的解决方法。这种方法没有把银行包括在内,而是依靠与私人金融家的关系。苏利、黎塞留(Richelieu)和马萨林(Mazarin)常抱怨难以满足国家债权人的要求。现金短缺和负债累累是法兰西王国财政的一种常态(见图 92)。[71] 法国王室越来越频繁地出现了严重的亏空,到了 1648 年甚至停止对债权人的一切支付。[72] 王室与债权人商谈还债"安排",不变的是继续采取一些权宜之计。[73]

从 1544 年到 1574 年,英格兰也在安特卫普市场举借短期贷款。伊丽莎白女王登基后就迅速下令偿还债务,而女王陛下的外国贷款顾问格雷欣(Gresham)非常成功地执行了女王的命令。然而,在斯图亚特王朝治下,英格兰的短期债务又开始增加。在内战和奥利弗·克伦威尔(Oliver Cromwell)摄政期间(1653～1658 年),甚至在查理二世王政复辟时期(1660～1685 年),英格兰的公债持续增加。1665～1667 年由于第二次英(格兰)荷(兰)战争需要大量的经费,因此英格兰的公债更是大幅度增加。发行应偿长期债券取得了巨大的成功,但英格兰财政部很快就发现自己无力兑现在债券还本付息方面所做的承诺。1672 年 1 月 1 日,英格兰财政部被迫暂停一切支付,结果导致很多债权人破产。至于公债,最终把定期债券转换成支付固定利息的可继承年金,从此,这种可继承年金就成了英格兰公债的主要组成部分。[74]

16 世纪,丹麦历代国王也成功地迅速减少了因参战而快速增加的债务。

69　Ibid.

70　Körner (1980),427—428.

71　Bonney (1981a),315—317; Spooner (1972); ESFDB \ rjb \ kingdebt \ kdg002 based on \kdm001;Bonney (1992b),113.

72　Bayard (1988),68—74.

73　Ibid. 455.

74　Van der Wee (1991),246—249.

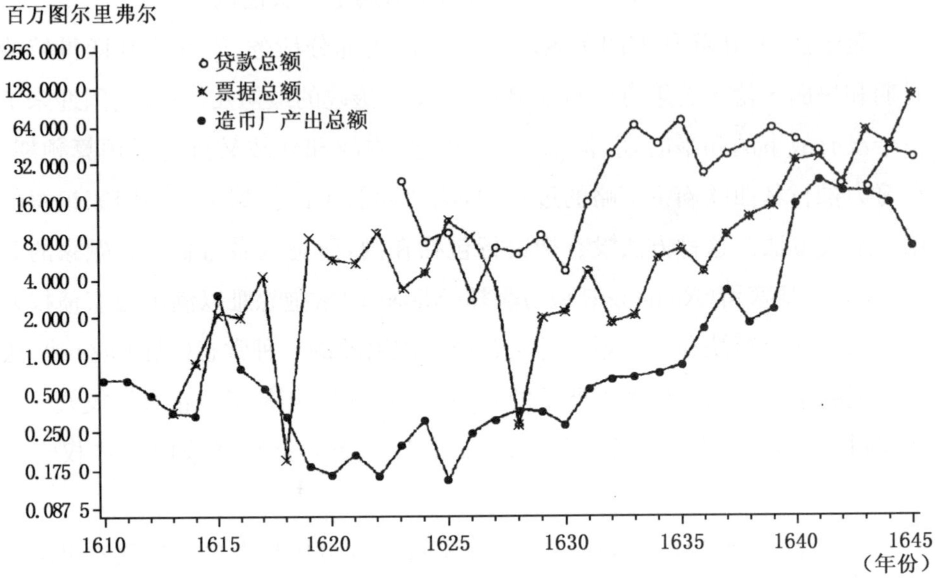

资料来源：Bonney (1981)；Spooner (1972)\rjb\klngdebl\kdg002 © ESFDB 1991.

图 92　1610～1645 年法兰西王国借款、票据和造币厂产出

（用图尔里弗尔表示）

在石勒苏益格—荷尔斯坦和王领内，公共债务到了 1600 年几乎已经少到微不足道的水平。17 世纪初，丹麦君主国甚至已经有能力把大笔的钱借给本国的贵族和欧洲其他大国。17 世纪 30 年代对于丹麦财政来说是一个新的转折期。“三十年战争”和 1657～1660 年的对瑞（典）战争导致丹麦财政背上了债务，并且无力还本付息。丹麦在 1660 年秋季暂停了一切付款。丹麦王室为了解决财政问题并为还债筹款不得不大量变卖王领（见本书第四章第六节）。

16 世纪，包括神圣罗马帝国在内的欧洲各国统治者都肯定签订过借款合同。从符腾堡和萨克森的例子就能窥见当时欧洲各国统治者的窘境。符腾堡和萨克森公国只能依靠借债来弥补不断增加的支出与相对静止的收入之间的缺口。[75] 当大选帝侯腓特烈·威廉（Frederick William, the Great Elector）1640 年在布兰登堡和普鲁士登基时，这个国家由于“三十年战争”期间军费大

75　Klein (1974)，18－19.

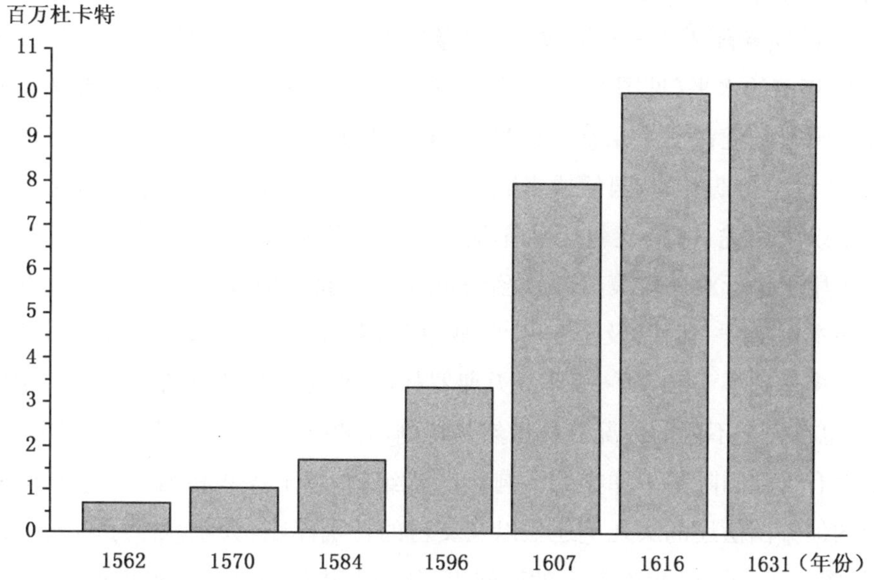

资料来源：Calabria (1991), 36 n. 130；154—155 \körner\napb001 © ESFDB 1993.

图 93　1562～1631 年那不勒斯公共债务(用杜卡特表示)

增而负债累累。腓特烈·威廉虽然在即位后推行了多项财政管理改革，但仍没能减少债务。在从 1674 年到 1688 年他在位的最后一年，他仍不得不不断告贷。[76] 1593～1606 年，奥地利君主国为了在"三十年战争"期间采取军事行动也同样是四处借债。无论是朝廷还是各行省当局无一不是债务缠身。由于哈布斯堡王朝大肆借贷，波希米亚的债务在 1587～1611 年增加了 2 倍，而 16 世纪末的债务状况到了 1650 年也没有发生什么变化。奥地利会计院为了弥补财政部因入不敷出而出现的亏空，不得不到处借债。[77] 对于奥地利来说，17 世纪下半叶并不比上半叶太平，而皇帝仍不得不靠借债补充收入。1612～1711 年，这个国家用记账弗罗林表示的债务翻了一番。[78]

在 17 世纪头十年里，那不勒斯王国的公债也有所增加，严重影响了这个

76　Ibid. 41—45.

77　Bérenger (1975), 432—435.

78　Klein (1974), 24—26.

城邦自身的财政状况(见图 93)。[79] 威尼斯欠其国有银行吉罗银行(Banco del Giro)的债务随着“三十年战争”的爆发而逐步增加,并且再也没有回落到1620 年前的水平(见图 94)。[80] 合省联邦在 16 世纪 80 年代刚变成事实上的独立国家后就在三个层次——城镇、省和联邦——开动了它的“信用机器”。从 17 世纪初期开始,国债或者联邦债务就持续增加。1649 年的联邦借款被用于以下用途:32%支付士兵军饷;6%支付军队给养;26%修建防御工事;13%用于执行对外政策;10%拨给了海军;2%是其他项目;12%用于合并债务的还本付息。[81] 然而,及至“三十年战争”结束时,合省联邦荷兰省的债务已经差不多达到了 1 300 万～1 400 万弗罗林,几乎是联邦债务的 10 倍。[82] 相比之下,也有完全不同的情况——虽然是特例,有些地区在一个很长的时期里成功地没有受到国际军事冲突的影响。17 世纪初,瑞士各共和国利用包括法国在内的债务国偿还的头几笔还款以及支付的特别津贴,大幅减少了自己的债务(见图 91)。在 17 世纪剩下的时间里,各瑞士共和国只是偶尔借债,并且没有产生任何影响。就连日内瓦这个 16 世纪瑞士背债最多的国家最终也设法在1650 年后很快还清了自己的债务。[83]

关于公共信用的机构维度,我们应该区分私营或者公营银行是债权人和国家间主要中介的国家以及像法国这样公共信用仍主要控制在大金融家阶级手中的国家。总佃户和佃户积极提出了财政建议,他们中间不乏包税人、融资中介人和捐班者,并且赋予法兰西君主国一个随时准备发放以未来税收作担保的贷款的供给源。他们小心翼翼地从法国社会上层阶级那里借钱,然后把这钱贷给朝廷。[84] 虽然存在具体的国别差异,但在西班牙君主国、奥地利帝国和合省联邦以及英格兰(但程度较低)的土地上都能看到类似的金融家。他们常常既是商人又是银行家,并且有可能在皇家财政管理部门担任要职。但不管在哪里,他们的作用就是在国内或是国外为君主、国王和皇帝筹借他们急需

---

79 Calabria (1991),36 n. 130,154—155;ESPDB \körner\napb001 based on \napd001.

80 Tucci in Vannini Marx (1985),182;ESFDB \korner\veng001 based on \vend001.

81 ’t Hart (1993).

82 ’t Hart (1989),678.

83 Körner (1980),431—434;Körner in Bonney (1995).

84 Bayard (1988),267,290.

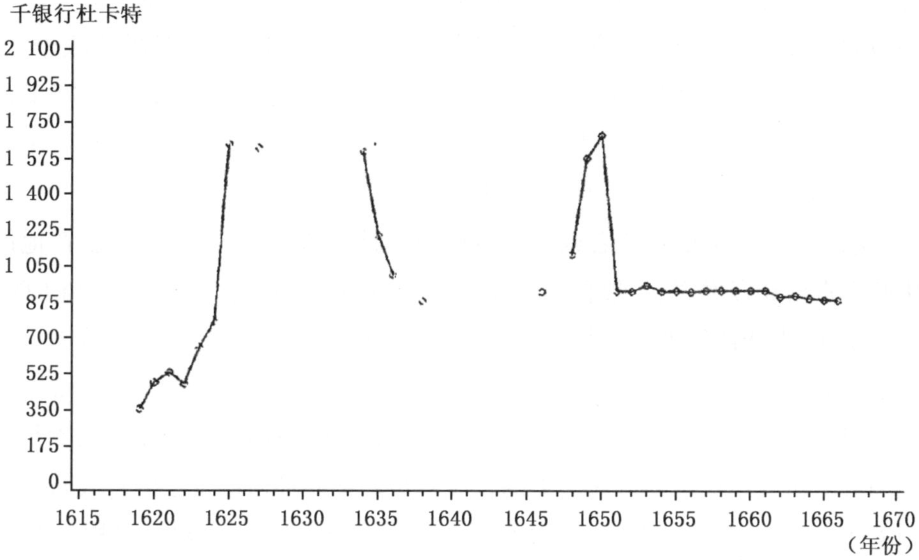

资料来源：Tucci in Vannini Marx (1985)\körner\veng001 © ESFDB 1993.

图 94　1619～1666 年威尼斯里亚尔托银行持有的威尼斯公债额(用银行杜卡特表示)

的钱。[85] 在欧洲的地中海沿海地区，热那亚的商人银行家在 17 世纪仍然十分活跃，但已经开始遭遇其他国家商人银行家的竞争。葡萄牙的犹太人已经涉足西班牙皇家财政。[86] 在那不勒斯王国，热那亚商人银行家，尤其是斯皮诺拉(Spinola)家族的霸主地位已经岌岌可危，而富有的那不勒斯中间商，如阿基诺(Aquino)家族和马雷斯卡(Maresca)家族则迅速崛起。[87] 不过，热那亚商人银行家在 1617 年争取到了威尼斯的部分公债业务，到了 1673 年差不多已经持有占威尼斯公债总量 30%的债权。[88] 从 1685 年起，他们开始作为贷款人活跃在维也纳宫廷，但与金融家萨缪尔·奥本海默(Samuel Oppenheimer)及其

85　关于西班牙，请参阅文献：Gelabert in Bonney (1995)。关于那不勒斯，请参阅文献：Calabria (1991)，54－75，104－129。关于奥地利，请参阅文献：Klein (1974)，25；Bérenger (1975)，440－442。关于英格兰，请参阅文献：Vander Wee (1991)，247。

86　Boyajian (1983)，205，转引自 Gelabert in Bonney (1995)。

87　Villari (1967).

88　Hocquet in Bonney (1995).

合伙人相比，他们对奥地利公共信用的贡献仍微不足道。萨缪尔·奥本海默和他的合伙人借给奥地利宫廷的短期贷款有时要占到47%。[89] 此外，财力雄厚的荷兰银行家，如路易斯·德·吉尔（Louis de Geer）、伊莱亚斯·特里普（Elias Trip）和让·道依茨（Jean Deutz），不但控制了合省联邦的公共信用业务，还为奥地利、勃兰登堡和瑞典借到了数笔贷款。[90]

购买政府债券的投资者或储蓄者所属的社会阶层也大幅度扩大，在他们中间有贵族和资本家、主教和其他神职人员、捐班者和朝廷官吏、商人和工匠、男佣女仆，当然还有吸收存款的地方银行家（他们拿自己吸收的存款或者与金融家和大银行家一起或者自己直接投资于某个公营投资机构赚取利润）。[91] 在城里，这个职能越来越多地委托给公营银行。在合省联邦，国家信用就是建立在公众对城镇信用的信任之上的。城镇当局被要求通过自己的行政管理部门筹集尽可能多的信用资金供总督府（Generality）支配。[92] 对公共财政机构和银行的信任在瑞士也是司空见惯的。在日内瓦，1628年创建的谷物院（*chambre de blés*）把谷物贸易和银行业务合二为一，并且设法对国家财政进行重组。[93] 17世纪，巴塞尔城市票据交换所（*Stadtwechsel*）还拿盐务院（*salt chamber*）的资本去营利。[94] 苏黎世、圣加尔（Saint-Gall）和卢塞恩也设立了城市票据交换所或者类似于城市票据交换所的公共行政机构负责为短期和长期信用交易提供担保。[95] 神圣罗马帝国城市的市政当局也奉行类似的财政政策，但由于“三十年战争”期间高昂的防卫费用导致财政混乱，因此没有取得像瑞士城市那样的成就。[96]

在西班牙，王室在1575年宣布暂停付款，虽然没有造成直接的后果，但引发了是否有必要创建加泰罗尼亚和阿拉贡城镇早已存在、负责管理公债的那

89 Bérenger (1975), 437—439.

90 Ibid. 436; Van der Wee (1991), 263.

91 Bérenger (1975), 440—442; Bayard (1988), 454; Van der Wee (1991), 247; 't Hart (1993).

92 't Hart (1989), 678—680.

93 Blanc (1941).

94 Hallauer (1904), 144—149.

95 Weisz (1944), 143—144; Sigg (1971), 34—36; Körner (1981), 306—309.

96 Mauersberg (1960), 427—428; Buhler (1977), 158—172; Gerteis (1986), 91; Roeck (1989), 568—578.

种类似于国家中央银行的机构的辩论。[97] 威尼斯倒是在1587年创建了吉罗银行。吉罗银行负责管理被转换成银行货币并因此而变成法定货币的短期公债，而同时创建的里亚尔托广场银行（Banco della Piazza di Rialto）被责成完成通货改革和弥补支付方式不足的任务。[98] 建于1609年的阿姆斯特丹银行（Bank of Amsterdam）负责履行类似于里亚尔托银行的职能，但它是一家由阿姆斯特丹市政当局担保的公营机构。正式地讲，阿姆斯特丹银行的职能不同于吉罗银行，它是贷款给市政府和东印度公司（East India Company）。米德尔堡（Middelburg）公营银行（建于1616年）、汉堡公营银行（建于1619年）、代尔夫特（Delft）公营银行（建于1621年）和鹿特丹（Rotterdam）公营银行（建于1635年）都曾以类似方式开展经营活动。[99] 17世纪30年代，但泽（Danzig）也在讨论按照荷兰模式创建公营银行的问题，但最终没有任何结果。[100]

下设“Wèxelbank”和“Länebank”两个部门的斯德哥尔摩银行（Bank of Stockholm）情况有所不同。斯德哥尔摩银行创建于1656年，从1661年起就开始发行不编号、不记名、可兑换铜币的应付票据。这些货币工具可用来为国家借贷提供资金，但斯德哥尔摩银行在1663年经历了一次恐慌以后就关门歇业。1668年，瑞典国会（*Riksdag*）批准创建了里克森·斯坦德斯银行（Riksens Ständers Bank）。这家银行没有发行纸币，但开展货币兑换和抵押贷款业务，并且还向瑞典政府发放大笔贷款。[101] 在法国，柯尔贝尔曾试图解决短期债务尤其是国家应付年金不断增加的问题。1674年，柯尔贝尔在巴黎创建了借款银行（*caisse des emprunts*），目的是要逐渐用私人个人存款兑换已有年金。个人把存款存入银行，银行签发作出正式通知即可兑换货币的生息存单。但这家借款银行的金库常常空空如也，后来常要延期结算。这家银行在柯尔贝尔1683年去世当年就关门歇业，而它吸收的存款都兑换成了年金。[102] 此后不久，英格兰比它的欧洲大陆竞争对手取得了更大的进步。1688～1689年，随

---

97 Hemandez-Esteve in *Banchi pubblici, banchi privati* (1990), ii, 963－1 033.

98 Tucci in Vannini Marx (1985), 171－228.

99 't Hart (1991), 51; Van der Wee (1991), 196－216.

100 Bogucka in Vannini Marx (1985), 297－307.

101 Van der Wee (1991), 226－229.

102 Ibid. 232－233.

着有限君主制或者君主立宪制的确立，英格兰具备了为6年后在一片信任的氛围中创建英格兰银行(Bank of England)所必需的条件。英格兰银行是第一家名副其实的国家银行，并且把短期公共信用业务并入一个半公营的现代货币银行体系。由于英格兰银行取得了成功，因此，英格兰发行的债券逐渐在国外金融市场尤其是阿姆斯特丹金融市场得到了认可。享有类似特权的苏格兰银行(Bank of Scotland)于1695年创立。[103]

17世纪初期，公共信用这个特殊领域没有出现任何创新，继续使用业已熟悉的信用工具——卖官、以国家收入为担保的短期贷款、短期贷款合约(*asiento*)、各种不同的终身年金以及(数量越来越多的)可转让和可流通长期债券。[104] 为了使国家借款更具吸引力，法国曾实行过唐提式养老金制度，还发行过“百万彩票”。唐提式养老金制度用它的发明人洛伦佐·唐提(Lorenzo Tonti)这个马萨林较不知名的财政顾问的姓氏命名，这种制度把一笔贷款的投资者分成若干规模相同的群体，并且把应付给去世投资者的养老金金额分给他所在群体仍“健在”的投资者，直到最后一个投资者去世。在“百万彩票”中，中奖的投资者可领到比合同规定金额高100倍的年金。[105] 17世纪下半叶，没有金银储备担保的现代钞票问世了。在钞票最终作为英格兰银行以记账单据和新的付款指令形式签发的本票出现之前，斯德哥尔摩银行已经在1661～1663年发行了不记名无息应付票据。[106] 钞票或者纸币直到17世纪末才作为一个名副其实的创新成果出现在了英格兰。

从17世纪存世的中长期公共信贷合同看，银根紧俏和宽松地区的利率水平大相径庭。在合省联邦，利率在17世纪下跌到了4%甚至3%。[107] 在瑞士联邦，17世纪最高的利率是5%，有证据显示也有3%的利率。[108] 威尼斯的利

103 Ibid. 249—250.

104 一个为评判他身后留下的各种合约值得注意的例子是阿姆斯特丹的Louis de Geer：'t Hart (1989),679.

105 Van der Wee (1991),250—251.

106 Ibid. 228,252—253.

107 't Hart (1989),679.

108 如在卢塞恩：Körner (1981),306—307。

率也跌到了5%甚至4%。[109] 在奥地利，我们发现了5%的利率，但6%比较常见。[110] 英格兰的利率也有6%。[111] 在需求旺盛时，英格兰和法国的短期贷款利率上涨到了10%甚至14%和15%，而波兰的短期贷款利率则在12%和18%之间波动。[112] 因此，有序、信任的氛围先出现在欧洲各共和国，然后是第一个君主立宪制国家，也就不足为奇了。这些国家都得益于相对较低的利率，并且有能力输出资本，结果就是：17世纪，阿姆斯特丹和伦敦连同热那亚一起作为金融中心脱颖而出，并且控制了整个欧洲的政府贷款市场。[113]

14.4　结论：18世纪取得的成就

如前所述，公债在18世纪随着战争的爆发和随之发生的费用而不断增加。无论是为采取军事行动、建造战舰筹集资金，还是为政府贷款发行债券，问题基本相同：由于一般预算经常不足，因此总有必要求助于信用来筹款。在奥格斯堡同盟战和西班牙王位继承战结束以后，一些国家的政府利用这个喘息机会成功地减少或者合并了1689～1714年大幅膨胀的债务负担。[114] 到了18世纪中期，像奥地利、巴伐利亚和符腾堡这样的欧洲大陆国家至少成功地阻止了债务的继续增加。[115] 1716～1771年，法国减少了1/3的债务；[116]托斯卡纳大公国也偿还了部分债务。[117] 威尼斯通过操纵利率得以在1715年减少了2/3的公债。[118] 丹麦在1730～1754年通过还债也取得了相同的结果。[119] 在腓

109　Tucci in Vannini Marx (1985), 176—177.

110　Bérenger (1975), 431.

111　Van der Wee (1991), 249.

112　Day (1987b), 88；关于唐提式养老金制度，请参阅文献：Vander Wee (1991), 250；Bogucka in Vannini Marx (1985), 307。

113　关于瑞士联邦，请参阅文献：Körner (1986), 225—237。

114　Bergeron (1978b), 120.

115　Mensi (1890), 478—517, 748；Schmelzle (1900), 222—237；Müller (1932).

116　Marineau (1978), 153.

117　Waquet (1990), 116.

118　Hocquet in Bonney (1995).

119　Bjørn Poulsen博士提交给我们研究团队的未发表论文。

特烈·威廉一世治下,普鲁士财政甚至在 1713～1740 年实现了巨额盈余。[120] 普鲁士凭借严厉的政府机构改革满足了官房学派提出已久的要求,[121]同样也实现了瑞士各共和国从 16 世纪末就开始享受的"财政健康"。[122]

普鲁士在 18 世纪下半叶保住了这种良好的财政健康势头。直到 1794 年以后,普鲁士才不得不借钱与拿破仑交战。[123] 巴伐利亚虽然在 18 世纪 40 年代任凭其债务增长,但在随后的几十年里成功地减少了自己的债务。[124] 很多重要和不那么重要的国家或政权虽然曾经有过多次财政改革尝试,但由于军事冲突——如奥(地利)土(耳其)战争、奥地利王位继承战、"七年战争"和美国独立战争——连绵不断,重又大肆借贷——从符腾堡、威尼斯、伦巴第、皮埃德蒙、托斯卡纳、那不勒斯、教宗国到奥地利、法国、丹麦、瑞典和英格兰无一例外。这次公债剧增随着拿破仑战争战火的蔓延在 1770～1795 年达到了顶峰。[125]

到了 18 世纪,资本供给也比以往任何时候都更具国际性。国家借入的资金总有部分来自国外。由于提洛尔(Tyrol)、世袭领地和前奥地利(沿海地区)财政资源捉襟见肘,奥地利当局不得不向德国、奥属尼德兰、合省联邦、英国、瑞士联邦、热那亚和意大利其他城邦借钱。[126] 在意大利,托斯卡纳大公国有 10%的贷款是从国外借来的,其中一半来自热那亚,另一半来自教皇辖境、皮埃特蒙和意大利其他国家或地区,而意大利以外的贷款微不足道。[127] 丹麦在汉堡、海牙、阿姆斯特丹、日内瓦和热那亚等市场上借钱。[128] 1784 年,荷兰、布

---

120 Klein (1974),48—54.

121 认为有必要建立财政储备的文献有 Johann Bornitz (1577—1638)、Klaus Klock (1583—1655)、M. Faust (约殁于 1641 年)、Hans Conring (1605—1681)、Wilhelm von Schroder (1640—1688)、Theodor Ludwig Lau (1670—1740)、J. H. G. von Justi (1717—1771)和 Joseph von Sonnenfels (1733—1817):Dittrich (1974),46—47,62—63,103—104。

122 Körner (1980),11—32;Körner in Bonney (1995).

123 Klein (1974),60—61.

124 Schmelzle (1900),237—249;Klein (1974),70.

125 Klein (1974),6—7,26,75—78;Feldbaek (1982),131,转引自 Bjøm Poulsen 博士在本研究团队讨论会上宣读的未发表论文;Bergeron (1978b),121;Capra (1990)。

126 Mensi (1890),300—422;Dickson (1987),ii,272—339.

127 Waquet (1990),351.

128 Bjøm Poulsen 博士在研究团队讨论会上宣读的未发表论文。

拉班特、德国、瑞士和意大利都成了债权人。[129] 1794～1796 年，普鲁士在尼德兰的贷款占其借款的 1/3。[130] 从贷款人的角度看，瑞士联邦无可否认是一个不太大的资本输出国，但它的投资地域的广度令人印象深刻。1700～1750 年，瑞士联邦诸邦国和国民个人购买了英国、荷兰、奥地利、德国、萨沃伊和法国的债券。18 世纪下半叶，他们还购买了丹麦、瑞典、爱尔兰和美国的债券。[131]

有钱人和特权阶层成员投资于国际政府债券市场的资本，在 18 世纪最后 25 年里大多被阿姆斯特丹、热那亚、法兰克福和日内瓦这些金融中心所控制。阿姆斯特丹、热那亚和法兰克福既是金融中心又是商业中心，而日内瓦的作用几乎仅限于政治金融。伦敦和巴黎并不是活跃的“资本经纪人”，而是活跃的“借款人”。其他金融中心大多在地区或者城市层面发挥作用。[132] 从客户地理分布的角度看，日内瓦主要为法国服务，而法兰克福则主要为德意志诸邦国服务。历史上，热那亚奉行在很大的政治和地域范围内分散风险的策略。荷兰在 1780 年前后大约把它一半的资本投在了英国债券上，后来又把自己的投资分散到北欧、东欧、法国和西班牙。[133]

18 世纪，卖官作为财政收入来源在法国也出现了衰退，而银行又恢复了在本国和国际市场上筹集资本的主要作用。国际金融界被一些由社会、经济、职业和教派少数群体特有的密切关系相互联系在一起的银行集团所控制，它们凭借自己的凝聚力、国际主义以及个人和家族关系发展起了自己得天独厚的优势，无论是联合了集中在瑞士法语区、法兰克福、汉堡和伦敦的“国际胡格诺派”(*international huguenote*)的法国“新教银行”(*banque protestante*)，或者活跃在波尔多、伦敦和汉堡的葡萄牙犹太人金融网络，还是受意大利人控制的“天主教银行”(*banque catholique*)网络概不例外。新教银行凭借其遍布世界的规模、财富增加的速度，最重要的是凭借控制超前的经济和金融活动——奴隶贸易、对华贸易、纺织品印染和公共信贷业务——的能力击败了它们的所

129　Nathanson (1836)，229，转引自 Bjøm Poulsen 博士在研究团队讨论会上宣读的未发表论文。

130　Klein (1974)，61.

131　Veyrassat (1982)，appx 2；Peyer (1968)，158－166.

132　Bergeron (1978b)，125.

133　Ibid. 129－130.

有对手。[134]

18 世纪，一些国家的政府为了控制国内货币流通量和政府公债创建了拥有纸币发行权的中央银行。奥地利就在 1703 年创建了维也纳城市银行（*Wiener Stadtbank*），丹麦在 1736 年创建了自己的"*Kurantbanken*"银行，斯德哥尔摩在 1762 年对自己的"*Riksens Ständers Bank*"进行了改革，柏林在 1765 年创建了"*Königliche Giro-und Lehnbank*"银行，莫斯科和圣彼得堡在 1768 年创建了"*Assignationsbank*"银行，巴黎在 1776～1793 年创建了贴现银行（*Caisse d'escompte*），而马德里则在 1782 年创建了圣卡洛斯银行（*Banco de San Carlos*）。[135] 其他如巴伐利亚在 1728 年创建了专门负责偿还公债的 *Schuldentilgungskasse* 银行。[136] 在已有很久不依赖借款的国家瑞士，私人银行接管了公共和私人盈余资本的对外投资，就是这些私人银行在 1744～1746 年施压要求关闭巴塞尔城市票据交换所（*Basler Stadtwechse*）。[137] 而在苏黎世，私人银行家发起的倡议导致 1755 年公营银行 *Banque Leu et Cie* 的问世。创建这家银行的目的就是要通过发行现金券利用国际私人银行家网络把大量的资本投到国外去。[138]

创建有权发行纸币的中央银行，对于需要筹集资金的政府来说，可谓是一个理想的手段。然而，政府并不十分关注倘若要保持纸币的价值和公众的信任，就得确保流通纸币不超过某个特定限额的问题。在短短几年里，1716 年法国在约翰·劳的再三催促下，根据英格兰模式设立的通用银行（*Banque Générale*）和西方公司（*Compagnie d'Occident*）系统（见本书第六章第六节），并且发行了大量的纸币，而这些失去价值的纸币后来都流回了通用银行的各网点。由于通用银行金银储备不足，纸币持有者受到了惊吓；又由于法国政府在 1720 年按官价回收纸币，而且还在收款时拒收纸币，因此，通用银行的倒闭在所难免。此外，在西方公司失去特权以后，它的股票虽然一度受到疯狂投机者的追捧，但当最终还是大跌，而当金融危机发展到了最严重的地步时导致法

---

134 Ibid. 122,131; Luthy (1959－1961), ii; Fisher (1971).

135 Schneider in *Banchi pubblici, banchi privati* (1990), i, 133－169.

136 Klein (1974), 67.

137 Hallauer (1904), 61－83.

138 Körner in *Banchi pubblici, banchi privati* (1990), ii, 889－890; Peyer (1968), 133－144.

国人对公共信贷机构和以动产形式持有的财富严重不信任。[139] 与此同时，随着南海公司事件的发生，英格兰受到了类似的投机和通货膨胀影响，但与法国的情况有所不同。英格兰银行有充足的准备金，足以允许它与东印度公司(East India Company)达成协议为陷入困境的南海公司垫付资金，而议会也为了保护南海公司股东的利益出面对该公司的股票做担保。因此，英格兰银行的信用没有受到任何程度的影响。[140] 然而，法国和英国遭遇的两种“投机泡沫”经历推迟了欧洲各国中央银行和可兑换纸币在 18 世纪 60 年代以前的发展。[141] 哥本哈根的 *Kurantbank* 银行直到 18 世纪末才大量发行纸币。[142]

另一方面的发展也影响了贷款可用工具的多样化。由于法国缺乏真正的金融市场，传统体制在 18 世纪保留了很多种类的终身年金；又由于公债要到年金持有人去世才能还清或者要等国家破产才能消除，因此年金就成了一些精明的投机者为尽可能推迟它们的“自然”赎回而进行投机的对象。事实上，只有英国发放过可在某个非指定日期偿还、利率低于终身年金因此从长远看对国家费用较低的无期贷款。这种贷款业务因得益于伦敦金融市场的效率而获得了发展，并享受到了爱国心受到政治体制刺激的公众的信任。在英国，议会拥有预算控制权，并且保证提供经过公开辩论表决通过的贷款。贷款偿还机制和政府兼借款人确定的还贷时间表使得推行更加灵活的预算政策成为可能。欧洲其他地方采用了一种更具“现代早期性”的方法，那就是发放通常期限被限定在 10 年、12 年或者 15 年的定期贷款。这种趋势一方面反映了已有债务的国家信用水平的下降，另一方面也说明私人银行相对于政府当局实力的增强。[143]

然而，借助于合省联邦的案例，我们发现总督府(*Generality*)、7 个省、5 个沿海省份海事法院辖区、各市政当局和低地管理局(*waterschappen*)的公共信用得到了公众的信任和支持。有一点格外明显，那就是虽然全国公债不断增加，但利率仍然很低，只有 2.5%～3%。当然，偿还日期从一开始就确定

139 Morineau (1978), 500—503.

140 Ibid. 503—505.

141 Henning (1985), 277.

142 Bjøm Poulsen 博士在研究团队讨论会上宣读的未发表论文。

143 Bergeron (1978b), 122.

也有利于政府合理管理债务，而且既能宽慰贷款人又能提升公信力。[144] 利率下降趋势通常也是长期公债的一般规律。在北欧，丹麦的长期公债利率在4%和5%之间。[145] 在托斯卡纳，信贷机构(*monti*)在18世纪初放贷收取4%、5%和6%的利率。1723年以后，托斯卡纳信贷机构放贷只收取4%的利率，而到了1726年只收取3.5%的利率。[146] 在中欧，奥地利在18世纪头40年里国内贷款的利率通常在5%～6%之间，[147]而在18世纪70和80年代下跌到3%～4%(见图95)。[148] 在各瑞士共和国，利率甚至比上个世纪跌得还低，跌到了接近于3%～4%的水平。[149] 虽然国家债务总量大幅增长，但长期贷款资金似乎在欧洲大部分地区变得比较便宜；而各个市场的短期贷款利率仍然较高，例如，奥地利18世纪初的短期贷款利率是20%，后来是8%～12%。[150] 托斯卡纳大公国的短期贷款利率通常是12%。[151]

从中世纪晚期到18世纪末这么长的时间跨度里，无论是公共信贷的长期利率还是短期利率都明显趋于下降。但几个世纪以来，国家借贷都是短期利率高、长期利率低，原因总是相同——急需资金。大多数国家通常会滥用急于赚取利润和获得各种经济特权的商人银行家和金融家太愿意提供的信贷。如果公共信贷能像瑞士联邦在16世纪之前所做的那样，按照相反方向由国家借给个人，那么就能为国家财政创收。其他国家为了应付经常性支出和兑现自己的财政承诺，大多不得不把精力集中在增加税收上。因此，下一章将考察财政负担问题。

144 Van der Wee (1991),259—260.

145 Nathanson (1836),229,转引自 Bjørn Poulsen 博士在研究团队讨论会上宣读的未发表论文。

146 Waquet (1990),116.

147 Mensi (1890),755.

148 Dickson (1987),ii,402—418;ESPDB \körner\ausg001 based on \ausd001.

149 Peyer (1968),130—144;Körner (1981),307—308.

150 Mensi (1890),755.

151 Waquet (1990),101.

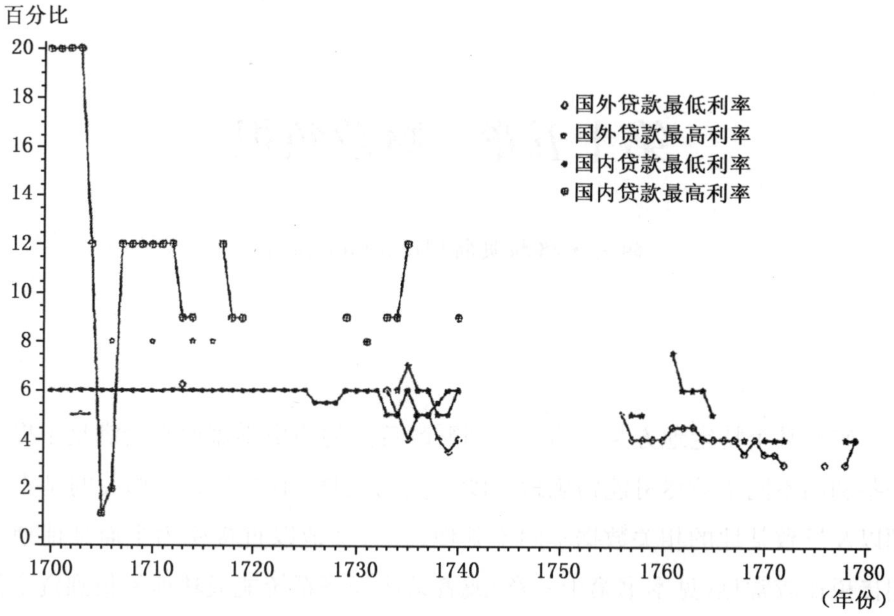

资料来源：Dickson（1987），ii，402—418 \körner\ausg001 © ESFOB 1993.

图 95　1700～1780 年奥地利的国内外贷款利率

第十五章　财政负担

胡安·格拉贝特(Juan Gelabert)

研究某个特定地方某一给定时期财政负担的历史学家通常会满足于提供一些利用不同指数尽可能精确地反映税负的数据，很少会关注相关的基本问题以及导致某地的相关数据不同于其他地方、某地以直接税为主而其他地方间接税比较常见(见本书第十三章)或者某些经济系统能成功地筹集到资金而另一些却不能的原因。在不完全忽视定量数据的前提下，本章旨在探讨以上这些问题，并且提出一些便于理解为什么财政负担研究不应该只限于计算人均负担甚至某个特定国家"一般纳税人"税负的建议。导致不同国家纳税人税负差异的原因多种多样，本章暂且撇开国家之间支出增长状况不同(见本书第十二章)不论，主要聚焦于近代早期欧洲税负的地域分布，也就是让·博丹早在16世纪晚期便思考过的问题。

本章将考察导致这样的差别产生并持续存在的不同原因。首先，考察15世纪末、16世纪初王领的多寡为何意味着国王有求于子民钱包的需要不同这个问题。君主应该"自食其力"的格言在当时得到了普遍认同，问题的关键在于如何来理解"其力"。其次，一旦君主认为需要子民提供帮助，选择待用机制——决策权通常掌握在代议机构手中——似乎不但要确定税种，而且要确定纳税对象。凡是在无须召集代议机构开会审批，统治者就能采取行动的地方，都更有可能发现税负较重的现象，这一点似乎显而易见。此外，三级会议作为旧制度下政治立宪的一个决定性元素，往往只会加剧财政负担差别。最后，16世纪的宗教动乱对于统治者与被统治者财政关系的终极结果具有决定性的作用。凡是宗教改革无论以什么不同的方式取得成功的地方，统治者可动员的资源就会明显增加，而攫取被统治者财富的需要至少从理论上讲就会有所减小。同样重要的是，统治者与被统治者之间的政治关系自然会逐渐形成“社会他律”（social discipline）。这一点在天主教改革取得胜利、特伦托会议（Council of Trent）决议付诸实施的国家显得特别重要。从比较财政史的角度看，有必要强调像教士及其财产豁免权强化这样的发展，因为这会严重降低在不同社会阶层之间公平摊派税收的可能性。同样重要的是，天主教教士对纳税人产生的影响（有时不仅仅是意识形态方面的影响），结果会导致他们对某些财政需要的合理性提出质疑。

因此，政治和宗教似乎对欧洲不同财政结构的形成产生了深刻的影响，它们既是各种财政制度的促进因素，又是加剧税负不公的手段。每种财政制度实现其收入最大化目的的能力，在很大程度上取决于经济发展。直接税被认为适用于经济衰退时期（如 17 世纪的法国），而间接税的情况正好相反（如 16 世纪的西班牙）。即使人口和消费只获得了相对较慢的增长，间接税也被认为是一种适当的税收（如 18 世纪的英国）。但是，即便经济周期持续较长的时间，财政制度也无法轻而易举地适应不断变化的经济周期，曾经促成财政制度的相同政治因素也会限制财政制度的适应能力。因此，17 世纪财政负担的加重对经济危机在某些国家的表现形式以及随后国家自身的发展产生了明显的影响。

15.1　税收与政治

黎塞留在他的《政治遗嘱》（*Testament Politique*）中表示，纳税人承担财政负担有明确的极限，如果超过了这个极限，那么君主就会被认为行为不当。他还补充说，根据常识应该能够确定这个极限，必须牢记财政负担的量与承担它的人的力量之间的平衡。黎塞留首先考虑到了财政负担正当性这个近代早期欧洲政治文化中老生常谈的问题，而不是粗略的统计和计算问题。用 W. F. 丘奇（W. F. Church）的话来说，黎塞留《政治遗嘱》中这段“言简意赅”的文字说明“应该把黎塞留关于既正当又为社会等级制度正常运行所必需的政策的告诫扩展应用于社会较低阶层”[1]。《政治遗嘱》中的另一段文字也值得整段援引：

“所有的政治思想家都会认为，如果平民百姓过得太舒坦，那么就不可能让他们听从命令履行他们的职责。这句箴言源自平民百姓的理解能力不及国家更有文化、掌握更多知识的其他等级成员这个事实。如果他们不为生活所迫，他们就不易遵守由理智和法律规定的约定。理智不允许他们免除全部的负担，因为，如果他们看不到自己的附属性证据，那么就会忘记自己的境况（*condition*）；如果他们可以不纳贡，那么就会认为自己也可以不用服从。他们必须被比作习惯驮重物的骡子，休息很长时间以后比工作很长时间以后更难驾驭。但就像骡子也要让它劳作适度，背驮的负荷必须与它自身的力量相称，税收对于平民百姓的情况也是如此。如果税收并非适度，即便有益于全体国民，也仍然是不公平的。”[2]

就连黎塞留这位杰出的国家利益倡导者在谈论财政负担这个敏感问题时也免不了要使用适度、相称和公平这样的概念。黎塞留并非是唯一一个这样做的人。在临近16世纪结束时，尤斯图斯·利普修斯（justus Lipsius）把酷刑（*sipplicia*）、审查（*censura*）和赋税（*tributa*）三者视为同等邪恶。[3] 在旧制度的政治文化中，缴税不但被认为不受纳税人欢迎，而且还会使那些请求被统治者提供帮助的统治者产生心理负担。因此，詹姆士一世在1607年给他的枢密院写道：“唯一一种朕绝不可能得但最有可能危及朕的疾病，就是欲望这种‘很伤人的溃疡病’。如果能够消除这种病患，那么朕就能认为自己是自基督降生以来在任何其他方面与任何其他国王或者君主一样幸运。”[4] 1635年，也就是发动对法战争的那一年，西班牙的腓力四世写信给他的财政委员会主任表示，“如果上帝认为这样做是对的，那么朕不但会免除更多的负担，而且会废除今天已经存在的大部分税负”[5]。以上这些肯定和否定财政负担的表态，对于那些当下可能认为纳税习惯是深深植根于近代早期统治者与被统治者关系中的

1 Church (1972), 488.

2 Richelieu, ed. André (1947), 253—254.

3 Oestreich (1982), 47.

4 Tanner (1930), 354.

5 Gelabert (1990), 557.

政治实践的人来说应该是一个提醒。其实，情况并非如此：开征新税通常被视为某种近似于抢劫的行为。虽然税费仍得缴纳，但主流观点认为，税费是为满足特定需要必然会发生的偶发性事件，因此一旦需要得到满足，统治者就没有道理继续要求被统治者继续定期缴税。1591 年，阿维拉（Avila，西班牙中部古城。——译者注）街头和广场上出现了一些写着“腓力（二世），请你满足于自己的财富，请不要掠夺他人财产”的海报。[6] 让·博丹在是否应该在财政领域授予君主类似于其他领域的权力这个问题上也是犹豫不决，尽管这与他的一贯立场相左（见本书第六章第一节）。[7] 英格兰国王的权力并没有因为他们有求于议会才能获得救助而小于其他国家国王的权力，因为任何一个国家的统治者“都无权随心所欲地对其国民征税，就如同他们无权随意拿别人的财物……”[8]

支撑这种反税倾向的依据就是君主应该“自食其力”（*vivre du sien or conformarse con lo suyo*）这个被普遍接受的信念。这里的“其力”是指——尽管并不总限于这类祖产（见本书第十三章第三节）——有产出的王田。王田的产出被认为应该足够维持王室现状（*état royal*）。在西欧的大部分君主国家，基本法律或者类似于基本法律的东西就是严格保护这种祖产的完整性，并且规定它的不可转让性。[9] 君主受托，管理祖产，但君主滥用祖产的可能性早已驱使约翰·福蒂斯丘（John Fortescue）爵士写道，最好把祖产的管理置于议会监督之下（见本书第一章第五节）。[10] 因此，不难理解，保全王领对子民有利，当然，有可能的话，扩大王领同样也对子民有利。如果保全甚至扩大王领实现的产出还是不够，那么征税之门仍然是敞开的。全国三级会议明确告诉查理七世“如果国王放弃部分王领，那么就会向穷人收取等量的税费”。1555 年，当玛丽·都铎（Mary Tudor，英格兰女王，1553～1558 年在位。——译者注）因“挥霍无度，难以为继”而请求议会给予资助时，议会最初的回答是依靠“议会资助”来缓解女王陛下经济拮据的做法并不合适，王室应该向它的债务人索

6　Kagan (1990), 165.

7　Marongiu (1985), 371.

8　Bodin, ed. Franklin (1992), 21.

9　Kantorowicz (1965a), 145.

10　Mosse (1950), 11.

要自己的债权，尤其是向那些攫取教会收入的人索要自己的债权。[11] 另一方面，君主对王领收入的使用也是有限度的。除了王室符合身份的日常用度以外，供国王支配的资源应该用于广义的王国防卫。有很多图像和标志物都说到了国王与被比作其妻子的王国之间的“婚约”关系。就像在任何其他婚姻中一样，在国王和王国的“婚姻”中，嫁妆——王领——送到夫家以后，国王作为“丈夫”就能够用他自己的收入来满足国家的一般需要。因此，王领是一种不可割让的“嫁妆”(*dos pro oneribus*)。在法王亨利二世的加冕典礼(1547 年)上，加冕(conferral of the *anneu royal*)正是象征这种婚约的订立——“国王正式娶法兰西王国为妻”(*le Roi espousa solennellement le Royaume*)。詹姆士一世初次在议会发表讲话时表示：“上帝要让我们结合，然后不许任何人将我们分离。我是丈夫，而全岛就是我的合法妻子；我是头，而它是身体；我是牧羊人，而它是我的羊群。”[12]1516 年，卡斯蒂利亚议会发现自己必须提醒新的并且是外国的国王：议会把他看作是为王国效力的“雇佣兵”。

自近代开始，国王能够“自食其力”(*vivre du sien*)的时代已经成为过去，但对界定国王与王国之间关系的意识形态、政治和宪法框架却不能这么说。17 世纪的法国表明了“旧观念仍然根深蒂固”(*l'ancienne conception demeurait vivace*)。[13] 实际上，黎塞留曾经表示，税收的“心理或者主观财政压力”[14]，远远要比财政负担的轻重和纳税人承受财政负担的能力重要。税收必须公平(就是黎塞留所说的适度、相称和公正)才能实际征收到，最重要的是必须征得纳税人的同意(*Quod omnes tangit*)。在 16 世纪欧洲政治优势构建竞赛加速的过程中，欧洲各国无论是在君主领地面积还是子民同意自己成为纳税人的意愿方面并非处在同一起跑线上(见本书第八章第四和第五节)。当让·博丹提出某个像他那个时代的欧洲财政地理这样的概念时，他肯定想到了就如上文提到的那样的不公平问题：从他提出的欧洲财政地理来看，北欧国家的财政负担要比南欧国家的轻。

---

11 Alsop (1982), 11.

12 Kantorowicz (1965b), 388. 根据存世文献，早在公元前 2000 年，埃及和巴比伦就有像“善牧君王”(shepherd-king)的比喻：Todd Lowry (1987), 17。

13 Meuvret (1971), 295.

14 Bercé (1974), i, 71.

在中世纪后期的法国，王领收入可能要占到法王经常性收入的很大比例。[15] 但是，“百年战争”导致逐步开始同时征收临时税，而且临时税收入很快就在数量上超过了王领收入（见本书第五章第八节）。此外，临时税是在战争导致经常性需要这个借口下征收的，并没有等到子民同意再征收。简言之，“在法国大部分地区，收税与代议机构之间并没建立婚姻关系”[16]。1523 年，王领收入贡献了 10％的王室收入，1567 年大约只贡献了 4％，而在苏利内阁主政时期只有 2.5％。[17] 王领收入的部分恢复——4 000 万里弗尔，而总收入估计达到了 1.5 亿里弗尔[18]——表明法国国王和他的财政大臣处境不错，这是一个从苏利到柯尔贝尔的所有继任者都没能实现的令人羡慕的成就（见本书第十三章第三节）。17 世纪法国发生的历次民众运动大多具有无可争议的反财政性质，而民众运动的反财政性质必然是财政负担不可承受的产物，也是宪法规定的君主索要资助的机制合法性存疑造成的后果。从 16 世纪开始，法国明显成为“税收国家”的范式。但是，税收国家的提前到来让法国付出了沉重的代价。

在英吉利海峡的彼岸，英格兰暴露了一些相对“落后”的征兆，博丹的财政地理也因此而具有了意义。虽然 F. C. 迪茨（F. C. Dietz）以往的计算结果受到了严厉的批评，但它仍然表明“亨利七世统治晚期英格兰王国经常性收入的基本组成部分似乎仍是土地和关税收入，而且土地收入仍占大头”[19]。虽然关税收入在 1485～1509 年大约增加了 1/4，但同期土地收入几乎增加了 2/5。王领收入的恢复和关税收入的增长导致要经议会批准的税收收入的同比例减少。从 1487～1496 年，亨利七世大约收到了 31 万英镑的税收，也就是每年平均收到 3 万英镑的税收。从 1496 年到亨利八世登基，亨利七世只在 1504 年征收过一次经议会批准的税费，因此整个亨利七世统治时期的年均税收只有

15 Rey (1965), 99.

16 关于三级会议制地区与选举制地区之间的区别，请参阅文献：Major (1980), 15, 58；关于定量问题，请参阅文献：Collins (1988), 232。

17 Wolfe (1972), 355.

18 Bonney (1981a), 55.

19 Wolffe (1964), 251.

13 500 英镑。[20] 到了 1502 年，王田差不多年产 4 万英镑，因此亨利七世受到了英格兰纳税人的称颂，就如同法国的亨利六世在 17 世纪初受到法国纳税人称赞那样。丹麦也不落后："1500 年，丹麦国王大约 75%的收入来自王田。"这肯定是"欧洲背景下的一种异常情况"（见本书第四章第五节）。[21]

继续向南，卡斯蒂利亚国王可以自称拥有堪与毗邻的法兰西相比的王领。卡斯蒂利亚议会除了允许国王收取经常性收入外，还应国王的要求定期被授权征收一些贡赋（*servicios*，一些由议会批准的特别税。——译者注）。在卡斯蒂利亚国王征收的经常性税种中，最重要的是商业交易税（*alcabala*）。但就连伊萨贝尔（Isabella）在她 1504 年的遗嘱中也对自己在享受王权（*regalia*）方面的状况表示了怀疑。实际上，商业交易税在卡斯蒂利亚虽然受到了一些法学家的抨击，并且令纳税人感到反感，但仍经常征收，并且允许我们把卡斯蒂利亚的税收分为经常和临时两种。在 1482～1504 年，议会批准的税种（或者临时税）差不多要占到全部税收收入的 1/4，[22]但相对于经常性税收收入呈现减少的趋势。因此，在查理五世统治的头几年里（1516～1520 年），商业交易税和贡赋这两个最重要的税收项目分别占税收总收入的 83.6%和 16.4%。[23]

在荷兰，1521～1530 年王领收入大约占总收入的 13%（1 500 万里弗尔中的 250 万里弗尔）。[24] 在低地国家各省，1534 年王领总收入几乎要占到它们总收入的 1/3（30.6%），随后一路减少，1545 年只占总收入的 1/4 强（27.6%），其余收入都是特别津贴，也就是严格意义上的税收。[25] 这恰恰就是纳税人避之不及的那种发展。纳税人无疑会赞成 19 世纪初普鲁士消费税、关税、制造业和商业大臣施泰因（Stein）的以下观点："领地收入是君主制王国的经济基础，因而也是构建其对内、对外两方面都独立的国家的经济基础，因为王领是国王实际不受三级会议各等级代表控制的基础。因此，只要有王国存在，王领

20 Schofield (1988), 231.

21 Petersen and Jespersen (1987), 479.

22 Ladero Quesada (1976), 315.

23 Hendricks (1976), 222.

24 Tracy (1985), 30.

25 Baelde in Cohn (1971), 213—214.

不但现在会存在，将来还会继续存在，因为两者不但从历史的角度看，而且从内在联系看都是相关的概念。”纳税人可能会当即驳斥亚当·斯密关于保留领地的社会成本通常要大于领地收入的观点。[26]

15.2 税收与宗教改革

16 世纪初，南欧国家的财政制度仍明显不同于北欧国家的财政制度。法国的三级会议作为代议机构并不掌握任何税收控制权。卡斯蒂利亚的情况正好相反，议会在国王与王国之间充当的中间人角色也许是卡斯蒂利亚议会最具特色之处。但是，16 世纪上半叶的一些新发展趋向于扩大南欧与北欧之间在财政制度上的差距，而最具特点的新发展就是宗教改革和教会财产世俗化，教会财产被并入了接受新教的君主的领地或者教会的土地被出售。这个世俗化过程在某些场合受到了迫切的财政需要的推波助澜，而丹麦则是这方面最显著的例子。所谓的“伯爵战争”(Count's War)[27]把克里斯蒂安三世(Christian Ⅲ)推上了王位。他在 1536 年召集议会开会，议会出于对纳税人利益的考虑决定减少这场战争的开支，因此一致通过了教会财产世俗化的决议(“主教的财产交给朝廷管理和保护，这样就不用那么经常地对俗人征税”)。据计算，丹麦王领的收入在 1533～1574 年增加了 2 倍(见本书第十三章第三节)。瑞典有过与丹麦相似的经历。1521 年，教会拥有瑞典 1/5 的土地(21%)，而王室只拥有瑞典 5.5%的土地。古斯塔夫一世(Gustavus Vasa)在他发起的反克里斯蒂安二世的战争中欠下的债务，对于早在 1522～1523 年采取的没收教产措施起到了强有力的促进作用。1527 年，古斯塔夫一世在维斯特拉斯(Västeras)召开的瑞典国会会议上提交了对教会财产实行世俗化的方案，并且获得了通过。到他在第二年举行加冕宣誓仪式时，已经没人再提捍卫教会财产和权利的问题。[28]

宗教改革对神圣罗马帝国各邦国的影响是一个渐进、不一致的过程，但总

---

26 Braun in Tilly (1975), 295－296.

27 Kirby (1990), 62.

28 Krüger (1988).

体而言,“最近的研究有力地证明,神圣罗马帝国各邦国君主从教会财产世俗化中获得了远比过去认为的多得多的收益”[29]。他们把教会财产世俗化的收益花在了各种用途上,并且具体因他们的宗教虔诚度和之前的负债水平以及贵族在三级会议中的势力等因素而不同。但有一点是确定的,那就是不论分配教会土地的确切机制如何,诸邦国君主都能扩大自己的地盘,削弱教会的政治势力和法定权力,并且向他们的子民提供兴办学校、大学和医院的资金。1533年,黑森的腓力(Philip of Hesse)宣布,兴建马尔堡大学、资助该校学生、修建医院、发放贵族遗孀抚恤金,都将是他要在不增加税收的情况下设法改变其子民命运的方面。一个批评亨利八世滥用世俗化教会财产的新教徒把“那些没有把教会的土地和其他财产分给君主,而是根据圣经教义把它们送给全体子民使用和救济穷人的虔诚神圣罗马帝国基督徒”作为反面典型来援引。

英格兰修道院的解散大致使王室的经常性收入翻了一番。[30] 在约1540～约1552年间,战争相关支出花掉了350万英镑,其中35%是直接税收入,另有差不多相同的数额(32%)是变卖之前已世俗化了的教会财产以及降低铸币成色的收入。稍微有点想象力的人就能得出这样的结论:亨利八世利用世俗化教会财产和铸币贬值使得英格兰纳税人的财政负担减轻了一半。如果亨利八世没有选择这两种权宜之计,那么就可能不得不放弃在欧洲事务中发挥积极作用。

有人说,亨利八世推行英国国教改革的灵感来源之一,就是弗朗西斯一世在他与天主教会的关系中树立的榜样。从财政的角度看,《博洛尼亚协约》(Concordat of Bologna,1516年)的签署标志着教士豁免权的彻底废除。从理论上讲,每份宗教协约都是平等各方达成的协议。从法律上讲,教皇保留了是否同意天主教会成员向法兰西君主国纳税的权利。实际上,教皇在这方面的权力已被大大削弱,以至于几乎可被认为已经废除。[31] 弗朗西斯一世要求法国教士每年缴纳1次、2次、3次甚至4次什一税(每次差不多能收到10万埃

---

29 Cohn in Kouri and Scott (1987),168. 外国特别津贴直到18世纪末不但允许黑森的腓特烈避免召集三级会议开会,而且还能大幅度减轻其子民的人均负担[从3塔勒减少到2.2塔勒;巴伐利亚的人均负担是3.8塔勒,科隆是6.2塔勒,茨魏布鲁肯(Zweibrücken)是6.2塔勒]:Ingrao (1987),127。

30 Davies (1977),95.

31 Wolfe (1972),100.

居），但很难推断法国王室在1561年前能从教士那里收到多少税收收入。1561年，为了扭转亨利二世留下的灾难性财政状况，第三等级和贵族会议建议洛比塔尔（L'Hôpital，法国城镇，位于摩泽尔省。——译者注）的司铎米歇尔（Michel）转让部分教会财产。1561年10月21日，教会签署了所谓的《普瓦西合约》（Contract of Poissy）。该合约规定，法国的教士每年要定期向法国王室缴纳定额税费。据计算，教会在从签署《普瓦西合约》到亨利三世驾崩（1589年）这个时期里总共向瓦卢瓦王朝缴纳了占王室总收入15%～20%的税费。[32] 在法国的例子中，宗教改革并非为取得类似于神圣罗马帝国各邦国教会财产世俗化的财政结果所必需。不过，从16世纪末到大革命爆发，法国的教士确实再也没有缴纳过这么多的税费。

在"天主教君主国家"中，卡斯蒂利亚采取了废除教士财政豁免权这项具有决定性意义的举措。16世纪，卡斯蒂利亚教士要缴纳特别津贴或者什一税（*décima*），王室还撤销了绝大部分"十字军东征教皇诏书"（*Bula de la Cruzada*）规定的税费。历代教皇都把2/9的教士什一税[所谓的"皇家三一税"（*tercias real*）]分给卡斯蒂利亚王室。1567年，腓力二世又获准对教士征收一种新的名叫"歉金"（*excusado*）的什一税。此外，查理五世的前监护人教皇艾德里安六世（Adrian Ⅵ）把军事修士会（*Maestrazgos*）的大量土地和财产交给卡斯蒂利亚王室管理。这些土地和财产的收入在16世纪中期（1555～1559年）要占到卡斯蒂利亚王室总收入的15%左右。[33] 也就是说，类似于法国1561年以后教士所缴税收占法国王室总收入的比例。根据其他数据来源作出的估计[34]显示，1530～1630年，教会来源的收入要占到卡斯蒂利亚王室总收入的1/3，这个数值似乎有点夸大。但不管怎样，法国与卡斯蒂利亚之间的区别在于：法国历代国王都把教会每年缴纳税费视为理所当然（尽管有些年份，如1640年，与教士大会的关系遇到了一些麻烦），而卡斯蒂利亚的"十字军东征教皇诏书"税和特别津贴以及后来的"什一税"都要征得教皇的同意才能征收。因此，这些税收或者特别津贴在查理五世、腓力二世和他们继位者的治

---

32 Michaud (1991), 146.

33 Ulloa (1986), 129.

34 Hermann (1989), 392.

下都受到了王室和教廷间关系间歇性危机的影响。就教会对经常性收入的贡献而言，历代卡斯蒂利亚国王只能依靠军事修士会(*Maestrazgos*)的财产租赁收入，但就连这种收入也并非直接缴给王室财政院(Council of Finance)，而是缴给(军事)修士会院，因为从法律上讲，这些收入仍属于教会财政(*fiscus ecclesiasticus*)。

15.3 税收的社会影响

在开始财政负担的纯定量研究之前应该考虑另一个重要问题，那就是直接税与间接税之间的区别(见本书第十三章第五和第六节)。间接税形式是所谓“新君主政体”的标志之一。例如，有学者注意到，在低地国家城市中，间接税收入占税收总收入很高的比例，这个比例在伊普尔(Ypres，今比利时西部城市。——译者注)至少达到了 63%，在里尔(Lille，今法国北方城市。——译者注)上涨到了 88%，在迪南特(Dinant)提高到了 93%，而在尼诺弗(Ninove)更是达到了 98%。[35] 在法国，贡金先于平民人头税在全国征收并非偶然。征收商业交易税这种间接税最终在卡斯蒂利亚成功地成为一种王权，而贡赋这种直接税从中世纪到 1665 年议会解散在卡斯蒂利亚一直是一种需经议会批准的税，两者也绝非巧合。

那个时代已有人充分认识到间接税的累退特性，但是厌恶间接税在一个恰恰建立在特权和法律不平等基础上的社会里是完全说得通的。即使财政特权在 15 世纪似乎已经无立足之地的英格兰，也并不是最富有者纳税最多。但不管怎样，在 16 世纪中期，直接税虽然要经过议会批准，但并没有在法律上承认社会某些阶层实际享受免税权，这为“越富有纳税越多”奠定了基础。十五一税、什一税和“特别津贴”都符合这些特点。十五一税和什一税在 1334 年就已经征收，之后只经历过一些不重要的修订。这两种税都是配赋税，应纳税额后来就摊派到全国各地，每个村庄、城镇或者城市都预先知道自己应该缴纳多少税款，然后由每个社区自己决定如何在社区成员之间分摊税额。由于税额

---

35 Blockmans in Genet and Le Mené (1987), 78.

摊派依据在很早以前就已经确定，因此随着时间的推移，难免有些地方会觉得自己税负过重，其他地方税负过轻。为了消除这种不平等，都铎王朝在自己治下开征了“特别津贴”。从理论上讲，“特别津贴”是一种累进形式的直接税，因为它是按照个人年所得和动产净值（并且包括未收回债权）来计征的。富人都要缴纳特别津贴，而所得和动产净值等低于起征点的人不用缴纳特别津贴。1524～1525 年，诺福克郡（Norfolk）近 10％的农村居民不用缴纳特别津贴，埃克斯特（Exeter）和莱斯特（Leicester）两郡的这个比例都高达 1/3，而考文垂（Coventry）更是高达 47％。[36] 每次征收特别津贴都会调整起征点，结果就是任何地区不论何时，缴纳特别津贴的人口比例最低不小于 23％，最高不超过 75％。总的来看，特别津贴要比十五一税和什一税公平。在 17 世纪中期的英格兰，王室真的相信这种税收基本上是由富人缴纳的；而且就其渊源而言，无论是从征管的角度还是它与同时代财政公平思想关系的角度看，特别津贴都是一种一流的财政发明。经议会批准后征到的收入大部分纳入了王室金库，因此，特别津贴符合亚当·斯密对一般税收提出的原则，即第四条征收节约原则（见本书第六章第七节）。特别津贴的唯一缺点就是在财富评估中存在欺诈行为。在伊丽莎白一世治下，地方富豪与税吏串通舞弊，以至于女王陛下下令要“按比之前更高的比例计征特别津贴”。据相当精确的估计，在亨利八世治下，贵族的平均财富据评估在 800～900 英镑之间，但到了 1580 年，据评估只有 300 英镑了。到 16 世纪末，特别津贴陷入了一种危险的境地：低估富人的财产，减少了他们的税负，但却惩罚了不那么富有的群体。在伊丽莎白一世在位的最后一年里，议会不得不批准征收“双重津贴”，以弥补税收收入的减少。

在其他国家，如法国和卡斯蒂利亚，在推行直接税制时，王室不得不做出各种政治牺牲和社会让步。1856 年，托克维尔在评论 15 世纪法国把平民人头税定为一种经常直接税时表示，“贵族是那样的怯懦，只要他们仍能享受免税权，就不惜把税负都压到社会第三等级成员身上”，从而致命地削弱了法国君主政体在旧制度下实施改革的能力。距离这个事件近得多的科米纳（Commynes）指出，查理七世要为他自己和他的继位人承担重大的责任，因为他对

36　Schofield (1988)，233.

他的王国造成了长期伤害(见本书第一章第五节)。[37] 当前的史学研究并没有驳斥法国的财政负担大多由在政治和经济两方面最没有权势的非贵族平民阶层承担的论点。平民人头税在查理七世治下已经达到占税收总收入 2/3 左右的水平,而到了路易一世治下更是高达占税收总收入 83%的水平。平民人头税在随后两位君主的治下有所减少,但间接税弥补了平民人头税减少留下的差额。在弗朗西斯一世治下,平民人头税虽然按绝对值计翻了一番,但按相对值计其重要性有所下降。到了弗兰西斯一世在位的最后一年里,也就是 1547 年,平民人头税占税收总收入的比例已经不足 40%。到了 17 世纪,平民人头税在 1600～1604 年约占税收总收入的 54.8%(单是实行选举制的地区),1607 年是 58.8%,而 1614 年是 57.5%。[38]

在卡斯蒂利亚,姓名被列入直接税(贡赋)名册是平民(*pechero*),通常是农民和工匠的显著标志。1516～1520 年,直接税和间接税占税收总收入的比例分别是 16%和 84%。到了 1551～1555 年,直接税和间接税的比例发生了巨大的变化,贡赋差不多已经占到税收总收入的 31%。[39] 卡斯蒂利亚议会在 1536 年向查理五世建议了一种新的策略——通过定额总包(*encabezamiento general*)(类似于法国的预付税款承包)来预先确定商业交易税的年收入额,然后在全国推行,用以取代大幅增加的贡赋,查理五世没有犹豫就接受了这项策略。结果,连那个时代的人都觉得财政负担发生了明显转嫁。议会的城市代表议员也看好课征于各种商业交易、(开征后的头 10 年)收入稳定的商业交易税,并且认为王国财政蒙受的损失应该通过增加农民和工匠应缴纳的直接税来弥补。[40] 这样做必然会对各个已经分享到经济发展的城市经济体提供补偿,而这种补偿虽然难以量化,但不难想象。

然而,并非只有卡斯蒂利亚或者法国的城市经济成功地通过把财政压力转移到周边农村转嫁了一大部分财政负担。一般来说,凡是城市代表在三级

---

37 Tocqueville, ed. Mayer (1967), 180. 博丹在论述王领和税收时经常援引科米纳的《回忆录》;科米纳对"教宗国是全世界治理最好的国家,因为它不征平民人头税或其他税"或者"理想的国家是没有税收的国家"这样的表述产生了明显的影响:Bouwsma (1990), 193—197。

38 Collins (1988), 234; Bercé (1974), i, 67; Bonney (1981b), appx 2.

39 Hendricks (1976), 222.

40 Carande (1943—1967), i, ch. 12.

会议的合作为通过税收议案所必需的地方，他们就不会错过为他们的市民同胞谋取利益的机会。在荷兰，省议会在批准征收经常税和临时税时还会规定相应的税额上、下限，也就是说，最初允许的税额折扣最高可达 1/3。几乎不必多说，大城市[多德雷赫特(Dordrecht)、代尔夫特、高德、莱顿、阿姆斯特丹、哈勒姆(Haarlem)]，也就是那些政治势力和经济实力最强大的城市，当然获得了非常有利的税额折扣。[41] 1524～1554 年，这 6 个城市的经常税收入通常要占荷兰经常税总收入的 66%～80%；1523～1552 年，以上 6 个城市的临时税收入占荷兰临时税总收入的比例在 77%～100%之间。1476～1477 年，佛兰德斯制定了一份财政负担分摊计划。根据这份计划，城市居民(占总人口的 36%)要缴纳一半多(54%)的赋税，看起来大致还相当公平。但是，大城市通过要求税额特别折扣来阻止征收特别津贴议案的通过，因此这种分摊制度的公平性也就大打折扣。[42] 在那不勒斯王国，靠资本谋生的家庭免缴户税(*focatico*)——那不勒斯财政制度的重要元素。户税是一种课征于“动产和不动产”的税。这种税在 1550 年产出了占税收总收入 80%的税款。[43] 在国家需要增税时，各市政当局情愿通过征收间接税来增加税收。1638 年，虽然直接税收入增加了 2 倍，但只占税收总收入的 55%，而间接税从 1550 年以来增加了 14 倍。

15.4　如何攫取特权阶层的财富？

虽然城市纳税人与农村纳税人之间存在明显的不平等问题，但在给“一般纳税人”或者“典型纳税人”下任何定义之前，有必要说明不同纳税人之间存在其他不平等的现象。这些都是建立在税收司法不公基础上的社会所固有的不平等问题或现象。上文已经讨论过贵族享受税收豁免权的问题，但教会和教士的特权待遇甚至更加令人震惊。20 世纪 80 年代德国历史学家创造了“教派化”这个词来指称“近代早期欧洲(或者‘旧欧洲’)社会宗教与社会组织之间

41　Tracy (1985), 53—55.

42　Blockmans in Genet and Le Mené (1987), 79; Craeybeckx (1947), 91.

43　Calabria (1991), 58.

的具体协调问题”。在一个非常著名的教派化提倡者看来，教派化“推动了近代政治生活世俗化”。关于神圣罗马帝国诸邦国及其君主（“往往只掌握有限的权力手段”），据说，“慎重的教派化成了颇受欢迎的国家构建和权力强化工具”。此外，“教派化不但为驯化教会并消灭作为权力争夺者的教会创造了机会，而且教派化的教会还把帝国的全体子民置于一个宗教和道德影响和控制系统之下，并且能够促进子民统一体的形成”。

最后，格哈德·奥斯特雷奇表示，“教派化是在为专制主义的社会他律做准备”[44]，而“教派专制主义”现在成了一个常用术语。[45]

在那些“天主教教派化”获得最佳发展机会的国家（西班牙、意大利和葡萄牙）可能观察不到任何类似的过程。相反，就在特伦托会议开过不久，天主教会不但设法巩固教会的管辖权，还通过此举对构建把教士与他们的公民同胞分离开来的基督教共和体构筑了永久性障碍。[46] 有两个有趣的事件，而且是两个与教士在纳税人共同体中的地位都有关的事件，可用来说明这种所希望的分离的重要性。在特伦托委员会召开的最后几次会议上，天主教会试图把自己建设成为一个与世俗社会平行的社会。天主教会的目的是，通过重新扮演其中世纪基督教共和体主要领路人的角色来指导世俗社会以及世俗社会与君主之间的关系。因此，把重点放在了捍卫教会的豁免权——包括财政豁免权——和干扰天主教徒统治者行使财政权力上。特伦托委员会并没有只满足于对教会进行改革，而且还想搞一场“君主改革”（*reformatio principum*）。该委员会在1562～1563年曾几次起草以“*reformatio principum*”为题名的文件。[47] 法国驻威尼斯使节杜·波瓦斯塔伊埃（du Boistaillé）把这看成是王室的灾难。其他法国观察家把这说成是违抗和反叛的火种和教皇干预法国国政的明显例证。斐迪南一世的大法官提醒称，这个文件有可能造成极其严重的后果，导致国王陛下的财政难以为继。我们不难想象这个文件原始版本的激进程度。经过四次修改，这个文件虽然措辞温和许多，但仍警告天主教徒君主

44 Oestreich (1981)；Schilling (1988)，166；Po-Chia Hsia (1989)是很好的相关综述文献。

45 Bireley in Evans and Thomas (1991)，232－240 [Ed.].

46 Prodi (1957)，233.

47 Prosdocimi (1939)，passim；Alberigo (1979)，172－173.

要尊重教会的权利、独立性和豁免权(开除教籍从此仅限于王室仆人),还提到了特伦托委员会已经决定恢复的《教规法》条文,并且要求严格遵守《教规法》。教会高层已经感觉到了国家构建过程正在导致教会在更美好时代享有的权利的削弱。教会把特伦托会议的召开看作是卷土重来的机会。但从政治,也就是君主的角度看,以上介绍的教会态度和"君主改革"文件的内容根本就无助于实现"子民统一体的形成"、"政治生活的世俗化"或者"国家构建"等奉行"审慎教派化"策略的统治者为之奋斗的目标。

在第一回合的较量结束以后,天主教会在1578年通过再次宣读教皇诏书"*In Conera Domini*"再次发起了进攻。这次发布14世纪以来每个濯足节(即圣星期四,指复活节前的那个星期四。——译者注)都要重申的教皇诏书的目的,就是公布一些被开除教籍的个人和群体的名单。在尤利乌斯二世(Julius Ⅱ)任期内,1511年的教皇诏书还公布了一些异教徒、教产侵占者、海盗、土匪等的名单。1568年的教皇诏书第五章还有以下内容:"我们还要把所有在他们的土地上征收新的通行税和租金或者不是依法或未经罗马教廷许可擅自提高通行税和租金的人逐出教会并开除他们的教籍,就如同我们把那些强征或者增收被禁赋税的人逐出教会并开除教籍那样。"[48]实际上,《君主改革》就是要使天主教徒统治者的财政主权从属于教皇的最高权威。虽然《君主改革》在格列高利十三世(Gregory ⅩⅢ)任内经过了修改,只有一些非主权性权力被认为受到了影响,但是天主教廷仍然非常看重它作为整个天主教徒羊群"牧羊人"的角色——所有其他迹象都表明君主肯定被阻止扮演这个角色,至少在财政方面。威尼斯共和国禁止在它的领土上公告这份教皇诏书。在托斯卡纳,柯西莫·德·美第奇(Cosimo de Medici)准许公布这份教皇诏书,而低级教士把这作为不缴税的借口。[49] 1578年,腓力二世——2年前已经第二次推迟偿还债务,并且急需征收一种新的桥梁通行税(*pedagia seu gabellas*)——非常讨厌教皇的态度,教皇不得不解释说他并无意以任何方式削弱国王在财政方面的权威。[50]

48　Prodi (1989),15.

49　Bizzochi (1989),363.

50　Caracciolo (1983),37.

因此，推行宗教改革的君主由于教产世俗化而扩大了财政权力，并且至少在理论上减轻了其子民的财政压力，而天主教徒统治者则不得不容忍教会豁免权原则的维持甚至升级，结果就是要承担纳税义务的子民和应税财产的减少，从而加重了纳税子民和应税财产的财政负担。已有证据证明，16 世纪，伦巴第在计征一种课征于房地产和商业利润的月税(*mensuale*)时，起初没有把享受免税权的教产(*sub clypeo immunitatis ecclesiasticae*)包括在内。结果，在教产非常多的地方[克雷莫纳(Crerilona)、诺瓦拉、帕维亚(Pavia)和科摩(Como)]，世俗纳税人承担了最重的财政负担。为消除这种不公平现象，财政官吏不得不像不存在教产一样重新计征！[51] 因生前赠与或身后遗赠而成为教产的世俗财产直接就可免税，而教产即便已经转手仍享受财政豁免权。当世俗当局宣布财产必须与财政负担一起转让(*bona transeant cum onere suo*)时，教士们就搬出《教规法》——“*In Coena Domini*”教皇诏书和类似的权威文献——来为自己辩护；而且，至少在 18 世纪以前，这招还真管用。尽管如此，签订宗教协约(即统治者和教皇作为主权方之间签订的协议)似乎是唯一能够让教会财政特权失效的方式。

即使在像西班牙这样最典型的天主教君主国，统治者享受到的教会协助金(*auxilium*)——据某些历史学家估计，要占到王室总收入的 30%～36%——的确切性质值得认真考证。[52] 因此，也有必要与像法国这样的其他天主教国家或者那些教产已经世俗化的国家进行比较。简言之，西班牙天主教会充当了纳税人与王室之间传递资金的角色，也就是把国王的代理人从纳税人那里征收到并应该直接解入王室金库的资金“传递”给国王。[53] 通过这个传递机制，所谓的“皇家三一税”(即 2/9 的教士什一税)收入以及来源于军事修士会的收入源源不断地流入了王室金库。在腓力二世治下，教皇做出、想必教士要承担的财政让步，开始时具有讽刺意义地被称为“美惠三女神”(The Three Graces)：其中之一就是“歉金”(*excusado*)，它本身就是一种什一税；十字军东征税(*cruzada*)从征收要获得教会授权的意义上讲是一种教会税，并

51 Coppola (1989), 314.

52 Reinhard (1989), 472.

53 Artola (1982), 61.

且从理论上讲是出于宗教的目的(即讨伐土耳其人的十字军东征)征收的,因为缴纳这种税的实际上都是普通纳税人;因此,归根结底只有特别津贴(*subsidio*)才是唯一由教士缴纳的税,但它的征收在16世纪上半叶遇到了极力抵制,因为教士们坚定地捍卫他们的财政豁免权,哪怕是在教皇暂时改变这方面立场的时候。1532年,卡斯蒂利亚教士曾为反对这种税收举行过短暂的罢工:当时有人记述"既无人诵经,也没人主持葬礼,更听不到教堂的钟声"。大部分所谓的教会税其实就是简单的转移性支付,虽然是由教会转交给王室金库的,但只不过是一部分由世俗纳税人作出的财政贡献而已。据最近一份研究教会贡献占卡斯蒂利亚经常税和临时税总收入(既不包括军事修士会收入,也不包括"皇家三一税"收入——这方面一直混淆不清的证据)比重的报告估计,教士缴纳的税收收入占卡斯蒂利亚税收收入的比例1561~1565年是16.4%,1575~1579年是18.9%,1590~1594年是17.3%,而在1561~1594年整个时期内,最高的比例是26%,最低的比例是12%。[54] 真正由教士缴纳的唯一税收(特别津贴)在1563~1598年占腓力二世从其全体子民那里收到的税收收入的6.1%。卡斯蒂利亚有时也做某种类似于法国转让俗权(*temporel*)[55]的交易,但比起法国这类交易来只能算是"沧海一粟"。[56] 直到旧制度寿终正寝前不久索乐(Soler)开始变卖教会土地时,教会的财产以及教士的财政豁免权仍几乎保持原状未变(见本书第十一章第六节)。

当时欧洲只有一个天主教国家采取了一些在性质上——但也许不是在数量上——类似于宗教改革国家采取的措施,那就是奥地利。土耳其人差不多在3个世纪里给奥地利民众造成了严重的威胁,并且促成了奥地利极其不寻常的发展。宗教、政治——税收要通过议会批准——和战争三者在16世纪以这样一种绝无仅有的方式在奥地利合并产生了作用,以至于"财政就是国家大事"的说法还真有道理。1452年,土耳其的威胁已经导致教皇尼古拉五世(Nicholas Ⅴ)授权皇帝腓特烈三世在需要时不用与主教商议就可要求教士缴

54 Bilbao (1990), 59.

55 Wolfe (1972), 126.

56 Nader (1990), 100.

纳税款和特别津贴。[57] 在莫哈奇(Mohács)战役(1526 年)中，土耳其军队打败了匈牙利军队，杀死了雅盖隆王朝(Jagellion)的最后一位国王。后来，已故国王的内弟费迪南一世占有了教会财产，"并且随心所欲地把教产挥霍一空"。土耳其人的威胁还导致奥地利必须经常召集三级会议：在三级会议上，贵族以同意征税为交换条件设法让天主教徒统治者做出让步，准许他们做新教礼拜。后来，也就是在 1541～1542 年，布拉格(Prague)议会通过了近代早期欧洲前所未有的决议——取消教士和贵族的财政特权。那时编制的地籍册(*Steuerkataster*)后来经过一些修订一直被作为税收制度的基本指导文献沿用到 18 世纪中期。从 16 世纪到 18 世纪中期，奥地利哈布斯堡王朝辖地的政治、财政和经济发生了巨大的变化(见本书第十章)。豪格威茨在 18 世纪中期评论说，虽然在出现迫切需要的情况下，"上帝恩赐的平等原则"压倒一切，但"三级会议代表的特权总被基督徒君主奉为崇高、神圣的东西"。[58] 斯托蒙特(Stormont)勋爵 1765 年对奥地利财政制度的描述强调了奥地利如何"根据一个没有任何特权或者不允许免税的公平固定比例"摊派奥地利王室向三级会议索要的协助金……"教士也要全额缴纳摊派给他们的那份协助金"。他还指出，"在奥地利，教士不管是主动还是被动，在日常生活中都要服从一般民事管辖"。这些异常现象迫使他记述了以下想法：

"这似乎有点异乎寻常，在一个对罗马天主教的热情如此高涨、国家利益经常因这种热情而被牺牲的国家里，教士的权力被持续限制在如此狭窄的范围内。无论造成这种状况的原因是什么(本人百思不得其解，尽管已有作者认为这种状况至少延续了 300 年)，现在，这已经是一个固定不变、得到普遍认可的不争事实。"[59]

总的来看，并非直到启蒙运动思想扩散开来以后，大多数天主教国家才开始采取逐渐取消特权的初步措施。在采取了这些措施以后，已经能够看到不但财政压力的分布已经变得比较公平，而且财政负担也因此而有所减轻，但统

57 Pickl (1989), 123.

58 Dickson (1987), ii, 185.

59 Ibid. i, 393.

治者的收入并没有因此而受到任何明显的影响。[60] 事实证明，在发生这些根本性的变化并且明显形成新的政治和社会氛围之前，几乎不可能拓宽社会税基，从而实现更大的财政公平。就如孟德斯鸠已经注意到的那样，"对于政府来说，赋税具有相对性"（'la nature des tributs est relative au gouvernement'）[61]。

15.5 16世纪的财政负担

黎塞留曾谈到过财政负担与财政能力之间的关系，这里有必要明确国家最终能够解入国库的税收金额（见本书第十三章第二节），因为这个税收金额有可能截然不同于纳税人承担的财政负担。在这方面，奥地利和卡斯蒂利亚的经历截然相反。奥地利税务部（*Haussteuer*，1671～1705年）的净收入有99%来自于三级会议同意征收的税收，[62]而卡斯蒂利亚的百万赋（*servicio de millones*）通常只能为财政部创造相当于议会批准额1/3的收入。这两个国家在这方面的差别不但凸显了损害王国财政的舞弊问题，而且令我们想到了财政制度因国家财政遭遇的损失可能肥了其官吏而具有的"再分配"特性。

财政能力要比财政负担更难评估。有些历史学家采用了一种间接方法，一种类似于把财政负担与经济趋势联系起来评估的方法。有学者认为，财政能力可用价格变化或者价格与人口变化趋势组合来表现。[63] 但也有人提出了严重的质疑：一般物价指数，更不用说仅根据农产品价格计算的指数，就如在前文所举的例子中，除了收成好坏以外，是否能够反映任何其他问题。[64] 在充分尊重一般物价指数和农产品价格指数编制者的前提下，我们在这里评价一些其他可资利用的指标，如铸币量变化（法国）或者货币存量构成（卡斯蒂利亚），以期从尽可能宽泛的意义上来讨论财政能力和财政负担问题。今天的历

60 Capra (1980), 7.

61 Montesquieu, ed. Cobler, Miller and Stone (1989), 222; Braun in Tilly (1975), 247.

62 Bérenger (1975), 326.

63 Calabria (1991), 57.

64 Morineau (1985), 32—33.

史学家和那个时代的学者都试图对“典型农民”[65]或者“典型纳税人”进行估计。在这样的情况下通常会放弃寻求分析财政负担变化的方法，而去估计某个给定时点的财政负担。

16 世纪上半叶卡斯蒂利亚最可靠的税收数据源自有关整个王国商业交易税和贡赋的存世文献。商业交易税和贡赋收入大大超过其税收总收入的 50%。在 1516～1520 年和 1551～1555 年，这两个来源的收入增长了 140%，而物价上涨了 170%；工资增幅（145%）低于物价涨幅，但略高于税收增幅。[66]同期，累积货币存量（包括铸币流出量）增长了 272%。[67] 简言之，对照任何测量财政负担变化的指标，对于纳税人来说，这两个考察期相较于以后的年份可谓是黄金岁月。但是，并不是所有的社会阶层都能以相同的程度享受免缴重税的权利。1516～1520 年，间接税（商业交易税）贡献了商业交易税加贡赋总收入的 83.6%，到了 1551～1555 年，这个比例下降到了 69.2%。由于贡赋由非特权阶层缴纳，因此城镇和农村最低社会阶层受到了最沉重的打击。有人可能会认为，按人均财政负担计，间接税负更加沉重，因为它是一种更加重要的税收，而且在城市要比在农村更加流行。虽然卡斯蒂利亚的城市人口不断增加，但在 1550 年城市人口占总人口的比例仍不到 10%。现实中，由于采用了不同的征管程序，因此间接税并不比直接税沉重。每个行政区负责缴纳为商业交易税和“皇家三一税”（“2/9 的教士什一税”）规定的税额。税务官吏拿每个行政区的“皇家三一税”发包给出价最高者，这个包税额就从总额中扣除；然后再把外来零售商应缴的那部分商业交易税也发包出去；最后在广大纳税人中间分摊剩下的应缴税额。[68] 纳税人并不是按生活在城市还是农村分别计征应税额。在没有发生任何可税商业交易的情况下，剩下的商业交易税额根据纳税人个人财产分摊，因此商业交易税变成了一种直接税，而不再是间接税。16 世纪上半叶，卡斯蒂利亚对其最重要的两种税收一直采用这种征管方法。这种征管方法只有在国王与由议会代表的王国之间的政治关系框架内才

---

65 Collins (1988)，166. 对“法国方法”的研究被称为“不可避免的统计假想”（fiction statistique ineluctable）：Morineau (1988)，93。

66 Hendricks (1976)，223.

67 Pieper (1985)，table vi.

68 Fortea Pérez (1992)，162.

可以得到解释。

从 1494 年起，卡斯蒂利亚财政管理当局已经接受了“城市是财政行政区的重头，应该征收商业交易税和‘皇家三一税’”的原则。卡斯蒂利亚部分地区就暂不增税达成了协议，而且有越来越多的城市加入了推行税收定额承包制（*encabezamiento*）的行列。到了 1536 年，卡斯蒂利亚的全部财政行政区都接受了税收定额承包制。王国财政显然蒙受了收入损失，尤其是在经济快速增长时期。以 1526～1530 年为 100，商业交易税和“皇家三一税”收入在 1516～1520 年是 96.9，到 1551～1555 年只增加到了 110.8。贡赋增幅较大，从 1516～1520 年的 63.5 增加到了 1551～1555 年的 165.6。1556 年，腓力二世开始负责掌管卡斯蒂利亚朝廷，他和他的财政顾问团队至少都清楚两点：一是财政制度已经变得极不公平；二是由于政治的原因，朝廷无力使税收收入最大化，或者至少无力使属于朝廷的那部分税收能够赶上 16 世纪下半叶王国财富的快速增长。美洲贸易等充满活力的行业对卡斯蒂利亚财政的贡献其实很小。为了刺激贸易和对新世界的殖民化，1543 年在西印度群岛开征“大关税”（*almojarifazgo*）之前，从未在商品流通环节课征过任何特定的税种。第二年，这种税贡献了相对较少的收入，只占总收入的 6%。从 1544 年到这种税种税率大幅提高的 1566 年，商品贸易总额与“大关税”收入之间的比率是 0.598，而 1573～1596 年和 1616～1647 年分别是 1.191 和 0.986。[69]

这种情况直到 1575 年都没有发生什么变化。因此，从 16 世纪第三个 25 年增加的财富看，卡斯蒂利亚的财政负担简直不能算过分。有证据表明，在像安达卢西亚（Andalusia）这样大的经济重要地区，总体财政压力在 16 世纪 60 和 70 年代要小于 20 年代。那么，“典型农民”的情况又如何呢？1575 年，腓力二世派人采用包括 57 个项目的调查表对卡斯蒂利亚的村庄进行了调查，1578 年再次进行了调查。不过，这次调查采用的调查表只有 45 个问项，大约 600 个村庄的调查结果资料现在仍保存完好。一些历史学家对这些材料进行了分析，旨在比较那些调查结果与我们在这里考察的结果是否相似。[70] 据当

69　是本章作者根据以下文献计算得出的结果：Chaunu（1977），vi pt. i，334－336，and Ulloa（1986），ch. 7。

70　Salomon（1964），234；Gentil da Silva（1967），50.

时的调查员估计，1575 年，“典型农民”家庭必须缴纳的主要税种（商业交易税和贡赋）总额接近他们年收入的 8%。1590 年，卡斯蒂利亚开征了税率几乎高达 10%的百万赋（*servicio de millones*）。[71] 也就是说，临近 16 世纪结束时，卡斯蒂利亚“典型农民”相当于要向王国财政缴纳另一种什一税。除非联系当时的年收成情况，否则无法估计税负轻重。亚当·斯密在他的第二个税收原则中告诫说，税收应该“是确定的，而不能随心所欲”。在大多数情况下，卡斯蒂利亚的“典型农民”当时能事先知道应缴税额，即实际财政负担。但是，农民的年收入变化不定。历史学家常常感到惊讶：即使在财政压力很大的时期，人均财政负担也未必过重。譬如说，俄罗斯男性的应税人口从缴纳了较重税收这个意义上讲承担了较重的财政负担。但如果按照缴纳税款占人均收入的比例来计算，俄罗斯男性应税人口的“实际”财政负担在 12%与 15%之间。[72] 因此，是收成变化[“收获方面的不平等”][73]，而不是国家采取的行动本身减轻或者加重了财政负担。实际上，收成变化一直是旧制度下农业经济的基本特点之一。“税吏要比气候容易预测。”[74]

对城市区域做类似的计算并不容易，不过，大概到了 1575 年，某些趋势在卡斯蒂利亚似乎变得比较明朗。当时，城镇居民虽然也要缴纳商业交易税和贡赋，但采用与农村居民不同的方式。城市的贡赋负担似乎并非难以容忍。就像前文指出的那样，是税收凸显了特权阶层与非特权阶层之间的区别。显然，有很大比例的城市居民不属于特权阶层，或者说是平民（*pechero*），但在城市居民中，相对于卡斯蒂利亚王国平均水平而言也集中了很高比例的特权阶层成员。[75] 这就导致了阶层之间的不平等和特别明显的财政影响。地方当局

---

71 确切的数据：1575 年是 7.73%，1590 年是 9.79%。

72 Kahan (1985)，345。Morineau (1988：92－94)得出了以下关于法国税收占全国财富份额的估计值：18%(1450 年)；10%(1525 年)；16%(1607 年)；31%(1683 年)；38%～40%(1789 年)。他还考察了小麦总产量。如果农业总产量是计算基数的 2 倍，那么以上这些估计值就应该减半。第二种估计方法是人均货币持有量，得出了以下数值：4(1450 年)、6(1525 年)、34(1607 年)、118(1683 年)和 340～360(1789 年)索尔(sol，苏的旧称。——译者注)。第三种方法是用“普通劳动力”工作天数来表示，得出了以下数值：1.33(1450 年)、2.8(1525 年)、3.4(1607 年)、7.8(1683 年)和 17～18(1789 年)。

73 Vilar (1974)，42.

74 Collins (1988)，96.

75 Molinié-Bertrand (1973)：13 (教士)；Molinie-Bertrand (1974)：68 (40%的贵族生活在市中心)。

无论如何都想尽可能减少分摊到的税额(即使他们本人不用纳税,但必然会在议会投票表决时争取做到这一点),并且通过规避修订纳税人名册来阻挠充分披露应税平民确切人数等信息。1528 年,朝廷官吏试图查看布尔戈斯(Burgos)的纳税人名册,但最终不得不放弃了这个念头。因为,就如他们向议会报告的那样:"如果现在一定要审核纳税人名册,那么就有可能引起极大的民愤甚至暴乱……他们告诉甚至警告我们不要插手任何有关纳税人名册的事。"在阿维拉(Avila),地方当局采取征收消费税(*sisas*)的方式或者当局拿自己的资金缴纳分摊到的税额;只有在最极端的情况下才会把应缴税额分摊到户。问题的关键是要保持贡赋作为议会税的性质。这样,议会里的城市代表就能以同意征收并维持已有(能使财政不平等永久化)政法秩序为条件为获得其他特许讨价还价。与此同时,城镇当局总是设法防止平民税负过重,以免让这成为社会不满的缘由。

至于商业交易税,倒是没人能够逃避。前文已经说过,商业交易税的包税额(*encabezamiento*)先从"皇家三一税"收入中减扣,然后由城外零售商缴纳,剩下的税额最后由城内居民分摊。可以肯定的是,在 1575 年大幅增税前由城内居民分摊的那部分税额大部分是通过课征于消费品(肥皂、葡萄酒、鱼等)销售来征收的,因此与工商业活动关系更加密切的其他交易似乎受影响较小。但 1575 年以后,在不影响城市供应的情况下很难继续这种歧视性的税收政策,因为商业交易税课征于商品购买者。[76] 在阿维拉城,"典型平民"在 16 世纪头 50 年里缴纳商业交易税的金额在 557 马拉维迪(1536 年)和 761 马拉维迪(1534 年)之间,但在 16 世纪下半叶,最低税额已经增加到了 1 413 马拉维迪(1597 年),而最高税额则增加到了 1 954 马拉维迪(1577 年)。阿维拉城"典型平民"缴纳的贡赋额从 1503 年的 75 马拉维迪分别增加到了 1519 年的 79 马拉维迪、1549 年的 170 马拉维迪和 1594 年的 192 马拉维迪,而到了 1610 年已经达到了 1 182 马拉维迪。这些数据同时表明了名义税收增加(商业交易税从 1575 年起,而贡赋从 1539 年起)以及纳税人口在 1570～1574 年出现峰值后的减少。[77] 由于这样或那样的原因,并且或许城市早于农村,卡斯

76　Fortea Perez (1992),165－166.

77　De Tapia (1987),59－63.

蒂利亚纳税人从1575年起开始感受到税收的分量，而且人口在16世纪结束前又进一步减少。

从弗朗西斯一世登基之初到亨利四世在位的最后几年里，法兰西君主国做到了把自己的收入增加了2倍，也就是从1 000万里弗尔增加到了3 000万里弗尔。法国的税率和税收收入在16世纪急剧上涨和增加。但由于税收结构(即直接税与间接税之间的比例)几乎没有发生任何重大变化，因此直接税的增加在16世纪50年代之前一直略快于一般物价水平，但在1550～1585年期间没能跟上恶性通货膨胀的步伐。[78] 如果销售税、通行税特别是商品税增幅确实大于直接税，如果考虑到这些直接税(平民人头税)通常由无财政特权的纳税人承担，那么我们很可能推断，法兰西王国的税制总的来说，是朝着财政不公平的方向发展，而且还取得了非同寻常的"实效"。如果收入确实增加了2倍，那么基本上与货币增长幅度(分别是从1501～1510年到1601～1610年的3.55和从1511～1520年到1601～1510年的4.17)持平。[79] 此外，财政压力加重好像都集中在宗教战争期间，尤其是在1560～1589年。在这个时期里，人均税负和谷物当量都翻了一番(见图96和图97)。[80] 存世的地区文献并没有显示纳税人税负的任何减轻。[81] 财政压力虽然在1590～1609年多少有所减轻，但很快就恢复到了先前的水平。

相比之下，卡斯蒂利亚在1500～1600年收入增加了5倍，而流通货币从500万杜卡特增加到了9 082万杜卡特，即增加了17倍。由此可以推断，卡斯蒂利亚当时的税制无法有效地对新创造的财富征税。然而，卡斯蒂利亚也确实有一种独一无二的优势——来自西印度群岛的金银财宝。这种收入在16世纪下半叶的持续增长大大减轻了卡斯蒂利亚纳税人的税收负担。16世纪50年代中期，卡斯蒂利亚的税收收入和美洲金银财宝收入占皇家收入的比例分别是79%和21%。在1561～1565年，税收收入的占比实际有所增长(从79%增加到了88%)，并且在1580年之前一直略有上涨，但此后逐渐下降，最

78 Collins (1988), 49.

79 Spooner (1972).

80 Hoffman (1986), 46; ESFDB \rjb\frb004 based on \frd012; Hoffman in Hoffmim and Norberg (1994), 238; ESFDB \rjb\frb006 based on \rjb\frd015.

81 Jacquart (1974), 200—201.

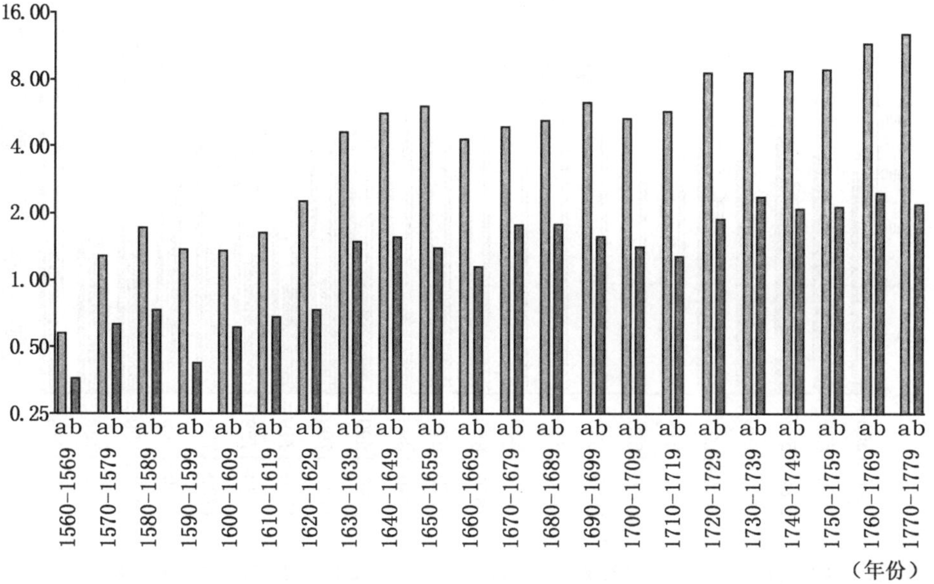

a表示年均人均税额（用图尔里弗尔表示）；b表示年均谷物当量（用蒲式耳小麦表示）。

资料来源：Hollman（1986），46\rjb\frb004 © ESFDB 1993.

图 96　1560～1779 年法国人均税收收入

（用图尔里弗尔和蒲式耳小麦表示）

终在 16 世纪的最后 5 年里跌到了 74％的世纪低点；而此时，美洲金银财宝占皇家收入的比例上升到了 26％。[82]

在法国和卡斯蒂利亚的例子中，我们不能想当然地推断用税收收入增幅与某个应税财富指标（如铸币数量或者货币存量）增幅之差表示的一般财政负担是大还是小。财政制度只是在决定课税财富类型和课税多少以及谁多缴、谁少缴、谁完全不用缴的参数框架内运行。例如，前面已经说过，很多城市财富或者最富有市民的财富游离于普通的财政机制之外。同样，法国的平民人头税哪怕是在征收土地税（实物人头税）的地区的分布上，也不是有效的税收征管或者财政公平模式：富人深谙通过什么方式能够少缴甚至不缴税款。在

---

[82] 其他税收收入和美洲金银财宝的数值分别是：1566～1570 年 81％和 19％；1571～1575 年 86％和 14％；1576～1580 年 80％和 20％；1581～1585 年 77％和 23％；1586～1590 年 76％和 24％；1591～1595 年 77.5％和 24.5％。

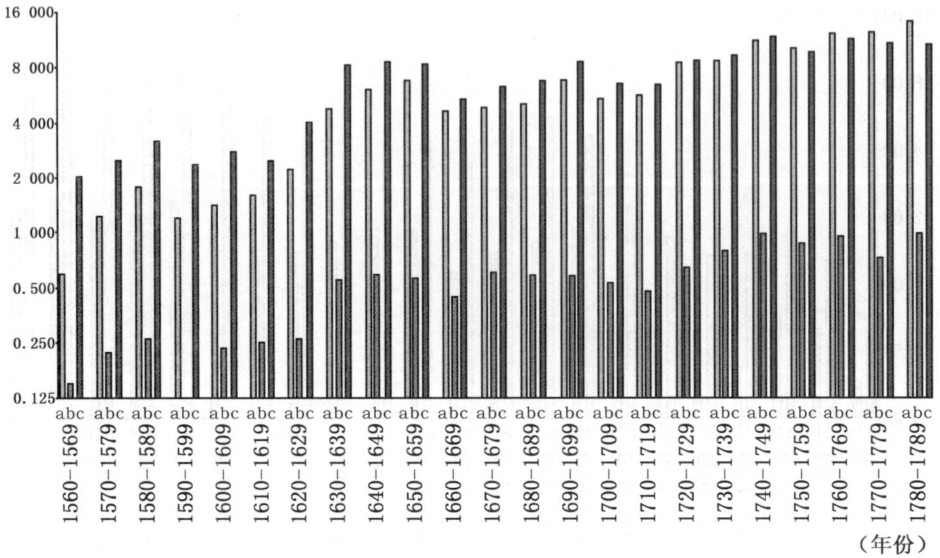

a表示（名义）人均收入（用图尔里弗尔表示）；b表示人均谷物当量（用百升小麦表示）；c表示劳动力当量（用人一天表示）。

资料来源：Hoffman in Hoffman and Norberg（1994），238\rjb\frb006 © ESFOB 1994.

图 97　1560～1789 年法国的税收收入（用图尔里弗尔、百升小麦和人一天表示）

像意大利、法国或者卡斯蒂利亚这样存在特权的财政制度下，当局不得不通过强行借款、卖官等间接机制来攫取城市财富。

15.6　17 世纪的财政负担

由于分别在 1598 年、1604 年和 1609 年签订了条约或者停战条约，欧洲列强（法国、英格兰和合省联邦）之间暂时停止了大规模的军事冲突，这无疑是一个激励统治者放慢财政增长速度的因素。可惜，卡斯蒂利亚没能做到这一点，但苏利在法国成功地限制了税收的增加。16 世纪 90 年代对于英格兰来说是非常艰难的 10 年：虽然最富有的纳税人缴税不足，但是，最贫穷的纳税人几乎分文不缴，这个时期的间接税税负相对较低并且已经不存在财政特权，所有这一切都意味着税收制度"相对比较公平"。[83] 值得注意的是，托马斯·史密斯(Thomas Smith)爵士在他的《论英吉利共和国》(*De Republica Anglorum*，1583 年)中几乎没提财政问题。不过，我们仍可以肯定，"斯图亚特王朝继承了一个已经濒临崩溃的财政体系"[84]。

腓力三世和亨利四世都遇到了财政危机。不同的君主根据自己的财政体系据以运行的政治框架，采用不同的方法来应对恢复王室财政、兑现新承诺和为不断增加的开支筹款的挑战(见本书第九章第二节)。他们为增加收入和更加公平地重新分摊财政负担采取的方法就是，更加精确地确定特权阶层的财政负担承受极限。例如，法国王室对从 16 世纪下半叶到柯尔贝尔主政内阁这个时期的法国财政进行了系统的调查(*recherches*)。如果根据巴约(Bayeux)选区的情况来判断总体结果，那么总体结果肯定令人失望。这次调查对那些身份不能确定的人进行了审核。从调查结果看，身份能确定的纳税人 1463 年和 1666 年占比最高，但也只有 6.2%和 6%，而 1540 年、1598 年和 1624 年这个比例分别低到了 1.6%、1.4%和 3.2%的程度。[85] 由此可以推断，即使在从宗教战争到投石党运动(1648～1658 年法国发生的反专制政治运动。——译者注)这个时期里，财政负担也已经变得非常沉重(诺曼底是法国税负最重的省份)，也没有大规模重新评估当时的一般法律和财政状况。但在 1463～1666 年这个时期里，贵族家庭几乎增加了 3 倍(确切地说增加了 283%)。这些旨在扩大财政基础的努力都以失败而告终，这并没有什么令人吃惊的。即使在 18 世纪，仍有人利用基本法律来抵制那些缺乏底气的旨在消除财政特权的行动。[86]

卡斯蒂利亚也曾针对滥用财政豁免权采取过类似的措施。早在 1566 年，腓力二世曾试图阻止财政特权朝着享受者的"仆人和朋友"扩展的趋势。在奥利瓦雷斯(Olivares)内阁主政时期，曾对全村或全镇人人享受豁免权的可疑现象进行过彻查。在大多数情况下，王国财政部有权要求彻查，但由于对钱的

83　Palliser (1983)，380.

84　Russell (1990)，166.

85　Wood (1980)，35.

86　Chaussinand Nogaret (1980)，193.

需要过于迫切，这种调查最终就变成了索要赔偿金——如果还想继续享受豁免权，以后还要支付赔偿金——的权宜之计。这种做法有点像 17 世纪 30 年代布列塔尼出钱购买财政豁免权（这在法国叫作"*affranchissement*"：出钱买免税权）。卡斯蒂利亚的这种做法就像布列塔尼的做法，"就在国王下令要让直接税负翻番的时候具有使最富有的纳税人享受免税权的效果，并且强化了农民在纳税人名册中占压倒性多数的趋势"[87]。在没有显著扩大税收社会基础的情况下，旧制度下的欧洲各君主国通过加重已有纳税人的税负来迎接 17 世纪的新挑战。继续利用普通纳税人群体的可能性达到其极限的时机取决于财政制度据以运行的政治和宪法框架。这种可能性一旦达到了它的极限，就必须设法打破宪法框架的限制；否则，君主的政治和军事策略就有可能受到严重影响。

欧洲主要君主国家几乎同时迎来一个直接财政压力巨大的时期。在法国，转折点出现在 1627 年前后：从 1620 年到 1627 年，平民人头税已经增加了 20%。而从 1627 年到了 1633～1634 年，增幅已高达 66%。[88] 按谷物当量或者人均计，税负在 1620～1629 年和 1630～1639 年翻了一番，然后在 17 世纪 30 和 40 年代又翻了一番。[89] 在那不勒斯王国，财政负担从 16 世纪中期的每户 3 杜卡特增加到了 1638 年的最高每户 11 杜卡特的水平。[90] 在卡斯蒂利亚，17 世纪对财政压力加重负有主要责任的税种是"百万赋"（*servicio de millones*）。如果我们根据王室要求、议会批准的数额来评判，那么，卡斯蒂利亚的纳税人缴纳了比 17 世纪 50 年代多 7 倍、几乎比 16 世纪 90 年代多 9 倍的税款。但是，各省实际上缴国库的税款却讲述了一个不同的故事。例如，塞戈维亚（Segovia）税收最多年份（1660 年）和最少年份（1594 年）之比略大于 3。在塞尔维亚这个或许是王国最重要的财政行政区，税收最多年份（1640 年）和最少年份（1607 年）的比率是 2.21。为什么实际收到的税款在不同年份会有如此巨大的差异？是否意味着应税者隐性减免税款或者是国家税务机构官吏

87 Collins (1988), 90.

88 Ibid. 161.

89 Hoffman (1986), 46.

90 Calabria (1991), 55.

转移了资金？一般的印象是，在财政压力最大时期，地方收税并不关心税收的原始形式(即是直接税还是间接税)。说到底，目的就是如何通过采用特定的办法，在每个应税社区收到尽可能多的税款。卡斯蒂利亚从 1601 年起通过开征消费税来取代百万赋，先是课征葡萄酒消费税，后来又课征食油消费税，最后又课征肉和醋消费税。考证怎么会作出这样的选择并非不重要。1590 年，卡斯蒂利亚议会首次批准征收百万赋时，相关征收规定考虑到了这次不让贵族和教士享受减免待遇——要知道，这是一种毫无例外地课征于各种财富的税。这一实践并没有持续多长时间。其间，卡斯蒂利亚发生了关于财政公平性质以及一般税收累进和累退特性的激烈讨论。对这些问题的看法与后来英格兰有人发表的看法和刚开始听说的官房学派思想并没有太大的差别。像课征于消费品的消费税这样的间接税，被认为在一个以财政不公平为特点的社会里是公平的。这样的税种没有任何减免，因为每个需要消费的人都得缴纳。那些赞成间接税的人认为，"这种税收按照每个人的消费影响每一个人：穷人消费少，富人消费多"。另有人坚持认为，如能对常出现在富人购买清单上的消费品，如火鸡、松鸡、兔子、羊肉和鲜鱼征税，那么就更加公平了。有些人走得更远，甚至就这种税收的长期有害影响警告称："虽然这种税收看起来很温和，但这是一种会导致流血的温和，并且会让机体流尽最后一滴血而死去。"

今天，历史学家大多赞同课征于消费品的消费税具有累退性的观点。18 世纪德国一个名叫"恩格尔"(Engel)的学者提出了一个后来被视为"法则"的命题，即社会越富裕，其成员花在食品消费上的支出就越少；反之亦然。[91] 然而，在旧制度下的欧洲，消费品供应其实并不普遍依赖市场，当然城市的情况不同。换言之，最常课征的消费品税收收入可能大多来自城市中心，1611 年负责摊派 1 750 万马拉维迪贡赋的官吏对此心知肚明：几乎占总额 1/4 (23.7%)的份额摊派给了卡斯蒂利亚的各个城市，而且税额摊派明显失衡，如马德里、塞尔维亚或者塞戈维亚摊派到的份额分别占它们各自所在地区份额的 74%、37.4%和 30%。显然，卡斯蒂利亚的城市人口在 1611 年并没有占到其总人口的 1/4。在 16 世纪的最后 25 年里，卡斯蒂利亚没有一个城市的人

91 Kula (1972), 244.

口有马德里多。当时和现在都可以假定，卡斯蒂利亚城市居民的财富和经济实力都允许他们比农村居民承担更重的财政负担。20年以后，也就是1631年，卡斯蒂利亚行政部门决定开展消费税相对负担调查。调查结果表明，巴利亚多利德省中心城市的“典型消费者”要缴纳2 036马拉维迪的消费税，而农村居民人均缴纳708马拉维迪的消费税。在这次调查所覆盖的王国领土上（2 961个大小不等的居民点，共有317 729户家庭），消费税年贡献额差异每人每年1.57～3.04杜卡特不等。[92] 卡斯蒂利亚在1630年就提前出现了莫罗·德·博蒙特(Moreau de Beaumont)在他发表的备忘录中描绘的荷兰在18世纪60年代才出现的情况：“虽然税负很重，但由于征收的都是消费税，因此，农民和其他农村居民日子都过得不错。随着消费品的销售，农民就能用消费者购买消费品的钱来缴纳消费税。”[93]

塞尔维亚省1601～1670年的相关账目，或者更确切地说，塞尔维亚城占省百万赋消费税(*sisas de millones*)收入的份额显示，在这个时期里，情况并没有发生变化。从相对较低的起点(1609年以前不足50%)开始，这个份额在1609年急剧增加(增加到了占省消费税收入总额的81.4%)，此后在70%附近上下浮动。[94] 我们现在要思考的问题是，城市的财富或者经济实力是否能够承担这种税负不平衡。我们可以先从城市人口的角度来回答这个问题。有证据显示，卡斯蒂利亚的城市人口在17世纪急剧减少。[95] 例如，塞尔维亚的人口在16世纪末与1655年之间减少了一半以上。[96] 结果，人均财政负担增加了4.31倍。但不管怎样，由于消费税是一种适用于市场使用者的税种，因此，有些经济地位高的人能够规避这种税。那些生活在城市、自制葡萄酒、食油或者肉食的人没有理由再到市场上去购买这些商品。那些拥有耕地的人也

92 Sebastian and Vela (1992)，12.

93 Bonney (1994)，69.

94 确切的百分比分别是：1601年49.5%；1602年47.2%；1604年37.7%；1609年81.4%；1612年78.4%；1635年67.9%；1636年69.5%；1637年70.4%；1638年68.1%；1639年65.9%；1640年69.2%（不确定数据）；1643年64.3%；1644年65.8%；1666年72.8%（不确定数据）；1670年71.7%。

95 Gelabert (1990)，12－14；Ringrose (1990)，65－66.

96 Dominguez Ortiz (1989)，5。以下年份的户数(a)、人数(b)和人口估计值(c)分别是：1588年：(a)25 886户，(b)123 667人，(c)140 000人；1591年：(a)23 166户；1597年：(a)24 301户，(c)150 000人；1638年：(a)20 000户；1655年：(b)55 017人，(c)63 000人；1693年：(a)16 081户。

能在一定程度上规避消费税。一种最普遍的作弊方式就是拿多于自家使用的葡萄酒或者食油到镇上私下销售。耕地所有者和教士在镇上的住所就变成了17世纪"免税商店"的原型!

有证据表明,在农村极难征收消费税。农民已经听厌了皇家官吏关于他们不能私开小酒馆或肉店的三令五申。选择一种特定的间接税形式有损于城市消费者的生活标准和一般经济活动,但这或许是唯一能做的事,尤其是考虑到在这之前曾经帮助卡斯蒂利亚纳税人分担过重税负的西印度群岛金银财宝从17世纪初开始减少它的贡献。这还不是最糟糕的,因为在16世纪,西班牙哈布斯堡王朝在违背他们自己及其子民意愿的情况下把大量的黄金尤其是白银投放到了欧洲货币体系中。白银的市价随着时间的推移不断下跌,而来自西印度群岛的金银的购买力也同样呈下降趋势。这种情况在16世纪下半叶还能容忍,因为当时卡斯蒂利亚从美洲输入了空前多的白银。但是,美洲白银输入在1596～1600年创下最高纪录后就持续减少,结果,输入白银只能购买越来越少的商品。[97]

有人认为,法国是"以牺牲农民收入为代价来承担'三十年战争'的沉重财政负担的"[98]。让我们来回顾一些能反映法国那个时期总收入的代表性数据:1620年是3 900万里弗尔;1629年是5 500万里弗尔;1635年是2.08亿里弗尔。[99] 平民人头税在1634年要占到总收入的61.5%。[100] 我们再来看一看"很多城镇并不缴纳平民人头税。事实上,很多特权城镇的市民……并不缴纳课征于他们农村财产的平民人头税"[101]。总的来看,到了17世纪40年代中期,也就是在黎塞留(死于1642年12月4日)写下本章开篇所引用的文字后不久,纳税人的承受能力与所承受税负之间的均势达到了它的极限。从那以后,平民人头税的重要性似乎大幅下降:在埃唐普(Etanpes)选区,平民人头税在1645年达到了138 780里弗尔,1651年是109 123里弗尔,1685年是78 650

97 Flynn (1982),142.

98 Bercé (1974),i,69.

99 Bonney (1981a),304—305.

100 Collins (1988),234;按照Bercé提供的数据是61.9%(1974:i,67)。

101 Collins (1988),90;Temple (1975),75—76.

里弗尔，而到了1700年只有66 750里弗尔。[102] 霍夫曼(Hoffman)的计算结果也支持1650～1669年与20年前相比税负相对减轻的观点(见图96和图97)。关于法国17世纪财政负担的一些评论，总的来看可被认为是得到公认的洞见，[103]但并没有谈及17世纪最糟糕的那些年(在霍夫曼看来，就是17世纪80和90年代)。行政当局有时同意税收减免，而后来众所周知农民拒不缴税的情况日益增多，这也从另一个侧面证明农民阶级从17世纪30年代中期开始变得日益贫穷。

那么，是谁承担了财政负担呢？柯林斯认为，"农民阶级中一部分人数较少的群体"承担了财政负担。这位作者还提出了两种考察这种情况的完全相容的方法。有些农民可能会持续纳税到某个极限，一旦超过了这个极限，他们就会离乡背井，"四处漂泊"。因此，这些农民是一批"部分时间"纳税人。其他"全部时间"纳税人就得在还没被重税压垮之前忍受财政负担。[104] 不管怎样，为了能够生存下去，他们不得不接受地主东家的救济。他们的地主东家手中掌握的村级政权对于保护他们可起到决定性的作用，因此民选官和其他税收官吏不会采用相同的方式对待没有东家保护的农民。地主不可能无私：平民人头税会与地主争夺地租，从而导致地主难以收到地租。这种论点也适用于卡斯蒂利亚。应该注意到，到了17世纪20年代，封建领主庄园的佃户相对而言要多于租种王田的佃户。封建领主庄园的佃户"并不是因为老天恩赐他们较好的收成，而是因为他们把部分赋税转嫁给了王田的佃户而日子过得比较舒坦，因为士兵在王田为非作歹不会引发反抗，而税收也不会落到那些能够获得免税待遇的人的头上"[105]。有文献表明，在王领定居人口停止增加后的16世纪，埃斯特雷马杜拉(Extremadura)封建领主庄园的居住人口继续增加；到

---

102 虽然有人假设1640年前后应缴纳平民人头税的人数更多，但差额仍然很大：Jacquatt (1974)，619。

103 Goubert (1969)，129："很少……低于农民毛收入的5%……有时占农民毛收入的10%。"但对于博韦西(Beauvaisis)的"大部分农民"来说，财政负担估计占农民毛收入的20%，这个比例被人认为非常"合理"：Goubert (1960)，180；关于另一种计算结果，请参阅文献：Mousnier (1979－1984)，i，733－738。关于这两种情况，有一些评论，如"结论并不支持能够承担财政负担，但农民还能生存"(Mousnier)；"然而，所有这些理论上不能在自己土地上生存的农民都生存了下来。"(Goubert)

104 Collins (1988)，189.

105 Dominguez Ortiz (1948)，117.

了17世纪，封建领主庄园居住人口的减少也没有王领明显。[106] 1613年完成的一项调查显示，生活在封建领主庄园上的“典型农民”当时平均每人每年缴纳680马拉维迪的税款，而生活在王领上的“典型农民”，每人每年得缴纳1 387马拉维迪税款。在法国，“税负最重的教区也同样出现了人口减少的问题”[107]。卡昂(Caen)总督区(诺曼底)和巴黎选区平民人头税在1615～1645年的变化显示了这两个地方惊人的差别，前者的平民人头税要比后者的平民人头税呈现出更加明显的上行趋势。[108] 农民因经济拮据而变卖土地进一步加剧了经济不稳定的景象以及法国农民的地域和社会流动性。“贵族和城市享有特权的居民”这些土地购买者利用他们的财政豁免权达到了沃邦1701年描述的那种状况：“财政豁免权增加了特权投资者的地产相对于纳税农民的土地的价值——后者的土地价格想必每当增收平民人头税都会下跌。”[109]

15.7　结论：财政负担与经济

那么，税收到底会对经济产生什么影响呢？是驱动经济、促进增长的动力，还是会妨碍经济发展？我们对欧洲国家财政数据的了解还不足以回答涉及面这么广的问题。想要回答这个问题，英格兰(或英国)从1660年到18世纪末的证据，无论是从单纯研究英格兰(或英国)的角度还是与其他国家比较的角度看，都具有异常重要的价值。[110] 在这个时期，英格兰(或英国)的财政系统被证明确实非常高效。财政管理部门做到了大幅度增加可供历届政府支配的财政资源。整个过程的某些要素已经众所周知：首先，英格兰(或英国)政府的财政管理机构和人员是欧洲任何政府可利用的专业水平和效率最高的财政机构和人员之一。[111] 其次，并且也许更重要的是，如果说英格兰(或英国)的公民在差不多一个半世纪里确实要比英吉利海峡彼岸国家的公民承担更重的财

106 Liopis Agehin (1989).

107 Dupaquier (1979), 61; Bonney (1992a), 169.

108 Bonney (1992b), 119.

109 Hoffman (1986), 54.

110 Beckett and Turner (1990), 380.

111 O'Brien (1988), 28.

政负担的话，那么我们就必须设法确定是哪种类型的税收以相对较低的政治代价收到了如此非同寻常的效果。

有人说，“政府的回旋余地受到了严格的限制”，这应该是首先与其他国家进行比较的要点。回旋余地受到限制并不只限于英格兰（或英国）政府，这是旧制度下欧洲各国政府的一个一般特征。如果把17世纪的法国作为“财政专制主义”范式，那么通常就应该更加关注定量方面和对特定群体的财政剥削，而不是政府有没有能力从实际最富有的人那里征收到税款。换言之，倘若某些社会群体并非完全没有受到财政制度的影响，那么一种像法国实行的那种直接税制度——从1662年到1669年为法国政府创造的税收占总税收的比例（接近40%）几乎相当于英格兰直接税制度在1661～1670年间创造的税收占其总税收的比例（45.1%）——就能多产出1倍的收入。[112] 直到旧制度结束前的最后一天，法国政府的“回旋余地”始终受到限制，但原因不同。

英格兰（或英国）在从1660年到18世纪末的这个时期里通过充分利用以间接税为主的税收体系实现了财政资源的大幅增长。令人惊讶的是，这种财政资源的大幅增长似乎并不是经济长期增长的结果，而是政治和行政管理效率以及税基缓慢但持续扩大的结果。但毫无疑问，这些事件的背景就是人口和经济的持续增长。有必要比较在英国和卡斯蒂利亚两国通常相差很大（前者经济和人口增长，而后者常陷入危机）的情况下一种以间接税为主的税收体系的逐渐巩固对经济产生的影响。有证据表明，英国间接税相对重要性的逐渐提高（1791～1799年，英国的间接税收入已经占到税收总收入的65.4%），意味着“国家越是依赖消费税和关税收入……来自国内需求的工业消费品支出的收入盈余就越多”；“税收归宿总体增加具有累退性，因而趋向于减少需求。”[113]如果这种情况真的发生在经济和人口增长的条件下，那么就值得对在17世纪卡斯蒂利亚截然不同背景下产生的结果进行评价。

显然，这个时期卡斯蒂利亚的典型消费者由于要缴纳越来越多的消费税，因此可供自己用于购买除食品以外的其他商品的收入越来越少，就如英国18世纪的典型消费者。这种典型消费者通常是城市居民或者工薪阶层。很遗

---

112 Bonney (1991a), 229; Beckett and Turner (1990), 380.

113 Beckett and Turner (1990), 401.

憾,17 世纪卡斯蒂利亚工资变化趋势的信息少得可怜,但还是找到了研究卡斯蒂利亚和西班牙 17 世纪危机唯一可获得的 17 世纪下半叶的材料。先是 E. J. 汉密尔顿,后是 J. M. 凯恩斯曾经指出,欧洲价格和工资之间的差别促进了资本积累,并且为商人和雇主创造了赚取奇高利润的机会。西班牙这种差别较小的情况意味着利润并非那么"奇高":因此,他们俩"提出了一种伊比利亚半岛经济落后的'经典解释方法'"[114]。对汉密尔顿和凯恩斯假设的修正,就像大多数"修正假设"一样,导致得出了相反的结论:西班牙的实际工资也有所减少,减少的比例在法国与英国之间。然而,学者们采用的所谓西班牙工资劳动者的数据几乎不能表征卡斯蒂利亚就业市场的供求状况,因为这些数据都是关于巴伦西亚的。巴伦西亚的实际工资表现(1521～1530 年的实际工资指数为 100,而 1591～1600 年只有 59)对于 30 年前进行过计算的人来说相当"意外"。他们同样会发现,汉密尔顿计算结果不同的原因在于:他计算得出的名义工资增加了 2 倍,但其实只翻了一番而已。[115] 问题的根源曾经并且仍然是:与其说在于各个类别的劳动者,还不如说在于一个序列的数据只涉及巴伦西亚,而另一序列的数据则包括安达卢西亚和卡斯蒂利亚。此外,汉密尔顿也认识到,"这种(工资)复合序列数据的最大缺陷就在于所包含的专业劳动力比例奇高"。也就是说,某些类别的工资劳动者[花匠(gardener)、门房(doorman)、管家(steward)]也出现在了汉密尔顿采用的数据序列中,而且他们的工资在 20 年甚至更长的时间里没有发生变化。[116] 还可以研究汉密尔顿采用的某些类别工资劳动者以及 4 种经选择的(都属于卡斯蒂利亚不同省份的非专业劳动者)工资劳动者[力工(labourer)、刚满师的木匠(journeyman carpenter)、木匠师傅(master carpenter)和泥瓦匠师父(master mason)]的名义工资变化情况。汉密尔顿的数据 10 个观察值有 8 个略高于格拉贝特自己计

114 Nadal (1959),520.

115 Phelps Brown and Hopkins (1959),21.

116 Hamilton (1970),270.

算得出的数值。[117] 因此，格拉贝特的样本偏倚于最低阶层的劳动者。但不管怎样，汉密尔顿和格拉贝特采用的两个数据序列都表明，在 17 世纪上半叶，名义工资实际上不但得到了维系，甚至有所增加。汉密尔顿描绘的实际工资变化情况显示，实际工资虽然年度趋势大幅波动，但在 1601～1650 年间只有 5 年下跌到了以 1571～1580 年为基期编制的指数 100 以下。实际工资在这个时期里以指数 115.75(1601～1610 年)开始，并且以指数 100.81(1641～1650 年)结束，也就是说下跌了 13%。我们仍考察同一时期(但把 1621～1630 年作为基期)，实际工资在汉密尔顿序列中下跌了 10%，而在格拉贝特序列中降低了 14.5%。实际工资水平下降(虽然由于采用未加权商品指数而被低估)被汉密尔顿归因于由维隆币贬值导致的通货膨胀造成的价格变异。不管怎样，即使有工作的人在 17 世纪上半叶也丧失了部分购买力。但是，那些吸纳工资劳动者最多的城市[塞戈维亚、昆卡(Cuenca)、塞尔维亚等]在 1600～1650 年人口急剧减少。昆卡在 1561 年有 58%的居民在工业部门(基本上是纺织工业)工作，到了 1707 年已经减少到 36.8%。但是，过去在就业市场上几乎默默无闻的行业劳动力需求有所增加：那些依赖教会的行业就业人数从占人口的 9%增加到了 18.4%，而农民则从 9.6%增加到了 23.8%。[118]

只要能够通过提高销售价格在不会遇到太多困难的情况下抵消名义工资不间断的增长——就如卡斯蒂利亚在一个半世纪里所经历的那种名义工资增长，那么，雇主就能忍受这种名义工资增长。在 16 世纪的大部分时间里，卡斯蒂利亚的雇主在不管是国内还是美洲需求高涨时期就曾经这样做过。在这个时期里，卡斯蒂利亚的城市到处都是工人，他们的实际工资根据汉密尔顿的数据在 1521～1600 年几乎没有变化。在 1600 年前后，情况发生了巨大的变化。1600～1650 年实际工资轻微下行趋势的惯性与城市人口减少和城市工业衰

117 用汉密尔顿数据计算的卡斯蒂利亚名义工资(a)和实际工资(b)以及格拉贝特计算的卡斯蒂利亚名义工资(c)和实际工资(d)(1621～1630 年为 100)分别如下：1601～1605：(a)92.6；(b)102.；(c)92.2；(d)102。1606～1610 年：(a)98.5；(b)112；(c)96.2；(d)110。1611～1615 年：(a)98.7；(b)119；(c)98.2；(d)118。1616～1620 年：(a)99；(b)115；(c)93.1；(d)108。1621～1625 年：(a)98.2；(b)109；(c)94.9；(d)105。1626～1630 年：(a)101.8；(b)92；(c)105.1；(d)95。1631～1635 年：(a)106；(b)103；(c)105.2；(d)102。1636～1640 年：(a)107.5；(b)100；(c)103.3；(d)96。1641～1645 年：(a)106.9；(b)86；(c)93；(d)87。1646～1650：(a)108.5；(b)88；(c)110.5；(d)89。

118 Reher (1990)，27.

退一起，导致有人相信城市只有很少的人还有工作做，这个假设又因城市居民务农人数增加而得到了支持。当时好像也有可能出现这种情况：名义工资仍保持稳定，或以较小幅度减少，因为希望留住自己员工的雇主不得不至少支付够员工吃饭的最低工资，所要付的最低工资肯定不会很高。除了维隆币贬值造成通货膨胀外，课征于消费品的间接税必然也是一个推高名义工资的重要因素。如果通过考虑应(消费)税消费品(肉、葡萄酒)以及免税消费品(面包)价格，剔除城市劳动者名义工资中的通胀因素，那么结果就是更加明显的购买力下降。巴利亚多利德城的数据显示，中级和高级劳动力的工资购买力下降了30%，而低级劳动力的工资购买力差不多下降了50%。[119] 例如，1657～1661年葡萄酒价格中有一半是消费税。1668年，食用油的消费税达到了其售价的57%。通过比较1737～1798年马德里和巴塞罗那建筑工人的名义工资，维拉尔(Vilar)能够表明，但没能令人满意地说明，即使在1775年，马德里(卡斯蒂利亚)的名义工资仍然比巴塞罗那(加泰罗尼亚)高。[120] 由于间接税推高了名义工资，因此雇主很难在需求趋于减少时雇用员工，特别是在可进行替代性投资的情况下，雇主不会在需求趋于减少时雇用员工。[121] 显然，由于维隆币贬值导致通货膨胀，并且对消费品课征间接税，因此卡斯蒂利亚劳动者的实际工资持续下降，即使保住工作的劳动者的实际工资也是持续下降。

最后，以间接税为主的财政体系似乎能够有效地运行，并且在人口和经济双双增长的时候能够不断增加收入(如16世纪的卡斯蒂利亚和18世纪的英国)，[122]但这种财政体系极其低效，而且产出远少于直接税制下可望实现的收入。因此，虽然在解释卡斯蒂利亚税收减少的原因时已经考虑了舞弊问题，但另一个重要因素是税收的社会基础缩小，也就是说纳税人数量和纳税能力的

119　Gutiérrez Alonso (1989)，179－181。用(a)面包(以cuartale为单位)；(b)肉(以磅为单位)；(c)葡萄酒(以“azumbre”为单位)；(d)名义工资(以马拉维迪为单位)，计算的巴利亚多利德城(1611～1620年和1676～1680年)建筑工人日工资购买力：1611～1620年，建筑工师的相关数值分别是：(a)9.6，(b)8.6，(c)5.2，(d)204；熟练工人的相关数值分别是：(a)8.3，(b)7.5，(c)4.5，(d)176.8；非熟练工人的相关数值分别是：(a)5.0，(b)4.5，(c)3.6，(d)107.1。1676～1680年，建筑工师的相关数值分别是：(a)7.3，(b)6.1，(c)6.3，(d)340；熟练工人的相关数值分别是：(a)5.7，(b)4.7，(c)4.9，(d)263.5；非熟练工人的相关数值分别是：(a)3.3，(b)2.7，(c)2.8，(d)156.4。

120　Vilar (1967)，403.

121　Fortea Pérez (1981)，460－470；Faccini (1988)，85.

122　瑞士城市在16世纪提供了进一步的证据：Körner (1980)，98－99。

下降。在临近17世纪结束时,荷兰的财政体系虽然也是以消费税为主,但似乎达到了它的政治上限:想要在18世纪继续增加税收,就必须开征包含一些财政公平元素的间接税,并且对整个财政体系进行总体平衡。[123] 但是,这应该属于政治决策的范畴。同样,在法国,消除财政特权也应该是一个政治决策的问题;在英国,光荣革命的财政结果就是政治决策的结果;在卡斯蒂利亚,根本就没有采取这类决策。经济条件创造了增加税收的可能性,但最终是政治条件决定任何一个特定统治者能否得益于自己国家财富的普遍增加。18世纪间接税的流行(法国甚至也普遍征收间接税)表明,国家能够抵消纳税人不愿接受一种有效、常设的直接税制,更不用说是一种根据通胀率指数化的直接税制所产生的影响,但只能达到让纳税人通过价格而不是税收来作出贡献所能达到的程度。

123 Fritschy (1990),68—69.

附录　欧洲国家财政数据库与数据图解说明

理查德·邦尼(Richard Bonney)

上几代财政史学家给我们留下了值得关注的研究成果和标准参考文献，如卡斯蒂罗·宾塔图(Castillo Pintado)关于"腓力二世在位期间贷款合同的记述"[1]以及哈里斯(Harris)关于法国大革命时期发行的纸券[2]的研究。这些研究所存在的问题是:由于没有保存支持作者计算的基本数据,因此后来的历史学家必须回到之前的原状才能开始新的研究;而且这个过程未必会取得任何方法论或者解释方面的进展,这势必会浪费宝贵的研究时间。负责"经济系统与国家财政"项目的学者团队认为,这种研究状况不能令人满意,应该设法保存曾据以得出结论的研究素材。这个想法后来便成就了欧洲国家财政数据库(European State Finance Database,ESFDB)这个旨在收集欧洲财政历史数据的国际合作研究项目。欧洲国家财政数据库在现有学术研究文献和水平允许的情况下,从许多欧洲国家现存的主要文献来源收集数据。我们的目的是要收集可供学者使用的数据——无论是已经公开或者尚未公开的档案资料研究或者其他已公开材料。欧洲国家财政数据库将不断更新数据,并且也鼓励其他学者把自己的数据存入这个数据库。数据收集没有地域和时间限制,尽管已经存入(英国)埃塞克斯大学经济与社会研究理事会(Economic and Social Research Council,ESRC)数据资料库的文献都集中在约1200～约1815年这个时期。我们已经建立一个含有不同子数据库的通用数据库(AR-

1　Castillo Pintado (1963b); graph of asientos based on Castillo Pintado's figures in Braudel (1973), ii, 694; new research of Gelabert in Bonney (1995).

2　Harris (1930), still described by Crouzet (1993), 585, as 'essentiel'.

CHIVE @ UK. AC. Essex；通用代码：33250)，因此能够方便交叉访问，而不是创建多个难以访问的数据库。

欧洲国家财政数据库的存在意味着：为了不使没有掌握统计知识的读者望而生畏，在本书的编辑方面，我们决定采用图表的形式来展示本书的统计数据。专业读者如需要引用书中图表采用的数据，就可以通过访问数据库做到这一点：欧洲国家财政数据库与埃塞克斯大学经济与社会研究理事会数据资料库(ESRC Data Archive)使用相同的文件名。引用多个来源(在本书中注明“various”)的数据集都给出了详尽的注释和文献出处。存入埃塞克斯大学经济与社会研究理事会数据资料库的数据可以采用两种格式查阅：(1)SAS[3] 传输格式：采用这个格式就能把所要的数据集调到任何操作系统上，用户就能享受一种用途广泛、广受欢迎的软件能够带来的全部便利；(2)对于没有使用赛仕(SAS)软件的用户来说，在 SAS 数据集生成的部分文件的帮助下也能获得 ASCII 形式的数据。

由于之前决定采用 SAS 格式把全部材料都保存在数据库中，因此图表输出也用 SAS/GRAPH 软件生成。SAS/GRAPH 软件是一个功能很强的软件，但不管使用哪款软件，用户都会受到某些约束。在某种程度上，就是这些约束决定了图表的展示。欧洲财政史数据分散和零碎本身也造成了一定困难。有时候，证据空白就是空值。空值是因为：譬如说那年没有征税；但更经常的是因为证据没能保存下来或者有证据但没有找到。对数据集加注能解决很多这类技术问题，但这在很大程度上取决于专家知识和证据解释力。我们从一开始就决定：只要是我们自己收集的数据(不同于引用别人已经收集的数据)，我们不但详细交代所收集到的数据，而且还充分说明后来解释(或者说，就像有些人所做的那样“修改”)数据所用的方法。这些步骤也是经过认真研究才选定的，并且可以打乱顺序采用。因此，如果有学者要重新收集材料，那么就可以通过数据文件逆向找到“原始”数据，当然是一些用一种尽可能接近原始统计数据格式复制的格式保存在计算机里的原始数据。建立并以图表的形式展示数据集的过程要求作出选择，而这样的选择具有不确定性。不管怎

3　SAS 是美国北卡罗来纳州凯里赛仕软件研究所公司的商标。

样，数据集以及曲线图/条形图软件说明了为什么要作出某些选择的原因：以后如有学者想建议一种不同的替代性方法，就可以根据我们努力破天荒头一遭收集在一起的图表来这样做。一般地，我们还在对数据做过统计处理和换算的图表的名称中添加了关键的内容“（用……表示）”。例如，图 68 图名中的“（用记账货币基尔德和吨银表示）”就意味着我们进行过折合白银价值的换算。如果数据是以记账货币为单位保存的，那么就单用“（用……记账货币表示）”，如图 70 图名中“（用弗罗林表示）”的意思就是没有对数据做过统计处理或者换算。

一个核心在于把数据存入 ESRC 数据资料库的国际数据项目只有在相互尊重“同行数据”的基础上才能发挥作用。因此，欧洲国家财政数据库要求同行提供数据或者要求使用数据库的同行在自己的学术成果或者出版物（包括具体的引用处）中充分、适当地（以注明被引文献作者姓名，包括具体的文件名，即 ESFDB 数据集名的方式）感谢他们所引文献的学者。[4]

4　如想进一步询问有关数据存入和查阅的问题，可以直接向本书编者垂询。本书编者是莱斯特大学历史学系欧洲国家财政数据库项目负责人。垂询最好通过电子邮件发到“bon@leicester. ac. uk”（国外邮件）或者“bon@uk. ac. leicester”（英国国内邮件）。

参考文献

Aakjær, S. (ed.), *Kong Valdemars Jordebog*, 3 vols. (Copenhagen, 1926–45).

Aalbers, J., 'Holland's financial problems, 1713–1733, and the wars against Louis XIV', in A. C. Duke and C. A. Tamse (eds.), *Britain and the Netherlands. VI* (The Hague, 1977), 79–93.

Abels, R. P., *Lordship and Military Obligation in Anglo-Saxon England* (London, 1988).

Abu-Lughod, J., *Before European Hegemony: The World System, A.D. 1250–1350* (New York–Oxford, 1989).

Adams, C., *For Good and Evil: The Impact of Taxes on the Course of Civilization* (Lanham, Md., 1993).

Adshead, S. A. M., *Salt and Civilization* (Basingstoke, 1992).

Aegidius Romanus, *De regimine principum* (Augsburg, 1473).

Aerts, E., and Crouzet, F. (eds.), *Economic Effects of the French Revolutionary and Napoleonic Wars* (Proceedings of the Tenth International Economic History Conference, Session B-1; Leuven, 1990).

Aftalion, F., *The French Revolution: An Economic Interpretation*, trans. M. Thom (Cambridge, 1990).

Ahmad, S., 'Adam Smith's four invisible hands', *History of Political Economy*, 22 (1990), 137–44.

Alberigo, G., 'La riforma dei principi', in H. Jedin and P. Prodi (eds.), *Il Concilio di Trento come crocevia della politica europea* (Bologna, 1979).

Albertus Magnus, *Opera omnia* (Paris, 1890–9).

Allen, W. R., 'Modern defenders of Mercantilist theory', *History of Political Economy*, 2 (1970), 381–97.

Alsop, J. D., 'The theory and practice of Tudor taxation', *English Historical Review*, 97 (1982), 1–30.

Alvarotus, Jacobus, *Super feudis* (Lyon, 1522).

Åmark, K., *Sveriges statsfinanser, 1719–1809* (Stockholm, 1961).

Amberg, R., *Die Steuer in der Rechtsphilosophie der Scholastiker: Ein Beitrag zur Beurteilung der Scholastiker in ihren Beziehungen zum Rechts- und Wirtschaftsleben ihrer Zeit* (Berlin–Leipzig, 1909).

Amiet, J. J., 'Die französischen und lombardischen Geldwucherer des Mittelalters, namentlich in der Schweiz', *Jahrbuch für schweizerische Geschichte*, 1–2 (1876–7), 177–255.

Anderson, J. L., 'A measure of the effect of British public finance, 1793–1815', *Economic History Review*, 2nd ser., 27 (1974), 610–19. [1974*a*]

Anderson, M., *Peter the Great* (London, 1978).

Anderson, P., *Lineages of the Absolutist State* (London, 1974). [1974*b*]

Anderson, P., *Passages from Antiquity to Feudalism* (London, 1977).
Andrén, A., 'Städer och kungamakt: en studie i Danmarks politiska geografi före 1230', *Scandia*, 49 (1983), 31–76.
[Anselmus Laudunensis], *Enarrationes in omnes sanctissimi Pauli Apostoli epistolas*, ed. Eucharium Cervicornum (Cologne, 1533).
Antoine, M., *Le dur métier du roi: Études sur la civilisation politique de la France d'ancien régime* (Paris, 1986).
——*Louis XV* (Paris, 1989).
Antonetti, G., 'La crise économique de 1729–1731 à Paris d'après les règlements de faillites', in *Histoire économique et financière de la France: Études et documents. II. 1990* (Comité pour l'histoire économique et financière de la France; Paris, 1990), 35–181.
Appelby, J. O., 'Locke, liberalism and the natural law of money', *Past and Present*, 71 (1976), 43–69.
Aquinas, T., *Summa theologiae*, ed. P. Caramello, 2nd edn, 3 vols. (Turin–Rome, 1952–6).
Ardant, G., *Théorie sociologique de l'impôt*, 2 vols. (Paris, 1965).
——*Histoire de l'impôt*, 2 vols. (Paris, 1971–2).
Aristide, I., *La fortune de Sully* (Paris, 1990).
Arnould, M. A., 'L'impôt direct dans le Tournaisis au début du régime espagnol, 1523–1571', *Recherches sur l'histoire des finances publiques en Belgique. I* (Brussels, 1967).
Artola, M., *La hacienda del antiguo régimen* (Madrid, 1982).
Arup, E., 'Den finansielle side af erhvervelsen af hertugdommerne 1460–87', *Historisk Tidsskrift*, 7 (1902–4), 317–88, 399–489.
——'Leding og ledingsskat i det 13. aarhundrede', *Historisk Tidsskrift*, 8 (1914–15), 141–237.
Ashton, R., 'Revenue farming under the early Stuarts', *Economic History Review*, 2nd ser., 9 (1956), 310–22.
——*The Crown and the Money Market, 1603–40* (Oxford, 1960).
Aspinall, A., and Smith, E. A. (eds.), *English Historical Documents. XI. 1783–1832* (London, 1959).
Aspromourgos, T., 'The life of William Petty in relation to his economics: a tercentenary appreciation', *History of Political Economy*, 20 (1988), 337–56.
Aston, T. H. (ed.), *Crisis in Europe, 1560–1660* (London, 1965).
Atwell, W. S., 'International bullion flows and the Chinese economy, *circa* 1530–1650', *Past and Present*, 95 (1982), 68–90.
Aubin, C., 'Les assignats sous la Révolution française: un exemple d'hyperinflation', *Revue économique*, 42 (1991), 745–62.
Bagge, S., 'Borgerkrig og statsutvikling i Norge i middelalderen', *Historisk Tidsskrift*, 65 (1986), 145–97.
Baker, N., *Government and Contractors: The British Treasury and War Supplies, 1775–1783* (London, 1971).
Baldwin, J. W., 'La décennie décisive: les années 1190–1203 dans le règne de Philippe Auguste', *Revue historique*, 26 (1981), 311–37.
——*The Government of Philip Augustus* (Berkeley, 1986).
Ball, T., Farr, J., and Hanson, R. L. (eds.), *Political Innovation and Conceptual Change* (Cambridge, 1989).

Balle, S., *Statsfinanserne på Christian 3s tid* (Aarhus, 1992).
Banchi pubblici, banchi privati e monti di pietà nell'Europa preindustriale. Amministrazione, tecniche operative e ruoli economici. Atti del convegno, Genova, 1–6 ottobre 1990, 2 vols. continuously paginated (Società ligure di storia patria; Genoa, 1990).
Barber, M., *The Trial of the Templars* (Cambridge, 1978).
Barbiche, B., 'Les commissaires députés pour le "régalement" des tailles en 1598–1599', *Bibliothèque de l'École des Chartes*, 118 (1960), 58–96.
Barbier, J. A., and Klein, H. S., 'Revolutionary wars and public finances: the Madrid Treasury, 1784–1807', *Journal of Economic History*, 41 (1981), 315–39.
Barro, R. J., 'Are government bonds net wealth?', *Journal of Political Economy*, 82 (1974), 1095–117.
Barrow, T. C., *Trade and Empire: The British Customs Service in Colonial America, 1660–1775* (Cambridge, Mass., 1967).
Barthe Porcel, J., 'Los juros: desde el *yuro deheretat* hasta la desparición de las *Cargas de Justicia*, siglos XIII al XX', *Anales de la Universidad de Murcia*, 3 (1948–9), 219–87.
Bartlett, R. P., *Human Capital: The Settlement of Foreigners in Russia, 1762–1804* (Cambridge, 1979).
Bartolus de Saxoferrato, *Commentaria in corpus juris civilis*, in *Consilia* (Lyon, 1535).
Barudio, G., *Das Zeitalter des Absolutismus und der Aufklärung, 1648–1779* (Frankfurt, 1981).
Bates, D., *Normandy before 1066* (London, 1982).
Bauer, C., 'Die Epochen der Papstfinanz: ein Versuch', *Historische Zeitschrift*, 138 (1928), 457–503.
Bayard, F., *Le monde des financiers au xviie siècle* (Paris, 1988).
Beales, D., *Joseph II. I. In the Shadow of Maria Theresa, 1741–1780* (Cambridge, 1987).
——'Was Joseph II an enlightened despot?', in R. Robertson and E. Timms (eds.), *The Austrian Enlightenment and its Aftermath. Austrian Studies. II* (Edinburgh, 1991), 1–21.
Becagli, V., *Un unico territorio gabellabile. La riforma doganale leopoldina. Il dibattito politico, 1767–1781* (Florence, 1983).
Beckett, J. V., 'Land tax or excise: the levying of taxation in seventeenth- and eighteenth-century England', *English Historical Review*, 100 (1985), 285–308.
——and Turner, M., 'Taxation and economic growth in eighteenth-century England', *Economic History Review*, 2nd ser., 43 (1990), 377–403.
Bédarida, F., Crouzet, F., and Johnson, D. (eds.), *De Guillaume le conquérant au Marché commun: Dix siècles d'histoire franco-britannique* (Paris, 1979).
——Crouzet, F., and Johnson, D. (eds.), *Britain and France: Ten Centuries* (Folkestone, 1980).
Beer, A., 'Die Finanzverwaltung Oesterreichs, 1749–1816', *Mitteilungen des Instituts für österreichische Geschichtsforschung*, 15 (1894), 237–366.
Beer, A., *Die Finanzen Oesterreichs im XIX. Jahrhundert* (Vienna, 1973).
Beik, W. H., *Absolutism and Society in Seventeenth-Century France: State Power and Provincial Aristocracy in Languedoc* (Cambridge, 1985).
Benigni, P., 'Oligarchia cittadina e pressione fiscale: il caso di Arezzo nei secoli XVI e XVII', *La fiscalité et ses implications sociales en Italie et en France aux xviie et xviiie siècles* (Collection de l'École française de Rome; Rome, 1980).

Bennett, M., 'Contribution and assessment: financial exactions in the English Civil War, 1642–6', *War and Society*, 4 (1986), 1–9.

Bercé, Y. M., *Histoire des croquants: Étude des soulèvements populaires au xviie siècle dans le sud-ouest de la France* (Paris–Geneva, 1974).

Bérenger, J., *Finances et absolutisme autrichien dans la seconde moitié du xviie siècle* (Paris, 1975).

——'A propos d'un ouvrage récent: les finances de l'Autriche à l'époque baroque, 1650–1740', *Histoire, économie et société*, 3 (1984), 221–45.

Bergeron, L., *Banquiers, négociants et manufacturiers parisiens du Directoire à l'Empire* (Paris–The Hague, 1978). [1978*a*]

——'Le réseau de la finance internationale', in L. Bergeron (ed.), *Histoire économique et sociale du monde. III. Inerties et révolutions, 1730–1840* (Paris, 1978), 119–36. [1978*b*]

Berktay, H., 'Three empires and the societies they governed: Iran, India and the Ottoman empire', *Journal of Peasant Studies*, 18 (1991), 242–63.

Bernard, P. P., *Joseph II and Bavaria: Two Eighteenth-Century Attempts at German Unification* (The Hague, 1965).

Bestmann, Uwe *et al.* (eds.), *Hochfinanz, Wirtschaftsräume, Innovation. Festschrift Wolfgang von Stromer. III* (Trier, 1987).

Bethell, L. (ed.), *The Cambridge History of Latin America. I. Colonial Latin America* (Cambridge, 1984).

Bianchini, L., *Della storia delle finanze del regno di Napoli libri sette*, 3 vols. (Naples, 1834–5).

Bibó, I., *Válogatott tanulmányok. III* (Budapest, 1986).

Biel, G., *Epitome et collectorium ex Occamo circa quatuor sententiarum libros* (Basle, 1508).

Bilbao, L. M., 'Ensayo de reconstrucción histórica de la presión fiscal en Castilla durante el siglo XVI', in E. Fernández de Pinedo (ed.), *Haciendas forales y hacienda real: Homenaje a D. Miguel Artola y D. Felipe Ruiz Martín* (Bilbao, 1990), 37–61.

Binney, J. E. D., *British Public Finance and Administration* (Oxford, 1958).

Biraben, J.-N., *Les hommes et la peste en France et dans les pays européens et méditerranéens*, 2 vols. (Paris, 1975–6).

Bisson, T. N., *Conservation of Coinage: Monetary Exploitation and its Restraint in France, Catalonia, and Aragon, c. A.D. 1000–c. 1225* (Oxford, 1979).

——'Les comptes des domaines au temps de Philippe Auguste', in R.-H. Bautier (ed.), *La France de Philippe Auguste: Le temps des mutations* (Paris, 1982), 521–39.

——*Fiscal Accounts of Catalonia under the Early Count-Kings, 1151–1213* (Berkeley, 1984).

——*Medieval France and her Pyrenean Neighbours: Studies in Early Institutional History* (London, 1989).

Bizzochi, R., 'Politica fiscale e immunità ecclesiastica nella Toscana medicea fra Repubblica e Granducato (secoli XV–XVIII)', in H. Kellenbenz and P. Prodi (eds.), *Fisco, religione, stato nell'età confessionale* (Bologna, 1989), 355–85.

Black, J., *British Foreign Policy in the Age of Walpole* (Edinburgh, 1985).

Blanc, H., *La chambre des blés de Genève, 1628–1798* (Geneva, 1941).

Blanning, T. C. W., *Reform and Revolution in Mainz, 1743–1803* (Cambridge, 1974).

——*Joseph II and Enlightened Despotism* (London, 1978).
——*The French Revolution in Germany: Occupation and Resistance in the Rhineland, 1792–1802* (Oxford, 1983).
——*The Origins of the French Revolutionary Wars* (London–New York, 1986).
Blaug, M., *Economic Theory in Retrospect*, 3rd edn (Cambridge, 1978).
Blickle, P., Rublack, H.-C., and Schulze, W., *Religion, Politics and Social Protest: Three Studies on Early Modern Germany* (London, 1984).
Bloch, M., *Feudal Society*, trans. L. A. Manyon (London, 1962).
Blockmans, W. P., 'Voracious states and obstructing cities: an aspect of state formation in preindustrial Europe', *Theory and Society*, 18 (1989), 733–55.
Blockmans, W., and Genet, J.-P. (eds.), *Visions sur le développement des états européens. Théories et historiographies de l'état moderne. Actes du colloque organisé par la Fondation européenne de la science et l'École française de Rome* (Rome, 1993).
Bluche, F. (ed.), *Dictionnaire du grand siècle* (Paris, 1990).
Bodin, J., *Les six livres de la république* ([1576]; 1583 edn repr. Darmstadt, 1977).
——*The Six Bookes of a Commonweale*, trans. R. Knolles, 1606, ed. K. D. McRae (Cambridge, Mass., 1962).
——*On Sovereignty: Four Chapters from the Six Books of the Commonwealth*, ed. J. H. Franklin (Cambridge, 1992).
Bois, G., *The Crisis of Feudalism: Economy and Society in Eastern Normandy, c.1300–1550* (Cambridge, 1984).
Boisguilbert, P. Le Pesant de, *Le Détail de la France, sous le regne present. Augmenté en cette nouvelle Edition de plusieurs Memoires & Traitez sur la même matiere. Seconde partie. Année 1707. Factum de la France ou moyens tres-faciles de faire recevoir au Roy quatrevingts millions par dessus la capitation* ... ([Paris], 1707).
[Boisguilbert, P. Le Pesant de], *Pierre de Boisguilbert ou la naissance de l'économie politique*, 2 vols. (INED edn, Paris, 1966).
Boislisle, A. M. de (ed.), *Correspondance des contrôleurs-généraux des finances avec les intendants des provinces, 1683–1715*, 3 vols. (Paris, 1874–9).
Bolin, S., 'Tax money and plough money', *Scandinavian Economic History Review*, 2 (1954), 3–21.
Bonney, M. M., 'The English medieval wool and cloth trade: new approaches for the local historian', *The Local Historian*, 22 (1992), 18–40. [1992*c*]
——and Bonney, R. J., *Jean-Roland Malet: Premier historien des finances de la monarchie française* (Comité pour l'histoire économique et financière de la France; Paris, 1993).
Bonney, R. J., *Political Change in France under Richelieu and Mazarin, 1624–1661* (Oxford, 1978).
——'The failure of the French revenue farms, 1600–60', *Economic History Review*, 2nd ser., 32 (1979), 11–32.
——*The King's Debts: Finance and Politics in France, 1589–1661* (Oxford, 1981). [1981*a*]
——'Cardinal Mazarin and the great nobility during the Fronde', *English Historical Review*, 96 (1981), 818–33. [1981*b*]
——*Society and Government in France under Richelieu and Mazarin, 1624–61* (Basingstoke, 1988).

Bonney, R. J., *L'absolutisme* (Paris, 1989).

——'Bodin and the development of the French monarchy', *Transactions of the Royal Historical Society*, 5th ser., 40 (1990), 43–61.

——'Jean-Roland Malet: historian of the finances of the French monarchy', *French History*, 5 (1991), 180–233. [1991*a*]

——*The European Dynastic States, 1494–1660* (Oxford, 1991). [1991*b*]

——'The state and its revenues in *ancien régime* France', *Historical Research*, 65 (1992), 150–76. [1992*a*]

——'Louis XIII, Richelieu and the royal finances', in J. A. Bergin and L. W. B. Brockliss (eds.), *Richelieu and his Age* (Oxford, 1992), 99–133. [1992*b*]

——'*Le secret de leurs familles*: the fiscal and social limits of Louis XIV's *dixième*', *French History*, 7 (1993), 383–416. [1993*a*]

——'Comparative fiscal systems on the eve of modernity: the French enquiry of 1763', in J.-P. Genet and E. Eldhem (eds.), *La genèse de l'État moderne et le cas ottoman. Table-ronde d'Istanbul, 1991* (Varia Turcica, 26; Istanbul, 1994), 61–81.

——'Taxation and the problem of European regions', in M. Prak and A. Mączak (eds.), *The Changing Relationships of European Regions*. [forthcoming]

——(ed.), *The Rise of the Fiscal State in Europe, c.1200–c.1815* (Oxford, forthcoming, 1995). [1995]

Boone, M., 'Triomferend privé-initiatief versus haperend overheidsoptreden? Over pachters van indirecte belastingen in laatmiddeleeuwse steden', *Tijdschrift voor sociale geschiedenis*, 15 (1989), 113–38.

——*Geld en macht: De Gentse stadsfinanciën en de Bourgondische staatsvorming, 1384–1453* (Ghent, 1990).

——'*Plus deuil que joie*. Les ventes de rentes par la ville de Gand pendant la période bourguignonne: entre intérêts privés et finances publiques', *Crédit Communal: bulletin trimestriel*, 176 (1991–2), 3–24.

Bordo, M. D., and Capie, F. (eds.), *Monetary Regimes in Transition* (Cambridge, 1994).

——and White, E. N., 'A tale of two currencies: British and French finance during the Napoleonic War', *Journal of Economic History*, 51 (1991), 303–16.

Bornitz, J., *Aerarium sive Tractatus Politicus de Aerario sacro ...* (Frankfurt, 1612).

Bosher, J. F., *The Single Duty Project: A Study of the Movement for a French Customs Union in the Eighteenth Century* (London, 1964).

——*French Finances, 1770–1795: From Business to Bureaucracy* (Cambridge, 1970).

Bossenga, G., *The Politics of Privilege: Old Regime and Revolution in Lille* (Cambridge, 1991).

Botero, G., *The Reason of State*, ed. and trans. P. J. and D. P. Waley (London, 1956).

Bottomore, T. *et al.*, *A Dictionary of Marxist Thought* (Oxford, 1983).

Bouwsma, W. J., *A Usable Past: Essays in European Cultural History* (Los Angeles, 1990).

Bowsky, W. M., *The Finances of the Commune of Siena, 1287–1355* (Oxford, 1970).

Boyajian, J. C., *Portuguese Bankers at the Court of Spain, 1626–1650* (New Brunswick, NJ, 1983).

Boyer-Xambeu, M.-T., Deleplace, G., and Gillard, L., *Monnaie privée et pouvoir des princes: L'économie des relations monétaires à la Renaissance* (Paris, 1986).

Braddick, M., 'State formation and social change in modern England: a problem stated and approaches suggested', *Social History*, 16 (1991), 1–18.

Braesch, F., *Finances et monnaie révolutionnaires. I. Les exercices budgétaires 1790 et 1791 d'après les Comptes du Trésor* (Nancy, 1934).

——*Finances et monnaie révolutionnaires. II. Les recettes et les dépenses du Trésor pendant l'année 1789. Le compte rendu au Roi, de mars 1788. Le dernier budget de l'ancien régime* (Paris, 1936). [1936*a*]

——*Finances et monnaie révolutionnaires. V. La livre tournois et le franc de germinal. Essai sur la monnaie métallique* (Paris, 1936). [1936*b*]

Braudel, F., 'Les emprunts de Charles Quint sur la place d'Anvers', *Charles-Quint et son temps: Colloques internationaux du Centre national de la recherche scientifique, Paris, 30 septembre–3 octobre 1958* (Centre national de la rechèrche scientifique; Paris, 1959), 191–200.

——*The Mediterranean and the Mediterranean World in the Age of Philip II*, trans. S. Reynolds, 2 vols. (Glasgow, 1972–3).

——*Civilization and Capitalism, 15th–18th Century*, trans. S. Reynolds, 3 vols. (London, 1981–4).

——and Labrousse, E. (eds.), *Histoire économique et sociale de la France. II. Des derniers temps de l'âge seigneurial aux préludes de l'âge industriel, 1660–1789* (Paris, 1970).

——and Spooner, F. C., 'Prices in Europe from 1450 to 1750', in E. E. Rich and C. H. Wilson (eds.), *Cambridge Economic History of Europe: The Economy of Expanding Europe in the Sixteenth and Seventeenth Centuries. IV* (Cambridge, 1967), 374–486.

Braun, H.-J., 'Economic theory and policy in Germany, 1750–1800', *Journal of European Economic History*, 4 (1975), 301–22.

Brennan, G., and Buchanan, J. M., *The Power to Tax: Analytical Foundations of a Fiscal Constitution* (Cambridge, 1980).

Brewer, A., 'Petty and Cantillon', *History of Political Economy*, 24 (1992), 711–28. [1992*a*]

——*Richard Cantillon: Pioneer of Economic Theory* (London–New York, 1992). [1992*b*]

Brewer, J., *The Sinews of Power: War, Money and the English State, 1688–1783* (London, 1989).

Bromley, J. S. (ed.), *New Cambridge Modern History. VI. The Rise of Great Britain and Russia, 1688–1715/25* (Cambridge, 1971).

Brooks, C., 'Public finance and political stability: the administration of the land tax, 1688–1720', *Historical Journal*, 17 (1974), 281–300.

Brooks, N., 'The development of military obligations in eighth- and ninth-century England', in P. Clemoes and K. Hughes (eds.), *England before the Conquest: Studies in Primary Sources Presented to D. Whitelock* (Cambridge, 1971), 69–84.

Brown, E. A. R., '*Cessante causa* and the taxes of the last Capetians: the political application of a philosophical maxim', *Speculum*, 15 (1972), 565–87.

——'Taxation and morality in the thirteenth and fourteenth centuries: conscience and political power and the kings of France', *French Historical Studies*, 8 (1973), 1–28.

——'The tyranny of a construct: feudalism and historians of medieval Europe', *American Historical Review*, 79 (1974), 1063–88.

Brown, H. G., 'A discredited regime: the Directory and army contracting', *French History*, 4 (1990), 48–76.

Bruguière, M., *La première restauration et son budget* (Geneva, 1969).

——*Pour une renaissance de l'histoire financière, xviiie–xxe siècles* (Paris, 1991).

Brunner, O., *Land und Herrschaft: Grundfragen der territorialen Verfassungsgeschichte Österreichs im Mittelalter*, 5th edn (Vienna, 1965).

Brunschwig, H., *Enlightenment and Romanticism in Eighteenth-Century Prussia*, trans. F. Jellinek (Chicago–London, 1974).

Buchholz, W., 'Der moderne Steuerstaat: Bedingungen seiner Entstehung und Entwicklung in Mittelalter und Neuzeit', *Sozialwissenschaftliche Informationen*, 19 (1990), 5–15.

Büchi, H., *Finanzen und Finanzpolitik Toskanas im Zeitalter der Aufklärung (1737–1790) im Rahmen der Wirtschaftspolitik* (Berlin, 1915).

Buganov, V., 'Bauernaufstände und Bauernkriege in Ost-, Mittel- und Westeuropa in der Feudalzeit', *Jahrbuch für die Geschichte der sozialistischen Länder Europas*, 21 (1977), 115–30.

Bühler, W., 'Die Entwicklung des Finanzwesens in der freien Reichstadt Überlingen bis zur Mitte des 18. Jahrhunderts', in E. Maschke *et al.* (eds.), *Städtisches Haushalts- und Rechnungswesen* (Sigmaringen, 1977), 158–72.

Buisseret, D. J., *Sully and the Growth of Centralized Government in France, 1598–1610* (London, 1968).

——(ed.), *Monarchs, Ministers and Maps: The Emergence of Cartography as a Tool of Government in Early Modern Europe* (Chicago–London, 1992).

Buist, M. G., *At spes non fracta. Hope & Co., 1770–1815. Merchant Bankers and Diplomats at Work* (The Hague, 1974).

——'The sinews of war: the role of Dutch finance in European politics, c.1750–1815', in A. C. Duke and C. A. Tamse (eds.), *Britain and the Netherlands. VI* (The Hague, 1977), 124–40.

Bulst, N., and Genet, J.-P. (eds.), *La ville, la bourgeoisie et la genèse de l'État moderne, xiie–xviiie siècles* (Paris, 1988).

Burke, P. (ed), *New Cambridge Modern History. XIII. Companion Volume* (Cambridge, 1972).

——*The Fabrication of Louis XIV* (New Haven–London, 1992).

Burleigh, M., *Prussian Society and the German Order: An Aristocratic Corporation in Crisis, c.1410–1466* (Cambridge, 1984).

Büsch, O., *Militärsystem und Sozialleben im alten Preussen, 1713–1807: Die Anfänge der sozialen Militarisierung der preussisch-deutschen Gesellschaft* (Berlin, 1962).

Bush, M. L., 'Tax reform and rebellion in early Tudor England', *History*, 76 (1991), 379–400.

Bushkovitch, P., 'Taxation, tax farming and merchants in sixteenth-century Russia', *Slavic Review*, 37 (1978), 381–98.

Butcher, J., and Dick, H. (eds.), *The Rise and Fall of Revenue Farming: Business Elites and the Emergence of the Modern State in South-East Asia* (Basingstoke, 1993).

Buurman, G. B., 'A comparison of the single tax proposals of Henry George and the Physiocrats', *History of Political Economy*, 23 (1991), 481–96.

Calabria, A., *The Cost of Empire: The Finances of the Kingdom of Naples in the Time of Spanish Rule* (Cambridge, 1991).

Campbell, J., 'Observations on English government from the tenth to the twelfth century', *Transactions of the Royal Historical Society*, 5th ser., 25 (1975), 39–54.

—— Asser's Life of Alfred', in C. Holdsworth and T. P. Wiseman (eds.), *The Inheritance of Historiography, 350–900* (Exeter, 1986), 115–35.

Cantillon, R., *Essai sur la nature du commerce en général*, ed. H. Higgs (London, 1931).

——*Essay de la nature du commerce en général*, ed. T. Tsuda (Tokyo, 1979).

Capra, C., 'Alcuni aspetti del riordinamento tributario in Lombardia nell'età teresiana', *La fiscalité et ses implications sociales en Italie et en France aux xviie et xviiie siècles* (Rome, 1980), 3–16.

——'Le finanze degli stati italiani nel secolo XVIII', *L'Italia alla vigilia della Rivoluzione Francese: Atti del LIV Congresso di storia del Risorgimento Italiano, 1988* (Rome, 1990), 141–73.

Caracciolo, F., *Sud, debiti e gabelle: Gravami, potere e società nel Mezzogiorno in età moderna* (Naples, 1983).

Carafa, Diomede, *De regis et boni principis officio* (Naples, 1668).

Carande, R., *Carlos V y sus banqueros*, 3 vols. (Madrid, 1943–67).

——*Carlos V y sus banqueros. Los caminos del oro y de la plata. Deuda exterior y tesoros ultramarinos* (Madrid, 1967).

——'Gobernantes y gobernados en la hacienda de Castilla, 1536–1556,' *Siete estudios de historia de España* (Barcelona, 1969), 109–42.

——*El crédito de Castilla en el precio de la política imperial, ora in Otros siete estudios de historia de España* (Barcelona, 1978).

Caravale, M., and Caracciolo, A. (eds.), *Lo Stato Pontificio da Martino V a Pio IX* (Turin, 1978).

Caron, P. (ed.), *Tableaux de dépréciation du papier-monnaie* (Paris, 1909).

Caroso, J.-L., 'Economic thought in late eighteenth-century Portugal: Physiocratic and Smithian influence', *History of Political Economy*, 22 (1990), 429–41.

Carr, R., *Spain, 1808–1939* (Oxford, 1975).

Carsten, F. L., *The Origins of Prussia* (Oxford, 1954).

Castillo Pintado, A., 'Los juros de Castilla: apogeo y fin de un instrumento de crédito', *Hispania*, 23 (1963), 43–70. [1963*a*]

——'Dette flottante et dette consolidée en Espagne, 1557–1600', *Annales E.S.C.*, 18 (1963), 745–59. [1963*b*]

——'Mecanismos de base de la hacienda de Felipe IV', *Historia de España. XXV* (Madrid, 1982).

Cazel, F. A., Jr, 'The tax of 1185 in aid of the Holy Land', *Speculum*, 30 (1955), 385–92.

——'The fifteenth of 1225', *Bulletin of the Institute of Historical Research*, 34 (1961), 67–81.

——'Financing the Crusades', in K. M. Setton (ed.), *A History of the Crusades. VI. The Impact of the Crusades on Europe* (Madison, Wis., 1989), 116–49.

Cesarano, F., 'Monetary theory in Ferdinando Galiani's *Della moneta*', *History of Political Economy*, 8 (1976), 380–99.

——'Law and Galiani on money and monetary systems', *History of Political Economy*, 22 (1990), 321–40.

Chabert, A., *Essai sur les mouvements des revenus et de l'activité économique en France de 1798 à 1820* (Paris, 1949).

Chabod, F., *Storia di Milano nell'epoca di Carlo V (Il ducato di Milano e l'impero di Carlo V, 2*; Turin, 1971).
Challis, C. E., *Currency and the Economy in Tudor and Early Stuart England* (Historical Association, New Appreciations in History, 4; London, 1989).
——(ed.), *A New History of the Royal Mint* (Cambridge, 1992).
Chandaman, C. D., *The English Public Revenue, 1660–88* (Oxford, 1975).
Chaunu, H., and Chaunu, P., *Séville et l'Atlantique, 1504–1650* (Paris, 1956).
Chaunu, P., *Séville et l'Atlantique, 1504–1650*, 12 vols. (Paris, 1955–60).
——*Seville et l'Atlantique, xvie–xviie siècle* (Paris, 1977).
Chaunu, P., and Gascon, R., *Histoire économique et sociale de la France. I. De 1450 à 1660. L'État et la ville* (Paris, 1977).
Chaussinand Nogaret, G., 'Le fisc et les privilégiés sous l'ancien régime', *La fiscalité et ses implications sociales en Italie et en France aux xviie et xviiie siècles* (Rome, 1980), 191–206.
Chen, Shao-Kawan, *The System of Taxation in China in the Tsing Dynasty, 1644–1911* (1914; repr. New York, 1970).
Chirot, D. (ed.), *The Origins of Backwardness in Eastern Europe: Economics and Politics from the Middle Ages until the Early Twentieth Century* (Berkeley, 1989).
Christensen, H., *Len og magt i Danmark, 1439–1466* (Aarhus, 1983).
Chroust, A. (ed.), *Briefe und Acten zur Geschichte des Dreißigjährigen Krieges* (Königliche Akademie der Wissenschaften, Kommission für bayerische Landesgeschichte, 9; Munich, 1903).
Church, W. F., *Richelieu and Reason of State* (Princeton, NJ, 1972).
Cipolla, C. M. (ed.), *The Economic Decline of Empires* (London, 1970).
——*Before the Industrial Revolution: European Society and Economy, 1000–1700* (London, 1976).
——*The Monetary Policy of Fourteenth-Century Florence* (Berkeley, 1982).
——*Il governo della moneta a Firenze e a Milano nei secoli XIV–XVI* (Bologna, 1990).
Clamageran, J.-J., *Histoire de l'impôt en France*, 3 vols. (Paris, 1867–76).
Clark, J. G., *La Rochelle and the Atlantic Economy during the Eighteenth Century* (Baltimore–London, 1981).
Clark, P. A. (ed.), *The European Crisis of the 1590s* (London, 1985).
Coats, A. W., 'The interpretation of Mercantilist economics: some historiographical problems', *History of Political Economy*, 5 (1973), 485–95.
Cohn, H. J., *The Government of the Rhine Palatinate in the Fifteenth Century* (Oxford, 1965).
——(ed.), *Government in Reformation Europe, 1520–1560* (London, 1971).
Coleman, D. C. (ed.), *Revisions in Mercantilism* (London, 1969).
Collins, I., *Napoleon and his Parliaments, 1800–1815* (London, 1989).
Collins, J. B., *Fiscal Limits of Absolutism: Direct Taxation in Early Seventeenth-Century France* (Berkeley, 1988).
Collins, R., *Early Medieval Spain: Unity in Diversity, 400–1000* (London, 1983).
Commynes, P. de, *Mémoires*, ed. J. Calmette (Paris, 1925).
Comptes du Trésor, 1296, 1316, 1384, 1477, ed. R. Fawtier (Paris, 1930).
Connelly, O., *Napoleon's Satellite Kingdoms* (New York–London, 1965).
Constable, G., 'The financing of the crusades in the twelfth century', in B. Z. Kedar, H. E.

Meyer, and R. C. Smail (eds.), *Outremer: Studies in the History of the Crusading Kingdom of Jerusalem Presented to Joshua Prawer* (Jerusalem, 1982), 64–88.

Contamine, P., *War in the Middle Ages*, trans. M. Jones (Oxford, 1984).

——(ed.), *War and Competition between States* (Oxford, forthcoming).

Conti, E., *L'imposta diretta a Firenze nel quattrocento, 1427–1494* (Rome, 1984).

Coppola, G., 'Fisco, finanza e religione: lo stato di Milano da Carlo a Federigo', in H. Kellenbenz and P. Prodi (eds.), *Fisco, religione, stato nell'età confessionale* (Bologna, 1989), 293–354.

Corpus juris canonici, ed. Aemilius Friedberg, 2 vols. (Lipsiae, 1879–91).

Cova, A., 'Riforma dell'imposta fondiaria e produzione agricola in Lombardia nella seconda metà del Settecento', *Annali della Facoltà di scienze politiche dell'Università di Milano*, 2 (1982), 597–621.

Coville, A., *Les Cabochiens et l'ordonnance de 1413* (Paris, 1888).

Cozzi, G., Knapton, M., and Scarabello, G., *La Repubblica di Venezia nell'età moderna: Dal 1517 alla fine della Repubblica* (Turin, 1992).

Craeybeckx, J., 'Aperçu sur l'histoire des impôts en Flandre et au Brabant au cours du xvie siècle', *Revue du nord*, 20 (1947), 87–108.

——'La portée fiscale et politique du 100e denier du duc d'Albe', *Recherches sur l'histoire des finances publiques en Belgique, I* (Brussels, 1967).

Craig, G. A., *The Politics of the Prussian Army, 1640–1945* (Oxford, 1955).

Craig, Sir John, *The Mint* (Cambridge, 1953).

Crook, D., 'The later eyres', *English Historical Review*, 97 (1982), 241–68.

Crouzet, F., *De la supériorité de l'Angleterre sur la France: L'économique et l'imaginaire, xviie–xxe siècles* (Paris, 1985).

——*L'économie britannique et le blocus continental, 1806–1813*, 2nd edn, 2 vols. (Paris, 1987).

——*Britain Ascendant: Comparative Studies in Franco-British Economic History* (Cambridge–Paris, 1990).

——*La grande inflation: La monnaie en France de Louis XVI à Napoléon* (Paris, 1993).

Crowley, J. E., 'Neo-mercantilism and *The Wealth of Nations*: British commercial policy after the American Revolution', *Historical Journal*, 33 (1990), 339–60.

Cuenca Esteban, J., 'Ingresos netos del estado español, 1788–1820', *Hacienda pública española*, 69 (1981), 183–208.

Czoernig, C. von, *Statistisches Handbüchlein fur die Oesterreichische Monarchie* (Vienna, 1864).

Dal Pane, L., *La finanza toscana dagli inizi del secolo XVIII alla caduta del Granducato* (Milan, 1965).

Danstrup, J., and Karker, A. (eds.), *Kulturhistorisk Leksikon for Nordisk Middelalder*, 22 vols. (Copenhagen, 1956–78).

Davenant, C., *The Political and Commercial Works*, ed. C. Whitworth, 5 vols. (London, 1771; repr. Farnborough, 1967).

Davies, C. S. L., *Peace, Print and Protestantism, 1450–1558* (St Albans, 1977).

Davis, J. A., 'The Neapolitan army during the *decennio francese*', *Rivista Italiania di Studi Napoleonici*, 25 (1988), 161–77.

Davis, J. R., 'Adam Smith on the providential reconciliation of individual and social

interests: is man led by an invisible hand or misled by a sleight of hand?', *History of Political Economy*, 22 (1990), 341–52.
Day, J., *Les douanes de Gênes, 1376–1377*, 2 vols. (Paris, 1963).
——'The great bullion famine of the fifteenth century', *Past and Present*, 79 (1978), 3–54.
——'Moneta metallica e moneta creditizia', in R. Romano and U. Tucci (eds.), *Storia d'Italia. Annali. VI. Economia naturale, economia monetaria* (Turin, 1983), 337–60.
——(ed.), *Études d'histoire monétaire, xiie–xixe siècles* (Lille, 1984).
——*The Medieval Market Economy* (Oxford, 1987). [1987*a*]
——'Cinq siècles d'innovation financière', *Journal des Caisses d'Épargne*, 106 (1987), 84–8. [1987*b*]
——'The "General Crisis" and the Great Depression', *Annali della Facoltà di Economia e Commercio della Università di Bari*, new ser., 30 (1991), 31–5.
De Bloch, J., *Les finances de la Russie au xixe siècle: Historique et statistique*, 2 vols. (Paris, 1899).
Deleule, D., *Hume et la naissance du libéralisme économique* (Paris, 1979).
Delmas, J. (ed.), *Histoire militaire de la France. II. De 1715 à 1871* (Paris, 1992).
De Luca, G. B., *Il principe cristiano pratico* (Rome, 1680).
Delumeau, J., *Vie économique et sociale de Rome dans la seconde moitié du xvie siècle*, 2 vols. (Paris, 1957–9).
——'Le progrès de la centralisation dans l'État pontifical au xvie siècle', *Revue historique*, 226 (1961), 399–410.
De Maddalena, A., and Kellenbenz, H. (eds.), *Finanze e ragion di stato in Italia e in Germania nella prima età moderna* (Bologna, 1984).
——(eds.), *La repubblica internazionale del denaro tra XV e XVII secolo* (Bologna, 1986).
Denley, P., and Elam, C., *Florence and Italy: Renaissance Studies in Honour of Nicolai Rubinstein* (London, 1988).
Dent, J., *Crisis in Finance: Crown, Financiers and Society in Seventeenth-Century France* (Newton Abbot, 1973).
Denton, J. H., 'The crisis of 1297 from the Evesham Chronicle', *English Historical Review*, 93 (1978), 560–79.
——*Robert Winchelsey and the Crown, 1294–1313: A Study in the Defence of Ecclesiastical Liberty* (Cambridge, 1980).
Depeyrot, G., Hackens, T., and Moucharte, G. (eds.), *Rythmes de la production monétaire, de l'antiquité à nos jours* (Louvain-La-Neuve, 1987).
De Roover, R., *Gresham on Foreign Exchange: An Essay in Early English Mercantilism with the Text of Sir Thomas Gresham's Memorandum for the Understanding of the Exchange* (Cambridge, Mass., 1949).
——*L'évolution de la lettre de change: xive–xviiie siècles* (Paris, 1953). [1953*a*]
——'Il trattato di Fra Santi Rucellai sul cambio, il monte comune e il monte delle doti', *Archivio storico italiano*, 111 (1953), 3–41. [1953*b*]
——*Rise and Decline of the Medici Bank, 1397–1494* (Cambridge, Mass., 1963).
——*San Bernardino of Siena and Sant' Antonino of Florence: The Two Great Economic Thinkers of the Middle Ages* (Cambridge, Mass., 1967).
Desaivre, L., *La dîme royale à Niort et à La Rochelle en 1718* (Niort, 1880).

De Schepper, H., 'La organización de la finanzas públicas en los Países Bajos reales, 1480–1700: una reseña', *Cuadernos de investigación histórica* (1984), 7–34.

Descimon, R., 'Paris on the eve of St-Bartholomew: taxation, privilege and social geography', in P. Benedict (ed.), *Cities and Social Change in Early Modern France* (London, 1989), 69–104.

Desmaretz, N., *Mémoire de M. Desmarets sur l'administration des finances, depuis le 20 février de l'année 1708, jusqu'au 1er septembre 1715* (repr. Paris, 1789).

De speculo Regis Edwardi III, ed. J. Moisant (Paris, 1891).

Dessert, D., *Argent, pouvoir et société au grand siècle* (Paris, 1984).

De Vries, J., *The Economy of Europe in an Age of Crisis, 1600–1750* (Cambridge, 1976).

——*European Urbanization, 1500–1800* (London, 1984).

Deyon, P., *Le mercantilisme* (Paris, 1969).

Diaz, F., *Francesco Maria Gianni: Dalla burocrazia alla politica sotto Pietro Leopoldo di Toscana* (Milan–Naples, 1966).

——*I Lorena in Toscana: La Reggenza* (Turin, 1987).

Dickinson, H. T. (ed.), *Britain and the French Revolution, 1789–1815* (Basingstoke, 1989).

Dickson, P. G. M., *The Financial Revolution in England: A Study in the Development of Public Credit, 1688–1756* (London, 1967).

——*Finance and Government under Maria Theresia, 1740–1780*, 2 vols. (Oxford, 1987).

Diefendorf, J., *Businessmen and Politics in the Rhineland, 1789–1834* (Princeton, NJ, 1980).

Dietz, F. C., *English Government Finance, 1484–1558* (Chicago, 1920).

Dittrich, E., *Die deutschen und österreichischen Kameralisten* (Darmstadt, 1974).

Di Vittorio, A., *Finanze e moneta a Ragusa nell'età delle crisi* (Naples, 1983).

Dobson, R. B., *The Peasants' Revolt of 1381* (Basingstoke, 1986).

Dolley, R. H. M., and Metcalf, D. M., 'The reform of the English coinage under Edgar', in R. H. M. Dolley (ed.), *Anglo-Saxon Coins* (London, 1961), 136–68.

Domínguez Ortiz, A., 'La ruina de la aldea castellana', *Revista internacional de sociología*, 24 (1948), 99–124.

——*Política y hacienda de Felipe IV* (Madrid, 1960).

——'La población de Sevilla a mediados del siglo XVII', *Archivo hispalense*, 72 (1989), 3–15.

Dormans, E. H. M., *Het tekort: Staatsschuld in de tijd der Republiek* (Amsterdam, 1991).

Dorwart, R. A., *The Administrative Reforms of Frederick William I of Prussia* (Cambridge, Mass., 1953).

Doucet, R., 'Les finances anglaises en France à la fin de la Guerre de Cent Ans', *Le Moyen Age*, 2nd ser., 27 (1926), 265–332.

——'Le grand parti de Lyon au xvie siècle', *Revue historique*, 171 (1933), 472–512; 172 (1933), 1–40.

Downing, B. M., *The Military Revolution and Political Change: Origins of Democracy and Autocracy in Early Modern Europe* (Princeton, NJ, 1992).

Doyle, W., 'The price of offices in pre-Revolutionary France', *Historical Journal*, 27 (1984), 831–60.

——*The Oxford History of the French Revolution* (Oxford, 1989).

Dreyfus, F. G., *Sociétés et mentalités à Mayence dans la seconde moitié du dix-huitième siècle* (Paris, 1968).

Dubois, H. (ed.), *Local and International Credit in the Middle Ages and the Sixteenth Century: Papers of the Ninth International Economic History Congress* (Berne, 1986).

Du Boulay, F. R. H., *Germany in the Later Middle Ages* (London, 1983).

Duffy, M., *The Military Revolution and the State, 1500–1800* (Exeter, 1980).

Dufraisse, R., 'L'intégration "hégémoniale" de l'Europe sous Napoléon Ier', *Revue de l'Institut Napoléon*, 142 (1984), 11–41.

Dukes, P., *The Making of Russian Absolutism, 1613–1801* (London–New York, 1982).

Dull, J. R., *The French Navy and American Independence: A Study of Arms and Diplomacy, 1774–1787* (Princeton, NJ, 1975).

Dupâquier, J., *La population rurale du bassin parisien à l'époque de Louis XIV* (Paris, 1979).

——(ed.), *Histoire de la population française*, 4 vols. (Paris, 1988).

Dupont-Ferrier, G., *Études sur les institutions financières de la France à la fin du moyen âge. II. Les finances extraordinaires et leur mécanisme* (Paris, 1933; repr. Geneva, 1976).

Duran, J. A., 'The reform of financial administration in Russia during the reign of Catherine the Great', *Canadian Slavic Studies*, 4 (1970), 485–96.

Durand, G., *États et institutions, xvie–xviiie siècles* (Paris, 1969).

Earle, P. (ed.), *Essays in European Economic History, 1500–1800* (Oxford, 1974).

Edwards, J. G., *The Second Century of the English Parliament* (Oxford, 1979).

Einaudi, L., *La finanza sabauda all'aprirsi del secolo XVIII e durante la guerra di successione spagnola* (Turin, 1908).

——'The theory of imaginary money from Charlemagne to the French Revolution', in F. C. Lane and J. C. Riemersma (eds.), *Enterprise and Secular Change: Readings in Economic History* (Homewood, Ill., 1953), 229–61. [Originally published as 'Teoria della moneta immaginaria nel tempo da Çarlomagno alla rivoluzione francese', *Rivista di storia economica*, 1 (1936), 1–35.]

Elliott, J. H., *Imperial Spain, 1469–1716* (London, 1963).

——*The Old World and the New, 1492–1650* (Cambridge, 1970).

——'Self-perception and decline in early seventeenth-century Spain', *Past and Present*, 74 (1977), 41–61.

——*Richelieu and Olivares* (Cambridge, 1984).

——*The Count-Duke of Olivares: The Statesman in an Age of Decline* (New Haven–London, 1986).

——*Spain and its World, 1500–1700* (New Haven–London, 1989).

——'A Europe of composite monarchies', *Past and Present*, 137 (1992), 47–71.

Ellis, G., *Napoleon's Continental Blockade: The Case of Alsace* (Oxford, 1981).

——*The Napoleonic Empire* (Basingstoke, 1991).

Emmanuelli, F.-X. (ed.), *L'intendance de Provence à la fin du xviie siècle: Édition critique des mémoires 'pour l'instruction du duc de Bourgogne'* (Paris, 1980).

Emsley, C., *Napoleonic Europe* (London–New York, 1993).

Endres, A. M., 'The functions of numerical data in the writings of Graunt, Petty and Davenant', *History of Political Economy*, 17 (1985), 245–64.

Engel, P., and Kristó, Gy., *Magyarország története, 1301–1457* (Budapest, 1987).

Erslev, K., *Konge og Lensmand i det sextende Aarhundrede: Studier over Statsomvæltningen i 1536 og dens følger for Kongemagt og Adelsvælde* (Copenhagen, 1879).

——*Valdemarernes Storhedstid* (Copenhagen, 1898).

État, finances et économie pendant la Révolution française: Colloque tenu à Bercy les 12, 13, 14 octobre 1989 à l'occasion du Bicentenaire de la Révolution française (Comité pour l'histoire économique et financière de la France; Paris, 1991).

Evans, R. J. W., and Thomas, T. V. (eds.), *Crown, Church and Estates: Central European Politics in the Sixteenth and Seventeenth Centuries* (New York, 1991).

Evensky, J., 'The evolution of Adam Smith's views of political economy', *History of Political Economy*, 21 (1989), 123–45.

Faccini, L., *La Lombardia fra '600 e '700: Riconversione economica e mutamenti sociali* (Milan, 1988).

Faroqi, S., 'Political activity among Ottoman taxpayers and the problem of sultanic legitimation, 1570–1650', *Journal of the Economic and Social History of the Orient*, 35 (1991), 1–39.

Faure, E., *La disgrâce de Turgot: 12 mai 1776* (Paris, 1961).

——*17 juillet 1720: La banqueroute de Law* (Paris, 1977).

Favier, J., *Un conseiller de Philippe le Bel: Enguerran de Marigny* (Paris, 1963).

——*Les contribuables parisiens à la fin de la guerre de cent ans: Les rôles d'impôt de 1421, 1423 et 1438* (Paris–Geneva, 1970).

——*Philippe le Bel* (Paris, 1978).

——*De l'or et des épices: Naissance de l'homme d'affaires au Moyen Age* (Paris, 1987).

Fayle, C. E., 'The deflection of strategy by commerce in the eighteenth century', *Journal of the Royal United Service Institution*, 60 (1923), 281–90.

Feldbaek, O., *Danmarks Historie. IV. Tiden, 1730–1814* (Copenhagen, 1982).

Feller, R., *Geschichte Berns*, 4 vols. (Berne, 1946–60).

Felloni, G., *Gli investimenti finanziari genovesi in Europa tra il Seicento e la Restaurazione* (Milan, 1971).

——'Distribuzione territoriale della ricchezza e dei carichi fiscali nella repubblica di Genova', in A. Guarducci (ed.), *Prodotto lordo e finanza pubblica, secoli XIII–XIX: Atti della 'Ottava settimana di studi', 3–9 maggio 1976* (Istituto internazionale di storia economica F. Datini, 2nd ser., 8; Florence, 1988), 769–803.

Fisher, J., *The Portugal Trade: A Study of Anglo-Portuguese Commerce, 1700–1770* (London, 1971).

Fleming, R., *Kings and Lords in Conquest England* (Cambridge, 1991).

Flora, P. (ed.), *State, Economy and Society in Western Europe, 1815–1975. A Data Handbook. I. The Growth of Mass Democracies and Welfare States* (Frankfurt, 1983).

Floud, R., and McCloskey, D. (eds.), *The Economic History of Britain since 1700. I. 1700–1860* (Cambridge, 1981).

Flynn, D. O., 'Fiscal crisis and the decline of Spain (Castile)', *Journal of Economic History*, 42 (1982), 139–47.

Foley, V., 'An origin of the *Tableau Économique*', *History of Political Economy*, 5 (1973), 121–50.

Forrest, A., and Jones, P., *Reshaping France: Town, Country and Region during the French Revolution* (Manchester, 1991).

Forsyth, M. G., *Reason and Revolution: The Political Thought of the Abbé Sieyes* (Leicester–New York, 1987).

Fortea Pérez, J. I., *Córdoba en el siglo XVI: las bases demográficas y económicas de una expansión urbana* (Córdoba, 1981).

——*Monarquía y Cortes en la Corona de Castilla: Las ciudades ante la política fiscal de Felipe II* (Salamanca, 1990).

——'The Cortes of Castile and Philip II's fiscal policy', *Parliaments, Estates and Representation*, 11 (1991), 117–38.

——'Los encabezamientos de alcabalas andaluces en la hacienda real de Castilla (1557–1595)', *Poder político e instituciones en la España moderna* (Alicante, 1992), 141–93.

Fortescue, Sir John, *The Governance of England: Otherwise Called The Difference between an Absolute and a Limited Monarchy*, ed. C. Plummer (Oxford, 1885).

Frame, R., *The Political Development of the British Isles, 1100–1400* (Oxford, 1990).

François Quesnay et la Physiocratie, 2 vols. (Institut national d'Études démographiques; Paris, 1958).

Frêche, G., 'Compoix, propriété foncière, fiscalité et démographie historique en pays de taille réelle, xvie–xviiie siècles', *Revue d'histoire moderne et contemporaine*, 18 (1971), 321–53.

——*Toulouse et la région Midi-Pyrénées au siècle des lumières, vers 1670–1789* (Paris, 1974).

Frey, W., *Beiträge zur Finanzgeschichte Zürichs im Mittelalter* (Zurich, 1910).

Friis, A., and Glamann, K., *A History of Prices and Wages in Denmark, 1660–1800*. I (Copenhagen–London, 1958).

Fritschy, W., 'Taxation in Britain, France and the Netherlands in the eighteenth century', *Economic and Social History in the Netherlands*, 2 (1990), 57–79.

Fritz, B., 'Kronans fögderier och län under medeltiden', *Bebyggelseshistorisk Tidsskrift*, 4 (1988), 135–48.

Froumenteau, N. [probably Barnaud, N.], *Le Secret des Finances de France descouvert et desparti en trois livres* (Paris, 1581).

Fryde, E. B., 'Materials for the study of Edward III's credit operations, 1327–48', *Bulletin of the Institute of Historical Research*, 22 (1949), 105–38; 23 (1950), 1–30.

——'Financial resources of Edward I in the Netherlands, 1294–98: main problems and some comparisons with Edward III in 1337–40', *Revue belge de philologie et d'histoire*, 40 (1962), 1168–87.

——'Medieval London as a financial centre: some early dealings in royal tallies of assignment', in A. Vannini Marx (ed.), *Credito, banche e investimenti, secoli XIII–XX* (Istituto internazionale di storia economica F. Datini Prato, 2nd ser., ii, 4; Florence, 1985), 41–8.

Fryde, M. M., and Fryde, E. B., 'Public credit, with special reference to north-west Europe', in M. M. Postan, E. E. Rich, and E. Miller (eds.), *The Cambridge Economic History of Europe. III* (Cambridge, 1963), 430–553.

Fryde, N., *List of Welsh Entries in the Memoranda Rolls, 1282–1343* (Cardiff, 1974).

——*The Tyranny and Fall of Edward II* (Cambridge, 1979).

——'Hochfinanz und Landesgeschichte im deutschen Hochmittelalter', *Blätter für deutsche Landesgeschichte*, 125 (1989), 1–12.

Fügedi, E., 'Mátyás király jövedelme 1475-ben', in G. Barta (ed.), *Mátyás király, 1458–1490* (Budapest, 1990), 41–61.

Fuhrmann, H., *Germany in the High Middle Ages, c.1050–1200* (Cambridge, 1986).

Gabillard, J., 'Le financement des guerres napoléoniennes et la conjoncture du premier Empire', *Revue économique*, 4 (1953), 548–72.

Galasso, G., *Mezzogiorno medievale e moderno* (Turin, 1965).

Galbraith, V. H., *The Making of Domesday Book* (Oxford, 1961).

——*Domesday Book: Its Place in Administrative History* (Oxford, 1974).

Galster, G. (ed), *Danmarks Middelalderlige Regnskaber, I pt. 1* (Copenhagen, 1944–53).

Ganshof, F. L., *Frankish Institutions under Charlemagne*, trans. B. and M. Lyon (Providence, RI, 1968).

García Sanz, A., *Desarrollo y crisis del Antiguo Régimen en Castilla la Vieja: Economía y sociedad en tierras de Segovia, 1500–1814* (Madrid, 1977).

Garzon Pereja, M., *La hacienda de Carlos II* (Madrid, 1980).

Gascon, R., *Grand commerce et vie urbaine au xvie siècle: Lyon et ses marchands*, 2 vols. (Paris, 1971).

Gayer, A. D., Rostow, W. W., and Schwartz, A. J., *The Growth and Fluctuation of the British Economy, 1790–1850*, 2 vols. (Hassocks, 1975).

Gelabert, J. E., 'Il declino della rete urbana nella Castiglia dei secoli XVI–XVIII', *Cheiron*, 6 (1989–90), 9–46.

——'El impacto de la guerra y del fiscalismo en Castilla', in J. H. Elliott and A. García Sanz (eds.), *La España del Conde Duque de Olivares* (Valladolid, 1990), 555–73.

Genet, J.-P., *Four English Political Tracts of the Later Middle Ages* (London, 1977).

——'Féodalisme et naissance de l'État moderne', *Villes, bonnes villes, cités et capitales: Études d'histoire urbaine, XIIe–XVIIIe siècles, offertes à Bernard Chevalier*, ed. M. Bourin (Tours, 1989).

——(ed.), *L'État moderne: Genèse, bilans et perspectives* (Paris, 1990).

——and Le Mené, M. (eds.), *Genèse de l'État moderne: Prélèvement et redistribution* (Paris, 1987).

Gentil da Silva, J., *Stratégies des affaires à Lisbonne entre 1595 et 1607: Lettres marchandes des Rodriguez d'Evora et Veiga* (Paris, 1956).

——*Desarrollo económico, subsistencia y decadencia en España* (Madrid, 1967).

Gerhard D., *Old Europe: A Study of Continuity, 1100–1800* (New York, 1981).

Gerson, J., *Gersonii opera* (Cologne, 1484).

Gerteis, K., *Die deutschen Städte in der Frühen Neuzeit: Zur Vorgeschichte der 'bürgerlichen Welt'* (Darmstadt, 1986).

Gherardi, R., *Potere e costituzione a Vienna fra Sei e Settecento: Il 'buon ordine' di Luigi Ferdinando Marsili* (Bologna, 1980).

Gilchrist, J., *The Church and Economic Activity in the Middle Ages* (London, 1969).

Gillingham, J., *Richard the Lionheart* (London, 1978).

——'"The most precious jewel in the English Crown": levies of danegeld and heregeld in the early eleventh century', *English Historical Review*, 104 (1989), 373–84.

Gilomen, H.-J., 'Die städtische Schuld Berns und der Basler Rentenmarkt im 15. Jahrhundert', *Basler Zeitschrift für Geschichte und Altertumskunde*, 82 (1982), 5–64.

Ginter, D. E., *A Measure of Wealth: The English Land Tax in Historical Analysis* (London, 1992).
Given-Wilson, C., 'Wealth and credit, public and private: the earls of Arundel, 1306–1397', *English Historical Review*, 106 (1991), 1–26.
Goldsmith, R. W., *Premodern Financial Systems: A Historical Comparative Study* (Cambridge, 1987).
Goodare, J., 'Parliamentary taxation in Scotland, 1560–1603', *Scottish Historical Review*, 68 (1989), 23–52.
Goubert, P., *Beauvais et le Beauvaisis de 1600 à 1730: Contribution à l'histoire sociale de la France du xviie siècle*, 2 vols. (Paris, 1960).
——*L'ancien régime. I. La société* (Paris, 1969).
Governo della Toscana sotto il regno di Sua Maestà il re Leopoldo II, 2nd edn (Florence, 1791).
Grampp, W. D., 'Malthus and his contemporaries', *History of Political Economy*, 6 (1974), 278–304.
Grant, A., *Independence and Nationhood: Scotland, 1306–1469* (London, 1984).
Green, J. A., 'The last century of Danegeld', *English Historical Review*, 96 (1981), 241–58.
——' "Praeclarum et magnificum antiquitatis monumentum": the earliest surviving pipe roll', *Bulletin of the Institute of Historical Research*, 55 (1982), 1–17.
——*The Government of England under Henry I* (Cambridge, 1986).
Green, V. H. H., 'Taxation, Church', in J. R. Strayer (ed.), *Dictionary of the Middle Ages. XI* (New York, 1988), 605–11.
Greengrass, M. (ed.), *Conquest and Coalescence: The Shaping of the State in Early Modern Europe* (London, 1991).
Gresky, R., *Die Finanzen der Welfen im 13. und 14. Jahrhundert* (Hildesheim, 1984).
Grice-Hutchinson, M., *The School of Salamanca: Readings in Spanish Monetary Theory, 1544–1605* (Oxford, 1952).
——*Early Economic Thought in Spain, 1177–1740* (London, 1978).
Griffiths, G., *Representative Government in Western Europe in the Sixteenth Century* (Oxford, 1968).
Groenewegen, P. D. (ed.), *The Economics of A. R. J. Turgot* (The Hague, 1977).
Gross, J.-P., 'Progressive taxation and social justice in eighteenth-century France', *Past and Present*, 140 (1993), 79–126.
Groves, H. M., *Tax Philosophers: Two Hundred Years of Thought in Great Britain and the United States*, ed. D. J. Curran (Madison, Wis., 1974).
Guenée, B., *States and Rulers in Later Medieval Europe*, trans. J. Vale (Oxford, 1985).
Guéry, A., 'Les finances de la monarchie française sous l'ancien régime', *Annales E.S.C.*, 33 (1978), 216–39.
——'Le roi dépensier: le don, la contrainte, et l'origine du système financier de la monarchie française d'ancien régime', *Annales E.S.C.*, 39 (1984), 1241–69.
——'La naissance financière de l'État moderne en France', in J. Bouvier and J.-C. Perrot (eds.), *États, fiscalités, économies: Actes du cinquième congrès de l'association française des historiens économistes, 16–18 juin 1983* (Paris, 1985), 53–62.
——'État, classification sociale et compromis sous Louis XIV: la capitation de 1695', *Annales E.S.C.*, 41 (1986), 1041–60.

Guicciardini, Francesco, 'La decima scalata', *Dialogo e discorsi del reggimento di Firenze*, ed. R. Palmarocchi (*Opere*, ed. V. de Caprariis, vii; Bari, 1932).

——'Dialogo del reggimento di Firenze', *Opere di Francesco Guicciardini*, ed. E. Lugnani Scarano (Turin, 1970).

Gurevich, A. J., *Categories of Medieval Culture* (London, 1985).

Gutiérrez Alonso, A., *Estudio sobre la decadencia de Castilla: La ciudad de Valladolid en el siglo XVII* (Valladolid, 1989).

Habib, I., *The Agrarian System of Mughal India, 1556–1707* (London, 1963).

Hadwin, J. F., 'The last royal tallages', *English Historical Review*, 96 (1981), 344–58.

Hall, C. D., *British Strategy in the Napoleonic War, 1803–15* (Manchester, 1992).

Hall, J. A., *States in History* (Oxford, 1986).

Hall, T. E., 'Thought and practice of enlightened government in French Corsica', *American Historical Review*, 74 (1969), 880–905.

Hallam, E. M., *Capetian France, 987–1328* (London, 1980).

Hallauer, R., *Der Basler Stadtwechsel, 1504–1746: Ein Beitrag zur Geschichte der Staatsbanken* (Basle, 1904).

Hamilton, E. J., *American Treasure and the Price Revolution in Spain, 1501–1650* (New York, 1970).

Hamm, F., *Zur Grundlegung und Geschichte der Steuermoral* (Trier, 1908).

Hammarström, I., *Finansförvaltning och varuhandel, 1504–1540* (Uppsala, 1956).

Hanak, P. (ed.), *The Corvina History of Hungary from the Earliest Times to the Present* (Budapest, 1991).

Hanson, C. A., *Economy and Society in Baroque Portugal, 1668–1703* (London–Basingstoke, 1981).

Hardman, J., *Louis XVI* (New Haven–London, 1993).

Harris, R. D., 'French finances and the American War, 1777–1783', *Journal of Modern History*, 48 (1976), 233–58.

——*Necker: Reform Statesman of the Ancien Régime* (Berkeley, 1979).

——*Necker and the Revolution of 1789* (Lanham, Md., 1986).

Harris, S. E., *The Assignats* (Cambridge, Mass., 1930; repr., New York, 1969).

Harriss, G. L., 'Fictitious loans', *Economic History Review*, 2nd ser., 8 (1955–6), 187–99.

——*King, Parliament and Public Finance in Medieval England to 1369* (Oxford, 1975).

——'Medieval doctrines in the debates of supply, 1610–1629', in K. M. Sharpe (ed.), *Faction and Parliament: Essays on Early Stuart History* (Oxford, 1978), 73–103.

——'Theory and practice in royal taxation: some observations', *English Historical Review*, 97 (1982), 811–19.

——*Cardinal Beaufort: A Study of Lancastrian Ascendancy and Decline* (Oxford, 1988).

Hartley, T. E., *Elizabeth's Parliaments: Queen, Lords and Commons, 1559–1601* (Manchester, 1992).

Hartmann, P. C. (ed.), *Das Steuersystem der europäischen Staaten am Ende des Ancien Regime. Eine offizielle französische Enquete (1763–8). Dokumente, Analyse und Auswertung. England und die Staaten Nord- und Mitteleuropas* (Munich, 1979).

Hartung, J., 'Die direkten Steuern und die Vermögensentwicklung in Augsburg von der Mitte des 16. bis zum 18. Jahrhundert', *Jahrbuch für Gesetzgebung, Verwaltung und Volkswirtschaft im Deutschen Reich*, 20 (1898), 167–209.

Harvey, S. P. J., 'Domesday Book and Anglo-Norman governance', *Transactions of the Royal Historical Society*, 5th ser., 25 (1975), 173–95.

Harvey-Phillips, M. B., 'Malthus' theodicy: the intellectual background to his contribution to political economy', *History of Political Economy*, 16 (1984), 591–608.

Hastrup, K., *Culture and History in Medieval Iceland: An Anthropological Analysis of Structure and Change* (Oxford, 1985).

Hatcher, J., *Plague, Population and the English Economy, 1348–1530* (London, 1977).

Hatton, R. M., *Charles XII of Sweden* (London and Southampton, 1968).

Hauser, H. (ed.), *La vie chère au xvie siècle: La response de Jean Bodin à M. de Malestroit, 1568* (Paris, 1932).

Hecksher, E. F., *Mercantilism*, trans. M. Shapiro (London, 1935).

——'Natural and money economy as illustrated from Swedish history in the sixteenth century', in F. C. Lane and J. C. Riemersma (eds.), *Enterprise and Secular Change: Readings in Economic History* (Homewood, Ill., 1953), 206–28. [Originally published in *Journal of Economic and Business History*, 3 (1930–1), 1–29.]

Heers, J., *Gênes au xve siècle: Activité économique et problèmes sociaux* (Paris, 1961).

Helleiner, K. F., *The Imperial Loans: A Study in Financial and Diplomatic History* (Oxford, 1965).

Henderson, W. O., *Studies in the Economic Policies of Frederick the Great* (London, 1963).

Hendricks, C. D., 'Charles V and the Cortes of Castile: politics in Renaissance Spain', Ph.D. thesis (Cornell University, 1976).

Henneman, J. B., 'Financing the Hundred Years' War: royal taxation in France in 1340', *Speculum*, 42 (1967), 275–98.

——'The Black Death and royal taxation in France, 1347–1351', *Speculum*, 43 (1968), 405–28. [1968*a*]

——'*Enquêteurs-réformateurs* and fiscal officers in fourteenth-century France', *Traditio*, 24 (1968), 309–49. [1968*b*]

——'Taxation of Italians by the French crown, 1311–1363', *Mediaeval Studies*, 31 (1969), 15–43.

——*Royal Taxation in Fourteenth-Century France: The Development of War Financing, 1322–1356* (Princeton, NJ, 1971).

——*Royal Taxation in Fourteenth-Century France: The Captivity and Ransom of John II, 1356–1370* (Philadelphia, 1976).

——'The military class and the French monarchy in the late Middle Ages', *American Historical Review*, 83 (1978), 946–65.

——'Nobility, privilege and fiscal politics in late Medieval France', *French Historical Studies*, 13 (1983), 1–17.

——'Taxation, French', in J. R. Strayer (ed.), *Dictionary of the Middle Ages. XI* (New York, 1988), 618–25.

Henning, F.-W., *Das vorindustrielle Deutschland, 800 bis 1800* (Paderborn, 1985).
[Henry of Ghent], *Quodlibeta Magistri Henrici Goethals a Gandavo, doctor solemnis* (Paris, 1518).
Heper, M., 'The state and public bureaucracies: a comparative and historical perspective', *Comparative Studies in Society and History*, 27 (1985), 86–110.
Herbin, R., and Rebereau, A., *Le cadastre français* (Paris, 1953).
Herlihy, D., *Pisa in the Early Renaissance* (New Haven, 1958).
——'Direct and indirect taxation in urban finance, ca. 1200–1400', *Finances et comptabilités urbaines du xiiie au xive siècle* (Brussels, 1964), 385–405.
——'Problems of record linkages in Tuscan fiscal records', in E. A. Wrigley (ed.), *Identifying People in the Past* (1972).
——*Cities and Society in Medieval Italy* (London, 1980).
——and Klapisch-Zuber, C., *Les Toscans et leurs familles: Une étude du castasto florentin de 1427* (Paris, 1978).
——and Klapisch-Zuber, C., *Tuscans and their Families: A Study of the Florentine Catasto of 1427* (New Haven–London, 1985).
Hermann, C., 'L'État et l'église', in C. Hermann (ed.), *Le premier âge de l'État en Espagne, 1450–1700* (Paris, 1989), 381–405.
Herr, R., *The Eighteenth-Century Revolution in Spain* (Princeton, NJ, 1969).
——*Rural Change and Royal Finances in Spain at the End of the Old Regime* (Berkeley, 1989).
Hertzberg, E., 'Lén og veizla i Norges sagatid', *Germanistische Abhandlungen zum LXX. Geburtstag Konrad von Maurers* (Göttingen, 1893), 285–331.
Hildebrandt, R., 'Zur Frage der reichsstädtischen Finanzen und Haushaltpolitik seit dem Westfälischen Frieden', in E. Maschke *et al.* (eds.), *Städtisches Haushalts- under Rechnungswesen* (Sigmaringen, 1977), 91–107.
Hiler, D., 'Fiscalité, conjoncture et consommation à Genève au xviiie siècle', *Bulletin du Département d'histoire économique, Université de Genève*, 13 (1982–3), 24–51.
Hill, D. (ed.), *Ethelred the Unready: Papers from the Millenary Conference* (British Archaeological Reports, British ser., 59; Oxford, 1978).
Hilton, R. H., *Bondmen Made Free: Medieval Peasant Movements and the English Rising of 1381* (London, 1973).
——and Aston, T. H., *The English Rising of 1381* (Cambridge, 1984).
Hincker, F., *La Révolution française et l'économie: Décollage ou catastrophe?* (Paris, 1989).
Hinze, O., 'Der preussische Militär- und Beamtenstaat im 18. Jahrhundert', in W. Hubatsch (ed.), *Absolutismus* (Darmstadt, 1988), 45–56.
Hobbes, Thomas, *Leviathan or the Matter, Forme and Power of a Commonwealth Ecclesiasticall and Civil*, ed. M. Oakeshott (Oxford, 1960).
Hocquet, J.-C., *Le sel et le pouvoir de l'an mil à la Révolution française* (Paris, 1985).
——(ed.), *Le roi, le marchand et le sel* (Villeneuve d'Ascq, 1987).
Hoffman, P. T., 'Taxes and agrarian life in early modern France: land sales, 1550–1730', *Journal of Economic History*, 46 (1986), 37–55.
——and Norberg, K. (eds.), *Fiscal Crises, Liberty, and Representative Government, 1450–1789* (Stanford, 1994).
Holl, B., 'Hofkammerpräsident Gundaker Thomas Graf Starhemberg und die öster-

reichischen Finanzpolitik der Barockzeit, 1703–1715', *Archiv für österreichische Geschichte*, 132 (1976), 3–441.

Hollander, S., 'Ricardo and the Corn Laws: a revision', *History of Political Economy*, 9 (1977), 1–47.

——'On Mathus's population principle and social reform', *History of Political Economy*, 18 (1986), 187–235.

——'On Malthus's Physiocratic references', *History of Political Economy*, 24 (1992), 368–80.

Hollister, C. W., 'The origins of the English Treasury', *English Historical Review*, 93 (1978), 262–75.

Holmsen, A., *Norges Historie: Fra de eldste tider til 1660*, 4th edn (Oslo, 1977).

Holt, J. C., 'The loss of Normandy and royal finance', in J. Gillingham and J. C. Holt (eds.), *War and Government in the Middle Ages: Essays in Honour of J. O. Prestwich* (Woodbridge, 1984), 92–105.

——'1086', in J. C. Holt (ed.), *Domesday Studies* (Woodbridge, 1987), 41–64.

Holzmair, E., 'Kriegsfinanzen im Zeitalter Napoleons', *Numismatische Zeitschrift*, 73 (1949), 120–34.

Hóman, B., *Magyar pénztörténet, 1000–1325* (Budapest, 1916).

——*A magyar királyság pénzügyei és gazdaságpolitikája Károly Róbert korában* (Budapest, 1921).

——'La circulazione delle monete d'oro in Ungheria dal X al XIV secolo e la crisi europea dell'oro nel secolo XIV', *Rivista Italiana di numismatica*, 2nd ser., 5 (1922), 109–56.

Hope-Jones, A., *Income Tax in the Napoleonic Wars* (Cambridge, 1939).

Hoppit, J., 'Attitudes to credit in Britain, 1680–1790', *Historical Journal*, 33 (1990), 305–22.

Horrox, R., ed., 'Financial memoranda of the reign of Edward V: Longleat miscellaneous manuscript book II', *Camden Miscellany*, 29 (Camden Society, 4th ser., 34; London, 1987), 197–244.

[Hostiensis], *Summa hostiensis* (Lyon, 1537; repr. Aalen, 1962).

Housley, N. J., *The Later Crusades, 1274–1580* (Oxford, 1992).

Hoyle, R. W. (ed.), *The Estates of the English Crown, 1558–1640* (Cambridge, 1992).

Huang, R., 'Fiscal administration during the Ming dynasty', in C. O. Hucker (ed.), *Chinese Government in Ming Times: Seven Studies* (New York–London, 1969), 73–128.

——*Taxation and Governmental Finance in Sixteenth-Century Ming China* (Cambridge, 1974).

Hubatsch, W., *Frederick the Great of Prussia: Absolutism and Administration*, trans. P. Doran (London, 1975).

Hume, D., *Writings on Economics*, ed. E. Rotwein (Edinburgh, 1955).

Hume, L. J., 'Charles Davenant on financial administration', *History of Political Economy*, 6 (1974), 463–77.

Hüppe, S., *A lengyel alkotmány története* (Budapest, 1894).

Hutchison, T. W., *Before Adam Smith: The Emergence of Political Economy, 1662–1776* (Oxford, 1988).

Ingrao, C. W., *In Quest and Crisis: Emperor Joseph I and the Habsburg Monarchy* (West Lafayette, Ind., 1979).

——*The Hessian Mercenary State: Ideas, Institutions and Reform under Frederick II, 1760–1785* (Cambridge, 1987).

Innocent IV [Sinibaldus Fliscus], *Commentaria super libros quinque Decretalium* (Frankfurt-am-Main, 1570).

Isenmann, E., 'Reichsstadt und Reich an der Wende vom späten Mittelalter zur frühen Neuzeit', in J. Engel (ed.), *Mittel und Wege früher Verfassungspolitik* (Spätmittelalter und frühe Neuzeit, 9; Stuttgart, 1979), 9–223.

——'Reichsfinanzen und Reichssteuern im 15. Jahrhundert', *Zeitschrift für historische Forschung*, 7 (1980), 1–76, 129–218.

——*Die deutsche Stadt im Spätmittelalter, 1250–1500: Stadtgestalt, Recht, Stadtregiment, Kirche, Gesellschaft, Wirtschaft* (Stuttgart, 1988).

Israel, J. I., 'Spanish wool exports and the European economy, 1610–40', *Economic History Review*, 2nd ser., 23 (1980), 193–211.

——*Dutch Primacy in World Trade, 1585–1740* (Oxford, 1989).

Jacquart, J., *La crise rurale en Ile-de-France, 1550–1670* (Paris, 1974).

Jacoud, G., 'La monnaie fiduciaire: d'une émission libérée au privilège de la Banque de France (26 octobre 1795 à 14 avril 1803)', in *Histoire économique et financière de la France: Études et documents. III. 1991* (Comité pour l'histoire économique et financière de la France; Paris, 1991), 87–135.

James, M., 'Pierre-Louis Roederer, Jean-Baptiste Say and the concept of *industrie*', *History of Political Economy*, 9 (1977), 455–75.

Jaubert, A. N., 'The royal castles during the reign of Erik Menved', *Journal of Danish Archaeology*, 7 (1988), 216–24.

Jeannin, P., 'Les comptes du Sund comme source pour la construction d'indices généraux de l'activité économique en Europe, xvie–xviiie siècle', *Revue historique*, 231 (1964), 55–102, 307–40.

Jennings, R. M., and Trout, A. P., *The Tontine: From the Reign of Louis XIV to the French Revolutionary Era* (Homewood, Ill., 1982).

Jeserich, K. G. A., Pohl, H., and von Unruh, G.-C. (eds.), *Deutsche Verwaltungsgeschichte. I* (Stuttgart, 1983).

Jespersen, K. J. V., *Danmarks historie. III* (Copenhagen, 1989).

Johansen, H. C., *Danmarks historie. IX* (Copenhagen, 1985).

John, E., *Orbis Britanniae and Other Studies* (Leicester, 1966).

Johnson, H. C., 'The concept of bureaucracy in Cameralism', *Political Science Quarterly*, 79 (1964), 378–402.

——*Frederick the Great and his Officials* (New Haven–London, 1975).

Jones, D. W., *War and Economy in the Age of William III and Marlborough* (Oxford, 1988). [1988*a*]

Jones, E. L., *The European Miracle: Environments, Economies, and Geopolitics in the History of Europe and Asia*, 2nd edn (Cambridge, 1988). [1988*b*]

Jörberg, L., *A History of Prices in Sweden, 1734–1914*, 2 vols. (Lund, 1972).

Jordan, W. C., *Louis IX and the Challenge of the Crusade* (Princeton, NJ, 1979).

Justi, J. H. G. von, *Staatswirtschaft oder systematische Abhandlung aller oekonomischen und Cameral-Wissenschaften. I*, 2nd edn (Leipzig, 1758).

Kaeuper, R. W., *War, Justice, and Public Order: England and France in the Later Middle Ages* (Oxford, 1988).

Kagan, R. L., *Lucrecia's Dreams: Politics and Prophecy in Sixteenth-Century Spain* (Berkeley, 1990).

Kahan, A., *The Plow, the Hammer and the Knout: An Economic History of Eighteenth-Century Russia*, ed. R. Hellie (Chicago–London, 1985).

Kain, R. J. P., and Baigent, E., *The Cadastral Map in the Service of the State: A History of Property Mapping* (Chicago–London, 1992).

Kaiser, T. E., 'The abbé de Saint-Pierre: public opinion and the reconstitution of the French monarchy', *Journal of Modern History*, 55 (1983), 618–43.

Kallbrunner, J., *Kaiserin Maria Theresias politisches Testament* (Munich, 1952).

Kamen, H., *The War of Succession in Spain, 1700–15* (London, 1969).

——*Spain in the Later Seventeenth Century, 1665–1700* (London–New York, 1980).

——*European Society, 1500–1700* (London, 1984).

Kann, R. A., *A Study in Austrian Intellectual History from Late Baroque to Romanticism* (New York, 1973).

Kantorowicz, E. H., *The King's Two Bodies: A Study in Mediaeval Political Theology* (Princeton, NJ, 1957).

——'Inalienability: a note on canonical practice and the English coronation oath in the thirteenth century', *Selected Studies* (Locust Valley, NY, 1965), 138–50. [1965*a*]

——'Mysteries of state: an absolutist concept and its late mediaeval origins', *Selected Studies* (Locust Valley, NY, 1965), 381–98. [1965*b*]

Kaplan, S. L., *Bread, Politics and Political Economy in the Reign of Louis XV*, 2 vols. (The Hague, 1976).

Kappelhof, A. C. M., *De belastingheffing in de Meierij van Den Bosch gedurende de generaliteitsperiode, 1648–1730* (Tilburg, 1986).

Kehl, P., *Die Steuer in der Lehre der Theologen des Mittelalters: Eine quellengeschichtliche Studie* (Volkswirtschaftliche Studien, 17; Berlin, 1927).

Kellenbenz , H. (ed.), *Fremde Kaufleute auf der iberischen Halbinsel* (Cologne–Vienna, 1970).

——(ed.), *Öffentliche Finanzen und privates Kapital im späten Mittelalter und in der ersten Hälfte des 19. Jahrhunderts* (Forschungen zur Sozial- und Wirtschaftsgeschichte, 16; Stuttgart, 1971).

——'Wirtschaft und Gesellschaft Europas, 1350–1650', in H. Kellenbenz (ed.), *Handbuch der europäischen Wirtschafts- und Sozialgeschichte. III. Europäische Wirtschafts- und Sozialgeschichte vom ausgehenden Mittelalter bis zur Mitte des 17. Jahrhunderts* (Stuttgart, 1986), 331–45.

Kennedy, P., *The Rise and Fall of the Great Powers: Economic Change and Military Conflict from 1500 to 2000* (New York, 1989).

Kennedy, W., *English Taxation, 1640–1799: An Essay on Policy and Opinion* (London, 1913).

Kerhervé, J., *L'État breton aux xive et xve siècles: Le duc, l'argent et les hommes*, 2 vols. (Paris, 1987).

——'Taxation and ducal power in late medieval Brittany', *French History*, 6 (1992), 1–23.

Keynes, G., *A Bibliography of Sir William Petty, FRS* (Oxford, 1971).

Keynes, S., and Lapidge, M., *Alfred the Great: Asser's Life of Alfred and Other Contemporary Sources* (Harmondsworth, 1983).

Khromov, P. A., *Ekonomicheskoe razvitie Rossii, 1800–1917* (Moscow, 1950).

Kieniewicz, S., *History of Poland* (Warsaw, 1968).
Kiesewetter, H., 'Competition for wealth and power: the growing rivalry between industrial Britain and industrial Germany, 1815–1914', *Journal of European Economic History*, 20 (1991), 271–99.
Kindleberger, C. P., *A Financial History of Western Europe* (London, 1984) [1984*a*]
——'Financial institutions and economic development: a comparison of Great Britain and France in the eighteenth and nineteenth centuries', *Explorations in Economic History*, 21 (1984), 103–24. [1984*b*]
——'The economic crisis of 1619 to 1623', *Journal of Economic History*, 51 (1991), 149–75.
King, J. E., 'The origin of the term "political economy"', *Journal of Modern History*, 20 (1948), 230–1.
Kirby, D., *Northern Europe in the Early Modern Period: The Baltic World, 1492–1772* (London–New York, 1990).
Kirshner, J., 'The moral theology of public finance: a study and edition of Nicholas de Anglia's *Quaestio Disputata* on the public debt of Venice', *Archivum Fratrum Praedicatorum*, 40 (1970), 47–72.
Klackenberg, H., *Moneta nostra: Monetarisering i medeltidens Sverige* (Lund, 1992).
Klang, D. M., *Tax Reform in Eighteenth-Century Lombardy* (New York, 1977).
Klein, E., *Von der Reform zur Restauration: Finanzpolitik und Reformgesetzgebung des preussischen Staatskanzlers Karl August von Hardenberg* (Berlin, 1965).
——*Geschichte der öffentlichen Finanzen in Deutschland, 1500–1870* (Wiesbaden, 1974).
Klingenstein, G., 'Revisions of Enlightened Absolutism: "The Austrian monarchy is like no other"', *Historical Journal*, 33 (1990), 155–67.
Klyuchevsky, V., *Peter the Great*, trans. L. Archibald (London, 1965).
Knecht, R. J., *Francis I* (Cambridge, 1982).
Knudsen, J. B., *Justus Möser and the German Enlightenment* (Cambridge, 1986).
Koch, H. W., *A History of Prussia* (London–New York, 1978).
Koenigsberger, H. G., *Politicians and Virtuosi: Essays in Early Modern History* (London, 1986).
——and Mosse, G. L., *Europe in the Sixteenth Century* (London, 1968).
Kohn, H., *Prelude to Nation States: The French and German Experience, 1789–1815* (Princeton, NJ, 1967).
Körner, M., *Solidarités financières suisses au xvie siècle: Contribution à l'histoire monétaire, bancaire et financière des cantons suisses et des États voisins* (Lucerne–Lausanne, 1980).
——*Luzerner Staatsfinanzen, 1415–1798* (Lucerne–Stuttgart, 1981).
——'Zum Problem der Währungsvielfalt in der alten Schweiz', in E. van Cauwenberghe *et al.* (eds.), *Minting, Monetary Circulation and Exchange Rates: Eighth International Economic History Congress, 'C' Themes, 7, Budapest, 1982* (Trier, 1984), 219–35.
——'Investissements urbains en Suisse au xvie siècle: répartition sectorielle', in A. Guarducci (ed.), *Investimenti e civiltà urbana, secoli XIII–XVIII* (Prato, 1989), 949–81.
——'Les péages vaudois dans les comptes du Trésorier romand à Berne au xvie siècle', in P.-L. Pelet and J.-F. Poudret (eds.), *La monnaie de sa pièce . . . Hommages à Colin Martin* (Lausanne, 1992), 235–50.

Koser, R., 'Der preussische Staatschatz von 1740 bis 1756', *Forschungen zur brandenburgischen und preussischen Geschichte*, 4 (1891), 529–51.

——'Die preussischen Finanzen im Siebenjährigen Kriege', *Forschungen zur brandenburgischen und preussischen Geschichte*, 13 (1900), 1–47.

——'Die preussischen Finanzen von 1763 bis 1786', *Forschungen zur brandenburgischen und preussischen Geschichte*, 116 (1903), 445–76.

Krüger, K., *Die Einnahmen und Ausgaben der dänischen Rentmeister, 1588–1628: Ein Beitrag zur frühneuzeitlichen Finanzgeschichte* (Marburg, 1970).

——*Finanzstaat Hessen, 1500–1567: Staatsbildung im Übergang vom Domänenstaat zum Steuerstaat* (Marburg, 1980).

——'Gerhard Oestreich und der Finanzstaat: Entstehung und Deutung eines Epochenbegriffs der frühneuzeitlichen Verfassungs- und Sozialgeschichte', *Hessisches Jahrbuch für Landesgeschichte*, 33 (1983), 333–46.

——'Die Staatsfinanzen Dänemarks und Schwedens im 16. Jahrhundert: ein Strukturvergleich', *Zeitschrift für historische Forschung*, 15 (1988), 129–50.

Kouri, E. I., and Scott, T. (eds.), *Politics and Society in Reformation Europe: Essays for Sir Geoffrey Elton on his Sixty-Fifth Birthday* (London, 1987).

Kuczynksi, M., and Meek, R. L. (eds.), *Quesnay's Tableau Économique* (London–New York, 1972).

Kuethe, A. J., and Inglis, G. D., 'Absolutism and enlightened reform: Charles III, the establishment of the *alcabala*, and commercial reorganization in Cuba', *Past and Present*, 109 (1985), 118–43.

Kula, W., *Problemi e metodi di storia economica* (Milan, 1972).

Kunisch, J. (ed.), *Der dynastische Fürstenstaat: Zur Bedeutung von Sukzessionsordnungen für die Entstehung des frühmodernen Staates* (Berlin, 1982).

Ladero Quesada, M. A., 'Les finances royales de Castille à la veille des temps modernes', *Annales E.S.C.*, 25 (1970), 775–83.

——*La hacienda real de Castilla en el siglo XV* (La Laguna, 1973).

——'La hacienda real de Castilla en 1504: rentas y gastos de la Corona', *Historia. Instituciones. Documentos*, 3 (1976), 311–45.

——*El siglo XV en Castilla: Fuentes de renta y política fiscal* (Barcelona, 1982).

——'Cortes de Castilla y León y fiscalidad regia', *Las Cortes de Castilla y León en la edad media. I* (Valladolid, 1988), 289–373.

——'La genèse de l'État dans les royaumes hispaniques médiévaux, 1250–1450', in C. Hermann (ed.), *Le premier âge de l'État en Espagne, 1450–1700* (Paris, 1989), 9–65.

Lane, F. C., *Venice: A Maritime Republic* (Baltimore, 1973).

Lanzinner, M., *Fürst, Räte und Landstände: Die Entstehung der Zentralbehörden in Bayern, 1511–1598* (Göttingen, 1980).

Lapeyre, H., *Simón Ruiz et les 'Asientos' de Philippe II* (Paris, 1953).

La Roncière, C. M. de, 'Indirect taxes or "gabelles" at Florence in the fourteenth century: the evolution of tariffs and problems of collection', in N. Rubinstein (ed.), *Florentine studies: Politics and society in Renaissance Florence* (London, 1968), 140–92.

Law, J., *Oeuvres complètes*, ed. P. Harsin, 3 vols. (Paris, 1934).
Lawson, M. K., '"These stories look true": levels of taxation in the reigns of Aethelred II and Cnut', *English Historical Review*, 104 (1989), 385–406.
Lawson, P., *The East India Company: A History* (London–New York, 1993).
LeDonne, J. P., 'Indirect taxes in Catherine's Russia. I. The Salt Code of 1781', *Jahrbücher für Geschichte Osteuropas*, 23 (1975), 161–90.
——'Indirect taxes in Catherine's Russia. II. The liquor monopoly', *Jahrbücher für Geschichte Osteuropas*, 24 (1976), 173–207.
——*Ruling Russia: Politics and Administration in the Age of Absolutism, 1762–1796* (Princeton, NJ, 1984).
——*Absolutism and Ruling Class: The Formation of the Russian Political Order, 1700–1825* (New York–Oxford, 1991).
Le Flem, J. P., 'Los aspectos económicos de la España moderna', in M. Tunon De Lara (ed.), *Historia de España. V* (Barcelona, 1980), 9–133.
Leigh, A. H., 'John Locke and the quantity theory of money', *History of Political Economy*, 6 (1974), 200–19.
Lemarchand, G., *La fin du féodalisme dans le pays de Caux: Conjoncture économique et démographique et structure sociale dans une région de grande culture de la crise du xviie siècle à la stabilisation de la Révolution, 1640–1795* (Paris, 1989).
Le Roy Ladurie, E., *Les paysans de Languedoc*, 2 vols. (Paris, 1966).
——'Les comptes fantastiques de Gregory King', *Annales E.S.C.*, 23 (1968), 1086–102.
——*The Mind and Method of the Historian*, trans. S. and B. Reynolds (Brighton, 1981).
——*The French Peasantry, 1450–1660* (Aldershot, 1987).
Lesage, C., *Napoléon Ier: Créancier de la Prusse, 1807–1814* (Paris, 1924).
Letwin, W., *The Origins of Scientific Economics: English Economic Thought, 1660–1776* (London, 1963).
Levi, M., 'The predatory theory of rule', *Politics and Society*, 10 (1981), 431–65.
Lévy, C.-F., *Capitalistes et pouvoir au siècle des lumières. II. La monarchie buissonnière, 1718–1723* (The Hague, 1980).
Lewis, P. S., *Later Medieval France: The Polity* (London, 1968).
——*Essays in Later Medieval French History* (London, 1985).
Leyden, Philippus de, *De cura reipublicae et sorte principantis* [1355], ed. R. Fruin and P. C. Molhuijsen (The Hague, 1900).
Leyser, K. J., *Medieval Germany and its Neighbours, 900–1250* (London, 1982).
Liebel, H. P., *Enlightened Bureaucracy versus Enlightened Despotism in Baden, 1750–1792* (Proceedings of the American Philosophical Society, 55; Philadelphia, 1965).
Liebel-Weckowicz, H. P., 'Count Karl v. Zinzendorf and the liberal revolt against Joseph II's economic reforms, 1783–1790', in H.-U. Wehler (ed.), *Sozialgeschichte heute: Festschrift für Hans Rosenberg zum 70. Geburtstag* (Göttingen, 1974), 69–85.
Limm, P., *The Thirty Years' War* (London, 1984).
Lind, G., 'Military and absolutism: the army officers of Denmark–Norway as a social group and political factor, 1660–1848', *Scandinavian Journal of History*, 12 (1987), 221–43.
Lindkvist, T., *Plundring, skatter och den feodala statens framväxt: Organisatoriska tendenser i Sverige under övergången från vikingatid till tidig medeltid* (Uppsala, 1990).

Linehan, P., *The Spanish Church and the Papacy in the Thirteenth Century* (Cambridge, 1971).
Llopis Agelán, E. *et al.*, 'El movimiento de la población extremeña durante el Antiguo Régimen' (unpubd paper delivered to the IV Congreso de la Asociación de Historia Económica, Alicante, 1989).
Lloyd, H. A., *The State, France and the Sixteenth Century* (London, 1980).
[Locke, John] *Locke on Money*, ed. P. H. Kelly, 2 vols. (Oxford, 1991).
Lönnroth, E., *Statsmakt och statsfinans i det medeltida Sverige: Studier över Skatteväsen och länsförvaltning* (Göteborg, 1940).
——'The Baltic Countries', in M. M. Postan, E. E. Rich, and E. Miller (eds.), *Cambridge History of Europe. III. Economic Organization and Policies in the Middle Ages* (Cambridge, 1963), 361–96.
Lot, F., and Fawtier, R., *Le premier budget de la monarchie française: Le compte général de 1202–1203* (Paris, 1932).
——and Fawtier, R., *Histoire des institutions françaises au Moyen Age*, 3 vols. (Paris, 1957–62).
Lovett, A. W., 'Juan de Ovando and the council of finance, 1573–75', *Historical Journal*, 15 (1972), 1–21.
Loyn, H. R., *The Governance of Anglo-Saxon England, 500–1087* (London, 1982).
Loyseau, C., *Cinq livres du droit des offices* (Paris, 1610).
——*A Treatise of Orders and Plain Dignities*, ed. and trans. H. A. Lloyd (Cambridge, 1994).
Lublinskaya, A. D., *French Absolutism: The Crucial Phase, 1620–1629* (Cambridge, 1978).
Lunt, W. E., *Papal Revenues in the Middle Ages*, 2 vols. (New York, 1934).
Lütge, F., *Deutsche Sozial- und Wirtschaftsgeschichte*, 3rd edn (Berlin, 1966).
Lüthy, H., *La banque protestante en France de l'édit de Nantes à la Révolution*, 2 vols. (Paris, 1959–61).
Lynch, J., *Spanish Colonial Administration, 1782–1810: The Intendant System in the Viceroyalty of the Rio de la Plata* (London, 1958).
——*Bourbon Spain, 1700–1808* (Oxford, 1989).
Lynn, J. A., 'The growth of the French army during the seventeenth century', *Armed Forces and Society*, 6 (1980), 568–686.
——'How war fed war: the tax of violence and contributions during the *grand siècle*', *Journal of Modern History*, 65 (1993), 286–310.
Lyon, B., and Verhulst, A., *Medieval Finance: A Comparison of Financial Institutions in Northwestern Europe* (Bruges, 1967).
Macartney, C. A., *The Habsburg Empire, 1790–1918* (London, 1968).
McCulloch, J. R., *A Treatise on the Principles and Practical Influence of Taxation and the Funding System*, ed. D. P. O'Brien (Edinburgh–London, 1975).
McCusker, J. J., *Money and Exchange in Europe and America, 1600–1775: A Handbook* (Chapel Hill, NC, 1978).
McFarlane, K. B., 'War, the economy and social change: England and the Hundred Years' War', *Past and Present*, 22 (1962), 3–15.
——*Lancastrian Kings and Lollard Knights* (Oxford, 1972).
Machiavelli, Niccolò, *Istorie fiorentine*, ed. F. Gaeta (Milan, 1962).
——*The Discourses*, ed. B. Crick (Harmondsworth, 1979).
MacKay, A., *Spain in the Middle Ages: From Frontier to Empire, 1000–1500* (London, 1977).

——*Money, Prices and Politics in Fifteenth-Century Castile* (London, 1981).
——'The lesser nobility in the kingdom of Castile', in M. Jones (ed.), *Gentry and Lesser Nobility in Late Medieval Europe* (Gloucester, 1986), 159–80.
——'La Cortes de Castilla y León y la historia monetaria', in *Las Cortes de Castilla y León en la edad media. I* (Valladolid, 1988), 375–426.
Mackesy, P. G., *The War for America, 1775–1783* (London, 1964).
McKitterick, R., *The Frankish Kingdoms under the Carolingians, 751–987* (London, 1983).
McLain, J. J., *The Economic Writings of Du Pont de Nemours* (Newark, Del., 1977).
Mączak, A., 'Money and society in Poland and Lithuania in the sixteenth and seventeenth centuries', *Journal of European Economic History*, 5 (1976), 69–104.
——'The structure of power in the Commonwealth in the sixteenth and seventeenth centuries', in A. Fedorowicz, with M. Bogucka and H. Samsonowicz (eds.), *A Republic of Nobles: Studies in Polish History to 1864* (Cambridge, 1982), 109–34.
Madariaga, I. de, *Russia in the Age of Catherine the Great* (London, 1981).
Maddicott, J. R., *The English Peasantry and the Demands of the Crown, 1294–1341* (Past and Present, supp. 1; London, 1975).
——'Magna Carta and the local community, 1215–1259', *Past and Present*, 102 (1984), 25–65.
——'Trade, industry and the wealth of King Alfred', *Past and Present*, 123 (1989), 3–51.
Magalhães Godinho, V., *Prix et monnaies au Portugal, 1750–1850* (Paris, 1955).
——*L'économie de l'empire portugais au xve et xvie siècles* (Paris, 1969).
Magnusson, L., 'Mercantilism and "reform" mercantilism: the rise of economic discourse in Sweden during the eighteenth century', *History of Political Economy*, 19 (1987), 415–33.
Major, J. R., *Representative Government in Early Modern France* (New Haven–London, 1980).
Mal[l]et, J.-R., *Comptes rendus de l'administration des finances du royaume de France* (London, 1789).
Malthus, T. R., *Principles of Political Economy Considered with a View to their Practical Application*, 2nd edn (London, 1836).
Mann, F. K., 'Die Gerechtigkeit in der Besteuerung', in H. Teschemacher (ed.), *Beiträge zur Finanzwissenschaft: Festgabe für Georg von Schanz. II* (Tübingen, 1928), 112–40.
——*Steuerpolitische Ideale: Vergleichende Studien zur Geschichte der ökonomischen und politischen Ideen und ihres Wirkens in der öffentlichen Meinung, 1600–1935* (Jena, 1937).
Margolin, J.-C. (ed.), *L'avènement des temps modernes* (Paris, 1977).
Marino, J. A., *Pastoral Economics in the Kingdom of Naples* (Baltimore–London, 1988).
Marion, M., *L'impôt sur le revenu au dix-huitième siècle, principalement en Guyenne* (Toulouse, 1901; repr. Geneva, 1976).
——*Les impôts directs sous l'ancien régime, principalement au xviiie siècle* (Paris, 1910).
——*Histoire financière de la France depuis 1715. I. 1715–1789* (Paris, 1914).
——'Le recouvrement des impôts en 1790', *Revue historique*, 121 (1916), 1–47.
——*Histoire financière de la France depuis 1715. II. 1789–1792* (Paris, 1919).
——*Histoire financière de la France depuis 1715. III. 20 septembre 1792 – 4 février 1797* (Paris, 1921).
——*Histoire financière de la France depuis 1715. IV. 1797–1818* (Paris, 1925).

Marion, M., *Histoire financière de la France depuis 1715. V. 1819–1875* (Paris, 1928).
Marks, L. F., 'La crisi finanziaria a Firenze dal 1494 al 1502', *Archivio storico italiano*, 121 (1954), 40–72.
——'The financial oligarchy in Florence under Lorenzo', in E. F. Jacob (ed.), *Italian Renaissance Studies* (London, 1960), 123–47.
Marongiu, A., 'Bodin et le consentement à l'impôt', *Jean Bodin: Actes du Colloque interdisciplinaire d'Angers* (Angers, 1985), 365–73.
Marshall, P. J., *Trade and Conquest: Studies on the Rise of British Dominance in India* (Aldershot–Brookfield, Vt, 1993).
Massaloux, J.-P., *La régie de l'enregistrement et des domaines aux xviiie et xixe siècles: Étude historique* (Geneva, 1989).
Mathias, P., *The Brewing Industry in England, 1700–1830* (Cambridge, 1959).
——and O'Brien, P. K., 'Taxation in Britain and France, 1715–1810: a comparison of the social and economic incidence of taxes collected for the central governments', *Journal of European Economic History*, 5 (1976), 601–50.
——and Pollard, S. (eds.), *The Cambridge Economic History of Europe. VIII. The Industrial Economies: The Development of Economic and Social Policies* (Cambridge, 1989).
Matilla Tascón, A., *La única contribución y el catastro de La Ensenada* (Madrid, 1947).
Matthew, D. J. A., *The Norman Kingdom of Sicily* (Cambridge, 1992).
Matthews, G. T., *The Royal General Farms in Eighteenth-Century France* (New York, 1958).
Mauersberg, H., *Wirtschafts- und Sozialgeschichte zentraleuropäischer Städte in neuerer Zeit dargestellt an den Beispielen von Basel, Frankfurt a. M., Hamburg, Hannover und München* (Göttingen, 1960).
Mauro, F., *Le xvie siècle européen: Aspects économiques* (Paris, 1966).
Maxwell, K., 'The Atlantic in the eighteenth century: a southern perspective on the need to return to the "big picture"', *Transactions of the Royal Historical Society*, 6th ser., 3 (1993), 209–36.
Meek, R. L., *The Economics of Physiocracy: Essays and Translations* (London, 1962).
——(ed.), *Turgot on Progress, Sociology and Economics* (Cambridge, 1973). [1973*a*]
——(ed.), *Precursors of Adam Smith* (London, 1973). [1973*b*]
Mémoires concernant les impositions et droits en Europe: Première partie contenant les droits qui ont lieu dans les Isles Britanniques, les Couronnes du Nord, les États d'Allemagne, ceux d'Italie, d'Espagne et de Portugal, ed. J.-L. Moreau de Beaumont (Paris, 1768).
Mémoires concernant les impositions et droits. Seconde partie. Impositions et droits en France, ed. J.-L. Moreau de Beaumont, ii–iv (1769).
Menjot, D., 'L'établissement du système fiscal étatique en Castille, 1268–1342', *Génesis medieval del estado moderno: Castilla y Navarra, 1250–1370* (Valladolid, 1987), 149–72.
Mensi, F. von, *Die Finanzen Österreichs von 1701 bis 1740* (Vienna, 1890).
Merino, J. P., 'La hacienda de Carlos IV', *Hacienda pública española*, 69 (1981), 139–82.
Merriman, R. B., *The Rise of the Spanish Empire in the Old World and the New*, 4 vols. (New York, 1918–34).
——*Six Contemporaneous Revolutions* (Glasgow, 1937).
Meuvret, J., 'Comment les Français du xviie siècle voyaient l'impôt', *Études d'histoire économique* (Paris, 1971), 295–308.

Meyer, J., *Le poids de l'État* (Paris, 1983).
——*Le despotisme éclairé* (Paris, 1991).
Meyssonnier, S., *La balance et l'horloge: La genèse de la pensée libérale en France au xviii*[e] *siècle* (Paris, 1989).
Michaud, C., *L'église et l'argent sous l'ancien régime: Les receveurs généraux du clergé de France aux xvi*[e]*–xvii*[e] *siècles* (Paris, 1991).
Mieck, I., *Die Entstehung des modernen Frankreich 1450 bis 1610: Strukturen, Institutionen, Entwicklungen* (Stuttgart, 1982).
Miller, E., 'The economic policies of governments', in M. M. Postan, E. E. Rich, and E. Miller (eds.), *Cambridge Economic History of Europe. III. Economic Organization and Policies in the Middle Ages* (Cambridge, 1963), 281–429.
Miller, J. (ed.), *Absolutism in Seventeenth-Century Europe* (Basingstoke, 1990).
Miller, J. A., 'Politics and urban provisioning crises: bakers, police and *Parlements* in France, 1750–1793', *Journal of Modern History*, 64 (1992), 227–62.
Mills, M. H., 'Exchequer agenda and estimate of revenue, Easter term 1284', *English Historical Review*, 40 (1925), 229–34.
Mirabeau, V. de Riquetti, marquis de, *Théorie de l'impôt avec supplément* [1760, 1766] (repr. Darmstadt, 1972).
Mirri, M., *La lotta politica in Toscana intorno alle riforme annonarie* (Pisa, 1972).
——'La fisiocrazia in Toscana: un tema da riprendere', *Studi di storia medievale e moderna in onore di Ernesto Sestan. II. Età moderna* (Florence, 1980).
Miskimin, H. A., *Money, Prices and Foreign Exchange in Fourteenth-Century France* (New Haven–London, 1963).
——*The Economy of Later Renaissance Europe, 1460–1600* (Cambridge, Mass., 1977).
——*Money and Power in Fifteenth-Century France* (New Haven–London, 1984).
——*Cash, Credit and Crisis in Europe, 1300–1600* (London, 1989).
Mitchell, B. R., *European Historical Statistics, 1750–1975*, 2nd revd. edn (Basingstoke, 1981).
Mitchell, S. K., *Studies in Taxation under John and Henry III* (New Haven, 1914).
——*Taxation in Medieval England* (New Haven, 1951).
Molho, A., *Florentine Public Finances in the Early Renaissance, 1400–1433* (Cambridge, Mass., 1971).
Molinié-Bertrand, A., 'Le clergé dans le royaume de Castille à la fin du xvie siècle: approche cartographique', *Revue d'histoire économique et sociale*, 51 (1973), 6–53.
——'Les "hidalgos" dans le royaume de Castille à la fin du xvie siècle: approche cartographique', *Revue d'histoire économique et sociale*, 52 (1974), 51–82.
Monroe, A. E., *Early Economic Thought: Selections from Economic Literature prior to Adam Smith* (Cambridge, Mass., repr. 1951).
Montesquieu, Charles Louis de Secondat, baron de, *De l'esprit des lois*, ed. G. Truc (Paris, 1961).
——*The Spirit of the Laws*, ed. A. M. Cohler, B. C. Miller, and H. M. Stone (Cambridge, 1989).
Moosvi, S., *The Economy of the Mughal Empire, c.1595: A Statistical Study* (Delhi, 1987).
Morazé, C., 'Finance et despotisme: essai sur les despotes éclairés', *Annales E.S.C.*, 3 (1948), 279–96.

Morineau, M., 'Les mancenilliers de l'Europe', in P. Deyon *et al.* (eds.), *Histoire économique et sociale du monde. II. Les hésitations de la croissance, 1580–1740* (Paris, 1978), 139–62.

——'Budgets de l'État et gestion des finances royales en France au xviiie siècle', *Revue historique*, 264 (1980), 289–336.

——*Incroyables gazettes et fabuleux métaux: Les retours des trésors américains d'après les gazettes hollandaises, xvie–xviiie siècles* (Cambridge–Paris, 1985).

——'Produit brut et finances publiques: analyse factorielle et analyse sectorielle de leurs relations', in A. Guarducci (ed.), *Prodotto lordo e finanza pubblica* (Florence, 1988), 79–105.

——'Monnaie, monnayage, monétisation et monétarisation', in *Histoire économique et financière de la France. Études et documents. II. 1990* (Comité pour l'histoire économique et financière de la France; Paris, 1990), 395–406.

Morrisson, C., 'La place de Forbonnais dans la pensée économique', in C. Morrison and R. Goffin, *Questions financières aux xviiie et xixe siècles* (Paris, 1967).

Mortensen, P., and Rasmussen, B. M. (eds.), *Fra stamme til stat* (Aarhus, 1988–91).

Mosse, G. L., *The Struggle for Sovereignty in England from the Reign of Queen Elizabeth to the Petition of Right* (East Lansing, Mich., 1950).

Mounier, A., *Les faits et la doctrine économiques en Espagne sous Philippe V: Gerónimo de Uztáriz, 1670–1732* (Bordeaux, 1919).

Mousnier , R. É., *Le conseil du roi de Louis XII à la Révolution* (Paris, 1970). [1970*a*]

——*La plume, la faucille et le marteau: Institutions et société en France du moyen âge à la Révolution* (Paris, 1970). [1970*b*]

——*La vénalité des offices sous Henri IV et Louis XIII*, 2nd edn (Paris, 1971).

——*The Institutions of France under the Absolute Monarchy, 1598–1789*, trans. B. Pearce and A. Goldhammer, 2 vols. (Chicago–London, 1979–84).

Mozzarelli, C., *Sovrano, società e amministrazione locale nella Lombardia teresiana, 1749–1758* (Bologna, 1982).

Mueller, R. C., 'I Banchi locali a Venezia nel tardo medioevo', *Studi storici*, 1 (1987), 145–55.

——'Cash, credit and calamity: banking crises in medieval and Renaissance Venice', in M. Steele (ed.), *Financial Crises before 1720* (10th International Economic History Congress, Leuven, 1990; Birmingham, 1990), 39–64.

Müller, K. O., 'Die Finanzwirtschaft in Württemberg unter Herzog Karl Alexander, 1733–1737', *Württembergische Vierteljahrshefte für Landesgeschichte*, 38 (1932), 289–92.

Mun, T., *England's Treasure by Forraign Trade* [1664] (repr. Oxford, 1933).

Munro, J. H. A., *Wool, Cloth, and Gold: The Struggle for Bullion in Anglo-Burgundian Trade, 1340–1478* (Brussels–Toronto, 1972).

Muratori, L. A., *Opere*, ed. G. Falco and F. Forti (Milan–Naples, 1964).

Murphy, A. E., *Richard Cantillon: Entrepreneur and Economist* (Oxford, 1986).

Musgrave, R. A., *Fiscal Systems* (New Haven–London, 1969).

——*Public Finance in a Democratic Society. II. Fiscal Doctrines, Growth and Institutions* (Brighton, 1986).

Musset, L., 'Que peut-on savoir de la fiscalité publique en Normandie à l'époque ducale?', *Revue historique de droit français et étranger*, 4th ser., 38 (1960), 483–4.

Nabholz, H., 'Die Anfänge des Bankwesens in Zürich', *Geld- und Kreditsystem der Schweiz: Festschrift Gottlieb Bachmann* (Zurich, 1944), 105–34.

Nadal, J., 'La revolución de los precios españoles en el siglo XVI', *Hispania*, 19 (1959), 503–29.

Nader, H., *Liberty in Absolutist Spain: The Habsburg Sale of Towns, 1516–1700* (Baltimore–London, 1990).

Nathanson, M. L., *Historisk statistik Fremstilling af Danmarks National og Stats Huusholdning fra Frederik den Fjerdes Tid indtil Nutiden* (Copenhagen, 1836).

Neal, L., *The Rise of Financial Capitalism: International Capital Markets in the Age of Reason* (Cambridge, 1990).

Necker, J., *Sur l'administration de M. Necker par lui-même* (Paris, 1791).

Nelson, J. L., 'The reign of Charles the Bald: a survey', in M. T. Gibson and J. L. Nelson (eds.), *Charles the Bald: Court and Kingdom*, 2nd edn (Aldershot, 1990).

Neumann, F. J., 'Die Steuer nach der Steuerfähigkeit', *Jahrbücher für Nationalökonomie und Statistik*, new ser., 1 (1880), 511–78.

Nolte, P., *Staatsbildung als Gesellschaftsreform: Politische Reformen in Preußen und den süddeutschen Staaten, 1800–1820* (Frankfurt, 1990).

North, M., *Geldumlauf und Wirtschaftskonjunktur im südlichen Ostseeraum an der Wende zur Neuzeit, 1440–1570* (Sigmaringen, 1990).

Nortier, M., and Baldwin, J. W., 'Contributions à l'étude des finances de Philippe Auguste', *Bibliothèque de l'École des Chartes*, 138 (1980), 5–33.

Nye, J. V., 'The myth of free-trade Britain and fortress France: tariffs and trade in the nineteenth century', *Journal of Economic History*, 51 (1991), 23–44.

O'Brien, P. K., 'European economic development: the contribution of the periphery', *Economic History Review*, 2nd ser., 35 (1982), 1–18.

——'The political economy of British taxation, 1660–1815', *Economic History Review*, 2nd ser., 41 (1988), 1–32.

——'The impact of the Revolutionary and Napoleonic wars, 1793–1815, on the long-run growth of the British economy', *Review: A Journal of the Fernand Braudel Centre*, 12 (1989), 335–95.

——'Power with Profit: The State and the Economy, 1688–1815' (inaugural lecture delivered in the University of London, 7 March 1991).

——and Hunt, P. A., 'The rise of a fiscal state in England, 1485–1815', *Historical Research*, 66 (1993), 129–76.

——and Pigman, G. A., 'Free trade, British hegemony and the international economic order in the nineteenth century', *Review of International Studies*, 18 (1992), 89–113.

O'Callaghan, J. F., 'The Cortes and royal taxation during the reign of Alfonso X of Castile', *Traditio*, 27 (1971), 379–98.

——*A History of Medieval Spain* (Ithaca, NY, 1975).

Odén, B., *Kronohandel och finanspolitik, 1560–1595* (Lund, 1966).

——'Naturaskatter och finanspolitik: et finansiellt dilemma', *Scandia*, 33 (1967), 1–18.

Oestreich, G., 'Ständetum und Staatsbildung in Deutschland', in G. Oestreich, *Geist und Gestalt des frühmodernen Staates: Ausgewählte Aufsätze* (Berlin, 1969).

——*Neostoicism and the Early Modern State*, ed. B. Oestreich and H. G. Koenigsberger, trans. D. McLintcock (Cambridge, 1982).

Olsen, M., 'A failure of Enlightened politics in the French Revolution: the Société de 1789', *French History*, 6 (1992), 303–34.

[Oresme, Nicolas], *The De Moneta of Nicholas Oresme and English Mint Documents*, ed. C. Johnson (London–Edinburgh, 1956).

Ormrod, W. M., 'The English government and the Black Death of 1348–49', in W. M. Ormrod (ed.), *England in the Fourteenth Century: Proceedings of the 1985 Harlaxton Symposium* (Woodbridge, 1986), 175–88.

——'The crown and the English economy, 1290–1348', in B. M. S. Campbell (ed.), *Before the Black Death: Studies in the 'Crisis' of the Early Fourteenth Century* (Manchester, 1991), 149–83. [1991*a*]

——'State-building and state finance under Edward I', *Harlaxton Medieval Studies*, 1 (1991), 15–35. [1991*b*]

——'Political theory in practice: the forced loan on English overseas trade of 1317–18', *Historical Research*, 64 (1991), 204–15. [1991c]

——'Royal finance in thirteenth-century England', in P. Coss and S. D. Lloyd (eds.), *Thirteenth-Century England. V. Proceedings of the 1993 Newcastle Conference* (Woodbridge, forthcoming 1995).

Osterloh, K.-H., *Joseph von Sonnenfels und die österreichische Reformbewegung im Zeitalter des aufgeklärten Absolutismus* (Lübeck–Hamburg, 1970).

Otazu, A. (ed.), *Dinero y crédito, siglos xvi al xix* (Madrid, 1978). [1978*a*]

——*La reforma fiscal en la España moderna: El caso de Extremadura* (Madrid, 1978). [1978*b*]

Otruba, G., 'Staatshaushalt und Staatsschuld unter Maria Theresia und Joseph II.', *Österreich im Europa der Aufklärung. Kontinuität und Zäsur in Europa zur Zeit Maria Theresias und Josephs II. Internationales Symposion in Wien, 20–23 Oktober 1980. I* (Vienna, 1985).

Ozanam, D., 'Notas para un estudio de los presupuestos de la monarquía española a mediados del siglo xviii', in A. Otazu (ed.), *Dinero y crédito, siglos xvi al xix* (Madrid, 1978), 49–62.

Palacký, F., *Dějiny národu českeho v Čechách a na Maravě* (Prague, 1907).

Palliser, D. M., *The Age of Elizabeth: England under the Later Tudors, 1547–1603* (London–New York, 1983).

Palmieri, G., *Riflessioni sulla pubblica felicità relativamente al regno di Napoli* (Naples, 1790).

Palmieri, Matteo, *Della vita civile*, ed. F. Battaglia (Bologna, 1944).

——*Della vita civile*, ed. G. Belloni (Istituzione nazionale di studi sul Rinascimento, Studi e testi, 7; Florence, 1982).

——*Ricordi fiscali, 1427–1474, con due appendici relative al 1474–1495*, ed. E. Conti (Istituto storico italiano per il medio evo, Studi storici, 132–5; Rome, 1983).

Parker, D., 'The social foundations of French absolutism, 1610–1630', *Past and Present*, 53 (1971), 67–89.

Parker, N. G., *The Army of Flanders and the Spanish Road, 1567–1659: The Logistics of Spanish Victory and Defeat in the Low Countries' Wars* (Cambridge, 1972).

——'The emergence of modern finance in Europe, 1500–1730', in C. M. Cipolla (ed.), *Fontana Economic History of Europe. II. The Sixteenth and Seventeenth Centuries* (London, 1974), 527–94.

——*Spain and the Netherlands, 1559–1659: Ten Studies* (Glasgow, 1979).
——*The Military Revolution: Military Innovation and the Rise of the West, 1500–1800* (Cambridge, 1988).
——and Smith, L. M. (eds.), *The General Crisis of the Seventeenth Century* (London, 1985).
Parry, G., 'Enlightened government and its critics in eighteenth-century Germany', *Historical Journal*, 6 (1963), 178–92.
Patrologiae cursus completus: Series graecae, ed. J.-P. Migne, 161 vols. (Paris, 1857–66).
——*Series latinae*, ed. J.-P. Migne, 221 vols. (Paris, 1844–65).
Paultre, C., *La 'taille tarifée' de l'abbé de Saint-Pierre et l'administration de la taille* (Paris, 1903).
Peacock, A. T., and Wiseman, J., *The Growth of Public Expenditure in the United Kingdom*, revd. edn (London, 1967).
Perrot, J.-C., *L'âge d'or de la statistique régionale française, an IV–1804* (Paris, 1977).
——*Une histoire intellectuelle de l'économie politique, xviie–xviiie siècle* (Paris, 1992).
——and Woolf, S. J., *State and Statistics in France, 1789–1815* (Chur, 1984).
Perrotta, C., 'Is the Mercantilist theory of the favourable balance of trade really erroneous?', *History of Political Economy*, 23 (1991), 301–35.
Petersen, E. L., 'From domain state to tax state: synthesis and interpretation', *Scandinavian Economic History Review*, 23 (1975), 116–48.
——'War, finance and the growth of absolutism: some aspects of the European integration of seventeenth-century Denmark', in G. Rystad (ed.), *Europe and Scandinavia: Aspects of the Process of Integration in the Seventeenth Century* (Lund, 1983), 33–50.
Peterson, C., *Peter the Great's Administrative and Judicial Reforms: Swedish Antecedents and the Process of Reception* (Stockholm, 1979).
Petran, J., 'Der Höhepunkt der Bewegung der untertänigen Bauern in Böhmen', *Acta Universitatis Carolinae: Philosophica et historica*, 3 (Prague, 1969), 107–40.
Petrarch, *Opera* (Basle, 1554).
[Petty, Sir William], *The Petty Papers: Some Unpublished Writings of Sir William Petty from the Bowood Papers*, ed. the marquis of Lansdowne, 2 vols. (London, 1927).
——*The Economic Writings of Sir William Petty*, ed. C. H. Hull, 2 vols. (1899, repr. New York, 1963).
Peyer, H. C., *Von Handel und Bank im alten Zürich* (Zurich, 1968).
——*Verfassungsgeschichte der alten Schweiz* (Zurich, 1978).
Phelps Brown, E. H., and Hopkins, S. V., 'Builders' wage-rates, prices and population: some further evidence', *Economica*, 101 (1959), 18–38.
——and Hopkins, E. H., 'Seven centuries of the prices of consumables, compared with builders' wage rates', in E. M. Carus-Wilson (ed.), *Essays in Economic History* (London, 1962), ii, 179–96.
Phillips, C. R., *Ciudad real, 1500–1750: Growth, Crisis and Readjustment in the Spanish Economy* (Cambridge, Mass., 1979).
Phillips, W. D., Jr, *Enrique IV and the Crisis of Fifteenth-Century Castile, 1425–1480* (Cambridge, Mass., 1978).
Pichler, J. W., *Necessitas: Ein Element des mittelalterlichen und neuzeitlichen Rechts dargestellt am Beispiel österreichischer Rechtsquellen* (Berlin, 1983).

Pickl, O. (ed.), *Krieg, Militärausgaben und wirtschaftlicher Wandel* (Acts of the 7th International Economic History Congress, Edinburgh 1978; Graz, 1980).

——'Fisco, Chiesa e stato nell'Austria interna all'epoca della Riforma e della Controriforma (XVI–XVII secolo)', in H. Kellenbenz and P. Prodi (eds.), *Fisco, religione, stato nell'età confessionale* (Bologna, 1989), 119–46.

Pieper, R., *Die Preisrevolution in Spanien, 1500–1640: Neuere Forschungsergebnisse* (Wiesbaden, 1985).

——*Die spanischen Kronfinanzen in der zweiten Hälfte des 18. Jahrhunderts (1753–1788): Ökonomische und soziale Auswirkungen* (Vierteljahrschrift für Sozial- und Wirtschaftsgeschichte, supp. 85; Wiesbaden, 1988).

Pinaud, P.-F., 'Guerre et finances de 1792 à 1815: le service de la trésorerie aux armées', *Revue historique*, 283 (1990), 53–69.

——'The settlement of the public debt from the *ancien régime*, 1790–1810', *French History*, 5 (1991), 414–25.

Pinto, I. de, *An Essay on Circulation and Credit in Four Parts and a Letter on the Jealousy of Commerce*, trans. S. Baggs (London, 1774; fac. repr., Farnborough, 1969).

Pipes, R., *Russia under the Old Regime* (New York, 1974).

Po-Chia Hsia, R., *Social Discipline in the Reformation: Central Europe, 1550–1750* (London–New York, 1989).

Pollard, A. J., 'New Monarchy renovated? England, 1461–1509', *Medieval History*, 2 (1992), 78–82.

Popofsky, L. S., 'The crisis over tonnage and poundage in Parliament in 1629', *Past and Present*, 126 (1990), 44–75.

Porchnev, B. F., *Les soulèvements populaires en France de 1623 à 1648* (Paris, 1963).

Post, G., *Studies in Medieval Legal Thought: Public Law and the State* (Princeton, NJ, 1964).

Postan, M. M., 'The costs of the Hundred Years' War', *Past and Present*, 27 (1964), 34–53.

Postel-Vinay, G., 'À la recherche de la révolution économique dans les campagnes, 1789–1815', *Revue économique*, 40 (1989), 1015–45.

Posthumus, N. W., *Inquiry into the History of Prices in Holland. I* (Leiden, 1946).

Potter, D. L., *War and Government in the French Provinces: Picardy, 1470–1560* (Cambridge, 1993).

Poulsen, B., 'Slesvig før delingen i 1490: et bidrag til senmiddelalderens finansforvaltning', *Historisk Tidsskrift*, 90 (1990), 38–63. [1990*a*]

——*Bondens penge: Studier i sønderjyske regnskaber, 1400–1650* (Odense, 1990). [1990*b*]

Powicke, F. M., *Henry III and the Lord Edward: The Community of the Realm in the Thirteenth Century*, 2 vols. (Oxford, 1947).

Prak, M., 'Civil disturbances and urban middle class in the Dutch Republic', *Tijdschrift voor sociale geschiedenis*, 15 (1989), 165–73.

——'Citizen radicalism and democracy in the Dutch Republic', *Theory and Society*, 20 (1991), 73–102.

Prakash, O., *Precious Metals and Commerce: The Dutch East India Company in the Indian Ocean Trade* (Aldershot–Brookfield, Vt, 1994).

Prasch, R. E., 'The ethics of growth in Adam Smith's *Wealth of Nations*', *History of Political Economy*, 23 (1991), 337–51.

Press, V., *Kaiser Karl V., König Ferdinand und die Entstehung der Reichsritterschaft*, 2nd edn (Wiesbaden, 1980).

——'Soziale Folgen des Dreissigjährigen Krieges', in W. Schulze (ed.), *Ständische Gesellschaft und soziale Mobilität* (Munich, 1988), 239–68.

Prestwich, M. C., *War, Politics and Finance under Edward I* (London, 1972).

——'The crown and the currency: the circulation of money in late thirteenth- and early fourteenth-century England', *Numismatic Chronicle*, 142 (1982), 51–65.

——*English Politics in the Thirteenth Century* (London, 1990).

Price, J. L., *Holland and the Dutch Republic in the Seventeenth Century: The Politics of Particularism* (Oxford, 1994).

Price, J. M., *France and the Chesapeake: A History of the French Tobacco Monopoly, 1674–1791, and of its Relationship to the British and American Tobacco Trades*, 2 vols. (Ann Arbor, 1973).

Prodi, P., 'San Carlo Borromeo e le trattative tra Gregorio XIII e Filippo II sulla giurisdizione ecclesiastica', *Rivista di storia de la Chiesa in Italia*, 11 (1957), 195–240.

——*The Papal Prince. One Body and Two Souls. The Papal Monarchy in Early Modern Europe*, trans. S. Haskins (Cambridge, 1987).

——'Introduzione', in H. Kellenbenz and P. Prodi (eds.), *Fisco, religione, stato nell'età confessionale* (Bologna, 1989), 7–20.

Pro Ruiz, J., 'The Cadaster: the struggle against tax fraud in modern Spain, 1715–1982' (unpubd paper delivered to the International Economic History Congress, Leuven, August 1990).

Prosdocimi, L., 'Il progetto di "Riforma dei Principi" al Concilio di Trento (1563)', *Aevum*, 13 (1939), 3–64.

Pugliese, S., *Condizioni economiche e finanziarie della Lombardia nella prima metà del secolo XVIII* (Turin, 1924).

Pulido Bueno, I., *Consumo y fiscalidad en el Reino de Sevilla: El servicio de millones en el siglo XVII* (Seville, 1984).

Quazza, G., *Le riforme in Piemonte nella prima metà del Settecento*, 2 vols. (Modena, 1957).

——*Il problema italiano e l'equilibrio europeo, 1720–1738* (Turin, 1965).

Radding, C. M., 'Royal tax revenues in later fourteenth-century France', *Traditio*, 32 (1976), 361–8.

Raeff, M., *Michael Speransky: Statesman of Imperial Russia, 1772–1839*, revd. edn (The Hague, 1969).

——'The well-ordered police state and the development of modernity in seventeenth- and eighteenth-century Europe: an attempt at a comparative approach', *American Historical Review*, 80 (1975), 1221–43.

——*The Well-Ordered Police State: Social and Institutional Change through Law in the Germanies and Russia, 1600–1800* (New Haven–London, 1983).

Rambaud, J., *Naples sous Joseph Bonaparte, 1806–1808* (Paris, 1911).

Ramsay, J. H., *Lancaster and York: A Century of English History, A.D. 1399–1485*, 2 vols. (Oxford, 1892).

Ranieri, F., *Recht und Gesellschaft im Zeitalter der Rezeption: Eine rechts- und sozialgeschichtliche Analyse der Tätigkeit des Reichskammergerichts im 16. Jahrhundert*, 2 vols. (Cologne–Vienna, 1985).

Rao, A. M., *Il Regno di Napoli nel Settecento* (Naples, 1983).

'Rapport fait au nom du Comité de l'Imposition sur la contribution personnelle imprimé par ordre de l'Assemblée Nationale', *Assemblée Nationale: Procès verbal*, 34 (1790).

Rashid, S. 'Malthus' *Principles* and British economic thought', *History of Political Economy*, 13 (1981), 55–79.

Redlich, F., 'Contributions in the Thirty Years' War', *Economic History Review*, 2nd ser., 12 (1959), 247–54.

Reher, D. S., *Town and Country in Pre-Industrial Spain: Cuenca, 1550–1870* (Cambridge, 1990).

Reinhard, W., 'Finanza pontificia, sistema beneficiale e finanza statale nell'età confessionale', in H. Kellenbenz and P. Prodi (eds.), *Fisco, religione, stato nell'età confessionale* (Bologna, 1989), 459–504.

——(ed.), *Power Elites and State Building in Europe* (Oxford, forthcoming).

Repgen, K. (ed.), *Krieg und Politik, 1618–1648* (Munich, 1988).

Reuter, T., 'Plunder and tribute in the Carolingian Empire', *Transactions of the Royal Historical Society*, 5th ser., 35 (1984), 75–94.

Rey, M., *Le domaine du roi et les finances extraordinaires sous Charles VI, 1388–1413* (Paris, 1965).

[Ricardo, D.], *The Works and Correspondence of David Ricardo*, ed. P. Sraffa and M. H. Dobb, 10 vols. (Cambridge, 1951–5).

Ricca-Salerno, G., *Storia delle dottrine finanziarie in Italia* (Palermo, 1881).

Richard, J. (ed.), *Histoire de la Bourgogne* (Toulouse, 1978).

Richards, J. F., *Power, Administration and Finance in Mughal India* (Aldershot–Brookfield, Vt, 1993).

Richardson, H. G., and Sayles, G. O., 'Irish revenue, 1278–1384', *Proceedings of the Royal Irish Academy*, 62 (1962), Section C, 87–100.

Richelieu, A.-J. du Plessis, Cardinal de, *Testament politique*, ed. L. André (Paris, 1947).

Richet, D., 'Le cours officiel des monnaies étrangères circulant en France au xvie siècle', *Revue historique*, 225 (1961), 359–96.

Ricuperati, G., 'Gli strumenti dell'assolutismo sabaudo: segreterie di stato e consiglio delle finanze nel XVIII secolo', *Rivista storica italiana*, 192 (1990), 796–863.

Riedel, A. F., *Der brandenburgisch-preussische Staatshaushalt in den beiden letzten Jahrhunderten* (Berlin, 1866).

Riley, J. C., *International Government Finance and the Amsterdam Capital Market, 1740–1815* (Cambridge, 1980).

——*Population Thought in the Age of the Demographic Revolution* (Durham, NC, 1985).

——*The Seven Years War and the Old Regime in France: The Economic and Financial Toll* (Princeton, NJ, 1986).

——'French finances, 1727–1768', *Journal of Modern History*, 59 (1987), 209–43.

——and McCusker, J. J., 'Money supply, economic growth and the quantity theory of money: France, 1650–1788', *Explorations in Economic History*, 20 (1983), 274–93.

Ringrose, R., 'Il mutamento dei sistemi urbani: concetti generali e il caso spagnolo', *Cheiron*, 6 (1989–90), 47–74.

Rist, C., *Histoire des doctrines relatives au crédit et à la monnaie depuis John Law jusqu'à nos jours*, 2nd edn (Paris, 1951).

Roberts, C., 'The constitutional significance of the financial settlement of 1690', *Historical Journal*, 20 (1977), 59–76.

Roberts, M., *Gustavus Adolphus: A History of Sweden, 1611–1632*, 2 vols. (London, 1953–8).

——*The Military Revolution: An Inaugural Lecture* (Belfast, 1956).

——*Essays in Swedish History* (Minneapolis, 1967).

——(ed.), *Sweden's Age of Greatness, 1632–1718* (Basingstoke, 1973).

——*The Age of Liberty: Sweden, 1719–1772* (Cambridge, 1986).

Rodríguez-Salgado, M. J., *The Changing Face of Empire: Charles V, Philip II and Habsburg Authority, 1551–1559* (Cambridge, 1988).

Roeck, B., *Eine Stadt in Krieg und Frieden: Studien zur Geschichte der Reichsstadt Augsburg zwischen Kalenderstreit und Parität*, 2 vols. (Göttingen, 1989).

Roederer, Pierre-Louis, *The Spirit of the Revolution of 1789 and Other Writings on the Revolutionary Epoch*, ed. M. G. Forsyth (Aldershot, 1989).

Rogers, A., 'Henry IV, the Commons and taxation', *Mediaeval Studies*, 31 (1969), 44–70.

Root, H. L., *Peasants and King in Burgundy: Agrarian Foundations of French Absolutism* (Berkeley, 1987).

——'Politiques frumentaires et violence collective en Europe au xviiie siècle', *Annales E.S.C.*, 45 (1990), 167–89.

——'Institutions, interest groups and authority in *ancien régime* France', *French History*, 6 (1992), 411–34.

——*La construction de l'État moderne en Europe: La France et l'Angleterre* (Paris, 1994).

Roscoe, W., *The Life of Lorenzo de' Medici. III* (Heidelberg, 1825).

Rose, P. L., *Bodin and the Great God of Nature: The Moral and Religious Universe of a Judaiser* (Geneva, 1980).

Rose, R. B., 'Tax revolt and popular organization in Picardy, 1789–1791', *Past and Present*, 43 (1969), 92–108.

Rosen, J., *Finanzgeschichte Basels im späten Mittelalter* (Stuttgart, 1989).

Rosenberg, H., *Bureaucracy, Aristocracy, and Autocracy: The Prussian Experience, 1660–1815* (Boston, Mass., 1958).

Roseveare, H., *The Treasury, 1660–1870: The Foundations of Control* (London–New York, 1973).

Ross, C., *Edward IV* (London, 1974).

Rousselot de Surgy, J. P., *Encyclopédie Méthodique: Finances*, 3 vols. (Paris, 1784–7).

Rowan, S., 'Imperial taxes and German politics in the fifteenth century: an outline', *Central European History*, 13 (1980), 203–17.

Rowen, H. H., *The King's State: Proprietary Dynasticism in Early Modern France* (New Brunswick, NJ, 1980).

Rozdolski, R., *Die grosse Steuer- und Agrarreform Josefs II.* (Warsaw, 1961).

Ruiz Martín, F., *Lettres marchandes échangées entre Florence et Medina del Campo* (Paris, 1965).

——'Las finanzas españolas durante el reinado de Felipe II', *Hispania*, 28 (1968), 109–73.

Ruiz Martín, F., 'La Banca en España hasta 1782', *El Banco de España: Una historia económica* (Madrid, 1970), 1–196.

——'Crédito y banca, comercio y transportes en la época del capitalismo mercantil', *Actas de las I jornadas de metodología aplicada a las ciencias históricas. III. Historia moderna* (Santiago de Compostela, 1975), 723–49.

——*Las finanzas de la monarquía hispánica en tiempos de Felipe IV, 1621–1665* (Madrid, 1990).

Russell, C. S. R., *The Causes of the English Civil War* (Oxford, 1991).

Russell, P. E., *The English Intervention in Spain and Portugal in the Time of Edward III and Richard II* (Oxford, 1955).

Ryder, A., *The Kingdom of Naples under Alfonso the Magnanimous: The Making of a Modern State* (Oxford, 1976).

Sabine, B. E. V., *A History of Income Tax* (London, 1966).

Salomon, N., *La campagne de Nouvelle Castille à la fin du xvie siècle d'après les Relaciones Topográficas* (Paris, 1964).

Sanchez Bella, I., *La organización financiera de las Indias* (Seville, 1968).

Sander, P., *Die reichsstädtische Haushaltung Nürnbergs dargestellt aufgrund ihres Zustandes von 1431 bis 1440* (Leipzig, 1902).

Sandford, C. T., 'Tax compliance costs, evasion and avoidance', in D. Collard, R. Lecomber, and M. Slater (eds.), *Income Distribution: The Limits to Redistribution* (Bristol, 1980), 150–65.

——Godwin, M., and Hardwick, P., *Administrative and Compliance Costs of Taxation* (Bath, 1989).

Sanz Ayan, C., *Los banqueros de Carlos II* (Valladolid, 1988).

Saul, N. E., *Russia and the Mediterranean, 1797–1807* (Chicago–London, 1970).

Sawyer, P., *När Sverige blev Sverige* (Alingsås, 1991).

Say, J.-B., *Traité d'économie politique* (Paris, 1841).

Schama, S., *Patriots and Liberators: Revolution in the Netherlands, 1780–1813* (London, 1977). [1977*a*]

——'Municipal government and the burden of the poor in South Holland during the Napoleonic wars', in A. C. Duke and C. A. Tamse (eds.), *Britain and the Netherlands. VI* (The Hague, 1977), 94–123. [1977*b*]

Schilling, H., 'Between the territorial state and urban liberty: Lutheranism and Calvinism in the county of Lippe', in R. Po-Chia Hsia (ed.), *The Common People and the Reformation* (Ithaca, NY, 1988), 263–83.

Schlögl, R., *Bauern, Krieg und Staat: Oberbayerische Bauernwirtschaft und frühmoderner Staat im 17. Jahrhundert* (Göttingen, 1988).

Schmelzle, H., *Der Staatshaushalt des Herzogtums Bayern im 18. Jahrhundert* (Stuttgart, 1900).

Schmoller, G., 'Skizze einer Finanzgeschichte von Frankreich, Österreich, England und Preußen, 1500–1900', *Schmollers Jahrbuch für Gesetzgebung, Verwaltung und Volkswirtschaft*, 33 (1909), 1–64.

Schmuki, K., *Steuern und Staatsfinanzen: Die bürgerliche Vermögenssteuer in Schaffhausen im 16. und 17. Jahrhundert* (Zurich, 1986).

Schnapper, B., *Les rentes au xvie siècle: Histoire d'un instrument de crédit* (Paris, 1957).

Schofield, R., 'Taxation and the political limits of the Tudor state', in C. Cross, D. Loades, and J. J. Scarisbrick (eds.), *Law and Government under the Tudors: Essays Presented to Sir Geoffrey Elton* (Cambridge, 1988), 227–55.

Schroeder, P. W., 'The collapse of the second coalition', *Journal of Modern History*, 59 (1987), 244–90.

Schulz, H., *Das System und die Prinzipien der Einkünfte im werdenden Staat der Neuzeit, dargestellt anhand der kameralwissenschaftlichen Literatur, 1600–1835* (Berlin, 1982).

Schulz, U. (ed.), *Mit dem Zehnten fing es an: Eine Kulturgeschichte der Steuer* (Munich, 1986).

Schulze, W., *Reich und Türkengefahr im späten 16. Jahrhundert: Studien zu den politischen und gesellschaftlichen Auswirkungen einer äußeren Bedrohung* (Munich, 1978).

——*Bäuerlicher Widerstand und feudale Herrschaft in der frühen Neuzeit* (Stuttgart–Bad Cannstatt, 1980).

Schumpeter, J. A., *History of Economic Analysis*, ed. E. B. Schumpeter (1954; repr. London, 1967). [1954*a*]

——'The crisis of the tax state', *International Economic Papers*, 4 (New York, 1954), 5–38. [Translation of 'Die Krise des Steuerstaates', *Zeitfragen aus dem Gebiet der Soziologie*, 4 (1918), 1–71.] [1954*b*]

Schürer, K., and Arkell, T. (eds.), *The Interpretation and Use of Document Sources for the Study of Population in the Later Seventeenth Century* (Oxford, 1992).

Scott, H. M. (ed.), *Enlightened Absolutism: Reform and Reformers in Later Eighteenth-Century Europe* (Basingstoke, 1990).

Searle, E., *Predatory Kinship and the Creation of Norman Power, 840–1066* (Berkeley, 1988).

Sebastián, M., and Vela, J., 'Hacienda real y presión fiscal en Castilla a comienzos del reinado de Felipe IV' (unpubd paper delivered to the annual meeting of the Asociación española de historia moderna, Murcia, 1992).

Seidl, C. (ed.), *Lectures on Schumpeterian Economics* (Berlin, 1984).

Seligman, E. R. A., *The Shifting and Incidence of Taxation* (London, 1899).

——*The Income Tax: A Study of the History, Theory and Practice of Income Taxation at Home and Abroad* (New York, 1914).

——*Encyclopaedia of the Social Sciences*, 15 vols. (New York, 1930–4 and repr.)

Seligmann, A., *La première tentative d'émission fiduciaire en France: Étude sur les billets de monnaie du Trésor royal à la fin du règne de Louis XIV, 1701–1718* (Paris, 1925).

Sella, D., and Capra, C. (eds.), *Il ducato di Milano dal 1535 al 1796* (Turin, 1984).

Semmel, B., 'Malthus: "Physiocracy" and the commercial system', *Economic History Review*, 2nd ser., 17 (1964–5), 522–35.

Sen, G., *The Military Origins of Industrialisation and International Trade Rivalry* (London, 1984).

Sharpe, K. M., *The Personal Rule of Charles I* (New Haven–London, 1992).

Sheehan, J. J., *German History, 1770–1866* (Oxford, 1989).

Shehab, F., *Progressive Taxation: A Study in the Development of the Progressive Principle in the British Income Tax* (Oxford, 1953).

Shennan, J. H., *Government and Society in France, 1461–1661* (London, 1969).

Sherwig, J. M., *Guineas and Gunpowder: British Foreign Aid in the Wars with France, 1793–1815* (Cambridge, Mass., 1969).

Shoup, C. S., *Ricardo on Taxation* (New York, 1960).

Sideri, S., *Trade and Power: Informal Colonialism in Anglo-Portuguese Relations* (Rotterdam, 1970).

Sieveking, H., *Studio sulle finanze genovesi nel medioevo e in particolare sulla casa di San Giorgio* (Atti della società di storia ligure, 25, pts. 1–2; Genoa, 1906).

Sigg, O., *Die Entwicklung des Finanzwesens und der Verwaltung Zürichs im ausgehenden 16. und im 17. Jahrhundert* (Zurich, 1971).

Silberling, N. J., 'Financial and monetary policy of Great Britain during the Napoleonic wars', *Quarterly Journal of Economics*, 38 (1924), 214–33, 397–439.

Simon, W. M., *The Failure of the Prussian Reform Movement, 1807–1819* (New York, 1971).

Skinner, Q., *The Foundations of Modern Political Thought. II. The Age of Reformation* (Cambridge, 1978).

Slack, P., *The Impact of Plague in Tudor and Stuart England* (London, 1985).

Small, A. W., *The Cameralists: The Pioneers of German Social Polity* (Chicago, 1909; repr. New York, n.d.).

Smith, A., *An Inquiry into the Nature and Causes of the Wealth of Nations*, ed. R. H. Campbell, A. S. Skinner, and W. B. Todd, 2 vols. (Oxford, 1976).

——*Essays on Philosophical Subjects*, ed. W. P. D. Wightman and J. C. Bryce (Oxford, 1980).

Smith, Sir T., *De republica Anglorum*, ed. M. Dewar (Cambridge, 1982).

Solow, B. L., *Slavery and the Rise of the Atlantic System* (Cambridge, 1991).

Sommer, L., *Die österreichischen Kameralisten in dogmengeschichtlicher Darstellung*, 2 vols. (Vienna, 1920–5).

Sonnenfels, J. von, *Grundsätze aus der Polizey, Handlungs- und Finanzwissenschaft*, 6th edn, 3 vols. (Vienna, 1771–6).

——*Grundsätze aus der Polizey, Handlungs- und Finanzwissenschaft* (Vienna, 1971).

Sonnino, P. (ed.), *The Reign of Louis XIV: Essays in Celebration of Andrew Lossky* (Atlantic Highlands, NJ, 1990).

Speier, H., 'Militarism in the eighteenth century', *Social Research*, 3 (1936), 304–36.

Spengler, J. J., *French Predecessors of Malthus: A Study in Eighteenth-Century Wage and Population Theory* (Durham, NC, 1942).

——'Boisguilbert's economic views *vis-à-vis* those of contemporary *réformateurs*', *History of Political Economy*, 16 (1984), 69–88.

——and Allen, W. R., *Essays in Economic Thought: Aristotle to Marshall* (Chicago, 1960).

Spooner, F. C., *The International Economy and Monetary Movements in France, 1493–1725* (Cambridge, Mass., 1972).

Spufford, P., *Handbook of Medieval Exchange* (London, 1986).

——*Money and its Use in Medieval Europe* (Cambridge, 1989).

Stafford, P., *Unification and Conquest: A Political and Social History of England in the Tenth and Eleventh Centuries* (London, 1989).

Stamp, J., *The Fundamental Principles of Taxation in the Light of Modern Developments* (London, 1921).

Staum, M. S., 'The Institute economists: from Physiocracy to entrepreneurial capitalism', *History of Political Economy*, 19 (1987), 525–50.

Steel, A., *The Receipt of the Exchequer, 1377–1485* (Cambridge, 1954).
Steele, M., 'La real hacienda', *Historia general de España y America. IV* (Madrid, 1986), 143–67.
Steinnes, A., *Gamal Skatteskipnad i Noreg. II.* (Oslo, 1933).
Stenton, F. M., *Anglo-Saxon England*, 3rd edn (Oxford, 1971).
Steuart, Sir J., *An Inquiry into the Principles of Political Oeconomy*, ed. A. S. Skinner, 2 vols. (Edinburgh–London, 1966).
Stigler, G. J., 'Smith's travels on the ship of state', *History of Political Economy*, 3 (1971), 265–77.
Stolleis, M., *Pecunia nervus rerum: Zur Staatsfinanzierung in der frühen Neuzeit* (Frankfurt, 1983).
Stone, L., *The Causes of the English Revolution, 1529–1642* (London, 1972).
——(ed.), *An Imperial State at War: Britain from 1689 to 1815* (London–New York, 1994).
Stow, K. R., *Taxation, Community and State: The Jews and the Fiscal Foundations of the Early Modern Papal State* (Stuttgart, 1982).
Strayer, J. R., *Feudalism* (Princeton, NJ, 1965).
——*On the Medieval Origins of the Modern State* (Princeton, NJ, 1970).
——*Medieval Statecraft and the Perspectives of History* (Princeton, NJ, 1971).
——'The costs and profits of war: the Anglo-French conflict of 1294–1303', in H. A. Miskimin, D. Herlihy, and A. L. Udovitch (eds.), *The Medieval City* (New Haven, 1977), 269–91.
——*The Reign of Philip the Fair* (Princeton, NJ, 1980).
——and Taylor, C. H., *Studies in Early French Taxation* (Westport, 1972).
Strieder, J., 'Finanznot des Staates und Entstehung des neuzeitlichen, kapitalistischen Wirtschaftslebens', *Neue Jahrbücher für Wissenschaft und Jugendbildung*, 8 (1932), 447–63.
Stromer, W. von, *Oberdeutsche Hochfinanz, 1350–1450*, 3 vols. (Vierteljahrschrift für Sozial- und Wirtschaftsgeschichte, 55–7; Wiesbaden, 1970).
Stumpo, E., *Finanza e stato moderno nel Piemonte del Seicento* (Rome, 1979).
Suhm, P. F. (ed.), 'Kong Christian den 2dens Forordninger og aabne Breve Jylland angaaende', *Nye Samlinger til Danske Historie. I* (Copenhagen, 1792).
Sumption, J., *The Hundred Years' War: Trial by Battle* (London, 1990).
Sureda Carrion, J., *La hacienda castellana y los economistas del siglo XVII* (Madrid, 1949).
Sussman, N., 'Missing bullion or missing documents: a revision and reappraisal of French minting statistics, 1385–1415', *Journal of European Economic History*, 19 (1990), 147–62.
Sutherland, D. M. G., *France, 1789–1815: Revolution and Counter-Revolution* (London, 1989).
Sutter Fichtner, P., *Protestantism and Primogeniture in Early Modern History* (New Haven, 1990).
Swanson, D. F., and Trout, A. P., 'Alexander Hamilton's report on the public credit (1790)', *Journal of European Economic History*, 19 (1990), 623–33.
Swedberg, R., *Joseph A. Schumpeter: His Life and Work* (Oxford, 1991).
Symcox, G., *Victor Amadeus II: Absolutism in the Savoyard State, 1675–1730* (London, 1983).
Syrett, D., *Shipping and the American War, 1775–83: A Study of British Transport Organization* (London, 1970).

Szabo, F. A. J., 'Haugwitz, Kaunitz and the structure of government in Austria under Maria Theresia, 1745 to 1761', *Historical Papers: Communications historiques* (Saskatoon, 1979).

Takayama, H., 'The financial and administrative organization of the Norman kingdom of Sicily', *Viator*, 16 (1985), 129–55.

Tallett, F., *War and Society in Early Modern Europe, 1495–1715* (London–New York, 1992).

Tanner, J. R., *Constitutional Documents of the Reign of James I* (Cambridge, 1930).

Tanzi, V., *Public Finance in Developing Countries* (Aldershot, 1991).

Tapia, S. de, 'La documentación fiscal concejil en el siglo XVI: un instrumento imprescindible para la historia social', *Los archivos y la investigación* (Avila, 1988), 49–70.

Tapiès, F. de, *La France et l'Angleterre ou statistique morale et physique comparée à celle de l'Angleterre* (Versailles–Paris, 1845).

Temple, N., 'The control and exploitation of French towns during the *ancien régime*', in R. F. Kierstead (ed.), *State and Society in Seventeenth-Century France* (New York, 1975), 67–93.

TePaske, J. J., and Klein, H. S., 'The seventeenth-century crisis in New Spain: myth or reality?', *Past and Present*, 90 (1981), 116–35.

——and Klein, H. S., with Brown, K. W., *The Royal Treasuries of the Spanish Empire in America*, 3 vols. (Durham, NC, 1982).

Thallóczy, L., *A kamara haszna (lucrum camerae) története kapcsolatban a magyar adóügy és pénzügy fejlődésével* (Budapest, 1879).

't Hart, M., 'Cities and statemaking in the Dutch Republic, 1580–1680', *Theory and Society*, 18 (1989), 663–87.

——'"The devil or the Dutch": Holland's impact on the financial revolution in England, 1643–1694', *Parliaments, Estates and Representation*, 11 (1991), 39–52.

——*The Making of a Bourgeois State: War, Politics and Finance during the Dutch Revolt* (Manchester–New York, 1993).

Théret, B., 'Le système français libéral du xixe siècle: bureaucratie ou capitalisme?', *Histoire économique et financière de la France: Études et documents. III. 1991* (1991), 137–224.

Thomas, G., and Meyer, J., 'The expansion of the state', *Annual Review of Sociology*, 10 (1984), 461–82.

Thomas, P. D. G., *British Politics and the Stamp Act Crisis: The First Phase of the American Revolution, 1763–1767* (Oxford, 1975).

Thomson, S. H., 'Medieval Bohemia', in L. I. Strakhovsky (ed.), *A Handbook of Slavic Studies* (Cambridge, Mass., 1949), 97–101.

Thompson, E. P., 'The moral economy of the English crowd in the eighteenth century', *Past and Present*, 50 (1971), 76–136.

Thompson, I. A. A., *War and Government in Habsburg Spain, 1560–1620* (London, 1976).

——'Crown and *Cortes* in Castile, 1590–1665', *Parliaments, Estates and Representation*, 2 (1982), 29–45.

——'The end of the *Cortes* of Castile', *Parliaments, Estates and Representation*, 4 (1984), 125–33.

Thorpe, L., *Einhard and Notker the Stammerer: Two Lives of Charlemagne* (Harmondsworth, 1969).

Thuillier, G., *La monnaie en France au début du xixe siècle* (Geneva, 1983).
Tilly, C. (ed.), *The Formation of Nation States in Western Europe* (Princeton, NJ, 1975).
——*The Contentious French* (Cambridge, Mass., 1986).
——*Coercion, Capital, and European States, A.D. 990–1990* (Oxford, 1990).
Toboso Sánchez, P., *La deuda pública castellana durante el Antiguo Régimen* (Madrid, 1987).
Tocqueville, Alexis de, *L'ancien régime et la Révolution* [1856], ed. J.-P. Mayer (Paris, 1967).
Todd Lowry, S., *The Archaeology of Economic Ideas: The Classical Greek Tradition* (Durham, NC, 1987).
Tollet, D., 'Les Juifs et le trésor royal polonais sous les règnes des Wasa, 1588–1668' (forthcoming in a collection of essays for J. Gierowski).
Touzery, M., 'Arpents, arpentage et arpenteurs dans l'élection de Paris à la fin du xviiie siècle: le cadastre de Bertier de Sauvigny, 1776–1790', *Bulletin de la société historique de la ville de Paris*, 110 (1983), 150–97.
Toye, J. F. J. (ed.), *Taxation and Economic Development* (London, 1978).
Tractatus universi iuris. XII (Venice, 1584).
Tracy, J. D., *A Financial Revolution in the Habsburg Netherlands: Renten and Renteniers in the County of Holland, 1515–1565* (Berkeley, 1985).
——(ed.), *The Rise of Merchant Empires: Long-Distance Trade in the Early Modern World, 1350–1750* (Cambridge, 1990).
——(ed.), *The Political Economy of Merchant Empires* (Cambridge, 1991).
Tribe, K., *Land, Labour and Economic Discourse* (London, 1978).
——'Cameralism and the science of government', *Journal of Modern History*, 56 (1984), 263–84.
——*Governing Economy: The Reformation of German Economic Discourse, 1750–1840* (Cambridge, 1988).
Trusen, W., *Spätmittelalterliche Jurisprudenz und Wirtschaftsethik* (Wiesbaden, 1961).
Tulard, J., 'Der "domaine extraordinaire" als Finanzierunginstrument napoleonischer Expansion', *Geschichte und Gesellschaft (Zeitschrift für historische Sozialwissenschaft*, 6; 1980), 490–9.
——*Le grand empire, 1804–1815* (Paris, 1982).
Tullio, G., 'Smith and Ricardo on the long-run effects of the growth of government expenditure, taxation and debt: is their theory relevant today?', *History of Political Economy*, 21 (1989), 723–36.
Twitchett, D. C., *Financial Administration under the T'ang Dynasty* (Cambridge, 1963).
Ulllmann, W., *Principles of Government and Politics in the Middle Ages* (London, 1961).
Ulloa, M., *La hacienda real de Castilla en el reinado de Felipe II*, 3rd edn (Madrid, 1986).
Ustariz, G., *The Theory and Practice of Commerce*, trans. J. Kippax (London, 1751).
Vaggi, G., *The Economics of François Quesnay* (Basingstoke, 1987).
Vale, M. G. A., *The Angevin Legacy and the Hundred Years' War, 1250–1340* (Oxford, 1990).
Van Cauwenberghe, E. H. G. (ed.), *Precious Metals, Coinage and the Changes of Monetary Structures in Latin America, Europe and Asia, Late Medieval and Early Modern Times* (Louvain, 1989).

Van Cleve, T. C., *The Emperor Frederick II of Hohenstaufen* (Oxford, 1972).

Van Daal, J., and Heertje, A. (eds.), *Economic Thought in the Netherlands, 1650–1950* (Aldershot, Brookfield, Va., Hong Kong, Singapore, Sydney, 1992).

Van der Wee, H., 'Anvers et les innovations de la technique financière aux xvie et xviie siècles', *Annales E.S.C.*, 22 (1967), 1067–89.

——(ed.), *La banque en occident* (Antwerp, 1991).

Van Zanden, J. L., *The Rise and Decline of Holland's Economy: Merchant Capitalism and the Labour Market* (Manchester–New York, 1993).

Vann, J. A., *The Making of a State: Württemberg, 1593–1793* (Ithaca, NY–London, 1984).

Vannini Marx, A. (ed.), *Credito, banche e investimenti secoli XIII–XX* (Istituto internazionale di storia economica F. Datini Prato, 2nd ser., 4; Florence, 1985).

Vauban, Sébastien le Prestre, Maréchal de, *Projet d'une dixme royale*, ed. J.-F. Pernot (Saint-Léger-Vauban, 1988).

Vaupell, O., 'Oplysninger om Haerens Styrketal og Udgifterne til den i Aarene 1680 til 1896', *Miltaert Tidsskrift*, 27 (1898), 392–402.

Velde, F. R., and Weir, D. R., 'The financial market and government debt policy in France, 1746–1793', *Journal of Economic History*, 52 (1992), 1–39.

Véron de Forbonnais, F., *Recherches et considérations sur les finances de France depuis l'année 1595 jusqu'à l'année 1721*, 2 vols. (Basle, 1758).

Veseth, M., *Mountains of Debt: Crisis and Change in Renaissance Florence, Victorian Britain and Postwar America* (New York–Oxford, 1990).

Vettori, A., *Finanzhaushalt und Wirtschaftsverwaltung Basels, 1689–1798* (Basle, 1984).

Veyrassat, B., *Négociants et fabricants dans l'industrie cotonnière suisse, 1760–1840: Aux origines financières de l'industrialisation* (Lausanne, 1982).

Vigo, G., *Fisco e società nella Lombardia del Cinquecento* (Bologna, 1979).

Vilar, P., 'Réflexions sur la "crise de l'ancien type", "inégalité des récoltes" et "sous-développement"', in *Conjoncture économique, structures sociales: Hommage à Ernest Labrousse* (Paris–The Hague, 1974), 37–58.

——'Slancio urbano e movimento dei salari: il caso de Barcellona nel Settecento', in R. Romano (ed.), *I prezzi in Europa dal XIII secolo a oggi* (Turin, 1967), 375–417.

Vilar Berrogain, J., *Literatura y Economia: La figura satirica del arbitrista en el Siglo de Oro* (Madrid, 1973).

Viljoen, S., *Economic Systems in World History* (London–New York, 1974).

Villain, J., *Le recouvrement des impôts directs sous l'ancien régime* (Paris, 1952).

Villari, R., *La rivolta antispagnola a Napoli: Le origini, 1585–1647* (Bari, 1967).

——*The Revolt of Naples*, trans. J. Newell and J. A. Marino (Oxford, 1993).

Virgoe, R., 'The benevolence of 1481', *English Historical Review*, 104 (1989), 25–45.

Von Eyb, Albrecht, *Spiegel der sitten, in latein genant Speculum morum. Von sunden vnd tugenden dargegen. Von ständen vnd ämptern mancherlay personen* ([1471], Augsburg, 1511).

Von Reumont, A., *Lorenzo de' Medici il Magnifico. I*, 2nd edn (Leipzig, 1883).

Vovelle, M., *The Fall of the French Monarchy, 1787–1792*, trans. S. Burke (Cambridge, 1984).

Wachenhausen, M., *Staatsausgabe und Öffentliches Interesse in den Steuerrechtfertigungslehren des naturrechtlichen Rationalismus* (Berlin, 1972).

Wagner, F., 'Finanzielle Ratschläge aus der Zeit Albrecht Achills', *Forschungen zur deutschen Geschichte*, 25 (1885), 342–53.

Walker, B., *Political Economy*, 2nd edn (New York, 1887).

Walker, G. J., *Spanish Politics and Imperial Trade, 1700–1789* (London–Basingstoke, 1979).

Walker, M., *German Home Towns: Community, State, and General Estate, 1648–1871* (Ithaca, NY–London, 1971).

——'Rights and functions: the social categories of eighteenth-century German jurists and Cameralists', *Journal of Modern History*, 50 (1978), 234–51.

——*Johann Jakob Moser and the Holy Roman Empire of the German Nation* (Chapel Hill, NC, 1981).

Wallerstein, I., *The Modern World-System. I. Capitalist Agriculture and the Origins of the European World-Economy in the Sixteenth Century* (New York, 1974).

——*The Modern World-System. II. Mercantilism and the Consolidation of the European World-Economy, 1600–1750* (New York, 1980).

Walter, F., *Die theresianische Staatsreform von 1749* (Vienna, 1958).

Wangermann, E., *From Joseph II to the Jacobin Trials: Government Policy and Public Opinion in the Habsburg Dominions in the Period of the French Revolution*, 2nd edn (Oxford, 1969).

——*The Austrian Achievement, 1700–1800* (London, 1973).

Waquet, J.-C., *Le grand-duché de Toscane sous les derniers Médicis: Essai sur le système des finances et la stabilité des institutions dans les anciens États italiens* (École française de Rome; Rome, 1990).

Warren, W. L., *Henry II* (London, 1973).

——*King John*, 2nd edn (London, 1978).

Waugh, S. L., *The Lordship of England: Royal Wardships and Marriages in English Society and Politics, 1217–1327* (Princeton, NJ, 1988).

Webber, C., and Wildavsky, A., *A History of Taxation and Expenditure in the Western World* (New York, 1986).

Weir, D. R., 'Tontines, public finance and revolution in France and England, 1688–1789', *Journal of Economic History*, 49 (1989), 95–124.

Weisz, L., 'Der organisierte Kredit in Zürich von der Reformation bis zum Jahre 1835', *Geld- und Kreditsystem der Schweiz: Festschrift Gottlieb Bachmann* (Zurich, 1944), 143–4.

Wernham, R. B. (ed.), *New Cambridge Modern History. III. The Counter-Reformation and the Price Revolution, 1559–1610* (Cambridge, 1971).

Weulersse, G., *Le mouvement physiocratique en France de 1756 à 1770*, 2 vols. (Paris–The Hague, 1910; repr. 1968).

——*La Physiocratie sous les ministères de Turgot et de Necker, 1774–1781* (Paris, 1950).

——*La Physiocratie à la fin du règne de Louis XV, 1770–4* (Paris, 1959).

White, E. N., 'Was there a solution to the *ancien régime*'s financial dilemma?', *Journal of Economic History*, 49 (1989), 545–68.

——'Measuring the French Revolution's inflation: the *Tableaux de dépréciation*', *Histoire et mesure*, 6 (1991), 245–74.

Willard, J. F., *Parliamentary Taxes on Personal Property, 1290 to 1334* (Cambridge, Mass., 1934).

Williams, F., 'Monetary institutions in Agenais from the establishment to the disappearance of the Agen mint', *Journal of European Economic History*, 20 (1991), 569–613.

Wilson, C. H., 'Treasure and trade balances: the Mercantilist problem', in F. C. Lane and J. C. Riemersma (eds.), *Enterprise and Secular Change: Readings in Economic History* (Homewood, Ill., 1953), 337–49. [Originally published in *Economic History Review*, 2nd ser., (1949), 152–61.]

——*England's Apprenticeship, 1603–1763* (London, 1965).

——*Economic History and the Historian: Collected Essays* (London, [1969]).

——and Parker, N. G. (eds.), *An Introduction to the Sources of European Economic History, 1500–1800. I. Western Europe* (London, 1977).

Winter, J. M. (ed.), *War and Economic Development: Essays in Memory of David Joslin* (Cambridge, 1975).

Witt, P.-C., *Wealth and Taxation in Central Europe: The History and Sociology of Public Finance* (Leamington Spa, 1987).

Wittmann, W., *Einführung in die Finanzwissenschaft* (Stuttgart, 1975).

Wolfe, M., 'Jean Bodin on taxes: the sovereignty–taxes paradox', *Political Science Quarterly*, 83 (1968), 268–84.

——*The Fiscal System of Renaissance France* (New Haven, 1972).

Wolffe, B. P., 'Henry VII's land revenues and chamber finance', *English Historical Review*, 311 (1964), 225–54.

——*The Crown Lands, 1461 to 1536: An Aspect of Yorkist and Tudor Government* (London, 1970).

——*The Royal Demesne in English History* (London, 1971).

Wood, J. B., *The Nobility of the Élection of Bayeux, 1463–1666: Continuity through Change* (Princeton, NJ, 1980).

Woolf, S., *Napoleon's Integration of Europe* (London–New York, 1991).

Wrigley, E. A., and Schofield, R. S., *The Population History of England, 1541–1871* (London, 1981).

Zagorin, P., *Rebels and Rulers, 1500–1660*, 2 vols. (Cambridge, 1982).

Zangheri, R., *Catasti e storia della proprietà terriera* (Turin, 1979).

Zaninelli, S., *Il nuovo censo dello stato di Milano dall'editto del 1718 al 1733* (Milan, 1963).

Ziegler, W., *Studien zum Staatshaushalt Bayerns in der zweiten Hälfte des 15. Jahrhunderts: Die regulären Kammereinkünfte des Herzogtums Niederbayern, 1450–1500* (Munich, 1981).

Zwitzer, H. L., *'De Militie van den Staat': Het leger van de Republiek der Verenigde Nederlanden* (Amsterdam, 1991).

译丛主编后记

财政活动兼有经济和政治二重属性，因而从现代财政学诞生之日起，“财政学是介于经济学与政治学之间的学科”这样的说法就不绝于耳。正因为如此，财政研究至少有两种范式：一种是经济学研究范式，在这种范式下财政学向公共经济学发展；另一种是政治学研究范式，从政治学视角探讨国家与社会间的财政行为。这两种研究范式各有侧重，互为补充。但是检索国内相关文献可以发现，我国财政学者遵循政治学范式的研究并不多见，绝大多数财政研究仍自觉或不自觉地将自己界定在经济学学科内，而政治学者大多也不把研究财政现象视为分内行为。究其原因，可能主要源于在当前行政主导下的学科分界中，财政学被分到了应用经济学之下。本丛书的两位主编之所以不揣浅陋地提出“财政政治学”这一名称并将其作为译丛名，是想尝试着对当前这样的学科体系进行纠偏，将财政学的经济学研究范式和政治学研究范式结合起来，从而以“财政政治学”为名，倡导研究财政活动的政治属性。编者认为，这样做有以下几个方面的积极意义：

1. 寻求当前财政研究的理论基础。在我国的学科体系中，财政学被归入应用经济学范畴，学术上就自然产生了要以经济理论作为财政研究基础的要求。不过，由于当前经济学越来越把自己固化为形式特征明显的数学，若以经济理论为基础就容易导致财政学忽视那些难以数学化的研究领域，这样就会让目前大量的财政研究失去理论基础。在现实中已经出现并会反复出现的现象是，探讨财政行为的理论、制度与历史的论著，不断被人质疑是否属于经济学研究，一篇研究预算制度及其现实运行的博士论文，经常被答辩委员怀疑是否可授予经济学学位。因此，要解释当前的财政现象、推动财政研究，就不能不去寻找财政的政治理论基础。

2. 培养治国者。财政因国家治理需要而不断地变革，国家因财政治理而得以成长。中共十八届三中全会指出："财政是国家治理的基础和重要支柱，科学的财税体制是优化资源配置、维护市场统一、促进社会公平、实现国家长治久安的制度保障。"财政在国家治理中的作用，被提到空前的高度。因此，财政专业培养的学生，不仅要学会财政领域中的经济知识，也必须学到相应的政治知识，方能成为合格的治国者。财政活动是一种极其重要的国务活动，涉及治国方略；从事财政活动的人有不少是重要的政治家，应该得到综合的培养。这一理由，也是当前众多财经类大学财政专业不能被合并到经济学院的原因之所在。

3. 促进政治发展。18～19 世纪，在普鲁士国家兴起及德国统一过程中，活跃的财政学派与良好的财政当局曾经发挥了巨大的历史作用。而在当今中国，在大的制度构架稳定的前提下，通过财政改革推动政治发展，也一再为学者们所重视。财政专业的学者，自然也应该参与到这样的理论研究和实践活动中去。事实上也已有不少学者参与到诸如提高财政透明、促进财税法制改革等活动中去，并成为推动中国政治发展进程的力量。

因此，"财政政治学"作为学科提出，可以纠正当前财政研究局限于经济学路径造成的偏颇。包含"财政政治学"在内的财政学，将不仅是一门运用经济学方法理解现实财政活动的学科，也会是一门经邦济世的政策科学，更是推动财政学发展、为财政活动提供指引并推动中国政治发展的重要学科。

"财政政治学"虽然尚不是我国学术界的正式名称，但在西方国家的教学和研究活动中却广有相关的内容。在这些国家中，有不少政治学者研究财政问题，同样有许多财政学者从政治视角分析财政现象，进而形成了内容非常丰富的文献。当然，由于这些国家并没有中国这样行政主导下的严格学科分界，因而不需要有相对独立的"财政政治学"的提法。相关的研究，略显随意地分布在以"税收政治学"、"预算政治学"或者"财政社会学"为名称的教材或论著中，当然"财政政治学"(Fiscal Politics)的说法也不少见。

中国近现代学术进步的历程表明，译介图书是广开风气、发展学术的不二良方。因此，要在中国构建财政政治学学科，就要在坚持以"我"为主研究中国财政政治问题的同时，大量地翻译西方学者在此领域的相关论著，以便为国内学者从政治维度研究财政问题提供借鉴。本译丛主编选择了这一领域内的多部英文著作，打算陆续予以翻译和出版。在文本的选择上，大致分为理论基础、现实制度与历史研究等几个方面。

本译丛的译者主体为上海财经大学公共经济与管理学院的教师以及该院已毕业并在外校从事教学的财政学博士，另外还邀请了其他院校的一部分教师参与。在翻译稿酬低廉、译作科研分值低下的今天，我们这样一批人只是凭借着对学术的热爱和略略纠偏财政研究取向的希望，投身到这一译丛中来。希望我们的微薄努力，能够成为促进财政学和政治学学科发展、推动中国政治进步的涓涓细流。

在本译丛的出版过程中，胡怡建老师主持的上海财经大学公共政策与治理研究院、上海财经大学公共经济与管理学院的领导与教师都给予了大力的支持与热情的鼓励。上海财经大学出版社的总编黄磊、编辑刘兵在版权引进、图书编辑过程中也付出了辛勤的劳动。在此一并致谢！

刘守刚　上海财经大学公共经济与管理学院
魏　陆　上海交通大学国际与公共事务学院
2015年3月

财政政治学译丛书目

●《财政理论史上的经典文献》

理查德·A.马斯格雷夫,艾伦·T.皮考克 编 刘守刚,王晓丹 译

●《君主专制政体下的财政极限——17世纪上半叶法国的直接税制》

詹姆斯·B.柯林斯 著 沈国华 译

●《欧洲财政国家的兴起 1200～1815》

理查德·邦尼 编,沈国华 译

●《税收公正与民间正义》

史蒂文·M.谢福林 著 杨海燕 译

●《国家的财政危机》

詹姆斯·奥康纳 著 沈国华 译

●《发展中国家的税收与国家构建》

黛博拉·布罗蒂加姆,奥德—黑格尔·菲耶尔斯塔德,米克·摩尔 编 卢军坪 毛道根 译

●《经济系统与国家财政——现代欧洲财政国家的起源:13～18世纪》

理查德·邦尼(Richard Bonney) 编 沈国华 译

●《税收哲人——英美税收思想史二百年(附录:税收国家的危机 熊彼特 著)》

哈罗德·格罗夫斯 著 唐纳德·柯伦 编 刘守刚,刘雪梅 译

《为自由国家而纳税:19世纪欧洲公共财政的兴起》

何塞·路易斯·卡多佐 佩德罗·莱恩 编 徐 静 黄文鑫 曹 璐 译 王瑞民 校译

《预算国家的危机》

大岛通义 著 徐一睿 译

《信任利维坦:英国的税收政治学(1799～1914)》

马丁·唐顿 著 魏 陆 译

《危机、革命与自维持型增长——1130～1830年的欧洲财政史》

W. M. 奥姆罗德 玛格丽特·邦尼 理查德·邦尼 编 沈国华 译

《战争、收入与国家构建——为美国国家发展筹资》

谢尔登·D.波拉克 著 李 婉 译

《控制公共资金——发展中国家的财政机制》

A.普列姆昌德 著 王晓丹 译

《公共经济学历史研究》

吉尔伯特·法卡雷罗 理查德·斯特恩 编 沈国华 译

《财政学手册》

于尔根·G.巴克豪斯,理查德·E.瓦格纳 编 何华武 刘志广 译

《一个多世纪的财政挤压政治——英国的财政紧缩、政治和官僚政治百年历史》

克里斯托夫·胡德,罗扎那·西玛兹 著 沈国华 译

《税收的全球辩论》

霍尔格·内林,弗洛里安·舒伊 编 赵海益 任晓辉 译

《牛津福利国家手册》

弗兰西斯·G.卡斯尔斯,斯蒂芬·莱伯弗里德,简·刘易斯,赫伯特·奥宾格,
克里斯多弗·皮尔森 编 杨翠迎 译

《金钱、政党与竞选财务改革》

雷蒙德·J.拉贾 著 李艳鹤 译

《财政学的本质》

山田太门 著 宋健敏 译

《西方世界的税收与支出史》

卡洛琳·韦伯,阿伦·威尔达夫斯基 著 朱积慧 苟燕楠 任晓辉 译

《政治转型与公共财政——欧洲，1650～1913》
马克·迪辛科 著 倪霓 金赣婷 译
《民主社会中的公共财政(第三卷)——政治经济学的新思维》
理查德·A.马斯格雷夫 编 王晓丹 王瑞民 刘雪梅 译
《经由税收的代议制》
史科特·格尔巴赫 著 杨海燕 译
《政治、税收和法治》
唐纳德·P·雷切特，理查德·E.瓦格纳 著 王逸帅 译
《18世纪西班牙建立财政军事国家》
拉斐尔·托雷斯·桑切斯 著 施诚 译
《西班牙菲利普二世的税收债务和赖债史》
莫里西奥·德里奇曼，汉斯—乔亚吉姆·沃斯 著 施诚 译
《美国现代财政国家的形成和发展——法律、政治和累进税的兴起，1877—1929》
阿贾耶·梅罗特 著 倪霓 童光辉 译
《福利国家的兴衰》
阿斯乔恩·瓦尔 著 唐瑶 童光辉 译
《另类公共经济学手册》
弗朗西斯科·福特，拉姆·穆达姆比，彼得洛·玛丽亚·纳瓦拉 编 解洪涛 译
《财政理论发展的民族要素》
奥汉·卡亚普 著 杨晓慧 译
《联邦税史》
埃利奥特·布朗利 著 彭骥鸣 彭浪川 译
《旧制度法国绝对主义的限制》
理查德·邦尼 著 熊芳芳 译
《赤字、债务与民主》
理查德·E.瓦格纳 著 刘志广 译
《债务与赤字：历史视角》
约翰·马洛尼 编 郭长林 译
《布坎南与自由主义政治经济学：理性重构》
理查德·E.瓦格纳 著 马珺 译
《财政政治学》
维特·加斯帕，桑吉·古普塔，卡洛斯·穆拉斯—格拉纳多斯 编 程红梅 王雪蕊 叶行昆 译
《英国财政革命——公共信用发展研究，1688－1756》
P.G.M.迪克森 著 张珉璐 译
《财产税与税收抗争》
亚瑟·奥沙利文，特里A.塞克斯顿，史蒂文·M.谢福林 著 杨海燕 译
《战争、葡萄酒与关税：1689－1900年期间，英法的政治经济贸易冲突》
约翰V.C.奈 著 郑磊 译
《社会科学的比较历史分析》
詹姆斯·马奥尼，迪特里希·鲁施迈耶 编 秦传安 译
《比较历史分析的进展》
詹姆斯·马奥尼，凯瑟琳·西伦 编 秦传安 译
《汉密尔顿悖论》
乔纳森·雷登 著 何华武 译
《税收逃逸的伦理学——理论与实践观点》
罗伯特·W.麦基 编 陈国文 译
《税收幻觉——税收、民主与嵌入政治理论》
菲利普·汉森 著 倪霓 金赣婷 译
前面带● 号的是已出书

图书在版编目(CIP)数据

经济系统与国家财政:现代欧洲财政国家的起源:13～18世纪/(美)理查德·邦尼(Richard Bonney)主编;沈国华译. 一上海:上海财经大学出版社,2018.12
(财政政治学译丛)
书名原文:Economic Systems and State Finance:The Origins of the Modern Fiscal State in Europe,13th to 18th Centuries
ISBN 978-7-5642-3061-6/F·3061

Ⅰ.①经… Ⅱ.①理… ②沈… Ⅲ.①经济体制-关系-国家财政-研究 Ⅳ.①F20②F81

中国版本图书馆 CIP 数据核字(2018)第 167725 号

图字:09-2018-747 号
Economic Systems and State Finance
The Origins of the Modern Fiscal State in Europe, 13th to 18th Centuries
Richard Bonney

□ 责任编辑　李宇彤
□ 封面设计　张克瑶

经济系统与国家财政
——现代欧洲财政国家的起源:13～18 世纪
理查德·邦尼 (Richard Bonney) 主编
沈国华 译

上海财经大学出版社出版发行
(上海市中山北一路 369 号　邮编 200083)
网　址:http://www.sufep.com
电子邮箱:webmaster@sufep.com
全国新华书店经销
上海新文印刷厂印刷装订
2018 年 12 月第 1 版　2018 年 12 月第 1 次印刷

710mm×1000mm　1/16　42.25 印张(插页:2)　758 千字
印数:0 001—2 500　定价:128.00 元